巴蜀文化通史

百〇四歲叟馬識途

《巴蜀文化通史》学术委员会

章玉钧　隗瀛涛　李绍明　林　向　胡昭曦　贾大泉
谭继和　万本根　陈玉屏　罗　鸣　沈伯俊　彭邦本

主　编
章玉钧　谭继和

副主编
罗　鸣　彭邦本

编辑部
主　任　侯水平　向宝云
副主任　万本根　李　庆

"十二五"国家重点图书出版规划项目
四川建设西部文化强省重点项目

章玉钧　谭继和　主编

巴蜀文化通史
工商文化 卷

张学君　著

四川人民出版社

编者的话

巴蜀文化通史

《巴蜀文化通史》编撰工程是中共四川省委批准、省委宣传部直接组织和领导,由四川省繁荣发展哲学社会科学协调小组立项、四川省社会科学院牵头的四川省西部文化强省建设重点支持项目,也是"十二五"国家重点图书出版物出版专项规划及国家出版基金(2016年度)资助项目。一直关心四川文化传承创新的省老领导杨超、杨析综、何郝炬、冯元蔚、廖伯康、聂荣贵、李永寿等同志率先向省委、省政府倡议启动编撰工作。在编撰研究过程中,得到了陶武先、柯尊平、王少雄、甘霖等历届省领导的大力支持和亲切指导,我们谨致衷心的敬意和感谢。

本书编撰委员会于2006年设立,编撰工作由此启动,至2020年全面完稿,历时十五年。编撰委员会名誉主任陶武先,主任王少雄、柯尊平,副主任殷建中、贾松青、侯水平、隗瀛涛、李绍明;顾问蔡美彪、李学勤、张海鹏;编委会成员有章玉钧、林向、胡昭曦、贾大泉、谭继和、万本根、陈玉屏、罗鸣、沈伯俊、彭邦本、向宝云、王素、舒大刚、邓经武、赵振铎、龙晦、龙显昭、刘平斋、吴野、钱来忠、曹顺庆、陈德述、任新建、李明泉、张忠仁、王毅、王庭科、冉光荣、杜肯堂、李学明、孙锦泉、陈廷湘、刘复生、佘正松、李健、李刚、李诚、江玉祥、江章华、蒋维明、季富政、高大伦、段志洪、侯德础、谢元鲁、甘绍成、张明富、张凤琦等。编委中,有些作为学术委员会成员,自始至终参与本书研讨和审定;有的承担了分卷的撰著;有的在本书酝酿和编撰的相关会议上提供了不少宝贵意见;有的应邀对有关书稿审阅并提出有益的建议。总而言之，编委们都为本书编撰出版做出了各自的贡献。另还专门请宗性（中国佛学院）审读了《宗教文化卷》。

编撰工作具体依托四川省社会科学院进行，院历届领导贾松青、侯水平、李后强、向宝云、高中伟等都给予大力支持、督促和帮助，多次召开院党委或院办公会议，听取编辑部汇报，决定有关事项并检查落实。编辑部成员张彦、彭东焕、印国玲在具体组织协调、制订规范规则、联系作者、学术讨论记录（含录音）、编写简报等方面做了大量工作。

《巴蜀文化通史》是集思聚智的学术成果，撰著参与者及分工情况详见于各卷后记。以下谨按卷次列出主要撰著者名单，共同见证这部著作的出版：

《通论卷》　　　　　　谭继和著
《农业与水利文化卷》　彭邦本编著
《工商文化卷》　　　　张学君著
《城市文化卷》　　　　何一民等著
《建筑文化卷》　　　　庄裕光著
《交通文化卷》　　　　蓝勇等著
《民族文化卷》　　　　赵心愚、杨铭等著
《宗族与会社卷》　　　张力著
《移民文化卷》　　　　陈世松著
《方言卷》　　　　　　李国太、黄尚军、袁雪梅、曾为志著
《民俗文化卷》　　　　徐学书、喇明英、况红玲等著
《哲学思想卷》　　　　蔡方鹿、刘俊哲、金生杨著
《史学卷》　　　　　　粟品孝、周鼎、李晓宇著
《宗教文化卷》　　　　李远国、向世山等著
《教育卷》　　　　　　徐辉、徐仲林等著
《文学卷》　　　　　　邓经武著
《艺术卷》　　　　　　苏宁、沈博、幸晓峰著
《科技文化卷》　　　　查有梁、王迎川、周世祥等著

《传播文化卷》　　　　　　赵志立著
《文献要览卷》　　　　　　舒大刚、李冬梅等著
《巴蜀文化大事记》　　　　张彦、陈德言、王林、彭东焕编著
《巴蜀文化研究论著索引》　李敬洵编

由于多领域的地域文化通史尚属首创，不同门类各有其文脉演变、内在逻辑与历史进程，故未对各卷涉及本领域涵盖的时间起止及个别体例做统一的要求。编著者虽务求如清人顾炎武所说"庶几采山之铜"，而力避"买旧钱""废铜以充铸"，但因见闻学识所限，书中疏漏不足之处，尚祈望读者正之。

最后要说的是，全书从编撰到出版来之不易，还得益于四川人民出版社历任社长罗韵希、解伟、黄立新，副社长骆晓平，总编辑刘周远的关心和支持。特别是谢雪编审从中协调、统筹以及众多编辑"为他人作嫁衣裳"的辛勤付出。巴蜀文化界学术界的领军人物、尊敬的马识途先生在2018年一百零四岁时为本通史题写书名。在此，我们表示深深的谢意。

章玉钧　谭继和　罗鸣　彭邦本
2021年11月

总 序

◎ 章玉钧

呈献在读者面前的这部多卷本《巴蜀文化通史》，是国家重点图书出版物出版专项规划项目、国家出版基金资助项目和四川省西部文化强省建设重点支持项目的学术成果。这个项目由中共四川省委宣传部直接组织和领导，四川省社会科学院牵头，川渝合作，组织和邀约四川省、重庆市七十多位巴蜀文化研究专家参加，得到四川省委、重庆市委和国家有关部门的重视和支持，获得国家和省文化产业经费的资助。全书二十二卷二十八册，约一千六百万字。编撰出版工作历时十五年终告完成。参加本书编修的专家学者们团结协同、切磋琢磨、集思聚智、甘苦备尝，贡献了创造性的劳动。四川人民出版社和各卷责任编辑认真敬业，严谨审慎，做出了辛勤奉献。在此，谨就编撰《巴蜀文化通史》的缘起与旨归、定位与特色、架构与方法、集成与出新，作一概括的介绍，以助读者对全书先有个总体的了解。

缘起与旨归

编修《巴蜀文化通史》之议，酝酿已久。20世纪80年代至90年代，巴蜀文化和蜀学研究在四川逐步升温，在选编出版徐中舒、蒙文通、顾颉刚、任乃强、邓少琴、冯汉骥等大师关于巴蜀文化的论著①后，陆续编写出版了《巴蜀文化图典》②《巴蜀文化研究丛书》③《巴蜀文化系列丛书》④。大家既为"地域文化热"的兴起而振奋，又在同地域文化研究先行地区的比较中，看到我们的差距，深感传承、整合和弘扬巴蜀文化，要抓牵头的东西，抓具有基础性、全局性和带动性的项目。2001年，一直关注文化的四川省老领导杨超、杨析综率先提出编撰《巴蜀文化通史》的倡议，杨超还构想系统整理自古以来的巴蜀文献，编成《巴蜀全书》。他们登高一呼，高屋建瓴，对学界有很大的启发和鼓舞。经过反复酝酿，省里八位老同志⑤于2005年10月联名致信四川省委、省政府，建议启动《巴蜀文化通史》的编撰工程。在组织四川高校和研究机构数十位专家学者进行论证，并征得重庆市有关领导和专家学者的赞同后，省委批准立项，审定了全书的框架设计。2006年7月，《巴蜀文化通史》多卷本编撰工程正式开展。

大家渴望编撰《巴蜀文化通史》并积极付诸行动，是基于这样的共识：民族文化是一个民族的根、脉、魂，是民族精神的载体，是支撑民族生存和发展的脊梁。全球文明古国各具优长，唯有中华文明几千年来一脉贯通地连续发展至今，重要原因是有由甲骨文、金文发展而来的形、音、义相结合的汉字为重要载体和文化纽带，用其写成的文史典籍代代承传，从未间断，起到全民族凝心聚力的巨大作用，激励中华民族历经磨难而不衰，直至迎来民族走向伟大复兴的盛世。巴蜀文化是多源汇成一脉、多元聚为一体的中华文

---

① 徐中舒《论巴蜀文化》、蒙文通《巴蜀古史论述》、顾颉刚《论巴蜀与中原的关系》、任乃强《四川上古史新探》、邓少琴《巴蜀史迹探索》，均由四川巴蜀史研究会编辑，由四川人民出版社于20世纪80年代出版。此后还有《冯汉骥考古学论文集》1985年由文物出版社出版，另有《缪钺全集》2004年由河北教育出版社出版。
② 该图典由川渝合作编成，刘茂才、滕久明任编委会主任，万本根、俞荣根任主编，四川人民出版社1999年出版。
③ 该丛书由杨超、杨析综任编委会主任，首批六册。李绍明《巴蜀民族史论集》、隗瀛涛《巴蜀近代史论集》、林向《巴蜀考古论集》、胡昭曦《宋代蜀学论集》、谭继和《巴蜀文化辨思集》、徐南洲《古巴蜀与〈山海经〉》，均由四川人民出版社2004年出版。
④ 该丛书由杨超、杨析综任编委会主任，谭洛非、邓星盈、万本根任主编，共十册，四川人民出版社2001年出版。
⑤ 八位老同志是杨超、杨析综、何郝炬、冯元蔚、廖伯康、聂荣贵、李永寿、章玉钧。

化中一个重要的区域文化，是博大精深的中华文明的一枝奇葩，在中华民族文化谱系中占有独特的地位。她绚丽多彩、大器包容，在与兄弟地域文化交流互益、吞吐融会中发展繁荣，形成并展示出独特的神韵和魅力，使哺育她的中华文化更添灿烂辉光。对于川渝地区各族同胞而言，巴蜀文化就是我们世代生存之根、承传之脉、发展之魂。

巴蜀大地钟灵毓秀、文脉悠长，堪称多种人类遗产荟萃的聚宝盆。巴蜀文化有许多独具的特色和亮点，足以令我们为先辈的创造感恩并自豪。茂县营盘山、成都平原从宝墩到三星堆、金沙以及长江三峡、宣汉罗家坝等处文化遗址的多次惊世发现，结合古文献资料，无可辩驳地证实了巴蜀作为长江上游的上古文明中心，丰富了中华文明的基因，显示出古蜀古巴文化永恒的魅力。周秦以来，中华思想文化素以儒学、道学为主干；佛学西来后，更以儒释道交融互补为特色。蜀地仙道发源很早，成为天师道的创教地；儒学从西汉起就在此代代传承，文翁石室、周公礼殿、孟蜀石经彪炳千秋；在佛教中国化的进程中，巴蜀出了许多大德高僧，尤其是禅学大师，成为中国禅学中心之一。作为中国重要地域学术文化的蜀学，富有哲思传统和文史之长，"易学在蜀""史学莫隆于蜀""文宗自古出巴蜀""自古诗人例到蜀"等赞语，无不彰显历代巴蜀学术文化的璀璨夺目，成就非凡。巴蜀的音乐、舞蹈、碑刻、石窟、书法、绘画、诗词歌赋、戏剧、织锦、酿酒、制茶、肴馔等享有盛誉，非物质文化遗存丰赡多彩。巴蜀悠久的农耕文化与繁盛的工商文化相得益彰，并曾在水利开发、天然气开采、钻井术、天文、数学、医药等科技领域独占鳌头，纸币"交子"首发领先全球。巴蜀是中国历史上一个典型的移民区域，又长期是汉族和许多少数民族相聚和融合的地区，开拓了对外交往的条条蜀道，形成了连通中亚、南亚的南方丝绸之路和藏羌彝民族走廊。移民文化与原生文化、汉文化与少数民族文化、本土文化与外来文化在这里交融互动，使巴蜀文化具有很强的开放性、包容性、创新性和辐射性，这些特性被学者喻为"水库效应"。巴蜀儿女自古敢为天下先，尤其是百余年来向现代化转型时期，巴蜀文化哺育和造就了众多的杰出人物和文化精英，红色文化光耀史册，三线建设举国之重，"改革之乡"①闻名遐迩。在2008年"5·12"汶川特大地震等自然灾害的救援和重建过程中，四川人民表现出的英勇、睿智、大爱、感恩，也都凝聚着巴蜀文化浴火重生的精神。

当今中国正处于世界百年未有之大变局，建设社会主义文化强国，着力提升文化软实力，关系到"两个一百年"奋斗目标和中华民族伟大复兴中国梦的实现。身为当代学人，要在马克思主义指导下，树立高度的文化自觉和自信，十分珍视本土优秀的传统文化，处理好传统文化与现代化、本土文化与外来文化的关系，立大志愿，开大视野，用大手笔来发掘和系统梳理传统文化资源，传承、整合、弘扬巴蜀文化，致力于培根铸魂、固本延脉，使我们优秀的文化基因永续传承，与当代社会相协调，让富有恒久魅力、具有当代价值的巴蜀文化在提高全民精神素质，推进文化强省强国，铸牢中华民族共同体意识和助推构建人类命运共同体的进程中发挥应有的作用。

编撰多卷本的《巴蜀文化通史》，具有深远宏大的文化价值、学术价值和应用价值。一是对巴蜀文化几千年的发展轨迹及其创造、积累的宝贵文化财富，作出系统梳理和规律性总结，可以回应巴蜀民众了解"我是谁""我从哪里来"的文化寻根需求，丰富人们的精神世界，尤其是在道德规范和价值取向上得到涵养和化育。二是可以较全面地展示巴蜀文化的神韵和亮点，系统阐扬蜀史、蜀学、蜀文、蜀艺，构筑宽阔的学术研究平台，为巴蜀人文社会科学走向繁荣，促进传统文化的创造性转化和创新性发展，发挥立其大本、凝聚人心、导向助推的作用。三是同兄弟地域文化的研究成果相互呼应、相得益彰，有助于深入了解中华文化，传承中华文脉，为我们的母亲文化增光添彩，一起来展示她的独特魅力，进而与世界多元文化中不同民族文化平等交流互鉴，为建设新时代中国特色社会主义文化，增强我国的文化竞争力和软实力添砖垒瓦。四是更进一步促进川渝文化合作，可以为繁荣、丰富当代巴蜀先进文化建设，尤其是推进文化创意产业和康乐旅游产业，发掘深层次的文化内涵，提供坚实的学术依据，从而开启思路、激发灵感，以文塑旅，以旅彰文，把潜在文化资源（包括物质文化遗产和非物质文化遗产）

---

① 邓小平1982年对家乡四川的深情赞语。

转化为现实的生产力和文化软实力。五是有助于改变四川高校和研究机构在巴蜀文化和蜀学研究上各自为政、力量分散的状况，使之汇聚并形成有较高水平的老中青结合的研究队伍。与《巴蜀文化通史》珠联璧合的《巴蜀全书》，作为四川有史以来最大规模的古籍文献整理工程，经由四川大学古籍整理研究所提出并担纲，在四川省社会科学院和兄弟高等院校协力下，2012年以来，已出版阶段性成果两百余种，就是蜀学研究正在形成合力的又一明证。

定位与特色

为了实现前述宗旨，参与编撰的同仁都力求使《巴蜀文化通史》既是文化集成，又是学术创新，努力做到观点有一定创新性，知识含量丰富，资料翔实，文笔流畅，总体上进入巴蜀文化研究的学术前沿，在科学性、系统性、创新性、前瞻性、可读性等方面力争成为当代巴蜀学人可以"预流"——预于时代学术潮流的成果，成为在巴蜀文化研究上服务于现实并可继往开来的学术著作。但我们悬鹄虽高而未必力所能逮，故难免"取法乎上，仅得乎中"之憾。

这部书的研究对象是巴蜀文化，性质是通中寓专、通专结合的文化通史，角度是把地域史学与文化学及相关学科契合起来，贯穿全书的编撰理念是"三通"，即纵通、横通与会通。这里就分别说一说本书的"文化"本位、"巴蜀"立位和"三通"定位。

（一）"文化"本位

世界上对"文化"的定义已经有好几百种。我们以唯物史观为指导，本着天人合一、以人为本的中华人文精神[①]来解读文化。"惟天地万物父母，

---

① 天人合一、以人为本，打破天道与性命的隔阂，既避免把天人合一引向神学化，也避免陷入人类中心主义，而把敬畏、顺应自然与发挥人的主体能动性相统一，蕴含天人相依相待、互动互益的张力。

惟人万物之灵。"①人作为自然演化的产儿，受惠于天地万物，在群体劳动实践中成为地球上的万物灵长，既能创制工具，又能用语言交流，进而创制文字，由此有了文化及其积累、传承，于是便创造了"人化的自然界"。同时，在法天、法地、法万物的进程中，人也改变和提升着自身。汉字的"文"，原意是文身、文饰、纹理，以文来显示，以文来变化，讲规矩、礼貌，与禽兽区别开来。这是外在的，更是内在的。文的外化于行与内化于心，开物成务与锻塑成人，乃是人类与自然进行精神与物质相互变换中联袂互动的双重效应。自然力所为乃造化，人类心力所创是文化。文化从何而来？由人化文；文化落脚何方？以文化人。荀子讲"化性起伪"，"伪"就是人为的东西。要改变自身才能更好地改变世界。文化就是这样"人化"与"化人"（或曰"人为"与"为人"、人性的外化与内化）相统一，在双向建构中螺旋式上升，推动着人居世界的演进。人，既是创造文化的能动主体，又是文化所创造的价值主体。这与古语"人文化成"②的解读可以相通，也跟西方"文化"一词兼容"耕作、栽培"（外化）和"养育、教化"（内化）的语义相衔接。《中庸》讲至诚尽性，内外交修："惟天下至诚，为能尽其性。能尽其性，则能尽人之性；能尽人之性，则能尽物之性；能尽物之性，则可以赞天地之化育；可以赞天地之化育，则可以与天地参矣。"③这段话，恰可理解作为内化与外化相统一的文化的功能。

这样的广义文化，它对外与天地万物相成相济，内结构则包含着精神文化、语文符号、规范体系（行为习俗和法律）、社会制度和社会组织、物质产品等要素。④这些文化要素，大体可划分为相互联结、相互渗透的三个层面：外层是作为基础的物态文化，即经过人的劳动形成的"人化"自然或器物层面，体现人与自然的互动关系及其物质成果；中层是语文符号、制度文化和行为习俗文化等，可称为"交往文化"，体现出人与人的互动关系即社会关系，也是精神文化的外在表现；内层则是以价值观为核心的精神文化，

---

① 《尚书·周书·泰誓上》，《十三经注疏》上册，中华书局1979年影印本，第180页。
② 《易·贲卦·彖辞》："观乎天文以察时变，观乎人文以化成天下。"
③ 《礼记·中庸》，《十三经注疏》下册，中华书局1979年影印本，第1632页。
④ 《中国大百科全书·社会学卷》，中国大百科全书出版社1991年版，第409页。

体现出人的心灵世界在真、善、美、圣（科学、道德、艺术、哲学、宗教）诸多领域与境界的创造。清代龚自珍说过："圣人之道，本天人之际，胪幽明之序，始乎饮食，中乎制作，终乎闻性与天道。"①文化的上述三个层面，既如血脉相通，总体上联动互进，在变迁时序上又往往呈现有速有缓、或前或后的不平衡发展状态。这种总体性与异步性的统一，是在研究和描述文化史时需要仔细琢磨和体现的。

综上所述，文化是在天人相合相分、互动互益进程中人的生命存在及其取得的全部成果，或简单地说，文化就是人类独有的生存方式。人们总是生活在世代传承而又不断积累、不断丰富的文化之中。这文化如水，滋润万物；若风，吹拂人间；又好比血液，灌注循环于特定民族或地区人群的心灵深处，产生凝聚力和认同感，积淀、凝结为人们稳定的生存方式。因此，人类的文化既有共通性，又有民族性、地域性和时代性，是多元的、多样的，而不是单一的、无差别的。不同民族、不同地域、不同时代产生的文化模式，形成的文化精神各有不同。伴随着时代的风云变幻，当不同文化相遇、相会时，从价值观念、思维方式、生活样态到社会习俗，就会产生交流、交融、交锋，出现文化选择和互融，进而导致文化的转型。通观世界历史，文化转型曾有过各种不同的类式。中华文化的现代转型是守正创新，把马克思主义基本原理同中华优秀传统文化相结合的自主式；而不是聚合多种移民文化、喧宾夺主的复合式；更不是那种特定场合下原有文化解体，被另一文化取代的断崖式。

"文化"和"文明"是两个意义相近又有区别的概念。文化侧重于文的功能，文明侧重于文的成就。人猿揖别，就出现文化；到告别蒙昧、野蛮，才进入文明时代。文明是个褒义词，囊括人类创造的积极成果之总和，用以指称人类社会的进步程度和开化状态。②当今多以文化标示民族性差异和地域性特色，而以文明标示人类的普遍行为和多元成就。文明因交流而互鉴，因互鉴而发展。在经济和科技全球化进程中，许多物态文化和一部分行为习

---

① 《五经大义终始论》，《龚自珍全集》，上海人民出版社1975年版，第41页。
② 《易·乾·文言》："见龙在田，天下文明。"《尚书·舜典》："睿哲文明。"孔疏："经天纬地曰文，照临四方曰明。"

俗文化在逐步趋于同质化，而具有不同基因的制度文化、语言文字，特别是精神文化，则终会呈现和保持多样化。这一部地域文化通史，本着文化的多元性和相通性来立论，各卷都力图写出浓郁的地域文化味，体现出"人化"与"化人"的统一。

（二）"巴蜀"立位

广袤的中华大地因地壳碰撞形成了自西向东、由高到低三个落差很大的阶梯，巴蜀处于高阶到中阶的内陆腹地，连通祖国的南北西东。巴蜀西部为青藏高原东南缘及横断山区北段，东部为群山环抱的四川盆地，总体地势西高东低，地形地貌独特丰富，集雄、奇、险、秀于一体，自然禀赋得天独厚，是万物生灵的洞天福地。巴和蜀是上古以来巴人、蜀人及其他族群先民活动的地域，二者相连乃至交错，文化复合共生，自成一个地域文化区系。在中华文明满天星斗式的起源中，这里是相对独立肇兴的长江上游文明起源中心，有巫山人、资阳人为代表的文化根系，有万年以上的文明起步，上古巴蜀地域文明形成和发展中的不少谜团还有待地下发掘来破解。三千多年前巴蜀文明就与中原文明血脉交融，与吴越、荆楚等文明紧密互动，也与南亚、中亚文明交流互鉴。公元前316年，秦并巴蜀后则更紧密全面地融入中华文明共同体，成为它重要的组成部分之一，东汉时即享有"天府之国"的美誉。巴与蜀同源同囿，文化具有同质性和内聚力，而自然人文环境又同中有异，形成了刚柔相济的复合型文化共同体。蜀人慕文好乐，精敏健雄，浪漫诙谐；巴人质直尚勇，豁达豪爽，吃苦耐劳。所谓"巴出将、蜀入相"，大致道出了两者文化性格的差异。巴蜀的地域范围历代有涨有缩，行政区划迭有变迁（包括1997年以后川渝分治），而长期历史形成的巴蜀文化区虽没有截然划定的边界，却是相对稳定的整体，并未因行政区划变动而忽合忽分。巴蜀文化区的范围是涵盖今四川省和重庆市地域，兼及周边风俗略同地区的民族文化共同体。它以史源悠久、流传有绪的巴文化、蜀文化为主轴，既包括四川盆地以汉族为主体、辐射四周的文化，也包括盆地周边各以藏、彝、羌、苗和土家等世居少数民族为主体、各民族和谐共融的文化，是这一地区从古至今多民族地域文化的总汇。这部书论述的地域以今四川省和重庆市为主，对不同历史时期曾纳入巴蜀行政区划或与其文化关联密切的地域也有涉及。

巴蜀虽地处祖国内陆，不靠边、不濒海，却衔接南北，连通西东。在编撰这部书时，我们力求处理好巴蜀文化与其母文化——中华文化的关系，重视巴蜀文化与兄弟地域文化之间的交集和互动，着眼于巴蜀文化的特性、个性，寓共性于个性之中，寓统一性于多样性之中。我们也重视巴蜀文化与域外文化之间的交集和互动，注意巴蜀文化在中外文化交流中所起的作用。在巴蜀文化内部，我们力求处理好蜀文化与巴文化相互之间的关系，巴蜀汉民族文化与各世居少数民族文化的关系，尽可能都给以充分的关注，反映它们之间的共性与个性、互联与互动，力避顾此失彼，详略失当。为涵盖并展示少数民族文化多姿多彩的众多领域和方面，这部书除单独设置《民族文化卷》外，各有关专题卷都力图把相关领域的少数民族特色文化摆在重要位置进行阐述和概括。

（三）"三通"定位

"三通"是贯穿全书的重要编撰理念。史著价值在于信，通史灵气在于通。司马迁"究天人之际，通古今之变，成一家之言"①是我们心向往之、孜孜以求的目标。史学前辈范文澜等曾提出"三通"（"直通""旁通""会通"），我们根据编撰《巴蜀文化通史》的要求，把历时态的"纵通"、共时态的"横通"与跨文化、跨学科的"会通"，合在一起作一些新的阐释。世界是通的，大历史是通的，大文化是通的。文化史的发展，本来就涵盖着纵向的全过程、横向的多层面、跨文化的多领域。通向历史本真，揭示历史本体，是"三通"追求的目标。尤其是作为通中寓专、通专结合的多卷本地域文化通史，无论承担通论或专题卷的学者，都力求在"三通"上下功夫。

一曰纵通，指历时态全过程的贯通。"观水有术，必观其澜。"这部书贯穿古今，上溯于远古巴蜀先民之蒙昧初开，下迄21世纪初年川渝之文明新

---

① 《史记》卷一三〇《太史公自序》。

貌，原始察终，系统梳理这个既有内在连续性，又呈现不同时代阶段性的曲折过程中巴蜀文化层积而兴的脉络，由此分析其在各个历史时期的盛衰流变，此起彼伏的高峰低谷，展示巴蜀文化的特色和贡献，进而探究其发展的逻辑进程，尤其是传统巴蜀文化向现代化转型的路径，论证巴蜀文化的当代价值和意义，揭示巴蜀文化的发展趋势和前景，做到鉴古察今、述往知来。这是全书贯穿始终的主线。这条主线还可以从实践与认识的角度一分为二：一是巴蜀文化的实践史、发展史；二是在实践基础上对巴蜀文化的认识史、研究史。二者结合方能从实践与认识的循环往复中，深入把握"外化与内化相统一"的文化真髓。

二曰横通，指共时态全方位的互通。"事不孤起，必有其邻。"从全书立卷到各卷章节的设置，都力图以时间为经，以反映文化的不同层面及专题为纬，纵横交织，立体成像。历史运动是有结构的，它是过程与结构的统一，广义文化中各层面的共生、交叉、互动就体现着这种结构性。这部文化通史不仅要剖析巴蜀文化发展的过程，同时要展现巴蜀文化的层次与结构。本书多数专题卷，虽然在物态文化、交往文化、精神文化几个层面中各有其侧重点，但都是从有血有肉的文化肌体中抽出来的，不能孤立求索和描述。研究时不仅不能把经济基础与其上层建筑割裂开来，还要努力展示文化各层面的横通，展示各专题内部各个相关领域的横通。这样做是为了尽量体现地域文化生成的内在机理，使读者把握到神完气足、血肉丰满、生机勃勃的整个巴蜀文化。

三曰会通，着重指跨文化、跨学科的多元共融，全景式打通。《易·系辞上》说："圣人有以见天下之动，而观其会通。"[①]南宋郑樵《通志》特别强调"会通"。[②]要从天下事物阴阳变动不居的状况，观察领悟其会合变通的卯窍。人类文化从来是多元并存，在相互比较、碰撞、渗透、融合中发展的。研究地域文化，必须有开放式的大视野，具备跨文化、跨学科的眼界

---

① 李鼎祚《周易集解》注文中引用汉代干宝："观日月而要其会通，观文明而化成天下。"
② 郑樵《通志·总序》："百川异趋，必会于海，然后九州无浸淫之患。万国殊途，必通诸夏，然后八荒无壅滞之忧。会通之义，大矣哉！"又其《夹漈遗稿》卷三《上宰相书》："天下之理，不可以不会，古今之道，不可以不通，会通之义，大矣哉！"

和通识，能够在充分尊重和了解各种文化事象的前提下，不停留于对现象的描述，而要触类旁通、探赜索隐、择精合妙、汇聚通宜，真正实现圆融贯通。纵通为经，横通为纬，须擅会通，方呈现三维立体的全息图景，做到究始终、观全体、明是非得失之故。就是说，文化史研究要通过分析和综合，具备文化反思和阐释张力，会归通衢，由"方以智"进到"圆而神"，抵达藏往知来之境。

我们时时提醒自己：研究巴蜀文化不仅要钻得进去，还要跳得出来，站到更高处，具有开放的胸襟和跨文化比较的视野，把巴蜀文化放到多元一体的中华文化和全球多元文化的大背景下加以审视，察异观同，和合会通。巴蜀文化从来不是与世隔绝、孤立自足地成长起来的，而是在同周围的兄弟地域文化相互影响下发育繁衍，并在同远近的异质文化间接或直接的交流互动中汲取营养的。我们正处在不同文化交流空前深入、碰撞空前激烈的时代，为了追寻全球文化的多元和谐，助推构建人类命运共同体，一定要本着"各美其美，美人之美，美美与共，天下大同"的文化会通观，祛除近代以来因受西方强势文化轻视、压抑而形成的文化自卑和盲从心态，提高对中华文化地位、作用的认识，坚定文化自信，珍爱并拓展、弘扬本土文化的精华。要在马克思主义指导下，具备通识通才，对中外文化精神析同辨异，折冲樽俎，在会通中实现对优秀传统文化的继承和超越，对外来文化精华的吸纳和转化，促进新时代中国特色社会主义文化繁荣发展，不断开拓文化巴蜀、文化中国转型复兴之路。

架构与方法

20世纪初叶，随着新史学的兴起，文化史在历史学中的地位得到重视和加强。刘师培曾计划研究文化专门史，含十六种，以西方学术的科目，析先秦诸学学术思想之长短得失。①胡适设想，中国文化史要包括民族史、语言文字史、经济史、政治史、国际交通史、思想学术史、宗教史、文艺史、风俗史、制度史等科目。②梁启超专就文化史的做法讲课，认为需要对政教典章、社会生活、学术文化等方面，做分门别类的文化专史。最好是把人生的活动事项纵剖，依其性质，分类叙述。在狭义的文化专史中，他举出语言史、文字史、神话史、民俗史、宗教史、道术史（哲学史）、史学史、自然科学史、社会科学史、文学史、美术史等。③不过，20世纪30年代初问世的几部中国文化史（如杨东莼1931年、柳诒徵1932年、陈登原1935年），仍多系综合体裁，对各文化门类往往语焉不详。

在前辈学者探索的启发下，我们反复思量，决定突破所见的国内现有地域文化史侧重综合、纵通的体裁，而按"纵述史实，横排门类"的编撰原则，采用"通论+专题卷+大事记"这样一种体现纵通、横通、会通的创新结构，几经斟酌，全书共二十二卷，排序如下：置全书之首的《通论卷》，阐释了巴蜀文化的基本概念与学术体系，生态环境背景，巴蜀文化的研究史和认识史，由古及今的文化发展轨迹、基本性质及基本特征，在多元一体、博大精深的中华文化中的定位及其特殊贡献，薪火传承与现代化转型创新及前景趋势，力求起到提纲挈领、纲举目张的作用。其后大体按文化的不同层次，分别为巴蜀文化具有特色的领域、学科列专题卷。先是侧重物态文化并由此探及相关交往文化、精神文化层面的，有《农业与水利文化卷》《工商文化卷》《城市文化卷》《建筑文化卷》《交通文化卷》；接下来的《民族文化卷》从中华民族共同体的多民族视角强调综合性；《宗族与会社卷》《移民文化卷》《方言卷》《民俗文化卷》大体属于制度文化、语言文字、行为交往文化层面（鉴于政制、职官、法律等制度，全国大体统一，故不设专卷）。继后精神文化层面的部分，卷数较多，设有《哲学思想卷》《史学卷》《宗教文化卷》《教育卷》《文学卷》《艺术卷》《科技文化卷》《传

---

① 刘师培：《周末学术史序》，1905年作，《刘师培儒学论集》，四川大学出版社2010年版，第36~78页。
② 胡适：《〈国学季刊〉发刊宣言》，《胡适文存》二集，黄山书社1996年版。
③ 梁启超：《中国历史研究法（补编）》，《中国历史研究法》（外二种），河北教育出版社2000年版。

播文化卷》。为便于了解巴蜀历史文献,尤其是蜀学文献,特设有文献目录学专题《文献要览卷》。专题卷之后的《巴蜀文化大事记》,对先秦至当代巴蜀文化重大事件以编年方式扼要记载,便于读者对巴蜀文化全程有鸟瞰式、综合性的把握;《巴蜀文化研究论著索引》,则供研究者作为检索工具使用。以上就是全书的架构。

各专题卷均前置导言,末设结语。其篇章框架则因事制宜而有所不同。有的是以时期分章,大体按不同门类分节,在纵通中含横通(如《教育卷》);有的主要按专题并结合时序来分章节,在横通中含纵通(如《科技文化卷》);有的先理出历史线索,再突出一些重点专题,先纵后横,纵横结合(如《城市文化卷》);还有的卷内分两编,分述相关内容(如《农业与水利文化卷》)。

《巴蜀文化通史》作为多卷本的学术著作,主要供大专以上程度的读者阅读,以及文化馆、图书馆等购备。它既不是曲高和寡的"阳春白雪",也不是能够直接普惠民间的通俗普及读本。为了让巴蜀文化走进千家万户,还有待开发科普读物和图文,使之逐步大众化,在应用和传播上做创新文章。

编撰《巴蜀文化通史》,涉及学科门类甚广,涵盖时间很长,创新要求颇高,总字数超过千万。这样的文化工程,绝非率尔操觚、短促突击所能成功。近人刘承幹①《明史例案》提出过八条准则,就是"搜采欲博,考证欲精,职任欲分,义例欲一,秉笔欲直,持论欲平,岁月欲宽,卷帙欲简",我们在编撰过程中借作参照,同时根据在新时代撰写地域文化通史的新要求,不断从实践中探索,大体形成了以下一些做法:

(一)多学科的专家学者分工合作,协同攻关

梁启超主张,广义的文化专史,涉及面特别广,在专史中最为重要,也最为困难。这不单是史学家的责任,更是研究某种专门学问的人对于该种学问的责任,要尽量用内行的专门家去做。若能以终身力量做出一种文化专史

---

① 刘承幹(1881~1963):著名藏书家、刻书家、史学家。

来，于史学界便有不朽的价值。①本书的编撰设置了编撰委员会、学术委员会及编辑部，确定由正副主编主持编撰，编辑部依托省社科院开展编务工作。各专题卷的著者采取定向邀标办法聘请，多为对该学科领域研究有素的专门家，分别采取由个人承担，或二三人合著，或一人主撰、团队协力完成等方式进行。为保证学术质量，使全书有机统一，在实行主编负责制的同时，由资深专家组成学术委员会，全程参与从项目规划到成书的学术攻关和学术把关。

2006年以来，先后开了四次分卷著者会议，八十多次书稿审读会议。第一阶段，先由学术委员会同分卷著者反复讨论各卷著者拟出的由粗到细的提纲，并明确全书编纂理念②，统一规范体例，然后与分卷著者签订编撰合同，落实工作责任。第二阶段，学术委员会同分卷著者研讨各卷写出的一两章样稿，这是"摸着石头过河"的试错与磨合过程。有些卷的思路和写法曾有大的调整和改变。第三阶段，各卷著者潜心研究，奋力写作。初稿先后写出后，大都经过学术委员会仔细研读，写出审读意见，同著者一起讨论，从结构、体例到观点、材料都认真交换意见，对著者遇到的各种史料、概念及话语体系、文脉梳理、文化基因挖掘等问题，出点子，提思路。待著者修订后又进行讨论，有的书稿研讨了四个回合。当某一分卷初稿趋于成熟时，即请出版社责任编辑提前介入审编，参加讨论，以便撰写工作与第四阶段的编辑出版工作紧凑衔接，不出空当。因各卷皆分头撰写，结构和文字风格有所不同，对同一文化事象的见识裁断有别也在所难免。在统改书稿过程中，既充分尊重分卷著者的学术个性和创见，同时为了各卷在总体上规范统一，基本观点相互协调而不相抵牾，尊重主编的统改权，而在个案判断上各卷则有自由度。注意把握各卷边界，相互照应避让，以免大的重复，做到详略互见，各得其宜。

在这部文化通史编撰期间，本书学术委员会大多数成员在辛勤共事中度过了古稀以至耄耋之年。我至今还清楚地记得在每次研讨会、审稿会上专家

---

① 梁启超：《中国历史研究法（补编）》，《中国历史研究法》（外二种），河北教育出版社2000年版。
② 章玉钧：《关于编纂〈巴蜀文化通史〉的思考》，《中华文化论坛》2007年第4期，第5～10页。

们无私地贡献个人的真知灼见，自由发表不同见解乃至相反的主张，体现出的那种学术为公的争鸣探索精神。尤其令我们刻骨铭心的是：隗瀛涛、李绍明、贾大泉、沈伯俊、万本根、胡昭曦、林向七位先生为学术工作长期呕心沥血，先后因病辞世。对诸位先生的高见卓识、学者风范尤其是为编撰本书所做的贡献，我们将永志不忘。

（二）采取多重证据法和综合研究法，在搜集和鉴别史料上下大功夫

古人所称"文献"，原本指书面文字记载与贤人口头传闻①，徐中舒先生拓展他的老师王国维的古史二重证据法为多重证据法，注重传世文献、出土文物和现代民族学、民俗学的活态文献等结合互证，将区域文化史研究提高到崭新的学术境地。本书编撰中，继承和弘扬王、徐等前贤视野广阔的史料观，搜罗史料力求竭泽而渔，鉴别史料着意披沙拣金，通过综合比勘，相互参证，追根溯源，从而正误辨伪，务寻真史。各专题卷著者都是先汇辑基本史料并掌握学界已有研究状况，汲取前人取得的成果，才进入写作阶段。有好几卷的著者更是"读万卷书、行万里路"，带领研究生经年累月搞田野考察，获得不少真知灼见，从而在学术上有了新的拓展。

（三）坚持文化学的视角，采取多学科交叉和比较文化学的研究方法，力求写足文化味

文化既然是人的生存方式，归结为"人化"和"化人"，每卷文化史就要见物更见人，既写出"由人化文"的胜境，更揭示"以文化人"的妙谛。有关精神文化的各专题卷，既系统梳理巴蜀精神文化尤其是蜀学发展繁荣的脉络，突出展示巴风蜀韵孕育出的文宗巨子和文化精英的成就，也记载众多无名工匠、艺人等留下的民族民间文化、市井文化的瑰宝。侧重物质文化的各专题卷，不停留在物态层面的描绘，而尽力深入到制度层面、精神层面。如《农业与水利文化卷》《科技文化卷》等，对举世无双、造福人类

---

① 朱熹："文，典籍也；献，贤也。"引自《四书章句·论语集注》卷二《八佾第三》，中华书局2012年版，第63页。

二千二百七十多年的都江堰水利工程，就不仅从物质、科技、生态层面介绍其巧夺天工、可持续发展的奥秘，而且从制度文化层面总结其堰官、岁修、劳役、配水、轮灌、收费等管理制度，更深入精神文化层面阐释其"上善若水"的哲理和人文精华。

（四）掌握焦点，抓住重点，发挥特点，突破难点

饶宗颐先生在揭橥华学趋向时，曾提出"三条"："一是纵的时间方面，探讨历史上重要的突出事件，寻求它的产生、衔接的先后层次，加以疏通整理。二是横的空间方面，注意不同地区的文化单元，考察其交流、传播、互相挹注的历史事实。三是在事物的交叉错综方面，找寻出它们的条理——因果关系。"又说："我一向采用的史学方法，是重视'三点'，即掌握焦点，抓紧重点，发挥特点，尤其要特别用力于关联性一层。"[1]我们体会，"三通"的理念与上述"三条""三点"是一致的，而方法上特别重视关联性，就要纵通找焦点，横通抓重点，会通求特点。编撰中，我们注意咀嚼梁启超的卓见：文化的发展史，各个时代、各个领域是不平衡的，重要性是不一样的，要分主系、闰系和旁系。不要平讲直叙，分不出浓淡高低。须用鸟瞰的眼光，看出哪个时代最主要，发达到最高潮，便用全力赴之。[2]各书大都采用了这种大处着眼、抓住重点、突破难点、提炼观点、不平均使用力量的方法。

集成与出新

前面提到，编撰这部书时，我们力求做到既是文化集成，更是学术创新。无论文化发展、学术探索，都是慧命相续、推故致新的过程，需要不断传承积累，继往开来，久久为功。"譬如积薪，后来居上。"用冯友兰先生

---

[1] 饶宗颐：《〈华学〉发刊词》（1995年），《选堂序跋集》，中华书局2006年版。
[2] 梁启超：《中国历史研究法（补编）》，《中国历史研究法》（外二种），河北教育出版社2000年版。

的话,这是从"照着讲"到"接着讲"的进程。每门文化史的研究,都需要对已有的各种史料,广搜博采,集纳钩沉;对前贤成果循波讨源,含英咀华;只有在对文化遗产守正传承的基础上,才有可能站到前人肩膀上,回应新的时代需求,匠心独运,开拓新境;才有可能焕然出彩,奉献出在某些方面超越前贤的成果。朱熹诗云:"旧学商量加邃密,新知培养转深沉。"①集成是出新必需的基础和前提,出新则是集成企求的目标和价值增值的成就。二者同体异面,缺一不可,是衡量学术成果质量相互关联的两个维度。

(一) 从集成的维度看

首先,《巴蜀文化通史》可以说是"巴蜀文化"概念提出八十多年来首次大的学术集成。"西蜀文化"(郭沫若1934年)、"巴蜀文化"(卫聚贤1941年)提出之初,主要是就巴蜀考古文化而言,后来渐次扩大到广义的巴蜀文化,有关论著已上千册,有关文章达数万篇(《巴蜀文化研究论著索引》多有著录),形成了分别以史学文献考据、文物考古、民族民俗田野调查为主的三种研究方向,近年又发展出综合诸家的会通型研究方向。各条路径的学者在不同领域、从不同角度艰辛探索,均取得了丰硕的成果。本书各卷编修中,都努力加以搜集、消化和吸取,并以借鉴、发挥这些观念、方法为前提,力求形成对巴蜀文化研究具总汇性的成果。如《通论卷》从总体上就巴蜀文化生态背景、内涵性质、发展历程及基本规律、特征等问题,会通诸说,取精用宏,做了言之成理的统体性总述,成为具有集成性的一家之说。《民族文化卷》不仅就民族理论的疑难问题深入研究,还在搜集分析历史文献材料、文物考古材料,特别是对国家组织的多次民族调查材料下了很大功夫,从而描绘出巴蜀世居各少数民族立体生动的文化图景。

其次,古往今来的巴蜀文化长河浩荡壮丽,魅力无穷。《巴蜀文化通史》对清点总结长时段、宽领域、多层面的巴蜀文化来讲也是一次学术集成。巴蜀的历史文化名人,如大禹、李冰、落下闳、文翁、司马相如、扬

---

① 《鹅湖寺和陆子寿》,(宋)朱熹著,郭齐、尹波点校:《朱熹集》卷一,四川教育出版社1996年版,第185页。

雄、诸葛亮、陈寿、常璩、陈子昂、武则天、李白、杜甫、薛涛、苏轼、格萨尔、张栻、秦九韶、杨慎、李调元等，都在相关卷帙中重点推介，娓娓道来；巴蜀历史上突出的物质文化成就和非物质文化成就，蜀学、蜀文、蜀艺、蜀籍的精华也都提要钩玄，荟萃于此。如《文献要览卷》就搜选论列了近五百种巴蜀文化重要典籍，可一览巴蜀文献精华，为学者指点津梁。又如智慧幽默的四川方言是巴蜀历史文化凝结的珠宝，《方言卷》挖掘、串起一颗颗珍珠，并生动剖析其蕴含的丰富文化信息，令人齿颊留香。

再者，不少专题卷的著者既具文化通识，又对该学术领域长期耕耘，研究有素，此次写作起到了阶段性总结的学术集成作用。例如：《城市文化卷》著者三十多年来由跟从名师到带领团队，一直深耕于近现代中国城市与城市文化研究领域；《移民文化卷》著者是国内知名的移民文化、客家文化研究专家；《交通文化卷》著者多年致力于西南历史地理尤其是交通文化的调研；《哲学思想卷》和《史学卷》著者长期潜心研究巴蜀哲学、巴蜀史学；《建筑文化卷》著者是卓有成就的古建筑研究专家、高级建筑师。他们都在各自领域完成了多项国家课题，此次承担专题卷，更是辛勤研讨，旁搜远绍，厚积薄发，突出亮点，倾力奉献了后出转精之作。

（二）从出新的维度看

本书围绕前述长时段、宽领域、多层次的巴蜀文化来创新体例结构，成为首部纵横贯通、覆盖面广、体量超大的巴蜀文化史，在全国已出的各种区域文化通史中，当属编撰体例新、时间跨度长、内容浩繁的一部。学术体系上的集成性，本身就是从文化观念、编撰理念到架构体例的出新，在地域文化通史领域作了开创性的探索。这是其一。

本书各卷着眼于发展新时代文化，明道求真，以史经世，着力写出巴蜀文化的特色和韵味，在内容上有较多突破和出新。过去关于农业与水利、工商、交通、建筑、城市等的论著，容易停留于物态层面，罕有从文化学角度和宏观视野对其全过程深入探讨之作；这次研究标明以"农业与水利文化""工商文化""交通文化""建筑文化""城市文化"为对象，注重深入文化层面进行阐释，且着意探讨长时段历史中这些物质文化变动与制度文化、精神文化演进的关系及产生的影响，这些往往是以前研究论著较少触及的。有关巴蜀学术文化的几卷，着力显示蜀学长于思辨、多元会通、创新超迈、沟通理欲、注重事功等特色，有助于发扬当今的时代精神。有关交往文化的几卷，注重聚焦于民间大众，关注各色人等的日常生活，运用了许多文化人类学、社会学、民族学的方法，见解新颖，地域文化味很浓。这是其二。

更值得珍视的是，各卷在编撰中深汲传统的源头活水，发现其烛照现实和未来的原创亮点，尤其是优越秀冠的巴蜀文化在传承创新中焕发异彩之所在。许多卷发掘出大量翔实的资料，匠心独运，以史鉴今，提炼出有创新性的学术观点，或举出有新颖性的论据，活用巴蜀首创的学术话语，采用别出心裁的叙事方式，力争获得创新、独见、卓识的学术成果。具体的创新点如同"诗眼""文眼"分布闪烁在卷帙之中，细心披阅，当会时有"山阴道上，应接不暇"之乐，这里无法一一细析。

鉴于多卷本地域文化通史尚属初创，不同文化门类各有其学理脉络、发展轨迹和演进特色，编撰难度往往超出预期，主编和各卷著者虽迎难而上，勉力为之，但仍难免有纰漏丛脞之处。尤其是古蜀文明还有不少千古待解之谜，我们受限于已获的资料和研究水平，多只能守阙存疑。对成稿后的许多惊世发现，巴蜀文化日新月异的面貌和新的研究成果亦未能更多纳入。当把多卷本《巴蜀文化通史》奉献到读者面前时，我们既同大家分享喜悦，又有颇为忐忑的心情。这部书，以至其中每一卷，究竟应获怎样的评价，最终还要接受时间的检验。衷心期望巴蜀文化研究慧命相续，薪火相传，探索和构建起自身完整的学科体系、学术体系和话语体系。但愿此番的初创能为后续俊彦们开拓新境起到抛砖引玉的作用。

目 录

导　言 / 1

  一、工商文化与农耕社会 / 2

  二、重农抑商理念与传统工商制度 / 8

  三、巴蜀工商文化发展的历史脉络 / 16

第一章　古代巴蜀时期：工商文化的滥觞 / 33

  第一节　古巴蜀制造业与手工工艺的文化遗存 / 35

    一、古巴蜀文明时期制造业与手工业遗存 / 35

    二、巴蜀手工业的产生与初步发展 / 41

    三、古巴蜀手工制造业的主要部类及其制造工艺 / 42

    四、巴蜀手工业生产规模、组织方式与工匠身份蠡测 / 71

  第二节　自然盐泉的发现与长江上游盐资源的开发、利用 / 74

    一、四川盆地的盐矿地质概况 / 75

    二、从白鹿饮泉得到的启示：巴蜀先民最初的食盐来源 / 77

    三、廪君的传说：长江上游的盐泉与巴人的早期采盐活动 / 79

    四、开发四川盆地井盐的物质技术条件 / 81

  第三节　原始交换的发生与早期商贸活动 / 84

    一、古蜀的市集与商贸活动 / 84

    二、巴人的食盐贸易（巫䀇） / 86

    三、巴蜀与周边地区的贸易 / 88

四、古蜀的货币与衡器 / 91

第二章　秦汉魏晋南北朝时期：中原文化影响下的巴蜀工商文化的勃兴 / 95

第一节　秦汉巴蜀矿产和井盐业 / 99
一、巴寡妇清经营朱砂矿业与秦始皇筑"女怀清台" / 99
二、秦蜀守李冰与巴蜀井盐的开发 / 101
三、秦朝大移民与临邛卓氏、程郑的鼓铸活动 / 105
四、汉初"蜀严道铜山"与流布天下的"邓氏钱" / 106

第二节　临邛、蒲江井盐与天然气开发 / 108
一、盐铁官营政策与临邛、蒲江井盐 / 108
二、人类能源开发史上的奇观——临邛火井 / 110
三、东汉画像砖表达的蜀郡井盐生产实况 / 112
四、从《华阳国志》看巴蜀盐井的家庭作坊式经营 / 116

第三节　巴蜀地区的重要手工业 / 120
一、巧夺天工的蜀锦织造 / 120
二、远播异域的蜀布、邛杖工艺 / 122
三、精美绝伦的漆器、金银器 / 125

第四节　秦汉五大都会之一的成都与巴蜀商业的兴盛 / 127
一、巴蜀的城市商业贸易状况 / 127
二、成都大都会地位的形成 / 129
三、蜀郡商贸辐射区的产生 / 134

第五节　与西南地区少数民族和东南亚、南亚的商贸关系 / 138
一、秦常頞"略通五尺道" / 138
二、汉武帝经略"西南夷" / 140
三、"西南丝绸之路"的贸易活动 / 146

第三章　隋唐五代两宋时期：巴蜀工商文化的繁荣 / 157

第一节　商业市镇的发展与水陆贸易的兴盛 / 159
一、疢市、草市的出现与宋代市镇的形成 / 159

二、"扬一益二"：成都大都会商业的繁荣 / 167

三、长江上游水陆贸易与沿江商业城市的崛起 / 179

第二节 世界最早的纸币——交子 / 187

一、宋初蜀中行使铁钱的弊端 / 187

二、世界最早的纸币——交子在成都诞生 / 189

三、交子的流通状况与货币功能 / 191

第三节 与民族地区的茶马贸易 / 195

一、茶马贸易政策在巴蜀的实施 / 195

二、蜀茶在西北熙河、秦凤与吐蕃易马 / 197

三、蜀茶在西南黎州与南诏、吐蕃易马 / 200

第四节 唐宋巴蜀造纸与雕版印刷业 / 201

一、巴蜀造纸业的兴起 / 201

二、人类文化史上的重大发明——雕版印刷技术 / 206

三、人类文化史上的创制——《开宝藏》及蜀版书的问世 / 210

第五节 蜀中丝织业的工艺创新 / 215

一、丝织业的发展及其供求关系 / 215

二、蜀锦的工艺创新 / 220

三、蜀中织锦业与成都锦院 / 224

第六节 唐宋茶叶的主要产地——巴蜀名茶 / 229

一、巴蜀茶业兴衰及其原因 / 229

二、巴蜀名茶产区与茶叶生产 / 233

三、采茶时令与茶叶加工技艺 / 237

四、川茶文化管窥 / 238

第七节 人类深井钻凿技术的重大发明——卓筒井 / 240

一、官府专卖制度下的井盐生产 / 240

二、从苏轼《蜀盐说》看卓筒井的钻凿与采卤工艺 / 245

三、卓筒井对官盐垄断地位的冲击 / 247

四、科技创新的历史局限 / 249

第八节 巴蜀其他手工业 / 251

一、酿酒业 / 251

二、制糖业 / 256

三、陶瓷业 / 259

第四章　元明清时期：巴蜀工商文化 / 265

第一节　长江上游的商贸市场与场镇网络 / 267
一、长江上游的商贸市场 / 267
二、明清巴蜀农村市场——场镇的快速发展 / 278
三、商品市场的分布格局及其交易功能 / 280
四、明清场镇的民俗价值 / 283

第二节　巴蜀两大商贸中心的形成 / 285
一、长江上游运道的畅通工程 / 285
二、长江上游物流的变化与货运量的增加 / 286
三、重庆大都会地位的形成 / 288
四、与重庆互为依存的成都商贸经济区 / 289

第三节　清代巴蜀商人与商人资本 / 291
一、明清巴蜀商人的商贸活动 / 291
二、蜀商资本的积累途径与经营特点 / 297
三、巴蜀山陕商人盛衰的社会历史原因 / 307

第四节　明清时期的民族贸易 / 310
一、川藏贸易 / 310
二、川滇、川黔民族地区的贸易 / 315

第五节　巴蜀盐业的政策变化与井盐、天然气技术创新 / 319
一、明清时期对巴蜀盐业政策的变化 / 319
二、井盐业的恢复、发展 / 326
三、天然气开采技术的重要创新 / 328

第六节　其他传统工业的技术创新 / 340
一、酿酒技术的创新与五大名酒的问世 / 340
二、"衣被天下"的巴蜀纺织业 / 348
三、烤烟生产技术与彭遵泗的《蜀中烟说》 / 357

第七节　巴蜀传统工业孕育的资本主义萌芽 / 359
一、生产经营规模的扩大 / 359

二、技术创新与劳动过程的分工 / 363

三、雇佣劳动的普遍化 / 367

四、山陕商移民投资盐业生产 / 371

第五章 晚清时期：巴蜀工商文化的现代化滥觞 / 381

第一节 西方工商文化冲击波与冲击效应 / 383
一、西方工商文化向长江上游推进 / 383

二、丁宝桢创办四川机器局的动机及其解决中外冲突的方略 / 393

三、宋育仁振兴商务与巴蜀实业救国热潮 / 400

第二节 20世纪初，地方大吏倡办的实业、商务 / 404
一、设立商矿、劝工机构，倡导商务、实业 / 404

二、举办省城实业劝工会 / 406

三、各地举办的实业劝工会 / 413

四、创办劝业场（商业场）/ 415

第三节 巴蜀工业的早期现代化 / 417
一、工场手工业的持续发展：向机器工业转化 / 418

二、在西方工商文化影响下，绅商兴办的新式工业 / 422

第四节 外商在长江上游的投资活动 / 427
一、制造、加工工业 / 427

二、交通运输业 / 428

三、开发矿业 / 430

第六章 民国时期：巴蜀工商文化向现代化转型 / 435

第一节 巴蜀商贸市场的重要变化 / 437
一、重庆开埠以后的市场变化 / 438

二、成都的新式商业 / 446

三、沟通城乡的商贸网络——场镇 / 457

第二节 四川对外贸易的发展 / 465
一、进出口贸易概况 / 465

二、重庆、万县外商公司、洋行的经营情况 / 467
三、进出口贸易中的土货市场 / 470
四、恶性通货膨胀导致商贸市场走向崩溃 / 473

第三节　巴蜀工业面临的机遇与挑战 / 477
一、四川省政府拟订的地方经济建设规划 / 477
二、国民政府经济战略大转移——东部工业大规模内迁 / 480
三、在军阀混战中遭受摧残的四川工厂、企业 / 482

第四节　四川工业的基本状况 / 484
一、企业统计标准 / 485
二、四川工业的行业结构 / 486
三、民营企业的生存状况 / 489
四、强势企业的活力所在 / 494
五、地方军阀的投资活动 / 504
六、国家垄断资本的投资活动 / 517
七、外商对巴蜀地区的投资活动 / 520

第五节　全民族抗战时期四川工业的快速发展 / 523
一、全民族抗战时期四川民营企业的发展 / 524
二、垄断企业的膨胀及其对民营企业的蚕食鲸吞 / 528
三、抗战后期巴蜀工业的衰退 / 532

第六节　三年内战时期（1946~1949）的巴蜀工业 / 535
一、内迁工厂复员与巴蜀工业的衰败 / 535
二、资源委员会强化对重要工业的国家垄断 / 536
三、恶性通货膨胀对巴蜀工业的致命打击 / 537
四、战后美货对工业品市场的冲击 / 538
五、巴蜀工业的全面崩溃 / 540

第七章　半个多世纪来，巴蜀工商文化的现代化探索与实践 / 543

第一节　巴蜀工商文化的改革开放与技术革新 / 545
一、六十年再铸工商文化的历程 / 545
二、巴蜀工业的技术创新与工业园区建设 / 547

三、巴蜀商贸市场的繁荣与外商入川投资热潮 / 550

第二节　社会主义工商文化的探索、创新 / 553

一、社会主义工商管理体制的曲折探索 / 553

二、社会主义工商管理体制的革新 / 555

结　语：巴蜀工商文化的特色与古今蜀商的崛起 / 558

一、巴蜀工商文化的特色 / 558

二、古今蜀商的崛起 / 563

后　记 / 584

导 言

巴蜀工商文化源远流长，在秦统一巴蜀前，曾经孕育出极富地域特色的工商文化。其中，尤以三星堆、金沙遗址所代表的古蜀工商文化引人注目。因此，本书第一章论述"古代的巴蜀"，起于传说时期，迄于前316年秦灭巴蜀时。

与此同时，中原地区的工商文化逐步兴盛并演绎成博大精深的主体文化。中原工商文化植根于农耕文化基础上，手工业和商业发轫时间不晚于农牧业，在夏商周三代得到初步发展。春秋战国时期，井田制度瓦解、土地私有制逐步确立，工商文化进入兴盛期，商品经济达到相当高的程度，延续到秦汉时期。

中国工商文化的大转变发生在西汉武帝时期，出现了持续影响两千余年中国历史进程的抑商制度。这个制度包括禁榷、土贡和官手工业三大类，抑商制度经过历代王朝日臻完善，成为中国工商业、工商文化正常发展和中国商品经济增长的主要障碍。

秦统一巴蜀后，秦汉王朝先后实施大规模的社会改良和经济开发战略政策、措施，促使原有巴蜀工商文化融入中原工商文化，形成与中原地区大体一致的地域工商文化。因此，巴蜀工商文化也受到抑商观念和抑商制度的制约和影响。

鸦片战争后，西方工商文化的强势东进，加速了中国传统工商文化的解体。在向早期现代化社会转化的过程中，中国逐步形成保留自身特色的工商文化。在20世纪70年代末开始的改革开放和90年代开始的西部开发浪潮中，具有中国特色的巴蜀工商文化健步向市场经济方向迈进。

一、工商文化与农耕社会

（一）工商文化的发轫

中国虽然是一个农业大国，手工业和商贸活动的起源和兴盛却是很早的。考古发掘出土的中原仰韶文化、广汉三星堆文化等遗址中，不仅分别发现大量石器、陶器、青铜器、纺织品和各种装饰品，而且发现不少用于交换的铜贝、海贝等货币。传说时期，中原地区间已经有定期的商贸交流："日中为市，致天下之民，聚天下之货，交易而退，各得其所。"①人口密度较大的农村聚落，则是"因井为市"，"交易而退，故称市井"②。这是因人们的基本需求自发兴起的市场。追述巴蜀上古市集，"耆旧相传：古蚕丛氏为蜀主，民无定居，随蚕丛所在致市居，此其遗风。蜀有蚕市，每年正月至三月，州城及属县循环一十五处"③。为方便地区间的商贸交流，专门制作了水陆交通工具："刳木为舟，剡木为楫，舟楫之利，以济不通致远，以利天下，盖取诸涣。服牛乘马，引重致远，以利天下，盖取诸随。"④ "取诸涣"，"涣"即水陆交换之意，利用舟船将货物分散于四方。"取诸随"，"随"即随时之所宜，顺应市场需求，利用牛马将商品运负各地。

夏商周时代，随着社会经济的发展，手工业产品的增多，商业有很大的发展。夏、商两代，从游牧向农耕经济过渡，通过部族间"以物易物"、互通有无，以取得基本生活资料。据考古发掘，二里头夏文化遗址已有海贝出土。商人以善于交换闻名。传说"（商）王亥托于有易，河伯仆牛，有易杀王亥，取仆牛"⑤，商部落首领王亥到黄河以北易水一带贩牛，而被有易氏所杀。《周书·酒诰》记载商人进行长途贸易："肇牵车牛，远服贾。"《孔子家语·正论解》还有"殷人重商""殷人贵富"之说。商代已使用贝作为商品交换的等价物，贝和玉等同，称"货宝"，可见贝已具货币功能。周代农业比重上升，

---

① 《易·系辞上》。
② 《初学记》引《风俗通》，并见《后汉书·循吏传》引《春秋井田记》。
③ （宋）黄休复：《茅亭客话》卷九。
④ 《淮南子·齐俗训》。
⑤ 《山海经·大荒东经》。

"丰年多黍多稌,亦有高廪,万亿及秭"①。农业得到丰收,农产品品种和产量都大大增加,农业成为主要生活来源,所以有"周人重农"之说。畜牧业退居次要地位,自给自足的小农经济逐渐形成。贵族、奴隶主垄断了手工业和商业,原来的商人多沦为家奴或有依附关系的庶民,由他们从事田间劳动、放牧牛马,在手工业作坊生产石器、陶器、珍宝;也让他们在"国"或邑进行买卖交易活动,商人于是成为流通领域买卖人的代称。

商业贸易活跃,衡器的产生自然很早,在传说时代,就有"同律度量衡"的记载②。20世纪30年代,考古学家葛维汉、林名均在广汉三星堆遗址发现二十余枚大小不等、扁圆穿孔、叠置如笋的石璧,他们认为:"巨大石璧之应用或与古代贸易有关。以石璧为交易媒介,海洋洲诸海岛上尚保存此习。"③20世纪70年代,学者对三星堆石璧有了新的认识,认为这组石璧"是一种衡权"④。从20世纪80年代开始,四川、成都考古工作者相继对三星堆、金沙遗址进行的科学发掘表明:这种判断是完全正确的。两大遗址出土的青铜器、黄金饰品、陶器、玉器、象牙等遗物,拉开了古蜀文明的帷幕。两大古蜀遗址出土器物种类之多、数量之大、工艺之精湛、造型之精美,无与伦比。这些出土器物充分证实,古蜀时代具有发达手工业和与之相适应的商贸经济。

由于春秋、战国时期井田制度废除后,土地实现了私有化,生产者有了相对自由,加之农业耕作方式的长足进步,极大促进了商品经济的发展。各地富有特色的商品,通过工匠加工、商人在流通领域的运作,成为南北畅销货物:

陇蜀之丹漆旄羽,荆扬之皮革骨象,江南之柟梓竹箭,燕齐之鱼盐旃裘,兖豫之漆丝絺纻,养生送死之具也,待商而通,待工而成。⑤

因此,人们特别珍视业已开发的自然资源:

---

① 《诗·周颂·丰年》。
② 《尚书·尧典》。
③ 郑德坤:《四川古代文化史》,巴蜀书社2004年版,第48~49页。
④ 张勋燎:《古璧和春秋战国以前的权衡(砝码)》,《四川大学学报》1979年第1期;童恩正:《古代的巴蜀》,四川人民出版社1979年版,第114页。
⑤ (汉)桓宽:《盐铁论》卷一《本议第一》。

夫山西饶材、竹、穀、纑、旄、玉石；山东多鱼、盐、漆、丝、声色；江南出柟、梓、薑、桂、金、锡、连、丹沙、犀、瑇瑁、珠玑、齿革；龙门、碣石北多马、牛、羊、旃裘、筋角；铜、铁则千里往往山出棊置；此其大较也。皆中国人民所喜好，谣俗被服、饮食、奉生、送死之具也。①

这些商品遵循着最基本的供求法则，通过生产、加工，进入流通领域。"故待农而食之，虞而出之，工而成之，商而通之。"②就是说，依靠农夫耕作，人们才有饭吃；依靠管理山林川泽的人，开发者才能把宝藏采集出来；依靠工匠，才能让初级产品变成人们喜爱的日用品；依靠商人在流通领域的活动，才能让所有商品推销到消费者手中。人们通过分工和交换，维系着基本的生存方式。可见，商品生产、商品流通已经成为传统市场经济的两大主要环节，二者互相关联、缺一不可。《管子》特别强调市场的作用："市者，货之准也。"③市场决定商品的价值；对市场的了解，"可以知多寡，而不能为多寡"④。通过市场可以了解商品流通量，而不能由市场生产这些产品。这一切都促使工商业在战国、西汉前期进入兴盛期。

（二）工商文化的发展

春秋战国时期，处于商品经济核心的流通领域，已经是专业商人十分活跃的经济领域，所谓"外商就市井"⑤，"商、农、工、贾，不败其业"，就说明商业与其他行业互相依存的关系。商人或坐列贩卖，或周流四方，根据市场动态和物价涨落趋势"买贱鬻贵"。这一时期，出现许多腰缠万贯、举足轻重的大商人，如郑国大商人弦高、孔子门人子贡（端木赐）、范蠡（陶朱公）、白圭、猗顿、刁间、郭纵、程郑、曹邴、吕不韦。他们在工商业领域纵横驰骋、舟车贩卖，有力地促进各地商品经济的发展，使自己成为富埒王侯的"千金之家""万金之家"。特别值得注意的是巴蜀地区的巴寡妇清、卓氏、程郑等，他们也是与时俱进的工商巨子。

---

① 《史记》卷一二九《货殖列传》。
② 《管子·轻重乙》。
③ 《管子·轻重丁》。
④ 《国语·齐语》。
⑤ 《左传·襄公十二年》。

太史公提到的"巴寡妇清",是巴地(涪陵)一位名叫"清"的寡妇。她的祖辈在当地发现并开采丹砂矿产,已经"擅其利数世",积累了不计其数的财富。她"能守其业,用财自卫,不见侵犯",为时人所重。秦始皇尊称她为"贞妇"而礼遇之,专门为她建筑"女怀清台"。她作为一个穷乡僻壤的寡妇,为何名满天下?只是因为承袭丹砂矿业、富甲一方,其固守祖先财富的事迹让世人感动。蜀地卓氏的祖先原本赵人,从事冶铁业,成为富豪。秦灭赵国后,强制赵国富豪迁蜀。卓氏财富被没收后,夫妻仅推着一辆小车,被押送边远地区安置。同行富豪用余钱贿赂押送吏目,请求安置在近处的葭萌(今广元市)。只有卓氏不愿就近安置,要求远迁,说"汶山之下,沃野……至死不饥。民工于市,易贾",于是他们被送往临邛。到临邛迁地后,凭经验探测到铁矿资源,他们大喜过望。于是"即山鼓铸"生产出铁器,运销蜀、滇。他们再度发财致富,拥有僮仆上千人,还有大量田地、鱼池,骑射打猎的排场超过君主。蜀地程郑是"山东迁虏",与卓氏同迁临邛,也凭借冶铁起家,生产的铁器运销西南民族地区,成为蜀中大富豪,其家业与卓氏相当。由此可见,尽管环境闭塞,中原工商文化照样可以在蜀地得到流布。

在流通市场的带动下,各地牧、林、渔、农、副各业齐头并进,各地均出现大量专业户。司马迁将各地已经达到的富裕家庭生产规模做了一个类比:牧地,养马五十匹(每匹四蹄),或牛一百六十至一百七十匹(每匹二角四蹄),或羊二百五十头(每头四足);草泽养猪二百五十头;居河湖者,拥有一个大型鱼塘;山居者,拥有千棵大树:安邑人家拥有千棵枣树,燕、秦人家拥有千棵栗树,蜀、汉人家拥有千棵橘树,淮北、常山以南的黄河、济水之间人家拥有千棵萩树(木料可做车辕),陈、夏人家拥有千亩漆树,齐、鲁人家拥有千亩桑、麻,渭川人家拥有千亩竹林;以及大城市近郊拥有千亩良田,比如,千亩栀茜(染料),或千畦姜韭。这些人家的富裕程度相当于食国家租税的千户侯①。据统计,他们的纯收入达到资产总额的百分之二十,年收入达到二十万钱。这一收益水平,也与当时富商大贾相当。"庶民农工商贾,率亦岁万息二千,百万之家则二十万,而更徭租赋出其中。"②达到如此生产规模的专业经营户,已经不是为产品的使用价值进行生产,而是为着商品的交换价值

---

① 以上均见《史记》卷一二九《货殖列传》、《汉书》卷九一《货殖传》。
② 《汉书》卷二四《食货志》。

进行生产。他们向市场提供大批量的牲畜、鱼、果品、竹木器、陶器、蚕丝、麻类、染料，其目的是交换；从市场换回他们必要的生产资料和生活资料，再扩大他们的生产规模。无须怀疑，这是程度较高的商品生产。

（三）利之所在，人无不知

在这个商品经济方兴未艾的时代，人们追逐工商业利润被视为正当要求。农、虞（山泽管理）、工、商已成为经济生活中必不可少的行业，"此四者，民所衣食之原也。原大则饶，原小则鲜。上则富国，下则富家"。从事农、虞、工、商活动，上可以"富国"、下可以"富家"。虽然农业是"本业"，工商是"末业"，在赢利原则的驱使下，哪怕是为人所不齿的低贱职业，只要能发财致富，都有人一展身手。"夫用贫求富，农不如工，工不如商，刺绣文不如倚市门，此言末业，贫者之资也。"[1]

司马迁认为："富者，人之情性，所不学而俱欲者也。"追逐利益的原则是人的本性，人们都为自己渴望的利益奔走，"天下熙熙，皆为利来；天下攘攘，皆为利往"。发财致富是人们的生活信条，在利益链条的驱动下，社会财富的归属都会随时变动。"由是观之，富无经业，则货无常主；能者辐凑，不肖者瓦解。"[2]从人世间贫富变幻的事例看，没有千篇一律的致富途径，没有永恒不变的发财人家，最终是精明强悍的人积累财富，平庸懒惰、不善经营的人走向困顿。

在利欲原则的倡导下，人们嫌贫爱富，崇尚势利，寡廉鲜耻。苏秦的嫂子"前倨"是因为他"黄金尽、貂裘敝"；"后恭"是因为他拜相荣归，"位高金多"[3]。拜金主义对社会风气有很大影响，"凡编户之民，富相什则卑下之，伯则畏惮之，千则役，万则仆，物之理也"[4]。财富比我多十倍者，我自认比他低贱；财富比我多百倍者，我敬畏他；财富比我多千倍的人，我任他指使；财富比我多万倍者，我心甘情愿做他的奴婢。这被看作是通情达理、顺乎自然的事。

战国后期，正值秦统一巴蜀、在巴蜀实施社会改革和经济开发。首先实

---

[1] 《史记》卷一二九《货殖列传》。
[2] 《史记》卷一二九《货殖列传》。
[3] 《战国策·秦策四》。
[4] 《史记》卷一二九《货殖列传》。

行了巩固新属地的战略措施,"移秦民万家";又仿照秦国建置逐步推行郡县制,按咸阳城市格局重建成都及其周边城市,开发都江堰水利工程和"穿广都盐井诸陂池"。秦在巴蜀的改革开发取得了预期成效,社会面貌发生了巨大变化。巴蜀地区自秦汉大开发以后,就是一个水旱从人、不知饥馑、时无荒年、有养生之饶的"天府之国"。巴蜀社会因融入中原文化后,生活状况、价值观念都发生了巨大变化:

然秦惠文、始皇克定六国,辄徙其豪侠于蜀,资我丰土。家有盐铜之利,户专山川之材,居给人足,以富相尚。故工商致结驷连骑,豪族服王侯美衣,娶嫁设太牢之厨膳,归女有百两之从车,送葬必高坟瓦椁,祭奠而羊豕牺牲,赠禭兼加,赗赙过礼,此其所失。原其由来,染秦化故也。①

原本朴素简约的巴蜀社会,在经济快速发展的驱动下,呈现出"居给人足,以富相尚"的奢靡景象。在巴蜀经济开发中涌现的工商豪富乘坐高车驷马,穿戴王侯美衣;嫁女娶妇摆设最高档的宴席,女儿回娘家使用价值昂贵的"从车";办葬事需要高坟瓦椁,祭奠使用羊、猪做祭品,赠送财礼衣物、奉送丧礼成倍增加。常璩认为:秦在大规模开发巴蜀经济、改革巴蜀地区落后习俗的同时,奢靡浮华风气的传入,也给蜀地带来了消极影响。这一切变化的发生,"原其由来,染秦化故也"。史学家常璩将秦灭巴蜀以后发生的变化,归结为受到中原文化的影响,这实在是有见地的结论。

秦亡之后虽有大规模的战乱,巴蜀地区却相对安定。汉初七十年遵行"无为而治"的黄老政治,实行轻徭薄赋、与民休息的政策,使一度衰退的全国商品经济很快得到复苏,并且走向繁荣兴旺。"坏井田、开阡陌""开关梁、弛山泽之禁"等经济政策实施以后,各地交通、资源对民间开放,有力刺激了商品生产和商品流通的兴盛,出现国内市场扩大,需求和供给互相促进的趋势。司马迁精辟地阐明了农、虞、工、商之间相辅相成的密切关系:

农不出则乏其食,工不出则乏其事,商不出则三宝绝,虞不出则财匮少,财匮少而山泽不辟矣。……此四者,民所衣食之原也。原大则饶,原小则鲜。

---

① (晋)常璩:《华阳国志》卷三《蜀志》。

上则富国，下则富家。①

农、工、商各业的协调发展才能满足人们的日常生活需求，农民提供粮食，工匠提供生活用品，商人提供流通服务，地方官提供山泽资源。四者都是人们的基本需求来源。物流来源越广，人们的生活越富裕；来源越窄，人们生活越贫困。四者的兴旺，既可使国家富强，也可以使庶民家庭幸福。

西汉前期，由于商贸流通与商品生产之间协调发展、相互促进，中国商业进一步走向繁荣昌盛。主要表现在：流通市场商品种类繁多、商贸行业不断增多。巴蜀地区生产的蜀锦、蜀布、金银器、铁器、丹砂、漆器、食盐等，产量高、质量优，在流通市场上享有盛誉；珠宝玉器、金银器、漆器等高档商品和满足人们生养死葬需求的奢侈品日益丰富。随着商品运销范围的扩大，国内商品市场初步形成，出现了拥有数以百计的运输车辆、大型船舶，专门从事长途贩运；"背本趋末"的商人数量大大增加，涌现出一批富甲郡国的豪商大贾，西蜀的冶铁大户卓氏、程郑，"擅盐井之利"的成都富商罗裒，河南宛的孔氏、曹邴家，海盐巨商如齐地的东郭咸阳，运销商家如洛阳的师史、齐地的刁间，囤积商家如宣曲任氏、茂陵焦氏、贾氏，高利贷者（时称"千钱家"）如无盐氏，铸钱巨商如吴王刘濞、西蜀邓通，经纪人（时称"权会""阜会"，为牛马交易中介）如赵地彭祖等。这些"富商大贾周流天下，交易之物莫不通"，达到了"得其所欲"的地步②。

二、重农抑商理念与传统工商制度

（一）抑商观念与重商观念的对立

中国早期商贸活动主要是部族与部族间的"以物易物"，负重远行，又有风险，往往由身份低贱的奴隶承担，商业也被称为"贱业"。随着传统农耕社会的形成，植根于小农经济基础之上的中国正统思想，对追逐商品市场利润的商人怀有本能的反感。孔子及其门人的信条是："君子不言利。""君子喻

---

① 《史记》卷一二九《货殖列传》。
② 《史记》卷一二九《货殖列传》、《汉书》卷二四《食货志》。

于义，小人喻于利。""德者本也，财者末也。""国不以利为利，以义为利也。"《四书·大学》中称收税理财的官员为"聚敛之臣"，将他们与强盗相提并论："与其有聚敛之臣，宁有盗贼。"道家主张"无为""寡欲"，希望回到"小国寡民""民至老死不相往来"的古老状态去。他们反对物质享受，要弃绝一切商业牟利活动。"工为商，不货，恶用商？"①庄子甚至主张"掊斗折衡"，毁弃一切用于商品交换的度量衡，从而与市场流通活动彻底决裂②。经商之民被认为是"五蠹"之一，凭"技巧游食""网市利"，聚敛财富，是"贱丈夫"③。

但在秦汉以前，虽有抑商观念的流行，也还有重商学说出来争鸣。孟子重视商业，认为商品交换、互通有无是人们生活的必然需求。他说："子不通功易事，以羡补不足，则农有余粟，女有余布；子如通之，则梓匠轮舆皆日食于子。"④他还主张"关市讥而不征，泽梁无禁"⑤，也就是取消阻碍商贸流通的人为障碍，开放自由贸易。继孟子之后，荀子也是主张重商的人物。他提出"富民""裕民""利民"口号，主张"养人之欲，给人之求"⑥，他认为，既然有社会分工，就应当有商贸活动，"农分田而耕，贾分货而贩，百工分事而劝，士大夫分职而听"，天下如此，自然太平⑦。墨家提倡"交相利"，肯定商品交换，特别是长途贩运的积极作用，认为士大夫考虑利害关系不如商人精明："商人之四方，市贾倍蓰，虽有关梁之难，盗贼之危，必为之。……士之计利，不若商人之察也。"⑧在这里"士、农、工、商"开始相提并论，商人不与奴隶等同。农家承认商品交换是社会分工的必然产物，主张直接交易，反对市场投机和欺诈行为，"市价不二，国中无伪"。他们呼吁公平买卖，认为："布帛长短同，则价相若；麻缕丝絮轻重同，则价相若；五谷多寡同，则价相若；履大小同，则价相若。"他们尤其主张童叟无欺，诚实对待顾客，

---

① 《庄子·德充符》。
② 《庄子·胠箧》。
③ 《孟子·梁惠王下》。
④ 《孟子·滕文公下》。
⑤ 《孟子·梁惠王下》。
⑥ 《荀子·礼论》。
⑦ 《荀子·王霸》。
⑧ 《墨子·贵义》。

"虽使五尺之童适市,莫之或欺"①。很显然,重商观念的出现,是对抑商观念的挑战。它反映了春秋、战国时期井田制度崩溃和土地私有制度确立之后,日益兴盛的商品经济对农业社会的冲击作用,以及在意识形态领域引起的深刻变化。重商学说代表了要求变革经济制度的新兴商人阶层的利益。

作为社会流行思潮的重商观念,必然构成时代精神的新视野。在尚有百家争鸣社会氛围的西汉前期,太史公司马迁独树一帜,言人所未言,在自己撰修的《史记》中,肯定追求财富是人与生俱来的本能,认为"人各任其能、竭其力,以得所欲"是正当的;他为推动商品经济发展的众多富商大贾树碑立传,写下了脍炙人口的《货殖列传》。这篇记载各地商人营运活动和经商艺术的名作,贯穿了作者博大精深的辩证思维,充满着作者体察入微的经营理念,是驰骋古今的货殖宝典,是囊括四海的商业文化精华。但是很可惜,随着西汉抑商制度的确立,特别是董仲舒"罢黜百家,独尊儒术"说教成为封建专制主义统治理论以后,太史公《货殖列传》竟成绝响,不再有接踵者。虽然《汉书》的作者班固,受到《史记·货殖列传》启发,也在《汉书》中撰写了《货殖传》《食货志》,但其意义和影响已不能与《货殖列传》相提并论。他不过是站在封建统治者的立场,记述背本趋末、人欲横流的旷古变局给封建专制统治带来的严重后果,提醒统治者必须采取强硬手段制止商品经济的自由发展。后世正史、方志虽也遵从司马迁、班固修史义例,设有《食货》《平准》等门类,但其内容则多为户役、田赋、课税、丁口之类,与《史记·货殖列传》旨趣相去更加遥远了。作为封建专制主义思想一部分的抑商观念,便长期延续下来,充当维护小农经济、排斥商品经济的护法神。中国商贾及其工商营运活动也就在这种尴尬状态中扮演着原罪的角色。

(二)从"工商食官"到"盐铁官营"

与抑商观念息息相关的抑商举措,可以追溯到遥远的商周时期的"工商食官"制度。当时,手工业、商业都由官府占有,工匠、商人都在"工官""贾正"控制之下从事生产和交换活动;"士大夫不得杂于工商",工商业者地位在庶人以下②。这个制度将商贾与百工列为社会下流,都是"执技以事上

---

① 《孟子·滕文公下》。
② 《国语·晋语四》《国语·周语》《逸周书·程典》。

者"。统治者对于这些"市井小人",必然要严加管束。《周礼·地官》称:"凡市入,则胥执鞭、度守门。""度"是长1.2丈的无刃兵杖,用以威吓商贾。商贾的交易活动在官府的暴力下进行,无异于囚徒。然而,抑商政策的形成却是在中国商业走向鼎盛的过程之中。

自春秋以来,中国商品经济在多元文化、宽松社会环境下获得了自由发展的绝好机会,富有活力的商业贸易随之走向繁荣兴盛,也因此出现了社会变革潮流和尊王图霸的兼并战争。东汉史学家班固对当时因"弃本趋末"而导致的"礼崩乐坏"风气大加鞭伐①。他认为,商品经济的发展直接影响到封建统治者控制下的"编户之民",导致小民背井离乡、弃农经商,寻求致富之路。随之出现无法控制的变化是:种庄稼的农夫减少了,从事工商活动的人增多了;粮食不足,而财富有余。于是春秋以后,礼崩乐坏,本末倒置,从国政到家事都面目全非。人们拼命追逐利欲,没有丝毫节制。商人兜售稀缺商品,工匠制作无用的奢侈品,士大夫的行为不再循规蹈矩,以追求时尚、获取私利为目的。总之,他将日益增长的商品经济大潮和重商观念看作是道德沦丧、人欲横流、社会祸乱的根源。

为了解除方兴未艾的商品经济潮流对封建专制统治赖以生存的小农经济基础构成的潜在威胁,从商鞅变法开始,到西汉前期,封建国家一直在寻求"上农除末"或"重农抑商"的有效办法。在封建统治者看来,小农是封建经济的根本,实行重农政策,把农民固定在耕地上,才是符合封建国家根本利益的;商业获利"富厚"是造成农民"背本而趋末,游食者甚众"的重要原因。

商鞅在秦国实施的变法,就包括抑商举措。商鞅推行"农战"方针,目的是通过"重农"达到足食足兵。为了保证足够的农业劳动力,"令商贾、技巧之人无繁"②,即抑制工商从业人数、限制商业经营利润;还特别加重了商贾家庭的劳役负担,造成"农逸而商劳"③,迫使人们弃商归农。商鞅还制定了加重商人租税负担的政策,使经商者得利无多。"不农之征必多,市利之租必重",达到"市利尽归于农"的目的④。与此同时,商鞅开始实施专卖政策,"专川泽之利,管山林之饶",对盐铁等重要资源的开发、利用实行国家

---

① 《汉书》卷九一《货殖传》。
② 《商君书·外内》。
③ 《商君书·垦令》。
④ 《商君书·外内》。

控制，产品由国家定价，商人以交纳重税的方式换取经销权。这样一来的后果是，"盐铁之利二十倍于古"①，秦国税收猛增。对粮食贸易，商君也实行国家干预，禁止商人从事粮食交易，"使商无得籴，农无得粜"②。但其结果并未达到"富农"的预期目的。秦在吞并六国的过程中，就迅速将本国的抑商政策推行到被征服的国度，有计划地摧毁东方各国的工商业实力，强制迁徙六国工商豪富十二万户到巴蜀等边远之地，最大限度地削弱他们的经济基础，达到防止他们东山再起的目的。

汉承秦制，汉高祖刘邦最初也曾诏令商人不得做官、衣丝和乘坐高车，对商贾实施人格歧视。但是，经历了秦王朝对经济发展十分有害的暴政和秦末大规模战乱后，西汉初年，社会凋敝、经济残破，"自天子不能具钧驷，而将相或乘牛车，齐民无藏盖"③。皇帝、将相不能配备起码的车骑，老百姓连基本粮食储备也没有，"凡米石五千，人相食，死者过半"④。在这种背景下，西汉统治者不得不转而实行比较宽松的经济政策，轻徭薄赋，藉田劝农，与民休息；同时"开关梁，弛山泽之禁"，向工商业者开放资源，为他们营造了有利于生存、发展的经济环境。

汉初七十年，统治者比较崇尚道家的黄老之术，实行"无为而治"，顺其自然，减少了国家对社会经济的行政干预，使市场需求起到了经济杠杆的作用，农业和工商业获得了均衡发展的机会，使全国经济迅速恢复发展，史家描述当时盛况说：

至武帝之初，七十年间，国家亡事。非遇水旱，则民人给家足，都鄙廪庾尽满，而府库余财。京师之钱，累百巨万，贯朽而不可校。太仓之粟，陈陈相因，充溢露积于外，腐败不可食。⑤

这就是西汉盛期的"文景之治"，人民丰衣足食，府库钱粮充盈。在带来经济繁荣的同时，富商大贾财富的积累也引起统治者的严重关注。他们指责

---

① 《汉书》卷二四《食货志》。
② 《商君书·垦令》。
③ 《史记》卷三〇《平准书》。
④ 《汉书》卷二四《食货志》。
⑤ 《汉书》卷二四《食货志》。

富商大贾"冶铸鬻盐,财或累万金,而不佐公家之急";谴责他们不顾国家边患严重,"日游都市,乘上之急,所卖必倍";说他们"役财骄溢,或至兼并",在农民遭遇水旱灾害的时候,他们乘机进行高利贷盘剥活动,"当具有者,半贾而卖;亡(无)者,取倍称之息"贫弱农民在重利盘剥下,只好"卖田宅、鬻子孙以偿债者矣"①。

汉武帝为了加强封建专制王权对社会经济的控制力,以及筹措开发边疆和营造工程所需的庞大经费,解决王朝财政面临的危机,曾多次实行币制改革,都没有取得预期成效。于是决定在工商业领域对富商大贾实施全面剥夺。首先发布"算缗""告缗"等法令,要富商大贾如实申报财产,依据财产数额,课以沉重的财产税;申报不实者,允许他人告发,没收全部财产,对告发者奖赏重金。当时,"中家以上大抵皆遇告……得民财物以亿计,奴婢以千万数,田大县数百顷,小县百余顷,宅亦如之"。于是,"商贾中家以上大抵破(产)"②。随后推行均输、平准等国家垄断政策,将关系国计民生的商品产销权收归国有,将商人排挤出流通领域;为了彻底改变商业资本控制流通市场的局面,汉武帝最终采用"盐铁官营"的强硬措施,剥夺了商人在煮盐、冶铁、铸钱等重要工矿业领域的经营权,摧毁了曾经处于强势地位的民营工商业,确立了这些经济领域的官专卖体制。

综上所述,植根于小农经济基础上的抑商观念和抑商举措,其滋生的时间很早,几乎与商贸活动的繁盛如影随行,其目的是将劳动力固定在小块土地上,以巩固封建统治的基础。战国、秦汉时期,随着商品经济的兴盛、富商大贾在流通市场的崛起,为了抑制这些"素封之家"利用山海、川泽资源聚敛财富,让大批"背本趋末"、追逐工商暴利的"游食之民"重新回到耕地上去,也为了解决封建国家由于大规模营造和对外征伐活动而造成的财政危机,统治者利用抑商观念,在实施"重农"政策的同时,采取了强硬的抑制工商业的措施,从根本上控制山海、川泽资源,切断商业资本由以滋生的土壤,干预商品市场和商贸活动,借以摧毁商人在重要流通领域的经济实力,进而实施了以官营体制为中心的抑商制度。

---

① 《汉书》卷二四《食货志》。
② 《汉书》卷二四《食货志》。

（三）禁榷、土贡和官手工业制度的确立

由商周时代开始实施的土贡制度、官手工业制度，加上自秦汉时期开始实施的禁榷制度，基本上决定了我国二千余年来工商文化的发展路径，总名之曰抑商制度。抑商制度在历朝历代不断增补完善，成为控制、压抑中国工商业发展的基本经济制度。在巴蜀地区，井盐、冶铁、织造、制茶、酿酒等重要手工业，莫不受其束缚，影响至为深远。

1. 禁榷制度

禁榷制度是把最主要的几种工商业经营权，从私人手里剥夺过来，或由官府直接经营、统购统销，或以承包方式招募专商承办，官府收取租税。西汉禁榷制度的策划者桑弘羊明确指出："今意总一盐铁，非独为利入也，将以建本抑末、离朋党、禁淫侈、绝并兼之路也。"[1]可见禁榷盐铁的主要目的是：从根本上抑制民营工商业，达到"建本抑末"和"绝并兼之路"，即巩固小农经济和根除商业资本对自然经济的分化瓦解作用；同时，"离朋党、禁淫侈"，即把地方上的富商大贾、豪强权贵积累的权力加以剥夺，杜绝其发财致富的路径，以维护封建国家的利益。

历史上，一直是商业的发展带动工农业的发展，商业把非商品生产变为商品生产，从而推动整个国民经济向商品化方向前进。禁榷制度的实施，使工商业者失去了生产领域和流通领域的主体地位，也失去了对资源、生产资料和流通市场的自主经营权，沦为官卖制度的附庸。这一制度最初实施于盐铁领域，逐步推广到茶叶、酒业、纺织等利润丰厚的手工业，从西汉一直延续二千余年。从表面上看，禁榷制度只是排斥"富商大贾"，实际上是在抑制工业和商业的正常发展。

2. 土贡制度

在古代社会中，统治者是最大的奢侈品消费者。他们既要抑制商品经济的过度发展，又要满足其穷奢极欲的消费欲望，成为自相矛盾的难题。要解决这个难题，只能通过政治权力收取土贡，进行合法掠夺，才能使问题得到顺理成章的化解。土贡制度起源很早，《禹贡》分全国为九州，分别记载了各州方位、土地良莠和纳贡等级。巴蜀所在的梁州，"厥土青黎，厥田惟下上，厥

---

[1] （汉）桓宽：《盐铁论》卷一《复古第六》。

赋下中三错",说明梁州的土质较差(第七等),应纳较少的贡赋(第七到第九等)。在各地所贡方物中,梁州"厥贡璆铁银镂砮磬,熊黑狐狸织皮"①。《周礼·职方氏》说:"制其贡,各以其所有。"向天子纳贡的理论依据是:"天子经略,诸侯正封,……封略之内,何非君土?食土之毛(土地出产物),谁非君臣?"②凡天下出产物品,农、林、牧、副、渔业产品、手工业品,都要向皇帝上贡。皇帝及亲属所需各种生活必需品、消费品和奢侈品,直接以贡的形式向诸侯、地方官摊派,向民间征收,名之曰"纳贡"。这样,即可以满足各种需要特别是奢侈需要,不必花钱到市场采购。商周时代开始实施土贡制度,一直延续到有清之世。

3. 官手工业制度

虽然统治者可以通过贡的方式,取得大部分奢侈品,以维持自己骄奢淫逸的生活,但是,贡不能满足统治者挥霍无度的全部奢侈欲望,统治者又不能在市场采购,只能自行设场制造,官手工业于是应运而生。官手工业制度大约起源于商周时期,由统治者自设作坊或工场,把不能由贡的方式直接获得的物品,特别是贵重、精美的奢侈品以及大量的公用物品和军需品,都纳入自行制造范围,由工官统辖"在官之工","群萃而州(聚)处",集中进行加工制造。百工按工种分类,世代传习,"工之子恒为工"③。官手工业在西汉盐铁官营政策实施后发展很快,其规模超前,往往控制了大量国计民生产业,使民营工商业失去主要的和有利可图的经营空间。

通过上述三种旨在压抑工商业正常发展的专制制度的实施,真正达到了遏止商品经济发展的目的。抑商制度直接压抑商品生产和商品流通,使工商业转向畸形发展。抑商制度自汉代全面实施,以后历朝奉行不替、日益完善,构成封建专制主义的基本制度。虽然历代抑商制度强度不一,抑商制度的消极作用却显而易见:处于压抑状态的商品经济,始终难以形成使中国自给自足的自然经济解体的新经济能量。中国封建社会的超长延续,中国资本主义的发展滞后欧洲数百年,直到明清时期才出现微弱的资本主义萌芽,抑商制度的顽固存续是一个十分重要的原因。

---

① 《左传·昭公七年》。
② 《左传·昭公七年》。
③ 《国语·周语上》;《国语·齐语》。

这里需要强调的是，在中国社会中，根深蒂固的抑商观念对商品经济的长期压抑，并不比抑商制度的危害程度低。代表中国社会意识形态主流的儒家学说，是中国传统社会抑商观念的主导思想，直接压抑着人们经商牟利的欲望。尽管富商大贾腰缠万贯，但直到明清时期，"士、农、工、商"中工商仍处末位，纳入"市籍"，受到歧视性管制。工商业仍被视为"贱业"，世家子弟不屑于为。抑商制度、抑商观念及其造成的严重后果，造就了中国工商文化的个性与特色。

三、巴蜀工商文化发展的历史脉络

（一）古代巴蜀的工商文化

巴蜀地区发现的新石器时代遗址，大多分布于长江上游水系，虽有外来文化影响，但土著特色浓郁，是自成体系的地域性考古文化。岷江上游、嘉陵江流域、忠县甘井沟、巫山大溪、西昌礼州和广汉中兴场的月亮湾—三星堆等地均有重要遗址发现。辗转于岷江流域的蜀人祖先蚕丛及鱼凫，迁徙于清江、三峡一带的巴人祖先"廪君"，应是这个时代的标志。"鱼凫"是捕鱼的水鸟，说明其主要活动是渔猎。廪君与盐神征战的传说，说明巴人已在寻求食盐来源。火的发现和运用，具有划时代的意义。从茹毛饮血到烹制熟食的变革，改善了巴蜀先民的身体状况、促进了智力发育，催生了以石器、陶器、青铜器等生活器具的发明创造。寻求食物、盐和水源，是早期先民处于游猎生活状态的基本原因。

巴蜀青铜器时代约相当于中原夏、商、周三代，即当今所说古蜀时代，举世闻名的广汉三星堆遗址、成都金沙遗址就是这一时代的标志。蜀人经过长期采集、食用野生植物，野生稻、麦、豆、菽逐渐被培育为常年种植的农作物；野生猪、牛、羊被驯化为家畜。距今约四千年前，蜀人进入农业文明时代，杜宇到开明是这

新津宝墩文化陶器

个时代的代表。蜀人定居以后,由于耕作条件的优越、生产技能的提高,初步形成了可以维持温饱的稻作农业,生活质量较之渔猎时代得到很大改善。随着先民食物结构的改变,盐成为生活必需品;寻找自然盐泉,争夺食盐资源,挖掘盐泉,生产和销售食盐,是巴蜀先民的重要活动之一。

蜀族统治者的精神追求与物质需求也有了前所未有的变化。他们需要威严神圣、富有想象力的祭祀贡品以表达他们对天地鬼神的敬意,他们也需要精美的艺术品作为自己身份的象征物,他们更需要大量日常用品以满足自己的生活需求。三星堆、金沙文化遗存出土的大量造型奇特和工艺精湛的玉器、青铜器、黄金制品,以及陶器、石器、漆器、纺织品,等等,反映了当时比较高的物质生活水平,这种高水平的物质生活,理所当然是由门类众多、技术精湛的手工业生产部门所支撑的。透过这些精美绝伦的器物,可以看到当时制作者的奇妙构思、工匠手工技术的精良,及其生产过程分工的细密。从这个意义上看,徐中舒先生关于成都是古代的"自由都市"的论断①,是具有洞察力的。早期成都在整合形成过程中,工商业发展是主要推动力。从大量成都考古遗址发掘成果,可以得到充分证明。

从巴蜀社会分工的历史看,早期的石器、陶器制作是在农副业生产可以维持温饱、并有了剩余,可以让一部分人从事专业性工作,为适应更多的社会需求,才从农副业中分化出来的。随着社会财富的积累,手工业为满足贵族阶层更高的精神和物质生活需求,不断提高自身的生产能力和工艺水平,劳动过程分工日益细密、部门日益增多。

三星堆出土的高柄豆器

例如,从石器制作分化出矿冶、玉器、青铜器、黄金加工业,从土陶生产中分化出陶器和后来的瓷器业,从竹木器制作中分化出营造、竹器、木器、髹漆业,从农业生产中分化出酿酒业、纺织业,等等②。

---

① 徐中舒:《成都是古代自由都市》,《成都文物》1984年第1期。
② 祝慈寿:《中国古代工业史》,学林出版社1988年版,第1~3页。

就三星堆、金沙遗址而论，埋藏如此丰厚的祭祀坑或窖藏器物，远非一般平民的消费可以比肩，这是当时蜀族统治者才能享用的待遇。因而，当时从事这些器物生产的手工业，不是民间小手工业，而是专门为贵族、蜀王服务的官手工业。官手工业是从贵族生活必需品、作战武器、祭祀礼器的制造开始的。

虽然官手工业由贵族控制，产品主要由贵族消费，但并不因此与商品市场完全割裂。因为这些手工业部门所需原料必须从市场采购，多余产品需要向市场出售。从历史记载知道，蜀地市场发育很早，大约在蚕丛、鱼凫采集、渔猎经济时代向杜宇农牧经济时代演进的过程中，就出现了原始交换活动。蜀人将剩余产品用于交换，换回自己需要的手工业产品。通过互通有无，消费需求驱动市场，市场促进生产。从叹为观止的三星堆、金沙考古发现可以确认，在蜀人消费需求的驱动下，蜀地社会生产力水平、手工业制造水平得到了前所未有的提高。

（二）秦汉魏晋南北朝时期巴蜀工商文化

秦统一巴蜀后，巴蜀社会经济发生了巨大变化。秦将中原地区人口大量向巴蜀地区迁徙。因此，这次战略移民是巴蜀社会经济大变革的重要推动力。大量移民的原因，一是巴蜀地区"戎伯尚强"，需要通过客籍移民的迁入削弱其实力，造成"皆使能秦言"[1]；二是巴蜀环境闭塞，将六国豪强安置其间，不容易死灰复燃。"巴蜀道险，秦之迁人皆居蜀。"[2]

迁蜀人口包括三部分：迁川秦民，秦并巴蜀、任命张若为蜀守后，就"移秦民万家实之"[3]；夺爵罪人，包括嫪毐、吕不韦在内，"夺爵迁蜀者四千余家"[4]；六国迁虏，秦亡六国后，将尚有政治影响和经济实力的贵族、豪富迁往巴蜀，如赵国卓氏、齐国程郑等，都落籍临邛。由于拥有生产技术和经营财货，中原移民投身巴蜀经济的开发，取得了巨大的成效，巴蜀经济出现了前所未有的繁荣景象。史家将这一变化归结为"染秦化故也"[5]。

为巩固秦在巴蜀地区的统治，秦蜀守张若按照咸阳形制，先后在蜀郡兴建

---

[1] （宋）卢求：《成都记·序》。
[2] 《史记》卷七《项羽本纪》。
[3] （晋）常璩：《华阳国志》卷三《蜀志》。
[4] 《史记》卷六《始皇本纪》。
[5] （晋）常璩：《华阳国志》卷三《蜀志》。

了成都、郫和临邛三座城市。秦惠文王更元十四年（前311），秦人开始建城活动。成都城周遭十二里，城垣高七丈。市区分东西两部分，东为大城，是官署治所区；西为少城，是商业区，由商贾列肆贩卖，设有盐、铁市官，管理市场并征收商税。同时着手建设的郫城和临邛城，与成都形成鼎足之势，在富饶繁华的一百公里范围内，互为犄角、货殖相通。成都城市群落的形成，对秦蜀商贸流通和蜀身毒（古印度）道铁器、蜀布、丝织品贸易具有很大的促进作用。

秦汉时期，成都是全国工商业发达的大都市之一，丝织、布匹、漆器、金银器、铁器、竹木器，以及其他各类手工业高速发展，内外商业十分繁荣，文翁以后又建有学堂，且有不少私塾讲堂，大街小巷，市肆酒楼，歌台舞榭，加之成都水陆交通极为便利，沟通各地，因而充分发挥了组织地区内外工商业交流往来的经济功能。同时，"蜀以成都、广都、新都为三都，号名城"①，其经济带动作用明显。

秦汉时不但继续并扩大了内外交流，而且还进一步加强了郡治的中心城市功能，有所谓"蜀以成都、广都、新都为三都，号名城"之说。广汉郡和犍为郡，原为古蜀国之地，秦时均属蜀郡。到汉代，此两郡"土地沃美，人士俊乂，一州称望"，时人将此两郡与蜀郡相提并论，号为"三蜀"②，三蜀虽然行政区划不同，但有密切的联系往来，"三蜀之豪，时来时往"③，从大工商、豪富之间相互的经济往来方面也说明了这种情形。三蜀经济文化的协调发展，以及三蜀经济文化共同形成的强劲辐射力，便成为秦汉时期四川盆地经济文化全面高涨的重要推动力。

越嶲郡主要是邛都、徙、笮等濮越系和氐羌系的少数民族居地，其中多有耕田的定居农业，亦有移徙的游牧业，并有半农半牧之民。秦汉时期，由于蜀郡中心城市功能的充分发挥，使得大批铁制农具、工具以及其他手工业品和农产品源源不断地输送到越嶲郡各地，带动了当地经济文化的发展。但受地域因素影响，经济发展很不平衡。一般说来，近蜀的地区和交通线路附近，经济发展较快，接受汉文化熏染也较快较多，边远地区则长期处于缓慢发展之中。

位于成都西北的岷江上游地区，西汉时曾一度置为汶山郡，后省郡并入蜀

---

① （晋）常璩：《华阳国志》卷三《蜀志》。
② （晋）常璩：《华阳国志》卷三《蜀志》。
③ （晋）左思：《蜀都赋》。

郡北部都尉，东汉时曾几度置郡而复省。这里主要是氐羌系少数民族的活动区域，从很早的时间起就同成都有频繁的交流往还。秦汉时期，蜀郡制作的铁器大量销往岷江上游地区，可见成都对于边地经济所具有的巨大吸引力和强大的推动力。

在川东地区，以江州为中心的城市体系，从过去的巴国五都扩大到十多个县城，覆盖面遍及全川东，东至长江三峡，西抵涪水流域，北达嘉陵江流域，南据乌江下游，形成区域城市网络。在川东城市网络体系之内，由于受土壤、气候等生态环境的制约，各地经济发展很不平衡。经济文化发展程度较高的有江州（重庆）、临江（今重庆市忠县）、垫江、朐忍（今重庆市云阳县）、阆中、安汉（今四川省南充市）等地区，"各有桑麻、丹漆、布帛、鱼池、盐铁，足相供给"，又生产多种经济类作物，稻作农业比较发达。区域城市间商品流通渠道的建立，给城乡居民的生产和生活带来了许多便利。当时川东商业亦较前有所发展，"薪菜之物，无不躬买于市"。许多乡、亭置有商业网点，销售人们生活上的一应用物。如像盐、铁等必需用品，尽管在离县城较远的地区，也能经由市易获取。其余各县，多是土地贫瘠之区，"无蚕桑，少文学"，多从事刀耕火种的粗放农业，有的还以狩猎为主要经济类型①。

（三）隋唐五代两宋时期巴蜀工商文化

隋唐时期，巴蜀工商业进入复兴期，由于城市人口增长造成商品需求激增，手工业制品品种、数量随之增多，城乡商业兴盛、区域贸易日益扩大。巴蜀地区工商业，特别是井盐、茶叶、丝织品、瓷器、酿酒、制糖等行业的技术创新，对巴蜀地区手工业产品的产销发展，起了重要的促进作用。随着迁蜀人口数量增多，特别是中原衣冠贵胄的大量南迁，蜀中造纸、雕版印刷业兴起，印刷术、蜀版书成为享有盛誉的两大文化创新。宋王朝在四川地区实施的歧视性货币政策，虽然对巴蜀地区商品流通造成不利影响，但催生了世界最早纸币——交子的产生。官交子在较长时期的定额发行，对巴蜀商品经济产生了良好的刺激作用。

唐宋时期市镇商业的兴起，是巴蜀商贸经济发展的重要环节。市镇商业以

---

① （晋）常璩：《华阳国志》卷一《巴志》。

痎市、草市为先声，痎市在魏晋时期就兴起了，是一种"翌日而市"①的交易方式。唐代中期以后，四川草市大量出现，特别是茶山茶叶交易的兴起，是市镇形成的重要原因。长江沿线的茶叶产地，也形成了草市。在盐业发达的剑南东川，一些远离州县治所的井盐产地，同样因为商品经济发展而形成草市。唐代中期，随着商品经济的日益发展，交通运输日趋繁荣，在一些交通要道之地也相继形成草市。

在唐代以前，巴蜀农村集市的交易地点，大多是在村庄或旷野之中。入唐以后，在一些商品经济较为发达的地区，集市主要在"草市"中进行。杜诗《盐亭县》中"山县早休市，江桥春聚船"之句，就描述了盐亭县山区草市的交易时间。在集市上，农民之间相互交易，调节余缺。此外，乡村居民也把农副土特产品出售给商贩，又从商贩那里购买当地所不出产的各种生活必需品。集市上的交易，通常是以物易物，在一些商品经济不发达的地区，这种情况就更加普遍。唐代的草市、痎市随着商品经济的进一步发展，演化为宋代市镇。巴蜀市镇从唐晚期的11个发展到北宋的694个，再发展到南宋末的1006个，可以说是出现了突飞猛进的增长。农村市镇贸易促进了巴蜀城市商贸的发展，也促进了蜀地与中原、西北和西南地区的贸易往来。

唐代蜀中造纸、雕版印刷和井盐业是著名的手工业，薛涛笺是唐代蜀中名纸。薛涛笺改良蜀中原有彩笺，在规格和造纸原料方面均有革新。蜀中造纸自汉迄唐，其原料以麻为主，薛涛笺独以芙蓉皮为原料制造彩色皮纸，成为蜀中皮纸发展的先河，也为印刷用纸提供了创新选择。蜀中人文荟萃，知识需求催生了雕版印刷技术和世界最早的佛教经典的问世，蜀版书成为享誉中外的精美印刷品。

官垄断井盐生产造成的巴蜀食盐危机，促成民间井盐开凿技术和汲卤工艺的重大创新的问世。开机械凿井先河的卓筒井，结束了早期

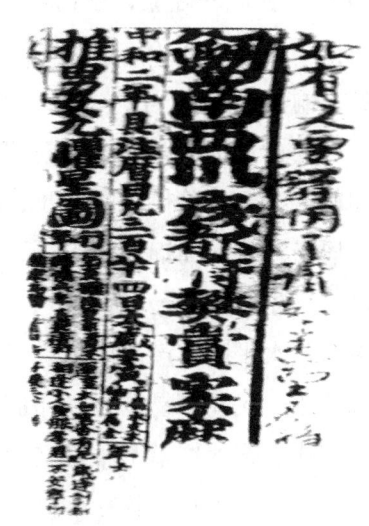

唐中和二年（882）成都府樊赏家刻本历书残页（原件存大英博物馆）

---

① （唐）陈溪：《彭州新置唐昌县建德草市歇马亭并天王院等记》，见《文苑英华》卷八〇八。

人工挖掘井的历史，开凿出潜力无限的小口深井，取代了大口浅井在井盐生产中的地位和作用，解决了困扰巴蜀地区的食盐问题，也为近代石油、天然气井的诞生奠定了物质技术基础。

从农业和手工业方面来看，外来移民带来了先进的生产技术。唐代蜀中遂宁的种蔗业和糖霜制造业兴起，成为全国之冠。遂宁糖霜业的兴起是在"唐大历中，有邹和尚者，始来小溪之繖山，教民黄氏以造霜之法，伞山在县北二十里，山前后为蔗田者十之四，糖霜户十之三"①。邹和尚入蜀到遂宁传播先进的制糖技术，是为蜀地的种蔗和制糖业作出了贡献。纺织品需求的大幅度增长，对蚕丝、麻类等的原料的需求急剧增加，农家传统副业，如蚕桑、植麻等也相应扩大了种植面积。

（四）明清时期巴蜀工商文化

1. 明代工商文化

明王朝建立之初，为恢复社会经济，除实行轻徭薄赋政策外，制定了奖励农桑的政策，四川到万历时，棉花种植面积达到二千九百余亩，占总耕地面积的2%。在此基础上，巴蜀城乡商品生产得到一定发展。万历时，营山县"货则绫帕、水丝、绸条、棉花、苎麻、棉布、麻布、黄绸、蓝靛、竹蓖、黄蜡、白蜡、桐油、清油、漆、火纸、绵纸，为类凡一十有八"②。

与此同时，四川城市手工业得到了恢复和发展。传统蜀锦、金银玉器、印刷造纸业比前代有所进步，明代四川成都、保宁、顺庆三大丝织中心中，成都居于首位。蜀锦"名天下"，四川地方当局特设织染局，为宫廷织造精美贡品③。蜀王府也设"锦坊"，专门督工织造，以供给蜀王府享用④。当时蜀锦织造工艺水平高，产品质地优异，民间视为珍品；但由于产量无多，主要供给宫庭使用，民间不易购置。印刷业和造纸业亦有一定程度的复兴，雕版印刷继承了宋代技艺。蜀献王雅好文学，藩蜀后，"招致天下名刻书佣集成都，故蜀多巧匠"⑤。为生产书写印刷用纸，蜀王又于玉女津（今望江楼）旁造纸，取甘

---

① （宋）王灼：《糖霜谱》。
② 万历《营山县志》卷三，四川大学图书馆1950年抄本。
③ 《大明会典》卷三。
④ 嘉庆《华阳县志》卷四四，第25页。
⑤ 四川省文史馆：《成都城坊古迹考》，四川人民出版社1987年版，第446页。

泉井水制作特等诗笺。其式仿薛涛之法，故其笺亦名薛涛笺，又名此井为薛涛井①。此外，传统金银器、玉器、漆器、蜀扇、琉璃、瓷器均有不同程度的进步，其中，精美的工艺品，往往作为贡品，成为皇宫珍宝。民间对奢侈品的消费水平不高，其流向主要是贵胄、缙绅之家。

明代初期，四川的商业处于低谷。洪武九年（1376），王朝诏谕"罢四川成都各府税课局十八所，令各县兼领之，以其地僻，不通商旅故也"②。明宣宗宣德年间，这种情形有所改变，四川商业和贸易出现了很大的变化。宣德四年（1429），明王朝提高全国商品流通量较大的三十三个府州县的"市镇店肆门摊税课"，按旧税提高五倍，其中便有四川的成都、重庆、泸州三个商业城市③。这三个城市正好处在川西、川东、川南三个地区的商贸中心位置，是名副其实的水陆商贸都会，也证明其所在地区商贸活跃的程度。

明代四川的省际长途贸易的规模虽然不及两宋时期，但也有一定的恢复发展。长途贸易与客籍商帮的出现，是明代巴蜀商贸的又一特色。明代成都仍然是全国三十余个著名工商业都会之一，与省内外通商口岸保持着密切贸易往来。从天启《成都府志·成都府治图》看，成都已具近代城市轮廓，市区街道纵横，以蜀王府为中心，形成东西和南北走向的若干通衢大道，再辅以各种坊巷，布局完整、谨严，城内外寺观密布，官衙相望。城市商业兴旺，商品种类繁多。由传统集市发展起来的市区定期集市，在明代有了进一步发展，各集市集中交易以某一类富有特色的商品为中心的各类物资商品。为便于各类商品的交易，成都市区已出现若干经售同类商品的专门销售区域，除唐宋以来经久不衰的灯市、花市、蚕市、锦市、扇市、七宝市、药市以外，重要的商品市场还有：皮革市、旧衣市、纱帽市、玉器市、钱纸市、猪市、牛市、羊市、骡马市、栏杆市、草市、木市、金银器市、珠宝市④，这些专门市场按商品进货路线或销售渠道自然分布全城，形成完整的商业网点，反映了成都城市商品流通的基本情况。

2. 清代巴蜀工商文化

明末巴蜀地区遭受毁灭性战乱后，清初实施大规模移民和轻徭薄赋政

---

① （清）谈迁：《枣林杂俎》智集《川扇》。
② 《明太祖实录》卷一一〇。
③ 《明宣宗实录》卷五〇。
④ 参阅四川省文史馆编《成都城坊古迹考》"街坊篇"，第171～299页。

策，使人口和经济得到快速恢复。鸦片战争前，巴蜀手工业生产也进入了兴盛时期，从农业和传统手工业不断分离出新的手工业部门，以至手工业种类繁多。手工业内部分工，有些达到了细密的程度，反映了手工业专业化的深入和广泛。

四川手工业中，生产规模很大的行业已经出现。以井盐业而论，18世纪下半叶，全川著名产盐区达二十余处。随着盐业的兴旺，为制盐提供原料的竹木、煤铁、五金各业也发展起来，全川各地均有规模较大的煤矿开始生产盐业用煤。丝织以成都、嘉定、顺庆、保宁、潼川、重庆为最盛。而在19世纪上半叶，流寓巴山老林的劳动者达到"数百万计"，这些劳动者中除从事开荒种地的棚民外，大部分均在木厂、盐厂、铁厂、纸厂、煤厂中"庸工为生"①。以木厂为例，每到"冬春，匠作背运庸力之人，不下数万"②。劳动条件较差的铁矿、铜矿业生产规模虽无法和井盐、丝织业相比，但也相当可观。

与此同时，手工业内部出现了明确的分工，劳动开始了程序化和专业化。特别值得注意的是井盐业的分化，明代以前，钻井、采卤、输卤、制盐是井盐生产的四个环节，内部虽有简单分工，但并未出现分化。18世纪以来，上述生产环节就逐步有了分化，出现了专业化生产，井专门生产卤水和天然气，枧专门从事卤水的输蓄和买卖，灶专门从事卤水的加工制盐，在生产条件优越的盐场，这些环节都各自作为独立的投资途径和生产部门而存在了。甚至为井盐生产提供原料的煤、铁、木、竹各业，也都成为附属手工业工场或商贸行业。

与此同时，各业都雇佣具有一技之长的工匠，从事某个工序的劳作。盐工大多具有专门技艺。乾隆间，铁矿业以炉为单位，每炉用采矿砂丁九名，炉夫一名，厢煽夫两名③。而铜矿亦以炉为单位，每炉用挖矿工一百七十人，捶矿、背运工十二人，冶炼工一人，鼓风工两人④。丝织业以机台为单位，每机台需要三至四人操作，一人执梭，一至二人提花，一人挽综，织造时，机台操作人员互相关联，紧密配合。

上述情况说明，鸦片战争以前四川手工业中确实存在着部门的分化和劳动过程的专业化分工，这是手工业分工的两个方面。在扩大了的社会分工中，缫

---

① （清）严如熤：《三省边防备览》卷一四。
② 《清代钞档》，乾隆十七年八月十六日四川总督策楞题。
③ 光绪《叙州府志》卷二〇。
④ 《清代钞档》，乾隆五十五年三月初四日四川总督孙士毅题。

丝业专门提供生丝，丝织业则以生丝做原料生产绸缎。在井盐业中，井、灶、枧原本生产环节，这时分化为独立经营单位，井只供应制盐原料，而枧作为输卤业专门输送卤水，灶最终完成食盐的烧制，天然气井和煤矿则专门提供燃料。在若干个专门化生产单位组成的庞大手工业中，每个生产单位只是单一的原料或半成品生产部门，其产品必须同其他部门相交换，使自身变成某种商品原料的提供者和某种商品原料的购买者，成为整个商品生产的一环。而劳动过程的专业化，使同一生产部门以至同一工种能够雇佣多数劳动者，为生产同种商品而进行劳动。

清代巴蜀商贸发展到极盛时期，由于移民政策的实施，土地垦辟数量、粮食产量均超过历史上任何时期。乾嘉时，严如熤称"川中之财货之饶甲于西南"[①]。农村中农产品数量增加，其中除传统的粮食作物外，比较重要的农村经济作物有：甘蔗、蚕丝、烟叶、兰靛、苎麻、中药材、桐油、棉花、生漆、山货、木材，等等，这些经济作物的种植和加工大量属于农家小商品生产。

从清初开始，巴蜀人口的激增和与全国各地的贸易的发展，对作为日用品和手工业原料的经济作物的需求量就在不断增加。在城市商贸网络中，既有商品市场，又有原料市场，形成前店后厂、产销合一的供求格局。城市商品市场要销售畅旺，必须开拓原料市场，建立较为可靠的原料供应基地，从而使省城成都和其他城市的商业获得了充分的货源。如玉器原料，玉石来自灌县，俗呼土玉，玉行设庄采购，运回成都，以金刚沙解之，琢而为器，富有特色。城市经售的大批木材，来自松潘、理县，水运来成都，由木商加工销售。其他农副产品均来自成都周围富饶的农村，使成都市场货源充足，品种丰富。作为川西平原省内外商品集散中心，成都商品来自四方，川西平原的农副产品、川西北高原的牛羊马骡等畜产品，湖北、陕西的棉花，江南地区的特产纷纷运往成都；成都蚕丝、茶

蜀锦织品

---

① （清）严如熤：《三省边防备览》卷九。

叶、金银制品、笺纸、中药材等远销四方，形成范围较广的商品流通辐射面。

这就是成都工商结合、前店后厂经销格局形成的基本原因，许多商号附设手工作坊，以自产自销为主，如栏杆、铜器、金银器、玉器、皮货等商号，自有店铺和作坊，作坊生产加工产品，尔后在店铺销售。这些店铺产品质量稳定，与顾客间形成约定俗成的供求关系①。

长途贸易方面，明清时期，盆地陆路与陕西、山西、甘肃、西藏，水路与长江流域各省，均有贸易往来。四川藏族聚居区商业因茶马贸易而兴衰。涉藏地区自然条件恶劣，经济发展环境差，生产力水平低下，决定了商贸基础先天不足，与此同时，由于其地理位置、物产状况，以及民族习俗，决定了其转口贸易必然发达。从历史上看，藏族聚居区之商业交往以茶马贸易为主要形式，元、明至清中前期，以茶叶为大宗商品，既非本地所产，其消费亦主要是其他藏族聚居区；用于换茶之马，大部分非本地所出。到清代，传统茶马贸易仍是汉藏民族地区之间的主要通商形式，但经营范围有所扩大。

（五）晚清时期，巴蜀工商文化的变局

1. 四川早期现代化进程之一：工场手工业向新式工业转化

考察四川早期现代化进程的时候，笔者注意到有别于东南沿海地区的两个基本事实：一是外国资本主义对四川的经济渗透实际上开始于19世纪70年代，加剧于90年代，晚于中国东南沿海地区大约三十年；二是由于四川对外交通运输的极端困难，洋货入川和土货出川都历尽艰险，运费高昂，客观上限制了洋货在长江上游的畅行。因此，尽管棉纱、棉布等廉价洋货对四川耕织结合的小农经济及与此相关的手工业经济有不同程度的冲击，但在洋货未能取代土货的那些领域或土货在对外出口贸易中占据着重要地位的那些部门，原有资本主义萌芽不仅未遭到扼杀而且得到进一步发展，手工业工场生产规模空前扩大，生产技术精益求精，劳动过程分工细密，资本的积累达到相当高的程度。部分手工业工场在已有的物质技术基础上开始向近代工业转化，成为民族资本主义工业产生的一个途径。

19世纪末到20世纪初，四川出现投资新式企业热潮的同时，也出现了制造工艺的革新热潮，主要涉及井盐、缫丝、造纸、印刷、棉织、机械、采矿、

---

① 张学君、张莉红：《成都城市史》，成都出版社1993年版，第102~108页。

化工等工矿企业。四川大机器工业并没有首先出现在受外国资本主义作用影响下兴办的新式企业,而是发生在四川原有的资本主义手工业工场。其中,井盐业、蚕丝业就是向机器工业转化的行业之一。从19世纪晚期到辛亥革命前后,富荣盐场以欧阳显荣为首的十余家灶户,开始采用蒸汽机车汲卤,卤水产量成倍提高;全川三十多家脱胎于旧式缫丝工场、作坊的新式缫丝企业,如三台县裨农丝厂,合川县复缫经纬丝厂,乐山县荣记、丰记两丝厂,等等,这些企业都采用新式缫丝技艺,仿制日本、意大利等国缫丝新车,着意训练熟练劳动者,因此能缫制出高质量的生丝。这些企业以振兴实业、开拓生丝市场,特别是满足国际市场的需求为生产目的,它们生产的生丝,开始具备竞争力,在国际市场上获得前所未有的关注。

2. 四川早期现代化进程之二:国际资本主义的微弱影响

由于自然地理条件的限制,外国资本主义对四川的经营活动始终是以输出商品和收购原料为主要内容,涉及生产资料和技术设备等方面的资本输出极少。即使在输出商品和收购原料方面,受川江水道的限制,其贸易量也为数不多。20世纪初,四川对外贸易在全国对外贸易总额中,只占4.22%。截至20世纪30、40年代,也未能达到5%,无法与东南沿海地区相比。外国资本主义对四川小农经济的解体作用和给四川资本主义的发展创造的商品市场和劳动力市场,也就相当薄弱。因此,如果说,中国资本主义工业具有先天不足的特点,那么,四川资本主义工业就更加突出地表现了这一特点。实际上,所谓四川资本主义工业,主要是以专业化分工为基础的大作坊和手工业工场占主导地位,以蒸汽机为原动力的大机器工业所占比重很小。四川机器生产虽然肇端于光绪三年(1877)官办军火工业——四川机器局,但当时四川并不具备产生大机器工业的基本条件,所以在此后的十余年间,没有一家商办的机器生产企业接续而上,就是证明。外商投资活动虽然不少,但实效甚微,成功者多限于土货加工、火柴、肥皂制造之类。

3. 四川早期现代化进程之三:改良主义局部奏效

19世纪末叶,中国遭逢甲午海战的惨败,民族危机空前深重,朝野维新派人士以改良主义为旗帜,呼吁变法维新。川籍官员宋育仁提出"保地产,占码头,抵制洋货,挽回利权"的号召[①]。四川舆论也认为:"商务以挽利权为宗

---

① 徐溥:《早期改良主义思想家宋育仁》,《社会科学研究》1979年第5期。

旨，必以广制造为要着。"①广大绅商爱国热情高涨，纷纷要求集资"购买机器""设立公司""绅督商办"②。于是清廷顺应商民的意愿，谕令川督鹿传霖，"于洋人未经开埠之先，迅速兴办"，并"咨取苏、浙、江西各省商务章程，以备参酌"③。自光绪二十四年（1898）开始，清廷颁布了一系列保护工商实业的章程、法规和奖励办法，进一步激发了四川绅商的投资热忱。

在世纪之交的投资浪潮中，四川绅商以各种方式兴办四川实业。一部分四川手工业工场和大作坊如井盐业、缫丝业、制糖业、造纸业等开始向新式企业转化，在转化的这一过程中，其经营者逐步演化为工业资本家。他们投资的领域集中在原来的手工业，通过扩大生产规模、改革生产技术，成为早期工业资本家。

在四川兴办实业浪潮中脱颖而出的早期企业家，是晚清改良主义路线的产物，是立宪派的社会基础。这些绅商既是新式工业的投资者，又是川汉铁路公司商股和租股的持股人，在省城以至各府、州、县的咨议局、宪政研究会、商会和川汉铁路公司中，他们占据着主要席位。他们对宪政、自治运动参与热情很高。

与此同时，四川民族工商资本家中开始出现激进的倾向。以喻培伦为代表的一部分受日本新思潮熏陶的改良主义者认定，只有摆脱封建专制主义桎梏，按照日本资本主义发展模式振兴工业，才能使中国富强起来。他们的进步作用主要是，积极投资新式工业，提倡资本主义自由竞争；实行雇佣劳动制度，为追求剩余价值而生产。虽然进步的四川工业资本家把"兴工致富"作为自己救国的"远大之道"，但是，他们的美好愿望在现实生活中却没有实现的可能性④。因清廷执意借贷外债、剥夺绅商投资权益而引发的辛亥四川保路运动，最终断送了巴蜀绅商实业救国的梦想。

（六）20世纪巴蜀工商文化的现代化历程

清宣统三年（1911）发生的辛亥革命，结束了中国二千余年封建专制制度，开创了历史的新纪元，也为巴蜀工商文化的发展开创了美好的前景。但是，由于传统社会的惯性和政治的不稳定性，中国工商文化仍然在崎岖不平的

---

① （清）李本方：《颐园书牍》卷上，第18~19页。
② 《渝报》光绪二十三年第六册，第2~4页。
③ 《德宗景皇帝实录》卷三八七，《戊戌变法》卷二。
④ 张学君、张莉红：《四川近代工业史》，四川人民出版社1990年版，第169~204页。

道路上行进。

辛亥革命以后，四川遭受二十余年军阀战乱、割据之害，使巴蜀地区长时期地陷入经济凋敝、社会动荡的局面；抗战时期，巴蜀地区虽未直接遭到日本侵华战争的祸害，但作为中国抗战的后方，承担了连续数年的巨大人力、财力、物力重任，支撑抗战大局，为民族生存付出了沉重的牺牲和代价；此后连续数年的国内战争，巴蜀地区虽不在战区，但在巨大的军费负担和恶性通货膨胀的双重压榨下，包括工商业在内的巴蜀地区经济几近崩溃。此外，近代以来外国资本主义势力对长江上游地区的不断推进，又给巴蜀经济、社会和文化的发展带来了前所未有的资本主义影响，巴蜀工商文化形成新旧并存、错综复杂的局面。

中华人民共和国建立后，结束了全国分裂和混乱的历史，为巴蜀工商文化展现了美好的前景。前十七年，虽然经历了"大跃进""文化大革命"的严重破坏，巴蜀工商文化仍然取得了前所未有的重大成就。1978年，进入改革开放时期，巴蜀工商文化得到了历史上最好的发展机遇，二十余年间巴蜀工业、商业和外贸各业取得了辉煌灿烂的成就。

1. 1949年以前，巴蜀工商文化的早期现代化进程

（1）巴蜀工业的曲折进程

1918~1934年，四川处于军阀混战和割据之下，工商各业备受摧残和掠夺。然而，各系军阀为着保存自己，消灭敌人，纷纷在防区内开办兵工厂，生产武器弹药。同时，出于巩固地盘，扩充实力的迫切需要，又不得不在自己的防区内提倡实业，发展经济，利用手中掌握的权力和金融资本，建立一些可以主宰国计民生的垄断性企业，并对一些民营工业资本进行控制和宰割。民营资本为着生存和发展，被迫寄人篱下，生存状况十分艰难。四川现代工业的发展处于畸形增长的状态。1934年川政统一以后，国民政府为了扩大中央政府的影响力，削弱地方军阀实力，开始重视四川的经济发展，有计划地向四川投资和引进项目。

1937年抗日战争爆发后，国民政府迁都重庆，四川成为民族复兴的后方基地和西南经济开发战略的中心地带，工业发展被纳入国家建设规划和投资重点，四川基础设施建设、轻重工业、交通运输业得到较多投资，实现了快速增长。民营工业虽有一定程度的发展，但受到战时经济政策的限制，仍旧困难重重。国民政府战时经济政策对争取抗战胜利十分必要，但政府无限扩张的经济

统制权力，以及肆无忌惮的通货膨胀政策最终造成了20世纪40年代末期的社会经济大崩溃，让四川工业经济再次陷入深重的灾难[①]。

（2）巴蜀商业的曲折行径

重庆开埠以后，巴蜀商业、外贸被迫对外开放阶段，洋纱对传统小农经济的解体起了促进作用，农村商品经济有了一定发展；城市市场受到进出口贸易不断增长的冲击，成为国际商品市场的附属部分，为洋货的输入和土货的输出服务。受雇于外国洋行、公司的买办商人成为新式经营者，在流通领域中发挥着越来越大的作用。辛亥革命以后，四川商业、外贸本该迎来发展机遇，却遭逢社会的分崩离析，军阀混战、割据长达二十年，对四川现代化产生了极其不利的影响。1934年川政统一、税收和通货统一，加之国民政府收回海关、关税自主权，对商业、外贸发展十分有利。但是，从日本侵华战争开始，超过十年的战时经济统制时期，加之全面通货膨胀政策，使社会经济陷入艰难困苦的岁月，四川商业、外贸难以克服发展道路上的障碍，又陷入更深的困境。

2. 1949年以后，巴蜀工商文化的现代化路径

（1）巴蜀工业的快速发展

1949年以后，巴蜀地区初步建立了以电力、冶金、电子、化工、机械、建材为骨干的基础工业体系，增强了巴蜀工业生产能力。1949年，全省工业产值仅占工农业总产值的16.8%；1957年，工业产值已上升到43.9%。由于巴蜀地区处在三线建设的重点地区，60年代中期开始，新建三线重点企业占到全省大中型企业50%以上，成为实力强大的骨干企业。到1976年，全省工业企业的固定资产总额已增加到三线建设前的4.43倍。全省农业、轻工业和重工业总产值的比例，由1963年的5.7∶2∶2.3改变为1976年的4.3∶2.8∶2.9。经过三线建设，在巴蜀地区初步建成了国防科技工业门类齐全、人才知识技术密集、能够研制和生产多种军工产品和民用产品的综合科研与生产的战略后方基地。三线建设也引发一些问题：由于投资比例失衡，农业和轻工业未能得到齐头并进的发展，最终也拖了重工业的后腿；由于布局不当，不少大型企业处在交通运输不便的山区，人员、科技交流，原材料、产品进出都很困难。20世纪80年代对三

---

① 本节未加注释的引文、数据、统计资料，均见张学君、张莉红：《四川近代工业史》第六、七、八章，四川人民出版社1990年版。

线建设企业进行调整，逐步解决了这些问题①。

巴蜀地区进入改革开放时期后，经济成就辉煌。1987年底，全省拥有工业企业47323家，固定资产总值达到597亿元，其中大型企业251家、中型企业396家。东方锅炉、东方电机、东方汽轮机厂等三大动力厂，攀枝花钢铁公司、重庆钢铁公司、长城钢厂、成都无缝钢管厂、重庆特殊钢厂等五大钢厂，四川化工厂、泸州天然气化工厂、德阳第二重型机器厂、大足汽车厂都各具特色，在全国占有重要地位。同年，全省工农业总产值达到917.19亿元（按1980年不变价格计算，以下同）。其中，工业总产值547.8亿元，比1949年增长92.84倍，年均增长12.7%。在26种主要工业品中，有23种在全国排名10位以内，其中生铁、钢材、原煤、天然气、水电、硫酸、纯碱、化肥、木材、水泥、生丝、电视机、电冰箱、饮料酒类、罐头等十余种产品排名前5位，化肥、天然气产量居全国第一②。2000年全省工业增加值达到1273.84亿元，三次产业比重为23.5：39.2：36.8。进入21世纪后，四川工业得到迅猛发展，已连续九年保持两位数的增长，2008年全省三次产业比例进一步调整为18.9：46.3：34.8，规模以上工业增加值达到4939.3亿元，工业占全省GDP的比重提高到39.36%，工业对经济增长的贡献率已上升到53.5%，工业成为全省经济社会发展的主导力量。

改革开放以来，入驻四川的外资企业主要集中在加工制造业领域，成为四川工业重要的增长点。1998年，外资企业总产值为112.81亿元，占全省工业总产值的2.95%。之后四川抢抓"外资西进、内资西移"的机遇，突出企业招商、产业招商、园区招商，吸引外来资金投向优势产业。到2008年，全省累计批准外商投资企业8628户，世界500强企业已在川落户142家，外资企业产值增加到942.84亿元，是十年前近9倍，占全省工业总产值的8.53%，提高了近6个百分点。

（2）巴蜀工业、商贸的快速发展

1949年中华人民共和国成立之初，继承了民国时期的工商文化遗产，同时实行新民主主义经济政策，使社会经济得到快速恢复和发展。但为时不久，就不顾社会经济尚处于"一穷二白"的状况，照搬苏联的经验，在工商文化领域实施社会主义改造，消灭私有企业，实行公私合营，将民营企业收归国有。

---

① 《四川省志·卷首》，方志出版社2003年版，第430、436页。
② 《四川省志·卷首》，方志出版社2003年版，第86~87页。

1958~1960年，在大跃进、总路线、人民公社三面红旗的错误指导下，巴蜀经济不仅没有实现高速增长，反而引发严重社会危机，工业生产全面下降，商贸活动几乎陷于停滞，人民生活极度艰难，非正常死亡人数急剧上升。经过1961年、1962年的调整，工业、商贸各业刚有起色，又在"以阶级斗争为纲"的极"左"思想指导下，在工业、商贸领域进行"四清"运动，打击了大量重视业务、奋发有为的干部和知识分子。及至1966年开始的"文化大革命"，全国陷入长达十年之久的动乱，当代巴蜀工商文化遭到空前浩劫，国民经济处于崩溃的边缘。

1978年中共十一届三中全会，开启了我们改革开放和社会主义现代化建设的新时期，巴蜀工商文化逐步走向发展社会主义市场经济的轨道。农村联产承包责任制的实施、产业结构的调整和流通体制的改革，促使农村集市贸易活跃，粮食和各类农副产品极大丰富，结束了长期短缺、定量供应的历史。城市围绕企业自主权的改革，增强了企业活力；价格体系和价格管理的改革，以商品市场化为目标，农产品大部分放开，工业品实施计划与协调相结合的双轨制，取得价格改革的一定成效；工资制度的改革，四川城市市场和农村市场总体上呈现出持续稳定增长的运行态势，实现了共同繁荣。城市消费品零售额从1957年的6亿元，到2008年增至2402亿元，年均增长12.5%；县及县以下消费品零售额从18.1亿元增至2398.8亿元，年均增长10.1%。近年来，城乡统筹建设、"万村千乡工程""双百市场工程""家电下乡"和"村村通公路工程"等多项政策措施的实施，推动了农村市场体系的加快发展，进一步巩固了城乡市场繁荣稳定的局面。

在国内贸易蓬勃发展之际，对外贸易也不断扩大。四川地处内陆，对外贸易开展较晚，1962年，进出口总额仅为1038万美元，到2008年已经发展到220.4亿美元，增长了540.9倍，年均增长23.3%。其中出口额从1978年的1905万美元，增至2008年的131.1亿美元，增长了687.1倍，年均增长高达24.3%。这是三十年改革开放带来的巨大变化，也是巴蜀工商文化出现的新局面。

第一章

古代巴蜀时期：工商文化的滥觞

巴蜀地区是中华民族文化发祥地之一，距今一二百万年前就产生了旧石器文化。在与中原地区差不多同时的新石器时代，打琢磨石器、陶器、纺织、青铜器已经形成特色。进入杜宇、开明时代，巴蜀地区出现了绚丽多彩的古蜀文明，以黄金、青铜、玉器、象牙等精美绝伦的礼器、工艺品代表的手工制造业达到很高的水平。

本章以三星堆和金沙等遗址出土的巴蜀新石器时代的陶器、青铜器、玉器为考察对象，对巴蜀石器制造业、制陶业、黄金制作业、青铜制造业、玉琢业及其相关的手工业作一初步探讨；同时探讨巴蜀自然盐泉的发现与长江上游盐资源的开发、利用，古市集的形成，食盐流通和巴蜀的周边贸易。

第一节　古巴蜀制造业与手工工艺的文化遗存

一、古巴蜀文明时期制造业与手工业遗存

巴蜀地区地形复杂，环境闭塞。以地形而论，大致由龙门山、峨眉山和大凉山为界划分为东、西两部分：西部为川西高原、高山峡谷区；东部为四川盆地，包括龙泉山以西的成都平原、龙泉山与华蓥山脉之间的川中丘陵区和渠江东南的川东平行岭谷区。盆地内河道纵横，均属长江水系。长江干流横亘盆地南部，岷江、沱江、嘉陵江三大支流自北而南注入长江。由于地形不同，巴蜀地区气候差异也很大，东部地区以冬暖夏热、雨量充足为特征，西部地区以寒冷、干燥、日光充足为特征。由于自然环境的差异，巴蜀地区繁育着不同文化的古代居民，但都以自己的智慧和劳动创造出适合于自己的早期工商文化。

（一）蜀文化遗存的时代背景与生态环境

蜀人出现在新石器时代早期，原本羌氏部族支派，主要生活在从陕西汉中到岷江上游的高山峡谷区，传说中蜀族始祖为蚕丛氏，其文化特征是"其目

纵""作石棺、石椁"①。蚕丛氏代表了生活在岷江上游的先民，处于渔猎经济时期。古蜀传说，早期蜀王蚕丛死后葬于岷江上游（其地于西汉元鼎六年置蚕陵县，在今茂县北），国破后其子孙迁姚嶲（今西昌地区及相邻的滇地）。蜀人部族多而分散，南迁的应当只是蚕丛直系的一部分。

蚕丛氏的后代与成都平原柏灌融合，使古蜀达到新的发展阶段。从岷江上游迁徙到成都平原，适应就地取材，蜀人居住习俗也发生了变化，原来在高山峡谷区垒石为室的"邛笼"开始为平畴泥土、竹木等为建筑材料的"版筑、茅茨"所代替。为逃避岷江流域水患，蜀人要不断迁徙，近年岷江流域陆续发现的一系列早期古城，新津县宝墩遗址、都江堰市芒城遗址、郫县三道堰遗址、温江县鱼凫城遗址、崇州市双河遗址和紫竹遗址，就是四五千年前蜀人在岷江流域不断迁徙的轨迹。杜宇时代蜀人已进入农业文明阶段，活动范围相当广阔，四川北部的秦岭山区、川西的岷江、青衣江流域、川东北嘉陵江、涪江流域、川南到贵州、云南的横断山区，均有他们的足迹。

蜀人定居成都平原以后，饮食结构发生了变化，从肉食转变为以稻、麦等粮食作为主食，原来从肉食中可以获得身体所需要的盐分，现在从稻麦主食中无法得到补给，必须求助于添加食盐。四川盆地虽然蕴藏着丰富的食盐资源，但大多深藏地下岩层数百米、上千米，只有盆周地区因地壳运动产生的褶皱、断裂地带有少量自然盐泉和岩盐出露地表。巴蜀古人类最初的食盐来源，正是巫溪大宁（宝源山）的自然盐泉和临邛、汶川、盐源等地区露头的卤水或岩盐。

有趣的是，巴蜀先民的足迹虽然可能生活在这些食盐露头地区，但是最初并不知道采集食用，倒是反复观察鹿、羊、牛、马等动物饮用盐泉或舔食咸石以后，长得膘肥体壮，由此得到的启示；然后酌泉知味，采集食用，食盐于是成为巴蜀居民的调味品，也是健康生活的必需品。巴东巫峡先民，川西羌、邛等族可能是这些自然盐泉、岩盐的最早受益者，他们采集、生产了最初的土盐。

居住在成都平原的蜀人无法开采深藏地下岩层的盐卤资源，早期的食盐来源不清，可能从龙泉山脉（广都县）、总岗山脉北侧（蒲江县）、火井槽山谷（临邛县）、龙门山脉南侧（什邡县）等地自然盐泉取得食盐，也可能是羌、

---

① （晋）常璩撰，任乃强校注：《华阳国志校补图注》，上海古籍出版社1994年版，第118页。

邛、巴人商贩巫载辗转贩运而来①。

三星堆和金沙遗址所代表的巴蜀青铜器时代约当于中原夏、商、周三代。与中原地区相比，古蜀尚无文字，后期"图语"也因中原文化入蜀而夭亡，古蜀历史仅在汉语文献中留存了很少一点，考古发掘成为探索古蜀历史的主要途径。

目前出土文化遗存可分为前后两期，前期自夏至西周，后期为战国时期，尚缺春秋时期的文化遗存，有待新的考古发现。

广汉三星堆和成都金沙遗址发现的蜀文化遗存大约属于鱼凫、杜宇时代，下限可能延续到开明王朝早期。三星堆遗址主要分布在广汉南兴镇三星村、真武村、回龙村和三星乡的人民村、仁胜村等村落的鸭子河、马牧河河岸的台地上。三星堆出土的白玉（俗称灌县玉）杵，器型与良渚文化的石杵相同，也有人认为其渊源是良渚文化，也有人认为属于龙山文化，但从时间与空间距离考虑，两说均难以成为定论。石破天惊的三星堆文化揭晓，为寻求蜀文化的真相提供了丰富的实证数据。三星堆两座不同年代的长方形土坑，埋藏了大量金、铜、玉、石、陶、象牙等器物，除少量青铜容器和陶器与中原地区发现的相似外，更多的器物如黄金面罩、金杖、金箔虎形饰、铜神像、人像、神树等，造型独特、精美绝伦，许多器物不见于中原地区的考古发现，这应是我国青铜文化的另一中心②。

无独有偶，成都金沙遗址的发现，更为古蜀文化的独特发展提供了充分的实证数据。金沙遗址地处成都市区的西部，位于二环路与三环路之间，东距市中心约5公里。遗址范围内地势平坦，相对高差不过5米。遗址内及周围河流较多，遗址的南面1.5公里处是清水河；摸底河在这片土地上蜿蜒东流，河的南面为金沙村，河的北面为黄忠村。在20世纪80年代之前，这里是大片农田，零星分布着几处农舍。随着城市建设的加速和市区范围的扩大，这里逐渐成为高楼林立的都市西区。1995年底，摸底河北岸的黄忠村一带在进行小区住宅建设时，就发现了大量的商周时期文化遗存，为日后金沙遗址的新发现提供了线索。21世纪初，一个震惊世界的考古发现——金沙遗址终于被公之于世。

考古工作者在金沙遗址祭祀区共清理出了金器、铜器、玉器、石器和象牙

---

① （晋）常璩撰，任乃强校注：《说盐》，《华阳国志校补图注》，上海古籍出版社1994年版，第52～59页。
② 四川省文物管理局编：《四川文物志·概述》上册，巴蜀书社2005年版，第7页。

1400余件，其数量之多、器物之美令世人叹为观止。通过对出土文物的初步研究，学者发现许多文物与三星堆遗址一、二号坑出土的同类器物有相似之处。

随后，考古工作者在祭祀区周边的二十多个地点进行了勘探与发掘，发掘面积达十余万平方米，发现各类遗址三千余个，又出土了大量的珍贵文物。研究者认定，这些遗存应与发现金器、铜器、玉器等的祭祀区属于同一个遗址。考虑到发现大量珍贵文物的金沙村地点特别引人关注，考古工作者根据考古学对遗址命名的基本原则，将包括黄忠村在内的商周时期遗址统一命名为"金沙遗址"。

20世纪80年代以来，随着城市建设的发展，在金沙遗址的东南面，已发现和发掘了抚琴小区、十二桥、方池街、君平街、指挥街、盐道街、岷山饭店、岷江小区等十几处商周遗址，绵延十余公里，有学者称为十二桥遗址群。由此看来，金沙遗址在成都市区并不是一个孤立的存在，它的周边有大量的同时期遗址。在这些遗址中以金沙遗址面积最大、出土文物的级别最高，金沙遗址应是这些遗址的中心遗址。金沙遗址的面积在五平方千米以上，北过蜀汉路，东临同和路与青羊大道，西至三环路外侧，南接清江中路和清江西路，也就是分布在以前的金沙村、黄忠村、龙咀村、红色村、朗家村等自然村的范围内。

在早期人类居住区附近，发现了少量的水井。水井是在地面上开挖的较深的坑，坑中埋入一个桶状的陶井圈，周边用卵石进行回填，起过滤水和隔离沙土的作用。目前金沙遗址范围内发现的水井不多，据研究人员推测，当时人们除饮用井水外，还大量使用地面池塘水或河水。金沙遗址的"芙蓉苑"北发现的小水塘也证实了这一说法。这里的水塘面积有一百平方米左右，有两条沟渠与之相连，从岸上到塘中还能看到用圆木搭建的取水平台。

在遗址居住区的附近还发现了一些小型陶窑，面积只有六平方米左右。窑室为前低后高的斜坡状，面积不足二平方米，由于后期的破坏，残存的高度都只有几十厘米。从陶窑的大小分析，这些窑烧制的陶器不可能太大。陶窑在烧制陶器的过程中窑壁会变红，时间稍长还会烧结。从窑壁的烧结程度看，目前在金沙遗址发现的陶窑使用时间都不长，有可能烧一次就废弃了。这些窑炉的分布极不平衡，有的零星分布在居住区周围，有的较为集中地分布在居住区的附近。据考古工作者推测，金沙时期除了少量的家庭制陶外，可能还是以集中制陶作坊和集中烧制的窑场为主①。

(二)巴文化背景下的手工制造与商贸考古遗存

巴人的祖先,发源于鄂西、川东到湘西一带;其族系甚多,活动范围分散,又不断迁徙,在鄂西汉水、夷水(清江)流域、湘西沅江流域、四川盆地东北部都有他们的足迹。巴人活动区域都处于山险水恶的高山丘陵区,因此其生活更富有艰巨性和流动性。巴人要生存下去,不得不聚族而居,并以自己的勇气和力量去寻求生存资源,改变不利的生活环境。文献记载较多的廪君巴与板楯巴虽同称为巴,但不处于同一族源。廪君巴主要活动在鄂西夷水流域,而板楯巴主要活动在阆中到彭水的长江以北地区;廪君巴以白虎为图腾,而板楯巴则以射杀白虎为能事。范晔《后汉书·南蛮西南夷列传》对廪君、板楯分别列传,也确有依据。

生活在长江三峡地区巴人群落名巫䄦,远古时代已发现大宁巫溪的自然盐泉,在此煮盐,为远近各族提供食盐,同时也换回自己所需衣食②。善于水上交流的巴人与巫䄦联合,为之载盐远销,深入长江上游水系。其间又发现多处盐泉,先后拥有羊渠、朐忍、监溪、涂溪盐泉。开煮之后,食盐增产,巫䄦因之强盛,巴人也由此强大,为远近部族所重,由是立国,初都故陵。上述历史记载,已经为近年考古发现印证。考古发现的重庆市忠县中坝、巫山大溪文化遗址是盆周东缘重要的新石器时代文化,彩陶是其文化特征。

传说巴人的廪君时代已经发明制陶和农业,在贫瘠的湘西、鄂西辗转迁徙,以渔猎、畜牧为生。廪君从夷水(今清江)至盐阳,夷水有女神,对廪君说:此地广大,鱼盐所出,愿与你共居。廪君不答应,盐神旦暮骚扰,十余日后,廪君找机会杀了她。"廪君于是君于夷城。"③这个故事反映了巴人在清江流域与穷山恶水顽强拼搏,为自己开辟生存环境的曲折经历,最终的结果是发现并拥有了食盐资源。夷水即今清江,源出湖北西部利川县,经恩施、宜都等入长江。巴人沿清江下游上溯恩施、大溪流域,在那里建立了自己的国都。

这期间,巴人还占据着汉水中上游。巴、楚之间"数相攻伐,故置捍关、

---

① 成都文物考古研究所编著:《金沙——21世纪中国考古新发现》,五洲传播出版社2005年版,第1~11页。
② 《山海经·大荒南经》:"有䄦民之国,为人黄色。帝舜生无淫,降䄦处,是谓巫䄦。巫䄦民盼姓,食谷。不绩不经,服也。不稼不穑,食也。"
③ 《后汉书》卷八六《南蛮西南夷列传》。

阳关及沔关"。捍关在夷水（今长阳县西）；阳关在今长寿县东南永丰场；沔关即弱关，在今湖北省秭归界①。春秋后期，楚国强大，巴人被迫南迁。东周匡王二年（前611），巴人已不见于记载，孔颖达说："盖楚灭之。"②

有关清江流域巴人的活动情况，在考古发掘中也得到证实。20世纪90年代，在清江流域发掘出相当于中原夏商时期的古文化遗址共有四处，即香炉石、桅杆坪（上层）、南岸坪、深潭湾遗址。据清江隔河岩考古队认为，这几处遗址应是"早期巴人遗址"③。遗址中文化内涵最丰富的，当属香炉石遗址。该遗址面积约有七百多平方米，文化层厚达五米余，地层堆积从上至下可分为七个层位，这是目前在整个清江流域考古发现最有代表性的"早期巴人遗址"④。

遗址地层中出土文物十分丰富，共获得各类石器、骨器、陶器、兵器等多达9240件。出土的这批夏商周时期的各类遗物已被学术界确认为是属于"早期巴人遗址"。香炉石早期巴人遗址地层堆积物中，出土了一批有时代代表性的陶器遗物，陶器主要有罐、瓮、钵、豆、釜、盆、杯、盘等，以罐、釜居多数。

实际上，巴人五姓离开了江汉流域，向西南方向迁徙，经清江流域，流入"黔中"（今川、鄂、湘、黔边境），再迁入四川盆地东部，重新建立了巴国⑤。巴国似乎有辽阔的疆域，"其地东至鱼复（今奉节），西至僰道（今宜宾），北接汉中，南极黔涪（今川、鄂、湘、黔边境）"⑥。但常璩对巴国疆域的记述，未能区分不同时间，巴人所据不相同的疆域，而是将巴人先后拥有的地域合并在一起总结的。据当今学者分析巴人的历史疆域，将其对应中原历史阶段，可以分述为：商周时代，占据汉中东部；春秋时期，向大巴山东麓推进；春秋末叶，举国南迁长江干流鄂西、渝东之间；春秋战国之际，渐次进入长江、嘉陵江、渠江、乌江之间的渝东地区和四川盆地东部，并兼有与鄂、湘、黔相邻之地⑦。20世纪50年代以来，四川昭化宝轮院和巴县冬笋坝先后发掘的多处船棺葬，就是巴人的墓葬，这种墓葬习俗反映了巴人辗转迁徙的水上生活。

---

① （晋）常璩撰，刘琳校注：《华阳国志校注》，巴蜀书社1984年版，第58~61页。
② 《春秋左传·桓公九年》。
③ 《长阳香炉石遗址揭示出古代巴人早期文化类型》，《中国文物报》1994年12月18日第3版专栏。
④ 《湖北清江香炉石遗址的发掘》，《文物》1995年第9期。
⑤ 董其祥：《巴史新考》，重庆出版社1983年版，第18页。
⑥ （晋）常璩撰，刘琳校注：《华阳国志校注》，巴蜀书社1984年版，第25页。
⑦ 贾大泉、陈世松主编，段渝撰：《四川通史》第一册，四川人民出版社2010年版，第376页。

巴人在春秋以前，辗转迁徙，聚落时或有之。在清江流域，也曾建立都城（夷城）。战国时，巴人为楚所逼，沿江西进，以瞿塘峡、巫峡等天然屏障与楚抗衡，先后迁徙于平都（今丰都）、江州（今重庆）、垫江（今合川县），最后定都在阆中，作为一个方国为秦所灭①。

二、巴蜀手工业的产生与初步发展

早期巴蜀人类，可以追溯到旧石器时代。川东"巫山人"、川中"资阳人"、川南"筠连人"、川西汉源富林镇古人类，时间跨度大，距今二百万年到二万年，是巴蜀地区旧石器时代不同阶段的人类遗存。这些人类遗存表明，初期人类为着基本生存条件和抵御猛兽的需要，已经能够打制简单的石器。

生活在新石器时代的巴蜀人类，大多分布于长江上游水系，岷江、大渡河及雅砻江流域，重要文化遗存有：忠县甘井沟、巫山大溪、西昌礼州和广汉中兴场等地。火的发现和运用，对巴蜀人类具有重大意义：从茹毛饮血到烹制熟食的转变，改善了人的健康状况，促进了人的智力发育，使原有的石器制作得到新的改进，实现了由早期打制石器向打琢磨石器转变；同时催生了陶器、青铜器等生活器具的发明创造。寻求食物、食盐和水源，躲避自然灾害，迫使处于游猎生活状态的先民运用智慧和创造力，顽强地改良旧工具、开造大量新工具。

距今约四千年前，蜀人进入农业文明时代，杜宇到开明是这个时代的代表。蜀人定居以后，对岷江、湔江水患进行了初步治理，减少了成都平原的洪涝灾害。由于耕作条件的优越、生产技能的提高、初步形成了可以维持温饱的稻作农业，生活质量较之渔猎时代得到很大改善。随着先民食物结构的改变，寻找自然盐泉、争夺食盐资源、生产和销售食盐，是巴蜀先民的重要活动之一。在此过程中，先民改进技术提高了制造工具的能力，功能各异的磨制石器大量制作出来；与此同时，先民发现了金属矿藏，摸索出冶炼技术，制造了以铜为主要原料的金属工具。

蜀族统治者的精神追求与物质需求也有了前所未有的变化。他们需要威严神圣、富有想象力的祭祀贡品以表达他们对天地鬼神的敬意，他们也需要精美的艺术品作为自己身份的装饰物，他们更需要大量日常用品以满足自己的生活需求。三星堆、金沙文化遗存出土的大量造型奇特、工艺精湛的玉器、青铜器、黄

---

① 徐中舒：《论巴蜀文化》，四川人民出版社1981年版，第18～29页。

金制品，以及陶器、石器、漆器、纺织品，等等，反映了当时比较高的物质生活水平，这种高水平的物质生活，理所当然是由门类众多、技术精湛的手工业生产部门所支撑的。透过这些精美绝伦的器物，可以看到当时制作者的奇妙构思、工匠手工技术的精良、各种相关手工业的出现和劳动过程的严密分工。

从一般社会分工的历史看，早期的石器、陶器制作是在农副业生产可以维持温饱并有了剩余，可以让一部分人从事专业性工作，为适应更多的社会需求，才从农副业中分化出来的。随着社会财富的积累，手工业为满足贵族阶层更高的精神和物质生活需求，不断提高自身的生产能力和工艺水平，劳动过程分工日益细密、部门日益增多。例如，从石器制作分化出矿冶、玉器、青铜器、黄金加工业，从土陶生产中分化出陶器和后来的瓷器业，从竹木器制作中分化出营造、竹器、木器、髹漆业，从农业生产中分化出酿酒业、纺织业，等等[①]。就三星堆、金沙遗址而论，埋藏如此丰厚的祭祀坑或窖藏器物，远非一般平民的消费可以比肩，这是当时蜀族统治者才能享有的待遇。因而，当时从事这些器物生产的手工业，不是民间小手工业，而是专门为贵族、蜀王服务的官手工业。官手工业最初是从贵族生活必需品、作战武器、祭祀礼器的制造开始的。

三、古巴蜀手工制造业的主要部类及其制造工艺

人类最早制作和使用的工具是石器。巴蜀石器从遥远的资阳、汉源打制石器进化到新石器时代磨制石器，一直延续到三星堆的青铜器时代。从巴蜀诸多新石器时代遗址发掘出数量繁多、功用各异的石器表明，巴蜀先民富有智慧和创造精神，他们的石器制作已具有相当规模和专门技艺。

进入青铜器时代以后，富有智慧和创造力的巴蜀先民已经拓展出诸多手工业，制造出大量精美绝伦的手工产品。近年在成都及其周遭地区不断发现的古蜀遗址和遗存中，三星堆、金沙遗址出土的器物品种数量之多、工艺水平之高，前所未有。这些古蜀器物包括玉石器、陶器、青铜器、黄金饰品、陶纺轮、漆器等，为我们探索古蜀工商业提供了许多新数据。

（一）古巴蜀陶器

陶器是在人类学会用火之后的又一发明，这是新石器时代的开始，也是

---

① 祝慈寿：《中国古代工业史》，学林出版社1988年版，第1～3页。

出现农耕文化的标志。陶器的出现促进和丰富了人类经济生活，炊具、餐具成为人类日常生活中不可缺少的用具，并迅速扩大到工具和艺术品领域。在陶器制作中，器物色彩、图案和造型设计充分反映了人类的审美意识和创造能力，成为人类文明的重要标志。由于人类文化遗存陶器生产的时间不同，工艺水平不同，流行的地域也不一样，所以不同时代遗址出土的陶器造型，呈现千差万别、工拙迥异的情况，折射出历史长河中多姿多彩的族群特点和地域特征。

1. 陶器的品种与形制

巴蜀文化遗址中，陶器是为数众多的出土遗物。盆地东缘的大溪文化遗存，是长江中游重要的新时期文化。在巫山大溪遗址的发掘中，出土陶器以红陶为主，黑陶、灰陶次之，彩陶是其文化特征之一。除墓葬出土极少手捏小陶器外，其余绝大多数陶器为日用器具，以素面陶器为主，制作陶器的陶土大多经过淘洗，质地较细。以手工制作为主，间有轮制陶器，有的器物外表施以红衣[①]。

广汉三星堆文化遗址出土的陶器碎片十万片，复原甚少，占总器类的三分之一左右，以夹砂褐陶为主。一号坑出土陶器共复原三十九件，有小平底罐、平底盘、高柄豆、敛口瓮、尖唇瓮、尖底盏、圈足器、尊型器座，以尖底盏和器座数量最多。质地有夹砂黑陶、黑褐、褐陶、黄褐陶四种，火候不均。二号坑出土陶器有高柄豆、小平底罐、高领瓮、敛口瓮、尖唇瓮、尊型器、花边口罐等，陶片以夹砂为主，泥质罕见。夹

三星堆陶制发酵器

砂陶器多为黑褐色，次为黄褐色，仅有少量浅黄陶和灰陶。夹砂陶表面黑色陶衣，是该层主要特征[②]。

金沙遗址出土最多的器物是陶器，主要有小平底罐、高柄豆、瓶、盉、尖底盏、尖底杯、尖底罐、高领罐、圈足高领罐、圈足罐、圈足盆、圈足钵、圈

---

① 杨华、丁建华：《巫山大溪遗址的考古发现与研究》，《四川文物》2000年第1期，第9~19页。

② 四川省文物考古研究所编：《三星堆祭祀坑》，文物出版社1999年版，第145~146、154~157页。

足杯、瓮、高柄束腰灯形器座、扁壶等。其中尖型、高领型、圈足型为金沙遗址典型器物，尤以272号灰坑出土的两件大型器物尖底罐、高领罐为商周时代罕见器物[1]。成都十二桥遗址出土陶器以夹砂褐陶为主，其次是泥质灰陶和黑陶，也有泥质黑灰陶。已获器物包括小平底罐、尖底罐、高领罐、敞口罐、尖底杯、高柄豆、盂、釜、尖底盂、盏、觚、器盖、改纽、鸟头柄等，与金沙陶器类似者不少[2]。

较之大溪遗址出土陶器，三星堆、金沙遗址陶器种类明显增多，器型复杂多样，极富想象力。其用途也广泛得多，有炊具、饪器、食器、饮器，使用范围广泛，成为人们日常生活不可缺少的器具。值得注意的是，缸、壶、杯、盏、尊等酒器和有饰纹、有底座的高柄、高领礼器，构成人们物质和精神生活不可或缺的器物，无论是婚、丧、嫁、娶的人生礼仪，还是重要祭祀节庆祈祷，都肩负着庄严、神圣的使命，带给人们吉祥和安宁。从大溪到金沙，这些不同时期的陶器遗存，成为先秦巴蜀陶器工业的历史见证。

2. 制陶技术水准

第一，造型工艺。早期陶器质地脆弱、松散，与陶土不良有关。因此，选择陶土是制造优质陶器的关键。据实验表明，一般的泥土，可塑性很差，难以用手工方法成型。陶器的成型必须仰赖于氧化钙含量低、铁含量较高的易融性黏土。从三星堆、金沙遗址出土的陶器来看，其所采用的易融性黏土，黏合性能好、可塑性强。即使采用这样的黏土，也还需要经过去粗取精，用淘洗的方法去掉其中的杂质，以利于制造较细致的陶器。陶器成型可归为两大类：手制与轮制。

手制法 手制成型可以包括三种方法：捏塑法、模制法、泥条盘筑法。

捏塑法。小型陶器一般采用手捏塑成各种器形，器壁上常留有指纹，器形不太规整，没有实用价值，具有玩具、艺术品性质，墓葬中随葬物品多有此类陶器。如大溪遗址墓葬中发掘的小陶器，就是一种手捏的陪葬品。

模制法。三星堆遗址出土陶器，器物多系手制（部分经过慢轮加工），少数为轮制。器型以高柄豆、小平底罐和鸟头形把勺为基本组合，除陶盉外，

---

[1] 成都文物考古研究所编著：《金沙——21世纪中国考古新发现》，五洲传播出版社2005年版，第10~11、18、122~128页。
[2] 四川省文物管理局编：《四川文物志》上册，巴蜀书社2005年版，第32页。

整个遗址不见其他任何三足器，如鼎、鬲、甗等。依陶器的用途可分为饮食器、炊煮器和储物器。某些特殊的器型往往采用局部模制的方法，三星堆、金沙遗址出土的陶盉，应该有圆锥形陶模作为袋形足的内模，其袋形足，可能是采用局部模制方法而成。这种局部内模的制法，在台湾高山族至今还保留着，他们利用较大的圆形砾石作为内模，以制成圆腹底的陶器①。

成都金沙遗址出土的陶器

泥条盘筑法。先将坯泥制成泥条，然后圈起来，一层一层地叠上去，并将里外抹平，制成器型。三星堆、金沙遗址陶器手制方法，主要采用泥条盘筑，磨制时使用了慢轮抛修。这既便于制陶时的盘筑和加印纹饰，又可以利用慢轮的旋转，以修整口沿使之规整；慢轮整修的结果往往遗有局部轮纹。三星堆遗址晚期地层中大量出土的高柄豆残片上留有明显的泥条痕，可知其柄应是先以泥条盘筑法成形，然后刮削、打磨，最后才上、下分别粘接上似轮制的盘部和喇叭形圈足。我国云南边境傣族的制陶技术，还保留着泥条盘筑和慢轮修整，这是一个有说服力的旁证②。

三星堆遗址复原的器型有罐、瓶、杯、碗、壶、碟、盉、高柄豆、圈足豆、圈足盘、平底盘、瓮、器盖、喇叭形器、纺轮、网坠等二十余种，六十余件。这些器物简单粗糙、型异而不规范，多为手制。总的说来，古蜀陶器以手制为主，少数经过慢轮加工整形，轮制很少。除限于技术水准外，这可能与制陶习俗有关。

轮制法 轮制法成型是更进步的一种制陶工艺，它是将泥料放在陶轮上，借其快速转动的力量，用提拉的方式使之成型。其特点是，器形规整、厚薄均匀，在陶壁表里普遍遗留有平行密集的轮纹，器底往往遗有线割的偏心纹。三星堆遗址出土的圈足器都使用轮制方法。圈足豆的制作是盘部和圈足先分部制作（轮制），然后粘接成型。凡器形对称、弧线均匀、制作精良者，多为轮

---

① ［日］鸟居龙藏：《鸟居龙藏全集》第十一卷，东京，富山房，1926年版。
② 屈小强、李殿元、段渝主编：《三星堆文化》，四川人民出版社1993年版，第304~307页。

制。金沙遗址出土复原的陶器中，小平底罐、小口壶、尖底杯、尖底盏、圈足罐、敞口平底罐、高领罐应当是轮制陶器。成都十二桥遗址出土的陶器以轮制为主，也有手制、模制和泥条盘筑[①]。

上述陶器造型工艺，可以从三星堆、金沙遗址器物中透露出的刮削、打磨、雕刻、镂空、分制、粘合等制陶技艺中得到证明。三星堆极富特色的鸟头形把勺柄的头部多雕成杜鹃、鱼鹰等鸟头形状。其间一般采用线雕手法，用粗线条勾勒眼睛等部位，而对嘴等部位则按其实物形象以雕塑成型，显示了较高的艺术水平。金沙出土的陶三足盉、高柄灯型器座、镂空器座，使用了内模预制、镂空、线形修饰等手工技巧，更显示出精密的构思和奇特的匠心。

第二，纹饰工艺。陶器的制作与装饰是同时进行的。陶器表面的纹饰，具有加固陶坯和增添美观的效果。不同种类的纹饰，往往形成某一文化的特征。三星堆、金沙陶器上的纹饰非常丰富，计有粗绳纹、细绳纹、交错拍印绳纹、划纹、戳印纹、弦纹、S形纹、圆圈纹、云雷纹、附加堆纹等。这些纹饰的制法大体有下列几种：

压印　以绳纹为代表。它是在细木棒上用绳子缠成中间粗两端细的轴状工具，用来在陶坯上压印出成排而整齐的绳纹。

拍印　在木板或陶坯上刻有条形、方格或几何形的阴纹。拍印在陶坯上则出现方格纹和几何形纹饰；也有在木板上缠以绳子，拍印后呈现错乱的绳纹。拍印时用砾石或陶垫在陶坯内部，以防止变形，并借以加固陶坯。云雷纹即经拍印所制。

刻划　用细木棒为工具，在陶坯上划成弦纹、几何纹饰等，或戳印成点状纹，有的则用篦状器压印成篦或篦点纹。

附加堆纹　在陶器表面附加泥条或泥饼，有的用细泥条组成各种花纹，也有的用宽泥条环绕颈、腹部，上面还加印绳纹。这种堆贴进一步发展成贴雕象形形体，成为具有浮雕意义的贴塑。附加堆纹除装饰之外，还有加固器壁的作用。

轮制弦纹　随着轮制技术的发展，制作出的器物胎壁厚薄均匀，造型规整匀称，在装饰上出现了弦纹。弦纹是在轮制成型时用工具接触器物，使器物表面出现粗细宽窄不同的并行线纹，也能起到很好的装饰效果。

[①]　四川省文物管理局编：《四川文物志》上册，巴蜀书社2005年版，第32页。

镂孔　在圈足器上镂成方孔、圆孔或三角孔等作为装饰。

三星堆先民创造出的各种坯体装饰，丰富的刻划纹饰，玲珑剔透的镂孔，精巧美观的堆贴以及华丽繁复的云雷纹，都说明当时人们已熟练掌握了纹饰制作的各种方法，反映出较高的审美情趣和娴熟技艺。

三星堆陶器纹饰多为粗细绳纹，另有划纹、戳印纹、附加堆纹、弦纹、S形纹、圆圈纹和华美的各种云雷纹[1]。成都十二桥商代遗址发现的陶器多素面，部分饰弦纹、绳纹、附加堆纹，以及戳压、镂空、菱形回文、网络纹和鸟兽纹等[2]。

第三，烧制工艺。陶瓷最终成为有价值的生活用品或者其他器物，其质地好坏起着决定性作用。质地优劣与包括烧制工艺在内的多种因素有关，而对烧制工艺起着决定性作用的是陶窑结构。从新石器时代开始，陶窑结构主要有横穴窑和竖穴窑两种。横穴窑结构原始，在圆形窑前方有较长的穹形筒状火膛，燃烧时火焰由火膛进入窑室；竖穴窑的窑室位于火膛之上，火膛为口小底大的袋形坑，有数股垂直的火道与窑室相通。

三星堆遗址仅发现一座窑址，窑炉平面为心形坑（袋状），浅床斜坡式，宽仅1.6米[3]。从结构看，应该是较为先进的竖穴窑。窑室不直接位于火膛之上，火焰沿斜火道进入窑室。火膛和窑室不在同一水平线上，便于火焰进入窑室，有利于提高窑内烧成温度。金沙遗址发现一些小型陶窑，面积只有6平方米左右。窑室为前低后高的斜坡状，面积不足2平方米。由于后期的破坏，高度都只有几十厘米。从陶窑的大小分析，这些窑烧制的陶器不可能太大。陶窑在烧制陶器的过程中窑壁会变红，时间稍长还会烧结；从窑壁的烧结程度看，陶窑使用的时间都不长[4]。

陶器烧成温度习惯上称为火候。烧成温度的高低与陶窑结构及制陶工艺发展水平密切相关。从三星堆遗址出土陶器来看，属于新石器时代晚期的陶器，

---

[1] 四川省文管会、四川省博物馆、广汉县文化馆：《广汉三星堆遗址》，《考古学报》1987年第2期。

[2] 四川省文物管理局编：《四川文物志》上册，巴蜀书社2005年版，第32页。

[3] 赵殿增：《三星堆考古发现与巴蜀古史研究》，《四川文物》1992年S1期《三星堆古蜀文化研究专辑》。

[4] 成都文物考古研究所编著：《金沙——21世纪中国考古新发现》，五洲传播出版社2005年版，第1~11页。

火候偏低；三星堆三、四期陶器火候相对提高。

此外，陶土的成分对陶器的烧结和颜色有一定的影响。这主要表现在陶土中铁的化合物的含量多少——它在烧结过程中会起着程度不同的助熔作用，影响到陶坯的烧成温度的高低，并进而影响到陶器的颜色的变化。三星堆遗址陶器陶质以夹砂褐陶为主，明显地是采用了易融黏土做原料烧制而成，并在易融黏土内加入了一定比例的羼和料。羼和料是制造陶器时有意加入的砂粒、石灰粒、稻草末和碎陶末等，其主要目的是提高产品的耐热急变性能，避免在火上加热时发生破裂。一般来讲，羼和料以砂粒为主，除少量砂粒为陶土中固有的以外，大多是有意加入的，这是工匠在生产实践中逐步摸索出来的[①]。

（二）古蜀玉器

玉器与石器很难有明确界定，古人认为"玉"是石之美者。巴蜀先民在制造石器的漫长岁月中，积累了对各种石料的认识；进入新石器时代以后，选择石料是石器工业的首要环节。在选择石料的过程中，发现玉石，加工玉石，制造玉器，是极其自然的。石器制造中已经形成的打、琢、磨技术，正好运用于更加具有精雕细刻价值的玉石。而经工匠精细雕琢、抛光磨亮的玉器深受贵族喜爱，专门制造玉器的工厂得以产生，最终形成三星堆到金沙文化所代表的古蜀玉器制造工业。从已经发现的玉器文化遗址、遗存可以归纳出以下几个特点：

1. 气势恢宏的玉石器生产工厂

广汉三星堆遗址出土的商代古蜀文物中，最大宗者当推玉石器。从20世纪20年代末期到80年代末期的六十年间，经过五次发掘，陆续展示了重大发现：

三星堆出土玉制器具

20世纪30年代发掘出土器物的水沟，位于广汉中兴乡（今南兴镇）月亮湾，坑长约2.3米，宽约1米，深约1米，坑底按次序堆放玉器三四百件，包括圭、璋、琮、瑗等礼器及玉斧，还有3列计20多件大型石璧。在如此狭小的坑道中层层叠压地堆放大量玉器，应当是专用的玉器宝物储藏室。

1964年春，在距离原坑五六十米

[①] 屈小强、李殿元、段渝主编：《三星堆文化》，四川人民出版社1993年版，第302～308页。

处，又发现一个玉石器坑，出土有成品、半成品和石坯数十件。1974年，又在附近梭子田发现一石磨坑，坑口为石板封闭，磨石为大小卵石数十件，色呈青黄，坚硬细腻，均有打磨面。这两处坑道应为玉器加工作坊，有成品、半成品和石坯。与此同时，月亮湾附近农田还出土不少石斧、石凿、小石锛、残石璧等，都跟玉石作坊有关。

1986年7～8月发掘的两个祭祀坑，出土的近四百件重要文物中，玉石器即占47.92%。玉石器种类主要是琮、璋、戈、斧、凿、刀、剑、斤、锛、"锄形器"等。1988年在三星堆"古城墙"东北部，再次发现一座玉石器坑，出土成套的石璧、石坯以及石斧、玉凿等。此外，在三星堆附近狮子闹、高骈乡等处，还多次发现成组玉石礼器。

经过20世纪长六十年间的发掘，在三星堆古遗址内，共出土玉石礼器一千多件，其他石器数千件[①]。这一重大发现，展示了古蜀手工业文明的灿烂辉煌。

21世纪初年，在成都市区西部十余万平方米的金沙古蜀文化遗址，先后发掘出两千余件玉器，包括琮、璋、璧、钺、戈、凿、凹刃凿形器、环等。其中，琮、璋、戈、凹刃凿形器、环等最具特色。同时还发现近千件石器，主要器物有饼形器、璋、璧、钺、斧、锛、凿、跪坐人像、虎、蛇、龟等。

与广汉三星堆古蜀文化有直接传承关系的成都金沙古蜀文化，是在殷商到西周时期逐渐兴起并走向繁荣的。金沙古蜀文化的鼎盛时期，继承和发展了三星堆玉石器工业的生产技术和管理经验。三星堆、金沙古蜀遗址发现的这些玉石器已不同于新石器时代巴蜀石器文化所见石器，不具实用价值，大部分与青铜器一样，成为祭祀活动中的礼器；少数小巧玲珑的玉石器则成为贵族的装饰品。其中的石器选材精良、质地细腻、润泽，其特征类似玉器，故习惯上笼统称之为玉石器。

从三星堆、金沙遗址的上述重大发现可以推断，玉石器生产已经成为古蜀工业文明的重要组成部分。当时的玉石器生产规模相当庞大，形成了包括玉石料选择、玉石料切割、器物雕琢成型、器物抛光磨制等生产环节的玉石器制造工场。如果考虑到玉石料的产地并不在广汉，需要从岷江、涪江上游玉垒山、龙门山区搜寻，还要组织人力运输，其艰难、浩繁可想而知。要维持如此庞大的生产

---

① 屈小强、李殿元、段渝主编：《三星堆文化》，四川人民出版社1993年版，第308～309页。

规模，首先需要严密的生产组织系统和大批生产管理者，然后需要数量巨大的工匠、工役、人夫，实际投入的人员数量，难以估量，数以万计也不过分。

2. 玉石器物精美绝伦，形制独特

广汉三星堆、金沙文化遗址埋藏的玉石器，可谓琳琅满目、美不胜收。玉石器主要分作礼器、武器、工具和装饰器等。礼器类主要为璧、琮、璋、瑗、环等，出土最多，工艺极为精湛，形制大小不一，但都典雅、庄重。武器工具类主要有戈、剑、刀、矛。工具类主要有凿、斧、锛、锥、杵、撕、铲、锄等。装饰器主要为管串、珠、方形玉片及钏、玦等。这类器物形体小，数量少。特别大型的器物，除学者所列举的三件玉石斧之外[①]，器物多不太大。金沙出土的玉石器较三星堆晚，其器物造型、制造工艺既有传承，又有创新。玉石器中出土最多、呈组合礼器状态的三星堆出土的玉石璧、玉石璋，金沙出土的玉石琮特色浓郁，下面作一简要勾画：

组合玉石璧。璧是环形、圆孔的玉石器，可能是由石器时代的石片演变而来。广汉月亮湾遗存二十余件玉石璧，1931年被当地居民发现时，"大小不一，垒置如笋，横卧泥中"[②]。石璧最大者外径竟达70.5厘米，孔径19厘米，厚6.8厘米，形如井盖，重至百斤以上；最小者外径为11厘米，孔径4厘米，厚1厘米。商周时期，中原玉石礼器形制规定：外缘为孔径的两倍为璧，孔径为外缘的两倍为瑗，外缘与孔径相等为环[③]。很显然，三星堆出土玉璧与中原玉璧的比例不相符合。

组合玉石璋。璋呈长条形，有柄有锋，据说由石斧演变而来。广汉三星堆祭祀坑出土玉石器中，玉璋达四十件，引人注目，但大多被焚烧后残断，少数残缺。形制规整、线条流畅，射部刃口锐利，通体抛光。器分五型，造型特异，长度一般在20~60厘米之间，有长达1.62米者，而厚度则仅为1厘米左右[④]。学者认为，三星堆玉璋形制与殷周礼制不相符合[⑤]。玉璋体大而薄，加工

---

① 冯汉骥、童恩正：《记广汉出土的玉石器》，《四川大学学报》（哲社版）1979年第1期。
② 郑德坤：《四川古代文化史》，巴蜀书社2004年版，第45页。
③ 《周礼·考工记·玉人》云："璧羡度尺，好三寸以为度。"《尔雅·释器》云："肉倍好，谓之璧；好倍肉，谓之瑗；肉孔若一，谓之环。"
④ 四川省文物考古研究所编：《三星堆祭祀坑》，文物出版社1999年版，第61~80页。
⑤ 屈小强、李殿元、段渝主编：《三星堆文化》，四川人民出版社1993年版，第400~401页。

技术精湛绝伦，有的还刻有精美细腻的图案饰纹①。

这些玉石器，形制从大到小，垒叠呈塔或排列成阵，构成三星堆先民的礼乐祭祀及生产生活的一整套器具序列，对于认识三星堆古蜀国的礼俗风气、意识形态及三星堆文明的发达程度，具有极其重要的参考价值。

多节玉琮。金沙文化遗址出土的玉琮中，有两件造型奇特：一是10节玉琮，一是4节玉琮。10节玉琮由青玉整体加工而成，晶莹剔透，呈上大下小长方体，高22.2厘米，宽6.9厘米，孔径5.1～5.6厘米。器表分节分槽，共分10节，每节以器表转角为中轴，组成一个简化人面纹。阴刻细密并行线纹的长方形横棱为羽冠，由管钻琢出大小两个圆圈表示眼睛和眼珠，长方形的短横档，档上有卷云样的鼻子，下面分节的缺口部分表示嘴。整体共计40个人面。此玉琮还有罕见之处在于，琮的上端刻划一人形符号，头戴长长的冠饰，双手平举，长袖飘逸，双腿叉开，作舞蹈状。4节玉琮由质地细密的上等整玉琢磨完成，色彩绚丽，仪态平和，制作规范，加工精细。器分为4节，每节刻划9道平行直线纹，平直准确，刻工流畅。中孔为两面对钻而成，但孔壁不见通常残存的错位台痕，内壁光洁、圆滑，仅在孔沿上发现两圈浅淡的管钻痕迹。学者认为，金沙多节玉琮与良渚文化晚期玉琮相似，可能是受到了千年以前良渚文化的影响②。

3. 巧夺天工的制造工艺

从琳琅满目、多姿多彩、平整光洁的三星堆玉石器可以推断，这些玉石器的造型工艺极富创意，加工工艺更是达到驾轻就熟、炉火纯青的水平。金沙多节玉琮雕刻、纹饰、钻孔技术已达到更高的水平。

在造型工艺上，从诸多玉石器的成型效果和加工痕迹看，大致运用了锯、凿、挖、琢、钻、磨、雕刻及抛光等工艺。璋、璧等玉石器成品或半成品，都留有明显的切割痕迹和锯痕。从戈、璋等器物的半成品及其改料切片状况来看，主要是通过一种较锋利带锯齿形的金属工具（大致是青铜工具），首先将一块石料或玉料按所要制作器物的厚薄进行劈削、锯割和研磨下料。劈削，是依照石料纹理劈成薄片。1964年在月亮湾就出土过这类玉片，"有一块玉片边

---

① 巴家云：《试论成都平原早蜀文化的社会经济》，《四川文物》1992年S1期《三星堆古蜀文化研究专辑》。
② 成都文物考古研究所编著：《金沙——21世纪中国考古新发现》，五洲传播出版社2005年版，第54～59页。

缘部位还留有劈片时的打击点"[①]。锯割，是三星堆玉石下料的最基本方法，比劈开成功率高，又比直接磨制省工。研磨，是将不需要的部分通过研磨去掉。1986年在遗址Ⅲ区的商代晚期地层发现的一部分切片，则显然不是通过锯类的金属工具切割，而是用砂子进行研磨的。

由于劈削成功率低，破坏性大，很少采用。研究者认为，三星堆遗址戈、璋等类型的"片状"器物，主要是靠锯割和研磨这两种技术来下料的；后期加工更多地是采用琢磨工艺。戈和璋的表面都是通过了琢磨，才使表面平整光洁的。柄部的扉棱则先用尖锐的工具按设计要求刻出一道道平行的直线，然后再在并行线的两端用锯和砂等进行锯、镂、琢刻出柄部的齿形扉棱[②]。有的玉石璋每边刻有好几道极细的扉棱，其相互间的距离亦很近；但研究者却发现扉棱之间切割较为整齐，并没有因此把较薄小的扉棱折断。这说明当时的切割技术是较高的[③]。

在加工工艺上，玉石器初步成型以后，进入精细加工阶段，有时候造型与加工工艺穿插进行，并无严格的界限。从三星堆玉石器的加工痕迹看，加工工艺大致分为磨制（包括打磨、研磨）、雕刻、钻孔、抛光等技术，兹分述如下：

打磨　从现存三星堆玉石器看，磨制工艺是十分高明，也很有耐心的。1974年在月亮湾发现的磨石坑中的数十件大小卵石，都是在卵石上磨出一个或几个平面，整体磨制的趋向是取最大平面材料。有人认为这些石料是玉石作坊使用的加工工具[④]，但据石料的精美程度及所磨平面的光洁程度看，显然是经过精心选择的，研磨也是事先设计而精心进行的，应当是加工过的玉石材料[⑤]。三星堆遗址斧、锛、凿、矛等武器、工具等，大多是先将石料打制、切割成器物粗坯，然后放在较大的砥石上加砂蘸水耐心研磨，直到把粗坯磨制光滑规整成型[⑥]。

[①]　张广文：《玉器史话》，紫禁城出版社1991年版，第25页。
[②]　陈显丹：《三星堆文化玉石器研究》，《四川文物》1992年S1期《三星堆古蜀文化研究专辑》。
[③]　巴家云：《试论成都平原早蜀文化的社会经济》，《四川文物》1992年S1期《三星堆古蜀文化研究专辑》。
[④]　闻云森：《三星堆，璀璨的古蜀文化遗址》，《四川日报》1987年4月18日。
[⑤]　张广文：《玉器史话》，紫禁城出版社1991年版，第25页。
[⑥]　陈显丹：《三星堆文化玉石器研究》，《四川文物》1992年S1期《三星堆古蜀文化研究专辑》。

雕刻 三星堆玉石器的雕刻工艺表现出玉石器加工的最高水平,尤以青灰色的石边璋K2:201附4为出色之作。其形如圭之上端斜削去一角,顶端一边成锐角,一边成钝角,上宽下窄,射部和柄部两面均阴刻有两组图案,分别刻在璋身的两端,每一组又分成五幅图案,每幅图案之间由线刻的并行线相隔。其图案有作站立状和作跪状的人物形象、大山、平川以及一些意符,如"S"形勾连云雷纹、手纹和牙璋的形象等。这件石边璋射长43.1厘米,上宽8.8厘米,下宽6.8厘米,柄长11.3厘米,通长54.4厘米,是一件不可多得的艺术珍品。

三星堆玉牙璋亦独具特色,其上多有加工精细的扉棱及云雷纹、鸟纹等多种纹饰。如乳白色的B型牙璋K1:235附5,其射部镂刻成鸟形,器身两面各刻一璋形图案,器身与柄之间有三组阴刻并行线纹,在两并行线纹相对应处刻有齿形扉棱。牙璋通长38厘米,柄身之间有一圆形穿孔[①]。

三星堆遗址出土的其他玉石器,如戈、刀、凿等,其器身也刻有云雷纹、并行线纹及钻有圆形小孔等。上面刻的线条,平直而明快,刃部都磨得较薄。玉器饰纹大量采用了镂和线刻工艺。线刻的线条非常细,宽仅1毫米左右,但各线条之间界限分明,线条平直明快,就其镂和线刻的手法来讲,又分直道和弯道两种。如前举两种边璋、牙璋,其云雷纹和齿形扉棱就体现了弯道技法;直道技法则大量地表现于玉石器的并行线刻上。值得注意的是,三星堆工匠们不仅大量采用阴刻,甚至还使用了"减地"法,如K1:235玉佩,其刻法使平面呈现出一种层层递进的"阶梯"形。

概而观之,三星堆玉石器上雕刻的花纹造型,繁复多样,且交错有致,细腻规整。研究者估计其雕刻工具可能是铜质[②]。

钻孔 新石器时代至夏、商、周的玉器,多为有孔玉器,其中有些是造型本身的需要,如琮、璧之孔;有些是为了穿绳佩带而打的孔,如环、瑷、佩之孔;还有的是为了穿绳捆绑木柄而打的孔,如锛、锄之孔。因而在制造玉器时,穿孔不能不占有相当的位置。这时期玉器的穿孔有以下几种:

马蹄形孔,即从一面钻孔,孔径越来越小,待孔打透时,径已很小,孔呈

---

① 《广汉三星堆遗址一号祭祀坑发掘简报》,《文物》1987年第10期;《广汉三星堆遗址二号祭祀坑发掘简报》,《文物》1987年第5期。
② 陈显丹:《三星堆文化玉石器研究》,《四川文物》1992年S1期《三星堆古蜀文化研究专辑》;巴家云:《试论成都平原早蜀文化的社会经济》,《四川文物》1992年S1期《三星堆古蜀文化研究专辑》。

一端大一端小的形状，纵截面为梯形。这种孔一般是用较硬的棍棒和特定的硬砂钻出，多用于较薄的装饰品。这类带有马蹄形穿孔的玉器，多见于殷墟时期。

对穿孔，即对较厚的玉器或筒状玉器采用两端对钻的方法。三星堆出土的玉石器也有对穿工艺的采用，不过其穿孔则带有明显的圆柱形痕迹或两个截顶圆锥形痕迹①。此外，三星堆有的石壁大的内孔达几十厘米，小的仅一厘米左右，而个别石纺轮上钻孔的孔径仅几个毫米。研究者认为，这说明当时已完全掌握了用竹管、木棒等硬物钻孔，以及用砂蘸水的钻磨方式，钻出的孔壁平整、光滑②。

带有螺旋纹的孔，河姆渡文化遗址出土的河光石钻孔，孔壁呈螺旋状。三星堆遗址出土的大量玉璧，穿孔无论大小，也都带有螺旋纹。螺旋纹的产生，可能是用某种管钻钻孔时，角度和钻位发生变化造成的③。

抛光 三星堆玉石器的抛光技术亦十分独到，其成品多晶莹剔透，圆润光滑。研究者推测当时的抛光除了以皮革或木质物为抛光工具外，有可能还采用了"布轮"一类的打磨器④。这其实已接近现代工业的抛光技术了。

4. 古蜀玉石属于中国软玉系统，取材于龙门山区

三星堆玉器大量使用一种质地细腻带有斑纹的岩石和另一种质地较软表面呈灰黑色的沉积岩为材料⑤。据成都地质学院专家鉴定，其与通常所说的软玉、硬玉有一定的区别。软玉、硬玉是现代矿物学对玉的质地归纳。软玉为透闪石和阳起石的隐晶质，硬度为5.5~6；硬玉是辉石的一种，硬度则为6.5~7，如翡翠。软玉产自中国西部地区，自古以来受到王室、贵族、富豪乃至一般百姓喜爱。据鉴定，殷墟妇好墓中出土的玉器即软玉制成；硬玉晚至清代才从越南、缅甸等国输入⑥。因此，三星堆玉料属于软玉。但因埋藏地下年代久远，色泽、质地稍有变化，加之鉴定手段不够精细，所以难以作出准确结论。

---

① 陈显丹：《三星堆文化玉石器研究》，《四川文物》1992年S1期《三星堆古蜀文化研究专辑》。
② 巴家云：《试论成都平原早蜀文化胡社会经济》，《四川文物》1992年S1期《三星堆古蜀文化研究专辑》。
③ 张广文：《玉器史话》，紫禁城出版社1991年版，第26~27页。
④ 陈显丹：《三星堆文化玉石器研究》，《四川文物》1992年S1期《三星堆古蜀文化研究专辑》。
⑤ 张广文：《玉器史话》，紫禁城出版社1991年版，第2页。
⑥ 朱活：《商币篇——兼谈建国以来出土的商代货币》，《四川文物》1985年第2期。

从质料上看，三星堆玉石器大多数为火成岩和硬度很高的沉积岩石料。这类岩石，不产于成都周围的冲击平原，应当全部采自成都平原西部的邛崃山脉，近者当在龙门山区，远者则在玉垒山和岷山①。《山海经·中山经》说："岷山，江水（即岷江）出焉……其上多金玉。"《华阳国志·蜀志》佚文说："（绵虒道）有玉垒山，出璧玉，湔水所出。"汉晋绵虒县治在今汶川县，湔水即今白沙河。白沙河发源于今都江堰与汶川县交界处的山脉，因终年积雪，故名玉垒山。玉垒山被白沙河、岷江拥夹逶迤南向，直趋都江堰市西北止。据矿物学家对三星堆石器和石料进行科学鉴定后认为，这些石器和石料来自成都平原北部的龙门山区，因为地处于龙门山脉的彭州、都江堰、汶川地区，发现的蛇纹岩、大理石、板岩以及基性类岩、花岗岩等，与三星堆石器成分相同。

中国古籍中但凡产玉之地，皆山水一脉袭焉。这正如宋应星《天工开物》所云："玉璞不藏深土，源泉峻急激映而生。"②这即是说，玉山之玉，多沿河而下，与激流险滩相映而生。对于玉工来说，并不太喜山中之玉，而喜水中之玉，因水中之玉乃河水终年冲击摩娑，大小适中，且"每有坚实之部分布于表层，而以其外皮之酸化为美观

成都金沙遗址出土的玉环

云"③。三星堆西北之岷山—玉垒山及岷江—白沙河，系氐羌—古蜀族的地望和东南下成都平原的通道。三星堆古蜀王族所用玉料，必定沿此通道上溯采集，这是顺理成章的历史轨迹。

总之，占据三星堆、金沙遗址出土文物数量之冠地位的玉石器，与青铜器一道，争奇斗艳，交相辉映，共同代表了古蜀文明的高水平，并在历史悠久的中华玉石器制作工艺史上，留下堪与中原同期文化媲美的精彩篇章④。

---

① 陈显丹：《三星堆文化玉石器研究》，《四川文物》1992年S1期《三星堆古蜀文化研究专辑》。
② （明）宋应星：《天工开物》下篇《诛玉第十八》。
③ 胡肇椿译：《古玉概说》，中国书店1992年版，第14页。
④ 屈小强、李殿元、段渝主编：《三星堆文化》，四川人民出版社1993年版，第308~314页。

(三)古蜀青铜器、黄金制品

以三星堆、金沙遗址为代表的古蜀文化遗址出土了特色浓郁、造型精美的大量青铜器,表明青铜冶铸业是古蜀社会极其重要的手工业,同时确证古蜀青铜文化是与中原商周青铜文化比翼齐飞的区域文化,从而说明了华夏文化的多元结构特征。三星堆、金沙古蜀文化遗址发现的大量精美绝伦的青铜器,都凝聚着古蜀先民的聪明才智和创新精神,都显示出古蜀先民坚忍不拔的进取之路和自强不息的非凡功力;揭示了当时青铜冶炼、铸造技术、造型、雕刻工艺水平诸方面所达到的高水平,具有独特的工业文化特征。

1. 古蜀青铜器、黄金制品数量大、品类多

20世纪50年代,考古工作者发掘新繁水观音墓葬时,清理出一批商代铜器,包括斧、镞、矛、钺等。此后的二十年中,又发现了彭县竹瓦街遗址的殷商青铜器窖藏,共出土青铜器物40件,容器包括首次出土的盘羊首耳涡纹大罍、蟠龙盖饕餮纹罍及兽耳涡纹罍、圆尊、"牧正父己"觯、"覃父癸"觯和戈、戟、矛、钺、锛等,也包括二次出土的羊头饰大罍、兽面小罍、兽面饰象头罍、戈、钺、和戟等铜兵器。20世纪80年代到21世纪初,广汉三星堆、成都金沙古蜀文化遗址先后出土了以造型各异的青铜人头像、面具、人像、鸟兽像、礼器、装饰品为主体的大量青铜器;同时出土了金面罩、金令牌、金箔虎形饰品(三星堆遗址)、太阳神鸟金箔、鱼纹金带、金面具、金冠戴、蛙形金箔、喇叭形金器、三角形金器、鱼形金箔、盒形金器(金沙遗址)等黄金制

三星堆出土的青铜人面像

品，在考古、美术、科技各界造成"石破天惊"的震动，同时也改写了中国冶铸业的文明历史。

中原地区制造青铜器的历史可以追溯到夏代（公元前21世纪至前16世纪），据《越绝书》记载"禹穴之时，以铜为兵"①，《左传》则有"昔夏之方有德也，远方图物，贡金九牧，铸鼎象物"②的记载。在河南偃师二里头遗址（年代约在公元前2080至前1580）中出土的青铜器物除了兵器、礼器之外，还有兽面纹饰牌。到了商代，青铜文化发展到成熟鼎盛时期。商代早期的青铜器，以河南郑州二里岗与杜岭、湖北黄陂盘龙城出土的青铜器为代表。商代后期，青铜铸造工艺技术得到很大的提高，无论是冶炼技术，还是铸造工艺，都更加精湛，安阳殷墟、安徽阜南、湖南宁乡等地出土的青铜器为这个时期的典型代表。尽管如此，商代的青铜器铸造业仍主要以制造兵器、生产生活工具、礼乐器为主，尚未出现以人像和人体为模具的青铜器。

广汉三星堆文化遗址面世，揭开了沉睡四千年左右的古蜀青铜冶铸业的庐山真面目。在相当于商周时代的三星堆遗址一号坑，出土的青铜器包括人头像、跪坐人像、人面像、爬龙柱形器、龙、虎、龙虎尊、缶、盘、戈、瑗和器盖等。金器有杖、面罩、虎、叶和料块。二号坑青铜器有大型人像、头像、跪坐人像、人面具、兽耳人面具、兽面、罍、尊、彝、戈、瑗、三角形车饰和神树，以及神树上的龙、凤、蛇、鸟和花、果等附件。黄金制品有面罩、金箔鱼形饰和叶形饰。

2001年，成都金沙文化遗址开始进入人们视野，考古工作者先后发掘出土铜器一千五百件，主要有立人像、利马、牛首、虎、戈、璧形器、方孔形器、眼形器、铃、贝饰。其中很多器物与三星堆出土器物非常相似，但金沙铜器的器型较小，多不能独立成器。在金沙遗址中还发现大量大型青铜器的残件，预示着有出土大型青铜器的可能。金沙遗址出土黄金制品数量增多，达到两百余件，包括金面具、金带、蛙形金箔、太阳神鸟金箔、鱼纹金箔、金喇叭形器、金盒形器、鱼形金箔等。其器型特征是以金箔为主，多作为附件贴在其他质地的器物上，以金冠带、太阳神鸟金箔、金面具最具代表性。

三星堆、金沙的冶铸文化，首次将人像、人体和面具作为模具，制作出具

---

① （汉）袁康、吴平：《越绝书》卷一一《记宝剑》。
② 《左传·宣公三年》。

三星堆出土的金面罩青铜头像

有开创意义的青铜器、黄金制品。历来认为，秦始皇诏令制造的"钟鐻金人"开创了中国人像铸造雕塑的历史。古蜀青铜器、黄金制品的发现，将中国人像铸造雕塑的开创年代上推了近1000年。其卓越的工艺和浇铸技术，将学术界对中国商周雕塑及青铜文化的注意力引向了曾被喻为"不毛之地""蛮夷之域"的中国西南地区。可以预见，对以三星堆青铜雕像群为代表的三星堆青铜冶铸业及青铜文化的研究，势必将揭示出许多令人惊叹的古蜀文化之谜。

2. 古蜀青铜器的独特成分

在中原地区，商周青铜器以铜锡合金为上品，"为之钟鼎之齐"[1]。在使用材料上，三星堆青铜器显示出自己的特点。经过对器物的技术鉴定，青铜器的合金成分为红铜、铜锡、铜铅、铜铅锡、铜锡铅五类。所有铜器含锡量都较低，最高的也未超过9%，而含铅量却高达32.71%。根据学者对三星堆二号祭祀坑的青铜器的试样做电子探针分析的结果，其主要合金成分有铜、锡、铅、磷、硅、铁、铝等，其中，铝、铁仅出现在极少数铜器中，如07号试样铜罍下腹部含铁为1.51%，含铝为7.8%，磷和硅的含量，也只出现在部分铜器中[2]。比较长江下游铜出产地安徽铜陵古铜矿发现的商周青铜器的合金含量，主要有铜、锡、铅、锌、硫、磷、铁、锰、钾等成分[3]，可以看出地处内陆盆地的蜀地与长江下游青铜含量及铸造配方的差异性：三星堆青铜器中，几乎不含锌的成分；而皖南地区的青铜器含硫、含铁的成分则较突出。

三星堆遗址的发掘过程表明，尽管经过三千多年潮湿地层的浸渍，一部分铜像表面已锈蚀，但多数经过清理除锈后，仍闪闪发光，如K2：34。那尊大型青铜人面像（K2：148），直径为12厘米、长达16.5厘米的空心眼球柱，在人为冲击力的作用下，未造成焊缝断裂；出土后，整个器物仍较为完整。那尊

---

[1] 《周礼·考工记》。
[2] 曾中懋：《广汉三星堆一、二号祭祀坑出土铜器成分的分析》，《四川文物》1989年《广汉三星堆遗址研究专辑》。
[3] 《铜陵金牛洞古铜矿采矿遗址清理简报》，《考古》1989年第10期。

大型人立像（K2：149），入坑时，被强大的冲击力拦腰折断，出土后，其裂口还比较完整，很容易焊接修复。这些现象表明，其材料选用已具有一定的科学性。

三星堆的青铜冶铸业在人像铸造和礼器如罍、尊、瑗等的配方上也表现出较大的差异性。青铜人头像、青铜人面具普遍含磷。如青铜人面具嘴唇下部（K2：148）含磷0.27%，青铜人像腰部（K2：149）含磷0.23%，青铜人头像颈部（K2：82）含磷0.35%[①]。有学者对此解释说，在中原地区商周的部分礼器中，尤其是精美的工艺品中，也有含磷的情况；三星堆青铜器尤其是人像含磷的情况，表明古蜀人在制造这批铜像时，考虑了人物造像的难度，加入磷是为了增加青铜像的强度[②]。将此与其他青铜器比较，如青铜树，后者则未含磷。古蜀青铜器与中原地区和江淮地区早期青铜器成分都不一样。

3. 彭州铜矿资源与古蜀青铜冶炼、铸造

在对古蜀青铜器的研究中，有学者对比同期中原、江淮出土的青铜器，得出了配方差异很大的结论[③]。由此产生的另一个问题是，古蜀青铜器与中原和江淮地区早期青铜器配方为何不一样？首先要厘清的是"配方"一词。所谓"配方"，是后人对古代铜器成分化验的结果，并非先民预先设定的原料比例。地质矿物学告诉我们，铜矿石绝大多数是金属、非金属共生体，含金属、非金属成分不同，共生比例也不一样，冶炼结果自然有了差异。因此，古蜀、中原和江淮地区青铜器成分的差异，主要是因为各地铜矿石中共生金属和非金属成分的不同，而导致青铜器具有不同成分的结果。

有学者认为，巴蜀青铜器锡含量低的原因是为了降低成本，这是一种想当然的说法，不适用于上古先民，因为他们并不具备这样的经济头脑。要说降低成本，最便捷的办法就是就地取材，于是这里又引出一个重要问题：三星堆、金沙古蜀文化遗址都发现了数量巨大的青铜器，它所需要的铜矿石从何而来？是产自古蜀地区，还是来自铜矿资源更为丰富的滇文化区？

[①] 曾中懋：《广汉三星堆一、二号祭祀坑出土铜器成分的分析》，《四川文物》1989年《广汉三星堆遗址研究专辑》。
[②] 谭德睿、王树英：1992年10月在安徽铜陵"首届中国青铜文化暨亚洲文明国际学术讨论会"上的发言，根据与会者笔记整理。
[③] 曾中懋：《广汉三星堆一、二号祭祀坑出土铜器成分的分析》，《四川文物》1989年《广汉三星堆遗址研究专辑》。

科学考察报告已经显示，距三星堆、金沙古蜀遗址不远的古铜矿遗址就发现了大量铜矿渣和冶炼炉灰。广汉三星堆遗址发掘简报也证实，古蜀青铜器的冶炼工场地就在遗址上①。因此可以说，古代金属冶炼和铸造工场的最终选择应是在矿藏资源附近，不可能将金属含量仅3%左右的铜矿石运送到数百、上千公里以外的工场去冶炼；也不太可能将沉重的铜坯、铜锭搬运到太远的地方去铸造。成都金沙青铜器发掘现场除发现一千五百余件青铜器外，还发现数量众多的大型青铜器残件。这都可以证明：冶炼、铸造工场确实就在蜀文化遗址附近②。原本可以由此推测，铜矿资源应当就在古蜀文化圈内，但是迄今为止，因为缺少直接有力的证据，学者们难以作出确切的回答。

20世纪90年代初期，权威部门关于古蜀青铜器铸造原料来自滇文化区的鉴定结论，使这个问题进一步蒙上迷雾。据中国科学院王树英先生介绍，中国科学院有关部门曾对三星堆青铜器取样分析，认为其冶炼铜料可能来自云南地区③。但此种说法仍待商榷。

四川与云南之间的民族迁徙和文化影响固然可以追溯到上古时期，经济上的交流至少可以达到秦汉时期，近年来成为热门话题的"西南丝绸之路"，许多学者对此作了不少开拓性的研究。但这与云南铜矿石大规模源源不断运输四川是截然不同的两个问题。在缺乏道路交通和运输设施的条件下，由行旅尚难逾越的云贵"鸟道"，跋涉数千里、跨越横断山脉，从云南铜矿产地将数以千吨计的铜矿石持续不断地运到成都平原冶炼，这只能是不切实际的天方夜谭，除非真有神通广大、具有移山填海功夫的大力士才能做到。

有关上古人类青铜冶铸原料的来源问题，不仅涉及到古蜀，也涉及到中原和其他地区。关于商代铸造青铜器的原料来源，历来学者有几种不同意见：一说来自南方江淮下游④；一说是商代商人从长江上游输入铜、锡⑤；一说商代无论何地采集到铜矿石，都有聚集到小屯村的可能⑥；一说认为商代铸铜原料应

---

① 《广汉三星堆遗址一号祭祀坑发掘简报》，《文物》1987年第10期。
② 《广汉三星堆遗址一号祭祀坑发掘简报》，《文物》1987年第10期。
③ 谭德睿、王树英：1992年10月在安徽铜陵"首届中国青铜文化暨亚洲文明国际学术讨论会"上的发言，根据与会者笔记整理。
④ 郭沫若：《青铜时代》，人民出版社1954年版，第301页。
⑤ 翦伯赞：《中国史纲》第1卷，三联书店1951年版，第207页。
⑥ 刘屿霞：《殷代冶铜术之研究》，《安阳发掘报告》第4期，第682页。

当是就地取材，因为距安阳200公里的河南济源就出产黄铜矿①，距安阳55公里的淇县有河南最大的锡山，距安阳70公里的河南武安、距安阳175公里的山西阳城县都有产锡的历史记载②。近年来，研究中国古代工业历史的专家认为：就地取材，是人类早期经济活动的基本准则，他们不可能超出自己的活动能力取得炼铜原料③。

不少矿业史研究者也证实，上古矿冶业受到交通运输条件限制，大多采取就地取材的办法，在自己部族活动的范围搜求冶炼原料，就地设炉冶铸，才能长时间地保持规模较大的青铜器冶铸活动。古蜀青铜冶铸业的存在也不能例外，矿藏资源与冶铸场所不应相距遥远。可以肯定地说，在三星堆、金沙古蜀文化区域内应有足资利用的铜矿资源。我们可以从矿产地质、历史数据中来搜寻这个问题的答案。

首先可以从矿产地质科学的角度来了解，古蜀青铜冶铸场所附近有无铜矿资源。根据四川地质部门的勘探调查，四川铜矿资源名列全国第十位，保有储量203万吨。四川铜矿资源主要分布在盆周西南的今甘孜州和凉山州的一些偏远地区，当时尚不在古蜀势力范围，加之交通不便，并无开采利用的可能性。

因此，应在古蜀文化圈内寻找可能的铜矿资源。经笔者考察，这个范围的确有铜矿资源，分布在如下地区：今成都市所辖的彭州市，乐山市所辖的洪雅、峨眉县，雅安市所辖的荥经县，绵阳市所辖的青川县。若依就近冶铸、交通方便而论，彭州市紧邻广汉、成都，境内铜矿资源距离三星堆、金沙冶铸工场都不过数十公里，一马平川，占有就地取材的优势。更为重要的是，彭州又是一个富饶的铜矿产区。四川第一支铜矿地质队，就是西南地质调查所于1951年6月组建的彭县（今彭州市）铜矿勘探队，1953年改名为西南地质局211队。经过近两年的调查、勘探，这个地质队提交了勘探工作报告，估算铜储量1.5万吨。1954～1956年，冶金304队接替211队勘探工作，重点勘探彭县马松岭矿区，探明铜储量1.87万吨。1975年，冶金601、606队继续对彭县大宝山、铜厂坡、铜厂湾、马松岭等矿区进行勘探，探明储量2.06万吨④。这一储量丰富、又近在咫尺的铜矿资源，正好处于蜀文化核心范围，先民岂能舍近求远？

---

① 翁文灏：《中国矿产志略》。
② 容庚、张维持：《殷周青铜器通论》，科学出版社1958年版，第121～122页。
③ 祝慈寿：《中国古代工业史》，学林出版社1988年版，第115页。
④ 《四川省志·地质志》，四川科学技术出版社1998年版，第216～217页。

历史上，关于彭县铜矿几乎没有记载，可能古蜀冶铸业衰微以后，彭县铜矿资源废弃千余年，不再为人所知。秦代因迁徙、安置移民的原故，蜀地冶铸产业转移到临邛、洪雅一线。因此秦汉时期蜀地铜矿，只知有汉文帝赐予邓通的"蜀严道铜山"，不知有彭县古铜矿。但在前人关于彭县山水记载中也偶有端倪，如唐人高适为彭州刺史时，所著《彭州山行》诗有"峭壁连崆峒，攒峰迭翠微"之句，"崆峒"是什么？古矿峒遗址也。曹学佺《蜀中名胜记》卷之五"彭县"引《寰宇记》："（五龙）山高数百丈，延袤二十余里。山麓有峒，……悬崖中有斧凿痕如井，深数十百丈……复入第三、四、五、六峒，峒下重渊，深不可测。"①由于大量矿峒的存在又无历史数据证明其来源，疑云重重，所以为后人留下各种神仙洞府的传说。

自20世纪50年代以来，半个世纪的考古发掘终于为我们揭开了彭州铜矿资源与古蜀青铜文化的密切关系。前述新繁水观音墓葬出土的商代青铜器、彭县竹瓦街殷商遗址出土的大量青铜器，与三星堆、金沙出土的青铜器一样，都应是彭州铜矿资源造就的古蜀青铜文化的组成部分。没有彭州的铜矿资源，就不会有古蜀灿烂的青铜文化。

经过科学工作者对彭州铜矿的实地调查，远古矿冶遗迹开始重见天日，1938年杨大金编《现代中国实业志（下）》《四川彭县铜矿》记载：

彭县铜矿在县城西北百余里之大宝山，距灌县百二十里，距什邡百五十里，交通尚称便利。大宝山有废矿穴、炼铜炉之遗迹甚多，相传宋徽宗时，曾就此山冶铜铸钱，故今日在山麓每掘得崇宁年号之古钱云。②

另一调查报告是1938年张肖梅主编《四川经济参考数据》，记述更为详尽：

本山矿区内，花梯、飞水岩、马松岭、半截河等处，均曾凿峒采取矿砂。……平山铜矿之发现，其年代已不可考；惟据一般之传述：谓花梯、马松岭各处，颇多古峒遗迹；而于距大宝山数十里之朱家山，曾发现宋徽宗时崇宁年号古钱甚多，其时就山铸币，此又一证也。烟熏䁖之天宝峒，亦遗有燕子岩

---

① （明）曹学佺著，刘知渐点校：《蜀中名胜记》，重庆出版社1984年版，第71～73页。
② 杨大金编：《现代中国实业志》，商务印书馆民国27年初版，第676页。

炉房废址。由此推测，足征宋元以来，曾经就山开采，设炉冶炼以供铸造铜币之用，毫无疑义。①

上述两个考察报告证实，彭县大宝山一带铜矿确曾在古代得到大规模开采，废矿穴、炼铜炉"遗迹甚多"，各矿区"均曾凿峒采取矿砂"，花梯、马松岭各处"颇多古峒遗迹"。"其年代已不可考"，因在朱家山掘得大量崇宁古钱，便确定是宋徽宗时曾经冶铜铸钱，进而认定宋元以来曾经采铜冶炼、铸造铜币。

彭县铜矿如此大规模的采矿遗迹，竟然不见于历史记载。更为有趣的是，西汉初南安人邓通受到文帝宠爱，被赐予"蜀严道铜山"，后世史志附会的"严道铜山"可以说是多如牛毛，遍布全川，唯独没有彭县铜矿②。这只能说明，彭县铜矿是史前遗址，没有留下任何文字记载，湮没日久，后人不再知晓，因此从秦汉以来的人们视野中消失。但我们绝不能因为偶然发现大量崇宁古钱，就断定它是宋元以来的铜矿遗址。当然，要证实它是否是古蜀曾经开采利用的铜矿，以及是否是三星堆、金沙青铜冶铸业的铜矿石供应基地，还需要充分的考古发掘数据来加以证实。

值得注意的是，近代以来，四川开办新式工业，采矿业成为基础工业，勘探矿产资源、开办五金矿产各业成为兴办实业的新趋势，彭州铜矿资源重新焕发青春。光绪三年（1877）四川总督丁宝桢开办新式军火工业——四川机器局，所用大量铜、铅、钢、铁，即来自彭县等地。刘秉璋接任后，一如既往，照前办理："需用铜、铅、钢、铁，……请仍照前案，在成绵道土货厘金项下提拨银两，饬令委员在于省城就近地方采买上色精铜壹万捌千斤，净铅壹万玖千斤，苏土钢壹千斤，毛条铁陆千斤。"③在省城就近地方采买如此数量的精铜及其他原料，非彭州铜矿莫属。由于军火原料需求的日益增加，铜料供应不足。

光绪二十八年（1902），商人魏子书呈请川督锡良，自愿报效，自备资金，经营彭县大宝山铜矿。开采一年余，锡良责魏办理不善，收归官办。宣统元年（1909）川督赵尔巽决定改良冶炼方法，任命日本矿科毕业生孙海寰参用

① 张肖梅编：《四川经济参考数据》第17章，第23页。
② 张善熙：《邓通铸钱地问题探讨》，《文史杂志》1995年第3期。
③ 《谕折彙存》，光绪十九年十二月初七日，第10页，孙毓棠编：《中国近代工业史资料》第一辑上册，科学出版社1957年版，第495页。

西法冶铜，铜厂初具规模。民国四年（1915），彭县铜矿改属铜矿公司经营，年产二百余吨，彭县铜矿再次焕发出它的青春。

4. 独特的人像浇铸工艺

三星堆青铜冶铸业的铸造技术中，造像技术已被较完整地掌握了。尽管目前尚未找到浇铸青铜器的范——或泥范或石范，但通过铜头像中的泥芯及红砂石碎末这些浇铸青铜器的材料，可以确认这批青铜器采用了浇铸成型工艺。根据对出土器物的研究，不难发现其铸造技术已经不再是早商时期在中原地区流行的石范，而是采用陶范或泥范。对人像及复杂器型，一般不是采用一次性成型整体翻范浇铸，而是采用商代中晚期广泛使用的分铸技术，或称之为"分铸法"。

分铸法，又分先铸法和后铸法。先铸法，即先铸器物附件，然后把附件放在铸器身的范中和器身铸接为一体，如铜爵的柱帽等均是采用这种铸法。后铸法，即先铸器身，再在其上造范，浇铸附件。若器身的壁较厚，一般在铸造器身时，先在预定接铸附件的部位铸出接榫，然后在器身上安放模型，再制范（或装配已制好的范）、浇注。这样补铸的附件，即使附件不能和器身熔接，两者也可靠榫铆结构连接为一体。若器型壁较薄，铸器身时在预定部位留出孔洞，然后在上面置模、制范，进行浇注。附件和器身形成类似铆接的结构；铸件时，为使其达到铆合的效果，要将器身和范加热到较高的温度，才能紧密联结。分铸法常见于中原地区晚商铸造比较复杂的青铜礼器[1]。三星堆二号祭祀坑出土的大型青铜立人像（K2：149）就是将头、躯干、四肢分铸而成。在铸造大型青铜器如立人像、铜树时，又广泛使用浑铸法。浑铸法，即多范合铸。如（K2：149）将人像各部位分铸后最后和方座及四花瓣装饰合铸而成。尤其值得重视的是，三星堆青铜器还采用了焊、铆技术，使其铸造技术达到了一定的工艺水平[2]。如大型面具（K2：148），便熟练地运用了焊接技术，其铜像耳朵乃是用焊接的方法与脸颊相连。铸焊工艺水平的运用，是蜀地工匠接受了中原铸造技术的结果。在商代晚期，后铸法、先铸法的广泛使用，使得分铸法广为流行，并且流传到蜀地。蜀地工匠，则在接受其先进技术的基础上，又在实践中运用了焊铆技术；而铸焊技术，尤其是铜焊、锡焊技术在中原地区是春

---

[1] 邢力谦、郑宗惠：《先秦青铜技术发展概要》，《中原文物》1989年第11期。
[2] 陈显丹：《广汉三星堆青铜器研究》，《四川文物》1990年第6期。

秋中叶以后才得以广泛使用的①。在侯马东周铸造遗址中发现的鼎足范、鼎耳范、兽头范等，均是在分铸时，需要铸焊结合的附件②。

《周礼·考工记》说："凡铸金之状，金与锡。黑浊之气竭，黄白次之，黄白之气竭，青白次之，青白之气竭，青气次之。然后可铸也。"三星堆出土的青铜器，正是掌握了"青气"铜液的过热温度，从而保证了铜液的充型能力，使铜像上的纹饰，如K2：149衣服后摆的纹饰十分清晰。大量的青铜人头像因此保证了一定的光洁度，即使经过三千多年的埋葬，有的经清洗后，仍闪闪发光，真可谓达到了炉火纯青的境地。以上分析可以看出，三星堆先民在制范、选用浇注方式、浇铸工艺以及温度的控制等方面，都达到了比较先进的技术水准。

5. 富有艺术特色的装饰工艺

三星堆青铜文化的重要特征是注重装饰功能，其浮雕感要超过体态感，是从圆状方向转向方体阶段的过渡时期，部分铜雕已有一定的体态感，但大多数仍止于圆雕状态，有的仍带有"平面减地"的浮雕效果，强调装饰效果。

三星堆青铜人立像及跪人像已经具有单体雕的效果。大立人、小跪人都是如此。大立人像（K2：149）、小型站立人像（K2：292-2），应该是考虑了视觉效果，强调了人像的体态感，甚至对后背的刻划也有一定的体现。大立人后脑拖了一根小辫子，衣服后摆仍饰有精美的花纹，对赤足的足踝等后侧效果亦均进行

三星堆出土的青铜尊

细心考虑。作为小跪人如铜树下跪的小铜人（K1：293），在视觉上也感觉出了较强的体态感。尽管这些铜人造型比较呆板、生硬，圆雕的痕迹还比较深，但它表明古蜀雕塑家已经从原始造型艺术中向前大大迈进了一步。

青铜人头像和青铜人立像比较其六面体的体态感虽然出来了，但仍只考虑了正面、侧面的效果，而后背却比较含糊，几乎仅是一个圆面。如K2：24、

---

① 邢力谦、郑宗惠：《先秦青铜技术发展概要》，《中原文物》1989年第11期。
② 《从侯马出土陶范试探东周泥型铸造工艺》，《科技史文集》第十三集。

K1∶11等。青铜人面具、人面像强调了正面的体态感，正面的眉、眼、鼻、嘴都是重点突出的对象，且普遍具有圆雕效果，而大中型人面像又具有浮雕、深浮雕，甚至高浮雕、镂空深浮雕的效果，如K2∶148、K2∶100、K2∶119等。这些铜面具、面像的耳朵均采用焊、铆结合，因而从侧面来看，仍具有较强的体态感。

"正面律"本是西方美术史对上古东方美术比较原始的造型艺术的概括，即缺乏体态感，缺乏透视感，无论身子是否趋于正面，是否正向观众，但头部始终是正面。这种情况在三星堆青铜雕像中也有表现。如单脚下跪的武士像（K2②∶64），高13.3厘米，其因受单面浮雕的限制，使得头部、上身仍趋正面，在透视上显得不协调，缺乏整体雕塑感。

从局部雕刻的效果来看，三星堆青铜雕像表现出了古蜀先民的一种情绪，即对一种勃发力或爆发情绪的宣泄。这种力或情绪的宣泄，使得青铜造像尤为注重局部，特别是面部刻划，强调面部的顶骨结节、顶丘、隅角、下颏等六点，重点突出。这些雕刻技术，表明古蜀艺术家对人体解剖的初步认识——对人头像的透视感已上升到一定的高度。在具体手法上，运用了凸饰刃线、拉长裂口的方式，通过以挖作鼓、带有方向示意性的阴线的深度刻划，表现出一种压抑、深沉的紧张情绪。如青铜人面具K2∶128、K2∶148、青铜人头像K2∶121，由于对眼球、口角的着意刻划，眼球轮廓分明，向外突出10多厘米，口角拉长到两耳颊；而阴线在口角的出现，则更增强了撕裂感，给人一种阴沉、狰狞的印象。雕塑家的创作激情蕴藏在一个个神情紧张、情绪压抑的人物形象之中。另一方面，对眼球轮匝肌、口轮匝肌的强调，对眼球大面积地鼓出或延伸，让口角带有夸张式的拉长，又创造出一种特定环境之中的神秘人物性格。人物造型中，对于头、颈、肩的比例安排以及四肢局部与整体结构的照应，则表现出古蜀艺术家对人体解剖关系的初步认识和对人体透视效果的理解，因而具有一定的艺术感染力[①]。

强调装饰效果，是三星堆青铜冶铸业和青铜雕塑艺术的重要特征。无论人像、人头像、人面具均显示出强烈的装饰感。大型青铜人面像如K2∶148，原本可能是固定在泥制或木制偶像上，起作特殊的装饰作用的。一部分青铜面具如K2∶60，其额头正面有方孔，表明它原本和什么器物相联系，系薄型兽面

---

① 范小平：《三星堆青铜雕像与西亚地区上古雕塑艺术的比较》，《四川文物》1997年第5期。

具,类似"饕餮"像,具有装饰功能,用于驱鬼镇邪。对于小型单脚下跪的青铜人像(K2：04),不少学者认为,是挂在某种器具上的装饰物;对小型青铜跪人,如青铜树座上的三尊小人,则是铜树的附件,也有着装饰意义。青铜人头像(K1：11)、(K2：58),其底部呈倒三角形。从直观形象来看,它们原也是插在某种构件上的。因为孤零零的人头只有用其倒三角颈部与构件组合才能形成一个能正立的整体。这在客观上赋予了青铜人头的装饰效果①。

(四)巴蜀纺织业

巴蜀地区纺织业的发生与发展,早于青铜冶铸业,在大溪等新石器遗址中发现的石制纺轮就是实证。巴蜀先民的养蚕业,大约肇端于蚕丛氏。而古蜀养蚕业的存在与发达,也从三星堆遗址的考古发掘中得到证实。因为该遗址的铜器纹饰中,明显地有着蚕的形象。一般而言,纺织业的种类,无非分为丝织品(锦帛)、毛织品(褐)和麻织品(布)等四种。三星堆古蜀国的纺织业分为丝纺织和麻纺织两种。丝织业的基础是蚕桑业,四川的丝织品之所以早在汉代就闻名全国,应该说是和四川发达的养蚕业紧密相连的,诚如扬雄在《蜀都赋》中所言:"绵茧成衽,阿丽纤靡,避晏与阴,蜘蛛作丝,不可见风。"

另外,三星堆二号祭祀坑出土的"青铜树",似也体现了人们对桑树的崇拜心理,袁珂先生早在《中国神话资料萃编》中就"蚕丛"篇引自《战国策·秦策》时说,"蚕丛""神丛"之"丛",义当相同。"蚕"与"桑"对换,"蚕丛"可以理解为"桑丛"(《搜神记》里与蚕花娘娘相关的马桑树)。而三星堆遗址中出土的"青铜神树"下面跪着的三个青铜人,也可以理解为三星堆先民对养蚕之本——"马桑树"的崇拜与祷祝。总之,三星堆先民养蚕业的发达,为纺织业的发展奠定了基础。三星堆先民们很早就善于制造丝织品。我们从战国时代蜀国相当庞大的生产规模来推看,其工艺的形成,必有一个长时期的日积月累的实践与发展过程。由此可以推断:早在夏商之际,古蜀的丝织业,就已经较为成熟。

在棉花传入中国之前,古人衣着所用的布,都是麻织品。三星堆先民的麻织品(布),是比较成熟的。从汉晋的记载来看,在战国以前,四川最著名的布是被扬雄称作"丝麻条畅"②的细麻布;在《说文》《华阳国志·蜀志》

---

① 屈小强、李殿元、段渝主编:《三星堆文化》,四川人民出版社1993年版,第294~301页。
② (汉)扬雄:《十二州箴·益州箴》。

中有蜀细布、黄润细布的记载，可以印证蜀地生产麻布技术的进步和历史的悠久。

麻有多种。中国古时用作织麻布的主要是大麻和苎麻等纤维较柔细的麻。由于自然条件的原因，一般说来，中原地区织布用料是大麻，而长江中下游地区用的是苎麻。因为苎麻是长江流域和我国南部地区原产物，喜欢阳光和温暖湿润的气候，适和温带和亚热带地区生长。文献记载："苎麻本南方之物，木棉亦西域所产。"① 故只有长江以南的低山浅谷地带才是苎麻的原生地。虽然四川盆地是否其原生地还缺乏科学的证据，但是，苎麻在四川很早就被绩织为品质很高的细布则无疑问。正因为如此，苎麻布才有"蜀布"之称②。

从三星堆遗址出土的陶纺轮可以看出，三星堆先民的纺织技术，也达到相当高的水平。成都平原有许多遗址都出土了陶纺轮，但以广汉三星堆遗址的数量、种类最多。三星堆出土的陶纺轮分为两类，一种以石壁芯作为原料，再加工而成。器形一般为圆饼状，其直径一般在3～6厘米之间，厚约1.5厘米左右。另一类是陶质纺轮，以泥质黑陶为主，上小下大，剖面呈梯形，体形较小，直径一般在2～3厘米之间，中穿孔。有的饰有篦点纹和凸弦纹，制作较为精细③。

三星堆出土的陶纺轮

纺轮是纺坠的一部分，纺坠最早出现于旧石器时代晚期，其工作效果是由准备加工的纤维和成纱的细度而显现的。纺轮的外径和重量是决定其转动惯性的主要因素。外径和重量较小的，转动惯性也比较小，适于纺织加工植物纤维和毛丝之类硬度小的柔软纤维，成纱也较细。从广汉三星堆出土的器物来看，当时已采

---

① （元）大司农司编纂：《农桑辑要》卷二。
② 任乃强：《中西陆上古商道——蜀布之路》，《文史杂志》1987年第1、2期。
③ 巴家云：《试论成都平原早蜀文化的社会经济》，《四川文物》1992年《三星堆古蜀文化研究专辑》。

用了较为先进的一面钻和两面钻的钻孔方法。有的纺轮钻好后再加以修整，故钻孔壁显得平整、光滑。有的石纺轮上钻孔的孔径仅几个毫米。这不但说明当时纺织业在硬件设施上已完全掌握了管钻以及硬物钻、加水等先进工艺，而且也显示出三星堆先民的纺织业本身已被推向一个蓬勃发展的较高水平。

当然，三星堆先民的纺织业尚处于家庭手工业阶段，还未形成较大规模。这是与当时中国整个社会发展水平相一致的。

（五）古蜀髹漆业

古蜀是髹漆业的发祥地，种植漆树、创制髹漆工艺有悠久的历史。据三星堆遗址考古发掘报告揭示：在三星堆遗址中，曾发现有雕花漆木器，以木为胎，外施土漆，木胎上镂孔，器表雕有花纹，"表明当时已熟练地掌握了割漆、生漆加工、制胎、上漆工艺技术"[①]。

三星堆漆器的主要涂料——土漆又源自何处呢？有关古蜀文化的研究学者认为，当源自与广汉毗邻的什邡。从今茂县南界牛心山发源的洛水（又称雒水或石亭江），由此向南贯穿什邡、广汉，使这两个县自远古时代起就山水相依，紧密相连。三星堆遗址内的鸭子河，即洛水一小支脉，亦得洛水之名。

什邡，两汉时称"什方"，又称"汁方""汁邡"，见之于《史记·留侯世家》《史记·高祖功臣侯者年表》《汉书·功臣表》《汉书·地理志》《后汉书·郡国志》。《史记集解》引"如淳曰：汁音什，邡音方。"《史记索隐》又言汁邡，"县名，属广汉，音十方。汁又如字"。任乃强先生因之记之曰，两汉时的"汁方"，乃是一个民族部落的音译；它的部位在今天的什邡县，对于"汁方"之"汁"义，任先生考证说是原始的"漆"字。据任乃强先生推断，"汁方"同古蜀族一样，是同时在龙门山脉地区发展起来的，不过蜀族开辟成都平原得早，能早强大，而"汁方"开垦绵雒平原收功很晚，直到李冰后才成为"沃壤"。所以，一直到秦灭蜀以前，"汁方"都是从属于蜀国的部落。

由此看来，在整个商周时期，"汁方"部落都是以割漆与髹漆作为主要文化特征的，诚如任乃强先生所识，"汁方"部族"发明了割漆，即以漆业行商华

---

① 巴家云：《试论成都平原早蜀文化的社会经济》，《四川文物》1992年《三星堆古蜀文化研究专辑》。

夏，彼称为'汁方'，与蜀族之以蚕丝行商而被称为'蜀方'是一样的"[1]。

显然，处于三星堆文明时期的"汁方"部落是古蜀国多民族的民族大家庭成员之一，其地所产生漆当首先供给古蜀国发达的手工业之需；然后剩余产品才有可能或才会被允许同蜀之蚕丝一道，东北上中原，与殷商进行交通。与此同时，"汁方"部落的大批髹漆好手亦会随着"汁方"之漆一道，进入三星堆手工作坊，参与手工艺品的制作，承担髹漆关键工序工作并培训蜀族漆工。

据文物修复技术人员对三星堆金面罩与铜头像（出土前，二者原是黏合在一起的）之间的"一层极薄的呈枣红色的硬壳"所进行红外线光谱仪测试的分析，"金面罩粘贴到铜头像上是用'中国漆'（又名'土漆'）之类的树脂作为粘合剂的"。由此可知，用于金面罩和青铜头像上的黏合土漆，亦当来自"汁方"部落，是"汁方"漆商或漆工带进三星堆的；而以土漆作金属品的黏合剂，在殷商时代的古蜀国甚或中国当系一大发明（当然，那时的中原金属黏合剂系何物？不得而知）。这个发明是"汁方"工匠和古蜀工匠在发达的髹漆业的基础上进行的，是长期丰富的髹漆技术应用经验的积累使然[2]。

文物修复技术人员对当时为便于黏合而在铜头像所上的"腻子"（即今之上土漆之前先上的白膏泥一类）进行的取样测试还表明，其"腻子"的调和剂是水而不是今人通常使用的漆。为何如此呢？是否是为了简便操作工艺或者是为了节省漆料？如果是后者，则说明三星堆所用之漆，当时还仅靠"汁方"一地供给，且其产不甚丰，弥足珍贵则惜之用；如果是前者，则说明三星堆工匠思维之活跃，创造力之旺盛。还须强调的是，无论是前者或是后者因素所致，总之，用水而不是用漆做腻子，在黏合效果上是会大受影响的（这已被现代髹漆实践所证明）。可是，三星堆工匠们竟然还把金面罩和铜头像黏合得如此紧密、坚固，以至于今天的文物修复技术工作者要动用微型的牙科电动金属工具小心翼翼地揭取，才使二者剥离开来。可见三星堆先民的髹漆技术已达到炉火纯青、出神入化的地步，故而才弥补了用水代漆做腻子的缺陷。

殷商时期的三星堆髹漆技术无疑成为以后数千年名噪天下的蜀中漆工艺的先导。商末周初，随着古蜀国政治经济文化中心向西南移向郫县、成都，遂使

---

[1] 上述引文均见任乃强：《四川上古史新探》，四川人民出版社1986年版，第173~174页。
[2] 杨小邬：《浅谈三星堆出土金面铜头像的修复工艺》，《四川文物》1992年《三星堆古蜀文化研究专辑》。

这两处的髹漆业也接踵发生，开始兴隆起来，以至于进入战国以后，形成成都—郫县—雒县（广汉）鼎足而立的四川髹漆业中心和与三个中心为支撑点的中国漆文化区。那时大量署有"蜀郡工官"（西汉时成都、郫县皆属蜀郡）和"广汉郡工官"漆器不仅蜚声国内，而且远播异国他乡，如朝鲜乐浪郡也出土了蜀郡漆器[①]。

青川出土的战国时期漆盒

2000年7月，考古学家在成都商业街发现一座大型战国船棺合葬墓，估计是蜀国晚期的王族墓。商业街蜀王船棺中出土的最有特色的器物是漆器，种类包括日常生活用品中的梳子、耳杯、几案等，还有瑟、编钟基座和放置物品的器座。这些漆器均为木胎漆器，底子是黑色的，上面加绘鲜亮的红彩。虽然历经数千年，但仍是光洁如新、亮可鉴人。每一件漆器都是色彩亮丽、纹饰斑斓的绝世珍品。其纹饰变化多端，内容活泼丰富，包括龙纹、变形鸟纹、卷云纹等。从制作技术和纹饰风格来看，这些漆器应当早于湖北江陵一带所出战国中期及晚期的楚国漆器，与湖北当阳所出春秋晚期漆器颇为类似。此外，许多漆器上出现的画在方格之内的龙纹，又与中原地区所出春秋晚期至战国早期错嵌红铜的铜器上的龙纹非常接近。漆器工艺的对比表明，这是蜀文化与中原文化交流的结果；同时也表明，这批漆器的制作年代不会晚于战国初期。前述三星堆遗址出土的一件雕花漆木器，青铜人头像上面的金面罩内侧有一层"极薄的呈枣红色的硬壳"，也为土漆粘接时所留痕迹，可见三星堆时期的古蜀人已熟练掌握了制漆用漆工艺，战国到秦汉时期，蜀地漆器制造工艺延续和发展了这一传统技艺[②]。

四、巴蜀手工业生产规模、组织方式与工匠身份蠡测

以上列举的先秦时期巴蜀玉石器、陶器、青铜器、漆器等制造业，只是

---

① 成都市文物考古研究所：《成都商业街船棺、独木棺墓葬发掘报告》，《成都考古发现（2000）》，科学出版社2002年版，第80、81页。

② 成都市文物考古研究所：《成都商业街船棺、独木棺墓葬发掘报告》，《成都考古发现（2000）》，科学出版社2002年版，第80、81页。

巴蜀工业文明精粹的一部分，并非全部。从生产这些器物的门类繁多的生产工序、精美绝伦的制造工艺、劳动过程的细密分工，以及服务于各个手工业的更为庞大的辅助组织看，巴蜀手工业已经达到相当大的规模；可以肯定，为如此庞大的手工业部门服务的管理者、工匠，以及辅助夫役人数众多，至少应该说是数以万计。

有关先秦巴蜀手工业的生产规模、组织方式，以及管理者、工匠和其他劳动者的身份、地位，因为不见于历史文献，考古发掘数据又不全不备，难于利用，过去研究很少。笔者依据上述考古数据和一些间接记载，对这一问题试作推测。

（一）巴蜀手工业的生产规模、组织方式

先秦巴蜀手工业究竟达到多大的生产规模？它的组织方式如何？笔者认为，巴蜀手工制造业从无到有，既是先民的基本生存需求，也是部族内部分工的产物。巴蜀手工业产生于石器、骨器、陶器等生活必需品的生产，逐步扩大到玉器、青铜器、漆器等奢侈品生产，表明社会生产的发展，在提供人类基本需求之外，已能生产更多的高级消费品，包括礼器、装饰品和其他奢侈品的需求。

石器、陶器业可以代表先秦时期巴蜀手工业中的日用品生产部门。石器生产是巴蜀地区第一个手工业部门，迄今为止，新石器时代石器遗址遍及巴蜀地区发现的石器数量众多，石器的选材、制作、加工过程难易并存、劳动强度大小不等，产品的社会需求量也很大，其生产作坊应当是最多的，也是适应各种需求和大小不等的。部族拥有的作坊，除为数不等的工匠外，部族成员都是直接或间接参与者；作为家庭副业的石器制造作坊，生产者主要是家庭成员。因此，石器业是先秦时期巴蜀地区人数最多、普及范围最广的家族手工业。陶器生产是巴蜀地区的一个重要手工业部门。陶器制造业担负部族、家庭生活日用品的生产，先民从茹毛饮血到烹制熟食以后，陶器成为生活必需品，需求量相当大，是先秦时期巴蜀重要的手工业。陶器生产经历了从简单到复杂、从粗糙到精致的过程，作为基本生活用品的简单陶器，一些家庭作坊即可生产；部族的专业作坊规模较大，生产过程已有一定的分工，制作优质精美的陶器需要专门技能，因此拥有一定数量的陶器专门生产者，也一定拥有大量的辅助劳动者。

巴蜀玉器、青铜器生产是古蜀经济发展的产物，也是从更为古老的石器制造业逐步分化出的新手工业。由于玉器、铜矿资源相对稀少，选材不易，用料考究；雕琢、磨制技术更为复杂、精密，需要更高的专业技能，更加费时费工，产品珍稀昂贵。玉器、青铜器可以代表巴蜀手工业中技术含量更高的产品。这一切决定这类手工产品成本不菲、产量不高、价值昂贵，只能服务于上层社会，为少数社会成员占有，满足王室、贵族和一些富有家庭作为礼器、装饰品、武器的需求，无法作为农业生产工具使用。玉器、青铜器生产因此不可能由家族小作坊生产，只能由拥有雄厚财力、又具有足够的人力资源的蜀王控制，设专官管理。

从三星堆到金沙遗址，考古发掘出土的玉器、青铜器大多数属于礼器、法器、武器、装饰品和奢侈品。有学者认为，从三星堆到金沙遗址，所出土的大量玉器、青铜器，文化内涵一脉相承，既是礼器，又是法器，表明蜀王朝受中原地区影响，以政教合一的方式维护自己的统治[①]。这类手工业的出现，证明古蜀已经进入高度发展的奴隶社会，蜀王可以占据蜀地玉石、铜矿、生漆等自然资源，可以支配社会财富，更可以奴役大量奴隶，很自然地在三星堆、金沙这样的古蜀文化繁盛地区建成规模很大的玉石、青铜器制造工厂。

（二）手工业生产者的身份推测

与巴蜀手工业的形态各异相适应，先秦时期巴蜀手工业也具有各自的生产方式。一般生产生活日用品的手工业除一些较大部族组织的大型作坊外，主要维持家族生产方式，如石器、陶器生产属于日常家族生产活动的一部分，与农牧业只是分工不同，并不需要特殊强制手段来组织生产，家长就可以进行分工调度。劳动者属于家庭成员；也许有少量具有专门技术的工匠，其身份可能是奴隶。在较大的部族开办的作坊中，则使用专门工匠或者大量奴隶从事日常生产。

但是，对于三星堆、金沙这样庞大的玉器、青铜器制造工场来说，情况则大不相同。因为生产规模太大，需要有统筹全局的管理者，应当是由古蜀统治者委派"工官"行使组织调度权力，组织生产活动，维持生产秩序。要让这种生产规模很大、技术含量很高的生产活动有效运行，还必须拥有一支熟悉制造加工业务的管理者队伍，人数不会少，应与工厂生产规模、劳动者人数相适应。

鉴于开山采矿工程格外艰巨，运负铜矿石、冶铸辅料和青铜器等工作量十

---

① 李明斌：《从三星堆到金沙村——成都平原青铜文化研究札记》，《四川文物》2002年第2期。

分繁重，需要为数众多的劳动者。对青铜制品的冶炼、铸造、钻孔、磨制等技术复杂精密的要求，需要相当数量的技术工匠，因此，从事采矿、制造业的劳动者人数最多。

关于古蜀铜器制造业的工匠问题，因为资料奇缺，很少有人注意。但也有学者从别的角度涉及这个问题，认为三星堆青铜器的制造者，很可能是古蜀参加周武王灭纣战争后得到大量战利品——青铜器铸造工匠；古蜀统治者既得以仿照了中原殷商晚期风格的礼器，也让工匠铸造了非常独特的青铜像、神树等为自己的政治宗教目的服务，从而出现了在造型上与商周范本截然不同的另类器物[1]。

在古蜀手工业中，人数最多的是从事辅助工作的劳动者。这些劳动者长时期从事高强度、高风险的劳动，又缺乏必要的薪酬待遇和安全保障措施，只能采用一定的强制性办法使之就范，一般具有自由身份的平民百姓是不可能接受的，因此，至少其中相当一部分人是工匠身份。譬如"汁方"，来自龙门山区，生活在绵雒平原，开化程度较蜀族低，是从事髹漆业的部族。直至秦灭蜀以前，"汁方"都是从属于蜀国的部落[2]。用于三星堆金面罩和青铜头像上的黏合土漆，即来自"汁方"部落，是"汁方"漆工以土漆作金属品的黏合剂完成的[3]。对于这类身怀技艺的漆工，不可能采用奴役方式，只能采用稍微宽松的有赏服务方式，否则难以完成复杂精美的礼器和工艺品制作任务。

第二节 自然盐泉的发现与长江上游盐资源的开发、利用

史学家任乃强先生特别强调盐对于人类文明的重要作用，他认为：产盐的地区，或食盐供应方便的地区，便是人类乐于聚居的地区。盐是人类生存的必需品，也是最早推动商业发展的商品。人类文化，总是从有盐的地方首先发展起来，并随着食盐的生产和运销，扩张其文化领域[4]。盐在巴蜀地区的早期发

---

[1] 徐朝龙：《三星堆"祭祀坑"唱异（续）——兼谈鱼凫和杜宇的关系》，《四川文物》1992年第6期，第40~47页。
[2] 任乃强：《四川上古史新探》，四川人民出版社1986年版，第173~174页。
[3] 杨小邬：《浅谈三星堆出土金面铜头像的修复工艺》，《四川文物》1992年S1期《三星堆古蜀文化研究专辑》。
[4] （晋）常璩撰，任乃强校注：《华阳国志校补图注》，上海古籍出版社1994年版，第52页。

展中，的确起到了这样的作用。

一般研究认为，我国产盐历史最早的是海盐，其次是池盐、井盐。事实上，巴蜀地区对自然盐泉和含盐岩石的认识和利用也是很早的，至少可以追溯到新石器时代。但是，由于盆地周边山区与盆地内部盐矿地质构造的巨大差异，开采和利用盐卤资源的方式截然不同，盐的开发、利用影响到早期巴与蜀的历史。

一、四川盆地的盐矿地质概况

四川盆地北倚秦岭，南屏横断山、大娄山，东扼大巴山、巫山，西亘邛崃山、岷山，是一个封闭条件良好的侏罗系盆地。四川盆地盐矿的形成问题，是一个复杂的古地质问题。在距今约两亿年的莽远年代（地质学上称为中生代三叠系），现在的四川盆地，包括云贵高原、陕西和甘肃的部分地区，被沟通大西洋和太平洋的古地中海海水淹没，成为茫茫沧海，总面积达到五十万平方公里。经过三千万年左右的漫长岁月，随着沉积作用、构造运动的不断变化，盆地经历了反复的海退和海浸。距今一亿八千万年的三叠纪晚期，海水终于从盆地西南方退出大陆。在这一过程中，由于气候炎热、干燥，浓缩的盐卤、结晶的盐岩与白云质石灰岩、石膏等矿物沉积下来。这段地质历史，已由包括峨眉山在内的三叠系岩层发现的大量海相生物化石加以证明。

自距今一亿五千万年的三叠纪晚期开始，秦岭地槽上升，秦岭南北形成两个大盆地——陕西盆地和四川盆地。从此，四川盆地就再未受到海水的浸没，成为一个内陆湖盆。侏罗纪时期，盆地内沉积了含少量盐卤的岩层、铁化合物和煤层等。在距今一亿三千万年的白垩纪，四川盆地仍是一个比现在还大的深广湖泊，沉积了厚厚的紫色砂岩，个别地方有盐质和石膏的沉积。白垩纪以后，四川盆地边沿发生褶皱，盆地接着上升。又因长江向源切割，盆地内的沉积作用遂告停止。

在构造地质作用下，绝大多数盐矿层位发生了倾斜、弯曲和断裂变化。在这种变化中，出现了两种主要的储盐构造：一是褶皱构造，二是断裂构造[①]。

由于构造地质作用不同，四川盆地有不同的储盐结构，盆周山区与盆地内部有明显的差异。以川渝两个地区为例，因储盐结构明显不同，盐卤的存

---

① 谭锡寿、李春显：《四川西康地质志》，地质出版社1959年版，第80~85页。

在形态不同，直接导致人类开采不同盐卤矿藏，采用不同的凿井、采卤和制盐方式。

在构造运动特别剧烈的盆周地带，造成的断裂作用特别大，岩层褶皱度大。以川东地区为例：由于燕山运动和喜马拉雅山运动，形成了一系列褶皱带，背斜轴部多为三叠系、侏罗系地层，两翼则为白垩系地层。盐矿富集于背斜轴部，加上长江水系的强烈侵蚀、切割，造成盐卤溢出地表成为自然盐泉、盐岩随老地层出露成为地表浅层盐矿。在盆地内部，构造地质作用相对弱小，其盐卤矿藏大致呈均衡状态分布。四川盆地储集的盐矿资源极为丰富，它主要分布于侏罗系和三叠系岩层中。兹将各类盐矿的储集层位及其形态作一简单介绍：

黄卤。陆相沉积物，分布于侏罗系、三叠系（原侏罗系香溪统）砂石，距地表600米左右（此系理论数据，事实上，由于构造地质作用，盐矿距地表有一定距离），呈液态，含盐分约13%，因含有较多的氧化铁，所以呈黄色。

黑卤、天然气。海相沉积物，分布于三叠系嘉陵江石灰岩，距地表约900米以上，往往呈气、水共生状态，黑卤含盐分18%，因含有有机物和硫化物，所以呈黑色。

盐岩。海相沉积物，分布于三叠系嘉陵江石灰岩，距地表约900米以上，呈固态晶状，含盐分25%，因常与石膏等共生，呈灰白色①。

上述盐卤、盐岩和天然气矿层及其上部和下部接触的岩层，在沉积作用下形成时，其层次是近似水平的。近代盐湖中的盐矿层就是如此。但在四川盆地内部，也因构造地质运动的作用不同而显示一些差异，比如川北南部、阆中与川南自贡、五通桥的储盐结构就有所不同。就川西盐区而言，处于地质史上龙门山前断陷盆地，三叠系地层埋于地下2500~3000米之下，盐卤来源于白垩系地层。五通桥盐区白垩系盐质渗入到侏罗系岩层以内，地质条件属于缓和褶皱区，利于卤水储集，成为仅次于自贡的第二大产盐区。

川西彭县、蒲江等地，成矿条件与川西红盆的湖相沉积演变关系密切，川西红盆西起芦山双石至灌县，南止于天全、雅安，东线经蒲江、新津、成都至广汉，北达什邡。近年来，中外学者考察见之于古代文献的蒲江县境盐井了解

---

① 李悦言、李广源：《自贡盐卤蕴藏之考察结果》；汪永泽：《四川盐矿成因》，新知识出版社1956年版。

到：白云乡窑埂村两口古井，一号井位于一级台地上，二号井在河谷右侧，井口直径约1.7~1.75米，井内淤塞太厚，无法探测井深。鹤山镇蒲砚乡茅池井，高出沟底4米，已填，沟底仍有卤水渗出。光明乡金釜井，位于一级台地上，井口直径60厘米。六合乡百家井，位于河谷右侧盐井崖下，已填。他们发现，这些盐井遗址分布很有规律，都在长秋山北坡，长秋山呈西南—东北向横亘县城南部，地质构造为熊坡背斜，盐井即在背斜西北翼。究其原因，一是地下水溶解盐质滞于山前，二是蒲江的众多支流（当地称为盐井沟）侵蚀河谷，三是康乐场断层的影响，使盐卤接近地表，易于开采。这是蒲江盐井较早得到开发利用的基本原因。在古蜀历史中，广都、临邛、蒲江盐文化占据着重要地位。

川中自贡盐区是四川最大的井盐产区，地下岩层具有良好的储盐条件。背斜层位于富顺、威远县境内，长轴呈东北—西南向，面积约二百平方公里，东南倾斜较大，西北较小，形成一个不对称的大穹隆层，构造基地稳定，沉积盖层较厚。自流井构造有4个含卤层，三叠系须家河组第2段、第4段，雷口坡组第1段，嘉陵江组第5段，卤层厚度分别为115米、100米、45米、35米。埋藏深度在500~1100米之间。更为奇特的是，该区为地下水动力场的中部地带，各地下潜流均向这里汇集。自贡盐区的特点是，卤层厚、浓度高、储量大、埋藏深。

川北盐区盐卤层位于白垩系砂岩中，合川至广元间为一大向斜。由于岩层倾角较缓，卤水流动慢，不易积聚，卤水埋藏深度在100~400米之间，盐卤浓度不高，储量也不大，主要储盐区在三台、射洪、南部县一带[①]。巴人凭借盐业创造的经济奇迹，创造出极有地方特色的巴文化。

因此，要开采四川盆地地下丰富的盐卤、天然气矿藏，首先必须具备一定的盐矿地质知识，探测盐矿、天然气构造的规律。其次必须创造一整套钻凿盐井，开采盐卤和鬻炼盐卤的生产技术。井盐开发者以自己的聪明才智，通过不断地实践，先后克服了这两大障碍。

二、从白鹿饮泉得到的启示：巴蜀先民最初的食盐来源

在西南历史、地理著作中，有不少关于自然盐泉和"咸石"的记载："盐

---

① 李小波：《四川古代盐业开发的地质基础》，李水城、罗泰主编：《中国盐业考古——长江上游古代盐业与景观考古的初步研究》第一集，科学出版社2006年版，第162~181页。

池出巴东北井县，水出地如涌泉，可煮以为盐。"①北井县，东汉置，在今巫山县北洋溪乡东南宁河。巫溪大宁咸泉"出山窦间，若垂瀑然，民间分而引之"②。连然县（今云南安宁市）"有盐泉，南中共仰之"③，朐忍县（今云阳县）出"咸石"，其石"大者如升，小者如拳"④。川西北汶山郡（今汶川县）"地有咸土，煮以为盐，麢羊牛马食之皆肥"⑤。

有趣的是，不少著作留下了早期人类认识和利用自然盐泉和地表咸石的生动故事。盐泉和咸石虽然长期暴露地表，但最初人们并不知其含盐。后来，人们多次发现：白鹿、牛、羊等动物酷爱饮食这样的泉水和土石，有些动物甚至因此而膘肥体壮，这引起了人们的关注。忠州临江县大宁盐泉"其地初属袁氏，一日出猎，白鹿往来于上下，猎者追之，鹿入洞，不复见焉，因酌泉知味"⑥。临江县（今忠县）㽏、涂二溪，其发现者为杨伯起，被土人奉为井神，传说他"溯江至此，……谓人曰，江北二、三里间，安得有宝气耶？……至涂山，见白鹿饮泉，曰：'宝气在此矣。'土人从所指处，凿盘石而得盐泉"⑦。定筰县（今盐源县）盐泉发现者是一位牧羊女，她见"羊饮于池，迹之，见白鹿群游，尝其水而咸，指以告之，因掘井汲煎，获盐甚佳"⑧。人们反复观察到动物对某些泉水、咸土、咸石的特殊兴趣，而后酌泉知味，最终加以开发、利用。

动物首先发现盐泉、咸石这一普遍现象并不难于解释，因动物和人在进行新陈代谢活动时都需要一定的盐分，都表现出嗜咸的本能。但动物活动范围比人广泛得多，加之它们勤于使用嗅觉、味觉功能，这就增加其"酌泉知味"的可能性。

巴蜀先民在穿凿盐井前，早已开始认识和利用这些盐泉和咸石了。巫山盐泉早已为先民所利用，"煮以为盐"。盐神曾谓廪君说："此地广大，鱼盐

---

① （晋）左思：《蜀都赋》李善注。
② （宋）李心传：《建炎以来朝野杂记》卷一四《甲集》。
③ （晋）常璩：《华阳国志》卷四《南中志》。
④ （清）毕沅辑：《晋书地道记》。
⑤ 《后汉书》卷一一六《南蛮传·西南夷传》。
⑥ （宋）王象之：《舆地纪胜》卷一一八《大宁监》。
⑦ （明）曹学佺：《蜀中广记》卷六六《方物》。
⑧ 光绪《盐源县志》卷一〇《人物·仙释》。

所出，愿留共居。"①说明巴族廪君时代，就开始取用自然盐泉和咸石，并将"鱼、盐"列为自己活动区域的两大特产。汶山、朐忍土民对"咸石""咸土"的利用很早。

在对盐卤出露地带的地理环境、地质构造积累了大量感性认识的基础上，人们开始将这些认识加以综合和抽象化，发现了盐矿地区地形、地貌的某些规律性。这样，人们不仅能认识有自然盐泉、咸石标示的盐矿，而且开始认识没有自然盐泉、咸石标示的地下盐矿。汉扶嘉说："牛头对马岭，不出贵人出盐井。"②"牛头"与"马岭"，两岩相对而异形，应是储盐良好的"断层构造"。还有所谓"两溪夹一梢，昼夜十八包"③。可能是一种"向斜"储盐构造的地形特征。

三、廪君的传说：长江上游的盐泉与巴人的早期采盐活动

"廪君"最早见于记载的首推《世本》一书，有关巴人五姓掷剑决出巴氏务相为君长（即廪君）的时间，学术界一般多根据《世本》中有关廪君出丹穴的一些传说记载，认为廪君是巴人的祖先，这似乎已成定论。但是，《世本·氏姓篇》中早已指出："廪君之先，故出巫诞。"廪君既是巫诞之后，其时代约当于蜀国杜宇时代；当时已经进入农业时代，发明了制陶。廪君为楚所逼，带领巴人，辗转于贫瘠的湘西、鄂西，以渔猎、畜牧为生。从夷水（今清江）到盐阳（今长阳县）的迁徙中，产生了廪君邂逅神女的故事：

（廪君）乃乘土船，从夷水至盐阳。盐水有神女，谓廪君曰：'此地广大，鱼盐所出，愿留共居。'廪君不许。盐神暮辄来取宿，旦即化为虫，与诸虫群飞，掩蔽日光，天地晦冥。积十余日。廪君伺其便，因射杀之，天乃开明。

这段史料最早出自《世本》，本文引自《后汉书·南蛮西南夷列传》，下面还有一段注文："代本云：廪君使人操青缕以遗盐神曰，婴此即君，即立阳石上，应青缕而射之中盐神，盐神死，天乃大开也。""夷水"即今清江，

---

① 《后汉书·南蛮西南夷列传》。
② （宋）王象之：《舆地纪胜》卷一八二《云安军·人物》。
③ 同治《忠州直隶州志》。

"盐阳"即今长阳。"廪君于是君于夷城。"①

这个故事反映了巴人在清江流域与穷山恶水顽强拼搏，为自己开辟生存环境的曲折经历，最终的结果是发现并拥有了食盐资源。"夷水"源出湖北西部利川县，经恩施、长阳、宜都入长江。巴人自东向西，沿清江下游上溯恩施、大溪流域，在那里建立了自己的聚落。巫溪河流域的大宁宝源山盐泉、奉节南岸的盐碛坝、云阳西北的万军坝、开县东境的长塘井、忠县的监涂二溪、彭水的郁山镇盐泉，相继得到巴人的开发、利用。据三峡考古发掘证实，西起重庆，东到三斗坪，有旧石器遗址65处，新石器遗址85处，夏商周时期巴文化遗址87处、墓葬3处，东周时期巴、楚、秦遗址41处、墓葬18处。这些早期聚落在空间分布上与盐资源开发有一定的关系，如甘井镇（忠县）、云安镇（云阳县）、大昌镇（巫山县）、宁厂镇（巫溪县）、郁山镇（彭水县）等，都是巴人开发自然盐泉形成的聚落。特别是巫溪大宁盐泉，是开发利用历史最长的盐产地。

1999年，由北京大学考古研究所，四川文物考古研究所及美国加州大学洛杉矶分校珂岑考古研究所（Cotsen Institute of Archaeology）发起的合作研究项目"四川盆地及其周边地区古代盐业的景观考古学研究"，开始对长江上游盆地，特别是以重庆忠县中坝监井沟口为代表的古代产盐遗址进行了发掘研究。他们通过五年的发掘及资料分析证明，监井沟口的盐业历史至少可以追溯到公元前2000年的新石器时代晚期。监井沟口地区四千年的产盐历史对当地的自然环境有着很深的影响，同时还决定了这个地区居民的文化特征。地区自然资源的开发，特别是盐业，对独特的文化景观和聚落的形成起了主要作用。值得注意的是，对中坝遗址与世界其他地区遗址的发掘研究中发现，在铁器出现以前，是用形制相似的陶器来煮盐，在制盐业日益发展的推动下，制陶业得到更大的发展。还有丰富的动物遗存证明了至少有一部分盐是被用来加工保存食物，而原本用途广泛的石器也因制盐业的需要而增加了它的用途，为熬制食盐提供了必要的器具。

自20世纪50年代以来，忠县监井沟等峡江产盐地区文化遗址不断发现大量尖底陶杯（或称角杯）、部分花边陶釜和素缘陶釜，陶胎厚、火候足，后者颈部以下布满绳纹。通过对重要器物的地质年代鉴定，尖底陶杯流行于商代后期

---

① 《后汉书·南蛮西南夷列传》。

至西汉初期，花边陶釜流行于西周至西汉早期，素缘陶釜可能早于花边陶釜，往往与花边陶釜呈现共存关系。这些陶釜和角杯，应为蒸发或熬制盐卤的器具。联系到辽东半岛、山东半岛的渤海湾西海岸，也曾发现被称为"盔形器"的陶器，一类为尖底陶杯，一类为寰底杯，均为红褐色或灰褐色的夹砂陶，器表有粗放的绳纹或斜格纹，陶胎厚、火候足，学者推断其为熬制盐卤的容器①。在忠县哨棚嘴、瓦渣地遗址出土的201件尖底杯，器高6.3～14.5厘米，口径4.3～6.5厘米，均为轮制。学者将它归纳为两类："直边器底"与"阳具器底"。在第9～19层，发现了一种带绳纹的厚重陶容器，其中有素面器。这类器物直径远大于高度，与尖底杯正好相反。学者相信，这两种陶器均为盐块的模子，熬制食盐或让食盐结晶。要从陶器中取出盐块，必须将陶器打碎。这就顺理成章地解释了为何多数陶器在遗址中呈现破碎状态的问题②。

总之，监井沟口等峡江盐业考古成果，对了解古代巴人盐业长期发展具有重要意义，监井沟及所有峡江盐业遗址出土的制盐陶器碎片的发现，为我们了解中国史前产盐情况提供了宝贵的材料。值得注意的是，关于制盐陶器的考古调查在中国考古工作中长期受到忽略，直到近年来才有了更多的重视，填补了关于史前时期产盐活动存在的数据③。

四、开发四川盆地井盐的物质技术条件

四川盆地盐矿资源区别于东南海盐和西北池盐的显著特征，是它深深地埋藏在地下岩层深处，开发这种盐矿，必须采用复杂而独特的方式。首先，需要开凿从地表通往盐矿所在位置的深井。鉴于盐卤一般埋藏较深，开凿盐井要取得最为经济的效果，必须采取垂直竖井方式，这就需要完备的凿井技术。而在盐井的整个开凿过程中，破碎覆盖矿层之上的多层坚硬的岩石，是自始至终极为重要的环节，必须使用"一般极其坚固和锐利，非石头或当时所知道的其他

---

① 孙华、曾宪龙：《尖底陶杯与花边陶釜——兼说峡江地区先秦时期的鱼盐业》，李水城、罗泰主编：《中国盐业考古——长江上游古代盐业与景观考古的初步研究》第一集，科学出版社2006年版，第286～315页。
② 巴盐：《尖底杯：一种可能用于制盐的器具》，李水城、罗泰主编：《中国盐业考古》第1集，科学出版社2006年版，第260～285页。
③ 张缪斯：《德国举办"四川盆地古代盐业的比较研究"国际学术研讨会》，《四川文物》2007年第4期。

金属所能抵挡的工具"①,这就是铁器。盐井开凿成功后,要取得井下盐卤也不是一件容易的事,还必须创造一种从盐井中开采盐卤的机械设施。那么古代人民怎样创造上述物质技术条件,并用于开发井盐的呢?

（一）凿井技术的演进

我国是凿井技术发明很早的国家。在古代文献中,留下了"黄帝穿井"②"伯益作井""舜穿井"③等记载。近年来,由于大量古井遗址和遗物的出土,为我们探讨我国井的起源和发展提供了更为可靠的依据④。

早在殷商时期,居住在中原一带的先民为适应生活上的需要,就发明了最早的井。考古材料说明,古井的井型作长方形或椭圆形,其长与宽之比大约是2:1。其开凿方式,是按照掘隧道的方式掘成。《庄子·外篇·天地》说:"子贡南游于楚,反于鲁,过汉阴,见一丈夫方将为圃畦,凿隧入井,抱瓮而出灌。"这说明,那时的古井实际上是隧道的一段。这样的井,在开凿时,人们手执有刃锋的石、铜工具,斜向掘进,并不是很困难的事。

这些长方形和椭圆形的古井井壁受力不均,又无固井措施,因而深度受到限制。差不多在土井存在的同时,人们创造出一种方木井。⑤方木井井口呈圆形或方形,深3~5米,井下有数层圆木或木栏横竖交叉累叠而上,构成一个井字形的木井圈,其高约占井深三分之一。大约在战国中期,圆状的陶圈井开始出现⑥。陶圈井结构是先挖一直径大于井圈的土井,然后自井底垫以一个叠一个的陶井圈,土井与陶井圈间填以土或陶片,如遇流沙,即放下井圈,在圈内挖沙。大约在战国中期的陶井,使用的井圈径小圈高,西汉初期的陶井则径大圈低。

古井的出现,主要与人们的生活,特别是饮水有关。最初的井,人们取水时,依靠"凿隧而入井,抱瓮而出灌"是诸多不便的。于是,在井上安置某种

---

① 恩格斯:《家庭、私有制和国家的起源》,见《马克思恩格斯选集》第四卷,人民出版社1995年版,第18~19页。
② 陆德明:《经典释文·周易音义·井》:"《周书》云,黄帝穿井。"
③ 《世本》:"伯益作井";《史记》卷一《五帝本纪》。
④ 徐中舒教授将古文字数据与考古数据相结合,撰著《古井杂谈》(见《四川大学学报》1977年第3期),对我国古井的起源和发展作了精辟的论述,本节关于井的历史发展,主要采从徐老的成果,特此说明。
⑤ 《河北槁城县台西村商代遗址》,《文物》1974年第8期。
⑥ 《北京外城东周晚期陶井群》,《文物》1972年第1期。

可以直接汲水的附加设施，就很必要有了。

古井井上形制，在最早的文字——甲骨文和金文中有确切的证明。在古文字里，"井"字的写法与今日一样，为四方木栏之形，说明这时的井，已具备了木制井栏。要在长方形或椭圆形的井上安置四方形井栏，长的两边和宽的两边就不能相等，其形如"井"。金文的井，有时写为井中加一点，"·"象征盛水的瓮器。甲骨文和金文"辘"字，近似一个有轴的圆木，下面的形状就像圆木下所系的陶瓮及水自陶瓮渗漏而下之形。古人称为辘，后人称为辘轳，都是摹拟辘轳连续不断的转动之声。甲骨文有"辘"字，说明殷商时代的井已用辘轳汲水了。

大约在战国时期，人们开始使用桔槔汲水。《庄子·外篇·天地》说："凿木为机，后重前轻，挈（取也）水若抽，数（疾速也）如泆汤（一本作泆荡，泆音迭，泆荡双声，流动貌），其名为槔。"同书《天运》说："夫桔槔……引之则俯，舍之则仰。"庄子对桔槔不厌其烦地加以说明，可见桔槔还是当时一般人所不熟悉的新式机械。它为井上机械的发展打开了更为广阔的天地。

（二）铁工具的使用

中原地区大约在春秋后期（公元前五六世纪）就开始炼铁和使用铁器[①]。战国时期，炼铁技术的提高和铁产量的增加使铁器的使用从武器发展到农业和手工业生产工具[②]，在出土的战国铁器中，锸、锄、锛、凿、耙、锤、镢等器具数量繁多[③]。湖北铜绿山古矿井遗址的发掘结果表明：在未发现铁工具的春秋时期，古矿井井径狭窄（口径80厘米），结构简陋，无联动装置，只能从事比较有限的开采活动。在属于战国时期的遗址中，发掘出大量的铁制工具，如铁斧、四棱铁钻、铁锤、铁耙、六角形铁锄等。矿井井径宽阔（110～130厘米），井深达50余米，结构坚固复杂，采取了竖井、斜井、斜巷、平巷相结合的多中段开采方式，还有效地解决了若干井下的问题[④]。两个矿井相比较，充分显示了铁器在开凿矿井中的"革命作用"。

总之，春秋、战国时期，中原地区在凿井、开采井下资源和制造、使用

---

① 《关于中国开始冶铁和使用铁器的问题》，《文物》1976年第8期。
② 李众：《中国封建社会前期钢铁冶炼技术发展的探讨》，《考古学报》1975年第2期；《关于中国开始冶铁和使用铁器的问题》，《文物》1976年第8期。
③ 《陕西辉县北村遗址1984年发掘报告》，北京大学出版社1994年版，第69～95页。
④ 《湖北铜绿山春秋战国古矿井遗址发掘简报》，《文物》1975年第2期。

铁器等方面获得了卓越的成就。巴蜀地区铁矿资源并不贫瘠，《禹贡》载梁州有铁，说明蜀地产铁最早，《华阳国志》卷三《蜀志》临邛县下载有"蒜子铁"。其后中原磁铁矿采冶盛行，蜀地转落其后。类似中原地区的矿井、铁器不见于巴蜀地区历史记载和地下发掘数据[①]。因而，人们长期停留在寻求和利用自然盐泉和咸石的阶段，对岩层深处的盐卤则无能为力；外来食盐则因运输问题受到限制，蜀人常有淡食之虞。

第三节　原始交换的发生与早期商贸活动

由于缺乏直接的文献资料证明，有关古代巴蜀地区的早期商业贸易问题，研究成果一向比较稀少。虽然巴蜀地区环境闭塞、与外界交通极为困难，但是自然资源极具特色，可资交换的物产、手工业产品相当丰富。文献记载的古蜀市集、巫载行盐，近年来对西南丝绸之路的研究，三星堆石璧、海贝、铜贝等疑似交换媒介的大量出土，无不显示古代巴蜀地区存在早期商业贸易活动。特别是三星堆、金沙古蜀遗址发掘出震惊世界的黄金饰品、大量青铜器、玉石器以后，古蜀发达手工业与商业贸易相互促进的关系更是不容置疑的。

一、古蜀的市集与商贸活动

《华阳国志》卷三《蜀志》记载：蜀地物产，"则有璧玉、金、银、珠、碧、铜、铁、铅、锡、赭、垩、锦、绣、罽（毛织品）、牦、犀、象、毡、毦（毛织品）、丹（朱砂）、黄（石黄）、空青（铜矿石之结核者，研细则为石绿，皆染料，空青还可入药）、桑、漆、麻、苎之饶"。蜀地先民迫于生存需求，很早就开始开发利用本地的矿产品、蚕茧、家畜皮毛等生产出石器、陶器、蚕丝、皮毛织品等基本生活用品，也制造出蜀王、贵族等需要的玉石器、黄金制品、青铜器、漆器等奢侈品。社会分工和专业性生产的出现，必然导致商业交换的产生。由于受到生产力水平的限制，蜀人生产的手工业品，大部分用于自给，剩余的部分才用来交换自己缺乏的生活必需品。

例如，臣服于蜀国的"汁方"是专门生产生漆的部族，所产生漆当首先供

[①] 徐中舒：《论巴蜀文化》，四川人民出版社1981年版，第4页；童恩正：《古代的巴蜀》，四川人民出版社1979年版，第112~113页。

给古蜀国发达的手工业之需；然后剩余产品才有可能或才会被允许同蜀之蚕丝一道，东北上中原，与殷商进行交换。与此同时，"汁方"部落的大批髹漆好手亦会随着"汁方"之漆一道，进入三星堆手工作坊，参与手工艺品的制作，承担髹漆关键工序工作并培训蜀族漆工①。殷商时期的三星堆髹漆技术无疑成为以后数千年名噪天下的蜀中漆工艺的先导。商末周初，随着古蜀国政治、经济、文化中心移向西南郫县、成都，遂使这两处的髹漆业接踵发生、兴隆起来，以至进入战国以后，形成成都—郫县—雒县（广汉）鼎足而立的四川髹漆业中心和以三大中心为支撑点的中国漆文化区。生漆与漆器成为蜀与邻国贸易的重要商品。

古蜀时代蜀地已有原始商业，互通有无。文献记载："耆旧相传：古蚕丛氏为蜀主，民无定居，随蚕丛所在致市居，此其遗风。蜀有蚕市，每年正月至三月，州城及属县循环一十五处。"②古蜀族最初在成都平原随畜群迁徙，每一临时聚处即为集市，进行以物易物的原始交易活动。这种集市，成为后来蚕市循环举行的最早习俗。蜀地城市兴起后，人口增加，除蜀王、贵族、富人等外，城市有大量手工业者、商人、商贩从事商品生产与交换，城市生活必需品的需求大幅度上升。据学者推算，商代三星堆古蜀都城市面积约为2.6平方公里，大约有人口16383户，户以5口计，应有81915人。东周时期成都人口大大超过此数。据考古发掘推测，成都东西长约5公里，南北宽约3公里，共约15平方公里，应有94517户、472585人。似乎过多，如以战国临淄故城面积与人口比例计算，每户占地约268平方米，成都约有55970户、279850人。如此众多的城市人口，需要消费大量的农副产品和生活日用品。据学者分析，东周时期，成都城市范围只圈养家禽、家畜，不再是野羊出没之所，但在成都各个遗址中，均发现不少羊骨，指挥街遗址还出土一件白唇鹿犄角，这些羊骨遗骸很明显是与川西高原游牧部族交换而来。成都城市商品丰富，蜀地生产的生丝、麻布、毛织品、漆器、玉石器、金银制品、家禽、家畜等均有出售。外地的食盐、野生动物、皮毛也在商品市场销售。《蜀王本纪》记载，春秋时老子为关令尹喜著《道德经》，临别言："子行道千日后，于成都青羊肆寻吾。"肆为货栈，崔豹《古今注》载，"肆所以陈货鬻之物也"。市肆是商业贸易兴盛的产物，

---

① 任乃强：《四川上古史新探》，四川人民出版社1986年版，第173页。
② （宋）黄休复：《茅亭客话》卷九《鬻龙骨》。

"青羊肆"一说表明,成都已有各种商品专门市场,"青羊肆"[①],应为专门销售川西北高原的野生动物岩羊或黄羊的市场。从考古发现的各类建筑遗址、繁多的器物说明,经济领域的专业分工业已形成,足以证实商品种类、数量增加,交易规模扩大。由此可以断定,从事各种商贸交流的商人群体业已出现,蜀商的源头应在这一阶段[②]。

二、巴人的食盐贸易(巫臷)

长江上游的巫溪河流域,是与湖北神农架极其相似的一个山险水恶的不毛之地。只因先民发现了大宁宝源山的两眼自然盐泉,开始煮盐销售,逐步发展成长江上游的文化中心(巴楚文化中心),即《山海经》所云"臷民之国",又称"巫臷",或叫"巫山"。任乃强先生认为,今人所谓"巫山十二峰",以北岸神女峰为主峰,乃是唐宋人因宋玉《高唐》《神女》两赋附会而成的。其实宋玉所赋"神女"实指巫盐,巫溪沿岸诸山才是巫山。《山海经·大荒南经》说:

有臷民之国,帝舜生无淫,降臷处,是谓巫臷民。巫臷民朌姓,食谷。不绩不经,服也。不稼不穑,食也。(郭璞注:"谓自然有布帛、谷物。")爰歌舞之鸟。鸾鸟自歌,凤鸟自舞。爰有百兽,相群爰处。百谷所聚。

这段记载说,臷民来自中原,是帝舜之后。他们在巫溪大宁找到了乐土,不用耕织,丰衣足食,歌舞升平。臷民不稼不穑而能过上好日子,自然因为他们发现了自然盐泉,利用食盐产品与周遭农牧民交换生活必需品,成为康乐繁盛、"百谷所聚"、贸易兴盛的富庶之国。其后,又不断有部族投靠巫臷或循着臷民之路寻找到更多的自然盐泉。《大荒南经》还记载说:

大荒之中,有山名曰豊沮玉门。日月所入。有灵山,巫咸、巫即、巫朌、巫彭、巫姑、巫真、巫礼、巫抵、巫谢、巫罗,十巫从此升降。百药咸在。

---

① 在今成都城西青羊宫,其地正是先秦成都城市中心区域之一,汉代至今仍为繁华商业地段,可见《蜀王本纪》记载属实,言之有据。
② 贾大泉、陈世松主编,段渝撰:《四川通史》第一册,四川人民出版社2010年版,第259~261页。

豐沮，显然指的是盐泉。玉、巫两字，篆书常易混淆。玉门可能指巫峡。灵山，也可能是巫山的别写。由于盐泉利厚，聚人愈多，百业兴盛，山区禽兽、药材也成奇货，所以打猎、采药者很多。巫咸之名见于《尚书》，为殷商宰相；巫彭即世传为殷太史的彭祖；"咸彭"联称，又屡见于《楚辞》，都可证实有其人。这就说明，殷商时代，三峡地区存在着一个独立的、文化发展很高的小国。巫朌的"朌"，发音与巴相近，可能就是巴人的祖先之一。

巴人原本定居于洞庭彭蠡间巴丘、巴水附近的渔民，称为"巴诞"①，大概为有穷后羿氏所灭，一部分西流，进入三峡地区，被称为巫诞。大约在夏代，善于水上交流的巴人与巫载联合，为之载盐远销，深入长江上游水系。其间又发现多处盐泉，先后拥有羊渠、朐忍、监溪、涂溪盐泉。开煮之后，食盐增产。巫载因之强盛，巴人也由此强大，征服了农牧部族，建成了巴国，初都故陵。考古发现的重庆市忠县中坝、巫山大溪文化遗址是盆周东缘新石器时代文化，距今约7000~5300年，彩陶是其文化特征。

上古四川盆地、荆楚地区都是缺盐区，需要仰给于外来食盐。巴人擅长驾驭独木舟，溯水西上，蜀人聚居区都有他们运销食盐的踪迹，对蜀文化产生很大影响；顺流而下，行盐荆楚，又促进了楚文化的发展。三峡考古发掘材料证明，巴楚两国文化有其共同点，先有巫载文化，后才衍生为巴、楚文化。②

《华阳国志》列举巴地贡物有"厥贡璆（一种美玉）、铁、银、镂（钢）、砮（可作箭镞的石）、磬、熊、狐、织、皮"③，与《尚书·禹贡》所载"厥贡璆、铁、银、镂（钢）、砮、磬"相同。但是先秦时代巴蜀地区并不生产钢铁，这个记载可靠吗？任乃强先生认为，这些矿产，实际上是周代蜀、巴地区营销中原的商品④。那么，远在殷周时代，巴蜀地区与中原地区应当也有了频繁的商贸交流关系。保持如此高质量商品的贸易，巴人凭借的商品主要是食盐，峡江地区所出食盐让他们与相对缺盐的荆楚地区进行着长时间的换货贸易，从而获得上述珍贵商品。这是巴国维持强大国力的基本原因，一旦失去峡江食盐资源，巴国就走向衰亡。楚国与巴国对峡江地区食盐资源的争夺，逐渐演化为关系巴国存亡的

---

① 《后汉书·南蛮西南夷列传》注。
② 任乃强：《说盐》，见《华阳国志校补图注》，上海古籍出版社1994年版。
③ （晋）常璩：《华阳国志》卷一《巴志》。
④ （晋）常璩撰，任乃强校注：《华阳国志校补图注》，上海古籍出版社1994年版，第2~3页。

生死之战。战国初,楚国夺取巴国在汉水中游和峡江地区的土地,分置汉中郡、巫郡以后,巴人只能以江关(在今奉节县)、阳关(在今重庆长寿区)为界,最终失去赖以生存的盐泉命脉,变得衰疲不堪。

三、巴蜀与周边地区的贸易

(一)陇蜀贸易

最早的蜀道,可以追溯到古蜀先民在岷江上游活动的夏商时期。据历史文献记载,蚕丛到柏灌氏都生活在今茂汶一带,《蜀王本纪》记载:"蚕丛始居岷山。"《汲冢周书》记载:"桀伐岷山,得其女二人,曰琬、曰琰,斲其名于苕华之上,苕是琬,华是琰也。"殷墟甲骨卜辞记载,殷武丁时伐"羌蜀",对羌、蜀两地实施了征服战争。学者认为,羌为羌方,在殷之西,蜀在羌之南,缶应为褒(属汉中),褒之南为蜀国。殷商出征,先羌而后蜀,先褒而后及于蜀,应无疑义①。此说肯定了夏商时期秦蜀通道已经开通,但夏商时代蜀道处于探索期,先民最早是从岷江河谷、嘉陵江河谷,还是褒斜水河谷开辟出通道,已不得而知。

秦、蜀间的主要通道——金牛道不始于传说的周显王时(战国时期),应始于卢帝(开明二世)攻秦至雍(今陕西凤翔)。秦蜀之间虽有崇山峻岭阻隔,但至少在春秋时期,蜀人已开凿了川陕间穿越秦岭的栈道,即褒斜道,即《货殖列传》所称"褒斜绾毂其口"是也。其路线是从眉县入斜谷,翻越分水岭,沿褒谷至褒城。然后进入石牛道(或称金牛道),从陕西沔县西南行,越七盘岭进入四川,经广元朝天驿进入嘉陵江河谷。栈道于悬崖绝壁凿孔,嵌入木梁,辅以木板,故又称"阁道",李白《蜀道难》有"地崩山摧壮士死,然后天梯石栈相钩连"。李白的诗,反映了蜀人开凿栈道交通的壮烈和艰险。川陕交通改善后,蜀人与秦国贸易也密切起来。有关史实,史籍有翔实记载:

及秦文、孝、缪居雍,隙陇蜀之货物而多贾。……南则巴蜀。巴蜀亦沃野,地饶卮、姜、丹砂、石、铜、铁、竹、木之器。南御滇、僰,僰僮。西近邛笮,笮马、牦牛。然四塞,栈道千里,无所不通,唯褒斜绾毂其口,以所多易所鲜②。

---

① 邓少琴:《巴蜀史迹探索》,四川人民出版社1983年版,第155~156页。
② 《史记》卷一二九《货殖列传》。

秦文、孝、穆居雍（岐州雍县）时间，大约在公元前764～前659年间。当时陇蜀之间通道已有货物流通，商人来往不断。巴蜀地区物产丰富，农副产品、手工业品、矿产品成为区域贸易的主要商品，甚至南部的楚僰、西部的筰马、牦牛也作为交易商品。虽然巴蜀环境闭塞，与外界交通不易，但秦蜀之间，栈道千里，没有什么商品不能交流，唯有褒斜道可以沟通秦蜀两地，互通有无。《战国策·秦策》说"栈道千里，通于蜀汉"，足证秦蜀之间的交流已成常态。蜀地缺乏的食盐，除与巴人巫�交易外，也当通过褒斜道交换秦国生产的安邑池盐。

为穿越绝壁深渊、悬崖激流，蜀地先民发明了"索桥"，亦称"筰桥"。这种桥以竹或茅类纤维搓索，作河谷两岸牵引联系。渡河方法，一种用"溜筒"滑行，桥有两索并行，"往南者北绳稍高，往北者南绳稍高"，渡者"手足循索处皆有木筩，缘之护手易达，不但渡空人，且有缚行李于背而过者"①。由此看来，先民的智慧可以战胜任何阻碍相互交流的艰难险阻。

（二）蜀与巴、楚的贸易

蜀与巴、楚的贸易开发很早，主要受益于长江上游的水路交通优势。上文谈到巴人巫䏀营销食盐，其中就包括对长江上游蜀人的食盐贸易。多年来，巴蜀地区考古发现的大量独木舟、船棺葬，充分证明了上古先民在水上交通方面的优势。在蜀地水路交通方面，蜀族曾经整治了成都平原的河道，使岷江，沱江均能行舟。战国时，蜀人死后多用船棺，反映了他们习惯水上生活。蜀国造船技术精良，"蜀艇"与"越舲齐名"②。蜀地有"舫船"，将两船相并③，使其增加平衡和载重力。前377年，"秦伐楚，取兹方，于是楚为扞关以距之"④。秦武王三年（前308），司马错伐蜀，曾在蜀造"大舶船万艘"，由此可见蜀族水上运输之发达。

蜀与巴、楚的贸易，以漆器、纺织品为大宗，回购食盐、金属制品等。在三星堆遗址曾发现有雕花漆木器，以木为胎，外施土漆，木胎上镂空，器表雕有花纹，"表明当时已熟练地掌握了割漆、生漆加工、制胎、上漆工艺技

---

① （清）姚莹：《康輶纪行》卷七五《筰桥》。
② 《淮南子·俶真训》。
③ 《史记》卷七〇《张仪列传》。
④ 《史记》卷四〇《楚世家》。

术"①。位于今什邡县的古汁方部族，在整个商周时期，"汁方"部族都是以割漆与髹漆作为主要工商文化特征的，任乃强先生认为，"汁方""发明了割漆、即以漆业行商华夏，被称为'汁方'，与蜀族之以蚕丝行商而被称为'蜀方'是一样的"②。童恩正先生也认为，公元前4世纪末，在巴蜀地域就形成了一个以成都为中心的商业、手工业区，其中漆器产地主要为成都、郫县及雒县（故城在今广汉县城北）③。

（三）"西南丝绸之路"

20世纪90年代前后，在广汉三星堆殷商遗址中发现了大量环纹海贝，引起了有关西南丝绸之路的研究热潮。这种环纹贝产于印缅海岸，在同时期中原考古发掘中很少发现，因此，有学者认为，"这无疑证明早在商周时期南方丝绸之路就至少可通向缅甸了"④。还有学者依据广汉三星堆出土的青铜群像、神树、黄金面罩、金杖、金箔等不见于国内考古发掘的实物，与同期西亚艺术品进行比较后认为："广汉三星堆青铜文化与西亚青铜艺术存在着某些类似的因素。透过这些文化现象，不能不提出这样一个问题，古代巴蜀文明与西亚文明有无可能存在着某种联系或影响呢？"⑤

以考古出土器物证实西南丝绸之路的开通时间与走向，是一个大胆的设想，但应进一步研究这些器物与印度、西亚诸国器物的实际关系。目前，学者们从文献和考古资料推断，南方丝绸之路主要有两条古道，一是从蜀（成都）出发经南安（乐山）、僰道（宜宾）、南广（川南高县、珙县、滇北威信、镇雄）、味县（云南沾益、曲靖）、滇池（昆明），到达楚雄，称为"南夷道"或"五尺道"；一是从蜀出发，经双流、新津、邛崃、雅安、汉源、越嶲（西昌）、会无（会理）、三绛（会理黎溪）、蜻蛉县（永仁、大姚）、弄栋（姚安），至楚雄与南夷道汇合，称为"西夷道"或"零关道"。汇合之后，再从楚雄出发，经叶榆（大理）、博南（今永平）、永昌（保山）、滇越（今腾

---

① 巴家云：《试论成都平原早蜀文化的社会经济》，《四川文物》1992年《三星堆古蜀文化研究专辑》。
② 任乃强：《四川上古史新探》，四川人民出版社1986年版，第173页。
③ 童恩正：《略谈秦汉时代成都地区的对外贸易》，《巴蜀考古论文集》，文物出版社1987年版，第154页。
④ 蓝勇：《南方丝绸之路》，重庆大学出版社1992年版，第44页。
⑤ 霍巍：《广汉三星堆青铜文化与古代西亚文明》，《四川文物》1989年《广汉三星堆遗址研究专辑》。

冲）出境，前往缅甸、印度。

四、古蜀的货币与衡器

上文谈到古代巴蜀地区已有相当发达的手工业和商业，特别是峡江食盐生产和流通的出现，区域间的商品流通已经存在。顺理成章的是，作为充当一切商品的一般等价物的特殊商品——货币应当存在，同时，与商品交换有直接关系的度、量、衡器也应当存在。下面仅就巴蜀地区出土器物作一些归纳和分析。

（一）古蜀的货币——海贝、铜贝

货币是实现不同商品相互交换的一般等价物。古代巴蜀地区用于商业流通和商品交换的货币是什么？它们在先民的经济生活中起着多大作用？

1. 海贝

广汉三星堆殷商遗址出土大量环纹海贝（Monetaria amnulus），一号祭祀坑出土124枚，其中：62枚出自龙虎尊内，被火烧后几乎全部成为碳化物，仅少量完好；62枚出自两具铜像内，鉴定为海贝，属于环纹贝和虎斑纹贝。二号祭祀坑出土4600枚，其中3300枚较为完整，残破者约1300枚。贝分黑、白两色，主要出自尊、罍内[1]。

从三星堆器物的投放堆积看，是具有先后顺序的，首先投放海贝、玉石礼器等，然后投放大型青铜器件及立人像，最后投放象牙，而遍布坑内的尊、罍、彝等青铜容器，外涂朱色、内装海贝。这充分显示出先民对海贝的珍视程度，数量庞大而又特别加以珍藏的海贝，不应只是作为装饰品或者珍宝收藏，而应当具有货币功能。从古蜀经济的发展程度，特别是前述手工业的高度发展看，海贝显然已经是流通货币。以贝作商品交换媒介，并非古蜀独有的现象，当时的中原大多数地区已用自然贝作为货币使用，《尚书·盘庚》记载人们贪求贝玉，将贝壳视为"货宝"。贝的使用单位为"朋"，甲骨文中"朋"的写法是一根绳索将贝贯穿的形象。卜辞中多有以数量不等的贝朋赏赐臣下或馈赠亲友的记载[2]。每朋有多少贝？其说不一，郭沫若多次引用周初钟鼎铭文中记载的"姜赏令贝十朋、臣十家、鬲百人"，并解释说："贝十朋"占第一位，

---

[1] 四川文物考古研究所编：《三星堆祭祀坑》，文物出版社1999年版，第150、158页。
[2] 周谷城：《中国通史》上册，上海人民出版社1981年版，第47页。

价值最高；人鬲数量虽多，最贱①。可见，贝以十为计数单位。从古蜀经济发展程度看，三星堆遗址发现的大量海贝的确是当时流通的货币。其中数量较多的环纹贝，大部分被磨成大孔，或呈扁平状，这是为着以绳贯穿，携带方便，便于使用，说明它们与殷商市场流通的贝币具有相同的功能和作用。

2. 铜贝

作为货币而言，古蜀铜贝产生在海贝之后。首先是因为，铜贝的出现需要冶铸业的兴起，而海贝是现成的自然物。再者，随着商品经济的发展、交换的扩大，原有的海贝已不能满足市场交换的需要，必须有更多的货币投入使用。当古蜀冶铜业得到更大发展的时候，顺理成章地开始制造类似海贝的货币——铜贝。过去认为，铜贝产生于战国时期的楚国，俗称"鬼脸钱""蚁鼻钱"②。但是，进一步的研究纠正了上述成说。在殷墟卜辞中，已有铜贝的记载③。

更有说服力的是，1953年，在河南安阳大司空村商墓出土了3枚铜贝，"系仿海贝铸造"④。以后陆续在殷墟西区商墓发现两枚铜贝，在山西保德林遮峪村晚期商墓发现109枚铜贝，后者还与112枚海贝收藏在一起⑤。据考古研究报告披露，相当于商代中期到晚期的三星堆一、二号坑，均出土了仿海洋生物的青铜铸件，其中已经鉴定出二号坑出土铜扇贝形挂件48枚⑥。这说明，当时古蜀王国已经拥有了自己的金属货币——铜贝。同时也进一步否定了"中国的金属铸币出现于春秋末期"的成说⑦。由此可以肯定，至迟在公元前11世纪，古蜀王国与中原殷商王国成为殊途同归的两个独立演进的区域经济典范，在高度发达的青铜文化和商业贸易的基础上，都铸造出了可以作为货币使用的铜贝。到战国时期，蜀国还流通形制如璜的铜币，学者称之为"桥形币"⑧。

---

① 郭沫若：《奴隶制时代》，科学出版社1961年版，第76页。
② 《中国大百科全书·考古学》，中国大百科全书出版社1986年版，第102页；马承源主编：《中国青铜器》，上海古籍出版社1988年版，第315页。
③ 朱活：《商币篇——兼谈建国以来出土的商代货币》，《四川文物》1985年第1期。
④ 马德志等：《1953年安阳大司空村发掘报告》，《考古学报》第九册，科学出版社1955年版。
⑤ 屈小强、李殿元、段渝：《三星堆文化》，四川人民出版社1993年版，第163页。
⑥ 四川文物考古研究所编：《三星堆祭祀坑》，文物出版社1999年版，第483～484页。
⑦ 《中国大百科全书·考古学》，中国大百科全书出版社1986年版，第671页。
⑧ （清）李光廷：《吉金志存》卷一。

这种铜币在成都平原及附近地区多有出土，说明它具备一定的流通范围。此外，黄金在早期蜀国就已作为贵重装饰品。而在战国时代蜀人墓葬中，常有金块出土，这应是具有储藏手段的货币，与中原储藏黄金的手段一样①。

（二）古蜀的衡器——石璧

商业贸易出现后，即需"均物平轻重"②的衡器。在古蜀出土器物中，用于商品流通的衡器已大量使用。在广汉出土的玉石器中，有数十件过去称之为"石璧"的器物，加工粗糙，大小轻重不一。其最大者外径70.5厘米，孔径19厘米，厚6.8厘米，重达百斤以上；其小者外径11厘米，孔径4厘米，厚1厘米③。后来在成都羊子山等地也发现大量石璧，其大小、厚薄、轻重有序，大者重达百斤以上。有学者断定，这些石璧是古蜀用以"均物平轻重"的权衡（砝码）④。这类器物与古代文献记载的衡权形状完全一致。《尔雅·释器》"肉倍好谓之璧"，《汉书·律历志》释权说："圜而环之，令之肉倍好者，周旋无端，终而复始，无穷已也。"从衡器通常重量看，《汉书》卷二一《律历志》所载种类有铢、两、斤、钧、石，一石的重量已达120斤，与广汉大石璧差不多。衡器的质料，春秋战国时有铜制⑤，也有石制，称为"衡石"，《礼记·月令》："同度量，均衡石。"

衡器的问世，应当是社会分工和商业贸易出现的重要标志。谷物、肉食品和日用品在市场上进行交易时，一种实物与另一种实物按交换比例和价格交易，都需要有衡器加以衡量，达到双方都能接受的公平程度，衡器则充当了交易平台。

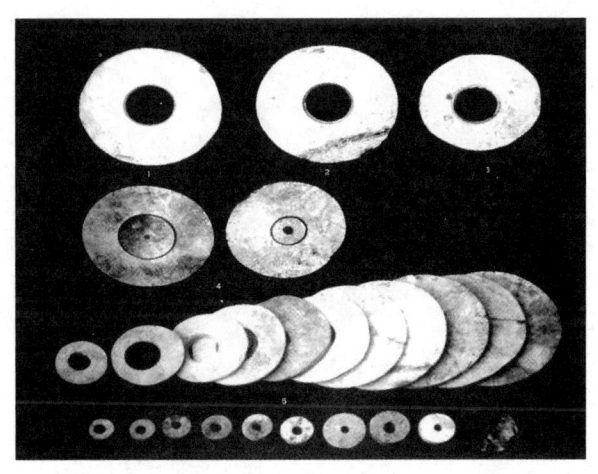

三星堆出土重量不等的石璧

---

① 贾大泉、陈世松主编，段渝撰：《四川通史》第一册，四川大学出版社1993年版，第149页。
② 《汉书》卷二一《律历志》。
③ 戴谦和：《四川古代数种石器》，《华西边疆研究杂志》第4期，第101页。
④ 张勋燎：《古璧和春秋战国以前的权衡（砝码）》，《四川大学学报》1979年第1期。
⑤ 高至喜：《湖南楚墓中出土的天平与砝码》，《考古》1972年第4期。

第二章

秦汉魏晋南北朝时期:中原文化影响下的巴蜀工商文化的勃兴

第二章　秦汉魏晋南北朝时期：中原文化影响下的巴蜀工商文化的勃兴

本章起自秦惠文王更元九年（前316）秦灭巴蜀，与秦始皇二十六年（前221）秦灭六国的时间相差近百年；从公元前316年开始，巴蜀地区被纳入秦国的版图，成为秦与六国征战的后方基地。因此，巴蜀地区比山东六国早近百年结束自己的古史范畴，这是巴蜀历史全局与大历史的差异。

秦灭巴蜀，绝非简单的强国对弱国的武力征服，这更是一场两种独特文化之间的生死较量。无论是巴文化还是蜀文化，都有自己悠久的历史，古蜀辉煌灿烂的青铜文化与中原青铜文化相比，可以说是毫不逊色，蜀国的富足更是闻名天下。蜀人以其悠久的农耕文化自豪，嘲笑秦人为"牧犊儿"，秦人也只好忍受。

秦国对蜀国经济上的优势有一定的认识，秦臣司马错、田真黄在辩论秦国对外战略时，极力主张先攻蜀，再伐楚，他们的理由是："其国富饶，得其布帛金银，足供军用。"①在攻占巴蜀地区以后，秦发现巴蜀地区仍是"戎伯尚强"，即部族、方国林立的局面。这些部族和方国由保持古老习俗的酋长治理，各行其是。因此，除了武力征服外，在过渡期，秦还实行了怀柔政策，将这些统治者"废为君长"，如蜀王"封子通国为蜀侯"，以陈壮为相②；"以巴氏为蛮夷首长，世尚秦女"，并在赋税上加以优待③。即使如此，仍然遭到怀有亡国之痛的蜀国旧势力的顽强抵抗。秦三封蜀侯，又三次杀掉，罪名都是谋反。

为了巩固秦在巴蜀的统治地位，形成统一中国的经济实力，秦国对巴蜀地区实施了全面的行政区划改革。在保留蜀侯的同时，秦在巴蜀地区推行郡县制，先设置巴郡和蜀郡，公元前314年，以张若为蜀（郡）守。不久分巴、蜀置汉中郡，在巴、蜀、汉中三郡之下，共置41县④。据考，秦在今西昌、汉源、茂县、汶川也设置了郡县。"邛、筰、冉、駹者近蜀，道亦易通，秦时尝通为

---

① （晋）常璩：《华阳国志》卷三《蜀志》。
② （晋）常璩：《华阳国志》卷三《蜀志》。
③ 《后汉书》卷八六《南蛮西南夷列传》。
④ 《汉书》卷一《高帝纪》；据常璩：《华阳国志》卷三《蜀志》，则为31县。

郡县，至汉兴而罢。"①在平定了蜀侯的多次叛乱后，新置蜀、巴、汉中等郡安定下来。

值得注意的是，自秦昭王时期开始，就在巴蜀地区推行了各项制度、法令，并取得了预期效果，所以史书有"昭王开巴蜀"的记载②。1980年在四川青川县郝家坪发掘的秦昭王时代的墓葬，出土详载阡陌制度的《为田律》木牍，就是秦在巴蜀地区推行"开阡陌"制度的历史见证③。

秦在巴蜀地区建立了稳定的统治后，即开始进行卓有成效的经济建设，主要集中在三个方面：一是全面规划和建设成都、郫邑、临邛三个城市，"与咸阳同制"；二是在前代治理岷江、沱江水患的基础上，蜀守李冰创建了人类水利史上规模最大、效益最好、至今仍造福四川人民的都江堰水利工程，使成都平原成为"水旱从人，不知饥馑"的"天府之国"；三是在治水的过程中，还开凿了四川第一口盐井"广都盐井"（在今仁寿、双流境内），为巴蜀人民创造了更为可靠的生存条件。从此，蜀地"水旱从人，不知饥馑，时无荒年，天下谓之天府也"④。

生活在东晋的史学家常璩，在其《华阳国志》中，为我们描述了秦统一巴蜀以后，长时间地对巴蜀地区进行社会、经济开发所产生的巨大影响和成效：

然秦惠文、始皇克定六国，辄徙其豪侠于蜀，资我丰土。家有盐铜之利，户专山川之材，居给人足，以富相尚。故工商致结驷连骑，豪族服王侯美衣，娶嫁设太牢之厨膳，归女有百两之从车，送葬必高坟瓦椁，祭奠而羊豕夕牲，赠襚兼加，赗赙过礼，此其所失。原其由来，染秦化故也。⑤

原本朴素简约的巴蜀社会，在经济快速发展的驱动下，呈现出"居给人足，以富相尚"的奢靡景象。在巴蜀经济开发中涌现的工商豪富乘坐高车驷马，穿戴王侯美衣；嫁女娶妇摆设最高档的宴席，女儿回娘家使用价值昂贵的"从车"；办葬事需要高坟瓦椁，祭奠使用羊、猪做祭品，赠送财礼衣物、奉

---

① 《史记》卷一一七《司马相如列传》。
② 《汉书》卷二八下《地理志》。
③ 李昭和、莫洪贵、于采芑：《青川县出土秦更修田律木牍》，《文物》1982年第1期。
④ （晋）常璩：《华阳国志》卷三《蜀志》。
⑤ （晋）常璩：《华阳国志》卷三《蜀志》。

送丧礼成倍增加。常璩认为：秦在大规模开发巴蜀经济、改革巴蜀地区落后习俗的同时，奢靡浮华风气也给蜀地带来了消极影响。"原其由来，染秦化故也"，他将秦灭巴蜀以后这块原本封闭的土地上所发生的变化，归结为受到中原文化的影响，这实在是有见地的结论。

西汉初年，"开关梁，弛山泽之禁"的重商政策对巴蜀工商业也产生了深远影响；随后人口激增和民族融合引发不断增加的社会需求，从而带动巴蜀工商业的总体发展。以盐铁业的发展情况看，西汉前期，邓通、罗裒等蜀商的出现，可以说明巴蜀工商业进入了活跃期。西汉中叶开始实施的"盐铁专卖"等禁榷措施催生了工商经济领域的官垄断体制和对民间工商业进行全面控制的经济制度。西汉禁榷措施的短期成效很明显，但从社会经济发展角度看，其弊端是长远而深沉的。

第一节　秦汉巴蜀矿产和井盐业

一、巴寡妇清经营朱砂矿业与秦始皇筑"女怀清台"

（一）巴地与先秦丹砂矿产

丹砂是硫磺与汞的化合物（硫化汞），呈红色。陶弘景言"丹砂即朱砂也"，古代多用作红色染料。但更为一些炼丹家看重的是它的药理作用，据说它对人的补益功效"万倍于五谷"，被视为神药[①]。人们也早已认识到，"丹砂为㜑（汞）"，对此，《广韵》作了更明确的解释："汞本作㜑，丹砂所化，即水银也。"[②]岩层中开采出来的丹砂，经过加热分解，即成为水银（汞）。水银是应用极广的重金属，古代宫殿、墓葬都大量使用水银。任乃强先生认为，"丹"与"漆"，皆装饰器物及宫室用品[③]。秦始皇陵寝"以水银为百川、江湖、大海，机相灌输，上具天文，下具地理"[④]，其水银耗费量惊人。秦始皇的墓葬如此大量耗费水银，可见墓葬以水银作为装饰物品已成时

---

① （晋）葛洪：《抱朴子》内篇卷四《金丹》。
② （汉）淮南王刘安：《淮南万毕术》，转引自《巴蜀文化与西部四川开发》，四川人民出版社2001年版，第274页。
③ （晋）常璩撰，任乃强校注：《华阳国志校补图注》，上海古籍出版社1987年版，第6页注释。
④ 《史记》卷六《秦始皇本纪》。

尚。如果当时丹砂提炼水银的生产未达到很大的规模，这种情况是无法想象的。晋代葛洪对丹砂提炼水银有简练的说明："凡草木烧之即烬，丹砂烧之成水银。"① 从这句话可见，丹砂提炼水银并非难事，已总结出相当成熟的实践经验。

巴地富于矿藏，尤以丹砂著名。据文献记载，巴地涪陵（今彭水）、辰州、宜州、阶州一带均出丹砂，"而辰州者最胜，谓之辰砂，生深山石崖间，土人采之。穴地数十尺始见，其苗乃白石耳，谓之朱砂床"②。巴地产汞很早，据文献记载，濮人向周王进贡之物就是"丹砂"③。濮人又称"百濮"，由江汉地区迁徙巴地，与巴人融合。巴国之地物产丰富，除农业外，矿冶、制陶、竹木漆器、纺织等业均有相当程度的发展。在矿冶业中，尤以丹砂的开采著名。

现代地质矿产调查表明：重庆市是汞矿的主要分布区，储量达到万吨以上，居全国第三位，大多分布在秀山、酉阳两县境内④。

（二）巴寡妇清与"女怀清台"

在史书中很难见到巴族妇女的活动，特别是她们在经济领域的活动。司马迁却例外地记载了巴寡妇清开采丹砂的故事：

> 而巴寡妇清，其先得丹穴，而擅其利数世，家亦不訾。清，寡妇也，能世守其业，用财自卫，不见侵犯。秦皇帝以为贞妇而客之，为筑女怀清台。⑤

据说巴寡妇清的祖先是濮人后裔，世居巴地。巴寡妇清的祖先发现丹穴并进行开采，由家族经营，子孙后代均享受开采丹穴的利益。巴寡妇清继承了家族遗产，经营有方，又善于理财，丹砂采掘事业愈益兴旺，成为名震秦廷的大富豪。秦始皇十分赞赏她终生守护祖业的精神和经营丹砂矿产的才干，礼遇甚隆，封赏为"贞妇"，并下令在她的家乡——巴郡龙寨（今长寿千佛乡寨沟村）建筑了一座"女怀清台"，以表彰她的不朽业绩和人格楷模。

---

① （晋）葛洪：《抱朴子》卷四《金丹》。
② （宋）苏颂：《图经本草》。
③ 《逸周书·王会解》。
④ 《四川省志·地质志》，四川科技出版社1998年版，第230~231页。
⑤ 《史记》卷一二九《货殖列传》。

明清以来,"女怀清台"以"龙寨秋容"的标志被列为长寿县八大景观之一,受到人们瞻仰、崇敬。明代诗人金俊明有《怀清台》诗记其盛事:"丹穴传赀世莫争,用财自卫守能贞。祖龙势力倾天下,犹筑高台礼寡清。"①

二、秦蜀守李冰与巴蜀井盐的开发

(一)李冰开凿"广都盐井诸陂池"

秦灭巴蜀以后,对蜀郡进行的大规模社会、经济开发中,最有成效者,除都江堰水利工程外,尤以对广都盐井的开凿引人注目。

在李冰开凿广都盐井之前,四川盆地除盆周山区有少量自然盐泉和岩盐外,盆地内盐卤资源都埋藏地下岩层中,但深浅有差异。蜀地先民所需食盐,主要依靠外来食盐供应。蜀人定居成都平原以后,食盐可能仰给于东南池盐或东部巴人"巫诞"行销的食盐②。由于川东盐泉产量高于其他地区,盐成为巴蜀关系的一个重要因素。秦灭巴时,巴东盐泉为楚所据,张若等多次与楚征战,目的主要在于夺回盐泉。

其实,巴盐输蜀途程遥远、数量有限,也很难满足蜀人需求。寻求可靠的食盐来源,是蜀人最初在成都平原及其周边地区不断迁徙的原因之一。因此,秦统一巴蜀以后,十分重视食盐的流通与管理,秦惠文王就在成都设置"盐铁市官并长丞",以控制食盐的市场流通。秦惠文王更元九年(前316),秦灭巴蜀,四川地区成为秦国统治区域的一部分,在政治、经济、文化各方面"染秦化",因而在较短的时间获得长足的进步。中原地区先进的凿井、采矿和冶铁技术应在此时传入四川。蜀守李冰就是在诸种条件业已成熟的时刻,出色地利用这些条件,成功地完成了开发井盐的历史任务。李冰任蜀守后,利用巴蜀先民长期食用自然盐泉和含盐岩层积累起来的盐矿地质经验,穿凿了我国历史上第一口盐井——"广都盐井"(在今仁寿、双流境内),为巴蜀开创了凿井、采卤、制盐的历史。广都盐井正好开凿在龙泉山脉的一个浅层储盐构造上,因而获得预期的成功。因此,常璩将广都盐井与都江堰水利工程相提并论,盛赞

---

① 鲁子健:《金鸡独立:巴蜀矿产资源开发与西部大开发》,陈信远主编:《巴蜀文化与西部四川开发》,四川人民出版社2001年版,第274~275页。
② (晋)常璩撰,任乃强校注:《华阳国志校补图注》,上海古籍出版社1987年版,第52~55页;张学君:《南方丝绸之路上的食盐贸易》,《盐业史研究》1995年第4期。

汉建宁元年（168）雕刻的李冰石像、铭文

其不朽功绩，言蜀地"于是盛有养生之饶焉"①。李冰这一业绩，除见于史籍外，20世纪50年代成都、邛崃等地出土的汉代画像砖更加确凿也更为写实地证实了其井盐生产实况。李冰成功开凿广都盐井，揭开了四川盆地井盐生产的序幕。

有关秦蜀守李冰开凿广都盐井的史实，虽然见于历史文献较晚，直到东晋时期的史学家常璩在其所著《华阳国志·蜀志》中才有记载，但史料的可靠性却是学者公认的。它追述了秦蜀守李冰开凿"广都盐井"的史实：李冰"又识齐水脉，穿广都盐井诸陂池"。此段"识齐水脉"之"齐"，在常璩之后，学者中已有误释者。郦道元《水经·江水注》改"齐"为"察"，实为始作俑者。直至今日，"齐"仍被学者视为误字②。然则"齐"字绝非误字，在《华阳国志》同卷定筰县（今盐源县）条下记载可证："县在（越嶲）郡西，渡泸水。……有盐池，积薪，以齐水灌而后焚之，成盐。"

常璩在《华阳国志·蜀志》的不同文段均用"齐水"一词，足见其绝非误写，而是作者习用之词，其依据就在古文献中。《周礼·盐人》云：盐人，"凡齐事，煮盐以待戒令"。郑玄注云："齐事，和五味之事。"可见，"齐"就是调和，溶解之义，与今日溶剂之"剂"同。"齐水"应是盐卤溶液，即今之所谓"卤水"③。

释"齐"字后，"李冰识齐水脉"句豁然明朗，应是李冰认识并探测了

---

① （晋）常璩：《华阳国志》卷三《蜀志》。
② 见刘琳：《华阳国志校注》，巴蜀书社1984年版，第210页正文、第213页注释［五］。
③ 任乃强先生曰："齐水脉"，谓地下盐水所在也。秦汉世，医方家谓药物配方为齐（剂），烧炼家谓铅、汞方药为齐，煮盐者谓卤水为齐，并屡见于方技之书，读音同剂，初不从刀。后世与整齐字异音，乃从医方刀圭之意加刀。音济则无变也。《周礼·食医》："掌和王之六食、六饮、六膳、百羞、百酱、八珍之齐。"则厨羞作料，盐、梅、姜、醋之物亦为齐也。（见《华阳国志校补图注》，上海古籍出版社1994年版，第141页）

四川地下盐卤的分布情况之后，主持开凿了"广都盐井诸陂池"。文中"诸陂池"，应是盐井的修饰语，说明这是一口开凿在山峦起伏的坡地、形制像池的盐井。早期盐井系人工挖掘，大口浅井形如池泽而位于山丘，证明它直接承袭中原古井。李冰对四川盐矿资源的丰富知识，应是他任蜀守期间，虚心领悟先民在长期实践中积累起来的宝贵经验，再加上他勤于探索的结果。但仅仅具有对盐矿地质的一定认识还不足以将盐卤矿藏探索出来。

（二）"广都盐井"揭开了巴蜀井盐生产的序幕

李冰任蜀守应当在张若之后，任职时间较长，大约在秦昭襄王三十年（前277）到秦始皇九年（前238）①。在近四十年的任职期内，李冰创建了举世闻名的都江堰水利工程，并且开凿了广都盐井。李冰任蜀守后，为蜀人食盐自给计，凭着已经具备的盐矿地质知识，"识齐水脉"，开凿了"广都盐井"。秦汉时的"广都盐井"位于广都县的龙泉山脉（成都人谓之"东山"），是一个良好的储盐结构。"广都"在先秦时曾经是蜀人都会，《蜀王本纪》记载："蜀王据有巴、蜀之地，本治广都樊乡，徙居成都。"②广都樊乡在今双流境内，西汉"武帝元朔二年置县"③。据学者考证，县治所在地为今双流中和场，辖今双流、仁寿之北部及简阳西部之一角④。隋仁寿元年（601）"避炀帝讳，改为双流县"⑤。关于广都盐井的盐卤资源，及其与陵井的关系，当代史学家任乃强先生做了精当的阐述：

> 自仁寿县治以北，至籍田铺、秦皇寺、贵平寺一带，地层上部积有盐水。李冰识之，故最先掘井于此。其最旺一井，后世称为"陵井"。自汉迄唐，屡经深凿，至达数十丈。⑥

任先生认为，广都地下浅层盐卤资源丰富，因而李冰最先在此地开凿盐

---

① 罗开玉著：《四川通史》卷二，四川人民出版社2010年版，第18页。
② （宋）乐史：《太平寰宇记》卷七二引《蜀王本纪》。
③ （晋）常璩：《华阳国志》卷三《蜀志》。
④ 刘琳：《华阳国志校注》，巴蜀书社1984年版，第250页。
⑤ （唐）李吉甫：《元和郡县图志》卷三一《剑南道上·成都府》，中华书局1983年排印本，下册，第770页。
⑥ （晋）常璩撰，任乃强校注：《华阳国志校补图注》，上海古籍出版社1987年版，第141页。

井。广都盐井是当地若干盐井的合称,陵井是其中最旺之井,汉以后仍在生产。经过历代加深,陵井井深达到"数十丈"[1]。

在道教盛行时期,人们更将广都最旺盛的盐井附会为"沛国张道陵所开,故以陵为号"。陵井可能在唐代已经废隳,地理学者李吉甫证实,"后废陵井,更开狼毒井,今之煮井也。居人承旧名,犹曰陵井,其实非也"[2]。他所著《元和郡县图志》完成于唐元和九年(814)以前,因此"狼毒井"是他在广都盐井之外所见到的另一所新井,不属于原来开凿的广都诸旧盐井。

汉画像砖盐井汲卤图像说明,这是一口圆形的竖井。从图像比例看,井径大约1米,而井深大约11~12米。这显然是吸取了战国时期出现的圆形井的优点而设计的新井。这样深度的井,已非石器和铜器所能开凿,肯定采用了战国以来出现的锐利铁穿凿工具。井下形制不清,大约采用了陶制井圈以保护井腔,这类井圈为当时盐井采用的可能性极大。四川在新中国成立前后出土不少汉代陶井圈,笔者在四川大学博物馆和四川省博物馆藏品中均见到这种陶井圈。

从井上形制看,为了开采盐井中的卤水,井口设置双层木架,架顶有定滑轮一组(应是中原地区古井辘轳的变通运用),汲卤长绳通过定滑轮,两端各系一吊桶,一上一下出入井中采集卤水。井下盐卤通过这样的程序源源不断地被开采出来,经井口笕窝、笕杆输往灶房盐锅煎煮。

"广都盐井"的成功开凿,是古代劳动人民以自己的聪明才智在实践中发现和探索四川盐矿地质规律、创造开发井盐的物质技术条件取得的辉煌成果,也是人们认识自然、改造自然的伟大尝试。广都盐井开凿成功后,盆地内部与盆周地区有了不同的生产方式:三峡地区利用自然盐泉因地制宜生产食盐,盆地内部采用开凿盐井的办法取得深部地层盐卤资源,实际揭开了蜀中井盐生产的序幕。

秦王朝对巴蜀地区的开发取得了明显成效。李冰在治水的过程中,开凿了

---

[1] 关于陵井的深度,唐李吉甫《元和郡县图志》卷三三《剑南道下》记为"纵广三十丈,深八十余丈"。但唐宋史地著作多记为五十余丈或五百余尺,如《太平广记》卷三三九更引《陵州图经》记载:"陵州盐井周围四丈,深五百四十尺。"太平兴国五年(980)做过陵州刺史的乐史,在其所著《太平寰宇记·剑南东道四》记载:仁寿县陵井监,"是井本深五十四丈"。当以"纵广四丈,深五十四丈"为是。(参见:吴天颖《中国井盐开发史二三事》,载陈然等编:《中国盐业史论丛》,中国社会科学出版社1987年,第36页注)。
[2] (唐)李吉甫:《元和郡县图志》卷三三《剑南道下·陵州》,中华书局1983年排印本,下册,第861~862页。

四川第一口卤井——"广都盐井",为巴蜀人民创造了更为可靠的生存条件。从此,蜀地"水旱从人,不知饥馑,时无荒年,天下谓之天府也"①。

三、秦朝大移民与临邛卓氏、程郑的鼓铸活动

鉴于川西北地区氐、羌势力强盛,蜀地民少势弱。为了改变蜀地的居民结构,使其尽快与中原同化,秦实施了强有力的移民政策,曾多次从中原移民,充实蜀地。秦惠文王更元十一年(前314),秦国开始对蜀地实施大规模移民,"移秦民万家实之"②。那时移民万家,应在10万人左右,对于居民不多的蜀地而言,确是一个不小的数目。秦灭六国(前221)后,为削弱原六国经济实力,秦始皇又先后迁徙六国贵族、豪富入蜀。临邛县本有邛民,"秦始皇徙上郡实之"③,如徙赵国卓氏、齐国程郑入蜀。公元前238年,秦始皇平息嫪毐之乱后,其舍人被"夺爵迁蜀者四千余家"。云梦秦简也记载了将违法者迁往蜀郡边县的案例和律令。项羽夺得关中以后,曾与范增密议,"巴蜀道险,秦之迁人皆居蜀",可见秦代移民蜀地数量之多。

对巴蜀地区的移民政策取得了明显成效后,秦着手开发西南夷。将迁虏卓氏、程郑等安置临邛后,还在南安、武阳等地设置铁官。为将夜郎、靡莫、滇等部族居地纳入王朝版图,曾派常頞"略通五尺道",即整修了早已通西南夷的故道(今云南曲靖),并在这些地区设吏管理,为南路贸易提供了交通之便。据考证,战国至秦王朝,越南红河三角洲和泰国东北部已出现巴蜀输出的铁器④。

公元前4世纪至公元前2世纪,正是秦灭巴蜀和秦派常頞凿"五尺道"通西南夷的时期,"秦"的称呼伴随着运销丝织品、铁器等的商人沿西南古道传入南亚⑤。这种贸易,还有可能辗转运销中南半岛北部。依据是在公元前500年前后(战国至秦),越南红河三角洲和泰国东北部已出现铁器,与这些地区接壤的广西、云南直至西汉仍不产铁、未设铁官。而这一时期,迁虏临邛卓氏"即

---

① (晋)常璩:《华阳国志》卷三《蜀志》。
② 《史记》卷一二九《货殖列传》。
③ 《史记》卷六《秦始皇本纪》。
④ 童恩正:《略谈秦汉时代成都地区的对外贸易》,《成都文物》1984年第2期。
⑤ 《史记》卷一二五《佞幸列传》。

铁山鼓铸,运筹策,倾滇蜀之民,富至僮千人"①;程郑"亦冶铸,贾椎髻之民,富埒卓氏,俱居临邛"②。秦代巴蜀地区产铁似乎不只临邛一处,秦王朝还在南安、武阳等地设置铁官。临邛等地铁器极可能沿南方丝绸之路销往中南半岛。据考证,战国至秦王朝,越南红河三角洲和泰国东北部已出现巴蜀输出的铁器③。

四、汉初"蜀严道铜山"与流布天下的"邓氏钱"

(一)邓通缘何得到"蜀严道铜山"?

中国西南地区是我国历史上重要的铜矿分布地,古代各地皆有铜矿冶铸活动,但开采先后不同。先秦时期,冶铜业主要集中在成都附近地区④。西汉初期,文帝曾将"蜀严道铜山"(今四川省荥经县)恩赐宠臣邓通(蜀郡南安人),任其私铸铜钱,形成"邓氏钱布天下"的局面。

邓通何许人也?汉文帝为何重赏他"蜀严道铜山"?"蜀严道铜山"究竟在哪里?这些问题,历代以来,人言人殊,从无定论。笔者依据可信资料,对此作一梳理。有关邓通其人,太史公记载他是汉文帝的"宠臣",原籍"蜀郡南安人也"。徐广集解云:"后属犍为(在今乐山市)。"汉初沿秦制,南安县(今乐山市)隶属蜀郡。邓通出身微贱,又"无技能","以濯船为黄头郎"。"濯船"即清洗船舶,因为身无长技,头戴黄巾为人清洗船舶,人呼"黄头郎"。邓通的发迹,事出偶然。只因汉文帝夜梦上天受阻,得到一黄头郎的推力,终于遂愿。根据梦中所见,遍寻穿着奇异的黄头郎,终于发现了与梦中人相貌相同的邓通。文帝异常高兴,将他留在身边,朝夕为伴,给他的宠幸越来越浓。

邓通虽然受到意外恩宠,但并不得意忘形,也不好交往。这就更让文帝喜欢,多次恩赏他亿万财富,官至上大夫。文帝经常到他家游戏,他别无长技,又不会推荐人才,只能唯唯诺诺、随侍左右,以此讨得皇帝欢心而已。文帝让擅长相面的人为邓通看相,相士看完判定:"当贫饿死。"文帝回答说:"能富通者在我也,何谓贫乎?"于是,当即赐给邓通"蜀严道铜山,

---

① 《史记》卷一一六《西南夷列传》。
② 《史记》卷一二九《货殖列传》。
③ 童恩正:《略谈秦汉时代成都地区的对外贸易》,《成都文物》1984年第2期。
④ 张学君、张缪斯:《彭县铜矿资源与古蜀青铜文化》,《文史杂志》2009年第3期。

得自铸钱，邓氏钱布天下。其富如此"①。其钱重量、形制、文字均与官钱相同，流通数量大、范围广，时人称"邓氏钱"。邓通还贷款给临邛冶铁业豪商卓王孙，"岁取千匹，故王孙货（赀）累巨万（亿），邓通钱亦尽天下"②。卓氏铁器大量销往西南夷，"倾滇、蜀之民"，与邓通强大的"邓氏钱"做后盾息息相关。文帝在位时，邓通确实是巴蜀地区最大的富商。但在文帝驾崩后，邓通厄运连连，因被视为佞臣，又别无长技，他被免官家居；不久，又被人告发，说他"盗出徼外铸钱"，家资尽数抄没，寄人篱下，最终贫穷至死。

（二）"蜀严道铜山"在何处？

邓通得到文帝恩赏的"蜀严道铜山"，"蜀"应是西汉的"蜀郡"，因此"严道铜山"在西汉蜀郡范围应当是没有疑问的。至于更为具体的地址，《华阳国志》《太平寰宇记》等史地文献就出现了互相歧异的说法：大致有邛崃县、汉源县、广汉县、简阳县、中江县、雅安县、荥经县、洪雅县、乐山县、甘洛县等十个邓通"严道铜山"的记载。其实，这一问题并不难于澄清。秦始皇二十五年（前222），蜀地就有了严道县的建置，县治在今荥经县原六合乡古城村③。但是当时严道县管辖范围很广，包括今天的雅安、名山、洪雅、泸定各市县，所幸大致范围可以圈定。再根据现代地质科学勘测，汉代蜀郡严道县铜矿资源可能分布在峨眉山、荥经、名山等市县④。从目前学者研究的倾向性意见而论，邓通铸钱的"严道铜山"应是荥经县宝峰山。其地据严道古城十公里，群山连绵数十里，铜矿储量大、品位高，古矿硐、矿苗、矿渣比比皆是，这里应是汉文帝赐予邓通"严道铜山"的实际所在地。荥经县古城坪被确定为国家文物保护单位，并设立了"严道古城"博物馆，在其采矿铸冶的宝峰山保留了邓通城遗址以及邓通故事的传说资料。

除"蜀严道铜山"外，西汉中期到东汉，原越嶲郡所辖邛都南山、灵关道等地铜矿得到大量开采，也成为巴蜀地区的重要铜矿基地。汉晋时期，邛都南山（今西昌市东坪以东的螺髻山）是巴蜀地区冶铜和铸造基地，近年考古工作者在布拖县原洛古乡发掘出一个新莽时的铜器窖藏，出土"货泉"

---

① 《史记》卷一二五《佞幸列传》。
② （晋）常璩：《华阳国志》卷三《蜀志》。
③ 蒲孝荣：《四川政区沿革与治地今释》，四川人民出版社1986年版，第3页。
④ 《四川省志·地质志》，四川科学技术出版社1998年版，第216~220页。

铜范模五块、铜锭十余锭，重千余斤，后又在西昌黄联关东坪村发现总面积二十万平方米的冶铜遗址，发现汉代冶炼炉十四座、作坊一个，有铜钱范、铜箭簇、铜镜等出土。此外，秦汉魏晋时期，川西北高原（今阿坝、甘孜）也有了冶铜手工业①。

第二节　临邛、蒲江井盐与天然气开发

一、盐铁官营政策与临邛、蒲江井盐

西汉初期，为恢复被战乱破坏的社会经济，实行轻徭薄赋、与民休息的经济政策；同时，向工商业者开放自然资源，"开关梁，弛山泽之禁"，为经济发展营造了良好的社会环境。巴蜀地区继秦蜀守李冰之后，文、景时期又得到蜀守文翁的良好治理，商品经济发展起来，"家有盐、铜之利，户专山川之财"，相继出现了临邛卓氏、程郑、邓通、罗裒、大豪杨氏等冶铸、井盐以及商贸、金融各业的工商豪富，"水旱从人，不知饥馑"的"天府之国"盛况充分显示出来。

西汉武帝时，为了加强封建专制政权对社会经济的控制力，筹措开发边疆和营造工程所需的庞大经费，解决王朝面临的财政危机，曾多次施行币制改革，都没有取得预期成效。后又实行"算缗""告缗"等法令，以竭泽而渔的方式向富商大贾征收沉重的财产税；再推行均输、平准等国家垄断经营方式，尽可能将商业和商人排挤出流通渠道。汉武帝为了彻底改变商业资本主宰社会经济的局面，根据桑弘羊的建议，决定实施盐铁官营政策，剥夺商人在煮盐、冶铁、铸钱等重要经济领域的经营权，最终摧毁了在社会经济领域处于强势地位的民营工商业，确立了国家直接经营重要工商业的垄断体制。这一系列针对民营工商业的政策实施后，蜀地程氏、卓氏、邓通等冶铁、铸钱大户纷纷倒闭。到成、哀时期，只有以盐业起家的蜀商罗裒"訾至巨万"，究其原因，乃因交通王侯，获得了权贵的特殊保护。

盐铁官营政策主要针对海盐、池盐等规模较大的盐业生产与流通。对于巴蜀地区零星小盐井来说，并未产生多大影响。地方官仅在稍具经营规模的产地

---

① 张善熙：《邓通铸钱地问题探讨》，《四川文物》1995年第3期。

设置了盐铁官，实行了官制、官营。巴蜀地区分别设置盐铁官的地区有：①设盐官六处，巫（今巫山、巫溪县）、朐忍（今云阳、开县、万县等县境）、南安（今乐山市）、临邛（今邛崃市）、临江（今忠县、垫江县境）、南广（今长宁县）；②铁官三处，临邛、武阳（今重庆仁寿区）、南安县。事实上，由于地方官重视国计民生，汉代巴蜀地区出现了大规模开发井盐资源的盛况。汉代巴蜀井盐产地已达到十余处，据《华阳国志》卷一《巴志》、卷三《蜀志》记载，汉代巴蜀地区生产井盐的县有：巫县、临江县（今忠县、垫江县境）、朐忍县、汉发县（今彭水等县境）、南充国县（今南部等县境）、临邛县（今邛崃、蒲江县境）、广都县（今成都市东南）、什邡县（今什邡、广汉县）、郪县（今三台县）、南安县、牛鞞县（今简阳市）、汉安县（今江安县）、江阳县（今泸州、自贡）、南广县（今长宁县）、定筰县（今盐源县）、武阳县、汶山郡（今汶川、茂县）。

　　与此同时，巴蜀盐业生产进入快速发展的时期。汉宣帝地节三年（前67）一年间，蜀郡就"穿临邛、蒲江盐井二十所"①，这是对四川盆地地下盐矿资源的一次大规模的开发。史籍中有关各地盐井和盐业发展的记载不少：广都县"有盐井、鱼田之饶"；郪县"有山、原、田，富国盐井"；牛鞞县"有阳明盐井"；江阳县"有富义盐井"②；朐忍县"有盐井"；"临江县……有盐官，在监、涂二溪，一郡所仰"；汉发县、南充国县"有盐井"③。继广都盐井之后，在原盐井附近开凿了生产规模最大的盐井——陵井④（在今仁寿境）；汶山县"地有咸土，煮以为盐"⑤；"盐池出巴东北新井县，水出地如涌泉，可煮以为盐"⑥；"江水又东经临江县南，自县北入盐井溪，有盐井"⑦。

　　值得注意的是，汉代井盐生产已成为巴蜀地区与农田、渔业、林业同样重要的产业，是殷实之家的标志。左思《蜀都赋》说："家有盐泉之井，户有橘

---

① （晋）常璩：《华阳国志》卷三《蜀志》。
② （晋）常璩：《华阳国志》卷三《蜀志》。
③ （晋）常璩：《华阳国志》卷一《巴志》。
④ （唐）李吉甫：《元和郡县志》卷三三《剑南道下》。
⑤ 《后汉书》卷八六《冉駹传》。
⑥ （晋）左思：《蜀都赋》注。
⑦ （魏）郦道元：《水经》卷三三《江水注》。

柚之园。"在临江县"其豪门亦家有盐井"①。广都县"大豪冯氏有鱼池、盐井"②。

近年来不断出土的汉画像砖，以十分生动的艺术手法展示了汉代成都、临邛地区井盐生产的实况。通过历史文献和汉画像砖井盐生产图像的分析，我们可以看到，临邛、蒲江盐井是在秦蜀守李冰创建广都盐井的基础上开凿的，是巴蜀地区人工开凿的早期盐井。早期盐井的工艺特点是：使用了铁工具，由人工挖掘而成；盐井口径大，井身浅，创制了简单采卤机械，能开采地表浅层卤水；采用了竹笕输卤的方法，由高到低，将卤水从盐井输送到盐灶，竹笕就地取材、成效显著；使用了"牛尾灶"，不仅有蒸发锅，还有预热锅，利用余热节省燃料的效果明显；制盐燃料不是天然气，而是植物性燃料③。

临邛、蒲江盐井开凿的年代不晚于西汉中期，《华阳国志》卷三《蜀志》在明确记载"孝宣帝地节三年，罢汶山郡，置北部都尉"之后，接下来说"时又穿临邛、蒲江盐井二十所，增置盐铁官"④。由此可见，西汉孝宣帝的地节三年（前67），人们在临邛、蒲江两地开凿了二十所盐井，数量不可谓不多，也是前所未有的。这个年代，距离广都盐井开凿的时间172～209年，应有开创意义。很显然，人们开凿临邛、蒲江盐井的确是受到广都盐井成功开凿的启示，在距离广都县数十公里的临邛县开凿了新的盐井。秦汉时期，蒲江属于临邛县（在总冈山脉北侧）。从盐矿地质构造看，广都县和临邛县都属于川西侏罗系、白垩系盐卤，盐卤距地表比较浅，人们只要在开凿水井的基础上稍加改进，就可以取得这种地质构造中的盐卤。

二、人类能源开发史上的奇观——临邛火井

东汉到蜀汉间临邛火井的开发利用，是成都城市经济的重要成就之一。临邛是一个富有天然资源的地区，秦汉时期，冶铁业成为当地重要的开发领域，卓氏、程郑等中原移民都曾在这里发家致富。临邛地下蕴藏着丰富的天然气和盐卤资源，但是，开采地下盐卤、天然气与开发浅层铁矿相比，需要更为复杂

---

① （晋）常璩：《华阳国志》卷一《巴志》。
② （晋）常璩：《华阳国志》卷三《蜀志》。
③ 张学君、张缪斯：《关于临邛、蒲江的盐业历史——汉代蜀郡井盐开发的历史背景与工艺特点》，《盐业史研究》2007年第3期。
④ （晋）常璩撰，刘琳校注：《华阳国志校注》，巴蜀书社1985年版，第218页。

的技术①。因此，从东汉后期到蜀汉时期才出现了临邛火井煮盐的奇观：

> 临邛县……有布濮水，从布濮来合文井江。有火井，夜时光映上昭。民欲其火，先以家火投之。顷许，如雷声，火焰出，通耀数十里，以竹筒盛其光藏之，可拽行终日不灭也。井有二，（一燥一）水。取井火煮之，一斛水得五斗盐；家火煮之，得无几也。②

常璩以生动的文字，记载了人类能源史上这一奇特发现：临邛火井的天然气熊熊燃烧时，照亮了沉沉夜空。人们要点燃火井天然气，先将燃烧的竹木投向火井。顷刻之间，火井发出雷霆般的吼声，火焰喷发而出，周遭数十里可以看到耀眼的光亮；如果用竹筒储藏天然气，点燃后携带数十里不会熄灭。当地一共有两井，一火井，一盐井。当地人们认为，用火井天然气煮盐井的卤水，一斛水得到五斗盐；用柴火煮同样数量的卤水，得盐不多。

这里要澄清一个误解：实际上，燃料只影响成盐的时间，天然气火力强，出盐时间快；柴草火力弱，出盐时间慢。但是，同等浓度、同样数量的盐卤，无论用何种燃料煎煮，得到的盐应是相同的，不会影响出盐多少。

有学者曾以扬雄《蜀都赋》和《蜀王本纪》为依据，断定临邛火井开凿的时间至迟不晚于公元前1世纪中期，早于鸿门火井；又将《华阳国志·蜀志》中"井有二水"释读为"井有咸水"，认为该井为"生产天然气为主兼产卤水的气水共见井"；并列举历代有关临邛火井的记载，肯定"临邛火井是一个自汉迄明史不绝书的著名的天然气井群"③。笔者从文献学的角度，考察了临邛火井的历史记载及其相关资料，对这一过于偏颇的看法提出全面商榷，认为临邛火井创建年代不在西汉宣帝年间（公元前1世纪中期），而在东汉末至蜀汉间（公元2、3世纪），约晚于鸿门火井两个世纪。临邛火井存在的时间不可能延续千余年，根据张华《博物志》的记载，到西晋时已经"不复燃"④。"井有二水"不能释读为"井有咸水"，似应依从顾祖禹考订，校正为"井有二，一

---

① 张学君：《有关临邛火井问题的几点商榷》，《井盐史通讯》1981年总第8期。
② 刘琳：《华阳国志校注》，巴蜀书社1985年版，第244页。
③ 彭久松：《试说临邛火井——我国古代天然气开发史探索之一》，《井盐史通讯》1977年第1期。
④ （晋）张华：《博物志》卷九，中华书局排印本。

咸一燥"为妥。临邛火井的数量不多，可能是两口，后世关于临邛火井的记载大多是转述汉晋时期的火井史料，并非描述现实中存在的火井①。

三、东汉画像砖表达的蜀郡井盐生产实况

邛崃市花牌坊出土的汉代井盐生产画像砖

20世纪50年代开始，在成都、邛崃等地东汉墓葬的考古发掘中，分别出土了盐生产画像砖②。这些画像砖生动再现了汉代蜀郡所辖地区广都盐井、临邛盐井、蒲江盐井的生产实况。

半个世纪以来，国内外学者对历史文献记载的秦汉时期井盐生产史实和上述画像砖反映的井盐生产图像作过有益的探索，也发生过学术上的争议③。根据现有的研究成果，可以将秦汉时期蜀郡井盐业已经达到的生产技术水平作如下的归纳：

（一）早期盐井的形制

广都、临邛和蒲江盐井都是早期人工挖掘井，与公元11世纪中叶出现的"卓筒井"开凿方法完全不同④。《华阳国志》在记载李冰开凿广都盐井时，使用了"识齐水脉"一语，"齐水"即卤水，指李冰在开凿盐井前，对四川浅层盐卤埋藏情况已有一定认识⑤。在这个基础上，"穿广都盐井诸陂池"，开

---

① 张学君：《有关临邛火井问题的几点商榷》，《井盐史通讯》1981年总第8期。
② 邛崃市花牌坊和成都市老西门出土的两方井盐生产画像砖，分别收入闻宥：《四川汉代画像砖》第73、74图，群益出版社1955年版；刘志远等：《四川汉代画像砖艺术》第3、4图，中国古典艺术出版社。1958年成都羊子山出土一方井盐生产画像砖，收入刘志远等：《四川汉代画像砖与汉代社会》，文物出版社1985年版，第47页，第48图。
③ 参见张子高：《古代之部》，载《中国化学史稿》，科学出版社1964年版，第153页；白广美：《中国古代井盐生产技术史的初步探讨》，《清华大学学报》1962年第九卷第6期；谢忠樑：《汉代四川井盐生产劳动画像砖新探》，《井盐史通讯》1976年第1期；傅汉思、张学君：《中国火井历史新证》，《自然科学史研究》第19卷第4期，2000年刊行。
④ 张学君等：《宋代井盐钻凿工艺的重要革新》，《文物》1977年第12期。
⑤ 张学君：《有关临邛火井问题的几点商榷》，《井盐史通讯》1981年总第8期。

凿了早期的盐井。

从殷商到战国，中国古井经历了漫长的演进，随着水井的挖掘、凿井技术逐渐成熟。《说文》释《易经·井卦》"繘井"："繘以锥有所穿也。"徐中舒先生说："释繘为穿，其义实与掘同，繘掘古音同在物部，'繘井'就是掘井。"①秦汉时代，人们已经能够使用坚硬的铁制工具挖掘盐井。《列子》证实：战国时期，中国冶铁技术出现突破，已经达到古代炼钢技术的高水平，"炼钢赤刃，用之切玉，如切泥焉"。秦统一巴蜀以后，冶铁技术随大量移民的到来，也必然传播到巴蜀地区。

李冰任蜀守以后，凭借他通过实践取得的盐矿地质知识，使用坚硬的铁锥、铁锸，直接挖掘不太深的盐井，获得浅层盐卤资源成为现实可能。

（二）人工挖掘的"大口浅井"

早期盐井被学者称为"大口浅井"，口径与深度成正比。因为这样的盐井依靠人工挖掘，需要工匠在井下作业；要取得较深岩层的盐卤，就要挖掘口径较大的盐井，也就需要更大的井下作业面，以容纳更多的工匠。因此，像汉代井盐生产画像砖所展示的盐井，口径小，深度也有限。谢忠樑先生按照汉画像砖图像比例测算的结果是：井径不过1.3～1.4米，井深大约2米②。这个测算明显有误，笔者认为，井口大约为2.6～2.8米，井深至少为8米③。这种盐井作业面小，仅容一名劳动者在井下"猫身"开凿，因而只能取得地表浅层的盐卤。与此相反，广都盐井中的陵井，经过历代开凿加深，达到"纵广三十丈，深八十丈"的规模，唐代地理学者李吉甫认为："益州盐井甚多，此井最大。"④陵井深度达到80丈（大约260米）时，口径也相应扩大到30丈（大约

---

① 徐中舒：《古井杂谈》，原载《井盐史通讯》，1977年第1期；并见徐中舒：《历史论文选辑》下册，中华书局1998年版，第1248页。
② 谢忠樑：《汉代四川井盐生产劳动画像砖新探》，《井盐史通讯》1976年第1期。
③ 谢忠樑先生测算井径的依据是：井口能容两个口径40厘米的吊桶"同时摆动出入"，得出井径不过1.3米～1.4米的结论。如果吊桶口径这样小，就无须两个壮劳力合力提升。笔者认为：两个"同时摆动出入"的吊桶大约60厘米，井径至少要达到2米。其测算井深的依据是：井深应为绳长的1/4，约比一个劳动者身高略长一点。笔者认为，这种测算也缺乏科学依据。如果只是2米深的盐井，也没有必要设置双层采卤井架。笔者从图像和有关文献判断，其测算结果，井深至少应当4倍计，实际井深应在8米以上。
④ （唐）李吉甫：《元和郡县图志》卷三三《剑南道下·陵州》，中华书局1983年排印本，第861～862页。

100米），需要数十、百人手执锸、锄在井腔作业，还要将大量土石运送出井，可见早期凿井的浩繁、艰难。

这种状况是凿井工程固有的局限性造成的。"大口浅井"井腔大都在地表疏松岩层，施工面大；越往深掘进，需要劳动力越多，越难有效保护井壁。因此，早期盐井受到固井技术的限制，无法达到理想的深度。汉画像砖展示的井口是圆形的，口径又不大，可以用砖石加固井壁，但不可能开凿深井，也就只能开采浅层淡卤。陵井的深度达到260米，井口直径必然达到100米，这自然给固井技术带来了实际困难，因此不时发生坍塌事故，需要经常修复，给正常生产带来许多不利因素。

（三）早期盐井的机械装置

早期盐井出现了简单机械，用于提取井下卤水。井上机械包括：双层四柱井架、辘轳（定滑轮）、牵引篾索，以及井架上层右侧笕窝（储卤器）、竹笕（笕窝与煎盐锅灶之间的输卤管道）。图像展示，采卤机械的运作过程是：采卤用的篾索通过井架顶端横向安装的辘轳，篾索两端各系一吊桶。从图像比例看，井口到架顶辘轳与井口到井下卤液的距离大致相等。当一吊桶降至井下卤液中采卤时，另一吊桶则升至井架上层将卤水倾入笕窝。牵引力来自分站井架上下的两组劳动者，上下层同在一侧的两人为一组，同握一条篾索。两组劳动者用力方向相反。当右侧一组协力向上提升井下盛满卤水的吊桶时，左侧一组则协力向下，克服反方向吊桶重量的阻力，将空桶送往井下。两组劳动者循环往复、密切配合、同心协力，提高了生产效率[①]。

与汉画像砖描述的小盐井采卤机械不同，前述东汉时期开凿的"纵广三十丈，深八十丈"的陵井，采卤机械则达到很大的规模。有关陵井盐井使用机械的情况，在汉画像砖中没有得到反映，但在文献中却有踪迹可寻。《续汉书·郡国志》记载："昔张道陵于此处得盐井，因坡排车，引役人唱排车乐，协心齐力。"以唱"排车乐"闻名的陵井，因为井大而深，显然使用了形制特别的超级辘轳，必须众多的人夫，同心协力，喊着推水号子，才能推负如此沉重的机械。陵井的位置，依据文献记载，也可以确定。北宋乐史《太平寰宇记》记载："唱车庙在贵平县南九里。汉朱辰为巴郡守，有恩于巴，吏人送辰

---

① 张学君：《古代四川井盐生产中的物理学成就》，《盐业史研究》1986年第1辑。

到蜀，回至此，为辰立庙。以其山近盐井，闻推车唱歌之声，因名。"①北宋贵平县在今仁寿北18公里的文公场②。

（四）早期盐井的输卤笕管

早期盐井使用了竹笕输送卤水，解决了井盐生产中的一个关键问题。在井盐生产中，产卤的盐井与煎制食盐的锅灶间，一般都有一定的距离。因此，输送卤水成为二者之间必要环节。汉画像砖清晰地展示了管道输卤的图像：管道从井架上层的笕窝开始，由高而低，一直达到右侧牛尾灶上的盐锅。管道是用什么材料做成的？在工业社会到来之前，人们对生产技术的创新，往往采取最简便的方式：就地取材。竹是长江上游取之不尽、用之不竭的天然笕管，"岷山多梓、柏、大竹，颓随水流，坐致材木，功省用饶"③。这种大竹用于"食涧水"的历史十分久远，早期蜀人生活在岷江上游，普遍利用竹笕引水入家，径至厨下，使用竹笕是他们的遗制④。广都、临邛、蒲江盐井使用竹笕输送卤水是十分自然的，既经济又实用；竹笕从高到低，当中没有弯曲，也不需要复杂的测量技术和制作条件，是比较容易做到的。

（五）早期盐井的制盐燃料

早期盐井使用植物类燃料煎制食盐，尚未使用天然气做制盐燃料。有关汉画像砖井盐生产图像是否反映了天然气制盐的问题，20世纪50年代以来，就有不同看法。一些学者对火井文献和汉画像砖井盐生产图像的细心解读，已经否定了西汉时期临邛盐井使用了天然气制盐一说⑤。从汉画像砖井盐生产图像看，其中一幅图像使用植物类燃料煎制食盐的景况比较明显。因为要不断向灶内投入木柴、干草，所以灶门很大，灶前有人添柴拨火并执长方形扇子煽风助火，灶门并排置入火塘的并非天然气管道，而是一束柴薪⑥。从另外两幅图像可以清楚地看到，在山峦起伏、林木丛生的背景中，有打柴的樵夫和背负木柴归来的劳动者。

---

① （明）曹学佺著，刘知渐点校：《蜀中名胜记》，重庆出版社1984年版，第124页；南宋王象之《舆地纪胜》卷一四五有类似记载。
② 《中华人民共和国地名词典·四川省》，商务印书馆1993年版，第348页。
③ （晋）常璩撰，刘琳校注：《华阳国志校注》，巴蜀书社1984年版，第202页。
④ 徐中舒：《论巴蜀文化》，四川人民出版社1981年版，第68~70页。
⑤ 傅汉思、张学君：《中国火井历史新证》，《自然科学史研究》2000年第4期。
⑥ 谢忠樑：《汉代四川井盐生产劳动画像砖新探》，《井盐史通讯》1976年第1期。

早期盐井在煎盐技术方面已有相当的进步，使用了"牛尾灶"形制。从汉画像砖图像可以看到，盐灶呈一字牛尾式，前有风口柴门，后面图像不清，似有烟囱存在。五个火眼依灶形作单行排列，上置五口盐锅，整个灶身前低后高，有利于燃烧和传热。这样的灶形，可以使火力由前到后，对数口盐锅依次加热，火力递减，余热尽可能得到利用。居前之锅得到强火力，温度高，应是蒸发锅；居后之锅火力渐减，温度渐低，应是预热锅。早期盐井所采浅层卤水浓度很低，一般含盐量仅5%左右，加之植物类燃料燃烧值低，若不事先利用余热浓缩处理，直接煎烧，费工费料[1]。这是从生产实践中获得的创造性智慧。

近年来不断出土的汉画像砖，以十分生动的艺术手法展示了汉代成都、临邛地区井盐生产的实况。通过对历史文献和汉画像砖井盐生产图像的分析，我们可以看到，临邛、蒲江盐井是在秦蜀守李冰创建广都盐井的基础上开凿的，是巴蜀地区人工开凿的早期盐井。早期盐井的工艺特点是：使用了铁工具，由人工挖掘而成；盐井口径大，井身浅，创制了简单采卤机械，能开采地表浅层卤水；采用了竹笕输卤的方法，由高到低，将卤水从盐井输送到盐灶，竹笕就地取材、成效显著；使用了"牛尾灶"，不仅有蒸发锅，还有预热锅，利用余热、节省燃料的效果明显；制盐燃料不是天然气，而是植物性燃料[2]。因为这些燃料价格低廉、取用方便，降低了制盐成本。

四、从《华阳国志》看巴蜀盐井的家庭作坊式经营

在东晋史家常璩撰著的《华阳国志》中，对巴蜀、南中地区的盐井开凿和盐业发展状况记述极为翔实。在卷一《巴志》、卷三《蜀志》郡县下描述各地经济状况时，每多盐井记述，这些记述往往置于当地农副产业"水田""鱼池""山原""橘柚"之中，足见汉晋时期井盐生产已经形成有经济价值的产业。此节以《华阳国志》的提示为线索，结合其他文献对汉晋时期巴蜀地区的井盐业的经营状况作一简析。

（一）汉晋巴蜀井盐业的发展

秦蜀守李冰开凿"广都盐井"，揭开了巴蜀地区井盐生产的序幕。西汉

---

[1] 张学君：《古代四川井盐生产中的化学成就》，《大自然探索》1982年第一辑。
[2] 张学君、张缪斯：《关于临邛、蒲江的盐业历史——汉代蜀郡井盐开发的历史背景与工艺特点》，《盐业史研究》2007年第3期。

中叶，巴蜀井盐产地已达到十余郡、县，成都、广都、临邛、蒲江都是重要的井盐产地，井盐生产进入快速发展阶段，西汉宣帝地节三年（前67）一年间，就"穿临邛、蒲江盐井二十所"①。成都、邛崃地区出土的东汉井盐生产画像砖，为我们展示了生动、写实的井盐生产画面。这是对四川盆地地下盐矿资源的一次大规模的开发，产地遍及蜀中主要郡县，为后来临邛火井的开发奠定了物资技术基础。到汉晋时期，见于历史文献记载的巴蜀井盐产地有：临江县、朐忍县、汉发县、新乐县、南充国县、临邛县、广都县、什邡县、鄨县、南安县、牛鞞县、汉安县、江阳县、定筰县②。其中，成都、广都、临邛、蒲江是重要产地。有的盐井生产稳定，延续年代久远，成为著名盐井记入文献，牛鞞县"有阳明盐井"，江阳县"有富世盐井"③。

历史文献将各地盐井、盐业与地方经济生活的密切关系也揭示出来：朐忍县（今云阳县）"有盐井"；"临江县（今忠县）……有盐官，在监、塗二溪，一郡所仰"；汉发县（今彭水县）"有盐井"；南充国县（今南部县）"和帝时置县，有盐井"④；继广都盐井之后，蜀郡在原盐井附近（今成都双流区境）开凿了生产规模最大的盐井——陵井⑤；汶山县"地有咸土，煮以为盐，麋羊牛马食之皆肥"⑥；巴东一带自古产盐，"盐池出巴东北新井县，水出地如涌泉，可煮以为盐"⑦；"江水又东经临江县南，自县北入盐井溪，有盐井"⑧。蜀郡、犍为等地区的盐井，因为开凿时间长，产量丰富，运销远近，成为著名盐井，成为地方经济的组成部分。例如成都的"广都盐井"、武阳县的"陵井"、江阳县的"富世盐井"、鄨县的"富国盐井"、牛鞞县的"阳明盐井"、定筰县的黑白盐井，等等。

（二）与"盐铁官营"并存的巴蜀盐井家庭作坊式经营

值得注意的是，汉代井盐生产已成为巴蜀地区与农田、渔业、林业同样重要的产业。常璩描述巴蜀地区的富饶情况时说"家有盐铜之利，户专山川之

---

① （晋）常璩：《华阳国志》卷三《蜀志》。
② 据（晋）常璩《华阳国志》卷一《巴志》、卷三《蜀志》统计。
③ （晋）常璩：《华阳国志》卷三《蜀志》。
④ （晋）常璩：《华阳国志》卷一《巴志》。
⑤ （唐）李吉甫：《元和郡县图志》卷三三《剑南道下》。
⑥ 《后汉书》卷八六《冉駹传》。
⑦ （晋）左思：《蜀都赋》李善注。
⑧ （魏）郦道元：《水经注》卷三三《江水注》。

材"①，左思《蜀都赋》也说"家有盐铜之利，户专橘柚之园"，可见井盐业在当时已成不少地方农村经济的一个重要组成部分，家庭就可以独立经营。情况的确如此。例如，广都县"凡有小井数十所及鱼田之饶"；汉安县"有盐井、鱼池以百数，家家有焉，一郡丰沃"②。

文献所说的"小井"，绝非北宋庆历、皇祐年间开创的、使用冲击式顿挫法钻凿的"卓筒井"，而是由劳动者用锸、锄等铁器挖掘的坑洼式的大口浅井。因其井浅而小、卤淡盐少，故曰"小井"。正因为这样的盐井耗费人工少，生产少量盐卤，销量有限，只能称之为"小井"。"小井"的生产状况与汉画像砖描述的情景差不多，家庭成员可以充当井上提卤、灶前熬盐的主要劳动力，或许雇用少量帮工打柴、烧火，就足以完成整个工作。但作为家庭手工业，其经济价值不低于农副业产值，足以维持小康生活。富裕的农户，对盐井的经营便不同于一般农户，劳动者以雇工为主；至于"擅盐井之利"的蜀商罗裹，经营盐井只能"役利细民"③。因此在史家笔下，汉代巴蜀盐井是农村经济富裕的象征：广都县"有盐井、鱼田之饶"，郪县"有山原、田，富国盐井"。史家强调一些郡县"家有盐泉之利"，可见盐井对于巴蜀农家的重要性。盐井更是殷实之家的标志。豪门亦因拥有盐井而富甲乡里，广都县"大豪冯氏有鱼池、盐井"④，临江县"其豪门亦家有盐井"⑤。

西汉中叶，"盐铁官营"政策实施后，规模较大的盐井，均由官府经营。由于官井劳作艰苦，待遇极差，稍有生计者，都不愿承担这样的工作，只能收罗贫弱无告者或亡命之徒充当役夫，实行强制性管理。西汉晁错说：盐铁业"所诱皆无赖子弟、亡命铸钱奸人"⑥。巴蜀官营盐井中，陵井生产规模最大，东汉杨震在牛鞞县听到盐井监工"引役人唱排乐，愿心齐力"⑦。直到唐代，仍然维持这种奴役性的生产方式。史家记载陵井采卤实况说："一大牛皮囊盛水引出之，役作甚苦，以刑徒充役。"⑧蜀汉时期，刘备设"盐府"，置

---

① （晋）常璩：《华阳国志》卷三《蜀志》。
② （晋）常璩：《华阳国志》卷三《蜀志》。
③ 并见《史记》卷三〇《平准书》、《汉书》卷二四《食货志》。
④ （晋）常璩：《华阳国志》卷三《蜀志》。
⑤ （晋）常璩：《华阳国志》卷一《巴志》。
⑥ 《史记》卷一〇六《吴王濞列传》。
⑦ （晋）司马彪：《续汉书·郡国志》。
⑧ （唐）李吉甫：《元和郡县志》卷三四《剑南东道·陵州》。

"司盐校尉""典曹都尉"管理盐铁生产,还曾将夷人独占的盐井收归官营,"置长吏"管理。魏将邓艾灭蜀后,希望用四万官兵"煮盐兴冶"[①],由此可见,当时蜀汉井盐业之发展。

(三)盐业流通市场与管理体制的形成

随着井盐生产的发展,食盐流通市场也兴盛起来。井盐产量的增加,为食盐经营者提供了广阔的市场空间。对于产盐最多的江阳县"富世盐井"而言,食盐成为活跃地方经济的推动力,"商旅辐辏,百姓得其富饶,故名"[②]。驰骋于食盐流通市场的大商人也开始出现,而且相当活跃。尽管"盐铁官营"政策规定了严峻的惩治措施,财大气粗的商人仍然可以通过贿赂权势者赢得食盐产销领域的经营权。活跃于西汉成、哀时期的蜀商罗裒,就是经营井盐致富的西汉巨商,"赀至巨万"。罗裒原本成都商人,最初他在长安经商,资本并不十分雄厚,"随身数十、百万"。后与平陵富豪石氏结交,得到大量资助,"令往来巴蜀"贸易,"数年间,致千余万"。罗裒以重金贿赂曲阳定陵侯,"依其权力,赊贷郡国,人莫敢负。擅盐井之利,期年所得自倍,遂殖其货"[③]。很显然,西汉时期富商大贾对盐铁领域的投资经营活动,虽然对整个社会经济的作用利弊参半,但在客观上,对蜀郡井盐业的发展起了促进作用,流通市场的拓展直接促进盐业生产,使井盐业在汉代得到初步发展的机会。

除了成都、临邛两个秦代就出现的食盐市场外,不少新的食盐市场伴随着新开盐井而涌现出来。为了将关系国计民生的食盐生产和运销纳入封建国家的行政管理范围,也为着便于征收盐税,巴蜀地区在汉代增设了盐官。汉代巴蜀地区设置盐官的郡县有:巫(南郡)、朐忍(巴郡)、南安(犍为郡)、临邛(蜀郡)[④]。此外,临江县盐官设在监、涂二溪[⑤],南广县(朱提郡)设有盐官[⑥]。可见巴蜀井盐业与农业一样,已成为国家的新兴的课税产业。

---

① 《三国志》卷二八《邓艾传》。
② (宋)王象之:《舆地纪胜》,《富顺监古迹》注。
③ 《汉书》卷九一《货殖列传》。
④ 《汉书》卷二八下《地理志》注。
⑤ (晋)常璩:《华阳国志》卷一《巴志》。
⑥ (晋)常璩:《华阳国志》卷四《南中志》。

第三节 巴蜀地区的重要手工业

一、巧夺天工的蜀锦织造

巴蜀地区是中国蚕丝生产的发祥地之一。经过长时期的技艺积累，丝织业在秦汉魏晋时期已是巴蜀地区的重要产业，栽桑养蚕成为农家副业。成都、德阳出土了汉代采桑画像砖和石刻浮雕织造机，均证实丝织业生产的重要地位。巴蜀的丝织业也达到了当时全国的先进水平，从整体规模上看仅次于齐鲁，位居第二。

汉代蜀锦生产已处于兴盛期，其生产集中在成都。蜀锦是成都丝织产品中的精品，在汉代就名闻天下。蜀锦生产已形成一定的规模，政府设置锦官管理。蜀锦织造水平很高，品种繁多，色调鲜艳美丽。左思《蜀都赋》对成都蜀锦生产状况作了生动描述："阛阓之里，伎巧之家；百家离房，机杼相和；贝锦斐成，濯色江波。"这说明，以织造蜀锦为业的大量作坊，密布在成都锦江沿岸，锦江成为洗濯锦缎成品的专门场所。他们不停地织造和洗涤，使锦缎色调鲜艳、美观。

左思所说的"濯色江波"，就是指在锦江之中濯锦。当时的成都城下有郫江（城北）与检江（城南）这两条江水，乃是李冰治水时开凿，水源来自都江堰。据《文选·蜀郡赋》李善注引谯周《益州志》说："成都织锦即成，濯于江水，其文分明，胜于初成，他水濯之不如江水也。"锦江之名，源出于此。正由于江水的这种作用，二江之一的检江遂被称为"锦江"，这一名称，一直呼到今天仍无变化。又由于成都产锦，由于有了锦江之名，故而锦江两岸地区又被称为"锦里"[①]。蜀汉时在成都设立了织锦的管理机构锦官，在其附近兴建了官方织锦工场"锦官城"，以至日后将整个成都称为"锦城"，这一别称，仍然使用到今天。晋代之后，锦官这一管理机构未再设置，但锦官城长期未毁。历史文献记载："锦城在益州南笮桥东流江南岸，蜀时故锦官也。其处号锦里，城墉犹在。"[②]据近年的研究，锦官城的故址就在今成都百花潭公园一带。

---

① （晋）常璩：《华阳国志》卷三《蜀志》。
② （唐）徐坚：《初学记》卷二七引任豫《益州记》。

西汉时期，蜀锦已经远销四方，司马迁将"文彩千匹"与"千乘之家"的财产相提并论。当时这种"文彩"（即蜀锦）只产于成都，扬雄《蜀都赋》描绘蜀锦的美艳说："尔乃其人，自造奇锦。紌繏緀须，鳌缘卢中，发文扬采，转代无穷。"蜀锦织工以巧夺天工的神来之笔制作出绚丽多彩的锦缎，具有不朽的艺术价值。蜀锦作为成都重要手工业，为封建国家提供大量岁入。有司管理蜀锦生产和交易。

蜀汉魏晋时期，由于中原战乱，蚕桑丝织都受到影响，故而巴蜀丝织业领先全国。东汉建安十九年（214），刘备占据成都，一次就赏赐诸葛亮、关羽、张飞、法正等人各"锦缎万匹"①，可见蜀锦产量之高。时人就蜀锦销售魏、吴两国的状况说：江东"历代尚未有锦，而成都独称妙。故三国时魏则市于蜀，吴亦资西蜀"②。《太平御览》卷八一五引述魏文帝评论说"前后所见蜀锦殊不相似"，认为洛邑所织"皆下恶"之品。有人更认为此时的织锦业"专为蜀有"③。诸葛亮治蜀的一个重要措施就是大力发展蜀锦生产，用作外贸的主要物资，认为"今民贫国虚，决敌之资，惟仰锦耳"④。直到蜀汉亡国时，宫廷府库之中仍有"锦、绮、彩绢各二十万匹"⑤。可见，巴蜀蚕丝和丝织业已是维系蜀汉安危的重要产业。

从人类御寒蔽体的需求而言，粗制皮毛、麻布是价廉物美的普通消费品，蚕丝和丝织品则是高级消费品。但随着人口增长，丝织品的市场需求也越来越大，扩大生产规模，促使种桑的普遍化、园田化，是必然趋势。生活于西汉昭、宣之世的资中人王褒在《僮约》中就提到，在园中春分种桑，"三丈一树，八尺为行，果类相从，纵横相当"⑥。《华阳国志·巴志》记载其特产，居于首位的就是"桑蚕"。在谈到巴郡将分为二郡时的二郡特产，第一位仍然是桑。左思《蜀都赋》记成都城内外是"桑梓接连"。连诸葛亮在自述其家中产业时，也说是"有桑八百株"⑦。正因为有如此多的桑园，才会使巴蜀有

---

① 《三国志》卷三六《蜀书六·张飞传》；并见常璩：《华阳国志》卷六《刘先主志》。
② （唐）徐坚：《初学记》卷二七引山谦之《丹阳记》。
③ 朱启钤：《丝绣笔记》卷上。
④ （宋）李昉等编：《太平御览》卷八一五；《诸葛亮集》卷二《教》。
⑤ 《三国志》卷三三《蜀书三·后主传》注引王隐《蜀记》。
⑥ 《古文苑》卷一七。
⑦ 《三国志》卷三五《蜀书五·诸葛亮传》。

"女工之业，覆衣天下"[①]的赞誉。而汉代的蜀地画像砖中的桑园图，则正是当时的农村植桑业的形象描绘。

汉代巴蜀丝织业技术之精、产量之大的最佳例证是闻名中外的蜀锦。汉代的精美蜀锦是如何织出来的呢？近年在成都西部土桥曾家包汉墓出土的一方画像石上，刻有一幅很清楚的斜织机，这种斜织机采用的脚踏板（蹑）提综开口技术，是当时全世界最先进的织机技术。锦是以彩色丝线用平纹或斜纹的多重或多层复杂工艺织成各种花纹的精美丝织品，是所有丝织品中织造技术最高、最华丽、最名贵的品种。故而《释名·释彩帛》解释说："锦，金也。作之用功重，其价如金，故惟尊者得服之。"这也可能就是所有丝织品中唯有锦字以金作偏旁的原因。

关于锦的记载，早见于《诗经》《左传》等先秦典籍，考古发现的实物最早见于辽宁朝阳的西周早期墓葬。值得注意的是，我国织锦技术的代表是蜀锦，也早已得到了学术界公认。扬雄《蜀都赋》称"尔乃其人，自造奇锦。……发文扬采，转代无穷"。据《西京杂记》言：汉成帝曾"诏益州留三年输为（赵）婕妤作七成锦帐，以沉香水饰之"[②]。这段时期的蜀锦，今天尚有若干实物可以见到。如在新疆吐鲁番阿斯塔那—哈拉和卓古墓群出土了一大批丝织品，据武敏的研究，其中有若干件可以确定为南北朝时期的蜀锦，现藏新疆博物馆，有实物可证。在湖南长沙、湖北江陵的战国墓中都出土了战国时期织锦实物，考古学家认为实为蜀中所产[③]。至于汉代通过张骞通西域等对外交流活动从丝绸之路向全世界输出的大量汉锦，其主要产地乃是蜀中，则是毫无疑义的。

吐鲁番出土的汉魏时期的蜀锦"胡王锦"

二、远播异域的蜀布、邛杖工艺

"蜀布"为何种纺织品，亦有争议。任乃强先生认为，蜀中所产苎麻布，亦称

---

① 《后汉书》卷一三《公孙述传》。
② 据《古今图书集成·食货典》卷三一八引，但《西京杂记》传世各种版本均无此条。
③ 武敏：《吐鲁番出土蜀锦的研究》，《文物》1984年第6期。

夏布，耐湿强韧，为印、缅等热带居民所喜，行销很早①。或说是哀牢附近僚濮所产木棉织品，因由蜀商贩运而得名；抑或说是一种高级丝织品②。说"蜀布"是哀牢所产，由蜀商贩运，此说牵强附会；言其是高级丝织品亦难有说服力，因为丝绸与布的区别，古人十分明了，不容混淆。因此，笔者倾向于任老之说，"蜀布"是一种麻质纤维布。麻类是巴蜀地区的特产，麻织品是蜀人蔽体御寒的最早选择。

"蜀布"在汉代已行销四方，所谓"女工之业，覆衣天下"③。扬雄《蜀都赋》说："其布则细都弱折，绵茧成衽。阿丽纤靡，避晏与阴。蜘蛛作丝，不可见风。筒中黄润，一端数金。"

蜀布产于何处，应该是没有争议的问题。《华阳国志·蜀志》明确记载了江原县（今崇州市）所辖"安汉上下朱邑出好麻、黄润细布"，这种布用"羌筒"（羌人居地所产竹筒）盛装，每筒可装入一匹。"黄"表明布的颜色，色泽带黄；"润"是布润泽光滑，给人美好的感觉；"细"则是指布做工精致、质地细密。可见蜀布是一种轻薄细软、凉爽宜人的高级麻织品，达到了很高的工艺水平。

不能认为，身毒（古印度）自古纺织业发达，亚麻布是重要产品，就否定了这个热带国家对织造精美、凉爽宜人的蜀布的需求。Haraprasad Ray的研究表明：早在公元前4世纪，中国布（Cina patta）已在身毒孔雀王朝第一代国王的大臣考底利耶所著《国事论》中得到明确记载。在迦梨陀娑（Kalidasa）生活的那个时代以前，中国纺织品的名字已经频繁出现。这说明，中国蜀布在早期印度贵族中已成为流行服饰。Haraprasad Ray教授认为，这种布很可能是用亚麻或黄麻制成，因为整个东印度，Patta的现在形式Pat意指黄麻，从质地和外观看，它类似丝，因此阿萨姆人，泛称其为丝④。由此看来，只有织造轻薄细软的蜀布才能让阿萨姆人混同为丝。既然蜀布在公元前4世纪就已出现在身毒市场上，又广泛为上层社会使用，那么，公元前2世纪（西汉元狩年间），汉使张骞在大夏

---

① （晋）常璩撰，任乃强校注：《华阳国志校补图注》卷四《蜀布、邛竹杖入大夏考》，上海古籍出版社1987年版，第323页。
② 转引自蓝勇：《南方丝绸之路》，重庆大学出版社1992年版，第7页。
③ 《后汉书》卷一三《公孙述传》。
④ 江玉祥译，曾媛媛校：《从中国至印度的南方丝绸之路》，《西南丝绸之路研究》第二辑，四川大学出版社1995年版，第263页。

（今阿富汗北部）目睹由身毒转销当地的蜀布就不足为奇了。常璩如数家珍般地记载了故乡的特产：

江原县，郡西，渡大江，滨文锦江，去郡一百二十里。有青城山，称江祠。安汉上下、朱邑出好麻、黄润细布，有羌筒盛。①

"江原县"在"郡西"（成都以西）"一百二十里"（约合今100里左右），位置正在今崇州市区。"大江"指今岷江正流金马河，"文锦江"即今崇州市西河，青城山在汉晋时期属于江原县。境内安汉上下、朱邑等地出产好麻和"黄润细布"，"黄"表明布的颜色带黄，"润"说明布的质感润泽光滑，"细"说明做工精致、纹理细密。这种价值昂贵的"黄润细布"用"羌筒"（羌人居地所产竹筒）盛装，每筒可装入一匹。蜀郡名产"黄润细布"，产自江原县。

对邛竹杖是否是蜀地远销中亚的特产，任乃强先生之后一反成说，作出了否定的推测，其主要理由是：认定邛竹杖为"省藤所作杖也"，"其产于热带南洋群岛和中南半岛，远自周秦时代，即以杖材输销我国，西南地区居民几乎人人有之。又自邛国输入蜀巴，远达中原。古人以其似竹，而自邛来，称为'邛竹杖'"②。任先生虽然提出上述异说，却没有找出"省藤"即"邛竹杖"的直接证据，也没有列举出周秦时代"省藤"大量输入西南夷、蜀、巴甚至于中原地区的任何证据。因此，还不能以此否定司马迁《史记》两次记载"邛竹杖"为蜀地经身毒远销中亚的商品这一

成都出土的汉代画像石上的织布机（左）和织锦机（右）

---

① （晋）常璩：《华阳国志》卷三《蜀志》。
② 参看（晋）常璩撰，任乃强校注：《华阳国志校补图注》，上海古籍出版社1987年版，第326~327页。

确切史实①。

三、精美绝伦的漆器、金银器

古蜀漆器源远流长,在三星堆遗址曾发现有雕花漆木器,以木为胎,外施土漆,木胎上镂孔,器表雕花纹,表明当时已熟练地掌握了割漆、生漆加工、制胎、上漆工艺技术②。巴蜀地区漆器的产地主要为成都、郫县及雒县(故城在今广汉县城北)③。汉墓考古发掘也表明,雒县和广汉郡(西汉治所在今金堂东,东汉移治雒县)漆器与成都和蜀郡(治所成都)漆器一道,两汉时期曾独步天下。1957年贵州清镇第15号汉墓曾出土带有"广汉郡"铭文的漆器,从土漆耳杯上的铭文可以看出漆耳杯的制造工艺过程,造型、制胎、打磨、髹漆、镏金、绘图、清理等七道工序,每道工序都各有工匠把关,而且还有专官监制。可见,广汉漆器制作工艺已相当精湛,生产规模已相当大。

三星堆漆器的涂料土漆源自什邡,两汉时称"什方",又称"汁方""汁邡"。任乃强先生认为,两汉时的"汁方",乃是一个民族部落的音译;它的位置在今天的什邡县。对于"汁方"之"汁"义,任先生考证说是原始的"漆"字,"汁方"与古蜀族同时在龙门山脉地区发展起来,不过蜀族开辟成都平原,得地利能早强大,而"汁方"开垦绵雒平原收功很晚,直到李冰后才成为"沃壤"。所以,直至秦灭蜀以前,"汁方"都是从属于蜀国的部落。在整个商周时期,"汁方"以割漆与髹漆为主要文化特征,与蜀族之以蚕丝行商而被称为'蜀方'同一道理④。

开明王朝移向郫县、成都,遂使这两处的髹漆业兴隆起来,进入战国以后,形成成都—郫县—雒县(广汉)三个髹漆业中心和古蜀漆文化区。那时署名"蜀郡工官"(西汉时成都、郫县皆属蜀郡)和"广汉郡工官"的漆器不仅

---

① 《史记》卷一二三《大宛列传》张守节《正义》说:"邛都(今西昌)邛山出此竹,因名邛竹。高节实中,或寄生,可为杖。"《史记》卷一一六《西南夷列传》裴骃《集解》:"韦昭曰:'邛县之竹,属蜀。'瓒曰:'邛,山名。此竹节高实中,可作杖。'"可见邛竹是一种"高节实中"的植物。
② 巴家云:《试论成都平原早蜀文化的社会经济》,《四川文物》1992年《三星堆古蜀文化研究专辑》。
③ 童恩正:《略谈秦汉时代成都地区的对外贸易》,《巴蜀考古论文集》,文物出版社1987年版,第154页。
④ 任乃强:《四川上古史新探》,四川人民出版社1986年版,第173~174页。

绵阳出土的汉代漆马

蜚声国内，而且远播异域，如朝鲜乐浪郡出土的漆器①。

两汉魏晋时期，蜀地漆器和金银器生产相当发达。蜀郡和广汉郡是漆器的重要产地，历来闻名四方，"人多工巧，绫锦雕镂之妙，殆侔于上国"②。成都漆器生产已有专门作坊，作坊内部有严密的组织和劳动分工。湖南马王堆汉墓出土的漆器有"成市草""成市饱"铭文。贵州清镇15号出土的漆耳杯铭文说："元始三年，广汉郡工官造舆髹羽画耳桮（杯）。……素工昌，休工立，上工阶，铜耳黄涂工常、画工方、羽工平、清工匠、造工忠造。"这一耳杯的制造过程，经历了造型、打磨、髹漆、铜饰、绘图等若干道工序，因而漆器工艺水平甚高，兼有器皿和美术品的双重价值。

蜀地金银器等生产也集中在蜀郡和广汉郡，西汉元帝时，"蜀、广汉主金银器，岁各用五百万。三工官官费五千万，东西织室亦然。厩马食粟将万匹"③。可见两郡金银器和织造等生产规模之大。蜀郡金银器分为三种：一是金银错，二是鎏金，三是釦器。其制作过程相当精细，"雕镂釦器，百伎千工"。釦器种类繁多，"百位千品"。技艺高超的金银工匠，还在他们的作品上留下姓名。1972年河北邯郸出土的东汉鎏铜酒尊，承盘铭文为"蜀中西工造乘舆鎏铜酒尊。……金银涂文工循"。蜀郡金银器制作精美，往往以金耳、金丝镶嵌银杯，与漆器、玉器一样，成为王侯大家富丽堂皇的象征。"今富者银口黄耳，金垒玉钟；中者舒玉纻器，金错蜀杯。"④蜀郡制作的带环刀具，亦为世间所贵，"欲请蜀刀，问君贾几何？"⑤汉代专门设置"工官"，就是为了管理漆器和金银器生产。

---

① ［日］梅原末治：《支那汉代纪年铭漆图说》，京都，1943年，图版第9页，第3页。
② 《隋书》卷二九《地理志》。
③ 《汉书》卷七二《贡禹传》。
④ （汉）桓宽：《盐铁论》卷六《散不足》。
⑤ 《汉书》卷九〇《酷吏传》。

第四节　秦汉五大都会之一的成都与巴蜀商业的兴盛

一、巴蜀的城市商业贸易状况

秦灭巴蜀后，在川东地区，以江州为中心的城市商贸流通网络，从过去的巴国五都扩大到十多个县城，覆盖面遍及全川东，东至长江三峡，西抵涪水流域，北有嘉陵江流域，南据乌江下游，形成区域城市商贸网络。在川东城市商贸网络之内，由于受土壤、气候等生态环境的制约，各地经济发展很不平衡。据《华阳国志·巴志》的记载，经济文化发展程度较高的有江州、临江（今重庆市忠县）、垫江、朐忍（今重庆市云阳县）、阆中、安汉（今四川省南充市）等地，这些城市大多拥有盐铁、桑麻、丹漆、鱼池之利，又产多种经济类作物，稻作农业比较发达，城市商业与区域贸易相对发展。其余诸县地，多是土地贫瘠之区，"无蚕桑，少文学"，多从事刀耕火种的原始粗放农业，有的还以狩猎为主要经济类型。

由于区域城市流通网络的建立，给大多数城乡居民的生产和生活带来了许多便利，如像盐、铁等必需用品，尽管在离县城较远的地区，也能经由市易获取。尤其离郡治江州较近的临江、安汉等较大县城，"各有桑麻、丹漆、布帛、鱼池、盐铁，足相供给"，输送到其他县城。当时川东商业亦较前有所发展，"薪菜之物，无不躬买于市"①，许多乡、亭置有商业网点，销售人们生活上的日用必需品。

秦汉时期川东城市体系的发展还是有限的，其组织、协调地区内和地区之间生产与贸易等经济功能还不充分，加上郡境广远，而山区交通又不方便，以及各地殊俗、性情不同等因素，给民事、农事、刑事的检查、管理和政府的开支、考绩等工作带来诸多不便，因而致使城乡连续体之间、城市与城市之间存在脱节现象，中心城市也难以充分发挥其经济功能。所以，终秦汉之世，川东商贸经济文化的发展长期处于缓慢的状态。

与川东巴郡较为分散的城市格局不同的是，秦统一巴蜀后，蜀地一分为五（其中汉中郡今属陕西省，故此不论），仅在成都平原就分别形成了蜀、广汉、犍为三郡，号为"三蜀"。三蜀各辖数县，成为三个相互接壤而连续分布

---

① （晋）常璩：《华阳国志》卷一《巴志》。

的城市流通体系。三蜀内部，先秦时就有基础良好的城市，秦汉时不但继承并扩大了内外网络，而且还进一步加强了郡治的中心城市功能。三蜀虽然行政区划不同，经济独立发展，但由于承平日久，山泽、盐铜资源、农副产品都已经创造出大量剩余产品，需要通过商品市场进行流通，因此建立起非常密切的联系往来。"三蜀之豪，时来时往"①，此之谓也。三蜀豪富之间相互往来，主要是互通有无，他们都有大量产品需要出售，都将对方视为交换对象。例如，广都县的大豪冯氏、什邡县的大豪杨氏、临江县的豪门都拥有鱼池、盐井、美田。他们富甲郡邑，名登"素封"，通过商品市场将他们生产的粮食、鱼类、食盐出售，再买回自己需要的生活必需品，你来我往，在交流过程中，商贸网络自然形成。三蜀商贸经济文化的协调发展，以及三蜀商贸经济文化共同形成的强劲辐射力，便成为秦汉时期四川盆地总体经济文化全面提升的重要推动力。在蜀地，秦以前已形成以成都为中心的城市网络体系，并在成都东、南、西、北各个方向分别形成次级城市，同各地进行商品贸易。秦汉时期，在蜀地分置蜀、汉中、广汉、犍为、越巂五郡数十县作为地区内和地区之间新的经济增长点，因而进一步扩大了蜀地的城市网络，使城市经济加速发展，并由此带动了盆地及周边地区经济的大幅度增长。

在蜀郡，成都是工商业较为发达的大都市，丝织、布匹、漆器、金银器、铁器、竹木器，以及其他各类手工业高速发展，内外商业十分繁荣，文翁以后又建有学堂，且有不少私塾讲堂，大街小巷，市肆酒楼，灯红酒绿，加之成都水陆交通极为便利，沟通各地，因而充分发挥了组织地区内外工商业交流往来的经济功能。同时，"蜀以成都、广都、新都为三都，号名城"②。

广汉郡和犍为郡，原为古蜀国之地，秦时均属蜀郡。汉代，此两郡"土地沃美，人士俊乂，一州称望"，时人将此两郡与蜀郡相提并论，号为"三蜀"③。广汉郡工商业极为繁华，加之有盐、茶、水稻之利，的确不愧为"三蜀"之一。犍为郡有盐铁、灌溉之利，又有经济林木之饶，水陆交通亦颇发达，因而发展比较迅速。

越巂郡主要是邛都、徙、筰等濮越系和氐羌系的少数民族居地，其中多有

---

① （晋）左思：《蜀都赋》。
② （晋）常璩：《华阳国志》卷三《蜀志》。
③ （晋）常璩：《华阳国志》卷三《蜀志》。

耕田的定居农业，亦有移徙的游牧业，并有半农半牧之民。秦汉时期，由于蜀郡中心城市功能的充分发挥，大批铁制农具、工具以及其他手工业品和农产品源源不断地输送到越巂郡各地，带动了当地经济文化的发展。但受地域因素影响，经济发展很不平衡。一般说来，近蜀的地区和交通线路附近，经济发展较快，接受汉文化熏染也较快较多，边远地区则长期处于缓慢发展之中。

位于成都西北的岷江上游地区，西汉时曾一度置为汶山郡，后省郡并入蜀郡北部都尉，东汉时曾几度置郡而复省。这里主要是氐羌系少数民族的活动区域，从很早起就同成都有频繁的交流往还。秦汉时期，蜀郡制作的铁器大量销往岷江上游地区，而当地"夷人冬则避寒入蜀，庸赁自食，夏则避暑反落（部落），岁以为常，故蜀人谓之作氐白石子"①。这就表现出成都作为中心城市对于边地经济所具有的巨大吸引力和强大的推动力。

由于川中和川西城市密布，交流频繁，各郡的郡治不但基础深厚，而且区位优越，其辐射力往往不限于本郡，还影响到相邻的郡县；尤其成都经济文化的发展，辐射力十分强大，覆盖了整个四川盆地和盆周山区，因此带动了全蜀经济的增长。而全蜀经济的增长，又进一步刺激了成都经济的跃进，因而使成都发展成为一座有名的西南大都会。

二、成都大都会地位的形成

秦灭巴蜀后，成都城市的地位迅速上升，到西汉时期已名列全国五大都会之一。西汉至蜀汉，成都地区在发达的灌溉农业和手工业的基础上，出现了商业的繁荣和商品流通的兴盛。

从城市人口聚汇情况看，这一时期呈现高峰形势，成都人口数额一度仅次于长安，居全国城市第二。据西汉平帝元始二年（2）统计，仅成都县即达7.6万余户，35万余人，相当于当时蜀郡15县人口的30%，全川人口的10%。东汉顺帝时期，成都县发展到9.4万余户，40万余人，相当于蜀郡11县人口的31%。蜀汉时，中原连年战乱饥荒，四川虽有短暂破坏，但多数时期处于安定状态，因此人口仍在增殖，"益州国富民强，户口百万"，成都其时已有"都会"之称②。

---

① （晋）常璩：《华阳国志》卷一《巴志》。
② 西禾：《成都历代城市人口的变迁》，《成都市志通讯》1984年第2期。

当时，成都市场出售商品繁多，有"璧玉、金、银、珠（青，又名石珠，可入药）、碧、铜、铁、铅、锡、赭（铁化合物，色红）、垩（白垩土，可涂壁）、锦、绣、罽（毛织布）、氂（牦牛尾，可作装饰品）、犀、象、毡、氍（羽毛饰品）、丹（朱砂）、黄（雄黄）、空青（矿物，可入药）、桑、漆、麻、纻（麻之一种）之饶"①。左思《蜀都赋》描述成都市商业繁盛情形说：

市廛所会，万商之渊。列隧百重，罗肆巨千。贿货山积，纤丽星繁。都人士女，袨服靓妆；贾贸鬻鬻，舛错纵横；异物诡谲，奇于八方。布有橦华，面有桄榔。邛杖传节于大夏之邑，蒟酱流味于番禺之乡。

成都市区商业市场自秦以来逐步扩大，已具有相当规模。"大城"与城西的"少城"，均为城市居民聚居的商业区，左思《蜀都赋》说："亚以大城，接乎其西。"刘逵注云："少城，小城也，在大城西，市在其中也。"其街市有完善的市场与商店设施，其格局仿照秦都咸阳。"修整里阓，市张列肆，与咸阳同制。"②成都县治原在大城赤里，少城建成后，张若将其徙置少城内。为管理日益发展的盐铁交易，还置盐铁市官并长丞。南区为商业区，"里阓"为有墙垣的居民区。"阓"为商业市场的门栏。"肆"为商店、货行。可见秦时少城已辟有居民区和商业市场，开放商店和市场，有专官管理，有条不紊③。为征收商税和盐、铁、锦税，秦代已设置"盐铁市官并长丞"；汉承秦制，仍设"盐铁官"，并有"锦官"的设置④。

由于城市商业繁荣和与各地贸易的发展、货物集散、人口增加，城市商业区向少城之南检江对岸发展，故城南门称"市桥门"，桥称"市桥"，桥南则为南市。南市与少城隔江相望，成为南北两个商业区，宋人张咏引《图经》说，"分筑南北二少城以处商贾"，似指此而言⑤。此外，由于蜀锦生产和销售的兴盛，在成都检江夷里桥（笮桥）南岸形成蜀锦生产交易区，名曰"锦

---

① （晋）常璩：《华阳国志》卷三《蜀志》。
② （晋）常璩：《华阳国志》卷三《蜀志》。
③ （晋）常璩：《华阳国志》卷三《蜀志》。
④ （晋）司马彪：《续汉书·百官志》。
⑤ （宋）张咏：《益州重修公宇记》，转引自蒙文通：《成都二江考·附论大城、少城、七桥、十八门》，《四川大学学报丛刊》1980年第5辑。

里",亦有"锦官"所在地①。成都与西南民族地区贸易交流的频繁,车道运输量日益增加,遂设置"车官城","(锦里)西又有车官城,其城东西南北皆有军营垒城"②。

西汉前期,太史公在列举繁华都市时,已将成都列为全国重要都会③,居西汉南方城市之首。蜀汉时期,成都城市的大都会面貌巍峨可观。其壮丽、豪华、典雅气派,令人神往。左思《蜀都赋》描绘其风貌说:

于是乎金城石郭,兼匝中区,既丽且崇,实号成都。辟二九之通门,画方轨之广涂。营新宫于爽垲,拟承明而起庐。结阳城之延阁,飞观榭乎云中。开高轩以临山,列绮窗而瞰江。内则议殿爵堂,武义虎威,宣化之闼,崇礼之闱;华阙双邀,重门洞开,金铺交映,玉题相辉。外则轨躅八达,里闬对出,比屋连甍,千庑万屋。

蜀汉初,成都物价高昂,刘备下令"立官市以平物价,数月之间,府库充实"④。西汉至蜀汉时期,成都与国内外贸易关系已有初步的发展,成都地区商品从西汉初就开始销售全国各地。临邛出产的铁器除销成都市区外,"贾椎髻之民",即远销到西南少数民族地区。云南昭通鲁甸等地汉墓中,曾多次出土铸有"蜀郡""成都"铭文的铁锸⑤。毫无疑义,这些地区的铁器是由成都供应的。

成都漆器销售范围更为广范,如前所述,湖南、湖北、贵州等省出土的漆器,均有标明成都出产的铭文。特别值得注意的是,1924年和1925年在朝鲜平壤附近古墓中,亦发掘出有汉代"蜀郡"铭文的漆器⑥。由此可见,成都市场的漆器,已行销国内外。司马迁已将拥有"术器髤者千枚"或"漆千斗"作为与"千乘之家"等同的大富豪⑦。

---

① (晋)常璩:《华阳国志》卷三《蜀志》。
② (晋)常璩:《华阳国志》卷三《蜀志》。
③ 《史记》卷一二九《货殖列传》。
④ 王孝通:《中国商业史》第3章第3节,商务印书馆1998年版,第75页。
⑤ 童恩正:《古代的巴蜀》,四川人民出版社1977年版,第160~162页。
⑥ 童恩正:《古代的巴蜀》,四川人民出版社1977年版,第162~163页。
⑦ 《史记》卷一二九《货殖列传》。

成都蜀锦,西汉开始行销四方,时人认为,"文采千匹"与"千乘之家"的财产相等。当时这种文采(即蜀锦)只产于成都。山谦之《丹阳记》说:"江东历代尚未有锦,而成都独称妙。"①西汉成帝心爱蜀锦之美,曾诏令益州刺吏,免输三年税课,为宫廷织造"七成锦帐,以沉香水饰之"②。至东汉末,蜀锦的产销数量已十分巨大,东汉建安十九年(214),刘备占领成都,一次就赏赐诸葛亮、关羽、张飞、法正等人锦缎各万匹③。蜀锦贸易成为蜀汉政权主要的财政来源,诸葛亮曾说:"今民贫国虚,决敌之资,惟仰锦耳。"④蜀锦通过直接和间接贸易销往曹魏和孙吴,"魏则市于吴,吴亦资西蜀"。蜀锦在中原和江东的畅销,表明蜀锦质量提高,品种和数量都增加了。蜀汉灭后,府库尚存锦、绮、绢各二十万匹⑤。

此外,蜀布和邛竹杖是远销国内外的成都货物,《史记·大宛列传》记载,张骞在大夏"见邛竹杖、蜀布"。邛杖产于今邛崃,蜀布有二:一种为橦华布,左思《蜀都赋》云"布有橦华";另一种为蜀布(麻布),在汉代已行销四方。蜀布又称"黄润细布",一匹卖到"数金",可见其价值昂贵,非同一般织物。既然价值昂贵,自然成为馈赠礼品。文翁曾"买刀布蜀物,赍计吏以遗博士"⑥。所谓"女工之业,覆衣天下"⑦,概指蜀地纺织业兴盛,在国内市场占据着重要地位。成都枸酱经贵州水运番禺、南越(今广东一带),"南越食蒙蜀枸酱,蒙问所从来,曰'道西北牂柯,牂柯江广数里,出番禺城下'"⑧。这是蜀枸酱远销外地的路径,可见其商品影响力。

商业贸易的日益繁荣,使成都经济地位进一步加强,与洛阳、临淄、邯郸、宛并列,合称"五都"。为适应成都与周围地区的贸易,城郊新都和广都两座商业城市先后兴起,与成都形成密切相关的商业贸易区,时称"三都",

---

① (清)王谟:《汉塘地理书钞》引山谦之《丹阳记》。
② 《蜀锦史话》编写组:《蜀锦史话》,四川人民出版社1979年版,第13页引《西京杂记》。
③ (晋)常璩:《华阳国志》卷六《刘先主志》。
④ (宋)李昉等编:《太平御览》卷八一五引。
⑤ 《三国志》卷三三《蜀书·后主传》引王隐《蜀纪》。
⑥ 《后汉书》卷七六《循吏传》。
⑦ 《后汉书》卷一三《公孙述传》。
⑧ 《史记》卷一一六《西南夷列传》。

"号名城"①。成都富商大贾开始出现并在不同领域成为商业贸易活动的活跃力量。兹将这一时期见于记载的富商大贾胪列如下:

临邛卓氏:西汉巨商。先世为赵人,以冶铁起家。秦灭赵,将卓氏迁蜀,居临邛,"即铁山鼓铸,运筹策,倾滇蜀之民,富至僮千人"②。卓氏善于营运,所制铁器倾销四川、云南。拥有奴仆千人,为成都地区巨富。

临邛程郑:西汉巨商,先世居山东,秦灭六国后,迁蜀,居临邛,"亦鼓铸,贾椎髻之民"③。程郑所作铁器,主要销售川西南少数民族地区。其财富与卓氏相当。

临邛邓通:西汉巨商,高利贷者,蜀郡南安人。文帝时为黄门郎(侍郎),受宠,得钱十余万,官至上大夫,又获"赐蜀严道铜山(在今荥经县北30里),得自铸钱,邓氏钱布天下,其富如此"④。邓通凭借其巨额货币资本,"通假民卓王孙,岁取千匹;故王孙赀累巨万,邓通钱亦尽天下"⑤。

此外,还包括前述成都商人罗裒。他们都是有经商历史、擅长贸迁之术,又能利用人脉关系的大商人。他们利用大都会商品经济的优势和边远地区的资源优势,在皇室或者权势家族的保护下,形成市场垄断势力。他们开采铜铁矿藏、铸造私家货币、经营短缺商品,取得最大化的商业利益,成为富埒王侯的富豪之家。

蜀汉时期,以成都为贸易中心,在统治势力所及地区,北起甘肃、汉中,南达云、贵,西起汶山,东止三峡,商业购销,自成体系。故庞统认为当时巴蜀"所出必具,宝货无求于外"⑥。左思《蜀都赋》描写当时成都"市廛所会,万商之渊,列隧百重,罗肆巨千,贿货山积,纤丽星繁"。其规模之大、门类之杂、品种之多,已超过当时的魏都、吴都。蜀汉时期,外贸较发达。政府组织作坊生产漆器、蜀锦等高级商品,同时还从民间大量收购这些奢侈品,主要用于对外贸易。

张若在建筑成都大城、少城前后,对与成都经济发展密切相关的郫邑、临

---

① (晋)常璩:《华阳国志》卷三《蜀志》。
② 《史记》卷一二九《货殖列传》,《史记》卷一一七《司马相如列传》说"八百人"。
③ 《史记》卷一二九《货殖列传》。
④ 《汉书》卷九三《佞幸传·邓通》。
⑤ (晋)常璩:《华阳国志》卷三《蜀志》。
⑥ 《三国志》卷三七《蜀书七·庞统传》及裴松之注引《九州春秋》。

邛城市建设也十分重视。经他规划，"郫城周回七里，高六丈"，秦代郫邑城垣周长约当今日2.5公里，城垣高度约当今日15米。"临邛城周回六里，高五丈。"秦代临邛城垣周长约当今日2.1公里，城垣高度约当今日10.5米。郫城仍在杜宇建都的"杜鹃城"，在今郫县城北；临邛城在今邛崃县城偏西北。两城与成都同在纵横200里间，构成品字形，有鼎足之势，互为犄角，为成都平原繁华富饶之区。郫城与临邛的建成，有力地促进了成都平原城乡商贸经济交流的持久兴盛。

此外，成都近郊经济的发展，还带动了广都、新都两座新兴城市的发展。秦汉广都县城在成都东南双流区中和场①。秦蜀守李冰在此地开凿了巴蜀最早的盐井——"广都盐井"。汉晋时代，"有盐井、渔田之饶。大豪冯氏有鱼池、盐井，县凡有小井十数所"②。汉代新都县治在今新都永兴场一带③。新都不仅地处成都近郊富饶之地，直接受到成都城市经济的带动，而且成为巴蜀交通枢纽，"水通于巴"。因此，"蜀以成都、广都、新都为三都，号名城"④。

三、蜀郡商贸辐射区的产生

两汉魏晋南北朝时期，隶属益州的蜀郡、广汉、犍为并称"三蜀"，"土地沃美，人士俊乂，一州称望"⑤，左思《蜀都赋》："三蜀之豪，时来时往。""三蜀"得名原因何在？

首要的原因是，"三蜀"地区未卷入全国性战乱，作为封建社会经济基础的农业得到很大的发展。以成都而言，自秦蜀守李冰开创都江堰水利工程以来，稻作农业得到快速增长。西汉景帝时，庐江文翁为蜀守，穿凿了湔江口水利工程，灌溉繁田一千七百余顷⑥。西汉末，广汉文齐为益州郡守，"造起陂田，开通灌溉，垦田二千余顷"⑦。地方大吏兴修水利，造福一方，有力地促进了蜀地农业生产的发展。汉代绵、雒膏腴之地，每亩水田能收30斛～50斛

---

① （晋）常璩撰，刘琳校注：《华阳国志校注》，巴蜀书社1984年版，第249～250页。
② （晋）常璩：《华阳国志》卷三《蜀志》。
③ （晋）常璩撰，刘琳校注：《华阳国志校注》，巴蜀书社1984年版，第262页。
④ （晋）常璩：《华阳国志》卷三《蜀志》。
⑤ （晋）常璩：《华阳国志》卷三《蜀志》。
⑥ （晋）常璩：《华阳国志》卷三《蜀志》。汉代顷小，每顷只相当于今三分之一。
⑦ 《后汉书》卷八六《南蛮西南夷列传》。

（约合今390公斤~580公斤），获得了当时水稻的高产水平。成都稻作农业的发展，还可以从蜀地稻米的大量外运中得到证明：在秦国的攻楚战争和汉代的大饥荒时期，成都的稻米都通过长江水道源源不绝地运往中原地区，或由关中人民入蜀就食，为国家的稳定作出了巨大贡献。

魏晋南北朝时期，虽然遭逢分裂割据、政权更迭的影响，蜀地相对于中原地区而言，战乱规模却不算大，成都稻作农业继续得到发展。蜀汉推行"务农植谷"措施，提高粮食产量。诸葛亮注重保护农家的再生产能力，"惟劝农业，无夺其时；惟薄赋敛，无尽民财"①。既保证农民从事农业生产的基本条件，又实行轻徭薄赋政策，增强农家的经济实力。蜀汉政权设立大司农，统辖全国农业；郡县督农负责各地农事；另设屯骑校尉专管军队屯田。同时，对都江堰水利工程也十分重视，政府专设"堰官"管理，还派出一千二百名士兵养护堰渠和疏浚水道。水利工程的巩固和加强，有力促进了蜀汉农业的发展，呈现"田畴辟、仓廪实、器械利、储积饶"的兴盛局面②。

魏晋时期的文献，充分反映了成都地区稻作农业区的盛况。左思《蜀都赋》描述成都平原的农村景象说："沟洫脉散，疆里绮错；黍稷油油，粳稻莫莫。"在沟渠纵横、田土错落的农田中，水稻和各种粮食作物发育良好，丰收景象历历在目。《华阳国志》多处记载成都平原水稻面积不断扩大、产量大幅增加的史实：冯颢为成都令，"开稻田百顷"；（新）繁县"有泉水稻田"；江原县（今崇州市）"小亭有好稻田"；广都县"有盐井、渔田之饶"，"江西有好稻田"；什邡县"有美田"；绵竹县"出稻稼，亩收三十斛，有至五十斛"③。成都地区在遭受短暂战乱蹂躏之后，农业复苏往往也很快。西晋太安二年（303），蜀地遭受流民战乱，"三蜀民流进，南入东下，野无烟火，房掠无处"④。但在李雄据蜀后不久，成都农业恢复了生机，"宽和政役，远至迩安，年丰谷登"⑤。东晋义熙元年（405）谯纵割据益州时，"益土荒残，野无青草。成都之内，殆无孑遗"⑥。但到义熙九年（413）以后，成都地区又很快

---

① 《诸葛亮集》卷八《治人》，中华书局排印本。
② 《三国志》卷三五《蜀书》五《诸葛亮传》。
③ （晋）常璩：《华阳国志》卷三《蜀志》。
④ （晋）常璩：《华阳国志》卷八《大同志》。
⑤ （晋）常璩：《华阳国志》卷九《李特雄期寿势志》。
⑥ 《宋书》卷四七《刘敬宣传》。

出现岁岁丰稔的兴旺景象。可见，魏晋南北朝时期，成都稻作农业区虽然受到战乱的破坏，出现盛衰起伏交替局面，但总体趋势是向前发展的，亩产量也应当是超过前代的。

其次是秦汉大开发从秦统一巴蜀前后（公元前3～4世纪）开始，到西汉前期（公元前1世纪）结束，持续两个世纪之久。这次对巴蜀地区的持续开发集中在以下几个方面：改善闭塞环境的对外交通状况、从中原地区大规模向巴蜀地区移民、开展成都地区的城市建设、创建都江堰水利工程和成都平原灌溉农业、对四川矿产资源的初步开发，以及对巴蜀地区的智力开发。

这次开发首先着眼于改善巴蜀闭塞状况，巴蜀先民先后开辟了秦蜀栈道、蜀身毒（古印度）道和长江上游（包括岷江）航道。

巴蜀北部蜀道是古蜀先民不断探索，突破大巴山、秦岭等天险，与中原和西北地区建立直接联系的最早通道，包括嘉陵道、子午道、剑阁道、阴平道、米仓道等。其中，开拓较早、经济价值较高的是剑阁道（或称金牛道、褒斜道），由成都出发，经剑门关、葭萌（广元）、烈金坝（金牛驿）、南郑（汉中）、褒水、斜谷、周至，到达关中。令古今人们惊叹的是，这条道路由开凿于悬崖绝壁上的"千里栈道"勾连而成。秦蜀栈道至迟开创于蜀王开明时代，战国时已成为"无所不通"的秦蜀交通要道①。

蜀身毒道今称南方丝绸之路，是古蜀先民为突破闭塞、向南开拓，寻求通往东南亚、南亚以至中亚商路的历史性创举。民间对这条国际商道的摸索过程很长，可以追溯到殷商时代。公元前3世纪，秦开发巴蜀时，已将这条商道列入开发计划，由秦将常頞"略通五尺道"，以后铁器、丝绸、邛竹杖、蜀布等就沿着这条商道远销身毒，以至大夏。汉武帝元狩元年（前122），蜀邛竹杖、蜀布出现在大夏市场的惊人消息由出使西域的汉使张骞如实报告了汉武帝，使汉武帝进一步坚定了开通南夷道和西夷道的决心。经过十余年遣使开边，终于找到了蜀身毒道的路径并在这条路的要津设置了郡县。

长江上游河流众多，水量丰富，巴楚之间的峡江很早就是古代巴人与荆楚人交流的通道。但是，由于长江上游水系洪水泛滥，常常淹没沿江地带，并给通航带来阻碍。公元前3世纪前后，先后由荆人鳖灵（即蜀王开明氏）、秦蜀守李冰开凿玉垒山，分岷江水入沱江，又从岷江分流郫、检二江以遏水势，大大

---

① 《史记》卷一二九《货殖列传》。

改善了长江上游特别是岷江的航运交通。此后，长江上游水系成为古代四川盆地对外交流和商贸运输的主要通道。

秦统一巴蜀后，就开始将中原地区人口大量向巴蜀地区迁徙。因此，这次战略性移民是巴蜀大开发的重要内容。大量移民的原因，一是因为巴蜀地区"戎伯尚强"，需要通过客籍移民的迁入削弱其实力；二是巴蜀环境闭塞，将六国豪强安置其间，不容易死灰复燃。"巴蜀道险，秦之迁人皆居蜀。"①迁蜀人口包括三部分：迁川秦民，秦并巴蜀、任命张若为蜀守后，就"移秦民万家实之"②；夺爵罪人，包括嫪毐、吕不韦在内，"夺爵迁蜀者四千余家"③；六国迁虏，秦亡六国后，将尚有政治影响和经济实力的贵族、豪富迁往巴蜀，如赵国卓氏、齐国程郑等，都落籍临邛。由于拥有生产技术和经营财货，中原移民投身巴蜀经济的开发，取得了巨大的成效，巴蜀经济出现了"家有盐铜之利，户专山川之材，居给人足，以富相尚"的繁荣景象，卓氏、程郑经营冶铁业成为巨富，史家将这一变化归结为"染秦化故也"④。

为巩固秦在巴蜀地区的统治，秦蜀守张若按照咸阳城市形制，先后兴建了成都、郫和临邛三座城市。秦惠文王更元十四年（前311），秦人开始建城活动。成都城周遭十二里，城垣高七丈。市区分东西两部分，东为大城，是官署治所区；西为少城，是商业区，由商贾列肆贩卖，设有盐、铁、市官，管理市场并征收商税。同时着手建设的郫城和临邛城与成都形成鼎足之势，在富饶繁华的200里范围互为犄角，货殖相通。成都城市群落的形成，对秦蜀商贸流通和蜀身毒道铁器、蜀布、丝织品贸易具有很大的促进作用。

西汉文帝时，庐江文翁任蜀守，对因环境闭塞所造成的巴蜀文化教育长期落后局面十分重视。他治蜀二十年，除继续扩大都江堰灌区和穿凿湔江口（今彭州海窝子关口），使成都平原灌区进一步扩大外，最重要的政绩是推进法治和教育。由于地理环境的闭塞，巴蜀先民"椎髻左衽，不晓文字，未有礼乐"⑤。直到西汉初期，蜀守文翁"见蜀地辟陋，有蛮夷风"⑥，倡导吏民学

---

① 《史记》卷七《项羽本纪》。
② （晋）常璩：《华阳国志》卷三《蜀志》。
③ （晋）常璩：《华阳国志》卷三《蜀志》。
④ （晋）常璩：《华阳国志》卷三《蜀志》。
⑤ （汉）扬雄：《蜀王本纪》。
⑥ 《汉书》卷八九《循吏传·文翁》。

习中原法治经验,并大力加强法制建设。为了蜀地的长治久安,他在成都兴建学官,招收吏民子弟入学;又选派优秀学生张叔等十八人到京都长安拜博士为师,学习儒家经典和律令,学成后回蜀任教。为了鼓励学子,对入学者免更徭,成绩优异者补郡县吏,一般的也可担任乡官。经文翁倡导,巴郡、汉中也先后建立学校,一时巴蜀学风大盛,文化教育水平赶上了齐鲁地区[①]。

综上所述,秦汉时代巴蜀地区的大规模经济与文化开发,对城市商贸流通网络体系的建设起了决定性的作用,促使巴蜀地区的城市商贸体系出现新的格局。

第五节 与西南地区少数民族和东南亚、南亚的商贸关系

所谓"西南夷",是汉代泛指云南、贵州和四川西南部和甘肃南部少数民族生活的地区。常璩《华阳国志·南中志》称之为"夷越之地"。任乃强先生在《华阳国志校补图注》中作了精辟考释。他谈到在《史记》《汉书》中出现"夷越""夷濮""南越"等称谓,应加以区分。因汉晋人将五岭以南的土著民族统称为"越",在东越、南越、瓯越、山越、滇越等之外,又有"夷越",确指的是南中历史上"七部落"。"夷"字本取负弓引矢之意义,非同《尔雅》"东方曰夷"。当时南中部族分为两类:依靠狩猎为生计者为"夷",以农、工、商业为经济生活者为濮。混而言之为"西南夷",其实包括"夷"与"濮"等各种部族。

一、秦常頞"略通五尺道"

秦灭巴蜀后,加强了对巴蜀的经济建设,兴建成都、郫和临邛等三城,创建都江堰水利工程,开凿"广都盐井",在成都、临邛设立盐铁市官,发展城市手工业和商业。秦将迁房卓氏、程郑等安置临邛后,还在南安、武阳等地设置铁官。在公元前4世纪末,以成都为中心的川西平原,已形成一个繁荣的工商业经济区。

在此基础上,成都地区有可能将自己生产的纺织品、铜器、漆器、铁器等输往云贵高原,与少数民族互通有无。司马迁在《史记》中记载夜郎、靡莫(古滇部族,居昆明附近)、滇等部族时说:"秦时常頞略通五尺道,诸此国

---

① 《汉书》卷八九《循吏传·文翁》。

颇置吏焉。"①既然置吏，当然就有商业往来了。秦政府为将夜郎、靡莫、滇等部族居地纳入王朝版图，曾派常頞"略通五尺道"，即整修了早已开通西南夷的故道（在今云南曲靖），并在这些地区设吏管理，为南路对外贸易提供了交通之便。

20世纪80年代以来，学术界关注南方丝绸之路的研究。学者们从文献和考古资料推断，南方丝绸之路主要有两条古道，一是从蜀（成都）出发经南安（乐山）、僰道（宜宾）、南广（川南高县、珙县，滇北威信、镇雄）、味县（云南沾益、曲靖）、滇池（昆明），到达楚雄，称为"南夷道"或"五尺道"。一是从蜀出发，经双流、新津、邛崃、雅安、汉源、越嶲（西昌）、会无（会理）、三绛（会理黎溪）、蜻蛉县（永仁、大姚）、弄栋（姚安），至楚雄与南夷道汇合，称为"西夷道"或"零关道"。汇合之后，再从楚雄出发，经叶榆（大理）、博南（今永平）、永昌（保山）、滇越（今腾冲）出境，前往缅甸、印度。

公元前4世纪至公元前2世纪，正是秦灭巴蜀和秦派常頞凿"五尺道"通西南夷的时期，"秦"的称呼伴随着运销丝织品的商人沿西南古道传入印度②。这种贸易，还有可能辗转运销中南半岛北部。依据是在战国至秦（前500年前后），越南红河三角洲和泰国东北部已出现铁器，与这些地区接壤的广西、云南直到西汉时期仍不产铁，未设铁官，司马迁明确记载，这一时期，迁虏临邛卓氏，"即铁山鼓铸，运筹策，倾滇蜀之民，富至僮千人"；程郑"亦冶铸，贾椎髻之民，富埒卓氏，俱居临邛"③。秦代巴蜀地区产铁似乎不只临邛一处，秦王朝还在南安、武阳等地设置铁官。临邛等地铁器极可能沿南方丝绸之路销往中南半岛。据考证，战国至秦王朝，越南红河三角洲和泰国北部已出现巴蜀输出的铁器④。

近年来的研究表明，取道缅甸密支那、猛拱、越那加山脉，可至印度阿萨姆东北部，再沿布拉马普特拉河，即可抵达印度平原。既然是国际通道，商贸交流中必然有境内外输出入商品。中外文献记载的织皮即毛织品、纰罽

---

① 《史记》卷一一六《西南夷列传》。
② 江玉祥：《古代西南"丝绸之路"简论》，《古代西南丝绸之路研究》，四川大学出版社1990年版。
③ 《史记》卷一二九《货殖列传》。
④ 童恩正：《略谈秦汉时代成都地区的对外贸易》，《成都文物》1984年第2期。

之类是输出商品,琉璃、珠宝之类便是这一交流的输入商品。1949年以前,在川西北茂汶地区早期石棺葬中,曾发现过琉璃珠,经测定不含钡。中国在战国时期烧制的琉璃制品属于铅钡玻璃,这种不含钡的钠钙玻璃应是从中亚或西亚输入的①。

二、汉武帝经略"西南夷"

西汉初期,由于北部匈奴不断侵扰,王朝无力南顾,曾关闭了蜀郡边徼。稍后,和亲政策实施,边患减少,海内为一,王朝宣布新经济政策,"开关梁、弛山泽之禁,是以富商大贾周流天下,交易之物莫不通,得其所欲……"②。汉初实行的轻徭薄赋、鼓励垦殖、开放关津山泽的经济政策,很快见到了成效,农村商品经济发展,国内贸易市场活跃,商人周流天下,商品流转频率加快,经济步入良性循环。

武帝元狩元年(前122),巴蜀邛竹杖、蜀布循着蜀、滇、身毒远销大夏的惊人消息,由奉命出使西域的中郎将张骞如实报告了汉武帝,这个消息使热衷于开边怀远的汉武帝十分振奋。多年来,因西北匈奴和羌人挡道,汉朝派往西域各国的使节每每被扣,有去无回。他早就希望另辟蹊径,成就他的雄图大略。张骞带回的信息,使他下定决心,开辟"蜀、身毒道"(今称南方丝绸之路),创建通西域各国的南方大路。

事实上,汉王朝经略西南开边通道前后达三十年之久。第一阶段从建元六年(前135)到元朔三年(前126),其间有三次影响全局的大事。

(一)唐蒙修治南夷道

成都至西南少数民族地区的通道,地处高原横断山脉,交通闭塞,秦时,曾开辟通往云南的"五尺道";汉初,由于南方丝绸之路贸易有利可图,尽管西南边徼尚未开通,商人仍趋之若鹜,"巴蜀民或窃出商贾,取其筰马、僰僮、牦牛,以此巴蜀殷富"③。汉武帝时,中央王朝极为重视西南边疆地区的开拓,曾由僰道令修筑了僰道(宜宾)至青衣(雅安一带)的通道。建元六年武帝发兵击东越,东越人杀其王后投诚归顺。汉王朝命番阳县令唐蒙出使南

---

① 高至喜:《论我国春秋战国的玻璃器及有关问题》,《文物》1985年第12期。
② 《史记》卷一二九《货殖列传》。
③ 《史记》卷一一六《西南夷列传》。

越,南越人用蜀枸(蒟)酱款待唐蒙。唐蒙回到长安,向蜀贾(商)询问枸酱来路,蜀贾告诉他:独蜀出枸酱,多持窃出市夜郎。夜郎者,临牂柯江,江广百余步,足以行船。南越以财物役属夜郎,西至同师,然亦不能臣使也。

唐蒙得知枸酱来自蜀地,通过牂柯江运销到番禺(今广州)城下的,于是向武帝提出借用夜郎兵力,从牂柯江出奇兵攻打南越的建议:

> 南越王黄屋左纛,地东西万余里,名为外臣,实一州主也。今以长沙、豫章往,水道多绝,难行。窃闻夜郎所有精兵,可得十余万,浮船牂柯江,出其不意,此制越一奇也。诚以汉之强,巴蜀之饶,通夜郎道,为置吏,易甚。①

武帝接受了唐蒙建议,拜唐蒙为中郎将,带巴蜀吏卒千人,随行运负辎重者万余人,从巴蜀笮关进入夜郎,厚结夜郎侯多同,"厚赐"礼物,"谕以威德",使其对中原王朝逐步了解,决定内附,同意"置吏",并要求以其子"为令";夜郎周边地区部族也纷纷效法,要求内附。唐蒙将这些情况奏报朝廷,汉武帝十分喜悦,于建元六年谕令设置犍为郡,辖县十二,包括今川南部分地区、夜郎地区,"治鳖(今遵义)"②。

西汉元光五年(前130),唐蒙再次奉诏开发西南夷,征调巴、蜀、广汉吏卒、民夫数万人,修筑南夷道,"自僰道指牂柯江"③。汉僰道,在今宜宾市;牂柯江,即今北盘江,红水河别名,初步开凿今天由四川经贵州通往云南的通道。在这条道路修筑过程中,最初由于僰道令筹划失误,"费功无成",造成"百姓怨怒"的局面,唐蒙只好忍痛斩僰道令,尔后亲自督工筑路。历时二载,花费上万,并未完成这条通道的建设工程。这条路总长二千余里,山道宽丈余,凿石开阁,直通建宁(今云南曲靖),与秦常頞所凿"五尺道"走向一致,应是在前人路基上扩建加工的④。唐蒙开边数年,有得有失。由于"发兵兴制,惊惧子弟,忧患长老","郡又擅为转粟运输",造成"当行者或亡逃自贼杀",引起"巴蜀民大惊恐"⑤。

---

① 《史记》卷一一六《西南夷列传》。
② 《史记》卷一一六《西南夷列传》;《汉书》卷九五《西南夷列传》。
③ 《史记》卷一一六《西南夷列传》。
④ 蓝勇:《四川古代交通路线史》,西南师范大学出版社1989年版,第112~114页。
⑤ 《史记》卷一一七《司马相如列传》。

汉武帝得知这些情况，于元朔元年（前128）任命司马相如为特使，责罚唐蒙并安抚西南夷诸部族。司马相如奉使前往巴蜀，转道西南夷，不辞劳苦，深入边地，调查研究。其间发布了《谕巴蜀檄》，首先告慰"南夷之君""西僰之长"，匈奴、西域、闽越都已归顺大汉王朝，你们"常效贡职，不敢怠惰，延颈举踵"，只是因为"道里辽远，山川阻深，不能自致"。司马相如安抚受到征发之苦的巴蜀百姓说：唐蒙实行的过分征发"皆非陛下之意"。随后又告诫父老："当行者或亡逃自贼杀，亦非人臣之节也"；要"计深虑远，急国家之难"，"尽人臣之道"①。

（二）司马相如修治西夷道

司马相如回京复命，将自己考察西南夷，以及唐蒙开边功过一一向汉武帝作了汇报。在朝议中，他极力主张在靠近蜀地的邛、筰、冉、駹等西夷地带设置郡县，与南夷地带一样。虽然朝臣公孙弘以蜀民反对为由，多次抵制司马相如的意见，汉武帝并未放弃开发西南夷的计划，他倾向于司马相如的开边主张。

元光六年（前129），西夷邛、筰各部得知南夷受到王朝重视，开边受益，提出开边内附要求。武帝面询司马相如，相如答复说："邛、筰、冉、駹者近蜀，道亦易通，秦时尝通为郡县，至汉兴而罢。今诚复通，为置郡县，愈于南夷。"武帝采纳了相如的建议，任命他为中郎将，略定西夷。司马相如先后进入邛、筰、冉、駹、斯榆、苞满等居于蜀郡西部、南部的部族，与这些部族的首领商谈，宣示汉王朝的威德；同时，动员他们"除边关，关益斥，西至沫若水，南至牂柯为徼，通灵关道，桥孙水以通邛都"②。沫水为今青衣江，若水为今雅砻江，灵关道在今越西县境，孙水为今喜德县冕山附近的孙水河，邛都即今西昌市。这条路属古牦牛道南段——零关道。汉牦牛道故治在今汉源清溪乡，故又称清溪道。牦牛道北段由成都出发，经斯都（天全）、筰都（汉源），到邛都（西昌），三国时期，张嶷南征时即循此道行进。史称越西郡"有旧道，经牦牛中，到成都，既平且近"③。经司马相如的不懈努力，汉王朝不仅开辟了成都通往西南夷的交通要道，而且在今甘孜、西昌地区设置了一个都尉，领十余县，属蜀郡。

---

① 《史记》卷一一七《司马相如列传》。
② 《史记》卷一一七《司马相如列传》。
③ 《三国志》卷三五《蜀书·张嶷传》。

虽然在第一阶段初步完成了南夷道和西夷道的交通建设工程，但西汉王朝也为此动员了数万民力、兵力，花费粮秣军饷"费以亿万计"①。有些路段虽修筑三年之久，仍不通；兵士疲饿，露宿山林，水土不服，疾病流行，死亡者甚多。各地部族又经常造反骚乱，朝廷调兵镇压，往往耗费巨资却不见成效。此时，汉武帝并不知道这两条道路继续南进会产生的重大效果。为此，汉武帝改派公孙弘为特使，前往西南夷考察南进得失。公孙弘调查后回京复命，强调开辟西南夷的许多困难，力主放弃南进计划。此时，北方匈奴再次南侵，汉王朝"筑朔方以据河逐胡"，暂时无暇南顾。公孙弘以御史大夫身份再次反对南进，几次上书指责经略西南夷是得不偿失后，汉武帝罢西夷经略计划，只保留南夷夜郎两县一都尉②。

（三）成功开通西南丝绸之路

汉武帝元狩元年，博望侯张骞从大夏返回，立即成为朝野关注的人物。在向汉武帝奏报西域探险的经历中，他谈到一个令人惊奇的见闻：他旅居大夏时，见到"蜀布、邛竹杖"。他探问来自何方，答曰："从东南身毒国，可数千里，得蜀贾人市。"③他得知邛西大约二千里有身毒国，有蜀商往来贸易，蜀布、邛竹杖即由此购运到大夏，于是向汉武帝提出富有真知灼见的开边建议：大夏在汉西南，慕中国，患匈奴隔其道，诚通蜀，身毒国道便近，有利无害④。

汉武帝知道了蜀、身毒道可通大夏的消息，受到莫大鼓舞。张骞关于通往大夏的北道受阻、开辟从西南夷经身毒前往大夏的南路通道建议，使他大受启发，于是改变了已经放弃的经略南西南夷的想法，重新开始了雄心勃勃地开边探路计划。自元狩元年（前122）开始，汉武帝先后派出王然于、柏始昌、吕越等十余批使者，去西南地区探寻通往身毒、大夏的道路，这些使者分别从蜀郡、犍为郡出发，有的出駹，有的出冉，有的出徙，有的出邛，有的出僰，各路前进一二千里之后都相继遭遇险阻。滇王截住一路使者，留下替他探路；北路受阻于汶山氐人、笮人，南路受阻于巂、昆明诸部（活动在滇西地区的部族）。昆明诸部为了夺取财帛，往往杀掠汉使。汉武帝震怒，征发三辅地区的

---

① 《汉书》卷五七《司马相如传》。
② 《史记》卷一一六《西南夷列传》。
③ 《史记》卷一一六《西南夷列传》。
④ 《史记》卷一一六《西南夷列传》；《汉书》卷九五《西南夷列传》。

罪人、巴蜀地区的军队数万人，派遣将军郭昌、卫广等，远征昆明诸部杀人越货的部族，斩首数万，大获全胜。稍后，又曾派出探路使者，但昆明诸部仍然抢劫杀戮汉使，探路计划依然落空①。探路计划虽再三受阻，汉王朝却积累了不少关于西南夷的基本情况。元狩三年，汉武帝调集有罪官吏在长安县西南开凿昆明池，周遭四十里，用于演习水战，并在池畔雕刻鲸鱼形象的玉石，象征滇池的鲸鱼山（晋宁石寨山），也显示他开发西南夷的决心不变。等待八年之后，开发西南夷的机会终于来临。

元鼎五年（前112）南越王造反，汉武帝调集四路大军征伐南越。其中，西路派遣驰义侯（越人，姓何，名遗）统率巴蜀罪人、发夜郎兵下牂柯江，约定会合番禺城下②。谁知驰义侯在南夷地区调集部族兵时，且兰君畏惧其青壮远行后附近部族会掳其老弱为奴，带头造反，杀戮汉使和犍为郡守，叛乱浪潮由南夷波及西夷，甚至蜀郡附近的邛、笮诸部都卷入了。汉武帝征发巴蜀罪人和征战南越的八校尉出兵平叛。在各路大军配合下，很快诛杀了且兰君、邛君和笮侯，斩首数万级。叛乱平息后，元鼎六年在这些地区设置郡县。在且兰（今贵州东部地区）设置牂柯郡；夜郎侯初附南越，南越灭后，能助汉诛且兰，主动请求入朝，被封夜郎王；在邛人活动区，设置越巂郡；在笮都人活动区，设置沈黎郡。汉武帝杀笮侯，冉、駹之君震动很大，赶忙向汉王朝要求内附，汉王朝在此设置汶山郡；同时在广汉西部白马氐人活动区设置武都郡。随后派遣王然于前往滇地宣讲大汉威德，促其归顺。滇王自恃东北部有劳深、靡莫等部族，曾多次攻击汉使和汉军，不肯接受汉王朝的统治。

元封元年（前110），司马迁以郎中身份"奉使西征巴蜀以南，南略邛、笮、昆明"，在诸多部族地区宣示汉王朝威德，查访民情风俗。这次实地调查，为司马迁撰写《史记·西南夷列传》增加了许多宝贵的史料，收获极大。邛，即今四川西昌县；笮，有大笮、定笮两地，大笮在今四川攀枝花市以北的盐边、米易两县境；定笮，为今盐源县。昆明，即今云南大理地区。司马迁循这条路一直走到大理地界，对南进道路有了眉目，于是"还报命"③，为汉武帝提供了开发西南夷的决策依据。在《史记·大宛列传》中，司马迁描述说：

---

① 《史记》卷一二三《大宛列传》；《史记》卷一一六《西南夷列传》。
② 《史记》卷一一三《南越列传》。
③ 《史记》卷一三〇《太史公自序》。

昆明之属无君长，善寇盗，辄杀略汉使，终莫得通。然闻其西可千余里有乘象国，名曰滇越，而蜀贾奸出物者或至焉。

有关乘象国滇越的具体位置，虽有今云南腾冲、保山以西、印度阿萨姆的迦摩缕波国、跨中缅两国的广袤地区等异说，但其接近古身毒的地理位置是不错的。据今人实地调查，保山、腾冲地区多民族杂居，通往缅甸、印度的小路、山路极多，很难确定哪些路是秦汉时期开发西南夷留下的遗迹，但其中必有当时经由滇缅山路通往古身毒的羊肠小道[①]。

汉武帝得到这些来自不同特使的调查结果后，于元封二年发巴蜀兵攻占今云南曲靖地区的劳浸、靡莫部族，兵临滇国。聚居于滇池的叟族首领滇王面临灭顶之灾，被迫请求内附，宣布举国降汉，同意在滇地设置郡县。汉王朝在滇地设置益州郡，治滇池县（今晋宁市晋城、呈贡），派遣官吏治理。滇王入朝，汉武帝又赐滇王印信，仍然让他统治当地各部。然后，汉兵西进洱海，降服昆明族，置叶榆县（今大理、邓川、洱源、剑川、鹤庆），辖于益州郡。汉兵再南进博南山（今永平县西40里的丁当山），渡过澜沧水（今澜沧江），直至哀牢山。此路经腾冲西出密支那可至身毒，称博南道。汉武帝在这块原属哀牢王的部分辖地置嶲唐县（今保山市）、不韦县（今施甸县），属益州郡[②]。从益州郡置县的情况看，西汉王朝在益州屯置了大量的兵力。其间伴随着多批使者被掠被杀和王朝对西南一些部族的武力征伐。经过十一年的艰苦探寻，终于找到了蜀滇身毒道的走向。

为巩固新设郡县的地位，汉王朝还向这两县大量移民，徙南越相吕嘉子孙宗族实之，因名不韦，以彰其先人恶行。当时即有歌谣称颂武帝开边通商功业曰："汉德广、开不宾；渡博南，越澜津，渡澜沧，为他人。"[③]东汉明帝永平十二年（69），哀牢王柳貌率部内附，汉王朝在其属地新设哀牢、博南二县，又分出益州郡西部都尉所领不韦、嶲唐、比苏、叶榆、邪龙、云南六县，合设永昌郡。历史文献记载：永昌郡"其地东西三千里，南北四千六百

---

① 邓延良：《西南丝绸之路考察札记》，成都出版社1990年版，第292～302页。
② 江玉祥：《再论古代中国西南"丝绸之路"》，《古代西南丝绸之路研究》第二辑，四川大学出版社1995年版。
③ （晋）常璩：《华阳国志》卷四《南中志·永昌郡》。

里"①。据方国瑜先生考证,汉永昌郡辖地"在澜沧江以西逾怒江至伊洛瓦底江地带,其南当至怒江下游两岸近入海地带"②。永昌郡的设置,使"蜀、身毒道"滇缅段实际已从民间商贸通道扩展为国际贸易和文化往来的官道,实现了汉武帝开发西南夷的初衷。

三、"西南丝绸之路"的贸易活动

从现在的中外文献和考古发掘资料可以确信,秦汉时期,中国与东南亚、南亚以及西亚存在着实在的通商贸易关系:

（一）"西南丝绸之路"的历史地理证据

除《史记》记载张骞在大夏（阿富汗北部）亲眼目睹了从身毒转销大夏的"蜀布""邛竹杖"外,成书于公元前3世纪到公元3世纪的古印度文献《摩诃婆罗多》《罗摩衍那》《摩奴法典》等,不断提到"秦"（Qin）、"中国人"（都称作"Cina",即China）、阿萨姆（东辉国）国王福受率领的基拉塔人和"中国士兵"（Sa Kirataisca Cinaisca Vaitah Pragiyotisobhavat）、"中国产的鹿皮"③、被称为Cinamsuya的中国布（China Cloth）、中国丝（Cheenapatta）、朱砂（Cinaka）、中国的豆类植物（Cina-muga）。值得注意的是,这些文献将中国作为毗邻国家,多次记述了中国所在的方位、去中国的路线。成书于公元前3世纪的《罗摩衍那》对中国人的描述最为清晰,在作者笔下,中国人是尚武的英雄,主人盛情接待那些远道来印度的中国人,并给他们食物。

专门记载历史事实的古印度《往事书》将中国定位于喜马拉雅山区域或印度以北。《摩奴法典》将中国描述得很大,从东边的海洋到西边的海洋,从北方的喜马拉雅山到南方的文迪亚山（Vindhyas）;Brhatsamhita把中国定位在印度的东北方。有研究者认为,这些文件提及中国时,往往涉及的只是与古印度相邻的那一部分中国,即四川、云南和南方地区。印度史学研究者认为:在公元前4世纪孔雀王朝时代,印度海上贸易尚未发展,因此这些作品描述的贸易路线主要是北印度与喜马拉雅山脉及其横跨山脉的路线。内陆路线从喜马拉雅山脉进入印度,一方面与通中印度的北方路线相连,另一方面与经西藏和缅甸到

---

① （晋）常璩:《华阳国志》卷四《南中志·永昌郡》。
② 方国瑜:《中国西南历史地理考释》,中华书局1987年版,第219页。
③ 江玉祥:《再论古代中国西南"丝绸之路"》,《古代西南丝绸之路研究》第二辑,四川大学出版社1995年版。

中国的陆路相连，这个地区资源丰富，以盛产棉花、铁、铜和金著称。整个恒河流域作为国际和国内贸易中心，已为当地考古发现和公元前4世纪至公元5世纪的各种文字史料充分证明①。

应当看到，两汉时期经略西南夷战略的长期实施，益州郡、永昌郡的先后建立，哀牢王内附，使西南丝绸之路的南段滇、身毒道从蜀商"奸出""或至焉"的民间僻路变为比较通畅的官道，"渡澜沧，为他人"，显然指西南丝绸之路的滇缅段不受梗阻，为中外商贾提供了国际贸易的良好交通条件。

这条商路上的永昌郡地处滇缅交界处横断山脉南段，位置恰在长江水系澜沧江水系下游湄公河和通往印度洋的怒江水系（下游萨尔温江）和伊洛瓦底江水系交合处，是古文明沿大江传播的最佳聚焦点。《华阳国志·南中志》称其地"东西三千里，南北四千六百里"。哀牢王柳貌率众内附时，"称其邑王者七十七人，户五万一千八百九十，口五十五万三千七百一十二"②。

永昌郡（今保山市）成为西南丝绸之路南段枢纽，有两条道路经此可通身毒（古印度）、大秦（古罗马）：

一是陆路从叶榆（大理）出发，经博南（永平）、永昌郡不韦（施甸县）、嶲唐（保山）、腾越（今腾冲）贾人市，再经密支那（今上缅甸克钦帮）到印度萨姆。这条路段经过的腾越贾人市，为商货中转站，位于云南、缅甸、印度相邻处，蜀商转输商品到此，外商再贩运到身毒、大秦。公元5～6世纪，不少中外高僧取此道往返中土和天竺③。

二是水路从叶榆出发，经博南到达永昌郡后，经腾越，顺大盘江到八莫，再从伊洛瓦底江顺流而下，至下缅甸海口转船，经孟加拉湾到印度南部港口或斯里兰卡港口，再沿印度洋沿岸西航至大秦国。

关于这条路的最早记载见于西方人写的《厄立特里亚航行记》，张毅先生研究表明，该书作者佚名，可能是埃及人或希腊人，成书时间大约是公元1世纪下半叶。该书是专门为航行于印度洋沿岸的大秦商人和水手编写的。张先生认为，该书记载有关红海沿岸、索马里以及印度西海岸的航行情况，港口位置和

---

① 参阅［印度］Haraprasad Ray著，江玉祥译，曾媛媛校：《从中国至印度的南方丝绸之路——一篇来自印度的探讨》，江玉祥主编：《古代西南丝绸之路研究》，第263～289页。
② 《后汉书》卷八六《南蛮西南夷列传》。
③ 江玉祥：《古代中国西南丝绸之路》，《西南丝绸之路研究》第二辑，四川大学出版社1995年版；蓝勇：《南方丝绸之路》，重庆大学出版社1992年版，第297页。

物产等都相当详细,显然这些地方是作者亲身经历。至于瓜尔达非角以南的东非海岸,马拉巴尔以南及印度东海岸各地,则可能是根据传闻而写成的,不过提供这些资料的人的确沿孟加拉湾海岸各地航行过。因此,这一资料的可靠性是毋庸置疑的①。

综观这篇航行记的内容,可以明确两个问题:

首先,这部航行记录将金洲(今下缅甸)作为东方有人居住的边缘地区,航船也只限于恒河口到金洲之间,未曾越过马六甲海峡。由此可以看出,公元1世纪以前,海上丝绸之路尚未经马六甲海峡沟通中国南方与古罗马之间的关系。

其次,大秦商船来往于恒河及其附近的金洲,位置在印度(今孟加拉国)与缅甸海岸之间。金洲应为下缅甸,金洲以北的Thinai应为滇,即商船到达的目的地永昌郡。从下缅甸循水道向北上航至永昌郡,只能是伊洛瓦底江,而不是红河。

(二)"西南丝绸之路"的商贸活动

中国最早记述西南丝绸之路贸易的历史文献是公元3世纪中叶问世的鱼豢所撰《魏略·西戎传》,其文略云:"盘越国一名汉越王,在天竺东南数千里,与益部相近,其人小与中国等,蜀人贾似至焉。……大秦道既从海北陆通,又循海西南,与交趾七郡外夷比,又有水道通益州永昌,故永昌出异物。"②后出的魏收《魏书》卷一〇二《西域·大秦传》也记载了大秦国"东南通交趾,又水道通益州永昌郡,多出异物"。二书所记南丝路情况,应为公元3世纪到5世纪史实,其时与云南相邻的中南半岛已有蜀商进行贸易活动。除前述滇、缅、身毒陆路和印度洋、伊洛瓦底江水道通益州永昌郡外,又因交趾(越南)出海口的开辟,出现了另一条海上通道。这条新路畅通的原因,主要是东晋以来,滇西永昌等地民族关系日益激化,成帝咸康八年(342)永昌郡建制被撤销后,直至刘宋时期也未恢复,《南齐书·州郡志》记载,南齐时期虽有郡名,也是"有名无民,曰空荒不立"。荒凉残破的永昌郡,难以继续担当西南丝绸之路的商货枢纽,另辟交

---

① 张毅:《南方丝绸之路与海上丝绸之路》,《西南丝绸之路研究》第二辑,四川大学出版社1995年版。
② 《三国志》卷三〇《魏书·乌丸鲜卑东夷传》裴松之《注》引《魏略·西戎传》。

趾和东南亚地区商路，是十分自然的选择①。

1. 进出口贸易盛况

现有的研究表明，秦汉魏晋南北朝时期，西南丝绸之路的通商贸易状况，事实上可以划分为前后两个阶段。前阶段为东汉明帝永平十二年（69）以前，由于南夷道和西夷道的相继开通，夜郎滇、蜀间区域贸易得到快速发展，滇身毒道贸易因受昆明等部族阻碍，只有十分有限的增长。

秦汉时期，成都手工业获得了很大进步，冶铁业、纺织业、井盐业、铜器、金银器、漆器生产达到了很高的专业水平。商品生产的发展，必然促进商业和对外贸易的兴盛。汉代成都经济持续发展，成为全国仅次于京都长安的大都会。当时长安城市居民80800户，成都城市居民也达到76256户②。都江堰工程完善后，形成"水旱从人""不知饥馑"的灌溉农业，给成都经济的发展奠定了坚实的基础。成都对西南夷以及经滇缅道对南亚和中亚各地的贸易成为引人注目的对外贸易。首先简述从巴蜀地区输出主要商品情况。

铁器：秦汉时期，四川冶铁业以临邛为中心，卓氏以冶铁起家，"倾滇蜀之民"，程郑"亦冶铸，贾椎髻之民"③。在云南、贵州发掘的汉墓中，不断出土铁器。大理发掘的西汉叶榆墓葬中，出土了铜柄铁剑、铜柄铁矛、铁刀等铜铁制品④。云南晋宁石寨山发现的滇王和王族墓葬群，早期的墓葬中无铁器出土，后期的墓葬铁器增多。云南还出土了大量秦汉时期的铁器，如铁剑、环首铁刀，生产工具有铁斧、铁锸、铁镰等。一铁锸上有"蜀郡成都"的铭文。1982年，在古代"西夷道"上的宝兴县陇东乡东汉墓葬群出土了不少铁器⑤。1949年以后，从云南昭通汉代"梁堆墓"和鲁甸梭山乡发现了大量铁锸，其中多铸有"蜀郡""蜀郡成都""蜀郡千万"铭文，可以清楚地看到，地处古道要津的昭通，是成都铁器销售最多的地区⑥。

蜀布、邛竹杖：这两种蜀地特产引起史家注目，源于《史记》中《西南

---

① 张毅：《南方丝绸之路与海上丝绸之路》，《西南丝绸之路研究》第二辑，四川大学出版社1995年版。
② 《汉书》卷二八下《地理志》。
③ 《史记》卷一一六《西南夷列传》。
④ 田怀清：《从大理出土文物看蜀身毒道的开发》，《南方丝绸之路文化论》，云南民族出版社1991年版，第185页。
⑤ 吴怡：《从出土文物看古代滇蜀关系》，《南方丝绸之路文化论》，第113页。
⑥ 张希鲁：《西楼文选》，昭通地区行署文化局1985年12月印行。

夷列传》和《大宛列传》的记载。元狩元年（前122），博望侯张骞出使大夏期间，看到蜀布和邛竹杖。问其由来，大夏方面回答：来自"东南身毒国"，距离"大夏"数千里的"蜀贾人市"①。古大夏在今中亚地区，"蜀贾人市"在其东南数千里是正确方位和恰当距离。据考证，"蜀贾人市"在当时昆明族聚居的叶榆（今大理）以西千余里的乘象国，被称为"滇越"的地方。"而蜀贾奸出物者或至焉"②。"奸出"或作"间出"，指蜀商千方百计突破昆明族人阻挠，运货西出；或曰蜀商寻求捷便小路，避开昆明族人拦阻，前往乘象国（滇越）。

有关乘象国（滇越）的方位，任乃强先生称在永昌郡地界③，方国瑜先生认为在今腾冲④，徐中舒先生认为在今保山以西⑤。以上诸说位置均在今中缅边境附近，唯张毅先生认为滇越在今印度阿萨姆地区的迦摩缕波国⑥。

丝织品：有关早期南方丝绸之路丝绸品的贸易，虽然研究者早已提出蜀地输出丝织品的可能性，但仍有学者对此表示怀疑，认为秦汉时期蜀地丝织品尚未发达，西南夷地区生产力水平低下，很少有丝织品生产和消费，因此，公元2世纪通过滇、缅、印古道，将丝织品输往中亚地区仅是一种可能性⑦。

笔者认为这是一个值得商榷的问题。蚕丝与古蜀历史密不可分，"蜀"字之创，即为原蚕本义⑧。蜀先王"蚕丛"就与蚕丝生产有关，一些古蜀地名，如蚕崖，蚕陵，涉及蚕事，马头娘的故事隐约反映了远古四川先民养蚕的传说。宋黄休复《茅亭客话》说："蜀有蚕市，……耆旧相传：古蚕丛民为蜀主，民无定居，随蚕丛所在致市居，此其遗风也。"可见蚕丝贸易也起源于古蜀时代。既然是奉行巴蜀的纺织品，远销外域也是可能的。

作为有悠久历史、汉代又呈现兴旺发达的古蜀蚕丝和丝织业，其产品不可能不经西南丝绸之路远销身毒和大夏，从公元前4世纪身毒孔雀王朝第一代国

---

① 《史记》卷一一六《西南夷列传》。
② 《史记》卷一二三《大宛列传》。
③ （晋）常璩撰，任乃强校注：《华阳国志校补图注》，上海古籍出版社1987年版，第323页。
④ 方国瑜：《中国西南历史地理考释》，中华书局1987年版，上册，第20页。
⑤ 徐中舒：《试论岷山庄王和滇王庄蹻的关系》，徐中舒：《论巴蜀文化》，四川人民出版社1981年版。
⑥ 张毅：《滇越考》，《中华文史论丛》1980年第2期。
⑦ 蓝勇：《南方丝绸之路》，重庆大学出版社1992年版，第35页。
⑧ （晋）常璩撰，任乃强校注：《华阳国志校补图注》，上海古籍出版社1987年版，第220页。

王的大臣考底利耶（Kautilya）所著《国事论》①已有支那帕塔（Cina patta）的记载，据考证，"Cina"为秦的对音，这里指秦统一之后的四川。patta，意为成捆的丝。如前所述，他记载的丝可能是黄润细布，但也不能排除有部分丝织品的可能。因为，这两种纺织品在古蜀学者的著述中，已成寻常并存之物，不是非此即彼的关系。如扬雄《十二州箴》说，益州"丝麻条畅，有粳有稻"，将丝织品同麻织品并存的关系看成与不同品种的稻米并存关系一样。无怪乎古代身毒阿萨姆人也将蜀布归入中国丝类。公元前4世纪，西北丝绸之路尚未开辟前，秦国已将巴蜀以至西南地区纳入版图，并派遣常頞凿"五尺道"开辟西南丝绸之路，而官道的开辟应是在商路之后，倘若此前商人未能冒险南下贸易，走出一条商路来，秦国派使者去开"五尺道"便成无的放矢。此外，值得注意的是中亚考古发掘出土的实物资料：1936年，阿富汗首都喀布尔以北约60公里处，考古学家对公元前4世纪后半叶建成的亚历山大城进行发掘时，在一处城堡遗存中发现了许多"中国的丝织品"②。这些纺织品的出土年代，正当中国的战国时代，其运销路线必由滇、缅、印西行而达。司马迁还记述了当时蜀商携带"蒟酱、汉缯帛"从南夷道到夜郎的商路。西南夷诸部族"皆贪汉缯帛"，甚至杀害汉使，"夺币物"③，缯帛、币均为丝织品④。由此可见，西南丝绸之路早就有了丝织品贸易。

铜器：四川、云南是我国历史上重要的铜矿产地。古代巴蜀均有铜矿，但开采先后不同。西汉文帝以前，冶铜业主要在临邛地区。文帝曾将严道（今四川省荥经县）铜矿恩赐宠臣邓通（蜀郡南安人），任其私铸铜钱。其钱重量、形制、文字均与官钱相同，流通数量大、范围广，时人戏称"邓氏钱"，《华阳国志·蜀志》并有邓氏钱"布天下"之说。邓通还贷款给临邛冶铁业巨富卓王孙，"岁取千匹，故王孙货（赀）累巨万（亿），邓通钱亦尽天下"⑤。卓氏铁器大量销往西南夷，倾销"滇蜀之民"，与邓氏强大的"邓氏钱"做后盾息息相关。西汉中期到东汉，原越巂郡所辖邛都南山、灵关道等地铜矿得到大

---

① 《国事论》，或译为《治国安邦术》《政事论》，身毒孔雀王朝第一代国王的大臣考底利耶（Kautilya）著。见蓝勇：《南方丝绸之路》，重庆大学出版社1992年版。
② 王治来：《中亚史》，中国社会科学院出版社1980年版，第一卷，第69页。
③ 《史记》卷一一六《西南夷列传》。
④ （汉）许慎：《说文》卷七下"巾"部曰："币，帛也。"
⑤ （晋）常璩：《华阳国志》卷三《蜀志》。

量开采，成为巴蜀地区的重要铜矿基地。

此外，汉晋时期，巴蜀地区冶铜和铸造基地还有邛都南山（今西昌市东坪以东的螺髻山），近年考古工作者在西昌洛古乡发掘出一个新莽时的铜器窖藏，出土"货泉"铜范母五块、铜锭十余锭，重千余斤，后又在西昌黄联东坪村发现总面积二十万平方米的冶铜遗址，发现汉代冶炼炉十四座、作坊一座，有铜钱范、铜箭簇、铜镜等出土。秦汉魏晋时期，川西北高原（今阿坝、甘孜）也有了冶铜业。

云南是我国铜矿产地，产铜的历史可以追溯到汉代。汉晋时期的历史文献表明：永昌郡，犍为郡朱提、堂狼，越巂郡南山、铜山，益州郡俞元怀（装）山、来唯山、贲古采山，梁水郡振山都是重要的冶铜业分布区。当时，朱提、堂狼是全国著名冶炼和铸造基地，属于南广郡的一部分，其地"有城名蒙城，可二顷，也有掘土深二尺得铜，又有古掘铜坑，深一丈，并居宅处犹存"[①]。朱提以生产铜砂闻名，传世者不少。此外也铸造钱币。昭通现存有"大泉五十"钱范，文曰"日利千万"。在昭通、鲁甸出土文物中，有长乐卣、铜甗、铜镜、铜罐、铜盆、铜炉等器物。

汉晋时期历史文献记载，邛都也是冶铜铸造业兴盛的地区，有多处产铜的记述[②]。南方丝绸之路的贸易中，铜器的流通是十分重要的内容。无论从迄殷商时代的广汉三星堆祭祀坑出土的大量精美铜器，还是川、滇、黔和境外缅甸文献和出土文物中为数甚多的铜钱、铜器物、铜兵器，都证明了这条古道铜器物流通的盛况[③]。四川、云南输出商品，还有食盐、白银、漆器等，此不繁叙。从域外输入的商品，主要是各种装饰品和用于商品变换的贝币等。

海贝：广汉三星堆祭祀坑前后两期出土物品中，海贝是引人注目的舶来之物。但是，由于时代远肇殷商，西南丝绸之路的必经各路段尚无同时期此类海贝出土，而从各路段发现的大量海贝均为汉晋时代遗址出土。这就充分证明，从印缅等国海岸流入滇、川地区的海贝，是汉晋时代西南丝绸之路上的重要商

---

① 《南齐书》卷三七《刘悛传》。
② 蓝勇：《南方丝绸之路》，重庆大学出版社1992年版，第41~43页。
③ 这些论述南方丝绸之路铜矿和铜币流通的文章，参见江玉祥主编：《古代西南丝绸之路研究》第1、2辑，四川大学出版社1990、1995年版；蓝勇：《南方丝绸之路》，重庆大学出版社1992年版；四川、云南钱币学会编：《南方丝绸之路货币研究》，四川大学出版社1994年版。

品或用于货币的标志①。

琉璃：琉璃是从古代身毒俗语Verulia翻译而来，因此又称"璧琉璃"，唐代改称玻璃。云南江川李家山的春秋末或战国初22号墓出土一颗质地坚硬的浅绿透明琉璃珠，质地明显不同于长沙辉县战国墓出土的琉璃珠。魏晋南北朝时期，人们已将大秦国生产的琉璃珠分为"赤、白、黑、黄、青、绿、缥、绀、红、紫十种"②。李家山出土的琉璃珠，可能是春秋战国时期从大秦经印度销往云南的。云南江川李家山春秋战国晚期24号墓，以及晋宁石寨山西汉中期13号墓，各出土一颗来自西亚的饰花肉红石髓珠，1949年以前在今理县发现的秦汉石棺葬中，曾出土一些管状、盘状和卵形玻璃珠，经华西大学博物馆的戴谦和教授分析测试，发现均不含钡。因此，郑德坤教授推测说："这些装饰品，未必不是由于辗转贸易，从西亚越过干旷的草原而到达四川的。"③

宝石：汉晋时期，西南丝绸之路流通的宝石种类繁多，其中主要有琥珀、光珠、玛瑙、翡翠、水晶等。琥珀产于缅甸孟拱、孟密、瑞帽、岚板（琥珀厂）；光珠产于缅甸孟拱、孟密宝井；玛瑙产于永昌罗明、清宝山玛瑙山；宝石产于上缅甸孟养、都茂。云南晋宁发掘的战国墓葬已有玛瑙出土。古蜀国王公贵族佩带的一种称之为"瑟瑟"的宝石串或琉璃串饰，历代屡有出土。杜甫《石笋行》中描述了成都西门一带"雨中往往得瑟瑟"的史实。滇池地区发掘的先秦时期的古墓中，曾出土大量玛瑙④。汉晋以后，战国皇室、贵族、官宦、富商广泛佩带各种名贵宝石，可能与西南丝绸之路的宝石贸易直接相关。

2. 通商重镇

在汉魏六朝时期西南丝绸之路频繁的贸易交流中，形成了以永昌郡为代表的对外贸易口岸。

永昌（今腾冲、龙陵、宝山一带）位于云贵高原横断山南段中缅陆路和长江水系、澜沧江水系、怒江水系水路交汇处。陆路成为西南丝绸之路川滇段通往缅印段的总汇，向西可越上缅甸至东印度；水路是通往印度洋和大西洋的交

---

① 刘世旭：《南方丝绸之路出土海贝与贝币考》；叶大槐：《南丝路使用贝币浅见》；张善熙：《试谈广汉三星堆出土的贝币》。均见《南方丝绸之路货币研究》。
② 《三国志》卷三〇裴注引（曹魏）鱼豢《魏略·西戎传》。
③ 郑德坤：《理番县的石板墓文化》，《哈佛亚洲研究杂志》1946年，第九卷第2期。转引自江玉祥主编：《古代西南丝绸之路研究》，四川大学出版社1995年版，第二辑，第49~50页。
④ 仅江川李家山墓地即出土8079颗，晋宁石寨山更多。见《古代丝绸之路研究》第一辑，第238页。

汇，向南可沿伊洛瓦底江、萨尔温江直达下缅甸。这样优越的地理位置，自然形成西南地区与中南半岛、印度次大陆，以至中亚、西亚各民族进行经济文化交流的最佳聚合点。在永昌郡设置前，西南丝绸之路受到昆明等南夷部族的阻碍，仅仅打通了成都到叶榆间的道路。东汉到魏晋南北朝时期，蜀、滇、身毒商道畅通后，永昌郡成为西南边陲上的繁华商埠。其主要表现在：

第一，商货荟萃，百物纷呈：从《华阳国志》等历史文献记载永昌郡的出产方物看，品种繁多，奇货不少，主要有：铁、金沙、金、光珠、虎魄（琥珀）、珊瑚、水精（水晶）、琉璃、白蹄牛、犀、象、桐华布、木棉树、翡翠、孔雀、蚕桑、米、五谷、帛、绵绢、文绣、兰于细布、罽旄、轲虫、蚌珠、铜、锡、貊兽、猩猩①。由于长途贩运需要，西南地区出产的筰马、建昌马、蜀马、越𰯼骏、滇池驹均为西南丝绸之路上的畅销商品。

第二，南北人口和中外民族的大荟萃：东汉明帝永平十二年正式从益州郡分置时，永昌城市规模已很大，划为"八城"；人口也很多，户231897，人口897344。这样庞大的人口数量聚集在边陲地区，是非常罕见的，必然是由于繁荣兴盛和中外通商贸易所造成。地方文献记载：该地居民"有闽濮、鸠僚、僄越、裸濮、身毒之民"②。这些居民既包括了广西、滇各族居民，也包括了缅印移民。大秦人也从印度洋航行到金洲（下缅甸），然后循萨尔温江、伊洛瓦底江到达永昌。有关历史记载："又有水道通益州永昌，故永昌出异物。"③所谓"永昌出异物"，应是指永昌商贸市场汇聚了四面八方的商货。这些商货中，有来自印缅海岸的海贝、珊瑚、蚌珠，有来自上缅甸伊洛瓦底江上游、亲敦江上游的宝石、玉石、琥珀，还有来自印度、缅甸的猩猩、貊兽、孔雀、犀、象等。商品多为域外名产、珍稀之物，故称"异物"。

地处川滇贸易中转站的朱提郡商贸交易活跃，"三蜀之人及南中诸郡"频繁往返被称为"降贾子"，足迹遍布滇蜀、滇黔古道④。

与频繁的商贸交流相映衬的是，缅甸、印度以至海西大秦国不断派遣使臣朝

---

① （晋）常璩：《华阳国志》卷四《南中志·永昌郡》；《后汉书》卷八六《南蛮西南夷列传》。
② （晋）常璩：《华阳国志》卷四《南中志·永昌郡》。
③ 《三国志》卷三〇《魏书·乌丸鲜卑东夷传》裴松之《注》引（曹魏）鱼豢《魏略·西戎传》。
④ （晋）常璩：《华阳国志》卷四《南中志》。

贡，同时还有众多域外人口内附。历史文献记载了这些交流留下的史实梗概：

永元六年（94），永昌郡外敦忍乙王莫延慕义，遣使者献犀牛、大象。永元九年，掸国王雍以及域外少数民族奉献珍宝，和帝赐金印紫授，小君长都加印绶、钱币。永初元年（107），永昌郡外僬侥种夷、陆类等三千余口举种内附，献象牙、水牛、封牛等。

永宁元年（120），出现了前所未见的民俗文化交流。掸国王雍由调复遣使赴京朝贡，献乐及操幻术的人，能变化吐火，人体支解，交换牛马头。又善跳丸，人数达千人之多。他们自称海西人。海西即大秦，掸国西南通大秦。次年元会，安帝观赏海西人表演后，封雍由调为汉大都尉，赐印绶、金银、彩缯等物①。这类杂技、幻术进入中原，使西南丝绸之路的经济文化交流在前代的基础上有所发展。

在对外贸易中，两晋南北朝时期，纺织品和蜀马的贸易最为兴盛，刘宋益州刺史刘道济重用长史费谦聚敛兴利时，"远方商人多至蜀土，资货或有直数百万者。谦等限布、丝、绵各不得过五十斤；马无善恶，限蜀钱二万"②。

萧梁武陵王萧纪为益州刺史，"南开宁州越巂，西通资陵吐谷浑，内修耕桑盐铁之功，外通商贾远方之利，故能殖其财用"③。吐谷浑因"其地与益州接，常通商贾"④，"牦牛、蜀马及西南之珍，无岁不至"⑤。同时，蜀民亦"慕其利，多往从之"⑥。西域的胡商也往往假道吐谷浑，入蜀经商。其中康国人"善商贾"⑦，入蜀经商者，多为其人。如释道仙所云："本康居国人，以游贾为业，梁、周之际，往来吴、蜀江海上下，集积珠宝，故其所获赀货乃满两船，时或计者云：直钱数十万贯。"⑧何国商人何细胡"通商入蜀，遂家郫县，事梁武陵王纪，主知金帛，因致巨富，号为西州大贾"⑨。这是见诸历史记载的、最早定居于蜀中的西域商人，也是巴蜀对外商贸交流的个案例证。

---

① 均见《后汉书》卷八六《南蛮西南夷列传》。
② 《宋书》卷四五《刘道济传》。
③ 《南史》卷五三《武陵王纪传》。
④ 《梁书》卷五四《西北诸戎传》。
⑤ 《北史》卷九六《吐谷浑传》。
⑥ 《梁书》卷五四《西北诸戎传》。
⑦ 《魏书》卷一〇二《西域·康国传》。
⑧ （唐）道宣：《续高僧传》卷二六《隋蜀郡灌口山竹林寺释道仙传》。
⑨ 《隋书》卷七五《何妥传》。

第三章 隋唐五代两宋时期：巴蜀工商文化的繁荣

经秦汉魏晋南北朝的兴衰变迁，隋唐五代两宋时期巴蜀工商文化进入新的发展进程。因长期安定、富足的环境和中原衣冠世族不断涌入所造成的繁盛人文环境，催生造纸工艺的进步和世界"雕版印刷"的重大发明；第二次人口高峰的到来和消费需求的激增，促进了井盐、茶叶、纺织、酿酒、制糖业的发展，古蜀市集也由此演化为痎市、草市，进而形成有一定商业规模的市镇；社会经济的持续繁荣，带来了城市商业的兴盛、世界最早纸币——交子问世、夜市出现与坊市制度的废弃，成都"扬一益二"地位形成；长江上游水陆贸易的兴盛与沿江市镇经济的发展，造成贾客、蜀商的活跃，巴蜀商贸再次进入活跃期。工商各业创造的辉煌，巩固了巴蜀工商文化的历史地位。

第一节 商业市镇的发展与水陆贸易的兴盛

隋代巴蜀地区，虽然"其地四塞，山川重阻"，但也是"水陆所凑，货值所萃，盖一都之会也"[①]。尽管与外界交通困难，盆地内部却拥有得天独厚的经济优势。尽管中原地区处于长达数百年的战乱分裂局面，巴蜀地区仍有活跃的通商贸易。进入唐、五代和两宋时期后，巴蜀地区以活跃的农村市场为基础，带动了城市商业的发展；以成都商贸大都会为中心，恢复和扩大了川陕之间的陆路贸易和长江流域的水道贸易，同时在沿江水路码头、陆路货运枢纽滋生出新兴商业城镇。这种因商业贸易发展而带动的早期城市化格局，奠定了近代四川城市化的基础。

一、痎市、草市的出现与宋代市镇的形成

长江上游市镇的形成机制，可以追溯到古蜀先民的习俗："耆旧相传：古蚕丛氏为蜀主，民无定居，随蚕丛所在致市居，此其遗风。蜀有蚕市，每年

---

① 《隋书》卷二九《地理》（上）。

正月至三月，州城及属县循环一十五处。"①古蜀族最初在成都平原随畜群迁徙，每一临时聚处即为集市，进行以物易物的原始交易活动。这种集市成为后来蚕市循环举行的最早习俗，也是长江上游市镇的发端。随着唐宋时期长江上游农村商品经济的发展，农村集市贸易有了进一步发展的可能。唐代陈溪说："昔武侯以蜀脞脆，故令郭邑翌日而市，意在习其筋力，而俟之征徭。"②由此可见，隔日而市的农村集市早已存在。

（一）痎市、草市和市镇的出现

1. 痎市

当时，这类隔日而市的集市被称为"痎市"，其称谓具有比喻意义，"蜀有痎市，而间日一集，如痎疟之一发，则俗以冷热发歇为市喻"③。进入唐代，往昔大多起于村落、旷野之中的痎市，已经渐次向农村商品经济较为发展的地区转移，演化为草市。周遭农民相互在草市上交易，调节余缺；与此同时，商贩也在草市上收购农副土特产品，农民则从商贩手中购买自己短缺的生活必需品。集市上的交易，通常是以物易物，在一些商品经济不发达的地区，这种情况就更加普遍。唐人韦处厚说，山南西道"不用见钱。山谷贫人，随土交易。布帛既少，食物随时。市盐者或一斤麻，或一两丝，或蜡或漆，或鱼或鸡，琐细丛杂者，皆因所便"④。元稹也说："自巴以外，以盐、帛为交易。黔、巫、溪、峡，大抵用水银、朱砂、缯彩、巾帽以相市。"⑤

除此而外，在一些农村商品经济较为发达的地区，每年有各种贸易集会。如彭州九陇县葛山上的崇真观，每年三月三日有蚕市；导江县灌口镇，"有太山府君庙，每至春三月，蜀人多往设斋"⑥，从而形成大规模集市；汉州金堂县昌利山上的玄元观，每年三月三日也有蚕市；在什邡、绵竹、德阳三县交界处的蚕女冢，同样因为"每岁祈蚕者，四方云集"⑦，逐渐发展成一年一度的集市。这类集市一般与宗教祭祀活动有关，而且每年定期举行一次。在社会经

---

① （宋）黄休复：《茅亭客话》卷九《鬻龙骨》。
② （唐）陈溪：《彭州新置唐昌县建德草市歇马亭并天王院等记》，载《文苑英华》卷八〇八。
③ （宋）吴处厚：《青箱杂记》卷三。
④ （唐）韦处厚：《驳张平叔糶盐法议》，《全唐文》卷七一五。
⑤ （唐）元稹：《钱货议状》，《全唐文》卷六五一。
⑥ （宋）李昉等：《太平广记》卷八八《抱龙道士》。
⑦ （隋）郎蔚之：《隋州郡图经》。

济较为发达的成都平原及其毗邻地区比较集中。

2. 草市

四川地区的"草市"直到中唐以后才见诸记载,草市也是农村交易市场,"草"言其场所简陋。其中蜀州青城县有青城山草市,彭州唐昌县有建德草市,雅州严道县有遂斯安草市,阆州有茂贤草市。另外,如彭州九陇县的堋口市、蜀州青城县的味江市、梓州盐亭县的雍江市,也都是"草市"。这些位于州城、县城以外的"草市",都设有固定店铺的商业点,但商业设施远逊于城市商业区。西川人以此讥讽蜀东梓州人说:"梓州者,乃我东门之草市也,岂得与我为耦哉。"①

唐代中期以后,四川草市大量出现,特别是茶叶的兴起,是许多草市形成的直接原因。茶叶生产有其特殊性,茶园通常在丘陵山区,远离州城、县城,茶叶的交易基本上是在茶山进行,因此在茶山附近就逐渐形成以茶业为主的草市。位于四川盆地西部的产茶区就有剑南西川的青城山草市、遂斯安草市、堋口市、味江市等,其中雅州"遂斯安草市岁出茶千万斤"②,可见这些草市已经成为当地茶叶交易的主要市场。川江沿岸的茶叶产地,也形成了草市。郑谷《峡中寓止》诗说:"夜船归草市,春步上茶山。"③在盐业发达的剑南东川,一些远离州县治所的井盐产地,同样因为商品经济发展而形成草市。例如梓州盐亭县的古东关之地,就是由盐业的兴起而形成雍江草市。

唐代中期,随着商品经济的日益发展,交通运输日趋繁荣,在一些交通要道之地也相继形成草市,如彭州唐昌县的建德草市、阆州的茂贤草市等。草市中一般设有店铺、酒肆、旅舍等商业设施,它们基本上是每天开店营业,出售盐茶农具和百货,并为过往客商提供食宿。另外,在草市中还定期举行集市贸易。例如彭州九陇县的堋口市就是每逢单日开市交易,上市的商品主要是当地出产的农副土特产品和商贩带来的各种手工艺制品,大宗茶叶、食盐和布帛的买卖一般都在这个时候进行。残唐藩镇割据,武人横行,草市成为他们的武装据点,往往设置镇寨,由军官主持镇务,勾当商税,于是草市多带镇号④。

草市也叫墟市,是进行交换活动的最为古老的形式,草市之名初见于东

---

① (宋)李昉:《太平广记》卷二六五《西川人》。
② (宋)晁载之:《续谈助》卷五引《膳夫经手录》。
③ 《全唐诗》卷六七四。
④ 本节参阅李敬洵著《四川通史》第三册,四川人民出版社2010年版,第419页。

晋南朝①。当时，草市都在需要进行商品交换的乡村兴起。宋以来农村地区商品经济的发展，使其得到了长足的进步，夔州路的梁山军，北宋元丰年间尚无一市，但至南宋，即有永安军市、桂溪市、峡石市、扬市等四个草市②。最为突出的莫过于梓州路的泸州，北宋神宗熙宁十年（1077）官府方准许"兴置草市"③，至南宋末年，全州草市达67个之多。以这些草市与人口及村落的比例看，泸州县户22480，村落71，草市37，平均607户、2个村落即有一个草市；合江县户12370，村落48，草市18，平均687户、3个村落有一个草市；江安县户11986，村落186，草市12，平均998户、16个村落即有一个草市④。这里，两三个村落就拥有一个草市，可见草市的发展呈现一种蓬勃发展的景象。

3. 市镇

镇的建置起于北魏，是防备北部柔然而设，具有屯驻重兵、募兵民垦田的军事要塞性质，隋唐因袭而渐起变化⑤。既是军事据点，就需要各种供应，久之而成为商贸繁荣的所在。例如嘉州的苏稽镇，位于州城与峨眉山之间。唐代就有"苏稽戍"，以"水波绫""乌头绫"等丝织品生产闻名。宋代建置为镇，为龙县四镇之一，人口众多，如同县城。范成大当年游峨眉山，路过苏稽，夜宿旅舍，有诗云："送客独回我独前，何人开此竹间轩。滩声悲壮夜蝉咽，并入小窗供不眠。"⑥陆游"卖蔬市近还家早，煮井人忙下麦迟"⑦，反映出荣州乡村市场与井盐生产的互相依存、互相补充的关系。

宋代镇市大量增加，则主要是商品经济发展的结果，宋代设镇的标准是"民聚不成县而有税者，则为镇"⑧。入宋以后，镇的军事职能淡化，经济意义日渐增加。经济史学者把宋代镇的来源分为五个类型：①集市所在地发展为

---

① 对草市问题的研究，以日本学者加藤繁等为最早，加藤繁有《关于唐宋的草市》《唐宋时代的草市及其发展》等，收入加藤繁《中国经济史考证》一书，商务印书馆1960年版。
② （宋）王象之：《舆地纪胜》卷一九二。
③ （宋）李焘：《续资治通鉴长篇》卷二八一。
④ 《永乐大典》卷二二一七。
⑤ 江玉祥：《漫谈古镇民俗文化的传承与创新》，《四川城镇民俗文化传承与创新》，四川大学出版社2007年版，第37页。
⑥ 唐长寿：《嘉州古镇五考》，《四川城镇民俗文化传承与创新》，四川大学出版社2007年版，第107页。
⑦ 《陆放翁诗集》卷三《晚登横溪阁二首》。
⑧ （宋）高承：《事物纪原》卷七。

墟市集镇；②城市附郭草市与卫星市镇；③地处交通要道因商业发展而来；④因地方特产、商品生产的扩大而为专业市镇；⑤因军事战略需要而设置的镇①。其中，前四个因素实际上彼此交错，难以截然区分，只是各有侧重而已。宋代四川的建制镇是唐五代军镇的沿袭，但并不表明这些镇的意义依旧是军事性质。入宋以后这些镇的经济意义大大加强，与州县城市和乡村草市同为交易市场，这一点正如洋州知州文同所言："四川未榷茶之前，往时茶乡人户，既得各自取便卖茶，于是陕西诸州客旅，无问老少往来道路，交错如织，担负盐货入山，并在州县、乡村、镇市坐家变易。"②

（二）唐宋市镇的建置

唐宋以来，作为城乡商品经济发展纽带的长江上游场镇，随着整个社会经济的发展，也在不断地变化发展。根据李吉甫《元和郡县图志》③统计，可以确认的唐元和九年（814）以前的涉及今四川的市镇有以下十个：

灌口镇（导江县，今都江堰市）、玉津镇（玉津县，今乐山市）、多功镇（严道县，今雅安市）、垄越镇（严道县，今雅安市）、灵官镇（今芦山县）、邛崃镇（今荥经县）、宁远镇（今嘉诚县，今松潘县）、沈黎镇（今汉源县）、清溪镇（今西昌市南）、威远镇（今威远县）。

当时，尚未出现因城乡商品经济的兴盛而崛起的市镇。上述这些市镇大多分布在西川民族杂居地区，兼具军镇与市镇性质，这表明，唐代痎市、草市还是不定期的临时交易场所，还未能发展成正规的市镇。以"镇"为名的市镇，都是先作为军事行政据点，尔后再具备商品交易功能，再演变为名副其实的市镇。

但是，二百余年后，王存等学者在北宋元丰三年（1080）完成的《元丰九域志》，则给我们展示了大不一样的四川市镇面貌。按照此书所列统计，成都府路160镇、梓州路356镇、利州路97镇、夔州路81镇，总计694镇。这时的市镇数量、规模，是唐代无法相比的，足见宋代元丰三年以前四川城乡经济已经进入兴盛期。市镇中，开始有"场"的记录，场并非正式的市镇，大约是发育中的交易场所。兹按当时的成都府路、梓州路、利州路、夔州路4路所属，将北宋

---

① 龙登高：《宋代东南市场研究》，中国社会科学出版社1998年版。
② （清）徐松：《宋会要辑稿》二四之十。
③ 本文根据中华书局1983年整理出版的《元和郡县志》下册，清理出有关四川场镇的资料。

中叶长江上游场镇胪列如下[①]：

1. 成都府路

北宋真宗咸平四年（1001）置益州路，仁宗嘉祐四年（1059）改为成都府路。地处川西北岷江、沱江、涪江上游，共有160镇，分县胪列如下：

成都县2镇、华阳县1镇、新都县2镇、郫县3镇、温江县1镇、新繁县2镇、广都县4镇、灵泉县3镇、眉山县6镇、彭山县4镇、丹棱县4镇、青神县4镇、晋原县1镇、新津县2镇、江源县2镇、永康县1镇、青城县4镇、九陇县4镇、导江县3镇、巴西县5镇、彰明县7镇、魏城县4镇、罗江县3镇、神泉县1镇、龙安县4镇、盐泉县2镇、石泉县1镇、雒县3镇、什邡县4镇、绵竹县5镇、德阳县3镇、龙游县4镇、洪雅县5镇、夹江县1镇、峨眉县5镇、犍为县2镇、临邛县2镇、依政县2镇、安仁县3镇、大邑县1镇、蒲江县2镇、火井县1镇、汉源县7镇、严道县2镇、名山县2镇、汶川县1镇、阳安县9镇、平泉县6镇、仁寿县9镇、井研县5镇。

成都府全路有市镇的县50个，平均每县拥有3.2个市镇，密度不大。市镇最多的是地处丘陵区的阳安、仁寿县，每县都有9个市镇，而处在富庶平原地区的成都郊县，市镇分布并不稠密，倒是一个值得注意的问题。

2. 梓州路

北宋真宗咸平四年置梓州路，徽宗重和元年（1118）改为潼川府路。地处四川盆地嘉陵江、沱江和长江流域，共有市镇356镇，分县胪列如下：

郪县11镇、中江县6镇、涪城县4镇、射洪县2镇、盐亭县5镇、通泉县4镇、飞鸟县5镇、铜山县2镇、永泰县2镇、小溪县10镇、蓬溪县5镇、长江县6镇、青石县5镇、遂宁县4镇、南充县18镇、西充县9镇、相如县8镇、磐石县11镇、资阳县3镇、龙水县5镇、内江县7镇、安岳县16镇、安居县8镇、乐至县8镇、大足县13镇、昌元县14镇、永川县11镇、泸川县4镇、江安县1镇、石照县9镇、汉初县7镇、巴川县11镇、赤水县6镇、铜梁县12镇、荣德县4镇、威远县6镇、资官县3镇、应灵县1镇、流江县18镇、邻水县10镇、邻山县10镇、金水县6镇、金堂县4镇、渠江县9镇、岳池县7镇、新明县13镇、富顺县13镇。

梓州全路有市镇的县47个，市镇分布密度大，绝对数量居4路之首。平均

[①] 笔者根据中华书局1984年整理出版的《元丰九域志》上、下册，清理出有关四川省、重庆市市镇的资料。由于篇幅所限，笔者将市镇名称全部略去。研究者如有兴趣，可从原书查找。

每县接近7.6个市镇，市镇最多的南充县，有市镇18个，属于市镇密集区。

3. 利州路

北宋真宗咸平四年置利州路。地处四川盆地东北部嘉陵江、渠江、通江流域，除去今天归属陕西、甘肃的兴元等府州外，共计91个市镇，分县胪列如下：

绵谷县2镇、葭萌县3镇、嘉川县1镇、昭化县3镇、阆中县4镇、苍溪县2镇、南部县3镇、新井县2镇、奉国县4镇、新政县6镇、西水县6镇、普安县2镇、阴平县3镇、普成县5镇、剑门县1镇、难江县1镇、恩阳县3镇、曾口县5镇、通江县2镇、蓬池县5镇、仪陇县5镇、营山县13镇、伏虞县8镇、江油县2镇。

利州全路有市镇的县26个，平均每县有3.7个市镇，密度大于成都府路。市镇最多的营山县，有市镇13个。

4. 夔州路

北宋真宗咸平四年置夔州路。地处四川盆地东部（包括今重庆市和四川达州地区），共有市镇81个，分县胪列如下：

彭水县5镇、黔江县1镇、通川县13镇、巴渠县1镇1场、永睦县17镇、新宁县6镇、东乡县1镇、明通院3场、临江县2镇、南浦县2镇、万岁县2镇、涪陵县2镇、巴县4镇、江津县14镇、璧山县5镇、云安县2镇、大昌县1镇。

夔州全路有市镇的县17个，平均每县有市镇约4.8个，市镇密度大于成都府路和利州路，小于梓州路。市镇最多的永睦县，有市镇17个之多。

从上述市镇数量、市镇地域分布情况看，北宋元丰三年以前，长江上游城乡商品经济最发达的地区是梓州路。梓州路处于四川盆地中部腹心地带，经济开发早，水陆交通便利，是长江上游市镇成长较早的地区。而夔州路市镇密度较大的原因，是它所处的长江水道的地利因素造成。利州路因得到嘉陵江、渠江水运之便，城乡商品经济得到一定发展，对沿江市镇发展有促进作用。这一时期成都府路市镇成长的低迷，则是一个令人费解的问题。当时成都府路管辖范围包括川西北贫瘠地区，市镇稀少十分自然。但是，成都城市近郊富庶地区市镇密度也很低，原因何在？笔者尚未找出原因，容后再加探索。

（三）宋代市镇的发展

北宋元丰三年到南宋灭亡，差不多又有两百年社会经济大发展的历史，长江上游市镇有何相应变化，一般著作语焉不详。20世纪80年代，福建厦门大学教授傅宗文所著《宋代草市镇研究》一书，系统考察了两宋市镇的演变、分布格局、主要特征、市容风光、市镇管理、市民类型、市镇结构等问题；在此书的下卷，作者从大量历史地理文献中，收集了详尽的市镇名录，编撰出较为完备的《宋代草市镇名录》[①]。这本书统计出两宋时期成都府路、潼川府路、利州路和夔州路的全部市镇。与前列元丰三年市镇比较，截至南宋灭亡的两百余年间，巴蜀地区市镇得到快速增长。

1. 成都府路

属于成都府路的市镇302个，比元丰三年多出142个。全路有市镇的县54个，比元丰三年多出4个。平均每县3.7个市镇，多出元丰三年0.5个；但在4路中，仅与利州路持平，市镇密度不大。

2. 潼川府路

属于潼川府路的市镇459个，比元丰三年梓州路多出103个。全路有市镇的县49个，比元丰三年多出2个。平均每县9.4个市镇，多出元丰三年1.8个；在4路中，市镇密度大于成都府路和利州路。

3. 利州路

属于利州路的市镇112个，比元丰三年多出15个。全路有市镇的县30个，比元丰三年多出4个。平均每县3.7个市镇，与元丰三年持平；在4路中，市镇密度等同成都府路。

4. 夔州路

属于夔州路的市镇233个，比元丰三年多出152个。全路有市镇的县21个，比元丰三年多出4个。平均每县11.1个市镇，高出元丰三年6.3个市镇。在4路中，市镇密度最大。

上述数据反映了北宋以后的两百年间长江上游市镇发展的总趋势：4个行政区内，有市镇的县均有不同程度的增长；各行政区的市镇总数大幅度上升，其中成都府路、潼川府路、夔州路增长都在100个以上，夔州路增长最多，达到152个之多。以各行政区有市镇记载的县平均数，两百年间，只有利州路市镇密度无变化，别的行政区均有不同程度的增长，其中夔州路增长幅度最大，说明这个时期，位于长江干流的今重庆市范围城乡商品经济得到快速增长。

[①] 傅宗文：《宋代草市镇研究》下卷，福建人民出版社1989年版。

二、"扬一益二":成都大都会商业的繁荣

(一)隋唐时期成都商业的兴盛

成都在魏晋南北朝时期,仍然是"西方之一都焉"①,但已远不如汉代地位之重要。隋唐时期的成都,随着经济的再度兴盛,逐渐恢复其全国性大都会地位。唐后期,成都与扬州并列为海内最为繁华的两大商业都会,"故谚称'扬一益二',谓天下之盛,扬为一而蜀次之也"②。晚唐时期,卢求《成都记·序》中更盛赞成都的繁华,"较其妙要,扬不足侔其半"③。唐末扬州毁于战乱,而成都得以偏安保全,商业贸易仍处在繁荣兴旺状态。唐代成都城市商品市场分为两类:

一种是固定性的城市市场。在唐代以前,成都的"市"只有一处,位于城西的少城内,通常称为成都市。入唐以后,随着商业的不断发展,"市"的设置逐渐增多。玄宗天宝年间,剑南节度使章仇兼琼创置南市,德宗贞元年间,剑南西川节度使韦皋又在万里桥南"创置新南市,发掘坟墓、开拓通街,水之南岸,人逾万户,闤闠楼阁、连属宏丽,为一时之盛"④。

肃宗以后,在大圣慈寺附近又形成东市⑤;原来位于少城内的成都市,则改称为西市。南市、东市、西市,就是唐代成都著名的"三市"⑥。僖宗时期,剑南西川节度使崔安潜又创置新北市。在繁华的城"市"里,有酒市。唐人韦庄诗《伤灼灼》自注"姐落于成都酒市中"⑦,说明成都有酒市。李珣《南乡子》词云"鱼市散,渡船稀"⑧,可知成都有鱼市。又据萧遘《成都诗》"月晓已开花市早,江平偏见竹簰多"⑨,可见成都早晨还有花市。这种经常性的花木市场,与每年"二月花市"是不同的,出售各种农副产品和生活日用品。

---

① 《南齐书》卷一五《州郡治》。
② (宋)洪迈:《容斋随笔》卷九《唐扬州之盛》。
③ 《全唐文》卷七四四。
④ (唐)杜光庭:《道教灵验记·南康王韦皋修黄箓道场验》,《云笈七签》卷一二二。
⑤ (唐)段成式:《酉阳杂俎续集》卷七《金刚经鸠异》。
⑥ (宋)司马光等:《资治通鉴》卷二五三,僖宗乾符六年四月。
⑦ 《全唐诗》卷七〇〇,韦庄诗注。
⑧ 冯汉镛:《海药本草作者李珣考》,《医学史与保健组织》1957年第2期。
⑨ (唐)萧遘:《成都诗》,《全唐诗》卷二七。

在繁华的城市市场上，陈列着各式各样的商品，这些商品分设集中交易的场所，一般经售专业加工性质商品的市场，称之为"行"，例如"金银行""蓝靛行""玉器行"等；大宗农副业产品、食品市场，一般称为市，例如"米市""炭市""酒市""鱼市""花市"。麻织品、丝织品、纸张、书籍、陶瓷、金银器皿、井盐、铁农具、蜀马、各种兵器、服装、食品，都在各种专业市场上销售。同时，从东南沿海和西北地区贩运来的吴盐、香药、海货和各种奇珍异宝，"奇器、异服"①，也都在成都的商业区内集散。此外，成都的市场上还有奴隶买卖②。

成都的"市"，实际上是四川最大的物资集散中心。盛唐时期，成都城市商业繁荣，白天的交易活动已显不够，出现了夜市。"锦江夜市连三鼓，石宝书斋彻五更。"③唐诗中有不少篇章描述了成都城市的繁华盛况，杜甫《成都府》"喧然名都会，吹箫间笙簧"，李白《上皇西巡南京歌》"九天开出一成都，万户千门入画图"，都是诗人亲历成都时的纪盛之作，可证其繁华景况。

市与行之外，还有一种更为古老的建置——"坊"。自晋迄唐，中国城垣内都被划分为若干坊区，每个坊区周围都筑有墙垣或篱栅，只在通街之处开设坊门，以便出入。有关成都的"坊"，见诸文献记载的，就有"金马""碧鸡""花林""锦浦""书台""龙池"等坊名④。

另一种是定期专业性市场。成都不仅有繁华的商业区，而且还有各种定期举行的习俗性集市，其中蚕市、药市和七宝市最为著名。蜀人养蚕缫丝的历史十分悠久，"成都古蚕丛之国，其民重蚕事，故一岁之中，二月望日鬻花木、蚕器于某所者号蚕市，五月鬻药于观街者号药市，冬月鬻器用者号七宝市"⑤。但唐人陈溪依据他的见闻，说蚕市的形成在蜀汉时期⑥。关于蚕市的最早可靠记载，则是在唐德宗贞元年间。当时的剑南西川节度使韦皋撰有《蚕市记》一文⑦。宪宗元和年间，唐诗中已提到了蚕市："蚕市初开处处春，九

---

① 《旧唐书》卷五一《杨贵妃传》。
② （宋）李昉等：《太平广记》卷一四四《吕群》。
③ （宋）祝穆：《方舆胜览》卷三一引《成都志》所载古诗。
④ 李敬洵著：《四川通史》第三册，四川人民出版社2010年版，第408~411页。
⑤ （宋）祝穆：《方舆胜览》卷五一《成都府路·蚕市、药市》。
⑥ （唐）陈溪：《彭州新置唐昌县建德草市歌马亭并天王院等记》，《文苑英华》卷八〇八。
⑦ （宋）王象之：《舆地纪胜》卷一三七《成都府路·碑记》。

衢明艳起香尘。"①这是有关成都蚕市的最早吟咏。自此以后,有关蚕市的记载才逐渐多起来。史籍记载,"成都城中鬻花、果、蚕、器于一所,号蚕市"②。唐代成都举行蚕市的地点是在城北学射山上的至真观,时间是每年的三月三日。到了唐末五代,在乾元观、龙兴观、严真观也都举行蚕市,时间仍然是每年的"春三月"③。合城官员贵胄、富家大宅,以及百姓都参与到这个活动中,"锦里蚕市,满街珠翠,千红万妆。玉蝉金雀,宝髻花簇,鸣珰啸长衣"④。

从成都举行蚕市的地点和时间看,蚕市的兴起和四川道教有关。传说旧历三月三日张伯子在成都城北的学射山得道升天,隋代在学射山上建至真观。唐高宗时期,至真观道士王晖又"好为人相蚕种,逆知丰损"⑤。其后,至真观道士多以预卜田蚕灾祥为事,遂使祁乞田蚕的风气越来越兴盛,"每岁至是日,倾城士庶,四邑居民,咸诣仙观,祁乞田蚕"⑥。而官僚豪富也利用这个机会,游宴行乐,竞奢斗侈。这种因宗教信仰和游宴行乐活动而形成的集会,为商业活动提供了理想的场所,随着商品交换的不断扩大,逐渐发展成大规模的集市。蚕市上出售的货物,主要是蚕器、农具和"花木果药什物"等农副土特产品⑦。

四川药市的出现,似乎与道教有关,成都城南药市玉局观是道教二十四化之一,又名玉局化,据说是老子在此为张道陵演正之一法。每年的九月九日在这里举办药市,道士、方家云集。每年这天,从清晨开始,"尽一川所出药草异物与道士毕集,帅守置酒行市以药之,别设酒以犒道人。是日早,士人尽入市中。相传以吸药气愈疾,令人康宁"⑧。据说在药市上"吸药气",可以治病,所以在举行药市的时候,士庶云集,其热闹的程度,不亚于蚕市;本地或外地商人在这里进行药材交易。"芎与大黄如积,香溢于廛。"⑨黎州、

---

① (唐)眉娘:《和卓英英锦城望春》,《全唐诗》卷八六三。
② 《资治通鉴》卷二五三,僖宗乾符六年四月甲子条,胡三省注。
③ (宋)佚名:《五国故事》卷上《前蜀王氏》。
④ (唐)韦庄:《怨王孙》,《全唐文》卷八九二。
⑤ (唐)王太霄:《元珠录·序》,《全唐文》卷九二三。
⑥ (宋)黄休复:《茅亭客话》卷五《鲜于耆宿》。
⑦ (宋)黄休复:《茅亭客话》卷九《鹭龙骨》。
⑧ (宋)陈元靓:《岁时广记》卷三六《吸药气》引《四川记》。
⑨ (宋)宋祁:《益部方物略记》。

雅州、西和、宕昌贩来大量珍贵药品，如犀角、麝香堆积售卖①。这天药市并不只一处，大慈寺也是其中之一，交易商品除药材还有百货。蔡绦《铁围山丛谈》记载："成都故事，岁以天中重阳时开大慈寺，多聚人物，出百货其间，号为药市者。"此外还有观街药市，祝穆《方舆胜览》记成都风俗药市条说："五日鬻香药于观街者号药市。"《岁华纪丽谱》所记药市有三：二月八日、三月九日观街药市，九月九日玉局观药市。陆游说："成都药市以玉局化（观）为最盛，用九月九日。"②

成都"七宝市"，是因"冬月鬻器用"而起的集市。"七宝"本是佛教用语，所指乃金、银、琉璃、砗磲、玛瑙、琥珀、珊瑚等宝货，引申其义，凡是以各种珍宝装饰的器物，也多以七宝为名。四川素以出产奇珍异宝而著称于世，故陈子昂说："天下珍货，聚出其中。"③因此，"蜀都之奇货"，多以七宝为名，如七宝楼、七宝阑干、七宝钟、七宝辇，等等。由此看来，成都最初的"七宝市"，很可能就是销售奇珍异宝、锦绮珍玩和其他高级手工制品、工艺品的贸易集市，以后逐渐扩大到包括一般手工业制品的买卖，所以被称为是出售各种"器用"的集市④。

唐代成都与长安、洛阳，以及长江中下游的贸易都呈增长之势。盛唐时，陈子昂就曾说过：

蜀为西南一都会，国家之宝库，天下珍货聚出其中，又人富粟多，顺江而下，可以兼济中国。⑤

陈子昂的奏疏，道出了成都在全国财政经济中举足轻重的重要地位。中唐以后，成都又与扬州并列为全国最繁华的两大商业都会，所以唐代文献记载说，扬州"与成都号为天下繁侈，故称扬、益"⑥。唐宣宗时期，中央王朝统治式微，北方藩镇割据，相对安定的西部都会成都更加繁荣。卢求在《成都

---

① （宋）张世南：《游宦纪闻》卷二。
② （宋）陆游：《老学庵笔记》卷六。
③ 《陈子昂集》卷九《谏雅州讨生羌书》。
④ 李敬洵著：《四川通史》第三册，四川人民出版社2010年版，第413页。
⑤ 《旧唐书》卷一九〇《陈子昂传》。
⑥ （唐）李吉甫：《元和郡县图志》下册，中华书局1983年版，第1071页。

记·序》中更是盛赞成都的繁富，非扬州所能企及：

大凡今之推名镇为天下第一者曰扬、益，以扬为首，盖声势也，人物繁盛，悉皆土著，江山之秀，罗锦之丽，管弦歌舞之多，伎巧百宫之富，其人勇且让，其地腴以善熟，较其妙要，扬不足侔其半。①

唐末，扬州毁于兵燹，而成都的商业却不断发展，从而成为全国最繁华的商业区。前、后蜀时期，成都为京畿所在，人烟辐辏，城市商业持续发展，成为与长江中下游之间保持着密切贸易的商业大都会。

值得注意的是蜀商在南北各地和西北胡商在巴蜀地区的活跃情况。京师长安是当时全国最大的消费城市，巴蜀毗邻关中，成都又有驿路直达长安，所以蜀商在长安非常活跃。西北胡商也往来巴蜀贸易，形成较为稳定的贸易联系。长江航线是四川和长江中、下游地区乃至中原地区最重要的商道，如杜甫《闻官军收河南河北》所云："即从巴峡穿巫峡，便下襄阳向洛阳。"因此，沿江各地亦多有蜀商活动。刘禹锡《竹枝词》（九首之四）说："日出三竿春雾消，江头蜀客驻兰桡。欲寄狂夫书一纸，家住成都万里桥。"②由此可见成都客商在沿江的贸易活动。

巫峡一带的商人则"每岁贾于荆、益、瞿塘之濡"③。这些外出经商的贾客，有的直下巴陵，有的前往扬州，有的则经洞庭湖，溯湘江南下，直至潭州，达于永州。由于长期在外羁旅，不少四川客商就在外地定居下来，其中寓居江陵的巴蜀客商最多。唐代巴蜀沿边地区的贸易十分兴盛，黎州（今汉源县）部族众多。文献记载说：

蕃部蛮夷混杂之地，元无市肆。每汉人与蕃人博易，不使钱。汉用绸、绢、茶、布，蕃部用红椒、盐、马之类。④

唐代黎州为汉藏民族聚居区，尚无固定商贸场所，民族之间的交易处在以

---

① 《全唐文》卷七四四。
② 《全唐诗》卷三六五。
③ （宋）李昉等：《太平广记》卷三一二《尔朱氏》。
④ （宋）乐史：《太平寰宇记》卷七七《黎州·风俗》。

物易物阶段，不用现钱购买，用自己的产品与对方货物交换。懿宗时期，吴行鲁又在大渡河上架桥，使"商旅经过，曾无复溺之忧"①。唐昭宗时期，王建又在"文、黎、雅、茂等州多市蕃马"。十年之间，得官马八千，私马四千。②

唐代蜀地与西北地区贸易进入活跃期，陇右及河西诸州的商旅"莫不皆取于蜀"③。关中商人则"贩盐于巴渠之境"④。荆襄的商人也有"贾于蜀者"⑤。唐末五代，荆湖、淮浙的商人更是大批涌进四川，贸易兴贩，同时还抢购名画，以为奇货。不仅长江中下游地区的贾客入蜀经商，就是远在广州的商贩也远道来到成都，杜甫《送段工曹归广州》诗有"幸君因旅客，时寄锦官城"⑥的句子。

蜀地与西北地区的少数民族有传统贸易关系。入唐以后，仍然有西域的贾胡入蜀经商，如睹货速利国人佛陀达摩，就是"少因行易，遂届神州，云于益府出家"⑦。杜甫在夔州所作《滟滪》诗说："估客胡商泪满襟。"⑧唐高宗以后，吐谷浑亡国，吐蕃据有其地，于是吐蕃取代吐谷浑，成为四川在西北地区最重要的贸易对象。四川与吐蕃之间主要是通过西山诸羌进行间接贸易。武周时期，唐朝曾禁止益州与吐蕃互市，但是和西山诸羌的贸易却照常进行，因此邛州专门生产一种"番饼茶"，长期供应诸羌及党项。而西山诸羌又"潜通吐蕃，故谓之两面羌"。通过这些两面羌的转手贸易，蜀中的物资也就输入吐蕃。因此，吐蕃赞普能够以剑南东川出产的昌明茶夸耀于唐朝使臣⑨。与此同时，青藏高原出产的畜牧土特产品和药材，也通过西山诸羌贩运到四川。

四川不仅与西南各少数民族保持着贸易关系，而且还通过云南，与印度、缅甸和安南进行国际贸易。南北朝时期，四川与印度的贸易甚少，直到唐以后才逐渐得以恢复。自阁罗凤西开寻传之后，南诏重新占据汉代的永昌故地，

---

① （唐）陈溪：《彭州新置唐昌县建德草市歇马亭并天王院等记》，《文苑英华》卷八〇八。
② （清）吴任臣：《十国春秋》卷三五《前蜀·高祖本纪》。
③ 《陈子昂集》卷八《上蜀川军事》。
④ （宋）李昉等：《太平广记》卷四三三《王行言》。
⑤ 《古今图书集成》卷三五六《明伦汇·闲媛典》。
⑥ （清）仇兆鳌：《杜诗详注》卷一一。
⑦ （唐）义净：《大唐西域求法高僧传》卷上《睹货罗僧寺》。
⑧ （清）仇兆鳌：《杜诗详注》卷一九。
⑨ 《旧唐书》卷一九七《东女国传》。

"南通渤海,西近大秦"①。于是云南和印缅之间的贸易又兴盛起来,其中河赕贾客最为活跃。而四川商人则通过与南诏商贾相贸易,把印缅出产的货物贩运到四川,其中大多为象牙、犀角、香药和各种珍奇之物,甚至昆仑奴也经云南贩运到四川②。四川与安南之间的贸易也相当兴盛。宋代以后,依然是"富商自蜀贩锦至钦,自钦易香至蜀,岁一往返"③。从而把东南亚地区出产的香药等物输入四川。

唐代前期,蜀麻成为最大宗的外销物资。四川的纺织品也被商贾贩往全国各地。玄宗天宝年间,远在西北地区的交河郡市场上就有"益州半臂""梓州小练"和"维州布"④出售,唐中期以后,茶叶兴起,蜀茶便逐渐取代蜀麻的地位,成为四川主要的外销产品。蜀锦不仅是四川最著名的外销纺织品,还行销国外,至今日本还有唐代蜀锦实物。此外,巴锦也大量输出。文献记载,行销京师的果、阆二州"重绢",是全国价格最高的"土绢"⑤。唐代末期,除了茶叶和纺织品之外,药材又成为四川重要的输出商品,在梓州和成都相继形成的"药市",主要就是为了适应川药外销的需要。这些药材不仅贩运到全国各地,其中麝香还经广州输往国外⑥。

巴蜀在对外贸易中所输入的物资,以食盐和香药最为重要。江淮地区的海盐曾是四川食盐的重要来源,唐朝实行榷盐法以后,河中府的解池盐仍然大量输入山南西道,云南的井盐则行销四川南部的少数民族地区。四川又是全国香药的重要集散地,除了本地出产的麝香、茅香花之外,绝大多数香药来自国外,尤以印支半岛和缅甸输入的种类和数量最多,杜光庭说:"宝香来于绝域。"⑦唐代末期因黄巢起义使广州的香药贸易遭到破坏,于是四川便成为全国香药进口的主要地区,香药贸易盛极一时。此外,各种奇珍异宝也从国外输入四川。

---

① 《南诏德化碑》,今存云南大理苍山南诏太和城遗址。
② (宋)李昉等:《太平广记》卷二三二《周邯》。
③ (宋)周去非:《岭外代答》卷三《钦州博易地》。
④ [日]仁井田陞:《吐鲁番出土的唐代交易法文书·附录·价格文书》。
⑤ (宋)王溥:《唐会要》卷四〇《定赃估》。
⑥ (唐)[阿拉伯]苏莱曼等:《中国印度见闻录》卷二《中国见闻续记》。
⑦ (唐)杜光庭:《谢允上尊号表》,见《全唐文》卷九三〇。

（二）前后蜀时期成都商业的繁荣

前后蜀时期，成都为京城所在，人烟辐辏，商品市场持续发展。市区有三个主要市场，建于唐僖宗乾符六年（879）。西川节度使崔安潜"出库钱千五百缗，分置三市"①。前后蜀时，三市仍存。前蜀王衍降后唐时，魏王遣李严"于三市慰谕军人百姓"②。文献记载："伪蜀大东市有养病院"，大东市应是成都三市之一③。三市之外，还有米市、炭市、日用品等市场。唐代开始的定期专门商品市场，在前后蜀时期，更为兴盛。以蚕市为例："蜀中每春三月为蚕市，至时货易毕集，阗阓填委，蜀中称其繁盛。"④此外还有痎市和草市。痎市与草市相似，都是城郊间歇性市场，但痎市属于定期交易的农村市场，隔日一集，与后来场镇的场期类似。

除痎市外，成都地区原有草市亦在继续活动。当时，由于商品市场的活跃，成都商人的活动亦值得注意。大批行商负贩奔走于省内外大小市场之间，如秦商王行言从事川盐运销，"鬻于巴渠之境"，由于山路险峻，野兽成群，"行言结千余辈少壮同行"⑤。值得一提的是，不少贵族、官僚从事商业活动，赚取商业利润。前蜀太后、太妃也卷入了这种经营活动，她们在四川"通都大邑起邸店，以夺民利"⑥。位极人臣的李昊"货资岁入巨万"⑦。眉州司马卢敬芝"以货殖为业"⑧。在城市商业繁荣的条件下，金融业也相当活跃。后蜀成都高利贷商人公开放债，盘剥商民，《蜀梼杌》说："蜀人质钱取息者，将徙居，必书其门曰：召主收赎。"其中也有贵族、官僚盘剥小民，宋灭后蜀，太祖于次年下诏："西川民欠伪蜀臣僚私债者，悉令除放。"⑨

---

① （宋）李焘：《续资治通鉴长编》卷二五三。
② （宋）苟延庆：《锦里耆旧传》卷六。
③ （宋）黄休复：《茅亭客话》卷三。
④ （宋）佚名：《五国故事》，引自杨伟立《前蜀后蜀史》，四川省社会科学院出版社1986年版，第203页。
⑤ （宋）李昉等：《太平广记》卷四三三引《玉堂闲话》。
⑥ 《新五代史》卷六三《前蜀世家》。
⑦ 《宋史》卷四七九《西蜀世家·李昊传》。
⑧ （宋）孙光宪：《北梦琐言》，《逸闻》卷一"韦成皋修黄白术"条。
⑨ （宋）李焘：《续资治通鉴长编》卷七，太祖乾德四年。

（三）宋代成都商业、贸易的兴盛

1. 商业大都会的复兴

北宋收蜀后，着意整顿交通，改善巴蜀与中原的关系。由于交通的发展和经济的繁荣，宋代成都的商业也随之繁荣。在时人笔下当时的成都热闹非凡：

成都，西南大都会，素号繁丽。万井云错，百货川委。高车大马决骤乎通逵，层楼复阁荡摩乎半空。绮縠昼容，弦索夜声。倡优歌舞，娥媌靡曼，裾联袂属。奇物异产，瑰琦错落，列肆而班市。黄尘涨天，东西冥冥，穷朝极夕，颠迷醉昏。此成都所有也。①

北宋神宗时，由于城市商业的兴盛，街道上开设了许多店肆，进而出现大量占道经营的商贩，向街心扩展，使原有不很宽阔的街道变得更为狭窄，给行人带来很大的不便。因此，在成都及其附近州郡实行征收侵街钱的办法："天下州县，遂打量街道，分擘沟渠，虽是已出租税之地，但系侵占丈尺，并令别纳租钱。若不承认，则彻屋翦檐，然后获免。西川州郡，有一处岁入八百贯以来，推之四海，掊敛甚多。"②城市商业的繁荣，必然出现商贩挤占街面的问题，此事足以证实。

在西川州郡中，成都是大都会，首当其冲。侵街钱的征收正是宋代成都商业繁荣的标志。宋代成都城市街巷增多，但出现的问题是基础设施很差。"太少二城，坤维大都会，市区撠比、衢隧碁布。而地苦沮洳，夏秋霖潦，人行泥淖中，如履胶漆；既晴，则蹄道辙迹，隐然纵横，颇为往来之患。"为了适应商业活动的需要，南宋绍兴十三年（1143）成都知府张焘"始命甓之"，尝试铺砖砌街"仅二千余丈"。三十四年之后，范成大任四川安抚制置使兼任成都知府，在成都进行了大规模的砌街工程，先后用砖铺砌了长达"三千三百六十余"丈的街道。而街道的铺砌，使城市居民出行十分方便，商品交易场所也得到改善，促进了成都商业的发展③。

成都城内"居人栉比，酋豪繁盛于五陵，俗尚嬉游，家多宴乐"④。宋代

---

① （宋）李良臣：《钤辖厅东园记》，见《全蜀艺文志》卷三四。
② （宋）李焘：《续资治通鉴长编》卷三七七，哲宗元祐元年五月壬。
③ （宋）范谟：《砌街记》，见《全蜀艺文志》卷四〇。
④ （宋）刘锡：《至道圣德颂》，引自《天启成都府志》卷四八。

成都还把唐末五代兴起的游乐之风，发展成为游乐兼商业贸易的定期集会。文献记载宋代成都游乐习俗盛况：

  成都游赏之盛甲于西蜀，盖地大物繁而俗好娱乐。凡太守岁时宴集，骑从杂沓，车服鲜华，倡优鼓吹，出入拥导；四方奇技，幻怪百变，序进于前，以从民乐。岁率有期，谓之故事，及期则士女栉比，轻裘核服，扶老携幼，阗道嬉游。或以坐具列于广庭，以待观者，谓之遨床，而谓太守为遨头。①

这种成千上万官吏民众定期游乐的集会，招徕了大批承办官需物品的商人、商贩前来从事商业贸易，足见游乐之地的商业贸易之繁荣。成都经济的繁荣，也使聚居在这里的人口日渐稠密、商贸活动增多，官僚、富豪过着优雅富足的生活。

宋代的成都，与四川盆地内部和全国各经济区的商业贸易较为密切，成都的一些主要手工业品，如蜀锦、纸张等，远销南北各地，对全国有较大的影响。同时，成都平原及其周围地区所出产的茶叶、药材、丝织、麻织品等也以成都为集散中心；成都聚集的大批官僚豪富，也需要全国各地出产的珠宝等各种奢侈品，以满足其生活需要。所以，成都是全国重要的商业中心之一。但是，因其经济发展的水平和自然地理环境条件的影响，成都的商业又有自己的特点。

 2. 专业化市场——"市"的涌现

宋代，成都有许多专门商品的市，这些专门市早在唐代即已存在，但到宋代更为繁荣，成为成都商业的重要交易场所。赵抃《成都古今记》说宋代的成都"正月灯市，二月花市，三月蚕市，四月锦市，五月扇市，六月香市，七月七宝市，八月桂市，九月药市，十月酒市，十一月梅市，十二月桃符市"②。几乎月月都有专门的市举行。《方舆胜览》说："成都古蚕丛之国，其民重蚕事，故一岁之中，二月望日鬻器用者，号七宝市，俱在大慈寺前。"③此外还

---

① （旧题）（元）费著：《岁华纪丽谱》，《全蜀艺文志》卷五七。
② （清）张澍：《蜀典》卷六《风俗类》引。
③ （明）曹学佺：《蜀中名胜记》卷二引。

有麻市①。宋代成都的这些专门市中，最著名和规模最大的是蚕市和药市。

蚕市在宋代十分繁荣。据《岁华纪丽谱》和田况《成都游乐诗》所载，成都春季从正月到三月蚕市要举行五次，地点也不止一处②。蚕市是"蚕将兴以为名也，因是货蚕农之具及花木果草药什物"③。田况《正月五日州南门蚕市》诗说：

齐民聚百货，贸鬻贵及时。乘此耕桑前，以助农绩资。物品何其伙，碎璅皆不遗，编篾列箱筥，饬木柄镃錤，备用诚为急，舍器工曷施。名花蕴天艳，灵药昌寿祺。根萌渐开发，蘂载相参差。④

可见蚕市是成都春季以农器和农副产品交易为主的盛大定期市场。

药市也是成都著名的专门市。宋人陈元靓说："成都九月九日为药市，诘旦尽一川所出药草异物，与道人毕集，帅守置酒行市以乐之。"⑤除此以外，宋代《岁华纪丽谱》说，成都每年二月八日与三月九日在玉局观一带举行药市。可见成都的药市每年也要举行几次。宋人庄绰记载说：

（成都）重九药市，于谯门外至玉局化五门，设肆以货百药，犀麝之类皆堆积。府尹监司皆武（疑为"步"字误刻）行以阅。又于五门以下设大尊，容数十斛，买杯杓，凡名道人者皆恣饮，如是者五日云。⑥

秋季这次药市，持续五天，是规模最大的一次。药市是四川地区各种药物的汇集交易之所，

宋代成都的这些专门市，大都在固定的地点举行，其中最经常举行的地方是大慈寺和玉局观。如大慈寺有"九十六院，地居冲会，百工列肆，市声

---

① （宋）陆游：《剑南诗稿》卷一四《昔在成都，正月七日圣寿寺麻子市，初春行乐处也，偶晨兴闻邻村守麻有感》诗。
② 《天启成都府志》卷四七和卷三四《艺文志》。
③ （宋）黄休复：《茅亭客话》卷九《鬻龙骨》。
④ 《天启成都府志》卷四七和卷三四《艺文志》。
⑤ （宋）陈元靓等：《岁时广记》卷三六"吸药气"条引。
⑥ （宋）庄绰：《鸡肋篇》卷上。

如雷"①。其间，"商列贾次，茶炉药榜，逢占筵专，倡优杂戏之类，坌然其中"②。大慈寺成为成都最大的市场。宋代成都的商业较之前代更为繁荣，但是，成都的各种专门市，如麻市、蚕市、花市、桂市、药市、酒市、梅市，从它们的名称和其中交易的商品来看，种类主要是成都平原及四川地区的农产品和各种副业产品。而如锦市、七宝市、扇市、桃符市，市中交易的商品也主要是地方性的手工业产品。《宋史·地理志》说蜀地"踏青、药市之集尤盛焉，动至连月"③。与此相比较，北宋都城开封，其市场中交易的许多商品来源于全国各地，是"八荒争凑，万国咸通，集四海之珍奇，皆归市易，会寰区之异味，悉在庖厨"④。而南宋都城杭州，同样也是"江帆海舶，蜀商闽贾，水陆浮趋"⑤。开封、杭州等城市，由于它们的交通位置远较成都优越，并先后作为北宋和南宋的政治中心，所以它们的商业活动范围很广，是全国性的许多农副产品和手工业品的贸易中心。由此可见，宋代的成都由于与全国其他重要经济中心距离的遥远和交通的困难，因而其商业活动虽然也遍及全国，但其主要范围仍然在四川地区，尤其是成都平原，所以，成都又具有明显的地区性商业中心的特点。

两宋时期，成都商品市场进一步扩大，原有的定期市场发展完善，按月令季节集中销售当地土特产品。其中最有名、规模最大的是药市和蚕市。宋代成都药市从一年一次扩大为一年三次，旧历二月八日、三月九日的"观街药市"和九月九日玉局观药市，而以重阳节玉局观药市最盛⑥。宋祁《益部方物记》说："大黄，蜀大山中多有之……芎，蜀中处处有之……成都九月九日药市，芎与大黄如积，香溢于廛。"⑦药市销售的犀角已经作为药用，时人记述说："犀出永昌山谷及益州……世南顷游成都药市间多见之，询所出，云来自黎雅诸蕃及西和宕。"⑧成都药市上的药材，不仅来自四川盆地内部，也来自川西高原地区。药材中，还有不少来自川西北高原"黎雅诸蕃及西和宕

---

① （宋）郭印：《超悟院记》，《宋代蜀文辑存》卷三九。
② （宋）侯溥：《寿宁院记》，《全蜀艺文志》卷三八。
③ 《宋史》卷八九《地理志》。
④ （宋）孟元老：《东京梦华录.序》。
⑤ （宋）葛澧：《钱塘赋》。
⑥ （旧题）（元）费著：《岁华纪丽谱》，《全蜀艺文志》卷五八。
⑦ （宋）宋祁：《益部方物略记》中。
⑧ （宋）张世南：《游宦纪闻》卷二。

昌"①，反映了成都市场与少数民族的贸易联系。成都蚕市已由"二月望日，鬻花木蚕器"②的农村集市发展为规模大、时间长的百货物资交流大会。"正月至三月，州城及属县循环一十五处。"③值得注意的是，蜀中蚕市受到两宋官府重视。正月五日五门蚕市，"太守即门外张宴"；二十三日蚕市，"太守先诣寺之都安王祠奠献，然后就宴"；二月八日蚕市，太守"早宴大慈之设厅"；三月二十七日大西门睿圣夫人庙前蚕市，"太守先诣诸庙奠拜，宴于净众寺"④。这说明，作为蜀中习俗的蚕市，还肩负着为岁贡蜀锦提供原料的重任，这件事关系到地方长令的升转，因此格外重视，不敢掉以轻心。

在蚕市从事经营活动的商人中，既有中小商贾，也有财力充足，"经年储百货有意享千金"的巨商大贾。在成都商品市场上，百货商品，特别是蜀锦、绢帛、蜀纸（笺）、蜀版书、麻布、茶叶、中药材等富有特色的地方商品琳琅满目，是向国内广大销区批发商品的集中市场。宋人范成大所见成都少城，"十里珠帘都卷上，少城风物似扬州"⑤，风物明丽、繁华似锦，可与大都会扬州媲美。

三、长江上游水陆贸易与沿江商业城市的崛起

隋文帝时名臣何妥之父，原本西域人士，"通商入蜀，遂家郫县"。早在梁武陵王萧纪时，何氏就"主知金帛，因致巨富，号为西州大贾"⑥。唐宋时期，在历史上形成的若干巴蜀对外通道中，以川陕干道为主要通道的陆路和以长江上游航道构成的水路互相配合，成为通往西北和东南各地的两大运输交通线。这两条道路的交汇点都在成都，成都是四川盆地商贸交通总汇。

（一）川陕干道的商贸交流

川陕干道称为"北路"，是当时成都与长安、汴梁等中原城市进行政治和经济联系的主要通道，也是成都与中原和西北地区进行客旅往来和通商贸易的重要交通线。据学者考证：香药仙茅生西域，从武城（今甘肃武山县），取道

---

① （宋）张世南：《游宦纪闻》卷二。
② （宋）祝穆：《方舆胜览》卷五一《成都风俗类》。
③ （宋）黄休复：《茅亭客话》卷九《鬻龙骨》。
④ （旧题）（元）费著：《岁华纪丽谱》，《全蜀艺文志》卷五八。
⑤ （宋）范成大：《三月二日北门马上》，《全蜀艺文志》卷一七。
⑥ 《隋书》卷七五《何妥传》。

成州（今甘肃成县）或阶州（今甘肃陇南市武都区）运来成都。珍珠、蛤蚧从西域入玉门、阳关，南至大积石山，顺岷江河谷进入成都①。蜀商亦贩运大量川货北上贸易，"蜀民为商者，行及太原，北上五台山"②。五代时，地方政权割据一方，成都与中原交通陷于困难。由于行旅稀少，虎患抬头，"商旅聚徒而行，屡有遭博噬者"③。

两宋时期，川陕干道再次成为成都与外省贸易的陆路枢纽。"成都府之北部，当京蜀之孔道，车马往来之冲"④。川陕道上，"岁贡纲运，使命商旅，昼夜相继"，沿途"庐舍骈接，犬豕纵横；虎豹群盗，悉皆屏迹"⑤。北路交通贸易的恢复，给川陕干道带来了蓬勃生机。经北宋王朝多次对蜀道北段进行维修，路途比过去易行得多。蜀道南段成都至凤州大驿路，已改为"自金牛入青阳驿至兴州"，经凤州而达凤翔⑥，北宋以后，北路蜀道成为成都与西北贸易和官府纲运的重要交通线。

自唐代以来，成都经川陕北路与西北地区贸易的主要商品有茶叶、蜀锦、瓷器、布帛、药材、蜀笺纸、蜀版书等，如西川茶叶经由北路的销售数额很大，崔致远在给朝廷的奏折中，提出用北路商茶税利作为军费。"况旧谓西川富强，皆因北路商旅，托其茶叶，瞻彼军储"⑦。西川食盐不足，唐王朝曾明令河中两池盐入川贸易，以弥补川盐供应短缺⑧，西北池盐因此大量输川。直至北宋初，成都食盐奇缺，仍准阶文州青白盐、解州池盐、峡路井盐等输川贸易，"勿收算"⑨。唐宋成都瓷器，由于质地优异，已作为宝货输往外省，唐代邛窑所产三彩人物水丞，为西域少妇形象。这显然是适应蜀瓷远销西北以及中亚而特意设计的。前蜀时，王建报后梁信物，也有成都青羊宫生产的秘色青

---

① 冯汉镛：《唐代时期剑南道的交通路线考》，《文史》第十四辑，1982年。
② （唐）李蒲：《通泉县灵鹫佛宇记》，见《唐全文》卷八一八。
③ （宋）黄休复：《茅亭客话》卷一二《虎盗屏迹》。
④ （宋）鶱汝明：《钝庵记》，《宋代蜀文辑存》卷三三。
⑤ （宋）黄休复：《茅亭客话》卷一二《虎盗屏迹》。
⑥ （清）徐松：《宋会要辑稿·方域》十之三。
⑦ （唐）（新罗）崔致远：《桂苑笔耕三》卷二。
⑧ （宋）王溥：《唐会要》卷五《盐铁》。
⑨ 《宋史》卷一八三《食货下五》。

瓷碗①。

宋代成都和东西川所出产的各种丝织品，"负于陆则经青泥、大散，羊肠九折之坂……日输月积，以衣被于天下"②。青泥指青泥岭，大散即大散关，都在由四川北越秦岭的陈仓道上，可见这条道路的重要。宋王朝在四川至熙、秦沿途设置水陆茶递铺，把四川所产的茶叶搬运凤州以至熙河路出卖，总计水陆运每年达五万至六万驮之多③。运销商货规模日益增多，使这条交通线更为繁忙了。

除了上述对外主要路线外，成都与川中各属也有大道可通。由成都东南经灵泉县，越龙泉山达于四川盆地中部的大道上，"聚落市镇，相为映带"④，而且"商贾轮蹄，往来憧憧不减大郡"⑤。可见四川盆地内部以成都为中心的商业交通的频繁和发达。

（二）巴蜀水路贸易

由成都乘船南下，由岷江入长江，经三峡到长江中下游的水道，历来就是四川地区对外物资运输的主要通道。宋代的这条水道交通线，自成都"顺流而下，委输之利，通西蜀之宝货，传南土之泉谷。建帆高挂则越万艘，连樯直进则倏逾千里，为富国之资，助经邦之略"⑥。由此可见，这条水路交通的繁荣畅旺。以长江上游水道与长江三峡水路勾连形成的水上通道，是巴蜀地区与中原和长江流域地区交通运输的主要路线。宋代"川益诸州金帛及租、市之布，自剑门列传置，分辇负担至嘉州，水运达荆南，自荆南遣纲吏运送京师。咸平中，定岁运六十六万匹，分为十纲"⑦。四川地区的布帛、奇货、茶叶、药材等产品，通过它们运出，其他地区的各种产品也由此输入四川地区。

成都南郊的流江两岸，万里桥至合江亭一带，由于是成都买舟东下三峡的水运码头，更是繁荣。唐代这里就已是"门泊东吴万里船"⑧。宋代又在合

---

① 陈丽琼：《试谈四川古代瓷器的发展及其工艺》，四川史学会编：《史学论文集》，四川人民出版社1982年版，第215页。
② （宋）吕大防：《锦官楼记》，《全蜀艺文志》卷三四。
③ 贾大泉：《宋代四川地区的茶叶和茶政》，《历史研究》1980年第4期。
④ （宋）苏恽：《灵泉县圣母堂记》，《蜀中广记》卷八一引。
⑤ （宋）袁辉：《通惠桥记》，《全蜀艺文志》卷三三中。
⑥ （宋）苏德祥：《新修江渎庙记》，《全蜀艺文志》卷三七。
⑦ 《宋史》卷一七五《食货志》。
⑧ 《杜诗详注》卷一三《绝句四首》之三。

江亭设立船官,以管理来往船只。吕大防《合江亭记》说合江亭:"为船官治事之所,俯而观水,沧波修阔,渺然数里之远……商舟渔艇,错落游衍。"①范成大也说他离成都时,"泊舟小东郭合江亭下……蜀人入吴者,皆自此登舟"②。由此可见,宋代成都的航运业是比较兴盛的,沿江商船、渔舟错落穿行,水上交通繁忙。

唐宋时期,成都与外省的水路贸易,主要是以岷江、沱江、嘉陵江为依托,长江为主渠道的水上交通贸易航道。这条贸易路线,以成都地区为起点,以长江中下游各地区为贸易辐射区,形成较为广泛的通商贸易关系。成都物产丰富,其商品通过长江运道,顺流而下,与各地建立了密切的贸易联系。生活在盛唐时期的陈子昂曾上书说:"蜀为西南一都会,国之宝府,又人富粟多,浮江而下,可济中国。"③江浙等省,又以成都急需商品溯江而上,满足了成都地区的需求。"水程通海货,地利杂吴风"④,就是对这种贸易关系的生动的描述。

根据唐宋时期的记载,巫峡、黔南、荆州、襄阳、金陵、广州等地,均有商人远至成都贸易。唐会昌五年(845)记载,位于长江岸边的云安,成为成都与东南地区货物汇聚地,"商贾之踪,鱼盐之利,蜀都之奇货,南国之金锡而杂聚焉"⑤。唐咸通中(860~874),巫峡商人尔朱,"每岁贾于荆益"⑥;唐代黔南采药者黄万祐"每二三十年,一出成都卖药"⑦;唐代荆襄商船贾于蜀⑧;金陵商人西上贸易,入蜀经商⑨;广州商人段工曹因作估客,"时寄锦官城"⑩。

前后蜀时,西川卫前将军李思益参与下江商人贸易,与"江货场勾

---

① 嘉庆《华阳县志》卷三九。
② (宋)范成大:《吴船录》卷上。
③ 《新唐书》卷一〇七《陈子昂传》。
④ 《全唐诗》卷一〇《卢纶》五。
⑤ (唐)李贻孙:《夔州都督府记》,《全蜀艺文志》卷三四下。
⑥ (宋)李昉等:《太平广记》卷三一二引《南楚新闻》。
⑦ (宋)李昉等:《太平广记》卷八六引《录异纪》。
⑧ 《古今图书集成》,《明伦汇·闺媛典》。
⑨ (唐)张籍:《贾客乐》,《全唐诗》卷四。
⑩ (唐)杜甫:《送段工曹归广州诗》。

当"①。蜀国东邻南平（地当荆州、江陵一带），"西通于蜀，利其供军财货"②。蜀中杜敬安鹤面佛像，擅长水墨丹青，"蜀偏霸时，江、吴商贾入蜀，多请其画，将归本道"③。由此可见，江南商人对杜敬安画作的重视。"蜀广政初，荆、湖商贾入蜀，竞请（阮）惟德画川样美人卷簇，将归本道，以为奇物。"④唐末五代时，成都市场广销香药或称海药，当时李珣著有《海药本草》，曾记其详，据时人辑录该书今存的124种海药，绝大部分是从欧亚各国输入的。它输入成都的多种路线中，经岭南、南汉、楚、南平入川，必然借助长江水路西上。⑤

两宋时，成都通往东南各地区的水上贸易更为发达。成都等地区输送中央政府的财帛，主要是通过长江运道，再由湖北转运开封的。"川益诸州金帛及租、市之布，自剑门列传置，分辇负担，自嘉州水运达荆南，自荆南遣吏纲运送京师。"⑥成都与东南各地的大宗商品贸易，亦畅行于长江水道，往来船舶极多，自成都"顺流而下，委输之利，通西蜀之宝货，传南土之泉谷。建帆高挂则越万艘，连樯直进则倏逾千里，为富国之资，助经邦之略"⑦。

宋代成都茶叶、蜀锦、布帛、药材、各种土产，都有商人经水路运往全国各地。一些豪商巨贾，或与官府勾结，利用官船押运货物，以私冒公，"影带布帛"，或绕道"私路"，借以偷漏税收，牟取暴利⑧。在宋代，由商而官、弃官经商，或亦官亦商、官商合一的现象比较普遍。南宋中期，成都"士大夫之贪黩者，为之巨艘西下，船舻相衔，捆载客货，安然如山"。他们还利用官僚的免税特权，出售名分、索取商人重金，荫庇商人。商人聚集夔门打听某官出蜀日期，"争为奔趋"，官僚得以"要索重价，一舟所获，几数千缗。经由场务，曲为复护免税，怀刺纳谒，恳嘱干饶"。这种现象，"往时不过蜀人之赴举者为之，既而蜀士之游宦江湖、召赴中都者，或未免循习。其后东南士大

---

① （宋）孙光宪：《北梦琐言》卷一二附《李思益》。
② 《新五代史》卷一三三《高季兴传附子丛海传》。
③ （宋）黄休复：《益州名画录》卷中《张玄传》。
④ （宋）黄休复：《益州名画录》卷中《阮惟德传》。
⑤ 范行准：《李珣及其〈海药本草〉的研究》，《广东中医》1958年三卷7、8期。
⑥ 《宋史》卷一七五《食货志》。
⑦ （宋）苏德祥：《新修江渎庙记》，引自《全蜀艺文志》卷三七。
⑧ （清）徐松：《宋会要辑稿·食货》十七之十八，《宋会要·方域》十二之三。

夫仕于蜀者,归途亦多效之。而把挥持节者抑有甚焉"①。由于这种偷税之风盛行,致使"沿江场务,所至萧条,较之往年所收,十不及四五"②。豪商大贾和官僚则在这种相互勾结利用中互惠互利,大发其财。与此同时,频繁的商品流通和水陆路长途贸易,增加了货币的使用量和流通频率,催生了信用票据、纸质货币的产生。

（三）沿江商业城市崛起

由于水上贸易的空前兴盛,沿江要津,因其地利因素,发展为商业繁荣的城市。夔州地处长江要隘,东西水上贸易必经口岸,当时成为川东交通和贸易中心;渝州位于长江与嘉陵江交汇处,"二江之商贩,舟楫旁午"③,得以迅速发展;泸州是沱江与长江会合处,成为"商贾辐辏,五方杂处"的重镇;嘉州地处岷江隘口,当荆蜀渝泸要道,是成都与东南地区水路贸易的集结地之一,商业、造船业因之兴旺。

1. 沿江州城的商业化

宋代四川沿江的州城,虽然仍是地区行政中枢,但城市的商业性、娱乐性的日益增强,逐渐改变着城市的基本面貌,经济活动的突飞猛进、相应的城市管理工作的重要行使行政职能在发生变化。绝大部分州城都设立商税务,征收商税。在州城商业发展中,处于水陆交通枢纽位置的州城在这种变化中显得十分突出。

梓州:宋代梓州仍是四川的大都会。州治又是梓州路治所,"南控泸叙,西扼绵茂,江山形胜,水陆之冲,为剑外一都会,与成都相对"④。唐代兴起的梓州药市,原为九月一日至八日而散,宋代则增加三日,到十一日而罢⑤。熙宁十年梓州州城商税为55000贯,在四川州城的商税收入中,仅次于成都府路的商税收入。故政和年间升梓州为潼川府。

遂州:地处川中涪江中游,平川沃野,人物富庶,盛产甘蔗和糖霜,是中国最早制作冰糖之地。上游龙州、绵州各县山区,均为药材产地,尤以附子、麦冬等产量较高,历代产销不衰;绵州更以生丝和丝织品绫、锦等成为远近畅

---

① （清）徐松:《宋会要辑稿·食货》十八之二五。
② （清）徐松:《宋会要辑稿·食货》十八之二五。
③ （宋）王象之:《舆地纪胜》卷一七五。
④ （宋）王象之:《舆地纪胜》卷一五四《潼川府路·潼川府》。
⑤ （明）曹学佺:《蜀中广记》卷一五四。

销商品,遂州也自然成为中转口岸。熙宁十年(1077),遂州的商税额达48000贯,因其商业发达,北宋和南宋时期,梓州(潼川府)路转运司曾一度设治所于此,主办一路财政事宜。政和五年(1115)亦由州升为府。

果州:地处嘉陵江中游,当水陆往来之冲,盛产柑橘、绢帛,每年供应河东、泸南绫绢数十万匹。故"其民喜商贾而怠稼事"。其政治地位虽亚于潼川府和遂宁府,经济地位却毫不逊色,是"士民所聚则过之"的川东北重镇,"繁盛冠东川",当时已是众所周知,"蜀人唤作小成都"①。熙宁十年,果州城商税额为32000贯,已发展成川东北的商业、贸易中心。

嘉州:嘉州是岷江进入长江上游岷江、金沙江和青衣江交汇处,宋代成为长江水上贸易的重要城镇。岷江是成都通往长江中下游荆襄、江淮等商贸城市的交通干线,沿江彭山、眉山、嘉定成为沿江商贸城市,下行的蜀麻、茶叶、药材等商品,上行的吴盐、海货,都要经由成都与长江中下游地区贸易的水上必经通衢。嘉州地当三江汇合处,水势凶猛,来往舟楫失事者多,唐开元初年,才由海通和尚在三江口倡修大佛,以镇水势。因工程浩大,延续百年之久,到唐贞元十九年(803)才最终告竣②。

利州:地处四川北部交通孔道。陆路北达关陕,南过剑门而入两川,水路沿嘉陵江下行至阆州果州而达夔峡,上行而到兴州、凤州,实为舟车咽喉之地。虽然土地贫瘠,城郭矮小低下,居室简陋,但是仍然发展成剑外一大都会,商业贸易相当发达。利州道上,"岁贡纲运,使命商贾,昼夜相继,庐舍骈接,犬豕纵横,虎豹群盗,悉皆屏迹"③。熙宁十年(1077),利州城商税额43000贯,仅次于成都、梓州、遂州,居四川商税收入第四位。商税的数额,反映了当地商品的销售量,因为商税是按商品的价值或数量来征税的。时人称利州"为小益,对成都之为大益也"④,足见利州在宋代巴蜀城市中地位的重要程度。

2. 巴渝城市的发展

宋代以渝州为代表的巴渝城市比前代有了更大的发展,这是长江上游和中下游贸易快速发展直接促进巴渝经济发展的结果,也是伴随着汉族居民的迁入

---

① (宋)王象之:《舆地纪胜》卷一五六。
② 唐长寿:《嘉州山水》,新疆人民出版社2004年版,第171~172页。
③ (宋)黄休复:《茅亭客话》卷一《虎盗屏迹》。
④ (宋)王象之:《舆地纪胜》卷一八四。

和僚人等少数民族的汉化快速推进区域经济进步而出现的城市化进程。

巴渝经济进步包括农业的进步、手工业的发展、商业的活跃、人口的增加等几个方面。巴渝地区山区和丘陵区的开发，直接带动了巴渝地区经济的进步。山区、丘陵区农业梯田、塘堰工程的建设，改善了农业的落后局面。长江沿岸台地，地暖早熟，不少农田种植了早稻和中稻，如乐温、温山等县，五月半早稻已熟，便可食新；直到八月，水稻才完成收割，因而"民食稻鱼，凶年不忧，俗无愁苦"[①]。合州等地无平原，"农人于山陇起伏间为防，潴雨水，用植粳、糯稻，谓之瞪田，俗名雷鸣田，盖言待雷鸣而后有水也"[②]。有潴水灌溉的梯田，只要雨水调匀，一般都能种植水稻，这是巴渝地区农业的一大进步。

宋代巴渝地区城市发展的一个首要标志，是巴渝商业比之前代有所发展，并在历史上第一次有了商税收入的具体记载，巴渝地区同邻近各州相比，税额处于中等水平。熙宁十年，渝州、合州、涪州商税额都超过了3万贯，南平军因新置不久，商业尚不发达，仅3000余贯；巴渝地区商税总额达到126826贯，这个数字虽然低于成都府（当时商税总额为171631贯），但高于杭州府（82000余贯）。从户均商税看，巴渝五州军户均商税为0.946贯，川陕四路户均商税为0.768贯，全国户均商税为0.481贯，不仅高于川陕四路户均商税，而且接近全国户均商税的两倍。商税收入主要集中在州城，部分县虽也设税务，但商税收入大都偏低；交通条件是影响商税收入的重要因素，合州、渝州都在长江沿岸，地处水陆交通要道，均比经济发展水平相当而非交通要冲的昌州高出不少。江津县亦因水运方便，税额高于其他各县，说明交通要道的商品交换和商品流通比交通不便和僻远地区更能对城市的发展起促进作用[③]。

渝州地处长江、嘉陵江汇合处，巴蜀各地运往东京汴梁（开封）、江淮和东南临安的货物或官物，都由长江干流或嘉陵江经渝州等沿江城市东下，"商贾之往来，货泉之流行，沿溯而上下者，又不知几"[④]，渝州已成为四川东部的交通枢纽和商业贸易中心之一；合州是嘉陵江、涪江、渠江三江交汇之处，农副业都相当发达，又是重要的造船基地，已发展成为嘉陵江流域的物资集

---

① （宋）王象之：《舆地纪胜》卷一六五。
② （宋）叶适圭：《海录碎事》卷一七。
③ 贾大泉、陈世松主编，周原孙著：《四川通史》第四册，四川人民出版社1993年版，第228~231页。
④ （宋）冉木：《心舟亭记》，转引自道光《重庆府志》卷一《舆地志》。

散地，成为商业性城市。北宋早期，在昌州三县各场镇设有38个税务，熙宁十年，因税额过少，裁并后仅在县城置务。这表明除县所在之场镇外，其余场镇商业贸易仍然是初步的。有些交通不便、经济落后的地区，场镇市场很少，甚至还有个别空白地区①。

第二节　世界最早的纸币——交子

唐、五代到北宋前期（公元9至11世纪），我国中原地区藩镇割据、武人横行、战乱不断，社会动荡。蜀地在前后蜀到北宋时期，战乱较少，社会相对安定，商品经济得到持续发展，城市商品流通和货币的使用量都有前所未有的增长。

北宋统一后，为了增强中央政府的控制权力，防止蜀地滋生割据倾向，在加强政治控制的同时，在财经方面也实行了剥夺政策，禁止铜钱入蜀和对蜀征收税利须搭缴十分之一的铜钱，即是其中之一。于是，蜀地商品市场只能使用铁钱。而铁钱量重值低，不利于市场交易，作为代金券或者现金支票的纸币——交子开始由成都商家创制并在市场流通起来。由于有实力雄厚的铺户作保，最初的发行量和发行范围也有限制，因此信誉良好。随着流通范围的扩大，特别是官方利用它作为聚敛工具以后，交子的性质发生了质的变化，逐步贬值并最终退出流通领域。交子虽然未能完成传统钱币向纸币转化的历史过程，但其作为世界最早出现的纸币，其历史意义是不能忽视的，它是人类在商品流通市场采用纸币替代金属货币的成功尝试，其首创之功已经彪炳史册，不可磨灭。

一、宋初蜀中行使铁钱的弊端

在宋以前，巴蜀地区通行货币与全国一样，主要是铜钱②。后蜀广政十八年（955），因防御后周，募兵增加，军饷不足，开始铸造铁钱，与铜钱并行。北宋平蜀后，禁铜钱入川，听其使用铁钱。而中央政府在四川征收两税和各种课利，则规定十分中输铜钱一分，导致四川铜钱奇缺，价值昂贵，铜钱与铁钱的比率由1∶1.1文，骤降至1∶5文。太平兴国四年（979），规定两税和各种税

---

① 隗瀛涛主编：《重庆城市研究》，四川大学出版社1989年版，第57、78~84页。
② 西汉末年，公孙述据蜀，曾铸造并使用过铁钱。

利，要缴纳10%的铜钱，给铜钱奇缺的巴蜀民间带来很大的影响。北方商贾乘机贩运铜钱入川，以铜钱1文兑换铁钱14文，盘剥川民，民心惶惶。甚至有因铜钱三四文而毁发古墓、剔取神像而犯刑者。朝廷得知后，收回成命，蜀民仍旧缴纳铁钱，人心乃定。淳化五年（994），由政府规定两川铜、铁钱并行，规定铜钱一当铁钱十，民颇便之①。但是，巴蜀地区已搜刮殆尽，铜钱又无来源，民间交易还是只有使用铁钱。

由于宋政府仍然禁止铜钱入川，四川铜钱来源减少，从北宋开宝三年（970）至南宋绍兴十五年（1145），先后在雅州、益州、眉州、邛州、嘉州、万州、南平军和利州设监铸钱，用新铸铁钱收回旧有的铜钱。这一政策的实施，使四川铜钱基本退出流通领域，而以铁钱作为主要货币，四川实际上成为一个独立的铁钱流行区。铁钱面额多样，有小平钱，当十大钱，折二、折三、折五大钱，当百钱等。铁钱按年号、铸造地分类、改名，种类繁多。从铸钱数量看，以北宋景德三年（1006）前益、邛、嘉、眉等州岁铸50万贯为最多，南宋嘉定三年（1210）利州、邛州铸钱30万贯次之，其余年份铸钱额只有几万、十几万或二十余万贯，其间还有几年、十几年停铸。铁钱铸造数量偏少的原因，主要是流通不便。

铁钱在市面流通，对小金额交易较为方便，但对大宗商品交易则大为不便，小平铁钱，每十贯重65斤②，小铁钱"市罗一匹，为钱二万"③，即重130斤的铁钱，才能购罗一匹。行旅赍持困难，特别是长途大宗贸易，铁钱运载之赘累，可想而知。从建炎二年（1128）四川转运司关于停铸铁钱的奏疏，可以明显地看到问题的所在。停铸的理由是："铸钱数多，难于流转；造引数少，其价益高。"④也就是说，铁钱铸造数量越多，越不利于市场流通，因为在实际交易中，它比货物还沉重。当时钱引已在流通领域畅行，人们感觉良好，乐于使用。人们争用钱引，钱引供不应求，于是自动增值。自此四川停铸铁钱长达十七年之久。后来，由于官府滥印钱引而发生通货膨胀，才于绍兴十五年（1145）"置利州路绍兴监，岁铸钱十万缗以救钱引"。绍兴二十二年

---

① 《钱币谱》，引自《巴蜀丛书》第一辑，巴蜀书社1988年版，第299页。
② （宋）李攸：《宋朝事实》卷一〇。
③ 《宋史》卷一八〇《食货志》。
④ （清）徐松：《宋会要辑稿·食货》十一；（宋）李心传：《建炎以来系年要录》卷一八〇。

(1152),又"复嘉之丰远、邛之惠民二监,铸小平"①,目的还是为了"称提"引价、稳定钱引币值,数额也不多。铸钱少的另一原因是,恢复铸造铁钱并非投入流通市场,只为稳定钱引,只要钱引稳定,库存铁钱就没有必要再增加;另一个问题是,四川铁矿石、铸钱原料都比较短缺,铸造铁钱成本高,官府铸钱没有收益,反而亏本,多铸多亏。这些都决定了宋代铁钱在市场上流通的不良前景。

二、世界最早的纸币——交子在成都诞生

(一)蜀中商业催生纸币

隋唐、前后蜀到北宋时期,巴蜀商业的迅速发展,特别是大宗长途贸易的兴盛,催生了成都具有货币功能的纸币——交子的产生。交子诞生于成都不是偶然的,西蜀是当时国内经济发达区域,史称"扬一益二",而成都是西蜀农业、手工业、商业贸易和金融中心,是历史悠久的商业大都会。从事长途和周边贸易的富商大贾经常聚集成都,经营大宗货物买卖。而宋初巴蜀地区被划为铁钱流通区,北宋王朝所发交引、盐钞等信用票据主要行使于中原和东南地区,与蜀地无涉。西蜀发达的商品经济与货币流通的严重不对称形成尖锐矛盾,铁钱对商业、贸易的发展起着阻碍作用,迫切需要交易便利的纸币占据流通领域。交子由成都铺户发行并发挥了正常交易功能,对成都贸易辐射区的商品流通起了重要促进作用。北宋王朝确认其流通纸币功能,并由官府主持发行,以弥补铁钱在交易中的缺陷。

交子的出现在北宋初期,确切的年代已不可考。宋人吕祖谦说:"交子之法出于民之所为。"②现存有关交子铺户的文献说明,交子是由成都交子铺商人发明的。由于铁钱粗重,街市购物至三五贯,即难携持。外地到成都从事大宗交易的商人,只好将大批铁钱存放铺户,待需要时再去提取;铺户收铁钱时给交子作为凭据,取款时付3%的保管费,交子铺户由此产生。现有研究表明,具有存款性质的交子可能在北宋太宗太平兴国时期(976~984)已经产生了。太宗至道元年(995)至真宗景德二年(1005),民间钱益少,私以交子为市,作为纸币的交子已在商品市场广泛流行。因此,具有纸币性质的交子大约

---

① (明)曹学佺:《蜀中广记》卷六七。
② (宋)吕祖谦:《历代制度详说》卷七《钱币》。

诞生在至道元年稍后的几年。从作为信用票据的交子演变为具有纸币功能的交子，大约经历了二十年的时间①。

交子铺户最初开出票据主要是用于经营存放款业务，替商贾保管现金。当时成都商业繁荣，各地商贾携带巨额现金云集成都，购买成都市场商品，商人为了安全和解除运载现金（铁钱）的辛劳，迫切希望有本地殷实商家代管现金。于是适应这种需求的铺户开张营业，铺户"收入人户见钱，便给交子"，故称"交子铺户"。商贾提取现钱时，每贯付铺户三十文为息②，每张交子的金额，依照存放者交付现金数额临时填写。这种交子实际上是活期存单和现金支票。

（二）世界最早纸币——成都交子诞生

由于交子铺户资金雄厚，又多系本地商家，威信素著；加之他们所使用的交子，印有木屋人物，亲笔押字，各隐其题号，朱墨间错，难于作伪；再者，交子铺户讲求信用，随取随付，因而使最初只是现金凭证的交子，逐步演化为具有货币职能的支付手段，在商品市场上流通无碍。这就为交子在商业领域建立了很高的信誉，交子开始向纸币转化，于是交子从存款凭证转变为购物代金券。买卖双方在交易中都感受到使用交子进行商品交易的优点：解决了在大额商品交易中支付值低体重铁钱的困扰，减少了保管大量铁钱的沉重负担，节省了每次存取铁钱向交子铺户缴纳3%的费用。于是富商大贾在大宗商品交易中经常使用交子，随后是一般商家和普通消费者都乐于行使交子，交子的纸币地位和作用确定无疑了。

交子铺户发现，即使他们手里现金少于他们的交子发行量，只要他们手中有一定数额的铁钱硬币作为保证金，应付少数兑换者的需要，无须任何存款，也可以发行一定数额的交子。每张交子代表的现金数额则由铺户预先印制，不再临时填写。交子开始投入市场，作为现金支付手段。这样，交子开创了向货币的转化过程，交子在特定交易范围具有了纸币的功能。

交子铺户在拥有大量存户和为数颇多的现金以后，存款数大大超过交付数，他们只须动用全部现金中的极少部分，就可以支付日常兑换者的现金需求。这时，他们很自然地考虑到堆积如山的闲置现金的用途，希望将"死钱"

---

① 贾大泉、陈世松主编，周原孙撰：《四川通史》第四册，四川人民出版社2010年版，第349页。
② （宋）李攸：《宋朝事实》一〇。

变为可以增值的房地产业。精明强悍的交子铺户，暗中取出部分闲置现金，"收买蓄积，广置邸店屋宇、园田宝货"，以赚取更多的利润。这种情况愈演愈烈，以致出现资金缺口，持交子的客户无法兑换现金，"奸弊百出，狱讼乃多"①。

大约在真宗祥符年间，官府对交子市场进行整顿。具体办法是：将交子经营权授予成都十六家有信誉的铺户，其他商家不得染指；经营交子的铺户每年必须负担朝廷夏秋税入仓，还必须负担维修糜枣堰丁夫、物料费用；交子铺户必须具结连保、遵守信用、定时聚会，统一交子式样、印造用纸、图案设计，由铺户押字、朱墨间错、各隐题号，以为私记；允许人们随时到交子铺户存款，并凭交子随时取款；取款时无论存款期限长短，都要付给铺户3%的利息，但存期不能超过三年，三年内必须到交子铺户兑换现金，或缴纳利息后重新存款，领取新交子。交子的面额不固定，仍然是临时填写，以现金实数为准；交子可以"无远近行用"，允许在商品市场流通。

这些防范严密的措施，目的在于规范交子市场，保护存户和交子铺户的正当权益，杜绝买空卖空、欺诈客户的行为。更为重要的是，经过整顿，官方认定了十六家交子铺户的经营权，意味着交子正式成为在巴蜀地区合法流通的纸币。

三、交子的流通状况与货币功能

（一）官府设立交子务发行交子

交子成为官府认可的合法纸币后，由于缺乏有效监督，交子铺户超出本金滥发交子，扩充商业经营规模。铺户"每岁丝蚕米麦将熟"，市场头寸吃紧时，"又印交子一两番，捷如铸币"。一旦发生亏损，交子无法兑现，持有交子的人聚集起来，向铺户索钱，交子铺户则"关闭门户不出"。双方相持不下，闹到"聚众争斗"的地步，矛盾不断激化，引起诉讼。官府只得出面干预，"差官拦约"，对交子铺户实行强制归还现金的措施。结果交子铺户资不抵债，持有交子者每贯最多只能兑换七八百文，客户损失不小②。至此，交子声誉大坏。

---

① （宋）李攸：《宋朝事实》卷一五。
② （宋）李攸：《宋朝事实》卷一五。

如何才能继续发挥交子的纸币作用，同时又能有效根治交子发行和经营中不断出现的弊端？这是当时朝野人士都在认真考虑的问题。大中祥符九年（1016）益州路转运使薛田首次提出取缔商家发行交子业务，"请官置交子务，以榷其出入"，从而杜绝交子铺户随意印行交子的弊端。对薛田的建议，朝廷难以作出决断。

北宋天禧四年（1020），寇瑊知益州时，对交子市场持否定态度。他下令铺户归还存户现金，同时"劝诱交子户王昌懿等，令收闭交子铺，封印卓，更不书放"；对成都以外的州县，"有交子户，并皆诉纳，将印卓毁弃讫"；他还明示："今后民间，更不得似前日置交子铺"。至此，交子作为纸币的开创性功能被抹煞了。宣布废弃交子后，交子在商品流通中的正常交易也被强行终止了。但是，寇瑊蛮干带来的后果立即显现出来，成都商品市场出现萧条萎缩现象。"自来交子之法，久为民便"，而寇瑊"自住交子后，来市肆经营买卖寥索"①。商品市场禁绝交子行使后，引发的严重后果是朝野人士始料未及的，自然引起朝廷关注。天圣元年（1023）四月，寇瑊调知邓州，薛田由开封知府再次入蜀接任益州知州，交子问题有了转机。鉴于废止交子引起的严重后果，朝廷命薛田与益州路转运使张若谷等商讨出稳妥的解决办法。经薛田与张若谷商议后，两次上疏朝廷，说明行使交子对蜀民十分重要，禁绝的办法对正常贸易不利。为了杜绝交子印制和发行中的弊病，应当废止交子铺户的印制发行权，由官府印制发行交子。他们建议：设置益州交子务，将交子发行权收归官府，由官府监督交子务主持交子发行和收兑事宜；交子务招募吏人工匠，在交子务印刷交子；官交子的式样，按铺户交子的图案、式样、大小设计，加盖益州观察使铜印和交子务铜印；建立官交子合同簿历，每张交子编制合同字号，标明面值，盖印以后由交子务监官收掌发行；凡人户用现钱请领，如数发给交子，依例扣除3%的手续纸墨费，允许在市场上代替铁钱行用；合同存根留交子务保存，待用交子兑换现钱时，核对无误，随时付给现钱，注销合同簿历；严禁民间伪造交子，凡检举属实者，赏给钱500贯，犯人发配使用铜钱地区服役。

天圣元年（1023）十一月，北宋朝廷认为薛田等关于恢复交子的理由充分，发行官交子的措施切实可行，批准设置益州交子务，由交子务主持官交子

---

① （宋）李攸：《宋朝事实》卷一五。

的发行。

（二）交子的发行与流通

自天圣二年二月，在薛田的主持下，益州交子务正式发行首批交子，薛田成为世界上最早由地方大员主持发行国家法定纸币的人物。天圣三年，益州交子务发行第二批交子，薛田又制定了交子分界、限额、本钱、新旧相因等官交子发行管理制度。从宋代文献记载看，薛田对交子发行管理严格，确定了二年为界，本界既是新交子流通期也是上界旧交子的兑换期，新旧交子互换，新旧相因，可以减少铁钱的支付量；根据一年间人户用钱请领数，限定交子发行数为125万余贯，每界备本钱36万贯，占发行量28%，具备了充足的偿付能力；同时保证交子能够随时兑换铁钱，成为交子实现纸币流通的基本条件；为了稳定交子的信誉，"贱则官出金以收之，而不使常贱，贵则官散之，以示其称提，使之势常平，而无此重彼轻之弊"①。

由于官交子发行有了上述可靠的制度保证，在蜀中一帆风顺，利多弊少。到庆历七年（1047）三月，官交子发行二十三年，正值文彦博知益州，他评价说："益州交子务所用交子，岁获利甚厚。"②交子务经营纸币发行业务，每界只需30万贯本钱，就可发行125万余贯纸币，稳稳拿定90万贯现钞，这给政府财政带来丰厚收益。皇祐三年（1051），官交子发行二十七年后，三司使田况说：

自天圣元年，薛田擘划，兴置益州交子务至今。累有臣僚，讲求利害，乞行废罢，然以行用既久，卒难改革。③

交子行用民间，因系纸币，毁损数量不小，自然有增加发行量的空间，这是国库无形的巨大收益。交子发行后，大大减少了铸造铁钱的费用，实际上也是为国库创收。当国家财政拮据时，还可挪用交子以解燃眉之急，交子务又充当了王朝财政管理部的金库。因此交子务维持交子发行如此长的时间，为大宋王朝的国库创造了源源不断的财富，尽管不断有臣僚申说利害，也无法改变纸币利国利民的成效。

---

① （宋）杨冠卿：《客亭类稿》卷九《重楮币说》。
② （宋）文彦博：《文潞公集》卷一四《乞诸州供钱拨充交子务》。
③ （宋）李攸：《宋朝事实》卷一五。

尽管交子在其行使过程中遭遇各种困难和阻碍，因其对当时商品经济的积极推进作用，却是交子得以持续下去、并且不断更新的活力所在。蜀中茶业与交子的关系就是明证。元祐元年（1086），苏辙曾经见证说：

> 蜀中旧使交子，惟茶山交易最为浩瀚。今官自买茶，交子因此价贱。旧日蜀人利交子之轻便，一贯有卖一贯一百者，近岁止九百以上。①

熙宁七年（1074）宋朝榷禁蜀茶之前，蜀中茶业是较为开放的贸易领域。商人到茶园自由买卖茶叶，苏辙用"浩瀚"二字形容茶山贸易之兴旺。因为轻便合用，交子是茶山交易中最受青睐的货币，交子乐为交易人所用，因此增值，交子1贯要当铁钱1.1贯。熙宁七年以后，商茶变为官茶，官吏自办茶叶购销，交子行用渐少，价值稍微缩水。这是官专卖政策导致的后果，不是行用交子的后果。

自从创设交子务以来，均由京朝官一二人任监官，掌典十人，贴书六十九人，印匠八人，雕匠六人，铸匠六人，杂役十二人，熙宁间，又"置抄纸院，以革伪造之弊"②，其印制过程非常严格。交子面额主要为五贯、十贯两种。发行颇亦有比例，80%为十贯，20%为五贯。交子钱引分界发行，每界三年，以新换旧，实际上是两足岁一换。从天圣元年（1023）到嘉定三年（1210）共一百八十一年，总计造九十四界钱引。到嘉定九年改为"十年一界"③，总共发行一百零三界。以后又续有发行，直至宋亡。

大观元年（1107）改交子为钱引，宝祐三年（1255）改钱引为银会④。由于宋王朝积贫积弱，加之疆域渐遭侵削，财政不断发生危机，不得不滥发纸币以弥补财政赤字，因此频频发生交子（钱引）贬值的事件。南宋末，宋政府为支撑已经崩溃的财政局面，大肆发行空头钱引（银会），终于彻底摧毁了纸币的生命力，也最终葬送了自己的统治。

交子（钱引、银会）作为金属货币的替代券，是宋代成都地区商业和与全国各地大宗贸易发展的必然产物，它在商品市场上执行钱币职能，使商品流通

---

① （宋）李焘：《续资治通鉴长编》卷三六六，哲宗元祐元年三月癸未。
② （明）曹学佺：《蜀中广纪》卷六七。
③ 《宋史》卷一八一《食货志》。
④ （宋）李曾伯：《可斋续稿》卷三《救蜀楮密奏》。

进一步活跃，有益于社会发展和方便人民生活。但是，宋朝南渡以后，采用滥发纸币、榨取商民膏血的办法，来维持江南半壁的统治，反而使纸币的货币职能走向衰亡破败，酿成交子（钱引、银会）过早夭折的历史悲剧。

第三节 与民族地区的茶马贸易

一、茶马贸易政策在巴蜀的实施

我国的茶马贸易开始于唐，兴盛于宋代，成为这一时期中央王朝重要的边贸政策。唐代的茶马贸易多为吐蕃、回纥朝贡使臣驱来名马市茶而归，数量有限，既不经常，亦无制度。宋代吐蕃等族因饮食习惯对茶叶需求急剧增长，两宋朝廷对战马需求的激增和财政支付的困难，使马匹贸易从过去的绢帛、金银、钱币、茶叶相兼的商品交换，发展成为由官府管理的专用蜀茶易马的新的历史时期。因此可以说，四川茶叶生产在两宋时期的持续发展，茶叶产地、产量不断增加，茶叶品种琳琅满目，是直接受到宋王朝边贸政策的刺激与影响的。

唐代蜀地与吐蕃贸易中，就有茶叶。黎州为"番部蛮夷混杂之地，元无市肆。每汉人与番人博易，不使钱。汉用绸绢茶布，番部用红椒盐马之类"[①]。武周时，唐朝曾禁止益州与吐蕃互市。但是，蜀地与西山诸羌的贸易却照常进行，邛州专门生产"番饼茶"，长期运销诸羌和党项。西山羌又"潜通吐蕃，故谓之两面羌"[②]。通过两面羌的转手贸易，蜀茶等货物也就输入吐蕃，吐蕃赞普也得以在唐朝使臣面前夸耀剑南东川出产的昌明茶。与此同时，青藏高原出产的畜牧土特产品和藏药材也通过西山羌贩运到蜀中。唐宣宗时期，前蜀王建已在"文、黎、雅、茂等州多市番马"[③]。

事实上，早在茶马司建立前，北宋朝廷就已开始在四川地区博买羁縻马。文献记载，四川地区曾先后在黎、雅、嘉、茂、文、龙、威、泸、叙、夔等州和永康、长宁、南平军等结联兄弟民族的广阔地区设置买马场。但主要以黎、

---

① （宋）乐史：《太平寰宇记》卷七七《黎州·风俗》。
② 《旧唐书》卷一九七《东女国传》。
③ （清）吴任臣：《十国春秋》卷三五《前蜀·高祖本纪》。

雅、泸、叙为中心，其余地区或因马源有限，或因惧怕少数民族牵马来卖，熟悉汉地道路交通，乘机侵扰而废置不常。同时，四川境内的买马场，并非全部都是用茶易马，严格说来，只有对黎、雅的吐蕃部族才用茶易马，其余少数民族地区因当地原本出产茶叶，他们主要是用马换取蜀地的盐、锦、绢帛、金银和其他生活用品。

四川境内用茶博买羁縻马，目的不是为着战阵之用和马价之廉，而是有深远用意的政治举措。"朝廷与蛮夷互市，非所以取利也"①，但求通过茶马贸易，为西部少数民族供应基本生活用品，以保持边境安宁。"互市之法，本以羁縻远人，初不借马之为用，故驽驸下乘，一切许之入中。"因此，黎、叙、南平等地"每买纲马五十匹内，良细马不过三、四匹，中等马不到二十匹，余皆下下，不可乘服。发以充数，则必倒毙"②。

即使这种不堪作战的驽劣马，宋朝为了执行羁縻政策，也给予多方优待。例如北宋崇宁年间在黎州买羁縻马，"四岁至十二岁，四赤（尺）四寸大马，每匹用名山茶三百五十斤，每斤折价钱三十文，银六两，每两止折一贯二百五十文，绢六匹，每匹止折一贯二百文；絮六张，每张止折五十文；青布一匹，止折五百文。约本处价例，仅是半价折支与卖马蕃部"。而"秦州买四岁至十岁四赤（尺）四寸大马一匹，用名山茶一百一十二斤，每斤折价钱七百六十九文，比黎州减得茶二百三十八斤。又减省银绢等不少，衮比马价钱止四分之一"③。

但是，四川境内的茶马贸易，单纯经济上的优待，并不能完全杜绝边境地区民族间的武装冲突。有时适得其反，"蕃蛮久恃圣朝宽大，一拂其意，必起纷争。官吏亦惧生事，无敢谁何"④。在这种情况下，宋朝在用茶博买羁縻马的同时，也利用手中持有的茶叶做武器，对愿意臣属并保持友好关系的兄弟民族就赠茶、卖茶和买马，否则就不赠茶、卖茶和买马，"使蕃夷仰我之心重"⑤。

---

① 《宋史》卷三〇一《袁抗传》。
② （清）徐松：《宋会要辑稿·兵》二三之三。
③ （清）徐松：《宋会要辑稿·职官》四三之八十。
④ （清）徐松：《宋会要辑稿·兵》二三之三。
⑤ （宋）吴泳：《鹤林集》卷三七。

二、蜀茶在西北熙河、秦凤与吐蕃易马

自9世纪中吐蕃王朝瓦解,居住在甘肃、青海一带的吐蕃部族,直到宋代仍然处于分裂割据局面。"族种分散,大者数千家,小者百十家,无复统一矣。"① 其中居住在邈川(今青海乐都)一带的唃厮罗部势力最大。这些吐蕃部族,既与西夏相接,又与宋朝相连,是宋、夏对峙必争之地。他们的背向,对改变宋、夏力量对比至关重要。宋朝为了争取和联络吐蕃以对抗西夏,早在茶马司建立以前,就在秦州等地与吐蕃各部进行茶马商业贸易。王韶经营熙河,更是加强了茶马贸易为中心的经济交流来联络吐蕃部族。宋朝坚定不移地与吐蕃进行茶马贸易,吐蕃部族很快接受和承认宋朝在这一地区的统治,并共同抵御西夏的进攻,也是同茶马贸易满足了他们基本生活必需品的需要分不开的。

北宋神宗熙宁年间对熙河的用兵和熙河路的建立是四川榷茶和茶马贸易制度建立的直接导因。宋朝收复熙河地区,造成边面扩大,增加一笔庞大的财政开支,急需蜀茶以助军饷。居住在熙河地的吐蕃部族,北与回纥相通,西与青海吐蕃部族相接,这些地区产马而缺茶,"西人颇以善马至边,其所嗜唯茶",为茶马贸易开辟了广阔市场。因此,熙宁七年(1074)决定榷禁蜀茶,于熙、秦买马,"始遣三司干当公事李杞入蜀经画买茶,于秦凤、熙河博马"②。在成都设置都大提举茶马司,总管川、秦榷茶买马之政,榷茶买马兼而领之。既要经营茶叶买卖,保证茶利收入,又要以茶易马,保证战马来源,因而茶马司的职权特大,所行职务,他司皆不得预闻。茶马司的首脑与地方行政长官平起平坐,各司其职。

为了保证榷茶制度的贯彻执行,茶马司从熙宁七年至元丰八年(1085)在四川设置了41个买茶场,陕西设置了332个卖茶场③。茶马司为了增加茶利收入、增益国库,还专门制定赏例或予爵位,升迁官阶,或予偿金,作为报酬。主持茶政的官吏,为增加岁课,希图进用,莫不尽其谋利之能事,因而茶利收入不断增长。熙宁年间李杞经办蜀茶时,岁入40万缗,元丰二年(1079)李稷

---

① 《宋史》卷四九二《吐蕃传》。
② 《宋史》卷一八四《食货志》。
③ (元)马端临:《文献通考》卷一八《征榷考》。

经办蜀茶时,岁50万缗,元丰七年陆师闵经办蜀茶时,岁入100万缗,到元祐年间岁入已达120万缗。起到了"川茶,熙河一路经费所仰"的作用①。到南宋时期,茶马贸易更成为关系国家存亡的重大战略贸易。茶利收入达200万缗,茶马司已是富甲天下了。

为了保证茶马贸易制度的实施,茶马司建立后,即在熙秦地区设置买马场,其官吏都由茶马司直接任命和管理。其后逐步停止了河东、陕西等地买马。战马来源从沿边各族,转为"专仰市于熙河、秦凤"②地区的吐蕃部族。熙河、陕西地区丧失以后,宋朝西北买马主要来自秦州买马司所辖的西和州的宕昌寨、阶州的峰贴峡和文州买马场。买马所需茶叶,全由茶马司从四川运输过去。运茶办法,一是依靠商人贩运,令产茶州县出给长引,指定运到熙秦地区卖给官营卖茶场。二是官府直接把茶搬运到熙秦各地卖茶场,在沿途设立水陆搬茶铺,招募沿途百姓和差成都府路厢兵充当搬茶役夫,把茶叶先搬至凤州,然后转搬至秦州和熙河出卖。由于川路险阻,负运过重,搬茶至陕西极难,所差搬茶士兵和民夫,往往劳累过度、死于非命。

官府卖茶场所卖茶叶分为杂卖茶和博马茶两类。杂卖茶由蕃商和当地居民用现钱和货物购买,茶利收入供熙河路经费。博马茶用茶与马按市价互换。为了鼓励吐蕃等族以马易茶,官府规定博马茶的市价低于杂卖茶的价格,减价以致马多。"马来既众,则售茶亦多。"③薄利多销,既保证了战马来源,又做到茶利增多。同时考虑到"蕃戎嗜名山茶,日不可缺",还特别规定雅州名山茶专用博马,不得他用。必须待当年买马数足,方许杂卖。严禁把名山茶"与蕃商以杂货贸易,规取厚利",造成"其茶入蕃,即已充足,缘此遂不将马入汉中卖,有害马政"④。

茶马互换办法,一般是以马一匹、茶一驮为单位,按马的骏驽,茶的优劣,分别计算市价。其茶马比值,则依供求关系和民族关系等因素而随时调整,增减不定。神宗以后,熙河地区为宋朝管辖,居住在今甘肃、青海境内的吐蕃部族,乳饮肉食,嗜茶成性,羊马成群,特别是湟水流域一带,部族甚众,商贾通行,又当青唐一带番马来路。当时马源丰富,故茶贵而马贱。

---

① (清)徐松:《宋会要辑稿·食货》三十之三六。
② 《宋史》卷一九八《兵志》。
③ (清)徐松:《宋会要辑稿·职官》四三之六十。
④ (清)徐松:《宋会要辑稿·职官》四三之七五。

熙宁、元丰时期，一驮茶，即一百斤茶能换一匹马。到崇宁三年（1104），熙（今甘肃临洮）、河（今甘肃临夏）、兰（今甘肃兰州）、岷（今甘肃岷县）、巩（今甘肃巩县）等州买马一匹，仍为茶一驮。其中良马一匹，亦只需茶二驮。南宋时期，熙河地区被金朝阻隔，马源减少，茶与马的比值就变成马贵茶贱了。淳熙四年（1177），宋朝在西和岁市马二千匹，"用陕西诸郡二万驮之茶"，其价已较北宋增加十倍。"今宕昌四尺四寸下驷一匹，其价十驮茶。"①用钱计算，北宋时期，西北马价由三四十贯一匹，涨至七八十贯一匹；南宋乾道时期宕昌寨、峰贴峡马价已是每匹二百贯②。为了解决买马经费来源，除秦州茶马司买马用茶外，四川买马已是茶、锦、银、绢兼用。茶马贸易中还有一种叫做羁縻马，"盖南渡前，市马分为二；其一曰战马，生于西郵，良健可备行阵，今宕昌、峰贴峡、文州所产是也；其二曰羁縻马，产于西南诸蛮，短小不及格，今黎、叙等五州所产是也"③。北宋时期，在熙秦地区购买战马，在四川境内少数民族地区购买不用于征战的羁縻马。

　　文献记载，茶马司建立后，每年在熙、秦地区买马均在二万匹左右，四川买羁縻马每年约为五千至一万匹之间。南宋高宗时期，川秦以茶市马每年在二万匹以上，孝宗至宁宗嘉泰末年，每年市马为一万至一万二千匹左右。广西地区从绍兴七年（1137）开始至孝宗淳熙二年（1175）间，每年用盐、绢、金银买马只在一千五百匹至四千匹之间，在进口马匹中所占比重极小。总之，宋朝自神宗以后的战马，绝大部分都来自茶马贸易。"蜀茶总入诸番市，胡马常从万里来"④，没有川茶同四川、陕西、青海、甘肃等地的少数民族进行茶马贸易，就没有宋朝雄厚的战马来源，没有雄厚的战马来源，宋朝就在军事上丧失了同西夏、辽、金、元政权抗衡的重要力量，茶马贸易在宋朝军事防务上的作用是非常重要的。其次，茶马贸易还加强了宋朝同四川、熙秦地区少数民族在政治上的友好合作。这不仅从局部上维持了西南和西北某些地区的边境安宁，而且从此使宋王朝摆脱了腹背受敌的困境，得以倾尽全力同辽、夏、金、元政权抗衡，以维持和巩固它的统治。

---

① （宋）佚名：《皇宋两朝中兴圣政》卷五五。
② （清）徐松：《宋会要辑稿·职官》四三之十一。
③ 《宋史》卷一九八《兵》十二。
④ （宋）吴曾：《能改斋漫录》卷七《蜀运茶马利害》。

三、蜀茶在西南黎州与南诏、吐蕃易马

宋王朝还在成都西北的茂州和永康军，西南的黎州和雅州设置博马场。① 由成都的茶马司管理，用茶和锦与川西地区的少数民族交换大量的马匹，以满足宋政府对战马的需要。川西高原特产的药材等运往成都销售的也很多。同样，这些地区的少数民族也十分需要四川盆地农业区的产品，当时"诸蕃尽食永康之茶"②，实际上汉区与番区形成了互相依存的关系。

四川黎州南面地处通向大渡河以南及滇中、滇西北的重要交通线，是西南大都会成都的重要边防要地，唐代南诏和吐蕃均曾由此进扰四川。宋朝在黎州进行茶马贸易，每年买羁縻马二千至四五千匹。同时又对酋长首领封官、赐爵和赏赐，确立了前所未有的臣属关系。因此，各兄弟民族除到黎州进行商业贸易外，都经由黎州到宋朝京城开封朝贡称臣。黎州马市开放后，远至大理的少数民族，也运马到黎州市卖。这种茶马互市一直维持下来，直到南宋时期，西部地区汉民与番民都和谐相处，基本上保持了"边民不识兵革，垂二百年"③的良好关系。其中朝贡次数最多的邛部川部，"素效顺，捍卫边陲"④，成为宋朝依靠的一支力量。淳熙年间，吐蕃奴儿结扰边，东向略地，成都府受到直接威胁：

酋豪梦束畜列率数千人入汉地二百余里，成都大恐……于是邛部川首领崖袜合诸部族，大破吐蕃于汉源，斩梦束畜列首来献，凡十有六日而平。⑤

有宋一代，四川境内民族关系较为融洽，是同利用茶马贸易这个平台，实行羁縻政策分不开的。

茶马贸易还促进了宋朝汉族地区和吐蕃兄弟民族地区的经济发展，加强了汉族与各少数民族的物资交流。在宋代，吐蕃和四川各少数民族皆赖茶马为衣食。对从事畜牧业的各兄弟民族来说，茶马贸易是他们生活中的重要支柱。

---

① 《宋史》卷八九《地理志》、卷一三七《食货志》。
② （宋）阎苍舒：《论宜贵茶以市马疏》，《宋代蜀文辑存》卷六一。
③ （宋）李心传：《建炎以来系年要录》卷一二四。
④ 《宋史》卷一九八《兵志》。
⑤ 《宋史》卷二四七《赵不息传》。

马有销路，对畜牧业是很大的促进；茶有来源，又改善了牧区人民的生活。而且茶马贸易还带动了其他各类商品经济的发展。各少数民族伴随茶马贸易而来的还有包括农副业在内的庞大的互市通商队伍。这些通商队伍的人数，有时多达几十几百甚至二千人以上。他们牵来马匹之外，还带来各类农副土特产品。其商品出卖之后，除买回茶叶外，还购买和运回大宗的绢、锦、盐、布等生活用品以改善其生活。茶马贸易对从事农业生产的汉族人民来说，不仅得到马、牛、羊等畜产品和少数民族所特有的土特产品，而且也刺激和促进了汉族地区茶叶和纺织业等商品经济的发展。宋代四川茶叶和绢绵等纺织业生产特别发达，是同茶马贸易打开茶、绢等商品的销路分不开的。茶马贸易使四川茶叶与我国吐蕃等地畜牧业产品互补型贸易开拓出广阔的市场。从此，川茶生产持续发展，盛而不衰，并且在制茶工艺上尽量满足市场需求，研制出藏族人民喜爱的"边茶"。宋代以后，一直畅销涉藏地区。从宋代开始的茶马贸易也为后代所继承，成为藏汉等族人民加强经济交流，促进友好和团结的纽带。

总之，两宋茶马贸易的不断增长，有着重要历史意义。首先是保证了宋朝对战马的需要。与此同时，长期给四川茶叶供应造成需求压力，这一压力直接传递到四川茶叶产地，促使产地不断扩大茶叶生产面积、增加茶叶产量、培育更多品种，以满足茶马贸易对蜀茶的数量品种需求。两宋时期，实施茶马贸易卓有成效，延续时间长达二百余年，的确是发挥了积极作用的安边政策。

第四节　唐宋巴蜀造纸与雕版印刷业

一、巴蜀造纸业的兴起

造纸技术虽然发明于东汉，在晋代传播到全国，但至今未见汉晋时期纸产地的记载。直到唐代，才确知巴蜀地区是全国造纸业的中心。李约瑟在《中国科学技术史》中指出："四川从唐代起就是造纸中心。"[1]唐到五代时期，成都的造纸业进入兴盛期，蜀纸一直在全国居于领先地位。这期间，南唐李后主曾召唤巴蜀名匠，利用杭州与蜀相似的自然环境，设局研制出"澄心堂

---

[1] 李约瑟主编：《中国科学技术史》第五卷，第一分册第三十二章《纸和印刷》。

纸"①。南唐败亡后，这些工匠流散江南地区，打造新的造纸基地，"堪与蜀纸抗衡"②。这就说明，宋代蜀纸仍在全国居于不可动摇的领先地位。

宋代蜀纸的制造臻于完善，可以说是种类繁多、精品纷呈。在蜀纸中，黄白麻纸产生较早，是一种性能良好的书写纸。在造纸工艺中，以笺纸的研制引人注目，美观精致、便利实用，不仅受到蜀中文人学士喜爱，也得到京师名公巨卿的青睐。特别值得注意到是，大量可用于印刷的纸张——楮纸在成都创制并大量投入生产。楮纸的创制和大量生产，则为蜀中雕版印刷诞生提供了可靠的印刷载体。

（一）质地良好的书写纸——"益州麻纸"

当印刷术尚未产生社会效益时，人们对纸类的需求顺序上，仍然是以生产用于书写的纸类为优先选择。巴蜀盛产蜀麻，自古以来通过长江水道与下游地区贸易，杜诗不止一次地吟咏蜀麻："蜀麻吴盐自古通，万斛之舟行如风"③；"蜀麻久不来，吴盐拥荆门。"④蜀麻主要用于生产各种麻布，如青布、纻布、葛布、筒布、赀布、弥牟布等，每年都要进贡京师，远销南北各地。麻布生产过程中，会有大量不能用于纺织的乱麻，就用以造纸。宋代《笺纸谱》⑤说：

> 以木肤（树皮）、麻头、敝布、渔网为纸，自东汉蔡伦始。……今天下皆以木肤为纸，而蜀中乃尽用蔡伦法。笺纸有玉版，有贡余，有经屑，有表光。玉版、贡余杂以旧布、破履、乱麻为之，惟经屑、表光非乱麻不用。

当时巴蜀以外的地区，只用树皮造纸；而蜀纸的造纸原料既有树皮，又有麻类（敝布、渔网也是麻类）。蜀中笺纸即书写纸，大致分为两类：玉版、贡

---

① （宋）陈师道：《后山丛谈》卷一说："南唐求墨于海，求纸工于蜀。中主好蜀纸，既得蜀工，使行境内，而六合之水与蜀同。"
② 李约瑟主编：《中国科学技术史》第五卷，第一分册第三十二章《纸和印刷》。
③ 杜甫：《夔州歌十绝句》之七。
④ 杜甫：《客居诗》。此诗作于永泰元年（765），杜甫流寓夔州云安县。
⑤ 原署名元代费著的《笺纸谱》《蜀锦谱》《岁华纪丽谱》等三部文献，经谢元鲁先生考证，来源于南宋王刚中《续成都古今集记》、袁说友著庆元《成都志》，以及北宋赵抃《成都古今集记》，作者是宋人，不应是费著（见谢元鲁：《〈岁华纪丽谱〉〈笺纸谱〉〈蜀锦谱〉作者考》，《中华文化论坛》2005年第2期，第21～26页）。

余用料不太讲究，各种旧布、破鞋、乱麻均可，可做一般笺纸；经屑、表光只用乱麻，是标准的麻纸，质量上乘，应是上等书写纸。麻纸因此被列为益州每年的贡品，用于书写诏书、文书、典册。苏轼说："川纸，取布头、机余经不受纬者治作之，故名布头笺，此纸冠天下。"①宋代蜀麻生产相当发达，"成都府、邛、蜀、彭、汉州、永康军产麻六郡，岁市官布，……以起上供及三路纲运。"②"产麻六郡"，即今成都、邛崃、崇州、彭州、广汉、都江堰市，宋代都是麻纺织品产地，每年生产大量麻布。蜀中纺织麻布时丢弃的大量布头、机余，全是麻类纤维，韧性好、可塑性强，吸墨性、耐腐蚀性比其他植物纤维优越，可以造出最佳书写用纸。

苏简易在《文房四宝·纸谱》中说："蜀多以麻为纸"，因此这种纸被称为"益州麻纸"。益州麻纸尺幅不同，颜色也有黄白之分。白麻经过漂洗，比较洁净素雅。黄麻加入了黄檗树皮浆液，黄檗皮中含有多种生物碱，有防腐杀虫作用。用黄麻纸书写的经典文献，可避免蠹虫。唐代巴蜀黄白麻纸因此成为官方用纸，每年必须向朝廷进贡足够数量。唐代宫廷藏书分为经、史、子、集四部，故分修四库，"凡四部库书，两京各一本，共一十二万五千九百六十一卷，皆以益州麻纸写"③。唐代在两京"创集贤书院，学士通籍出入，既而太府月给蜀郡麻纸五千番"④。每番多少纸，语焉不详。据《笺纸谱》所载，蜀纸厚重，"一夫之力仅能荷五百番"。由此可知，太府每月拨给中央图书库集贤书院的蜀纸需要十个力夫搬运。还有一个数字可以印证，大中三年（849），集贤书院共用麻纸11707张⑤，每月蜀纸的耗用量约为976张。除中央图书库外，凡"赦书、德音、立后、建储、大诛讨，免三公、宰相，命将，曰制，并用白麻纸……凡慰军旅，用黄麻纸"⑥。

（二）精美雅致的信笺纸——薛涛笺与十色笺

唐宋时期，成都纸类生产得到快速发展。府城之南有百花潭，因其水造纸极佳，沿江便出现造纸作坊，"以纸为业者家其旁"，造纸生产于是兴盛起来：

---

① （宋）苏轼：《东坡志林》卷一一。
② （宋）李心传：《建炎以来朝野杂记》，甲集卷一四。
③ 《旧唐书》卷四七《经籍志下》。
④ 《新唐书》卷五七《艺文志》。
⑤ （宋）王溥：《唐会要》卷三五。
⑥ （唐）李肇：《翰林志》。

以浣花潭水造纸故佳，其亦水之宜矣。江旁凿臼为碓，上下相接，凡造纸之物，必杵之使烂，涤之使洁，然后随其广狭长短之制以造。砑则为布纹，为绫绮，为人物、花木，为虫鸟，为鼎彝，虽多变，亦因时之宜一。①

蜀中笺纸的创制可能在唐代，开元时人范元凯《赠兄崇凯》诗云："洛阳纸价因兄贵，蜀地红笺为弟贫。"②由于世家大族、文人学士的大量入蜀，唐宋时期笺纸的需求量也急剧增加。据《笺纸谱》所记，成都就有玉版、贡余、纸屑、表光等纸的生产。纸品分为生、熟两类，生纸是制成后自然干燥的纸；熟纸是制成后要加胶粉润泽的纸，用于书写极佳。

据学者考证，笺纸流行于中唐德宗，兴盛于宪宗元和间③。成都所产笺纸的制作工艺高超，成品十分精美。唐代闻名全国的薛涛笺，尺幅较流行笺纸小④，但雅致、美观，为即兴题诗的文人学者喜爱。旧传松花笺即为薛涛笺，唐李匡义《资暇集》卷下辨正说：

松花笺，其来旧矣。元和初，薛涛尚斯色，而好制小诗，惜其幅大，不欲长，乃命匠狭小之。蜀中才子既以为便，后减诸笺亦如是，特名曰薛涛笺。今蜀纸有小样者，皆是也，非独松花一色。⑤

薛涛笺的创制特色，主要不在原料的改良，而在色彩的调配。明代科学家宋应星《天工开物》卷一三《杀青·造皮纸》中说：

四川薛涛笺，亦芙蓉皮为料煮糜，入芙蓉花末汁。或当时薛涛所指，遂留名至今。其美在色，不在质料也。

可见，薛涛笺是用芙蓉皮为原料，煮烂成糜，加入芙蓉花末汁作色，制出

---

① 谢元鲁校译：《笺纸谱》，《巴蜀丛书》第一辑，巴蜀书社1988年版，第160页。
② 范元凯：《赠兄崇凯》，《全蜀艺文志》卷二〇，线装书局2003年排印本。
③ 谢元鲁校译：《笺纸谱》，《巴蜀丛书》第一辑，巴蜀书社1988年版，第157页。
④ （宋）乐史：《太平寰宇记》卷七二《剑南西道·益州·土贡》记载："旧贡薛涛十色笺，短而狭，才容八行。"
⑤ 引自谢元鲁校译：《笺纸谱》，《巴蜀丛书》第一辑，巴蜀书社1988年版，第167页。

深红色皮纸。宋应星认为，薛涛笺的创制，不必出自薛涛，也许她作了推崇、指点，因其知名度高，于是这种纸以她的芳名流传。蜀中自汉以来制造麻纸，薛涛笺以成都盛产的芙蓉皮为原料创制彩色皮纸，的确是一项重要创新。五代后蜀时，蜀王孟昶谕令成都"城上尽种芙蓉，九月盛开，望之皆如锦绣。孟昶谓左右曰：自古以蜀为锦城，今日观之，真锦城也"①。成都别名芙蓉城，简称蓉城，正是来源于此。薛涛笺的制造，使芙蓉花既有观赏价值，其遗留茎秆、残花又成为造纸原料，具有为文人、学者服务的使用价值。

  到北宋时期，又有谢公创制的十色笺②。在笺纸制作过程中，他经过不同阶段的添加处理，可以造出十分精美的十色笺纸来，有深红、粉红、杏红、明黄、深青、浅青、深绿、浅绿、铜绿、浅云十种颜色③。这说明，成都已由唐代制造普通笺纸和单色笺纸，发展到宋代制造具有艺术性的五彩笺纸阶段，造纸工艺水平显然提高了。成都所出产的纸每年外运到南北各地的数量很大，在东京汴梁被广泛使用，当时"四方例贵川笺，盖以其远，号难致"④。宋初韩浦寄弟诗说："十样蛮笺出益州，寄来新自浣花头。"⑤文彦博《蜀笺》诗说："素笺明润如温玉，新样翻传号冷金。"⑥司马光诗也说："西来万里浣花笺，舒卷云霞照手鲜。"⑦文彦博和司马光都是宋代的名人，对成都的蜀笺都给予了很高的评价。

  （三）雕版印刷的最佳载体——楮纸大量生产

  笺纸之外，我们真正需要了解的是，可用于雕版印刷的纸类创制情况。宋代皮纸大量生产，称之为楮纸，产于广都（双流）。楮纸是用楮树（又名榖树、构树）皮为原料所造纸品，纸质细白光滑、坚韧耐用，是雕版印刷的最佳载体。明代宋应星评论说："凡纸质，用楮树皮与桑穰、芙蓉膜等诸物者，

---

① （宋）张唐英：《蜀梼杌》卷下。
② 谢公，谢景初（1020～1084），字师厚，浙江富阳人，仁宗庆历六年（1046）进士，历任州县官，曾任成都府提点刑狱。
③ （宋）苏易简：《文房四谱》卷四。
④ （旧题）（元）费著：《笺纸谱》，《天启成都府志》卷五四。
⑤ （宋）杨亿：《谈苑》，《宋诗纪事》卷二载韩浦《寄弟》诗，天启志稍异云："十样鸾笺出益州，新来寄自浣花头。"
⑥ （宋）文彦博：《文潞公文集》卷四。
⑦ （宋）司马光：《蜀笺二轴献太傅同年叶兄》，《蜀中广记》卷六七引。

为皮纸……精者极其洁白,供书文、印文、柬启用。"①这类纸品"皆以楮皮为之",分为四色:开张宽而无粉者称"假山南",开张窄而有粉者称"假荣",产于冉村者名"清水",产于龙溪乡的名"竹丝"。四种纸品中,以"竹丝"最精致,"清细似池纸",因此价格高于前三种。楮纸比浣花笺"精洁",成为雕版印刷的最佳载体,"凡公私簿书、契卷、图籍、文牒,皆取于是"。楮纸大量用于图书印刷,"凡蜀中经史子集,皆以此纸传印"②。

宋代成都出现的世界最早纸币——交子也用楮纸印刷。交子的印刷数量很大,需要的楮纸很多,因此宋朝专门为此在成都设置造楮纸的抄纸场,场中有"抄匠六十一人、杂役三十人"③,可见这个官办的抄纸场规模是比较大的。楮纸的问世,为雕版印刷业的产生和发展提供了可靠的载体。

二、人类文化史上的重大发明——雕版印刷技术

目前能够肯定的中国早期印刷品,都出现在晚唐时期的成都④。成都为何率先产生雕版印刷?这是一个饶有兴味的问题。雕版印刷在成都兴起的直接原因是,"安史之乱"以后,衣冠、士族、文化人大量入蜀,文化传承、知识传播的需求急剧增加,促成了雕版印书诞生的客观条件⑤。这的确代表了迫切的文化需求,但雕版印刷的产生,还需要巴蜀地区具备促成其发育为生产力的物质技术条件。

如果从文化习俗上看,东汉时期蜀中兴盛的画像砖工艺,应是一个源头,其制作方法乃是先刻模、再印泥版,然后烧制;蜀中的道教从汉代起就流行符箓,驱逐鬼魅。有关记载显示:"沛人张鲁,自祖父陵以来,世为五斗米道,客居于蜀。"⑥流行于巴蜀地区的天师道教,"诸弟子随事轮出米绢、器物、纸笔、樵薪、杂物等"⑦。弟子"随事轮出……纸笔",显然是用于写画符箓、咒语。而大量散发的符箓,手写是供不应求的,必须通过刻版印刷,再通

---

① (明)宋应星:《天工开物》中篇《杀青》。
② 谢元鲁校译:《笺纸谱》,《巴蜀丛书》第1辑,巴蜀书社1988年版,第182页。
③ 谢元鲁校译:《笺纸谱》,《巴蜀丛书》第1辑,巴蜀书社1988年版,第224页。
④ (宋)朱翌:《猗觉寮杂记》卷六记载:"雕印文字,唐以前无之,唐末益州始有墨板。"
  (宋)王应麟:《玉海》引《国史志》:"唐末益州始有墨板,多术数、字书、小学。"
⑤ 谢元鲁:《唐五代移民入蜀考》,《中国社会经济史研究》1987年第4期。
⑥ (宋)司马光等:《资治通鉴》卷六〇。
⑦ (梁)陶弘景:《真诰》,转引自王家祐《道教论稿》,巴蜀书社1987年版,第163页。

过纸、帛载体，才得以大量复制①。因此，雕版印刷的符咒就开了雕版印书的先河。

在造纸业的兴盛和文化繁荣的基础上，成都成为雕版印刷业发达最早的城市之一。雕版印刷术自晚唐发明以来，到五代时期已相当普及，成都印刷的各种书籍就已闻名全国。这表现在印版书籍数量的增多、印刷质量的提高，还表现在生产规模的扩大，已能印刷卷数众多的套书、丛书、大部头经典书籍。从印书主持者来说，唐时印书籍主要在佛教寺庙和民间作坊；到五代时，在寺庙和坊间刻书业发展的同时，出现了习称家刻（私家刻书）和官刻的（官府刻书）两个系统。

（一）晚唐《陀罗尼经咒》与"西川印子"

从历史记载和现有研究可以推断，雕版印书大约兴盛于公元8世纪，以扬州和成都为中心的吴、蜀两地，是全国最早使用雕版印书的地区。现存世界最早的印刷品，是在韩国发现的可能刻印于武周长安元年（701）至唐天宝十年（751）的《陀罗尼经咒》，其次是日本宝龟元年（770）刻印的四种印本的《陀罗尼经咒》。

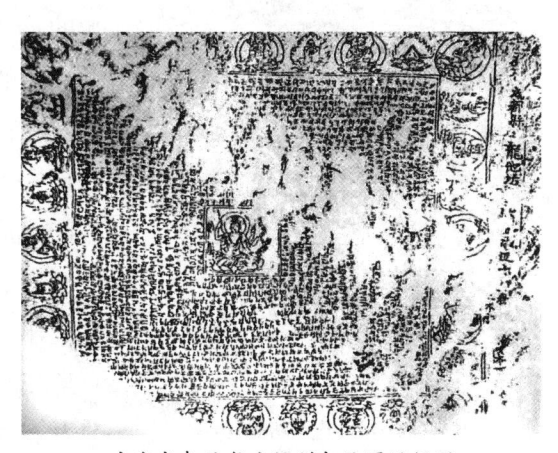

唐代成都县龙池坊刻印陀罗尼经咒

韩国、日本的佛教经典印刷品最早是从中国传去的，那么在此之前，中国已经制造了这些印刷品。1944年在四川大学校园内发掘的年代不详的墓葬，也发现了同日本四种印本相似的《陀罗尼经咒》，很可能与韩国、日本的发现属于同一时期。也就是说，在公元8世纪后期，成都已经有了雕版印刷的佛教经典。

特别值得注意的是，国内考古中的两个重要发现：一是在敦煌发现的唐僖宗中和二年（882）《历书》，残页尚存通栏大字："剑南西川成都府樊赏家历"，证实了此《历书》刻印的确切时间，从出土地点也证实了成都印刷的《历书》已经远销新疆地区；二是1944年在成都四川大学校园内修路中发现的三座宋墓、一座唐墓，唐墓中墓主遗骨上银镯内夹有刻印纸卷，用料成

---

① 袁庭栋：《巴蜀文化志》，上海人民出版社1998年版，第111页。

分是茧、桑皮、麻、檀木浆，面积为31厘米×34厘米，刻印梵文《陀罗尼经咒》（现存中国历史博物馆），右侧首题汉字一行："成都府成都县□龙池坊□□□近卞家□印卖咒本……"。参加发掘整理的冯汉骥先生依据墓葬文物确定是一座唐墓，时代是850～907年。可见，这件印刷品也应是9世纪后半叶到10世纪初期印制的。成都府设置于唐肃宗至德二年（757），所以这部《陀罗尼经咒》不会早于这个时间。由经咒右侧汉字可知，这份经咒是成都县龙池坊卞家印书坊刻印的，并明确是作为商品卖出的。除上述实物外，另有六件出于敦煌遗书中的手抄本，手抄本是根据唐代刻印本抄写的，其中五件都是从"西川过家真印本"抄录的《金刚经》。这两件印刷品残页的发现，是唐代成都已有雕版印书坊的确凿证据。

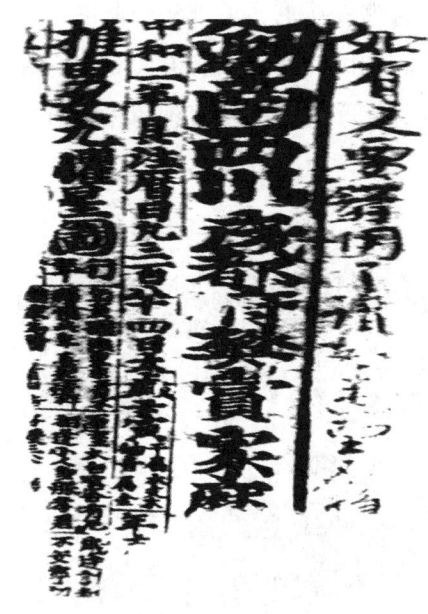

唐中和二年（882）成都府樊赏家刻本历书残页（原件存大英博物馆）

成都是最早出现雕版印书坊的一个城市，还有充分历史依据。唐文宗大和九年（835），冯宿奉命出使蜀中，见当地出售私印历书（古时历书只能由官府发布），特地上疏请求禁止，疏文说："剑南两川及淮南道以版印历日鬻于市，每岁司天台未奏颁下新历，其印历已满天下，有乖敬授之道。"①剑南两川成为"版印历书"并且"日鬻于市"的首要地区。

除佛经、历书外，版印书籍已经扩大到学术著作。唐懿宗咸通六年（865），日本僧人宗睿从长安回国，带回的汉文书籍有："西川印子《唐韵》一部五卷、同印子《玉篇》一部三十卷。"②"西川印子"是成都雕版印书坊的专称，信誉卓著的品牌才会有这样的专称。由此可知，蜀中刻印的《唐韵》《玉篇》等书籍，在公元865年已经传入日本。

此外，唐僖宗避乱入蜀时（880），中书舍人柳玭（著名藏书家柳仲郢之

---

① 《全唐文》卷六二四。
② ［日］宗睿：《新书写请来法门等目录》，《大正经》卷五五。

子）随行，他记述了在成都访书的经过："中和三年癸卯（883）夏，銮舆在蜀之三年也。余为中书舍人，旬休阅书重城（成都有内外二城，故称"重城"）之东南，其书多阴阳杂记、占梦、相宅、九宫五纬之流，又有字书、小学，率雕版印纸，浸染不可尽晓。"柳玭所见书籍，既有阴阳谶纬、卜卦解梦、堪舆相宅等杂书，也有说文训诂等治学类书籍，可见当时成都印书范围已惠及市井百姓所需。从杂书的质量不高可知，除刻印经典、文集的著名书坊外，还存在着大量低档次的铺坊。

综上所述，晚唐成都雕版印刷业得到快速发展，龙池坊无疑是唐代后期成都图书产销市场，书籍销售范围广阔，从巴蜀到外地，从本国到日本、韩国。专门刻印佛经、名著、历书的卞家、过家、樊赏家等著名书坊，打造出蜀中名牌"西川印子"。在成都为数众多的印书坊中，出现大量低成本、荒诞迷信的杂书，足以证明龙池坊书市已充分顾及到社会底层读者的需求。

（二）前后蜀任知玄、毋昭裔家刻与坊间刻书业

五代十国时期，蜀中雕版印刷又有更切实地发展。前蜀眉山保胜军团练使任知玄是我国早期著名私人刻书家。由他的刻书活动，引发了蜀中刻书热潮。前蜀武成二年（909），任知玄"自出俸钱"，雇请良工，在成都刻印杜光庭的《道德经广圣义》30卷（有人称50卷），至前蜀永平三年（913）完成，共雕版460余版。前蜀乾德五年（923），蜀中僧人昙域搜罗师父贯休和尚诗作千首，题名《禅月集》，还在其《禅月集·后序》中写明"雕刻版部"，说明该书是雕印行世[①]。这是目前确知的我国古代刻印的第一部个人诗集。

继前蜀刻书活动之后，后蜀宰相毋昭裔开始大张旗鼓地刻书。宋代王明清著《挥麈录》载：毋昭裔贫贱时，尝借《文选》于交游间，见其人有难色，发愤曰："异日若贵，当版以镂之，以遗学者。"后仕蜀为相，遂践其言。有关记载表明，明德二年（935），在毋昭裔主持下，首次刻印了《文选》《初学记》《白氏六帖》等文学总集和类书[②]。后蜀广政十六年（953），毋氏出资百万，开设学校，首次雕刻了儒家经典《九经》。《爱日斋丛钞》说：

自唐末以来，所在学校废绝，蜀毋昭裔出私财百万，营学馆，且请刻版九

---

① 《四库全书》，《贯休〈禅月集〉提要》。
② 《宋史》卷四七九《毋守素传》。

经，蜀主从之，由是蜀中文学复盛。①

此前，毋昭裔还受后主孟昶之命，主持了石刻经书的浩大工程，于后蜀广政七年（944）以开成石经为蓝本，加以注文，请名家书丹，雇良工镌刻，用石千块，历时八年，刻成《论语》《尚书》《周易》《周礼》《礼记》《仪礼》《毛诗》《尔雅》《孝经》《左传》等十部儒家经典，后人称为"孟蜀石经"。碑原陈列于文翁石室，惜毁于南宋末期的战火。其间重要的私刻，还有由曾任后蜀卫尉少卿的赵崇祚编辑刻印的《花间集》，这是我国第一部词集，收录了晚唐和五代众多词人的作品，其中有15位蜀中词人的作品。

五代时，成都坊间刻印经书销售也很普遍，后唐长兴三年（932），冯道、李愚在有关经书应该实行官刻的奏疏中写道："尝见吴、蜀之人，鬻印版文字，色类绝多，终不及经典，如经典校定，雕摹流行，深益于文教也。"②由此可见，五代时成都的雕版印书早已不限于"阴阳杂记""九宫五纬"之流，而有很多卷帙繁多的经、史、子、集图书行世了。

五代时期，成都雕版印刷经书是我国书史上的重大事件，首先，它标志着我国书籍流通和文字的传播方式开始进入一个新阶段，即以印刷的方式代替原来的手抄、转抄、刻石等繁复、笨重方式；其次印刷书籍的内容从历书、佛经等上升为被历代统治者奉为经典的儒家著作；第三，印书从民间进入了官府，从此开创了官府刻书事业。由于官府的介入，经费、人力、物力都有了保证，雕版印刷业迅速成为商业文化的重要行业。

三、人类文化史上的创制——《开宝藏》及蜀版书的问世

两宋时期，四川承袭残唐五代的刻书风气，成都更成了全国雕版印书中心和最早出现官刻的地区，后来形成了官刻、私刻、坊刻三大系统。宋代成都的雕版印刷业又有新的发展，印刷工艺的水平更高。宋代成都、眉山陆续成为刻印中心。官刻图书中，以雕刻、印制《开宝藏》《太平御览》《册府元龟》规模最大。

---

① 余嘉锡：《四库提要辩证》卷一五记载：《爱日斋丛钞》5卷，153条，原书已佚。据《四库全书总目提要》，今本辑自《永乐大典》《说郛》。《十国春秋·毋昭裔传》也有"尝请后主镂刻九经"之语。

② （宋）王钦若等：《册府元龟》卷六〇八。

（一）佛教经典《开宝藏》的创制工程

宋初《开宝藏》的雕刻、印制，是我国文化史上的丰碑，也是空前浩繁的出版工程。由于成都自晚唐以来积累了丰富的雕版印刷技术，同时具备了良好的人文环境，也拥有雄厚的物质基础。宋初，太祖曾命毋昭裔的门人、右拾遗孙逢吉去成都收集后蜀图书，交付国史馆。经鉴定后朝野一致认为，蜀中图书印制精良，朝廷因此选择成都为官府雕刻首部大型佛教经典《大藏经》。宋太祖开宝四年（971），诏令宦官张从信到益州（成都）监刻全部《大藏经》。这部巨构的雕刻、印制过程长达13年，到太平兴国八年（983）才全部竣工，运至京师陆续印刷。全书共雕印佛经1067部，5048卷，雕版达十三万块之多，约4860余万字，分装为480函。这是雕版印刷发展初期刊行的最大的一部汉文佛经总集，在我国文化史上被称为《宋开宝刊蜀本大藏经》，简称《开宝藏》，或称《蜀藏》。"蜀本"也因此得名。《开宝藏》的问世，对亚洲文化产生了重大影响。太平兴国四年（979），太宗命翰林学士张洎为高丽加恩使、著作佐郎勾正中为副使前往高丽。勾正中"精于字学，古文、篆、隶、行、草无不工"，又主持过毋氏刻书事业，在宋朝对高丽文化交流方面起着重要作用。回国以后，勾

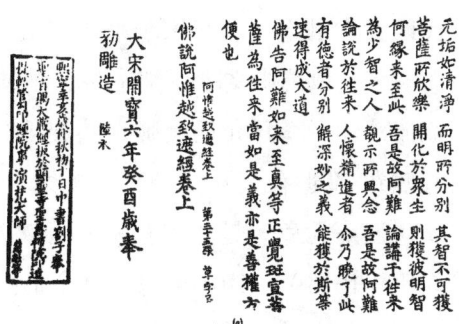

北宋初成都刻印的《开宝藏》

正中迁左赞善大夫，改著作郎，"与徐铉重校定《说文》，模印颁行"①。真宗时，日本僧人奝然、越南黎龙廷都曾到京城，面见皇帝求赐《开宝藏》；朝廷也曾赠送高丽国王显宗王珣的使节三部《开宝藏》。后来，高丽仿照《开宝藏》，参考《契丹藏》，翻刻《大藏经》，赠送日本和琉球。以后日本、琉球都仿照高丽本刻印。由此可见《开宝藏》在亚洲各国产生了极大影响，蜀刻本也因此而誉满天下。

（二）精美绝伦的蜀版书

宋代四川与杭州、福建是全国印刷业的中心。宋人评说："今天下印书，以杭州为上，蜀本次之，福建最下。京师比岁印版，殆不减杭州，但纸不

---

① 民国《华阳县志》卷八《人物》第七之二。

佳。"①可知四川雕版印刷业在全国的地位仅次于杭州。官刻始于后唐长兴三年（932），由官府组织颇具规模的刻书活动在北宋成都完成的；坊间刻书业兴盛于南宋时期。当时蜀中刻书地区已分布于成都、眉山、什邡、双流、临邛、金堂、泸州、铜梁、潼川、遂宁、绵竹、嘉州、资州、益昌、犍为、忠州、夔州等州县，其中以成都、眉山雕版印刷业最为兴盛。蜀中刻书种类之多、规模之大，前所未有。宋代蜀版书雕刻、印刷俱佳，成为人类文化史上的奇珍。

1. 蜀刻的大型类书、史籍

宋代蜀中刻印的大型图书，除前述《开宝藏》外，另一丰硕成就是卷帙浩繁的两部大类书《太平御览》和《册府元龟》。

《太平御览》是太平兴国二年（977）太宗命翰林学士李昉等汇集群书编次，供皇帝阅览之用。李昉、扈蒙等用五年时间编成，目的是荟萃群书，供皇帝日夜观览。全书共计1000卷，55部，约470余万字，内容宏富、门类繁多，是宋代四大类书之一。南宋宁宗庆元五年（1199），成都府路转运判官兼提举学事蒲淑献，以蜀中文献巨细毕备，独缺此书，乃勒工140余人，镂版刊行。广都（双流）学者李廷允任校雠，共校正3.8万字。现在国内已无原本遗存，仅日本尚有残卷3部遗存。

《册府元龟》是北宋真宗命王钦若等编修，从景德二年（1005）到大中祥符六年（1013），凡八年完成，全书共1000卷，共计31部，约940万字。南宋中叶，眉山印书坊"书隐斋"雕印了全部《册府元龟》。蜀版《册府元龟》，每半页14行，每行24字，总计939.2万字；字体朴厚，极具古风，十分名贵，全本今已不存，仅北京图书馆尚有残本108卷。

南宋时期，眉山是蜀中重要刻书重镇，除刊印全部《册府元龟》外，刻印的书籍还相当多。宋高宗绍兴年间，在四川转运史井度主持下，在眉山刻印了《宋书》100卷、《魏书》114卷、《梁书》56卷、《南齐书》59卷、《北齐书》50卷、《陈书》36卷、《北周书》50卷，共465卷，世称蜀刻大字本"眉山七史"。在他的倡导带动下，在眉山还刻印了《周礼》《礼记》《春秋》《孟子》《史记》和《三国志》等书。

2. 蜀中民间刻书业的非凡业绩

官刻之外，蜀中坊刻也十分有名。广都裴宅，成都费氏进修堂、崔氏书

---

① （宋）叶梦得：《石林燕语》卷八。

舍，眉山程宅（舍人）、万卷堂、书隐斋，都是著名坊刻名号。宋代成都印本除了大部头类书外，还有名家文集、诗集、地志、医书等类，如《元微之集》《白氏长庆集》《鹤山大全集》，广都裴宅雕印的《六家文选》，及其他唐、宋人诗文集均为世人珍视。刻书较多的成都费氏进修堂，创设于北宋末期，延续时间长达百余年，曾刻印司马光著《资治通鉴》294卷。该书为大字本，半页11行，每行19字，小注双行于正文下，世称"龙爪本"。据该坊还刻印有《通鉴释文》30卷。费氏"世为成都巨族"，元代的费著，还参与编纂过至正《成都志》①。广都裴氏于南宋理宗景定二年（1261）开刻《六臣注文选》。南宋孝宗隆兴到淳熙年间，西蜀崔氏书肆刻印了王雱的《南华真经注》20卷。

3. 私家刻印的图书、典籍

在官府、坊间印书热潮的带动和影响下，南宋时期，蜀中私人刻书也十分活跃。成都彭乘、辛氏，蜀州唐慎微、临邛韩醇、李叔廑，蒲江魏了翁，眉州苏林，潼川刘甲，都是两宋时期著名的刻书家。成都彭乘是北宋初期最著名的刻书家。史载彭乘"聚书万余卷，皆手自刊校，蜀中所传书，所出于乘"。曾著《彭秘书集》，对蜀中图书刻印业有重要贡献②。唐慎微为北宋末蜀州晋原县名医，他在五代时韩保升撰写的《蜀本草》基础上，编著《经史证类备急本草》，保存了不少单验方。此书蜀中初刻于大观二年（1108），故名《大观证类本草》。政和中，朝廷又命医官曹忠孝重新校订刊行，此版故名《政和本草》。南宋时，还多次校正重刊，可见雕版印刷术在传承人类文明成果方面起了重大作用。明李时珍《本草纲目》，就是在这部书的基础上扩充修订而成。邛崃韩醇在南宋光宗绍熙四年（1193）开刻《新刊训诂唐昌黎先生文集》和《训诂柳先生文集》。蒲江魏了翁在南宋理宗开庆元年（1259）开刻《重校鹤山先生大全文集》。

4. 雕版印刷催生了世界最早的纸币——交子

成都印刷业的发达，还为中国最早的纸币——交子在成都产生提供了有利条件。宋人的记载说明了交子在蜀商群体中首倡创制的原委：

始，益州豪民十余万（"万"字衍）户，连保作交子，每年与官中出夏秋

---

① 民国《华阳县志》卷二四《艺文》第八之二引钱氏《补元史艺文志》。
② 《宋史》卷二九八《彭乘传》。

仓盘量人夫，及出糜枣堰丁夫物料。诸豪以时聚首，同用一色纸印造。印文用屋木人物，铺户押字，各自隐密题号，朱墨间错，以为私记。①

交子图案精致，又用朱墨两色套色印刷，是印刷史上套色印刷术的开端，这是成都印刷业在北宋时的一个显著进步。交子的出现，既是宋代成都商品经济发展的结果，也是成都造纸业和印刷业发达的结果。宋政府在成都设置交子务，交子的雕印也成为一个规模很大的官府印刷作坊，除管理的官吏外，还有"掌典十人，贴书六十九人，印匠八十一人，雕匠六人，铸匠二人，杂役凡十一二人"②。

（三）蜀版书的特色与世界最早的版权保护措施

1. 蜀版书的特色

宋代蜀刻书籍质量甚高，无论官刻、私刻还是坊刻都极重质量，具有版质精良（多用梨木）、字体端楷（多用颜体、柳体）、版式疏朗、刻工精细、墨色漆亮、纸质上乘、精于校勘等优点。蜀刻书籍错讹极少，世称"善本"。蜀版书雄伟朴厚，间架开阔。刻工刀法精致认真，字画一丝不苟，不失原书手笔神气。印刷用纸上多采用皮纸。用墨精良，讲究墨浓色匀，其色浓如漆，虽着潮湿而无漂迹。版式设计注重疏朗明快。特别是大字本，字大如钱、墨香纸润，后世认定"蜀本大字本皆善本"③。近世学者评价说："宋时蜀刻甲于天下"④，殆非虚语。今人考证，宋代川籍作者1009人，有著作2400余部，传世或残存者不足50%。其中成都作者158人，有著作近400部，传世或残存者仅208种⑤。至于宋代四川究竟刻了多少种书，由于后世战乱，佚散很多，难以统计。据今人推测认为，宋代有近400种著作镌刻成书，流传至今只是凤毛麟角了。但宋代蜀刻本如《春秋经传集解》《淮海先生闲居集》《孟东野文集》《元包经传》⑥等，今天仍有原本传世⑦。

---

① （宋）李攸：《宋朝事实》卷一五《财用》。
② （旧题）（元）费著：《楮币谱》，《全蜀艺文志》卷五七。
③ （清）钱大昕：《十驾斋养新录》卷一九《宋椠本》。
④ 民国《华阳县志》卷二四《艺文》第八之二《史部》。
⑤ 《四川省志·出版志》上册《概述》，四川人民出版社2001年版。
⑥ （北周）卫元嵩撰，（唐）苏源明传，李江注：《元包经传》卷五。
⑦ 袁庭栋：《巴蜀文化志》，上海人民出版社1998年版，第114页。

2. 世界最早实施的版权保护措施

随着雕版印书业的发展,在宋代刻印业者已经有了版权保护意识。为维护堂号品牌,坊间创制了世界最早的版权保护条规:一是注明印行图书的名号,防止他人假冒,现残存宋蜀刻《新编近时十便良方》十卷,书末就有墨图记云:"万卷堂作十三行大字刊行,庶便检用,请详鉴。"①这就开创了图书印行注明发行单位的先例。二是随着图书刊印数量的增加,刻印业内部竞争激烈,为保护本坊图书的信誉和商业利益,他们还呈请官府保护版权,因而四川又是最早实行版权保护的地方。南宋光宗绍熙年间,眉山程舍人宅刻本《东都事略》,目录后有:"眉山程舍人宅刊行,已申上司不许覆板"②的标记。在这一标记中作出的版权声明,是中国版权保护的最早记录。

3. 世界最早的出版物审核律令

在宋代雕版印刷业的快速发展和书坊、书肆兴起的过程中,宋王朝已经感受到这种新型文化传播方式可能会达到不受控制的地步,对刻书业的监督约束也日渐加强。从《宋会要辑稿》中可见,几乎每个皇帝都颁布了"禁止擅镂"的诏令。北宋哲宗元祐五年(1090)根据苏辙建议,朝廷制定了比较全面的条律,规定:"议论时政得失,边事军机文字""本朝会要、实录""戏亵之文"不得镂刻。至于"其他文籍,欲雕印者,送官详定,有益于学者方许镂版,候印讫送秘书省,如审定不当,取勘施行"③。这是中国最早的书籍出版管理与审查律令,由"秘书省"负责管理。

第五节 蜀中丝织业的工艺创新

一、丝织业的发展及其供求关系

(一)隋唐蜀中丝织业的发展

隋唐时期,巴蜀丝织业达到了一个新的高峰。史称隋代巴蜀地区"人多工巧,绫锦雕镂之妙,殆侔于上国"④。隋代还出现了因经营丝织品而"致巨

---

① (清)叶德辉:《书林清话》卷六《宋刻书之碑记》。
② (清)叶德辉:《书林清话》卷二《翻版有禁始于宋人》。
③ 《四川省志·出版志》上册《概述》,四川人民出版社2001年版。
④ 《隋书》卷二九《地理》。

富"的"西州大贾"郫县何氏①。唐代蜀中《成都记·序》中说：大凡今之推名镇为天下第一者曰扬、益。……江山之秀、罗锦之丽，……扬不足以侔其半②。

由此可见，不仅蜀中山川之秀美甲于扬州，而且以蜀锦为代表的益州丝织品生产，也居于全国之首。"巴锦"成为川东丝织业的精品，已为时人称道。唐人诗句中有"樯似邓林江拍天，越香巴锦万千千"之句③。

唐代巴蜀丝织业生产绢、绫、锦、罗、纱五类产品。绢是平纹丝织物，锦、绫均采用提花机织造，罗则用绞经纱的方法织成。其中绢是普通丝织品，产地共计28州④，占全国产绢州三分之一，几乎遍布巴蜀平原和丘陵区。巴蜀丝织品的产量，史无明载，但据文献记载，必须向中央入贡丝织品的巴蜀州郡就有22个⑤。所贡者不仅有寻常丝织品绢，还有锦、绸、绫、罗等高质量的丝织品，可知当时的巴蜀丝织品已呈多样化之势。从唐代征收庸调绢帛统计看，蜀中绢帛质量唐代后期超过前期。

从开元（713～741）到元和（806～820），百年左右蜀地丝织业出现了不少新的产地和产品。益州（今成都）："开元贡罗八匹""元和贡高杼裨布、绫罗、高杼衫段、丝布。"彭州："开元贡交梭罗。"蜀州（今崇州）："开元贡罗十八匹""元和贡白罗。"汉州（今广汉）："开元贡交梭罗。"简州："开元贡绵、绸十五匹，元和贡同。"嘉州（今乐山）：开元贡、赋无丝织品，元和"赋绢、绵"。梓州（今三台）：开元贡"绫、绵、丝布、赋布绢"，元和贡"绫"。剑州（今剑阁）：开元"赋绵、绢"。绵州（今绵阳）：开元"贡对凤两窠、独窠白绸、绢"，又贡"双绸20匹，赋绵、绢"；元和"贡双绸，赋同"，绵州得名亦与盛产丝织品有关。遂州（今遂宁）："贡樗蒲绫十五匹"。普州（今安岳）：开元"赋绢"。陵州（今仁寿）：开元"赋绢、绵，元和贡同"。阆州（今阆中）："贡重莲绫绵绢绸"⑥。

从上述州县的土贡中，可以看到，生丝和丝织品产地达到13个州，各地

---

① 《隋书》卷七五《何妥传》。
② 《全唐文》卷七四四。
③ （唐）杜牧：《中丞业深韬略志在功名再奉长句一篇兼有咨劝》，载《全唐诗》卷五二四。
④ 《大唐六典》卷二〇《太府寺》。
⑤ 《新唐书》卷四二《地理志》。
⑥ （唐）李吉甫：《元和郡县图志》卷三一《剑南道》上、中册，中华书局1983年版。

丝织业创新产品较多，绫、锦、罗、纱织造技术积累演变，形成各地特色。益州的"细绫"，遂州的"樗蒲绫"，彭州和汉州的"交梭绫"，梓州和嘉州的"水波绫""鸟头绫"，阆州的"重莲绫"，都是丝织名品。晚唐时出任剑南西川节度使的段文昌曾评价说："果、阆二州绢，长十五丈，重一觔，其色目鲜白。"① 当时称这种绢为"重绢"，质量极好，价格超过号称天下第一的宋（在今河南商丘市境）、亳（在今安徽亳州市境）二州土绢。

后蜀亡国之后，北宋将府库中的丝织品运至京师，每日一纲，接连搬运了好几年才搬运完毕，足见前后蜀时期巴蜀丝织生产仍在发展。其后，北宋王朝又将蜀中部分织锦工匠强行迁到京师，成立绫锦院，织机长期保持在400台以上。同时又在梓州（今三台）成立绫绮坊，专供王朝所需。因此可以说，前后蜀的丝织业为北宋时期丝织业的恢复、发展奠定了良好的物质基础。

（二）两宋巴蜀丝织业的发展

宋初，丝织业已成巴蜀城乡手工业的重要部分，各地创制的特色产品较多。历代巴蜀丝织中心大都集中在成都附近的川西地区，宋代则扩展到梓州路段梓州、果州、遂州，以及利州路的蓬州、巴州、阆州等川中、川北丘陵区和嘉州、怀安州、涪州、云安州、梁山军、南平军等川南、川东8个州、军②。宋代蜀中丝织生产有了长足发展，宋代巴蜀地区桑、麻的种植相当普遍，除成都平原"土植宜柘，茧丝织文纤丽者穷于天下"③，城郊之外的各县乡村，种桑养蚕、缫丝织缣地区较唐代增加了14处，丝织业已遍布全川。广都、双流、温江、蜀州"出单丝罗"，蜀州"出白花罗"。嘉州土贡新品"水波绫、鸟头绫"④。时人记载："梓州织八丈阔幅绢献宫禁，前世织工所不能为也。"⑤ 诗人陆游记载："遂宁出罗，谓之'越罗'，亦似会稽罗而过之。"蜀地织造的绫中，纹饰呈现"两尾尖削而中间宽广者，既不像花，亦非禽兽，遂名'樗蒲'"。盐亭县出产"鹅溪绢"，受到时人文同的赞叹："待将一片鹅溪绢，扫取寒梢万丈长。"⑥ 此外，梓州的熟绫和百花绫、绵州的白绫、蓬州的棕丝

---

① （唐）段文昌：《游蜀记》，《太平寰宇记》卷八六引。
② （清）徐松：《宋会要辑稿·食货》卷六四之二三。
③ 《宋史》卷八九《地理志》。
④ 嘉庆《四川通志》卷七四《食货·物产》引《太平寰宇记》。
⑤ （宋）张邦基：《墨庄漫录》卷二。
⑥ 嘉庆《四川通志》卷七四《食货·物产》引文同诗。

绫、达州的蓝绸、阆州的莲绫，均为一方名产。

蜀中丝织品除官府设场院织造外，大多由民间作坊生产。就丝织业的总体情况看，梓州路已超过传统产区成都府路，有"机织户数千家"①，川北绵州、遂州、阆州、达州也都有兴盛的民间丝织业，蚕事活动热闹非凡。蚕事活动从成都地区发展到川中、川北和川东地区。成都正月初五日"五门蚕市"，盛行出售养蚕器具的"蚕市"贸易②。蓬州"蚕事自三月起至九月乃止，谓之'九熟蚕'"③。每年正月七日，渠州城南山区乡人，携鼓笛、酒食登山娱乐祈求蚕事，故曰"乐山"④。巴州元宵夜，儿童彻夜高唱"巴音"，谓之"唤蚕丝"⑤。

宋代巴蜀地区丝织品产量没有确切数据，但从文献记载的赋役负担中，可以得到巴蜀地区丝织业在全国占据的地位。在北宋王朝岁入帛匹11351907匹中，两蜀则达1799151，占全国总数的16%，大大超过了全国赋役负担的平均水平⑥。

从地区负担看，梓州路排列在上供负担的首位。上供丝织品数量统计表明：每年上供绢一项，梓州路为381522匹，成都府路为337357匹。各路租税收入的匹帛中，绢的数量梓州路为213396匹，成都府路为63760匹；绸的数量中，梓州路为19840匹，成都府路为11730匹⑦。在巴蜀上供给朝廷34100匹绫中，东川（梓州路）为26300匹，西川（成都府路）为7800匹⑧。绍兴三十二年（1162），南宋王朝指令四川"准备礼物使用"的高级丝织品中，潼川府路用去30万缗收购青丝樗蒲，成都府路用去20万缗收购川锦⑨。上述两宋王朝在四川征收的各种丝织品，梓州路都超过了成都府路。宋王朝对蜀中丝织品为何有如此巨大需求？其重要原因有二：

一是北宋王朝军用品、宫廷、朝廷服饰需求不断增长，对丝织品上供的

---

① （清）徐松：《宋会要辑稿·食货》六四之二三。
② 《岁华纪丽谱》，引自《巴蜀丛书》第一辑，巴蜀书社1988年版，第99页。
③ （明）曹学佺：《蜀中广记》卷五八。
④ （宋）王象之：《舆地纪胜》卷一六二。
⑤ （明）曹学佺：《蜀中广记》卷五八。
⑥ 贾大泉、陈世松主编，周原孙著：《四川通史》第四册，四川人民出版社2010年版，第224页。
⑦ （清）徐松：《宋会要辑稿·食货》六四之二三。
⑧ （宋）李心传：《建炎以来朝野杂记》甲集卷一四《四川供绢绸绫锦绮》。
⑨ （宋）李心传：《建炎以来系年要录》卷一四七，绍兴十二年冬十月戊寅。

数额也在不断增长。首先，一般丝棉、丝织品和麻布之类，主要用于军需，军官、士兵的服装，以及行军保暖被服等。史书明确记载："宋承前代之制，调绢、䌷、布、丝绵以供军需"；高级丝织品的供应对象则不一样，其"纤丽之物"，则"供服用及岁时赐与"①，主要用于皇室服用及赐与高级官员和赏赐有功将士。神宗时，成都知府吕大防曾谈到成都锦绣在上层社会的服用情况说："上自帝后之服、禁省之用，而下至疆臣、战士之予赐，莫不在焉。"②由此可知，高级丝织品的用途，上自皇帝、后妃和宫廷之需，下至封疆大吏、高级官员的着装，以及对功臣、战士的赏赐之物，都有巨大的需求。皇族、官僚队伍的扩大，这类需求也就与日俱增。

二是用以缓和对外关系，主要用在与契丹、辽、西夏、金合议交纳的"岁币"，以及对外贸易等方面。早在宋初，赵匡胤为完成燕云十六州的统一大业，就设置了"封桩库"，以储金帛，凡年终剩余之数皆入此库，他对近臣说：

> 欲俟斯库所蓄满三五十万，即遣使与契丹约，苟能归我土地、民庶，则当尽此金帛，充其赎值。如曰不可，朕将散滞财，募勇士，俾图攻取耳。③

可见，北宋王朝一开始就将蜀中丝织品作为外交武器，用以交换土地、人口。终宋之世，为防御西北契丹、辽、西夏、金、蒙古军入侵，都是依靠着包括四川丝织品在内的巨额财物作为筹码，或作军需，或作停战休兵的交换条件，化干戈为玉帛。史载陕西、河东"军装、绸、锦，皆出益、梓、利路"，如果"岁减西川所上物帛"，前线将士就会"军衣不足"④。

宋王朝通过赋税、折科、市买、和买等手段，大量征收布帛以保证军国之需。丝织品中很大一部分是随军需指令，直接由巴蜀向朝廷提供的。神宗元丰六年（1083）以前，王朝所需高级丝织品，都是由地方官预支蚕丝、红花、工值与匠户织造，限期收纳，或在市场收购。待官府所需足数之后，才允许"民间"丝织品在市场上交易，规定"有织卖者勿禁"⑤。

---

① 《宋史》卷一七五《食货志》。
② （宋）吕大防：《锦官楼记》，《成都文类》卷二六。
③ （宋）李焘：《续资治通鉴长编》卷一九。
④ （清）徐松：《宋会要辑稿·食货》六四之二四。
⑤ （清）徐松：《宋会要辑稿·食货》六四之一七。

南宋时，宋王朝偏安江南半壁，大散关至淮河以北全为金国所有，因军事对峙、攻防战守耗费布帛钱粮数额巨大，只能截留蜀中上供物帛以充军饷。年截留数高达500万缗，占四川总领所绍兴十一年（1141）休兵之初年度军费2665万缗的近20%。此外，"两川激赏绢"33万匹、"两川绵估钱"和每年支援湖广总领所纲绢4.7万匹、绵4005两还不包括在内①。到晚宋蒙古大军压境时，这种以布帛为掠夺对象的情况有增无减，和买绢布和"激赏绢"变成无偿缴纳的常赋。于此可见，南宋王朝在四川的布帛收入及其发挥的军事作用，较之北宋有过之而无不及②。也同时证明，两宋王朝能够在强邻压境的不利环境中支撑三百余年，四川丝织品是功不可没的。

二、蜀锦的工艺创新

（一）隋唐蜀锦的工艺创新

隋唐时期，蜀锦工艺进入了不断探索创新的阶段。陆龟蒙在《纪锦裙》一文中为我们描述了一幅极富艺术价值的"蜀锦裙"：长四尺、下广上狭；其左有二十只仙鹤，势如飞起，口衔花枝；右有二十只鹦鹉，耸肩舒尾；中隔花卉，布局均匀。在一般性描述之后，陆龟蒙对"蜀锦裙"的图案作了即兴铺陈：

驳霞残虹，流烟堕雾，春草夹径，远山截空，坏墙古苔，石泓秋水，印丹浸漏，粉蝶涂染。……蓥緷环佩，云隐涯岸。浓淡霏拂，靃抑冥密。③

如此如诗如画的蜀锦图案真是天工巧夺，美不胜收。据陆龟蒙估计，这幅"蜀锦裙"的年代，"纵非齐梁物，亦不下三百年矣"④。按陆龟蒙生当昭宗前后，上推三百年，这幅"蜀锦裙"至少应是隋代生产的。如果这个判断接近确切年代，就不难证明，即使经历了南北朝时期的混乱局面，蜀地织锦业也没有戛然而止，它仍在顽强地进行创新。当时蜀锦呈现承先启后、精益求精的

---

① （宋）李心传：《建炎以来朝野杂记》甲集卷一四。
② 贾大泉、陈世松主编，周原孙著：《四川通史》第四册，四川人民出版社2010年版，第217~222页。
③ （唐）陆龟蒙：《纪锦裙》，《全蜀艺文志》（下）卷五六，线装书局2003年版，第1683页。
④ （唐）陆龟蒙：《纪锦裙》，《全蜀艺文志》（下）卷五六，线装书局2003年版，第1683页。

良好形势。在众多蜀锦产品中,出现了著名的"陵阳公样",又称"益州新样锦"。张彦远记述了"陵阳公样"的来龙去脉:

> 窦思纶,字希言,纳言陈国公抗之子。初为太宗秦王府咨议、相国录事参军,封陵阳公。性巧绝,草创之际,乘舆皆阙,敕兼益州大行台,检校修造。凡创瑞锦、宫绫,章彩奇丽,蜀人至今谓之"陵阳公样"。……高祖、太宗时,内库瑞锦对雉、斗羊、翔凤、游麟之状,创自思纶,至今传之。①

"陵阳公样"的花纹设计,曾是盛唐蜀锦的典范。唐太宗时,曾任益州大行台的窦思纶奉命检校修造绫锦饰物,他组织设计了不少蜀锦、绫新花样,被誉为"章彩奇丽"。其中,著名的对雉、斗羊、祥凤、游麟等闻名海内外。因窦思纶被封为"陵阳公",这些锦样也被称为"陵阳公样"。玄宗时,益州司马皇甫恂还动用府库新近物资织造这种新样锦,供奉朝廷。京师"织染署"织造的瑞锦、宫锦,纹样大都取法于"陵阳公样"。《历代名画记》的作者张彦远生活在唐僖宗时期②,可见晚唐时,蜀中仍在生产"陵阳公样"的锦、绫。

近年来在新疆的丝绸之路古道上出土了不少唐代蜀地制作的团花锦,大多属于"陵阳公样"。其中,吐鲁番出土的"联珠禽兽纹斜纹纬锦"数量不少;还有在经斜线上织出莲花、忍冬花相间图案的团花锦,都是蜀江锦的标志。唐代蜀锦曾大量远销日本,现存"赤狮凤纹蜀江锦",是唐代蜀锦的代表作品,色彩十分丰富,以小珠和百合花为圆圈的团花横向排列,在上排团花内织有对首的双狮,上部以香炉图案为中心,左右配以幡织图案,下方配云彩图案,在下排团花内织有对称展翅的凤凰。上下方配置的图案与上排相似。在双排团花之间的纵向界道里,排列着双鹿,在上下排之间

唐代遗存团花纹饰蜀锦

---

① (唐)张彦远:《历代名画记》卷一〇。
② 《新唐书》卷一二七《张文规传》。

的界道里，又排列着双马。底色呈大红，红底交织白、藏青、绿和黄色对比，完美表现出彩条经锦缎特征。现存日本的正仓院与法隆寺的"蜀江太子御绢伞锦""蜀江小幡"，纹饰很多，有龟甲花、格子花、团花、连珠莲花，以及连珠对禽对兽等，是以鸟兽麟、毛配以花卉、绿叶为纹饰的蜀锦实物[1]。

还有一类以植物为纹饰的蜀锦，其构图精妙，"布叶宜疏，安花巧密。写庭葵而不欠，拟山鸟而能悉"[2]。在吐鲁番发现的蜀锦残片，"在经斜线上织出类似莲花的花朵和四出的忍冬相间的团花锦"[3]，就是这类图饰的蜀锦实物。现存日本的"格子花纹锦"，也属于这类图案。这是一幅复式平纹组织的经锦，图饰由等形方格构成，中央为莲花，配饰连珠花，四角饰以忍冬蔓藤，织锦底色为大红，莲花为蓝白色调，忍冬蔓藤与方格纵界道为绿底上起红、黄色。锦面五彩缤纷、鲜艳夺目[4]。

中唐以后，蜀锦随着上层社会需求的提高而出现工艺创新。中宗之女安乐公主出嫁时，"蜀川献单丝碧罗笼裙，缕金为花鸟，细如丝发，鸟子大如黍米，眼鼻嘴甲俱成，明目者方见之"[5]。这件鸟纹织金罗笼裙，技艺超群，是唐代蜀锦的杰作。冯梦龙追述了唐代蜀中生产的"十样锦"：长安竹、天下乐、雕团、宜男、宝界地、方胜、狮团、象眼、八答晕、铁梗襄荷。他的记载应有文献依据，故有"近觑四川十样锦，远观洛阳一团花"之誉[6]。这是蜀锦花样翻新的例证。

对于精美的蜀锦，唐代文学家留下了很多优美的描述，诗文中也能看出蜀锦工艺的创造活力。例如脍炙人口的刘禹锡《浪淘沙》："濯锦江边两岸花，春风吹浪正淘沙。女郎剪下鸳鸯锦，将向中流定晚霞。"[7]在蜀锦织造中心的濯锦江两岸，春风吹拂碧波，织锦少女将刚刚从机杼上剪下的"鸳鸯锦"放在江水中洗涤，那颜色与绚丽的晚霞交相辉映。晚唐高骈诗云："不会人家多少锦，春

---

[1] 蜀锦史话编写组：《蜀锦史话》，四川人民出版社1979年版，第25～26页。
[2] （唐）张何：《蜀江春日文君濯锦赋》，《全蜀艺文志》卷一。
[3] 新疆维吾尔自治区博物馆出土文物展工作组：《丝绸之路上新发现的汉唐织物》，《文物》1972年第3期。
[4] 蜀锦史话编写组：《蜀锦史话》，四川人民出版社1979年版，第25页。
[5] 《旧唐书》卷三七《五行志》。
[6] （明）冯梦龙：《古今小说》卷一七《史弘肇龙虎君臣会》。
[7] （唐）刘禹锡：《浪淘沙》，《全蜀艺文志》（上），线装书局2003年版，第455页。

来尽挂树梢头。"①春季是蜀锦织造的旺季，锦江沿岸蜀锦作坊都将织染后的美锦加以濯洗，悬挂树梢晾晒。可见，濯洗工艺仍是蜀锦织造的最后工序。

（二）两宋蜀锦的工艺创新

宋代蜀锦工艺在唐和五代基础上，出现进一步创新的格局。蜀锦工艺水平提高的标志，首先表现在锦类品种繁多、题材内容丰富。反映出巴蜀丝织业总体水平的进步。成都锦院织造的蜀锦有十五种，包括八答晕锦、盘毬锦、簇四金雕锦、葵花锦、真红锦、青绿云雁锦、入窠狮子锦、大窠马打毬锦、双窠云雁锦、宜男百花锦、青绿锦等；茶马司锦院织造的蜀锦有二十九种，包括绯甲被、七八行锦、绯大被、玛瑙锦、真红大被褥、真红双连椅背、真红单椅背、真红双窠锦、皂大被褥、青大被褥、青绿瑞草云鹤锦、青绿如意牡丹锦、真红宜男百花锦、真红穿花凤锦、真红水林禽锦、真红樱桃锦、真红云花毬锦、鹅黄水林禽锦、紫草缎子锦、真红天马锦、真红飞鱼锦、真红聚八仙锦、真红文金鱼锦、秦州细法真红锦、秦州中法真红锦、秦州粗法真红锦、真红湖州大百花孔雀锦、四色湖州百花孔雀锦、二色湖州大百花孔雀锦等。两院织锦共计四十四种，还不包括民间锦坊织锦的种类。

从上述品类繁多的蜀锦可以看出，蜀锦题材广泛，纹样装饰、图案色彩美轮美奂。反映自然界的，有天上飞禽、水中游鱼、园林花木、原野走兽，也有社会生活、风土人情、神话故事、宗教人物。与丝织工艺发展的同时，染色原料也有了稳定的开发。染料中植物类原料，红色染料所用红花，青色染料所用蓝草，黄色染料所用栀子、地黄，紫色染料所用紫草，绿色染料所用艾，皂褐色染料所用皂斗，农村都已经普遍种植。矿物类原料，丹砂、石青、石黄、石绿、粉锡、铅丹等，也得到开采和使用。城市已开设了专门出售染料的染铺。人们已经探索出丝织品"宜色"的诀窍："蜀地蓄蚕与他邦异，

宋代遗存八答晕锦（引自《蜀锦史话》）

---

① （唐）高骈：《锦城写望》，《全唐诗》卷五九八。

当其眠将起时，以桑灰喂之，故帛成宜色。然世之重川红，多以为染之良，盖不知由蚕所致也。"[1]蜀锦经久不变的原因，不光取决于染料，更重要的是饲养阶段的特殊食料。

宋代大量名贵锦缎的织造成功，是蜀锦工艺提高的标志。宋代"八答晕锦"是纬三重纹饰、缎地、纬浮花，底呈红色，纹色由红、绿、蓝、浅黄等色调组成，以几何图形构图为主，锦面由大小两种八瓣形图案和垂直交叉的直条构成，空隙处填满"卍"字花纹。图形花样丰富多彩、美不胜收。宋代"灯笼锦"，又名"天下乐锦"，题材为张灯结彩、庆祝丰收，纹样由几何图案并列组成，灯旁悬结谷穗，灯周遭隐隐有蜜蜂飞舞，隐喻五谷丰登意境[2]。北宋时，文彦博任职成都，凭借蜀锦业中精工巧匠的技艺，将黄金捶打成薄片、镂切成金丝，或将镂金缠在丝线上，织造成一幅织金灯笼锦，赠送仁宗的张贵妃。张贵妃身着织金灯笼锦在皇宫侍宴，金光灿烂、殿堂生辉、满座皆惊。文彦博因此做了宰相，稍后也因此受到同僚弹劾，被贬为许州知州。

创作于同一时期的"落花流水锦"是成都艺人根据唐诗"桃花流水杳然去，别有天地在人间"和南唐后主李煜词"落花流水春去也，天上人间"的意境，设计创作而成，从其织纹结构看，有缎纹，或斜纹底上显纬花，有平纹正反袋织。其配色，有经纬同色，也有经纬异色。其图案，有的像旭日辉映的水波，漂浮着大朵梅花，川流不息流逝；有的织成漩涡回水，倒卷浪花；有的在波光粼粼的水面上点染无数细碎的花瓣，随水漂泊，给人无尽的想象。此锦在设计、配色、图案上虽然不拘一格，但始终保持了落花与流水这一主题思想，其影响延续到后代。可见，宋代蜀锦在纹样设计、图案色调搭配、提花技艺达到炉火纯青的基础上，开始将诗词意境、水墨绘画艺术运用到创新作品中，使织造工艺进入了新阶段。

三、蜀中织锦业与成都锦院

（一）蜀中织锦业

成都历代以织锦闻名，唐代仍是蜀锦织造中心，唐代益州、蜀州、绵州

---

[1] （宋）吴曾：《能改斋漫录》卷一五。
[2] 蜀锦史话编写组：《蜀锦史话》，四川人民出版社1979年版，第33页。

土贡中都有"锦"的记载①，可见蜀锦的产地已扩大到成都以外的地区。唐代"成都有九璧村，出美锦，岁充贡"，故取名"九璧锦"②。唐代蜀锦的生产规模相当大，唐大和元年（827）南诏攻蜀，在成都近郊掳掠"子女、工技数万引而南，人惧自杀者不胜计。……南诏自是工文织，与中国埒"③。

五代时，成都是东西两川丝织品的织造中心，蜀锦生产的规模相当大。前蜀王衍曾以缯彩数万匹结成彩楼山；他泛舟阆州时，舟子皆衣锦绣。后唐灭前蜀之前，庄宗曾希望用马匹与蜀市易，换取"锦绮珍玩"④。文献记载，前蜀灭亡时，府库存有"纹锦、绫罗五十万匹"⑤。后蜀丝织业更为发达，蜀锦织工人数多、技术高、产量大。孟昶曾令织工以一梭织成锦被，名曰"鸳衾"，这幅锦被幅宽约五尺，中间无缝，超过了传统窄锦织造的技术限度。

宋代成都蜀锦生产的发达，是建立在成都平原及其周围地区蚕桑业发达的基础之上的，"都江堰缘渠所置碓磑、纺织之处，以千万计"⑥。成都蜀锦工艺的创新，是四川丝织业发展的重要标志。宋代"蜀土富饶，丝帛所产，民织作冰纨绮绣等物，号为'冠天下'"⑦。在锦院未创以前，上供的锦绮也是"以丝布散于市民，至期而敛之"⑧。可见宋代成都的民间丝织业同样也很兴盛。

如绢帛之类的普通丝织品，大部分由农户织造，是两川农家的家庭副业；高级丝织品则由具有专门技艺和生产能力的民间机房承担织造任务，通常由地方官预支蚕丝、红花、工值与匠户织造，限期收纳，不足时或在市场收购。官府收足后，允许"民间有织卖者勿禁"⑨。蜀锦的织造十分繁难，"锦绣纂组，尤费蚕丝"。其技术含量也非常高，"织文锦绣，穷工极巧，其写物也如欲生，其渥彩也如可掇"⑩。蜀锦机房规模、生产工艺堪称典范，机房

---

① 《新唐书》卷四二《地理》六。
② （唐）段文昌：《游蜀记》，引自《太平环宇记》卷七二。
③ 《新唐书》卷二二二《南诏传》。
④ （宋）司马光等：《资治通鉴》卷二七三。
⑤ （宋）郭允蹈等：《蜀鉴》卷七七。
⑥ （元）揭傒斯：《大元敕修堰碑》，《揭文安公集》卷一二。
⑦ （宋）李焘、杨仲良：《续资治通鉴长编纪事本末》卷一三《李顺之乱》。
⑧ （宋）吕大防：《锦官楼记》，《成都文类》卷二六。
⑨ （清）徐松：《宋会要辑稿·食货》六四之一七。
⑩ （宋）吕大防：《锦官楼记》，《成都文类》卷二六。

工匠"连甍比室，运箴弄杼，燃膏继昼，幼艾竭作，以供四方之服玩"①。陆游《浣花女》诗说："江头女儿双髻丫，常随阿母供桑麻，当户夜织声咿哑。"②这诗道出了民间织锦作坊的艰辛：濯锦江畔，少女白天跟随母亲采摘桑、麻；夜静更深时分，她们还要在机房辛勤劳作，夜以继日、赶工织锦，机杼发出"咿哑"之声，远近可闻。

宋朝"岁输上供等锦帛，转运司给其费，而府掌其事"③。官府执事在折算成本、发放工值时，每每让劳苦匠户得不偿失。由于包括丝织品在内的赋役负担沉重，"科市"的强制收购政策又严重损害了商人和丝织品生产者的利益，蜀民不堪其苦，不断爆发武装反抗事变，给刚刚结束后蜀割据局面的北宋王朝以沉重打击④。

蜀中连年祸乱，迫使北宋王朝不得不稍减其赋役负担。到仁宗天圣（1023～1032）年间，"诏减两蜀岁输锦绮、鹿胎、透背、欹正之半"；明道（1032～1033）年间，"又减两蜀岁输锦绮、绫罗、透背、花纱三之二，命改织䌷、绢以助军"其后，"辄增益、梓路红锦、鹿胎，庆历四年复减半"。但是，朝廷对高级丝织品的需求有增无减，任职成都的官吏总是层层加码，不断增加蜀锦上供数额。到治平中，"岁织十五万三千五百余匹"⑤，缴纳数量仍然很大。上供锦绮、鹿胎、透背要求质量高、数量大，这就给巴蜀地区丝织品生产形成很大压力，也促使其不断提高质量，增加生产。

北宋时，朝廷在京都开封专门设立内衣物库，受纳"绫锦院、西川所输锦、鹿胎、绫、罗、绢织成匹缎之物"⑥。根据文献记载，宋朝每年匹缎库总入高级丝织品共计9615匹，四川上供的为1908匹，占总数的近20%；绫岁入147385匹，四川为38770匹，占总数的26%；岁入锦绮、鹿胎、透背共计1010匹，四川为759匹，占75%以上；岁入绫44906匹，四川为14456匹，占32%；诸路每年合发紫碧绮180匹、锦1700匹，全部由四川供应。遇有特殊需求，还随时

---

① （宋）吕大防：《锦官楼记》，《成都文类》卷二六。
② （宋）陆游：《剑南诗稿》卷八。
③ 《蜀锦谱》，引自《巴蜀丛书》第一辑，巴蜀书社1988年版，第191页。
④ 贾大泉、陈世松主编，周原孙著：《四川通史》第四册，四川人民出版社2010年版，第223～224、228页。
⑤ 《宋史》卷一七五《食货志》。
⑥ （清）徐松：《宋会要辑稿·食货》五二之二三。

征发四川丝织品①。

(二)成都锦院

在这种产需矛盾不断扩大的情况下,吕大防于北宋神宗元丰六年(1083),奏准在成都东城设置成都府锦院。最初的成都锦院规模不大,只有"军匠八十人,织大料细法锦、透背、鹿胎共七百三十余匹。其小料绫绮易造之物一千三百余匹,仍旧俵在民间"。锦院最初只生产"大料","小料"生产仍然分散在民间机房。次年,宋神宗特令"添造紧丝等机法一十五色",成都府差监官一员专门管理锦院,增招军匠300人,"并将小料易造之物一千三百余匹,亦在院织造"②。吕大防在《锦官楼记》一文中记述其事说:

乃度府治之东治室以为织所,兴阁于前以为积藏待发之府,所以达风燥而远卑湿也。明年五月,又诏以其所为上供机院,特置吏以莅之,凡岁贡之在官民者悉典领之。益治绨锦之精丽者千五百端,募工满三百,不足则蹴庸以充之。大率设机百五十四,日用挽综之工百六十四,用杼之工百五十四,练染之工十一,纺绎之工百一十,而后足役。岁费丝枲以两者一十二万五千,红蓝紫苏之类以斤者二十一万一千,而后足用。织室吏舍出纳之府,为屋百二十七间,而后足居。③

锦院规模很大,设织机154架,日用挽综工164名、杼工154名、练染工11名、纺绎工110名。这439名工匠分别承担了织锦生产中的所有工序。每年织造耗费生丝12.5万两、染料21.1万斤。织室、吏舍、出纳库房共计127间。这是一段相当重要的记载,说明北宋时成都的织锦业在家庭手工作坊之外,由官府组建了有数百名工匠、众多生产和生活用房的手工工场,俨如近代一个中型的工厂。

文献记载:"纤丽之物,则在京有绫锦院,西京、真定、青、益、梓州场院主织锦绮、鹿胎、透背。"④京外四处场院中,蜀中就有益州、梓州两处。

---

① 贾大泉、陈世松主编,周原孙撰:《四川通史》第四册,四川人民出版社2010年版,第217页。
② (宋)吕陶:《奉使回奏十事状》,《净德集》卷四。
③ (宋)吕大防:《锦官楼记》,《成都文类》卷二六。
④ 《宋史》卷一七五《食货》上。

据有关史料统计，宋代西蜀地区是锦绮、鹿胎、透背等高级丝织品的重要产地，每年都有大量贡品输京。据历史文献记载，宋代全国各路共上供绫48233匹，成都府路上供7865匹，占16.31%；成都府路还承担了全部紫碧绮180匹、锦1700匹的上供①。治平初，益州、梓州岁供丝织品15.35万匹②。成都府岁供锦绮纨罗共计1.4万匹③。南宋时期，成都府路生产的高级丝织品在全国占有重要的地位，每年上供绢䌷7.4万匹、绫3.4万匹，成都上供锦绮1800余匹④。由此可见，当时蜀中生产的高级丝织品上供数量之多。

南宋建炎三年（1129），为满足用蜀锦向少数民族换取战马的需要，成都的茶马司又设立了茶马司锦院，按购买军马需求织造锦绫被褥，折支黎州（今四川汉源）等处马价。乾道四年（1168），与成都府锦院合并，合并之后的锦院，大大超过原来500名工匠的规模，使蜀锦的产量和品种都有了很大的增加。

除上述成都锦院的织锦工匠外，宋代成都民间织锦业究竟有多少织锦工匠，文献记载不详，陆游《晚登子城》诗说成都城内"锦机玉工不知数"⑤。成都濯锦江沿岸，甚至小街陋巷之中，都有不少民间织锦作坊；而且在锦院设立前，高级丝织品的征调都由民间织锦作坊、机房承担，织锦工匠的数量应大大超过锦院。

正因为巴蜀地区从民间到官方都有如此巨大的丝织品生产能力，宋代蜀锦在技术上有极高的水平，图案设计不断创新、花色品种层出不穷，染色技术的水平在全国名列前茅。宋代的成都织工创造了许多新颖美丽的图案，仅南宋人所撰《蜀锦谱》记载的就有近40种。工匠们技艺非凡，可以在织机上织出完整的仿王羲之笔意的《兰亭序》⑥；根据唐人诗意设计的"紫曲水图案"，风行全国，被称作"落花流水锦"，一直是全国各地锦缎的主要花样。

---

① （宋）吕大防：《锦官楼记》，《成都文类》卷二六。
② （清）徐松：《宋会要辑稿·食货》六四五之一二、一四。
③ （宋）吕大防：《锦官楼记》，《成都文类》卷二六。
④ （宋）李心传：《建炎以来朝野杂记》甲集卷一四《四川上供绢绸绫锦绮》。
⑤ （宋）陆游：《剑南诗稿》卷九。
⑥ （宋）桑世昌：《兰亭考》卷一一。

第六节　唐宋茶叶的主要产地——巴蜀名茶

一、巴蜀茶业兴衰及其原因

（一）巴蜀茶业源流

早在秦汉时期，巴蜀人已有饮茶习俗。西汉王褒在《僮约》里就记载了在西蜀一个寡妇扬惠家里烹茶的情景："舍中有客，提壶行酤。烹茶尽具，已而盖藏。"家中来客人时，"酤酒""烹茶"款待。当时"烹茶"，是先将茶叶放入水壶中，煮开以后饮用。这是蜀人最早记述的饮茶细节。在这篇《僮约》里，主人还吩咐奴仆"牵犬贩鹅，武阳买茶"，说明当时的"武阳"（今彭山）已有茶市出现。《蜀都赋》记载成都风物说："百华投春，隆隐芬芳，蔓茗荧郁，翠紫青黄。"[①]阳春三月，蜀中遍种茗茶，品种繁多，说明蜀人对茶叶的需求之盛。汉代"蜀西南人谓茶曰蔎"[②]，又"名之苦荼"[③]，将茶叶"煮作羹饮"[④]。如何制成"羹饮"？先将茶叶烘烤逐渐变红，捣成碎末，置于瓷器中，用开水浇注，再调以葱、姜、橘子，即成茶羹[⑤]，又称茶粥[⑥]。

西晋时，张载登成都白菟楼，曾写诗赞叹成都饮茶习俗："芳茶冠六清，溢味播九区。"[⑦]所谓"六清"是指古人所用的水、浆、醴、醇、医、酏等六种饮料，就是周人说的"饮用六清"[⑧]。张载说"芳茶冠于六清"，表明早在西晋时，蜀人茶饮已居于"六清"之首。从诗中"播九区"的描述看，巴蜀饮茶习俗似已流传到南北各省。南朝齐武帝诏告天下，灵前祭品设茶等四种供品，不论贵贱，一概如此。可见茶已列入祭供礼品，也进入了寻常百姓家中[⑨]。

唐代开元（713~741）以后，佛教禅宗饮茶风气的兴起，促进了北方饮茶

---

① 《全蜀艺文志》卷一。
② （清）汪灏编：《广群芳谱》卷一八引扬雄《方言》。
③ 郭璞注：《尔雅》卷一四《释木·苦荼》。
④ 《唐·新修本草》卷一三《木部·苦荼》。
⑤ 郭璞注：《尔雅》卷一四《释木·苦荼》。
⑥ （唐）陆羽：《茶经》卷下《七之事》。
⑦ （晋）张载：《登成都白菟楼》，《全蜀艺文志》卷六。
⑧ 《周礼·天官冢宰第一·膳夫》。
⑨ 《南齐书》卷三《武帝本纪》。

习俗的形成和中国"茶道"的兴盛。《茶经》《封氏闻见记》《膳夫经手录》关于饮茶发展和普及的观点基本一致：唐开元以前，饮茶习俗主要在南方地区，北方地区不多见。唐开元以后，禅教兴起，僧人饮茶打坐，士大夫争相效尤，"穷日竟夜"，"遂成风俗"①。此风也向民间流传，于是茶道盛行，饮茶之风弥漫朝野，影响及于西北民族地区。

晚唐以后，茶叶成为生活必需品。百姓也要维持粗茶淡饭的基本生活。"茶为食物，无异米、盐，于人所资，远近同俗，既祛竭乏，难舍斯须，田间之间，嗜好尤甚。"②特别是建中以后，举凡王公朝士、三教九流、士农工商，无不饮茶。不仅中原广大地区饮茶，而且边疆少数民族地区也饮茶。各地出现了茶铺，"自邹、齐、沧、棣，渐至京邑，城市多开店铺，煎茶卖之，不问道俗，投钱取饮"③。

茶叶成为日常生活必不可少的消费品，名优茶叶价值倍增。巴蜀茶叶产地争相为茶叶市场培育并提供名茶、优质茶叶。唐人品第为全国第一的"蒙顶石花"④，"散花之最上"⑤的横源雀舌，鸟嘴、麦颗、片甲、蝉翼，以及神泉小团、昌明兽目等，质地优良、名列前茅。巴蜀地区不仅每年要向皇室"贡新茶"⑥，官员、文人也多青睐蜀中名茶。唐人记载：御史台常从蜀中采购上品茶叶，储藏在陶质器皿里，以防暑湿。需要饮用时，"御史躬亲缄启，故谓之'茶瓶厅'"⑦，其珍视如此。蜀茶得到上层人士的钟爱，其作为最佳礼品的地位便确定下来。

白居易曾吟诗谢友人寄赠蜀茶："蜀茶寄来但惊新，渭水煎来始觉珍。满瓯似乳堪持玩，况是春深酒渴人。"⑧白居易为官京城长安，得到好友寄赠的蜀茶，惊喜不已。用渭河水煎出浓香的蜀茶，更觉奇珍。反复把玩盛满陶器中像乳汁一样的香茶，无比诱人；何况是在暮春时节，对一个酒醉之后需要解渴的人来说，更是如饮甘露。诗人施肩吾在江南山中古刹游览，和尚以蜀茶待

---

① （唐）封演：《封氏闻见记》卷六《饮茶》。
② 《旧唐书》卷一七三《李珏传》。
③ （唐）封演：《封氏闻见记》卷六《饮茶》。
④ （唐）李肇：《唐国史补》卷下《叙诸茶品目》。
⑤ （宋）乐史：《太平寰宇记》卷七五引《茶谱》。
⑥ 《旧唐书》卷一七下《文宗本纪》。
⑦ （唐）赵璘：《因话录》卷五《征部》。
⑧ （唐）白居易：《谢萧员外寄新蜀茶》，《全唐诗》卷四三七。

客,他则以诗酬谢:"越碗初盛蜀茗香,薄烟轻处搅来均。山僧问我将何比,欲道琼浆却畏嗔。"①

施肩吾所饮用的蜀茶,已不用烹制方式,而用"越碗"盛茶,雾气渐散时用器具搅动,使碗中茶水浓淡均匀,搅动器具应是茶碗的盖子,与后代"盖碗茶"无异。山僧问他对此茶的感受,他直感是如饮琼浆,但又怕说出来让人觉得过分。

(二) 两宋巴蜀茶业特色

宋承唐代饮茶之风,日益普及到民族地区。宋梅尧臣《南有嘉茗赋》云:"华夷蛮豹,固日饮而无厌,富贵贫贱,亦时啜无厌不宁。"茶在日常生活中不可或缺,"盖人家每日不可阙者,柴米油盐酱醋茶"②。茶成为家庭生活中"开门七件事"之一。但值得注意的事实是,在饮茶习俗已经深入到人们日常生活的时候,蜀茶质量却明显下滑,落伍于后起的江南地区。马端临在《文献通考》中对宋代蜀茶与江南茶叶进行比较时说:

蜀茶之细者,其品视南方已下。惟广汉之赵坡,合州之水南,峨眉之白芽,雅安之蒙顶,土人亦珍之。然所产甚微,非江、建比也。③

为何宋代江南茶叶质量上升而蜀地茶叶质量下降?笔者认为,主要是茶叶销售区域不同、消费对象不同所致。

五代到宋代,特别是南宋时期,江南地区成为经济、人文繁盛地带,也是人口最为密集的区域。皇室贵族、官员缙绅、文人雅士云集,他们有品茶的雅趣,读书、会友离不开品茗,对名茶的需求量很大。即使与辽、金的岁贡、市易茶叶,也非粗恶之品。宋徽宗赵佶《大观茶论》序云:"缙绅之士,韦布之流,沐浴膏泽,薰陶德化,盛以雅尚相推,从事茗饮。顾近岁以来,采择之精,制作之工,品第之胜,烹点之妙,莫不盛造其极。"福建建州(今福州)等产茶区气候温润,适合种植茶叶;加之距江浙销区不远,自然成为当时高档茶叶的主要供应基地,名茶的生产和加工必然随消费者的口味精益求精,也会

---

① (唐)施肩吾:《蜀茗词》,《全唐诗》卷四九四。
② (宋)吴自牧:《梦粱录》卷一六《鳌铺》。
③ (元)马瑞临:《文献通考》卷一八《征榷考》。

随市场需求而不断培育出新品。宋人梅尧臣在答谢雷太简赠送自制蒙顶茶诗中写道：

陆羽旧茶经，一意重蒙顶。比来唯建溪，团片敌汤饼。顾渚及阳羡，又复下越茗。近来江国人，鹰爪夸双井。凡今天下品，非此不览省。蜀荈久无味，声名漫驰骋。①

在梅尧臣诗中，坦言蒙顶茶的风光不再，茶味淡薄，无法与建溪"团片""越茗"等福建名茶相提并论。

建州茶叶生产享誉上层社会，必然随着消费需求而精益求精，以创新求发展。史籍记载了福建茶叶制作方法："既蒸而研，编竹为格，置焙室中，最为精洁，他处不能造。有龙、凤、石乳、白乳之类十二等，以充岁贡及邦国之用。"②朝廷还在建州北苑制造皇帝饮用的北苑龙凤茶，工艺更为精良，其中小团龙凤茶每斤20饼，价值虽高至黄金2两，但无法购得。"每因南郊致斋，皇帝赐中书、枢密院各一饼，四人分储，以为奇玩，不敢自饮。"③

宋代蜀茶质量下降的主要原因是，蜀茶销区转移到西部民族地区，饮茶对象主要是高原、草地的游牧民族。蜀茶榷茶的时间虽晚于东南地区，但一直未弛禁，蜀茶成为宋王朝的军国之需，以生产粗茶为主，细茶产量较少；主要销往肉食乳饮的少数民族地区，自然产量高，而质量不高。这方面，可以从蜀茶产量成倍增长看出。哲宗元祐元年（1086），吕陶奏报说，蜀茶岁约3000万斤④。南宋时期，四川茶叶年产量大致接近北宋3000万斤的年产量。与宋朝所辖淮南、江南、两浙、荆湖、福建等东南地区相比，北宋时期蜀茶超过其产量（约2280万斤）23%；南宋时期超过其产量（1781万斤）40%⑤。四川担负着榷茶和茶马贸易的双重任务，需要数量巨大的茶叶以满足宋王朝的军国之需，因此蜀茶产量高于东南地区。宋王朝通过榷茶得到的大批茶叶，用于交换西部民

---

① （宋）梅尧臣：《得雷太简自制蒙顶茶》，《宛陵先生集》卷五五。
② 《宋史》卷一八三、一八四《食货志·茶》。
③ （宋）欧阳修：《归田录》卷二，并见《宣和北苑茶录》。
④ （宋）吕陶：《奏乞罢榷名山等三处茶以广德泽亦不阙备边之费状》，《净德集》卷三。
⑤ 贾大泉、陈世松主编，周原孙撰：《四川通史》第四册，四川人民出版社2010年版，第233页。

族地区的马匹。茶马贸易需要的茶叶数量很大、质量要求不高,粗茶多而细茶少,大都是老茶叶梗压制的砖茶、饼茶。这的确是宋代四川茶叶产量极高,质量却较东南低的主要原因。但是必须肯定,宋代蜀茶以前所未有的生产能力,满足了特殊市场的巨大需求,为当时宋朝与周边少数民族的和睦关系做出了特殊的贡献。

二、巴蜀名茶产区与茶叶生产

（一）名茶产区

自汉晋以来,巴蜀茶叶产地集中在川西南山区。蜀茶"生益州川谷山陵道旁,凌冬不死,三月三日采摘"[1]。广汉郡什邡县"山出好茶",犍为郡"南安、武阳皆出名茶"[2]。川东涪陵郡"出茶"[3]。此外,涪陵郡以北的巴东郡产茶,"巴东别有真香茗,煎饮,令人不眠"[4]。

唐代开元以后,巴蜀茶业出现快速发展,特别是在中唐以后,饮茶习俗在我国南北各地普及,茶叶生产供不应求。巴蜀地区产地不断扩大,从川西到川东的长江上游地区,彭州、绵州、蜀州、邛州、雅州、泸州、眉州、汉州、渝州、涪州、开州、忠州、渠州,均为茶叶产地,并出产名茶[5]。

唐人记载,嘉州"园畦半种茶"[6]。简州土产有"茶"[7],茂州"玉垒关外宝唐山有茶树,产悬崖,笋长三寸、五寸,方有一叶、二叶"[8],被视为茶宝。涪州则"出三般茶：最上宾化,制于早春；其次白马；最下涪陵。收茶在四月,嫩则益人,粗则损人。真者用碧箬烟熏过,气味尤佳"[9]。渝州南平县"狼猱山茶黄黑色,渝人重之,十月采贡"[10]。开州也产茶,张籍《茶岭》诗

---

[1] （唐）陆羽：《茶经》卷下《七之事》。
[2] （晋）常璩：《华阳国志》卷三《蜀志》。
[3] （晋）常璩：《华阳国志》卷一《巴志》。
[4] （汉）桐君：《桐君采药录》,《太平御览》卷八六七。
[5] （唐）陆羽：《茶经》卷下《八之出》。
[6] （唐）岑参：《郡斋平望江山》,《全唐诗》卷二〇〇。
[7] （宋）乐史：《太平寰宇记》卷七六《简州·土产》。
[8] （宋）吴淑：《事类赋》卷一七引《茶谱》。
[9] （清）王灏：《广群芳谱》卷一八引《茶谱》。
[10] （宋）乐史：《太平寰宇记》卷一三六引《茶谱》。

说：“紫芽连白蕊，初向岭头生。自看家人摘，寻常触露行。”① 夔州有"香山"②，渠江有"薄片"③，忠州南宾有四园："一多陵，二多波，三波罗，四思龙；皆方饼，惟多陵为上。饭后饮之消食，空腹忌饮。多波次之，二园下"④。

宋代四川的茶叶生产，在唐和五代的基础上有了较大的发展。茶叶产区仍然主要分布在成都平原四周、长江流域和川北山区。其中以成都府路产茶地区最为集中。北宋华阳人范镇说："蜀之产茶凡八处：雅州之蒙顶，蜀州之味江，邛州之火井，嘉州之中峰，彭州之堋口，汉州之杨村，绵州之兽目，利州之罗村。"⑤ 这是产茶最多、也各自拥有品牌茶叶的地区，除利州的罗村而外，均在成都府路辖区之内。成都府路的川西平原四周是当时产茶的中心。南宋绍兴时，"成都府、利州路二十三处茶场，岁产茶二千一百二万斤，一千六百十七万系成都府路九州军，凡二十场"⑥。仅成都府路的茶叶产量就约占同时期南宋茶产量总数的2/5⑦，可见宋代成都平原地区茶叶生产的发达。

（二）茶叶生产

野生茶树为常绿乔木，属双子叶门离瓣花区二重花冠系金丝桃部山茶科。唐以前，巴蜀地区所出茶叶主要采自野生茶树，最初是砍倒茶树摘取茶叶，既损害了野生茶树资源，也不利于增加茶叶产量。后来采茶者不再砍树，直接攀援采摘。西汉时期，随着茶叶需求增加，野生茶树数量有限，不敷供应，巴蜀地区开始栽培茶树。人工种植的茶树，通过长期选育，形态发生变异：树干变矮，呈半乔木或灌木状。唐代人工种植的茶树迅速增加，唐人记述人们栽培蒙顶茶树的情况说：

始蜀茶得名蒙顶也。元和以前，束帛不能易一斤先春蒙顶，是以蒙顶前后之人，竞栽茶以视厚利，不数十年，遂斯安草市岁出茶千万斤，虽非蒙顶，亦希颜之徒。⑧

---

① （唐）张籍：《和韦开州盛山露行》，《全唐诗》卷三八六。
② （唐）李肇：《唐国史补》卷下《叙诸茶品目》。
③ （清）王灏：《广群芳谱》卷一八引《茶谱》。
④ （清）张澍：《蜀典》，《诸茶品》引《茶谱》。
⑤ （宋）范镇：《东斋纪事》卷四。
⑥ （宋）李心传：《建炎以来朝野杂记》甲集卷一四。
⑦ 贾大泉：《宋代四川地区的茶业和茶政》，《历史研究》1980年第4期。
⑧ （唐）杨晔：《膳夫经手录》，《续谈助》卷五。

蒙顶茶是蜀茶的代表，因其享誉海内，价格昂贵，一捆丝绸难换一斤蒙顶茶。名茶高额利润的诱惑力激发了种茶人的求利冲动，于是人们开始大量种植茶叶。仅仅过了数十年，距雅州不远的遂斯安草市，每年蒙顶茶的交易量就达到千万斤。在蒙山种茶人的带动下，巴蜀地区种植茶叶蔚然成风。岑参在嘉州书斋中，凭眺到"园畦半种茶"的景致①。樊宗师在绵州吟诗说："辍田植科亩，游圃歌芳丛。"②孟郊在蜀中所见是，"蜀山绕芳丛"③。这都可以证实当时种植茶树已成茶叶生产的主要途径。种茶实践中，人们总结出许多宝贵经验："上者生烂石，中者生砾壤，下者生黄土。"④茶树需要良好的排水条件，"水浸根必死"⑤。茶树喜阴凉，不耐阳光直射，有人对此作了富含哲理的阐述：

植产之地，崖必阳、圃必阴。盖石之性寒，其叶抑以瘠，其味疏以薄，必资阳和以发之；土之性敷，其叶疏以暴，其味强以肆，必资阴荫以节之。阴阳相济，则茶之滋养得其宜。⑥

种茶土地方位也有考究。如果在山崖地区，应选择向阳地带种植，因为崖石性寒，茶树枝叶不易得到营养，必须多得阳光照射，以弥补营养不足；如果在园圃种植茶叶，必须选择阴凉地带，因为园圃土地肥沃，茶叶营养过剩，茶味富足，不需要过多阳光，适宜减缓茶树的代谢活动。阴阳相济，是茶味适宜的要诀。

茶树最忌低矮潮湿、不易排水的土地，"大概宜山中带坡峻，若于平地，即须于两畔深开沟垄泄水，水浸根必死"⑦。因此，山区、深丘地带最宜种茶，其次是容易排水的平畴地带。巴蜀地区唐代茶叶种植情况，大致是"即山树茶"⑧，山区贫瘠土壤，原本不宜五谷，正好由茶树来弥补这个缺陷。南宋

---

① （唐）岑参：《郡斋平望江山》，《全唐诗》卷二〇〇。
② （唐）樊宗师：《蜀绵州越王楼诗并序》，《全唐诗》卷三六九。
③ （唐）孟郊：《凭周况先辈与朝贤乞茶》，《全唐诗》卷三八〇。
④ （唐）陆羽：《茶经》卷上《一之源》。
⑤ （唐）韩鄂：《四时纂要》卷三《种茶》。
⑥ （宋）赵佶：《大观茶论》，《地产》。
⑦ （唐）韩鄂：《四时纂要》卷三《种茶》。
⑧ （唐）孙樵：《书何易于》，《全唐文》卷七九五。

洪迈说："蜀之茶园，不殖五谷，惟宜种茶。"①除少数依靠野生茶树为生的山民外，多数茶园都以种植茶叶为业。例如：泸州，"作业多仰于茗茶，务本不闻于秀麦"②。涪州宾化县民户"不务蚕桑，以茶、蜡供输"③。可见唐代茶叶生产与粮食作物生产一样，都是并列的产业。茶农通常在自己山林种茶，采茶时节，需要雇人采茶，或初步加工，卖茶后取得收益。例如：彭州"九陇居人张守珪，家甚富，有茶园在阳平化仙居山内，每岁召采茶人力百余辈，男女佣工，杂之园内"④。这家茶园佣工达到百余人，很显然，应是一家规模很大的茶园。

唐代茶树的种植，采用直播法，"二月中，于树下或北阴之地开坎，圆三尺，深一尺，熟劚，着粪和土，每坑种六、七十颗子，盖土厚一寸强，任生草，不得耘，相去二尺种一方，旱则以米泔浇"。采用这种方法种茶，省工、成本低，适合大面积种植。缺点是茶树生长期长，需要三年才能成熟采茶。每亩种240棵茶树，每棵收茶八两，共计"收茶一百二十斤"⑤。

宋代巴蜀地区茶叶产地、产量都有大幅增加。由于人口增多，许多深丘、高山地区不宜种植粮食作物，却适合茶树生长，农户开垦出大量荒山野岭，专门种茶。宋人吕陶说："川蜀茶园，本是百姓两税田地，不出五谷，只是种茶，赋税一例折科，役钱一例均出，自来采茶货卖，以充衣食。"⑥他以九峰山茶农生活作诗云："九峰之民多种茶，山山栉比千万家。朝晡伏腊皆仰此，累世凭恃为生涯。"⑦种植面积大的茶园，年产达到三五万斤以上。吕陶记载，熙宁十年（1077）四月十七日，堋口茶场一天就收茶六万斤，造成官府无钱继续购买，茶叶积压，以致两天后园户五千余人进入卖茶场痛殴官吏⑧。同年，永康军也"积压茶五十六万余斤在务"⑨。由此可见，蜀地年产数十、百万斤茶叶的茶园不少，每年巴蜀总产量超过东南地区也是很自然的。

---

① （宋）洪迈：《容斋随笔》卷三《蜀茶法》。
② （唐）李商隐：《为京兆公乞留泸州刺史洗宗礼状》，《全唐文》卷七七二。
③ （宋）乐史：《太平寰宇记》卷一二○《涪州·宾化县》。
④ （唐）杜光庭：《墉城集仙录·阳平化》，《云笈七签》。
⑤ （唐）韩鄂：《四时纂要》卷二《种茶》。
⑥ （宋）吕陶：《奏置场买茶旋行出卖远方不便事奏》，《净德集》卷一。
⑦ （宋）吕陶：《以茶寄宋君仪有诗见答和之》，《净德集》卷三一。
⑧ （宋）吕陶：《奏为官场买茶亏损园户致有词诉喧闹情状》，《净德集》卷一。
⑨ （宋）吕陶：《奏置场买茶旋行出卖远方不便事奏》，《净德集》卷一。

三、采茶时令与茶叶加工技艺

（一）采茶时令

采茶是茶叶生产的重要环节，据陆羽《茶经》记载，采茶主要是在春季"二、三、四月间"①。巴蜀地区气候差异大，在气温高的长江河谷，采茶时间多在春初，"收茶在四月"的涪陵茶被列为下等②；西部气温低，通常四月收茶，部分上品茶多于清明前后采摘。如雅州的蒙山中顶茶是在"春分之先后，多构人力，俟雷之发声，并手采摘，三日而止"③，"火前"（清明前）采摘的"有露芽、谷芽"，"火后"（清明后）采摘的质地稍差。又如"临邛数邑茶，有火前、火后、嫩绿黄等号"，绵州"龙安有骑火茶"④，最上等，采茶时间更为奇特，恰在清明当日，故曰"骑火"。普通蜀茶采摘时间大多在四月底，"自谷雨已后，岁收数百万斤"；晚茶则在"十月采贡"，这是极品，专供皇帝享用。蜀地也有初春采摘的早茶，如蜀州（今崇州）出产的片甲散茶就是"早春黄茶"⑤。

采茶通常选择晴朗天气，优质茶叶多在日出前采摘，因为茶叶不能被雨水、汗迹污染。被污染的茶叶，"制造虽多，皆为常品矣"⑥。茶叶采摘后要立即加工，否则要发酵变质，"新芽连拳半未舒，自摘至煎俄顷余"⑦。《大观茶论》说："夫造茶，先度日晷之短长，均工力之众寡，会采择之多少，使一日造成，恐茶过宿，则害气味。"这是采造优质茶叶的关键环节，否则，造出的茶叶只能是常品。

（二）茶叶加工

唐代巴蜀地区出产的茶叶，大致分为饼茶与散茶两类。饼茶历史远肇汉代，唐代更为普遍。彭州"茶饼小，而布嫩芽如六出花者更妙"⑧。眉州、雅

---

① （唐）陆羽：《茶经》卷上《三之造》。
② （清）王灏：《广群芳谱》卷七五引《茶谱》。
③ （宋）吴淑：《事类赋》卷一八引《茶谱》。
④ （宋）吴淑：《事类赋》卷一七引《茶谱》。
⑤ （宋）乐史：《太平寰宇记》卷七五引《茶谱》。
⑥ （宋）黄儒：《品茶要录》，《采造适时》。
⑦ （唐）刘禹锡：《西山兰若试茶歌》，《全唐诗》卷三五六。
⑧ （宋）乐史：《太平寰宇记》卷七三引《茶谱》。

州制作茶饼。邛州有火番饼,专门销往川西高原,"每饼重四十两"①。眉州所属洪雅、昌阖、丹棱加工茶叶方法,"如蒙顶制茶饼法"②。渠江"薄片",每斤"八十枚"③。夔州三峡一带,以"穿"论茶饼重量,一百二十斤为"上穿"、八十斤为"中穿"、五十斤为"下穿"。饼茶的制作有采茶、蒸青(去青草味)、捣碎、拍打(压模)、焙干、穿孔、封装(打包)七道工序④。巴蜀地区散茶主要出自蜀州,"其横源雀舌、鸟嘴、麦颗,盖取其嫩芽所造,以其芽似之也。又有片甲者,即是早春黄茶,芽叶相抱如片甲也。蝉翼者,其叶嫩薄如蝉翼也。皆散茶之最上也"⑤。其他产区大多同时生产饼茶和散茶,如眉州洪雅、昌阖、丹棱,"其茶如蒙顶制茶饼法,其散者叶大而黄,味颇甘苦,亦片甲、蝉翼之次也"⑥。雅州"蒙顶石花,或小方,或散芽,号为第一"⑦。散茶制法与饼茶采茶、蒸青工序略同,其后不捣不压,而用炒、晒、焙的方法尽量除去水分,保留茶叶自然香味。

宋代巴蜀地区生产的茶叶大多数是易马茶,专门行销边地,故称"边茶"。这种用粗老茶叶加工而成的砖茶、饼茶,茶味特浓。藏羌民族肉食乳饮,饮用浓茶有助于消化高脂肪、高蛋白食物,加马奶煮成茶粥,深受牧民喜爱,所以有巨大的需求。这是宋代蜀茶的主要消费对象。

四、川茶文化管窥

陆羽认为,《神农食经》"茶茗久服,令人有力悦志"的记载,饮茶习俗应当追溯到神农时代,"茶之为饮,发乎神农氏"⑧。这只是一种传说,不足为据。较有历史依据的说法是,中国饮茶始于秦汉,起源于巴蜀,经东汉、三国、两晋、南北朝,逐渐向中原广大地区传播。饮茶由上层社会向民间社会发展,由道家、佛门向世俗社会弘扬;饮茶的人士越来越多、地区越来越广,茶叶的产地和品种也越来越多。清人顾炎武《日知录·茶》认为,"自秦人取蜀,而后

---

① (宋)乐史:《太平寰宇记》卷七五引《茶谱》。
② (宋)乐史:《太平寰宇记》卷七四引《茶谱》。
③ (唐)陆羽:《茶经》卷上《二之具》。
④ (唐)陆羽:《茶经》卷上《三之造》。
⑤ (宋)乐史:《太平寰宇记》卷七五引《茶谱》。
⑥ (宋)乐史:《太平寰宇记》卷七四引《茶谱》。
⑦ (唐)李肇:《唐国史补》卷下《叙诸茶品名》。
⑧ (唐)陆羽:《茶经》卷下《六之饮》。

始有茗饮之事"。西汉著名辞赋家王褒所著《僮约》是关于巴蜀饮茶的最早记载。《僮约》中有"烹荼尽具""武阳买荼",一般都认为"烹荼""买荼"之"荼"为茶字。《僮约》作于西汉宣帝神爵三年(前59),因此蜀人饮茶习俗不会晚于公元前1世纪中叶。王褒为犍为郡资中人,买茶之地"武阳"在今四川彭山。最早对茶有过记载的王褒、司马相如、扬雄均是蜀人,可见饮茶是蜀人发明的。西晋诗人张载《登成都白菟楼》诗云:"芳茶冠六清,溢味播九区。"说成都的茶叶香溢四海、名满天下,可见茶香味有独特的饮品魅力。

西晋杜育的《荈赋》中有对于茶艺的描写,《荈赋》现存茶艺文辞曰:

灵山惟岳,奇产所钟。厥生荈草,弥谷披岗。承丰壤之滋润,受甘霖之霄降。月惟初秋,农功少休。结偶同旅,是采是求。水则岷方之注,挹彼清流;器择陶简,出自东隅。酌之以匏,取式公刘。惟兹初成,沫沉华浮。焕如积雪,晔若春敷。

文中所言"灵山",即巫山,今属重庆市;如烹茶之水,择取岷江中的清水;选器,茶具选用产自东隅(今浙江上虞一带)瓷器;煎好的茶汤,汤华浮泛,像白雪般明亮,如春花般灿烂;然后用匏瓢酌分茶汤。由此可见,茶艺的形成与巴蜀习俗有直接关系。文中还说,茶汤"调神和内,慵解倦除"。饮者已发现茶汤具有提神、和胃、解除疲劳的功效,说明饮茶具有健身提神的作用。

唐宋时期,巴蜀茶叶的生产和销售达到很高的水平,在全国享有很高的知名度。唐代蒙山茶被列入"贡茶",产地专辟"皇茶园",每年春天,名山县合衙官吏都要斋戒沐浴,择吉上山,焚香礼拜,采茶精制,装入银瓶,运送京师。著名诗人白居易赞美蒙山茶诗云:"琴里知闻唯绿水,茶中故旧是蒙山。"唐人郑谷《蜀中》诗也云:"蒙顶茶畦千点露,浣花笺纸一溪春。"

北宋名臣吕陶在《净德集》中保存了吟咏九峰山茶园的诗:"九峰之民多种茶,山山栉比千万家。朝晡伏腊皆仰此,累世凭恃为生涯。"这诗反映了九峰山民的生活实况,他们世世代代以种茶为生,茶叶生产为他们提供了基本生活来源。苏轼在《漱茶说》中说:"除烦去腻,世不可缺茶",但饮茶也会"闾中损人",有损伤脾胃的弊端。他摸索出"浓茶漱口"之法:"每食已,辄以浓茶漱口,烦腻既去,而脾胃不知。凡肉之在齿间者,得茶浸漱之,乃消缩不觉脱去，不烦挑刺也。"①

"盖碗茶"，是成都最先发明并独具特色的饮茶方式。所谓"盖碗茶"，包括茶盖、茶碗、茶船三部分。茶盖扣在茶碗上，茶碗的下面有木盘或漆盘作依托，如装载货物的船，因此叫茶船。相传是唐代德宗建中年间（780～783）由西川节度使崔宁之女发明的。由于原来的茶杯没有衬底，经常烫着手指。受到饮茶风气的启发，崔宁之女心思奇巧，发明了木盘子来承托茶杯。为了防止喝茶时茶杯倾倒，她又想法用蜡将木盘中心浇铸一圈，使杯子固定在蜡圈内。这便是最早的茶船。后来茶船改用漆环来代替蜡环，人人称便。到后代环底做得越来越新奇，外形百态，有如环底杯。一种独特的茶船文化，也叫盖碗茶文化，就在成都地区诞生了。这种特有的饮茶方式逐步由巴蜀向四周地区浸润发展，后代就遍及于整个南方。

茶馆里张贴名人字画，这种高雅的习惯也始于宋代的四川，主要是供饮茶人消乏解闷时欣赏。在苏轼的诗里，茶水又叫"茶汤""茶食"，由于饮酒吃饭前，要先品茗，进茶一盏，这种习惯也叫做"茶筵"。这种习惯的进一步发展，就是现在日本的"茶道"。由此可见，日本的茶道同古代巴蜀饮茶的程序和方式极有关系。

茶汤鲜净清香，沁人心脾，在高朋满座、谈兴甚浓的时候，茶汤的温润清香更给人们带来温馨宜人的良好气氛。所以，古人用茶来形容清丽的女孩子。金人元好问的诗说："牙牙娇语总堪夸，学念新诗似小茶。"因此，"小茶""茶茶"常被用来作为美丽女孩的代称，甚至径称为"茶花女"……这充分显示了茶文化在人们审美心理上的重要地位及其所起的作用。而中国乃是世界茶文化的诞生地，西蜀是其中之一。这是巴蜀茶文化对祖国民族文化做出的崇高奉献。

第七节 人类深井钻凿技术的重大发明——卓筒井

一、官府专卖制度下的井盐生产

（一）官井生产

截至北宋前期，巴蜀井盐生产除利用少量自然盐泉外，主要依靠大口浅

---

① （宋）苏轼：《漱茶说》，引自《全宋文》第45册，巴蜀书社1994年版，第210页。

井取得地下盐卤资源。这种盐井，由劳动者手执锸、锹、锄等工具挖掘而成，"蜀盐取之于井，山谷之民相地凿井，深六七十丈。幸而果得咸泉，然后募工以石甃砌"①。在宋代，这种大口浅井仍是官专卖食盐的主要来源。

四川盐卤矿藏埋藏较深，"深必十丈以外，乃得卤信"②。这还只是含盐量极低的"草皮水"。稍有开采价值的卤水则在数十丈深的侏罗系砂岩。要在这样深度的岩层开采盐卤矿藏，首先必须凿井，而依靠人力挖掘这样深的盐井是极为困难的。劳动者要在井下施工，必须开辟井下作业面。作业面至少须容一人在其中猫身作业；愈深的井，工程愈大，需要的劳动者愈多，作业面就愈大。如陵井"深八十丈"时，井径就达到"三十丈"③。宋初修复陵井时，即动用"引锸徒数百人"④。其次，挖掘井尚无可靠的固井设施，掘深后，必须使井腔开阔，以便造成台阶式构造，保护井壁。陵井"皆凿石而入，其半曰小罂口"⑤，"石之上凡二十余丈，以梗楠木四面锁叠，用障其土"⑥。其工程之浩繁，可以想见。

大井采卤方式落后，劳动者负荷极重，唐人记载：盐工"以大牛皮囊盛水引出之，役作甚苦"⑦。南宋四川制置使胡元质记叙其采卤情况说：

以牛革为囊，数十人牵大绳以汲取之。自子至午，则泉脉渐竭，乃缒人于绳，令下，以手汲取，投之于囊，然后引绳而上，得水入灶，以柴茅煎煮，乃得成盐。⑧

根据宋代的盐井的生产记录，大井产量低，除陵井在最盛时昼夜可获盐

---

① （宋）佚名：《皇宋中兴两朝圣政》卷五五。
② （明）宋应星：《天工开物》上篇《作咸》。
③ （唐）李吉甫：《元和郡县志》卷三三。
④ （宋）释文莹：《玉壶清话》卷三。
⑤ （宋）李焘：《续资治通鉴长编》卷八。
⑥ （宋）释文莹：《玉壶清话》卷三。
⑦ （唐）李吉甫：《元和郡县志》卷三三。
⑧ （宋）佚名：《皇宋中兴两朝圣政》卷五五。

三千斤外，其余多在数十斤到数百斤①。若考虑到采卤耗费劳动力达数十人的状况，效率是极为低下的。除劳动效率低以外，大井因本身固有的缺陷，经常发生坍塌事故。后蜀广政二十三年（960）陵井"井口摧圮，毒气上如烟雾"，劳动者被迫下井修复，"炼匠缒入者皆死"②。

很明显，大井耗费人力、财力、物力"浩巨"，生产力水平低下，是一种笨拙的、粗放的生产。但四川远离海、池盐产地，而食盐又是人们生活中须臾不可或缺的必需品，这就给封建统治者利用它的特殊价值，不惜工本，凿井采卤，来为自己聚敛财富提供了有利条件。因此，自秦汉以来，大井生产就为封建国家或世家大族所控制。

（二）井盐的禁榷制度

宋代大井称"官井"，承袭五代旧制，实行封建国家专卖制，"官自鬻盐"③。其经营方式分为两种，宋代官方文献记载，"大为监，小为井，监则官掌，井则土民干鬻，如其数输课"④。现将两种经营方式的具体情况分述如下：

1. 由官管理的"监"

四川先后在四路设置十监⑤，其职官为"井监使"，"乾德三年，井监使马全义复开陵州焰阳洞"⑥。"监"的设置起于唐代，《旧唐书·食货志》云："就山海井灶收榷其盐，立监院官吏。"监下辖井，设场务管理。如陵井监设置十一场务⑦，富顺监"管盐井大小六"，公井监"有盐井五十七"，富

---

① （宋）王存：《元丰九域志》卷七：仁寿井78斤，研井223斤，始建井35斤，贵平井170斤，富义井从800斤到1500斤。乐史《太平寰宇记》卷八五：宋初陵井昼夜"汲水七十五函，每函煎盐四十斤，日获三千斤"。因此，陵井产量为大井之最。
② （宋）李焘：《续资治通鉴长编》卷八。
③ 《宋史》卷一八三《食货下五》。
④ 《宋史》卷一八三《食货下五》。
⑤ 四川四路的设置先后是：乾德三年（965）平两川，并为西川路。开宝四年（971）分峡路。咸平四年（1001）分益、梓、利、夔四路。嘉祐四年（1059）以益州路为成都府路。梓州路在重和元年（1118）升为潼川府路（见《宋会要·方域七》）。十监的设置情况是：益州路（成都府路）二监，陵井监、蒲江监；梓州路（潼川府路）五监，富顺监、公井监、渎井监、南井监、富国监；夔州路三监，永安监、云安监、大宁监（见《宋史》卷一八三《食货下五》和《文献通考》卷一五）。"监则官掌"（《宋史》卷一八三《食货下五》）。
⑥ （清）吴任臣：《十国春秋》卷三七《前蜀后主本纪》。
⑦ （宋）文同：《奏为乞免陵州纳柴状》，《丹渊集》卷三四。

国监"领通泉、飞鸟等盐井"。宋政府根据各监所辖盐井的多寡和盐井在不同季节出产的丰啬，规定了"日额"或"岁额"。宋初规定，陵井监"春冬日收三千八百十七斤，秋夏日收三千四百四十七斤"[1]。浯井监"岁额四十九万零二百斤"，富顺监"旧日为额八百余斤，今一千五百余斤"[2]。"日额"或"岁额"，均由封建国家收榷，是各监必须完纳的。如"岁额"不敷，主者要受责罚。真宗时，"富顺监盐井岁久卤薄而课存，主者至破产，或鬻子孙不能偿"[3]。

由于官井"役作甚苦"，劳动者必须是可以随意役使和强制的人。唐代"多以刑徒充之"[4]。宋代官井生产称"盐井役"，"至道三年八月罢盐井役"[5]。井上劳动者称"役夫"，他们受到官井奴役，"数十人者昼夜呼号推挽"[6]，从事极为繁重、艰苦的生产活动。如果没有封建统治者的"特恩"，豁免其"日额"，他们没有停工休息的权利。"大中祥符元年十一月，诏泸州南井煎盐灶户，自今遇正至寒食，各给假三日，所收日额仍除之。""祥符六年七月，诏诸煎盐井役夫，遇天庆等四节并给假。"煎盐灶户昼夜劳作从官井得到一份"米钱"。这米钱的数量究竟是多少，没有确切的材料。陕西解池畦夫的待遇为"岁给钱四万，日给米二升"[7]。元丰间修城民夫，每日每人给钱十文，米二升。蜀中官井生产比解池生产效率低，待遇不会高于畦夫；但可能高于修城民夫。盐井役夫劳动荷负特别重，所得米钱微少，生产兴趣自然低落。为了提高役夫劳动积极性，封建统治者也偶尔增加"月给米钱"。"景德三年十一月，增陵井盐工役人月给米钱，闻其劳苦故也。"[8]

官井除奴役劳动者外，其煮盐所用柴茅，也作为"杂变之赋"取之于民，为害颇烈。陵州"仁寿等县百姓每岁输陵井监煎盐柴茅共计三十八万四千二百

---

[1] 以上均见（宋）乐史：《太平寰宇记》卷八八、八五、八二。
[2] （宋）李心传：《建炎以来朝野杂记》甲集卷一四；王象之：《舆地纪胜》卷一〇七《富顺监》。
[3] 《宋史》卷二八八《任布传》。
[4] （唐）李吉甫：《元和郡县志》卷三三。
[5] 《宋史》卷四《太宗本纪》。
[6] 正德《四川志》卷二五《经略上·盐课》。
[7] （宋）章如愚：《山堂群书考索后集》卷五七。
[8] 以上注释除注明外，均见（宋）李焘：《续资治通鉴长编》卷七〇、八一、三四三、六四。

余束"①，云安监"岁课民薪茅，至破产，责不已"②。官井井监使就是通过这些残酷的压榨和掠夺来维持其生产的。

2. "土民干鬻"的井

这类盐井多分散在地方偏僻、盐产有限的区域。由于这类盐井产量低、利润薄、运销困难，官府不愿直接经营，便由当地"土民干鬻"，或曰"藉民煎输"。官府对这类盐井采取榷课的办法，"令干鬻者有羡利，但输十之九"③。显然，从榷额之重也可看出，这是一种变相的劳役。由于其所得微少，缙绅之家一般皆得趋避，往往只加诸下户。皇祐中，"荣州有盐井，藉民煎输，惟有禄家得免。州人王伯祺请于朝，均之，为官户所诬，赍恨以没"④。这类盐井户按规定"如数输课"后，"听往旁境贩卖，唯不得出川峡"⑤。实际上，他们能够处理的商品盐非常有限，加之个别官吏"恣意"加增，常有"虚额"之苦。"昌州岁收虚额盐万八千五百余斤，乃开宝中知州李佩掊敛以希课最"⑥。

这给盐井户带来了灾难性的后果。景德四年，有盐井户因"逋欠课程"，而"藉其庐舍"。天圣三年，"忠州盐井三场岁出三十六万一千四百余斤，近岁转运司复增九万三千余斤。主者多至破产，被系而不能输"。此外，诸州盐井"岁久泉涸"，官府按额榷课，不肯稍减。真宗时，"官督所负课，系捕者州数百人"⑦。嘉祐初，"荣州鬻盐凡十八井，岁久澹竭，……民破产籍没者三百余家"⑧。盐井灶户面临上述种种困厄，其处境同官井役夫相比，也好不了多少。

很明显，在上述专卖制下的盐井，不论是官掌的监，或者"土民干鬻"的井，都是官府严格控制下的手工业，整个生产为政府支配，劳动者具有强烈的人身依附关系，属于工奴性质。他们成年累月地从事生产，向封建统治者提供

---

① （宋）文同：《奏为乞免陵州纳柴状》，《丹渊集》卷三四。
② 《宋史》卷三〇〇《周湛传》。
③ 《宋史》卷一八三《食货下五》。
④ （明）李贤、彭时等：《明一统志》卷七一。
⑤ 《宋史》卷一八三《食货下五》。
⑥ 《宋史》卷一八三《食货下五》。
⑦ 以上注释均见（宋）李焘：《续资治通鉴长编》卷六五、一〇三、四八。
⑧ 《宋史》卷二九八《陈希亮传》。

食盐产品，未能形成自身的商品生产条件①。

二、从苏轼《蜀盐说》看卓筒井的钻凿与采卤工艺

北宋庆历（1041～1048）、皇祐年间（1049～1054），四川井盐生产中曾出现过一项具有重要意义的技术革新——"卓筒井"。这一新工艺的出现，是人类钻井技术从大口浅井向小口深井过渡的标志，它不仅为四川井盐生产的蓬勃发展开辟了道路，而且创造出现代盐井、油井、气井的雏形，表明中国古代先进的钻井技术向前飞跃地跨出了一大步，在当时的世界上处于领先地位。

卓筒井产生于盛产井盐的四川盆地中部，当时蜀中名人范镇（1008～1089）、文同（1018～1079）、苏轼（1037～1101）都目睹了"卓筒井"的问世，他们或记述了创新工艺产生的年代、涉及的地区；或描述其机械原

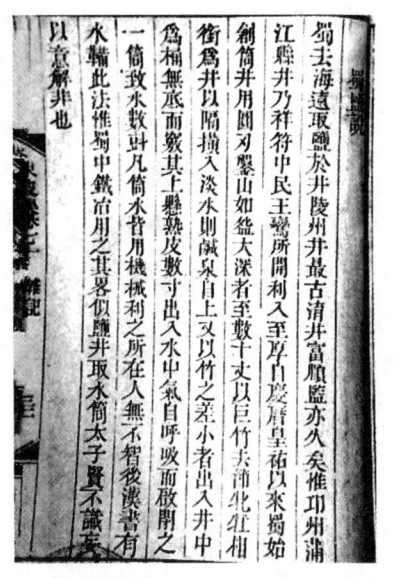

苏轼目睹了卓筒井在故乡问世，并详尽记载其形制和工艺特点

理，解析其凿井、采卤流程；或以地方官的身份，向朝廷报告卓筒井在各州县不胫而走，已对蜀中官井生产和官卖食盐制度造成严重危害。宋神宗赵顼还与近臣沈括讨论过封禁"卓筒井"的利弊。可见，卓筒井的问世，确实引起了朝野的震动与不安。

何谓卓筒井？"卓"为直立之意，卓筒井即一种直立的、以楠竹筒构筑成浅层井腔的小口盐井，是北宋井盐生产技术的一大创新。卓筒井开创于庆历、皇祐年间，苏轼《蜀盐说》的记述较为翔实：

自庆历、皇祐以来，蜀始创筒井；用圆刃凿山如碗大，深者数十丈；以巨竹去节，入井七、八丈，牝牡相衔为井，以隔横入淡水，则咸泉自上；又以竹之差小者，出入井中为桶，无底而窍其上，悬熟牛皮数寸，出入水中，气自呼

---

① 张学君：《宋代四川盐业中的所有制转化》，《中国社会经济史研究》1984年第4期。

吸而启闭之，一筒致水数斗。凡筒井皆用机械，利之所在，人无不知。①

由此可知，卓筒井是一种井径极小，井深达数十丈的小口盐井。从苏轼的《蜀盐说》可以看出，这种盐井的制作和生产工艺有三个引人注目的下述特点。

（一）"冲击式·顿锉法"钻井工艺的发明

其作井方法是："用圆刃凿山如碗大"。"圆刃"在北宋以前未见记载，顾名思义，大约是尖端略呈弧形而带锋刃的钻具。在井径仅如盌大的井腔中，钻凿数十丈深的盐井，如何钻法？东坡语焉不详。明代学者宋应星在《天工开物》中说：

其器冶铁锥，如碓嘴形，其尖使极刚利，向石山舂凿成孔。其身破竹缠绳，夹悬此锥，每舂深入数尺，则又以竹接其身，使引而长。初入丈许，或以足踏碓梢，如舂米形；太深则用手捧持顿下。②

这说明，人们运用了类似舂米碓架的机械原理，用脚力作用于碓架，牵引篾索，带动铁制钻具，产生冲击力，破碎井下岩石，开凿小口深井。这在钻井史上是一项伟大的发明。但这段史料所谓浅时用碓架，"太深则用手捧持顿下"则是不符合事实的。当井深达到数十丈后，脚踏碓架尚感吃力，人手如何捧得起？生产实践说明：在钻凿小井时，凿几丈深的浅层井穴，一般使用了挖掘工具；而下面更深的井腔，则非使用碓架牵引篾索、带动井下钻具、做冲击式顿挫不可③。

（二）深井"搞泥"与采卤工艺

在钻凿这种小井的过程中，井下不断产生岩石碎屑，取出这些岩屑是小井成功的关键环节。卓筒井在上述凿井机械的协调下，采用活门式竹制搞泥筒，顺利地克服了这一困难。其方法是：人们每钻凿一段时间，即注水入井或利用地下水将岩屑制为泥水，然后，"用筒竹一根，约丈余，通节，以绳系其梢，

---

① （宋）苏轼：《蜀盐说》，《苏文忠公全集》卷七三。另见苏轼门人所辑《东坡志林》卷六《盐井用水鞲法》，文字略有删削。
② （明）宋应星：《天工开物》上篇《作咸》。
③ （明）曹学佺：《蜀中广记》卷六六《方物八·井法》。

筒末为皮钱掩其底，至泥水所在，匠氏揉绳伸缩，皮歌（钱）入水，挹满搅出，泥水渐尽，复下钎凿焉"①。

卓筒井采卤工艺与搧泥工艺原理相同。在挖掘井时期，井上采卤虽使用了滑轮、大车等机械，但设备简陋，功效不高。"凡筒井皆用机械"，小井上出现了井架（天车）、滑轮、井旁设置了"花车"，用篾索作传送带，一头系花车，经定滑轮入井，系竹制汲卤筒。竹制汲卤筒为一小于井径的长竹筒，除去内节，留底不去，凿一小口，用熟牛皮一块作为活门，置于筒底内侧，筒入水时，筒底牛皮受到井下卤水上压力张开，卤水入灌；筒出水时，牛皮受到筒内卤水下压力闭合，卤水不得下渗。"一筒致水数斗"。采卤劳动者踩动花车，带动汲卤筒，提取卤水。这种联动机械的创制，使采卤过程简便省力，并缩短了提捞周期。

（三）竹制井腔导管的创制

卓筒井是小口盐井，在井腔通过地表疏松层时，如无有效的固井设施，阻碍地下水的渗入和岩层的坍塌，是不可能开凿成功的。"卓筒井"使用若干巨竹（大楠竹），去其内节，使其中空而呈管状，然后根据井腔需要将巨竹"牝牡相衔"（头尾衔接），"入井七、八丈"，构成人造井壁。这一固井设施的出现，为后来采用木导管、钢导管的深井问世准备了技术条件。

与古老的"大口浅井"相比，卓筒井的确使井盐生产工艺发生了重要变革。这一变革的实质在于：它使过去粗糙、繁重、效率低下的大口盐井开凿和生产变成精巧、简易、机械化程度高的小井生产，大大减少了人力、财力、物力的耗费，提高了劳动生产率②。正如苏轼所言，"利之所在，人无不知"。卓筒井对比官营的大口盐井来说，其井盐生产效益的提高，是显而易见的。

三、卓筒井对官盐垄断地位的冲击

蜀中井盐生产者冲破官府禁榷制度罗网，克服开凿小井的重重困难，凭借他们在井盐生产中积累的丰富经验和优良技能，在官府控制力量薄弱的"地形深险""易于掩藏"的偏僻山区，创造了崭新的卓筒井工艺。

---

① （明）曹学佺：《蜀中广记》卷六六《方物八·井法》。
② 张学君等：《宋代井盐钻凿工艺的重要革新》，《文物》1977年第12期。

卓筒井又称"私井"，顾名思义，说明它与官府控制的"官井"是对立的。其经营方式已明显地不同于官井。时任陵州知州的梓州人文同，敏锐地觉察到卓筒井的大量开凿及其深远影响。他向朝廷做了详尽报告。卓筒井开凿者属于当地富豪，"豪者一家至有一二十井，其次亦不减七八"。为了尽可能提高劳动生产率，卓筒井经营者"恣用镌琢"，比较注重技术创新和精密构思。由于卓筒井制作工艺和生产过程的复杂性，这些经营者一般雇用有各种专门技能的劳动者，"每家须设工匠四五十人至三二十人者"，进行大规模的钻井、采卤和熬盐工作。

工匠是卓筒井生产中的雇用劳动者，其人数颇多，四川各州均有，"合为几千、万人"。他们大多来源于破产的农民和手工业者，"皆是他州别县浮浪无根著之徒，抵罪逋逃，变易姓名，尽来就此佣身赁力"。同官井的井户、灶户相比，他们有着来去自由的身份，和主人之间，仅有雇用关系，"平居无事，则俯伏低折与主人营作。一不如意，则递相扇诱，群党哗噪，算索工值，偃蹇求去。聚虚落、入镇市，敛博奸盗，靡所不至"①。从文同奏疏透露出这些工匠与主人没有依附关系，且具有独立自主意识。

由于采取了先进的凿井取卤技术和经营方式，卓筒井的盐卤产量和质量都较高，盐井的废弃率却大大降低，因此所产食盐色白味正，成本则大大低于官盐，在市场上竞争能力较强。官盐多杂沙土，"斤为钱百二十"，而"民间小井白盐价止七八十"②。民众都争购"小井白盐"，造成官盐滞销，"邛（州）井盐（官盐）岁入二百五十万（缗），为丹棱卓筒所侵积不售"③。

面对卓筒井工艺的迅猛发展和官井的日益衰落，宋王朝不仅不改革官井生产中腐朽的、陈旧经营方式和生产技艺，反而迁怒于卓筒井。一方面三令五申地封禁卓筒井，另一方面则实行"抑配"制度，强迫人民食用官盐。他们认为，这样一来，就可以继续维持官井的统治地位。与朝廷的愿望相反，经过十多年的封禁与反对封禁的斗争，卓筒井不但没有被扼杀，反而还在急剧发展，它以不可阻挡之势在嘉、隆、荣等十七州推广开来，"连溪接谷，灶居鳞次"，成为一股强有力的工艺革新浪潮，猛烈地冲击着失去了生命力

---

① 以上均见（宋）文同：《奏为乞差京朝官知井研县事》，《丹渊集》卷三四。
② 《宋史》卷一八三《食货下五》。
③ 《宋史》卷二六六《王化基传》。

的官井。

陵州知州文同叙述了卓筒井工艺在井研县的发展情况，他惊呼卓筒井工艺传播之快，"后来其民，尽能此法，为者甚众"。他深切地感觉到，卓筒井具有不利于宋王朝禁榷制度的性质，其钻凿目的，在"易于掩藏""少出月课"。文同特别指出，开凿卓筒井的豪民"恣用镌琢""倚之为奸"。虽然官府多年来实施封禁措施，但并未取得多少成效。这使他"日夜置于心间，不能少忘矣"。他向朝廷建议，应当选派"清疆明断，有吏干之才"的官吏任井研知县，以解决这一棘手问题。

在北宋王朝内部，也有不少人抱文同这样的态度，他们主张全部封闭卓筒井，"尽实私井而运解盐以足之"。当时，持革新主张的沈括则支持开凿卓筒井。当神宗问他："卿又闻西蜀禁盐之利乎？"沈括表示，私井自由贩卖食盐是顺乎人心的，封禁的办法行不通，"然忠、万、戎、泸间夷界小井尤多，止之实难"。如果一意孤行，后果是不堪设想的[①]。由于形势所迫，北宋朝廷最终放弃了扼杀卓筒井，承认了私井的合法地位。

四、科技创新的历史局限

有学者认为，卓筒井在技术上，远远超过欧洲16世纪的水平，"它是井盐手工业生产向专业化分工发展的产物，又反转来促进了这种专业化分工的进一步发展"[②]。从卓筒井工艺本身看，的确是一项创造性科技发明。这一新工艺的出现，对于开创明清深井技术，以及催生世界近代钻井技术，都起了不容低估的历史作用。但卓筒井受到物质、技术条件的局限，并未形成足以引起专业化分工的巨大生产力。它只是明清深井工艺的雏形，就像手工磨是水推磨的雏形一样。为了说明这一点，兹结合现在残存于川北地区的卓筒井作一探讨。

（一）井腔构造简单，难以固井

井下除一竹导管外，无其他设施。钻井工具单一，宋代见于记载的只有"圆刃"，近代川北小井仅有"大冲杠""二冲杠"。由于钻具轻小，钻成的井眼也相应地小，仅与竹筒等。陆游说：卓筒井"绝小，仅容一竹筒，真海眼

---

① 以上见（宋）李焘：《续资治通鉴长编》卷二五五"熙宁七年八月丙戌条"。
② 郭正忠：《宋代四川盐业生产中的资本主义萌芽》，《社会科学研究》1981年第6期。

也"①。宋应星说：其井"一小盂复之有余"②。井深一般一二十丈，最深不超过百丈。这样的井，开凿速度快，"经年累月而后成"③；井腔竹导管抗压力、耐腐性差；加之，对井下事故亦无有效办法治理。这些因素造成卓筒井易成易毁的痼疾，宋代庆历到绍兴初不过百年，卓筒井达到四千左右④，而绍兴三年，因坍塌废弃，一次就"栈闭卓筒二千有奇"⑤。可见卓筒井在固井方面的确受到一些关键技术和设施的制约，有待进一步创新。

（二）凿井、采卤机械未臻完善

由于卓筒井凿井机械简陋、缺乏有效的固井设施，限制了它开凿深井的能力。井上采卤设施矮小，井架仅为一直立竹竿，高一至二丈，竿顶置一竹圈，作汲卤筒出井后的依托；花车直径约三至六尺，车体长三至五尺。汲卤筒短小，内径一寸多，长一丈左右，仅能取得浓度在4%~10%之间的淡薄卤水；而井径过小，又限制了每次的采卤量。这些弱点决定了它生产价值的微薄。这种井"产卤无多，卤质尤淡。……且需多井所汲之卤，始供一灶之煎"⑥。"广水井"汲卤两筒，不过一担；"歇水井"数井之水，才足一担，俗称"跑跑水"⑦。这与苏轼所说，"一筒致水数斗"（每斗合五斤）的采卤量差不多。

（三）经济效益不高，仍是小作坊生产

这样的盐井，除了凿井需专门工匠外，生产时，即使"广水井"，一井采卤、运卤、制盐由一至二人就可承担；"歇水井"数井生产亦由一至二人包干，俗称"一脚代"。每井每日产量，"多者不过三担，少者半筒或一筒而已"。若以每担合百斤计，每井每日产卤多者300斤，少者25斤，按7%的浓度计，每井每日产盐多者25斤，少者1.75斤，这样的产量，按劳动力平摊超过一

---

① （宋）陆游：《老学庵笔记》卷五。
② （明）宋应星：《天工开物》上篇《作咸》。
③ （明）潘鉴：《奏减盐课疏》，嘉靖《四川总志》卷一六《盐法》。
④ （宋）马端临：《文献通考》卷一六统计，绍兴初，四川四路有盐井四千九百余，其中大井很少，"蜀盐有隆州之仙井，邛州之蒲江，荣州之公井，大宁、富顺之井监、西河州之盐官、长宁州之凊井，皆大井也；若隆、荣等十七州则皆卓筒小井而已"。宋仁宗时，"卓筒井"尚未兴隆，《文献通考》卷一五统计盐井数为604井，《宋史·食货志》统计数为632井，应主要是大井。那么，到绍兴初，大井的数量就以900井计，卓筒井数也达四千。
⑤ （宋）李心传：《建炎以来朝野杂记》甲集卷一四。
⑥ 吴炜：《四川盐政史》卷二，第二篇第四章第一节。
⑦ "广水井"卤源丰富，可作连续采汲。"歇水井"卤源有限，采卤一次后，须间隔一段时间，才能作第二次采汲。

般大井①，但与清代富荣盐场一带的深井相比，就无法同日而语了。与这样的生产力水平相适应的经济结构只能是家庭经营的小作坊生产，而不是欧洲16世纪那样的工场手工业生产。

尽管如此，在陈旧的官专卖制度下，卓筒井的创新和家庭式经营，确实是对古老井盐业的巨大冲击。卓筒井在巴蜀地区的快速推广，极大地促进了宋代四川盐业生产的发展。成都人范镇记载："蜀江有咸泉，有能相度泉脉者，卓竹江心，谓之卓筒井。大率近年不啻千百井矣。每筒日产盐数百斤，其少者亦不下百十斤。两蜀盐价不贱，信乎食口之众。"②

另据《宋史·食货志》统计，北宋仁宗时，四川之西川、峡西两路共有盐井728井，年产食盐7654485斤，尚不能满足全川人民的需要，必须从陕西等省运池盐和岩盐入川贸易，以解决食盐不足的困难。但是，仅仅经过百年左右，到南宋绍兴二年（1132），四川成都府、梓州、夔州、利州四路盐井增加了近七倍，达到4900余井，年产食盐1千余万斤，为保护海盐销区，以至于南宋政府不得不禁止川盐出川峡贩卖。

元明之际，卓筒井工艺以突飞猛进之势在四川井盐生产中取得了统治地位，而古老陈旧的大口浅井"官井"则湮没殆尽，完全失去了它的生命力。

第八节　巴蜀其他手工业

唐宋时期，巴蜀地区除上述手工业外，还有酿酒、制糖、陶瓷业，以及矿冶与铸造等行业。当时，这些工矿业都形成了自己的生产规模、工艺特色，并有高质量的产品为消费需求服务。下面简要介绍酿酒、制糖、陶瓷等行业的情况。

一、酿酒业

（一）唐宋巴蜀酿酒文化

唐宋时期，巴蜀的酿酒业在前代基础上出现了创新，其主要表现在三个

---

① 富荣盐场清代深井一般达到200余丈，每井日产卤100至200担到千余担，浓度达18%，每担以300斤计，折合食盐为5000至五六万斤。参见（清）李榕：《自流井记》，《十三峰书屋文稿》卷一。

② （宋）范镇：《东斋纪事》卷四。

方面:

一是酒肆、酒家多,因此形成特有的文化景观。张籍《成都曲》云:"万里桥边多酒家,游人爱向谁家宿。"孙光宪曾说:"蜀之士子,莫不沽酒,慕相如涤器之风也。"雍陶则为成都烧酒陶醉,不愿离开蜀中:"自到成都烧酒熟,不思身更入长安。"①唐代成都士人陈会自言:"家以当炉为业。"②南宋时陆游在成都写下了《楼上醉歌》:"我游四方不得意,阳狂施药成都市。……瓢空夜静上高楼,买酒卷帘邀月醉。"大慈寺春日宴集,诗人王觌豪兴大发:"旋邀座上逍遥客,同醉花前潋滟杯。"这都证明,酿酒、卖酒、饮酒的人多,已成日常生活的一部分。

二是唐代蜀中以美酒闻名,唐诗中产生了许多赞叹蜀中美酒的诗句:杜甫《戏题寄上汉中王三首》:"蜀酒浓无敌,江鱼美可求。"杜甫《谢严中丞送青城山道士乳酒一瓶》诗:"山瓶乳酒下青云,气味浓香幸见分。鸣鞭走送怜渔父,洗盏开尝对马军。"白居易诗:"荔枝新熟鸡冠色,烧酒初闻琥珀香。"李商隐《杜工部蜀中离席》:"美酒成都堪送老,当炉仍是卓文君。"韩偓《意绪》:"脸粉难匀蜀酒浓(一作红),口脂易印吴绫薄。"卓英英《锦城春望》:"漫把诗情访奇景,艳花浓酒属闲人。"岑参《酬成少尹骆谷行见呈》:"成都春酒香,且用俸钱沽。"许多旅蜀游子贪恋蜀中美酒,乐而忘返。方干的《蜀中》诗写道:"游子去游多不归,春风酒味胜余时。"③宋人范成大也是成都著名酷客,其诗直抒胸臆,"我来但醉春碧酒"。

三是唐代巴蜀名酒品牌多,文化意境浓。经学者勾稽、爬梳,见诸文献记载的名酒就有:"剑南之烧春""云安曲米春""汉州鹅黄酒"、郫县"郫筒酒"、戎州"重碧"酒、"射洪春酒""青城乳酒""春碧酒""荔枝绿",不可不谓名酒之乡④;还有传统"五加皮酒"、云安"巴乡酒"⑤。宋代嘉州还出现了"东岩酒"⑥。诗人陆游"十年流落狂不除,遍走人间寻酒炉"。他熟

---

① (宋)孙光宪:《北梦琐言》卷三。
② 黎虎:《唐代的酒肆及其经营方式》,《浙江学刊》1998年第3期。
③ "余"为农历四月的别称,此时成都春草萋萋、繁花似锦。
④ 江玉祥:《唐代剑南春酒史实考》,见四川省民俗学会、剑南春集团公司编《四川酒文化与社会经济研究》,四川大学出版社2000年版,第124~131、175页。
⑤ 贾大泉、陈世松主编,周原孙撰:《四川通史》第四册,四川人民出版社2010年版,第290页。
⑥ 苏轼《送张嘉州》诗云:"但愿身为汉嘉守,载酒时作凌云游。……笑谈万事真何有,一时付与东岩酒。"

知"汉州鹅黄鸾雏凤""眉州玻璃天马驹",当"青丝玉瓶到处酤,鹅黄、玻璃一滴无"①时,他失望之极。

(二)从宋代榷酒举措看巴蜀酿酒业的发展

随着经济的发展,酒类消费的增加,宋代酒类已列入专卖品,官府设置酒务,管理酒的酿制、销售和课税收入。从宋代巴蜀地区酒务设置和酒课收入,可以看出当时酿酒业的发展状况:人口最多、经济最富庶的成都府路酿酒业最为发达,熙宁十年(1077)前有酒务165务,占四路总数的40%;酒课129万余贯,占四路酒课收入的59%。熙宁十年成都府路有酒务157务,占四路总数的45%;酒课13万余贯,占四路酒课总数的56%。其次是梓州路,熙宁十年前有酒务121务,占四路酒务总数的29%;酒课59万余贯,占四路酒课总数的27%。熙宁十年梓州路有酒务118务,占四路酒务总数的33%;酒课7万余贯,占四路酒课总数的29%。居第三位的是利州路,熙宁十年前有酒务124务,占四川酒务总数的30%;酒课30万余贯,占四路酒课总数的14%。熙宁十年利州路有酒务75务,占四路酒务总数的21%;酒课3万余贯,占四路酒课总数的15%。居末位的是经济发展滞后的夔州路,熙宁十年前有酒务7务,占四路酒务总数的2%;酒课5000贯,占四路酒课总数的0.2%②。因为榷酒收入过于微薄,熙宁十年官府明令废除夔州路酒类专卖,不立课额,让利于民。这个政策一直延续到南宋时期,中间曾恢复榷额,但岁入太少,不再实行专卖。这说明,地区经济的发展状况,直接影响着酿酒业的兴衰。经济发达的成都地区,酿酒业兴盛;经济落后的夔州路,酿酒业也缺少发展动力。虽然夔州路酿酒业总体落后,也不排除地处长江要津的夔州周遭酿造的粟酒成为一枝独秀。范成大诗中说:"云安酒浓曲米贱,家家扶得醉人回。"③

仅从宋代文献统计中,即可看到巴蜀地区酿酒业名列诸路前茅。熙宁十年前,诸路共设酒务1839务,巴蜀地区有酒务417务,占总数的23%;熙宁十年前诸路酒课1506万余贯,巴蜀地区酒课220万余贯,占榷课总数的15%。南宋时期,巴蜀地区酒课收入已占诸路总收入的28%~49%,可见巴蜀酿酒业之发达。

---

① (宋)陆游:《蜀酒歌》,《全蜀艺文志》卷一九。
② 贾大泉、陈世松主编,周原孙撰:《四川通史》第四册,四川人民出版社2010版,第293页。
③ (宋)范成大:《范石湖集·诗集》卷一六《夔州·竹枝歌九首》。

（三）宋代巴蜀酒类生产与销售

处在严厉禁榷制度下的宋代巴蜀酿酒业，如何进行生产和销售？如同上节对井盐业生产和销售进行的探讨一样，这又是一个非常有趣的问题。

宋代的酒同盐一样，生产和销售完全由官府控制。官府对酿酒的曲料控制极严，民间不得从事酒曲制造和私卖，由官府统一造曲售卖，即"三京官造曲，听民纳直以取"[①]。巴蜀地区亦是严格遵循这一规定，酒曲官造官卖。"开宝二年九月诏：西川诸州卖曲价高，可以十分中减放二分。"到太平兴国中，"官置酒酤"，并提高曲价。太平兴国七年（982）八月，"依旧造曲市与民，其益州岁增曲钱六万贯并除之"[②]。

这里必须说明，官府出售的酒曲并非人人能买。在明令实行酒类禁榷制度的发达地区，只有持有官府特许经营执照的酒户才能买曲酿酒；能够自由买曲酿酒的，仅限于夔州路那样的贫瘠地区。

对酒类的专卖管理十分严格，其经营方式分为两类：一是以官酿官卖，从酿造到贩卖都由官府独占；二是民酿民销，规定课额，酒户缴纳酒税。

1. 官酿官卖

《宋史·食货志》记载："宋榷酤之法，诸州城内皆置务酿酒"，州城以外县、镇、乡、间"或许民酿而定其课"。从"或许"一词可以知道，这不是常例而是特例。"若有遗利，所在乡请官酤。"这就清楚地表明，"民酿"的地方酒坊如果出现"遗利"，即酿酒业有利可图，必须转让给官府经营。由此可见，无论州县还是乡村，只要卖酒利润高，官府都设置了"酒务"，从事酿酒和卖酒经营活动。官府经营的酒务设有官员专管或由当地官员兼管，由官府供给米粮，雇用酒匠或派厢军充当酿酒工役，确定每年上缴王朝中央和地方的课额。酒利收入超过课额，按增加的数量给予主管官员一定量的奖赏。元祐七年（1092）七月，苏轼曾说："酒务监官年终课利，计所增给二厘；酒务专匠年终课利，计所增给一厘。"[③]由此可见，官营"酒务"有奖励制度。到南宋时期，破格提拔成为奖励"酒务"官员的主要方式，绍兴二十四年（1154），朝廷还制定了四川主管"酒务"官员的"磨勘"办法：根据酒课收

[①] 《宋史》卷一八五《食货志》。
[②] （清）徐松：《宋会要辑稿·食货》二十之三。
[③] （宋）李焘：《续资治通鉴长编》卷四八七。

入增加数额，确定提前晋升的时间①。这促使"酒务"官员增加酒类生产、扩大销售数额。

2. 民酿民销

宋代酒类的民间产销是受到严格限制的，在经济发达地区，只限于销量稀少的偏僻乡村；就区域而言，仅有经济发展滞后、酒类产销量不大的夔州路。

宋代酒类如何实行民酿民销？首先要确定特定地方的民营酒户数目、应完纳酒课数额，然后进行"买扑承包"，获得经营许可的民营酒户才有开坊置铺、酿酒卖酒的经营权。在经营酒业期间，必须按时、如数缴纳酒课。史料记载：宋代巴蜀地区最早获得酒类专卖权的民户，主要是"主持重难事务"的"衙前"②。这是因为，担任衙前职役的富户"主典府库或辇运官物"，事务繁重，责任重大，偶有差错，必须赔偿，以致公事人"往往破产"③。地方长官特许他们买扑酒坊，缴纳岁课，自酿自卖，以弥补他们在承担公事方面受到的损失；于是不允许他人"加价划扑"。

但至迟在熙宁九年（1076）已不再实行这种特许衙前酿酒卖酒的办法，新的买扑酒坊办法规定：允许"诸色人课外管认净利钱"，即在酒课之外自愿向官府多缴纳利钱的人才能获得造酒酤卖的许可；且买扑酒坊自酿自卖的人还必须召具经济担保人，倘若经营不善，拖欠的酒课必须由家产抵充或由担保人赔纳；买扑酒户经营期间作弊，不纳酒课、隐瞒财物、改姓冒名、置买田土，推诿他人赔纳，判处徒刑④。

南宋建炎三年（1129），负责川陕茶马事务的赵开，为解决驻军的军饷问题，对川酒的专卖办法进行了改革。他实行隔槽酒法，将官府和买扑酒户独占的酿酒业加以扩大，只要愿意缴纳课利，无论何人均可经营酿酒业。赵开改革的实质是，还原酿酒业的民营性质，省去官府筹措米粮、雇用酒匠、酿酒卖酒，以及召人买扑酒坊、催收买扑课利等种种不必要的繁琐事务，只需提供酿酒设施和工具，由官监督民户纳钱、入米、酿酒。改革的核心是，革除官酿官卖制度导致的贪污腐败和买扑酒坊逃避酒课的弊病，以保证川酒税课的大幅增加。对于历来不实行禁榷制度的夔州路，也开始征收酒课。改革措施全面实施

---

① （清）徐松：《宋会要辑稿·食货》二十之二十。
② （清）徐松：《宋会要辑稿·食货》二十之六。
③ 《宋史》卷一七七《食货志》。
④ （清）徐松：《宋会要辑稿·食货》二十之九。

后，岁课从原来的140万缗，递增至690万缗。"凡官个槽四百所，四方店不与焉。"①赵开酒法，行久弊生；终宋之世，买扑、官监莫衷一是。

二、制糖业

巴蜀地区食糖主要分为两类：一是蜂糖，二是蔗糖。蜂糖通常称为"蜜"，早在汉晋时期巴蜀就盛产蜂蜜。甘蔗的原产地不在中国，但种植历史悠久。唐宋时期，甘蔗遍布涪江、沱江流域的遂州（今遂宁市）、梓州（今三台县）、汉州（今广汉市）、资州（今资中县）等地。当时这些地区的制糖业十分发达，是全国重要的产糖基地。川糖种类多、产量高，糖霜（冰糖）的制作工艺更是在诸路名列前茅，历史文献中有明确记载。

（一）巴蜀的食糖

1. 蜂蜜

左思《蜀都赋》对蜀中蜂蜜已有描述："蜜房郁毓被其阜，山图采而得道。"《华阳国志》记载，涪陵郡、梓潼郡和武都郡都是盛产蜂蜜的地区。巴蜀地区的蜂蜜分家蜜与野蜜。家蜜为人工饲养的家蜂所酿，张华《博物志》记载家蜂的饲养：

以木为器，或十斛、五斛，开小孔，令才容蜂出入，以蜜蜡涂器内外令遍，安着檐前或庭下。春月，此蜂将作窠生育时，来过人家，围垣者捕得三两头，便内着器中。数宿，出蜂飞去，寻将伴来还，或多或少，经日渐溢，不可复数，遂停住，往来器中，所滋长甚众。至夏，开器取蜜蜡。②

野蜜是野蜂所酿。野蜂通常选择向南的山麓或半山的树洞、岩洞和土洞筑巢，因此又有木蜜、岩蜜和土蜜之别。岩蜜又称崖蜜、石蜜和石饴，"凡深山崖石上有经数载未割者，其蜜已经自熟，土人以长竿刺取，蜜即流下。或未经年，而板缘可取者，割炼与家蜜同也"③。蜂蜜的质量，以"色白如膏者良"④。木蜜、土蜜则是采割野生蜂巢，毁巢取蜜，其制蜜方法与家蜜同。野

---

① （宋）李心传：《建炎以来朝野杂记》甲集卷一四《四川酒课》。
② （宋）李昉等：《太平御览》卷九五〇引。
③ （明）宋应星：《天工开物》卷上《甘嗜·蜂蜜》。
④ （唐）苏敬等：《新修本草》卷一六《虫鱼部·石蜜》。

蜜采割较难，产量较低，唐代仅潞、巴、眉、越、虔、永等州略有出产，作为贡品奉献朝廷。《重修政和经史证类备用本草》在"石蜜"条下还专门绘制了《蜀州蜜图》，可见当时四川蜂蜜产量相较于诸州是比较可观的。

2. 蔗糖

蔗糖是用甘蔗汁制成的食糖，由于制作方法不同，蔗糖又分为蔗饧、沙糖、乳糖和糖霜等品类。甘蔗原生地虽不在中国，但中国种植甘蔗的历史悠久，宋玉在《招魂》中说："胹鳖炮羔有柘浆兮。"东汉王逸注："柘，薯蔗也。"①这是中国最早记载甘蔗的文献。巴蜀地区至迟在汉代开始种植甘蔗，扬雄《蜀都赋》说巴蜀出产"诸柘"，左思《蜀都赋》称之为"甘蔗"。入唐以后，巴蜀地区甘蔗的主要产地在益州、蜀州、资州、梓州、绵州和遂州。此外，嶲州的会川一带也有种植。甘蔗分为一年生和多年生两种，四川气候温和，作物成熟期短，大多种植一年生品种。

唐代巴蜀地区种植的甘蔗，分为果蔗和糖蔗两类。果蔗又名昆仑蔗，俗称红甘蔗，只能生吃，不能制糖。糖蔗包括杜蔗、西蔗和芳蔗，主要用于制糖。杜蔗紫嫩，味极厚，"专用作（糖）霜"。西蔗可以作糖霜，但是"色浅，土人不甚贵"②。芳蔗又名荻蔗，"抽叶如芦，可充果食，可作沙糖"③。

用甘蔗制造、加工的蔗糖分为蔗饧、沙糖、乳糖和糖霜（冰糖）。蔗饧是蔗汁榨取而后加工成的饧（糖浆），这是最简单的制糖方法。直到唐代巴蜀地区仍然生产蔗饧。蔗饧有消渴解酒的功效，故为人所喜爱。杜甫《进艇》说："茗饮蔗浆携所有，瓷罂无谢玉为缸。"④蔗汁经暴晒或者熬炼，就形成浓缩的浆汁，其稠如饧，故称蔗饧，或稀糖。沙糖是蔗汁熬制时加入少许石灰，使其结晶而形成的散沙状颗粒，颜色紫红，因此又称为紫沙糖。巴蜀地区在唐代已经制造沙糖，史称："蜀地、西戎、江东并有。"⑤蜀地沙糖主要出自益州、蜀州和梓州，均列为当地土贡之物。宋代遂宁糖霜户亦用糖浆熬制沙糖，这是制糖业高度发展的重要标志。乳糖是沙糖的加工产物，其制作方法是唐太

---

① 《楚辞》卷九宋玉《招魂》王逸注。
② （宋）王灼：《糖霜谱》第三。
③ 乾隆《遂宁县志》卷四《土产》。
④ （清）仇兆鳌：《杜诗详注》卷一〇。
⑤ （唐）苏敬等：《新修本草》卷一七《果部·沙糖》。

宗时期从印度传入的：将沙糖"用水、牛乳、米粉合煎"[①]，制成黄白色的饼糖，称为乳糖，因其形态和崖蜜相似，故人们又称其为石蜜。文献记载："石蜜即乳糖也，与虫部石蜜同名。"[②]虽然与崖蜜同名，但绝非蜜蜂酿造的蜂蜜。

（二）糖霜的制作工艺

今日的冰糖，历史上称糖霜，是蔗糖进一步提炼的结晶体。蜀中糖霜的制作工艺开创于唐大历年间。文献有明确记载：

> 蔗霜：唐大历间，有僧跨一白驴至伞子山下。山民以植蔗凝糖为业。驴食蔗，民咎僧。僧曰："汝知蔗之为糖，而不知糖之为霜，其利十倍。"因示以法，遂成蔗霜，色如琥珀，称奇品。[③]

笔者相信这是关于糖霜工艺传入蜀中最早的文献记载，出自《太平寰宇记》，是北宋太宗太平兴国时期学者乐史辑录，比较切近史实真相。但到《糖霜谱》作者王灼的笔下，这位出家的和尚竟然被冠以俗姓，不可理喻。拨开这段故事的传奇色彩，我们可以推测，这位僧人或许是唐大历年间从印度云游过来的，他在蜀中传授了印度制造糖霜的工艺。明代学者宋应星在《天工开物》中称说他是"西域僧人"，也可以认为是合理的推断。由此可见，糖霜制作工艺不是蜀中蔗农的技术创新，而是从印度或中亚传入的。

根据王灼《糖霜谱》的记载，糖霜制作工艺的要点是：十至十一月，将收割的甘蔗削皮，剁成小节圆块，经过多次碾压，取尽蔗汁，将蔗汁倒进锅内煎熬，浓缩至"七分熟"，暂储藏瓮中。沉淀三日，除去杂质，再将糖汁倒入锅内煎熬到九分熟，稠如饧（十分太稠，则成沙脚），注入表里涂漆的瓮内，插上若干细竹梢，用簸箕盖上，使其结晶成糖霜。两日后，即可开瓮检视，瓮面如粥纹、染指如细沙，即为正常。旧年正月十五以后，糖汁开始结晶，竹梢初如谷穗，渐大如豆、如指、如假山，进入五月，不再增大。至迟应在初伏前将瓮中余水戽出，将竹梢上的结晶体随长短剪去，在烈日下晒干，即成糖霜（冰糖）。瓮中四壁尚有结晶块，曰"瓮鉴"，如岩洞中钟乳状，不可即取，需随

[①]（唐）苏敬等：《新修本草》卷一七《果部·石蜜》。
[②]（明）李时珍：《本草纲目》卷三三《果部·石蜜》。
[③]（宋）乐史：《太平寰宇记》卷八七《遂州·土产》。

瓮暴晒数日，待坚硬后再剥去。

窖藏的蔗糖汁能否结晶成为糖霜，全在制糖工匠的熬炼糖浆的技术、经验和判断力，有的瓮开"如果子结实"，收获达到数十斤、百斤；也有最后"无铢两之获"者。我们看到，遂宁糖霜户已经掌握了控温冷却结晶技术，这一技术的要点在于：必须在浓缩的糖汁中预设结晶中心（晶核）；还必须让糖汁缓缓冷却，糖分子才能得到有序排列的晶格条件，形成大块结晶体。失败的糖霜作业，问题出在一些关键环节：或者冷却过快，或者浓缩不够，等等①。

三、陶瓷业

唐宋时期，巴蜀陶瓷业是具有浓郁文化品味的手工制造业，成都地区远自东汉晚期就有了陶瓷器生产，新津县、大邑县、成都、郫县、灌县、邛崃县、金堂县、双流县，均曾发现东汉至南北朝瓷器和窑址②。

（一）陶瓷工艺的发展与创新

隋代是成都陶瓷器生产承上启下的重要时期，在成都青羊宫、灌县金马窑、邛崃县固驿窑、双流县牧马山窑发掘的陶瓷器中，虽仍以单色青瓷为主，但却有灰白釉下饰黑色纹饰的瓷器。这类瓷器，多为敛口钵，其上饰以釉下黑色联珠纹，实为唐瓷使用的釉下彩的先河。

唐代成都瓷器技艺有了很大发展。著名诗人杜甫赞美大邑县瓷器的诗篇说："大邑烧瓷轻且坚，扣如哀玉锦城传。君家白碗胜霜雪，急送茅斋也可怜。"③唐代蜀瓷质轻而且坚实，扣之如玉，瓷碗雪白，让人把玩不禁，主人割爱相送。

于此可见成都唐瓷之妙。成都瓷窑主要分布于今大邑、邛崃、都江堰、郫都。具有代表性的是邛窑。邛窑瓷器胎质坚硬，色呈灰白，其釉色种类繁多，具有深浅、浓淡不同的青、黄、绿、蓝、紫、褐、灰、白等二十余种，造型多样，凡生活日用器皿，如罐、壶、碗、钵、杯、盘、碟、盏等，无所不有；工艺品和玩具花色品种齐全，造型美观，有砚、水澄、笔洗、狮、龙、虎、猴、

---

① 贾大全、陈世松主编，李敬洵撰：《四川通史》第三册，四川人民出版社2010年版，第402～404页；贾大全、陈世松主编，周原孙著：《四川通史》第四册，四川人民出版社2010年版，第298～302页。
② 陈丽琼：《试说四川古代瓷器的发展及工艺》，四川省史学会《史学论文集》，第208～213页。
③ 杜甫：《于韦处士乞大邑瓷碗》，《杜少陵集详注》卷九。

狗、牛、羊、龟、豚、象、兔、鸡、鸭、鱼、铃响等。在发掘出的日用器皿中，凡碗、盘、杯等由隋代的小平足改为圆圈足，中唐以后，又改为太平足，稍后则为玉璧底。壶、罐耳、系由圆环耳或桥形耳改为复式系。壶流有八棱短流、管状短流两种。壶身略呈圆柱形，盘式已有花瓣形，造型稳重大方。灌县玉堂窑青瓷，经分析化验烧成温度为1240±20℃，与越窑相同，其胎釉质次于越窑，与江苏宜兴窑相近。在窑具上，邛窑已独创匣钵装烧，在大量出土匣钵碎片中，一残片刻有铭文"贞元六年润"（790）。晚唐成都瓷窑，又特创三角形圆孔垫，都江堰玉堂窑三角形圆孔垫上，刻有"咸通十年"（869）铭文，这些圆孔垫根据不同需要做成大小不等的锯齿形。

五代时期，成都制瓷技艺再次提高。前蜀王建向后梁贡寿的金棱碗极为精美，据文献记载："金棱含宝碗之光，秘色抢青瓷之响。"这种秘色青瓷碗，沿边还镶嵌金银。重庆博物馆藏品中有秘色青瓷碗，从工艺特色看，应是成都青羊宫烧制。当时蜀瓷形制亦有变化，壶多长流、弯柄，器身呈椭圆形，器足多方圈足。郫都区大坟包窑出土两件盘口长颈带把执壶把柄上，印有"郑家造"三字楷书，可见当时已有民窑的出现。

两宋蜀瓷在生产规模、制造工艺、瓷器质量方面都超过前代。成都地区瓷器已分为青白两系。青瓷以邛崃十方堂、都江堰玉堂窑、成都琉璃厂、金堂金锁桥窑为代表，以成都琉璃厂窑为例：该窑产品既有陶器，又有瓷器，品种繁多，有瓷塑、砚、炉、瓶、碗、盘、碟、灯、杯、壶、盆、罐、钵，还有各种建筑构件和明器。釉色分单色，多色两类；单色釉基本色调有青、黄、赭三种，每色又依深浅、浓淡而小有区别。青色有青白、粉青、虾青，黄色有米黄、桔黄，赭色有深棕、酱色等。多色釉为绿、黄、褐三色配制，绘制的牡丹、菊花纹，具有唐三彩的效果。一般纹饰常以青釉地、赭色、桔黄地绘绿、白色花枝、鱼纹、水藻

宋代成都琉璃厂窑大陶盘

等。特别值得注意的是：瓷碗碗底大多留有标记。一类如：〇〇〇、◇◇◇、*、卍、#、★、玉、席、太、九、吉、利、五、旺、吴等；另一类如：王造、窦造、范造、易造等。两类标记可能分别代表商标和瓷器制造者，是以生产和销售瓷器为目的的民窑产品的特征。

白瓷以彭州思文、瓷峰窑和都江堰玉堂窑为代表。其中彭州瓷峰窑遗存丰富，是研究宋代成都白瓷生产的宝贵资料。瓷峰窑生产规模特别大，在100平方米窑址内，发现了南北长8.32米、东西宽5.76米的马蹄形窑炉，比五代定州马蹄形窑炉大约1/2[①]。同时发现了直径70厘米的拉坯石质辘轳，研磨釉药石磨、石臼、铁杵，以及各种大小不等的匣钵。更为重要的发现是，测试炉温"火表"（又称照子）瓷片的出土。过去学术界认为，测温"火表"首先使用于南宋晚期（13世纪）的耀州窑[②]。北宋早期（10世纪）彭州瓷峰窑"火表"的发现，将我国发明瓷窑测温技术的时间，提前了二百年左右。瓷峰窑出土瓷器，均胎质薄腻，釉色莹润、上满釉、釉下饰白色化妆土、釉白带牙黄。造型端巧，棱角足，线条挺拔，美观秀丽，纹饰生动。花纹有绘花、刻划花、印花三种。绘花简朴，以洁白瓷浆，勾六条平分线于器内壁，表示六出花瓣。刻划内容广泛，大多花鸟虫鱼，生活气息浓厚，刀法豪放生动，富有艺术性。印花秀丽工整，布局谨严，疏密有致，表现出诗情画意。其装烧工艺亦具独创性，主要方法是口沿悬空叠烧或复烧，器件间采用支托、瓷石珠或石英砂粒做介质，避免粘连。因此瓷器口沿皆有釉，这是与其他窑装烧工艺的主要区别。其种类有碗、杯、盘、盒、香炉、奁、钵、瓶等，这是宋代成都瓷器生产的创造性产物。

（二）邛窑的文化特色

这一时期，最富创意的是邛窑陶瓷。邛窑在今邛崃城南门外南河，共计四处，同属四川青瓷窑系，以20世纪30年代发现的南河乡什邡堂遗址最大，最具代表性。经1983年系统发掘，四座窑炉均为斜坡式龙窑，出土器物上万件，经研究认为，邛窑创烧于隋，兴盛于唐，衰落于南宋晚期，是目前遗存最丰富、烧制时间最长、珍品最多的大型古陶瓷基地。

邛崃是历史悠久的古蜀城镇，汉设临邛县，唐设邛州。汉代以来文化教育

---

① 林洪：《河北曲阳县涧磁村定窑遗址调查与河北省文物局文物工作队试掘》，《考古》1965年第8期。
② 陕西省考古研究所：《陕西铜川耀州窑》，北京，科学出版社1965年版，第49页。

比较发达。南河沿岸盛产瓷土、紫草,水源丰富。南朝至南宋时期数百年间,当地陶瓷业者利用这些有利条件生产出品种繁多、意趣横生、色彩斑斓的民用瓷器。

1. 独具特色的造型、彩绘艺术

邛窑普遍采用雕塑手法制作陶胚,雕塑艺术品特别多。例如各类大小动物,胡商俑、武士俑、劳作俑、侍女俑、役仆俑等形象都用雕塑手法作出,即便是一些生活实用品、文房用具、储盛用具等,雕塑技艺也随处可见。小型陈设品和玩具,采用手捏、范印或雕塑等方法制成;雕塑以人物、动物雕塑最为出色,形象逼真,情趣多样。其中,三彩器由褐、绿、蓝三色彩斑,构图和纹饰精美别致。一件三彩人物水丞,为一体态丰腴、深目高鼻少妇,身穿折领短袖衫,怀抱一角杯,颇似唐代胡人,反映了蜀瓷造型艺术中的外来文化因素。一执壶人,口部以上塑一鼻孔上翻、明目皓齿,似乎正在放声高歌。将器物的器盖塑成一个天真的儿童,光头昂首,两眼上视,双臂伸开,两腿上翻,双脚交叉在一起,活泼灵巧,酷似杂技表演。一个巨型彩釉陶砚台,也被塑成一个伸颈昂首,瞪眼张嘴的大龟,四腿塑成兽蹄形,砚盖则刻意塑成隆起的龟背,再刻划出背纹和裙边,既实用又具有很高的艺术性。一瓷枕塑造成色彩斑斓、形象逼真的猛虎,作伏卧状。总之,邛窑陶器雕塑技艺相当高超,非一般陶瓷可比。

邛窑陶瓷大多使用彩绘装饰。邛窑陶瓷有单色釉、双青釉、棕黄色釉、褐黑色釉、灰白色釉。由于泥料较粗,大多含有细沙粒,胎面也都施用化妆土,用当地原料配出浅黄、深黄、棕黄、老绿、翠绿、孔雀蓝、藏蓝、紫黄、黑色等,在瓷器上绘出彩色画面,大多数是釉下彩。由于邛窑瓷器釉层稀薄,釉下彩或釉上彩不易分辨,但大多数是釉下彩。以大片圆形彩斑、联珠、多层菱形、圆圈构成图案,结合刻划、粘贴、捏塑、模印等多种手法组成装饰面。这些釉下彩绘,可概括为单彩、双彩和三彩。与北方"唐三彩"系低温釉和烧名器为主不同,邛窑是高温釉,并以烧制日用器

宋代邛窑生产的黄褐色釉省油灯

皿为主，釉质主要显示黄、绿、褐色，具有釉面平整、彩绘永不脱落的效果，故称"邛窑三彩"①。

2. 构思奇巧的省油灯

邛窑以烧制生活日用品陶瓷为主，其中以省油灯最具特色，是器物中具有科学原理的独特产品，也是贴近生活的创造。蜀地自汉以来崇尚读书，农家学子多贫寒清苦，夜间读书耗费灯油，于是邛窑创造出省油灯为夜读的学子服务。陆游在《斋居纪事》中曾说："书灯勿用铜盏，惟瓷盏最省油。蜀有夹瓷盏，注水于盏唇窍中，可省油之半。"他还在《老学庵笔记》中写道：

> 宋文安公集中，有省油灯盏诗。今汉嘉有之，盖夹灯盏也。一端作小窍，注清水于其中，每夕一易之。寻常盏为火所灼而燥，故速干。此独不然，其省油几半。邵公济牧汉嘉时，数以遗中朝士大夫。按文安亦尝为玉津令，则汉嘉出此物，几三百年矣。

"汉嘉"即西汉青衣县，东汉时改为"汉嘉县"，在今雅安市以北，与临邛比邻。"今汉嘉有之"，实指邛州临邛郡所属的邛窑，当时还在制作"省油灯盏"。事实上，除邛崃十方堂窑烧制省油灯外，成都琉璃厂窑和其他瓷窑也曾烧制省油灯。

四川生产省油灯的时间横跨唐、宋两代，长达数百年之久，其实用性和科技意义，无论是在时间上，还是在空间上，都影响深远。由唐到宋的数百年里，四川省油灯的器型是逐渐进步演化的，在省油的前提下，灯盏面的曲柄从有到无，灯体逐渐由矮变高，最初，如陆游所述"瓷盏注水于盏唇窍中"，而油显然在灯盏面上，灯芯则绕缠在曲柄上——以免灯芯飘浮移动，这个时期，盛灯的盏面较凹且较深。在长期的使用过程中，人们发现由于灯腹边缘的唇窍太短，灌水麻烦，灯表面盛油也不可能太多，而且，燃油裸露在空气中也容易挥发，于是，人们将唇窍变长使之成为灯嘴，同时将灯体升高，使腹腔增大，把油灌进灯腹内，灯芯则经灯嘴插入灯腹使用，盏面就盛放降温的凉水。毫无疑问，省油灯器型的如此改进，不仅更加省油，而且使用起来也更加方便。

---

① 参见张学君、张莉红：《成都城市史》，成都出版社1993年版，第44~47页。

第四章

元明清时期：巴蜀工商文化

由于南宋末、明末两次战乱造成的人口损耗与战后的移民浪潮，巴蜀文化发生新的变化。随着"湖广填四川"移民潮的到来和南北各地消费需求的激增，传统工业商贸文化得到恢复和发展。由于长江上游水系的成功疏浚，促使川盐、粮食、中药材、纺织品、山货贸易畅旺；重庆地当长江水陆通衢、清代水上货运枢纽，与成都构成互相依存、各具特色的两大商贸经济区。总揽大宗商品运销、金融业务的巴蜀商人积累了巨额资本，开始向产业资本转化。以人口聚落、水陆通衢和货物集散地为基点的场镇网络得到快速扩张。在市场需求带动下，井盐等传统工业出现技术创新，商品经济持续增长，开始出现资本主义萌芽。

第一节　长江上游的商贸市场与场镇网络

一、长江上游的商贸市场

长江上游商品经济虽然遭受南宋末、元末、明末大规模战乱破坏，但在明清两朝承平时期得到很大的恢复和发展，商贸文化的再生能力极强。

（一）元明时期长江上游的商贸市场

南宋末年，四川遭遇蒙古军长时期的战祸，破坏严重。经学者多年研究，发现这里的确隐藏着一个的历史疑案：不仅清初有"湖广填四川"的大移民，之前的元到明初也有类似的"湖广填四川"的大移民。下面简述这段大移民的历史真相。这次大移民分为两阶段：

第一阶段是元代。数十年战乱之后，四川仅存20%～30%的土著居民。根据人口的移动规律，自然会有外来人口填补。元人揭傒斯在其《彭州学记》中写道："国朝（元朝）用兵积数十年，（四川）乃克有定。土著之姓十亡七八，五方之俗更为宾主。"从这段笔记里，可以看到移民来川的端倪。不仅民间笔记有此反映，正史也有记载。元顺帝至元四年（1338），监察御史报告："近年雍、梁、淮甸人民"，见四川荣县一带"田畴广阔，开垦成业者，凡二十余万户"①。移民不仅开垦荒地，还有私开盐井为业的。《元史》记载：来荣县定居的"襄汉流民"达到"数千户"，他们"私开盐井，自相部署，往往劫囚徒、杀巡卒"。为了对付"流户日增"的形势，元朝不得不"设官府以抚定之"②。元末二十余万江汉移民拥进四川荣县，从事垦殖和开凿盐井，虽然后来遭到强制解散，但确实开了元末明初大移民的先河③。在后代地方志和族谱中，留下了元代两湖地区移民迁徙四川的记录和线索。

第二阶段是元末明初，开始于元至正二十三年（1363）。湖北随州人明玉珍率领湖北籍红巾军部队入川，在重庆建立了大夏政权。明玉珍在其辖区内维持了十余年的统治，史称"蜀人悉便安之"。这期间，处于水深火热的湖北难民"凭借乡谊，襁负从者如归市。以故蜀人至今多湖北籍"④。明初，朱元璋派廖永忠入川，消灭了明氏政权，随后又迁入大批湖北人。如民国《资中县志》说："资无六百年以上土著，明洪武时由楚来居者十之六七，闽、赣、粤籍大都清代迁来。"这就清楚地划分出移民的历史阶段。光绪《简州傅氏族谱》也记载："洪武中平明玉珍，以楚实川，故蜀人多麻城籍。"有学者从文献中发现了元末从麻城移民四川的几条线索：一是明代著名政治活动家杨廷和、杨升庵家族，原本江西吉安府庐陵县人氏，元末战乱中从故乡徙居湖北麻城，然后再由麻城移家入川，定居新都县。二是明代著名隐士来知德，祖辈是浙江绍兴萧山人氏，其中一支迁到了湖广麻城，元末由麻城入川，在位于下川东的梁山县插占为业。来知德于嘉靖三十一年（1552）中举，此后隐居万县山中，潜心研究《周易》，拒不应诏。三是清初政治活动家张鹏翮，遂宁县人氏，出生于顺治六年（1649），康熙九年（1670）中进士，据学者推断，他的家族是元末明初移居四川的"老民"。在嘉庆《四川通志》卷44～47就收录了先代于元末明初进入四川的19家"老民"，论其籍贯，江西和江南地区各3家，而来自湖广麻城县孝感乡的高达13家⑤。

由于明初大量湖广等省人民躲避江淮战乱的愿望和统治者鼓励移民入川垦荒政策的双重作用下，洪武年间"湖广填四川"的移民浪潮持续高涨，四川人

---

① 《元史》卷九二《百官志》。
② 《元史》卷一九〇《瞻思传》。
③ 转引自陈世松《老成都与新移民》，四川客家研究中心编印2004年版，第4页。
④ 民国《黄陂周氏族谱》。
⑤ 卢杨村：《成都人的祖先来自何方？》，见《成都晚报》1991年5月4日《老成都》第1期。

口也因此获得大幅度增长，从洪武五年（1372）的15万户、102万余口，猛增到洪武二十六年的21.58万户、146.45万口，达到一个高峰。天顺时走入低潮，成化、弘治略有回升，正德以后又有下降，万历时才又达到一个高峰。《明史》卷七七《食货志》称"户口之数，增减不一"，算是平实的结论。元代四川经济有所恢复，意大利威尼斯人马可·波罗，在元世祖至元十七年（1280）奉命去云南过成都，在他的游记中记述了亲眼见到的成都城市景象。当时成都水上船舶甚多，大江流经城中，"商人运载，往来不绝"，城内江北故道，"其水运之盛，万船行泊，及目睹之景物，当非虚语，世界之人无有能想象其盛者"①。另据《元典章》记载，成都因为是四川省会，为四川商业最繁盛之区，每年收税在3000锭以上。全国有此数的场务所有22处，四川只有成都1处。除成都之外，四川其他税收多的是嘉定（乐山）和开州（开县）二地，税额在500锭上下，由此可见成都在全川、全国的商业地位。即在全省为中心，而在全国居第二层次，远不及宋代水平②。

明初巴蜀商贸处于恢复期，中后期趋于兴盛。成化、弘治期间，柴广、万玺先后在汉州开堰治河，"以通商贾"，因而"贸易交足，郡称货海"③。正德时，李壁守剑州，"四方商贾百货不可得而致，故民虽有余财，积于无用，其不足者，购易无所"，壁乃择城北旷地为市场，"招商致货，约一月会市者九，为立法以禁夫巧伪罔利以相欺者，又虑夫道路崎岖为归市者之患，复命平治桥涂以通车马"④。万历时，偏僻如营山县，"货则绫帕、水丝、绸条、棉花、苎麻、棉布、麻布、黄绸、蓝靛、竹篾、黄蜡、白蜡、桐油、清油、漆、火纸、绵纸，为类凡一十有八"⑤。明代四川商业已具有较大影响力，嘉靖时，张瀚《商贾纪》评论巴蜀商贸说：

巴蜀亦沃壤，古为梁地。地饶姜栗蔬果、丹砂铜锡、竹木之器。东下荆、楚，舟经三峡，而成都其会府也。绵、叙、重、夔，唇齿相依，利在东南，以

---

① ［意］马可·波罗著，梁生智译：《马可·波罗游记》，中国文史出版社1998年版，第159~160页。
② 贾大泉、陈世松主编：《四川通史》第五册，四川人民出版社2010年版，第363~365页。
③ 嘉庆《四川通志》卷一一二《职官志》一四《政绩》四。
④ （明）李棠：《剑州新设市场记》，雍正《剑州志》卷二三。
⑤ 万历《营山县志》卷三，四川大学图书馆1950年抄本。

所多易所鲜。而保宁则有丝绫文锦之饶。……余尝总览市利，大都东南之利，莫大于罗绮绢纻，而三吴为最……夫贾人趋厚利者，不西入川，则南走粤。以珠玑金碧材木之利，或当五，或当十，或至倍蓰无算也。然盐茶之利尤巨，非巨商贾不能任。①

张瀚系杭州人，曾官居南京工部尚书，宦迹遍及陕西、四川、福建、广东、山西等省，一生关注商业和交通，尤其熟悉四川物产、风俗，其评论应是可信的。

作为巴蜀"会府"的成都，城市商业在明代有了进一步发展，专业集市定期交易富有特色的各类日用商品。为便于各类商品的交易，成都市区已出现若干经售同类商品的专门销售区域，除唐宋以来经久不衰的花市、蚕市、锦市、扇市、七宝市、药市而外，重要的商品市场还有：皮革市、旧衣市、纱帽市、玉器市、钱纸市、猪市、栏杆市、草市、骡马市、银器市、木市、珠宝市②。这些专门市场按商品进货路线或销售渠道自然分布全城，形成完整的商业网点，反映了成都城市商品流通的基本情况。明代大慈寺，仍是万商所聚、行医卖卜、市集游乐之处，大慈寺前红布街，"青楼业也"③。

成都商品市场产销畅旺，其优势在于它有丰富的商品资源，为市场建立了较为可靠的原料供应基地，从而使成都商业获得了充分的货源条件。如玉器原料，玉石来自灌县，俗呼土玉，玉行设庄采购，运回成都，以金刚砂解之，琢而为器，富有特色。成都制作精美的薛涛笺贩运四方，成为享誉国内市场的名产④。本市经售的木材，从松潘、理县水运来成都，由木商加工销售。其他农副产品均来自成都周围富饶的农村，成都市场货源充足，品种丰富。明代成都是全国三十余个著名工商业都会之一，与省内外通商口岸保持着密切贸易往来。善于营运的山陕商人在明英宗正统（1436~1449）以后已进入四川市场，营运的路线有两条：一是由西北甘肃、陕西入蜀，明人所谓"西入陇蜀，东走齐鲁"；二是由四川贩运生丝、布帛，远销西北各省，在这些领域十分活跃，

---

① （明）张瀚：《商贾纪·松窗梦语》卷四。
② 参阅四川省文史馆编《成都城坊古迹考》"街坊篇"，第171~299页。
③ （清）陈祥裔：《蜀都碎事》，并见《蜀报》卷五。
④ 童书业：《中国手工业商业发展史》，中华书局2005年版，第243页。

"有本自来"①。一些名贵工艺品，如"缮锦香扇之属"，往往为官府、藩王垄断，"定为常贡"②，因而"名包无多而价甚昂，不可易得"③。一般日用品，如陶瓷，茶叶、生丝、布匹、药材产量不少，流通四方。

作为川西平原，乃至省内外商品集散中心，成都商品来自四方，川西平原的农副产品、川西北高原的牛羊马骡等畜产品，湖北、陕西的棉花，江南地区的特产纷纷运往成都，成都蚕丝、茶叶、金银制品、笺纸、中药材等远销四方，形成范围较广的商品辐射面。这就是成都工商结合、前店后厂经销格局形成的基本原因，许多商号附设手工作坊，以自产自销为主，如栏杆、铜器、金银器、玉器、皮货等商号，自有店铺和作坊。作坊生产加工产品，而店铺销售。这些店铺产品质量稳定，与顾客间形成约定俗成的供求关系。如成都琉璃厂窑，生产规模很大，占地三百四十余亩，所制青瓷器皿远销省内外。"茶为蜀中郡邑常产"，著名的蒙山茶、峨眉茶、泸茶、灌县青城山茶、夔门春茶，"初春所采，不减江南"，不少茶叶在成都、重庆集散，行销远近④。凌濛初的小说描述：成都地区以盛产用作染料的红花闻名，新都杨金宪有一所红花庄子，"满地种着红花，广衍有一千余亩，每年卖到红花有八九百两利息"⑤。

引人注目的巴蜀畅销商品，如生丝、丝织品、木材等有大宗长途贸易。川北保宁府属各县则成为川丝和丝织品外销的重要专业市场。早在永乐年间，保宁"多有通接生番"，就近通过陕西地方"透漏缎绢等物出境"⑥。明中叶后，"苍溪之罗方，则保宁丝绫贸易之所聚也"⑦。当时，"东南之机，三吴越闽最伙，取给于湖茧；西北之机，潞最工，取给于阆茧"⑧。阆中所产阆茧不仅供应山西著名潞绸产地潞州，还远销福建的漳州和泉州，这些地区生产著名的"倭锻"（天鹅绒），其"丝质来自川蜀，商人万里贩来，以易胡椒归里"⑨。商人不辞万里，运销川丝，贩回胡椒，往来获利。与此同时，东南丝

---

① 嘉庆《四川通志》卷六八《食货·盐法》，巴蜀书社本，第2300页。
② 《明史》卷一一一《蜀王椿传》。
③ （明）何宇度：《益都谈资》卷中。
④ 彭泽益：《中国近代手工业史资料》卷二，中华书局1962年版。
⑤ （明）凌濛初：《二刻拍案惊奇》卷四。
⑥ （明）杨一清：《关中奏议》卷三《茶马类》。
⑦ （明）张瀚：《松窗梦语》卷二《西游纪》。
⑧ （明）郭子章：《蚕论》，见《皇明文征》卷四〇。
⑨ （明）宋应星：《天工开物》上篇《乃服》。

织品也因其质地精美而运销川蜀地区，如徽州王姓富商在苏杭买了几千两银子的绫罗绸缎前往四川发卖①。

由于大量的建板（建昌出产的一种杉木板）投入了商品市场，民间伐木业由此而兴旺起来，豪商大贾络绎不绝地进入木材产区，"每住十数星霜，虽僻远万里，然苏杭新织种种文绮，吴中贵介未披而彼处先得。……钱神所聚，无胫而至，穷荒成市，砂碛如春，大商缘以忘年，小贩因之度日"②。木材沿江而下，夔州、云阳等地，也就成为板木商贩的聚集之所。他们依靠木材交易富甲天下，总能购买东南时新绸缎。

四川水陆交通方便，商品贩运的种类繁多，以蚕丝、百货、珠宝、木材、药材、蔗糖、粮食、井盐、川茶为大宗，许多外地商人在四川的经营活动往往长达几代人。在现存明代资料中，可以发现山陕商人在四川进行的商贸活动。如山西大商人陈碧山、天观，陕西三原县大商人潘志学、张有功、邓彦怀等，均有在四川从事商业、贸易活动的事迹。山陕商人入川贸易路线大约有两条：一是由西北甘肃、陕西进入四川，明人所谓"西入陇蜀、东走齐鲁"，即其常规贸易路线；二是利用长江水道，"往来蜀楚间"，进行长距离贸易活动。山陕商人在四川从事商业贸易的主要活动是购销丝绸，参与了茶马贸易和高利贷活动。四川保宁等府为丝绸产地，山陕商人遂入川采买丝绸，运销外省。关中温氏"久贾川蜀，遂家保宁，子孙至今繁衍"③。

西南丝绸之路上的商贸活动也趋于活跃。明代川滇建昌旧道处于十分通畅的状态，出入商贾甚多，史称"商旅络绎，即五卫耕屯，赶脚之夫，亦往来如织"④。明代浙江、江西、安福、龙游商人汇集在云南卫府城乡，总数约三五万，他们"生放钱债，利上生利，收债谷米，贱买贵卖，娶妻生子，二三十年不回原籍"⑤。可见商业贸易相当繁盛。元代以来，缅甸向明王朝西南边陲土司馈赠方物成为成例，有时一次就由景东土司赠送驯象500只、象奴300人。

---

① （明）天然痴叟：《石点头》卷八。
② （明）王士性：《广志绎》卷五《西南诸省》。
③ 参见张学君《论清代四川的山陕商资本》，载中国商业史学主编：《货殖》第一辑《商业与市场研究》，中国财经出版社1995年版，第481～509页。
④ （明）顾炎武：《天下郡国利病书》第三十一册《云贵》。
⑤ 《皇明条法事类纂》卷一二。

此外，明代四川、陕西地方继续实施传统榷茶法，进行茶马贸易，山陕商人是从事茶马贸易的重要商家①。宣德十年（1435），西宁卫茶马司缺茶买马，而成都府积有官茶，于是招商运茶，每茶百斤加耗十斤，不拘资格，支与淮湘盐六引。从此以后，山陕商人恃支凭恣意收贩，获得暴利②。弘治间，杨一清上疏整顿茶马贸易，要求"招谕山陕等处富实商人收买官茶五六十万斤"③。万历时，四川盐茶都转运副使杜诗上整顿盐法六条时曾说，"川中民贫，所称为盐商者，多山陕之民，听其有本自来"④。

明王朝治藏，其重要手段之一就是下大力气抓茶叶这一经济杠杆，认为，茶叶虽"草木之叶"，但其驭番功用"实贤于数万甲兵"⑤，并制定包括管理机制、交易路线、茶马贸易比价等一整套完备方案。而四川涉藏地区则是明廷治藏的一个十分重要的通道，内地入藏贸易，"其通道有二：一出河州，一出碉门"⑥，成化三年（1467），"命进贡番僧自乌思藏来者，皆由四川，不得径赴洮、岷，著为例"⑦。随着明中央政府和西藏地方势力之间往来频繁，汉藏茶马贸易空前繁盛。在频繁的朝贡活动中，西藏使者往往私自携带货物或在内地采购商品，以牟取更多的商业利益。宣德九年（1434），阐化王贡使归，"以赐物易茶"。正统五年（1440），阐化王使者"私市茶、丝数万，令有司运致"。景泰七年（1456），阐教王使者到四川，"多雇牛马，任载私物"。正德十三年（1518）遣藏僧札巴等封阐教新王，札巴等"乞马快船三十艘载食盐，为入番买路之资"⑧。

由此可见，四川涉藏地区的商贸活动随政治脉搏的跳动，而出现一时繁荣。但这种非经济原因造就的商业氛围必然因明廷相关政策的变化而起伏不定，时兴时枯。清代虽有一定变化，但四川藏族聚居区商业发展的这种不稳定性并无大的改观。对此，原西康省主席刘文辉之评价较为中肯，他认为："边茶为汉藏贸易的中心，亦为汉藏经济联系之纽带。历代中朝政府均以此招致边

---

① ［日］谷光隆：《明代茶马贸易研究》，《史林》四九之六，第48页。
② （明）王圻：《续文献通考》卷二二，《征榷考》。
③ （明）杨一清：《为修复茶马旧制第二疏》，《皇明经世文编》卷一一五。
④ 嘉庆《四川通志》卷六八《食货·盐法》，巴蜀书社版，第2300页。
⑤ （明）杨一清：《为修复茶马旧制第二疏》，《明经世文编》卷一一五。
⑥ 《明史》卷八〇《食货》四。
⑦ （明）王圻：《续文献通考》卷二九。
⑧ 《明史》卷三三一《西域》三。

民，促其内向……对于省民之经营贸易者，虽不吝以便利扶持，然同时亦加以一种道义上的约束。此约束为何？即当事者须随时顾到政府之政策与国家之立场，绝不囿于商业上之眼光，纯以营利为目的也。"①很明显，历史上四川藏族聚居之商业运作，并没有遵循经济规律，商业之兴废，在很大程度上取决于其地方势力与中原王朝的关系正常与否，以及中央政府的对藏政策。由于其他特殊的政治格局，也决定了在此地区商人群体中之优势者，只能是有如寺庙商、土司头人商这些有政治、经济特权的阶层，而不取决于地区经济的发展。所以，四川藏族聚居之商业，一方面表现为转口贸易的繁盛，另一方面，本地区的交换仍然以原始商业交换为主，如此现象，亦在情理之中。

（二）清代长江上游的商贸市场

巴蜀商品性农业的发展，使越来越多的农产品逐步卷入商品经济漩涡，出现了一些专业化经济区域。清廷为集中征税，稽查商旅，不断增设关榷。如川西北一带所产余粮增多，因交通条件不便外运，广大农村便大力发展养猪业，以猪载粮，贩运陕甘湖广。康熙十九年（1680），清廷于川陕、川楚要道之阆中设置榷关，专抽猪税。夔关是户部直辖的榷关，也是川东物流通道，清初设立榷关，商税收入节节上升。雍正五年（1727），四川巡抚宪德疏称："夔关税课日多，已不下于他省钞关，应请照各省监收之例，按年遴员更换，以慎考核。"次年，经户部议准，"以雍正七年为始，照浒墅、互淮（安）关之例，派差监督一员，据实征收"②。

由于人口持续增长，用作染料的红花需求也大幅度增加。到了清代，新都、资州、资阳等地区已发展成为较大的红花市场。乾隆二年（1737），经四川巡抚硕色奏准，专门于内江县设立红花税口，"照则征收，归并成都府汇报"③。上南道建昌、德昌、会理一带盛产白蜡虫，春季"虫会"之期，川南洪雅、夹江、丹棱，并滇东北各地农商云集，"拥道塞衢"。乾嘉之际，"每年虫银不下百万"，建昌关所收"关税亦旺"④。

历经康雍盛世的休养生息，乾嘉时期的中国社会经济有了很大的发展，商品交换的频繁，致使流通中需要的铜币数量急剧增加，带动了铸币原料铜、铅

---

① 欧泽高、冉光荣：《四川藏区的开发之路》，四川人民出版社2000年版。
② 雍正《四川通志》卷一六《榷政》。
③ 嘉庆《四川通志》卷六七《榷政》。
④ 牛雪樵：《省斋全集》卷一《纪略》。

等的需要量大增,迫使清廷加快开采西南等省的矿山,增加铜、铅产量,满足市场流通的需要①。以云南铜产量为例,乾隆年间年产量多达800万~1300余万斤②。

滇、川地区所产的大批量铜、铅原料需要源源不断地运载到北京、华中等地,长江上游水路成为最为便捷的运道。各地开采、冶炼的铜、铅锭,都通过陆路运负河道码头,再装船水运。乾隆年间经威宁等地陆运京铜、楚铜数量从3万斤增至310余万斤,再用小船经宜宾运抵泸州交卸,改装大船运输出川③。为降低运输成本,还多次疏浚金沙江,将航道上延屏山、永善等地,就近装运铜、铅等物品,加快流转速度。据清代巴县档案不完全材料记载:经四川运输的京铜、京铅及楚铅数量,在乾隆年间约为3500万斤;嘉庆年间约为8000万斤;道光年间约为1亿斤;平均年运输量有200万~300万斤。残缺的巴县档案仅仅反映京铜、京铅及楚铅运输的部分情况。有学者将此数目权作川江全部运输量的四分之一,保守估计乾、嘉、道年间滇川黔三省每年运输的铜、铅总量至少在800万斤以上④。与此同时,铜船回程也必然附载下江货物入川,虽然上水船运载货物不如下水船多,也不应忽略此点。除运输京铜船队外,活跃于长江上游水域的还有粮食、川盐、山货、土产的货运活动。其中,尤以粮食、川盐水运数量最大。

清初实施移民垦荒、兴修水利、轻徭薄赋政策,加之玉米、红薯等高产作物引进后,巴蜀地区农业连年丰收,粮食产量倍增。雍正十一年(1733)清廷重申开放巴蜀稻米市场的谕令:

川省为产米之乡,历来听商贾贩运,从长江至楚,以济邻省之用。雍正九年,巡抚宪德,以川省米价稍昂,又复碾办军糈,奏请暂禁商贩。此不过一时权宜之计。至雍正十年,川省收成丰稔,米价平减,宪德即当奏请开禁,……况目今江浙有需米之州县,望济于楚省,而该抚不令川米赴楚,则

---

① 严中平:《清代云南铜政考》,中华书局1957年版,第3~5页。
② 中国人民大学、清史研究所等合编:《清代矿业》(上),中华书局1983年版,第150~152页。
③ 光绪《珙县志·卷首》。
④ 秦和平:《川江航运与啯噜消长关系之研究》,《社会科学研究》2000年第1期。

邻省何所资藉？①

　　这个上谕敦促宪德开放米禁，济销下江各省，因此促成四川粮食市场的扩大开放，外销粮食数量大幅度增加。从雍正四年（1726）至嘉庆十一年（1806），川粮运销到湖北、湖南、江西、江苏、安徽、浙江、福建、直隶、河南、山东、陕西、甘肃、青海、西藏、云南、贵州等16个省区，年输米高达30万石②。四川粮食市场的繁荣，带动了长江中、下游省区商品经济的发展。

　　川盐行销楚岸始自清初，宜昌以上近川州县历食川盐。川盐销楚达到鼎盛期发生在太平天国时期，那时淮盐无法上运，两湖人民淡食，清廷谕令川盐济楚。到咸丰三年（1853）五月，户部议准，"川粤盐斤入楚，无论商民，均许自行贩鬻，……惟择楚省堵私隘口，专驻道府大员，设关抽税。一税之后，给照放行"③。这样，引岸疆界彻底打破，川盐更得长江水道顺流而下的便利，于是源源不断地运销两湖市场，史称"川盐济楚"。川盐销楚数量，"约计入楚之盐，以旺月计算，约合川省水引九百余张，一千万斤上下"，年运销总量上亿斤，基本填补了淮盐留下的销区，因此形成了两湖市场"尽被川盐侵占"的局面④。

　　与邻省商品货运量的不断增加，也直接带动了清代巴蜀城乡商品生产的兴盛、商业的繁荣和省内贸易的兴旺。内江蔗糖"通鬻远近"，使蔗农增加生产，于是蔗农收益大增，"其甕资工值，十倍平农"⑤。四川各地生丝行销全国各地，在成都西南的朱雀镇，丝店林立，各地来的丝客，都投到丝店，以丝求售⑥。綦江丝市，"则大聚于抉欢坝，每岁山陕之客云集，马驮舟载，本银约百余万之多"⑦。郫县每岁蚕日，"有商来收茧取丝，至成都销之"⑧。荣昌麻布闻名遐迩，"山陕直隶各省客商，每岁必来荣购买，运至京师发卖"⑨。

---

① 王纲编：《大清历朝实录四川史料》上册，电子科技大学出版社1991年版，第368～369页。
② 王纲：《清代四川史·清代四川粮食外运统计表》，成都科技大学出版社1991年版，第575页。
③ 《清盐法志》卷一二二《两淮·运销门》。
④ （清）胡林翼：《奏陈楚省盐法乞酌拨引张疏》，见《皇朝经世文续编》卷四三。
⑤ 道光《内江县志要》卷一。
⑥ 彭泽益主编：《中国近代手工业史资料》第二卷，中华书局1984年版，第91页。
⑦ 道光同治《綦江县志》卷一〇。
⑧ 光绪《郫县乡土志》。
⑨ 光绪《荣昌县志》卷一六。

新津棉布闻名遐迩，"有贩至千里外者"①。川中山区盛产药材，"药材之地道行远者为厚朴、黄连两种"②。万县特产桐油、木棉、线粉等，远销湖南湖北和云南诸省③，茶叶的销售额也日益增长，其他的农产品也大量进入市场。

清雍正以后，川滇建昌道商贾再次活跃起来，四川的布匹、铁锅、食盐、丝线、中药材附片、麦冬、川芎等畅销云南。木料、竹笋、矿产、药材、牛羊皮则回销四川。成都所产绸缎以建昌道为中转站，除本省消费外，还销往西藏，一部分远销暹罗、安南等国。由贵阳、镇远到普安的道路已成为南北各省入滇的重要通道，也是南下缅印的要路，许多商贾往返于途，驮载繁忙。雄远为这一线要津，水运码头，称为"滇货所出，水陆之会。滇产如铜、锡，斤止钱三十文，外省乃二三倍其值者。由滇至镇远共二十站，皆肩舆马羸之负也"④。

川滇石门旧道，清代商贸活动也十分繁荣，特别是乾隆七年（1742）因转运滇铜之需，整治关河水道，乾隆十二年（1747）通航，更呈现商旅辐辏景象。川商将成都、嘉定、叙府、筠连、建昌等地土特产运往云南，滇商、回商从缅甸、印度运回各种商品。云南实际上处于商品集散地带，经云南输出的商品，以丝绸、特别是四川黄丝为大宗，形成种类繁多、规模甚大的对外贸易。转运到印缅的商品有川丝、纸、茶品、果品、黄铜、石黄、水银、朱砂、铁器、铅、明矾、瓷器、金银、丝绸织品、天鹅绒、酒精、皮革、扇子、鞋子、衣服、火腿、粉丝、药材等，从缅、印转运回的商品有棉纱、宝石、缅印金条、印度金币、鹿茸、蓝布、熊胆、麝香、犀角、龙涎香、太西缎、追鹿布、象牙、漆、盐、羽毛等。中国商人将川丝等商品转运从入缅正路经八莫或由木邦取旱路阿瓦等地销售后，又从实阶、阿瓦等地收购棉花，用船运到八莫，再用骡马运回云南。据史籍记载，一些昆明商人到大理、腾冲、缅甸经商，行程七千里，耗时三年之久⑤。又据民族史籍记载，道光六年（1826），缅甸由陆路转运到中国的棉花达七百万公斤之多⑥。

---

① 道光《新津县志》卷二九。
② （清）严如煜：《三省边防备览》卷一〇。
③ 同治《万县志》卷一三《物产》。
④ 民国《威宁县志》卷九。
⑤ 杨聪：《大理经济发展史稿》，云南民族出版社1986年版，第214页。
⑥ 杨兆钧主编：《云南回族史》第三章第二节，云南民族出版社1989年版。

清代云南鹤庆"兴盛和"商号在建昌、叙府、遂宁、雅州、会理、成都一带经商,主要经营云南的土特产茶叶、药材等,又将这一带的丝绸布匹运往云南销售。许多四川、云南人主要在四川、云南、缅甸间从事转贩丝绸、棉纱、宝石、茶叶商务。嘉庆、道光、咸丰间,"三元"商号保山、腾冲收购缅甸棉花运销大理,"裕和"商号也采购缅甸棉花、棉纱运销大理和四川会理、建昌。

清代此路叙州府和昭通城商务繁盛,时谚有"搬不完的昭通,填不满的叙府"之称。叙州府"为川滇门户,两省往来必经";"夫上山为城,城下为江,两江合抱,处舟如蚁聚",叙府"城内贸易商贾,繁若都会"①;昭通府处在川滇贸易要津,有"小昆明"之称②。据地方文献记载:

在昔昭城,商业繁盛,厂务发达,称银用秤。滇铜蜀盐,车马交驿。秦楚赣粤,工贾群进。苏松梭布,填塞路径。百货云集,任人贩运……昭通车马盈途,秦楚赣粤各省商贾,来昭者络绎不绝……其时山货下川,杂货入昭,上会理,至省城者贩运不少,家居尤多。③

在昭通,有各地商人开设的会馆,如福建会馆、两湖会馆、贵州会馆、江南会馆。除联络乡情外,会馆同时经营矿冶、转输滇铜等业务,其繁盛于此可见。

二、明清巴蜀农村市场——场镇的快速发展

农村社会经济经过百余年的发展,明代后期,长江上游市镇逐渐走向稳定、成熟,其经济和社会功能日渐完善。农村商品市场在这一时期也进一步繁荣。洪雅县有6乡,场集11处,6乡之中,"洪川则多货木器;安宁则多造舟赁载,能操之以历三峡之险;义和则多卖蔬……保安则多鬻薪炭……中保则多入林箐取材木货于营室者"④。由于各地自然资源差异,地区间经济差异也随之产生,洪雅县具有典型意义,有的造船,有的烧炭,有的种植蔬菜。市场是弥合差异的场所,在这里调剂余缺、互通有无,使农村自给自足的单调生活变得复杂起来。

---

① 民国《盐津县志》卷一六。
② 民国《新纂云南通志》卷五六《交通考》。
③ 民国《新纂云南通志》卷五七《交通考》。
④ 嘉靖《洪雅县志》卷一。

成化、弘治期间，柴广、万玺先后在汉州开堰治河，"以通商贾"，因而"贸易交足，郡称货海"①。正德时，李壁守剑州，"四方商贾百货不可得而致，故民虽有余财，积于无用，其不足者，购易无所"，壁乃择城北旷地为市场，"招商致货，约一月会市者九，为立法以禁夫巧伪罔利以相欺者，又虑夫道路崎岖为归市者之患，复命平治桥涂以通车马"②。一般日用商品，如陶瓷、茶叶、生丝、布匹、药材产量日增，流通四方。"茶为蜀中郡邑常产"，著名的蒙山茶、峨眉茶、泸茶、灌县青城山茶、夔门春茶，"初春所采，不减江南"，与江南名茶媲美。各地分采的茶叶，大多在成都、重庆集散，行销远近③。一些名贵工艺品，如"缮锦香扇之属"，往往为官府、藩王垄断，"定为常贡"④，因而"名包无多而价甚昂，不可易得"⑤。成都琉璃厂瓷窑，生产规模很大，占地340余亩，所制青瓷器皿远销省内外。

据统计，明代合州有5乡8镇，铜梁县有4乡，定远县有4镇⑥，洪雅县有6乡、11处场集。乐山县有市镇53个，开创于明代6个、清代34，其中开创于道光以前者26个⑦。嘉庆时，华阳县属市镇达到35个⑧。荣县在清代光绪以前已有39个市镇⑨。民国时期统计，三台县有市镇62个，兴起于清代者44个⑩。明代威远县有市镇12个，清代乾隆时增至25个⑪。金堂县清初仅有场镇4个，嘉庆时，增为16个⑫。乾隆时，达县有市镇36个，嘉庆时，增至43个⑬。

鸦片战争前，四川县以下场镇大量涌现，成为商品交换的重要市场。据统计，清乾隆、嘉庆时期，四川大约有市镇3000，清末达到4000以上。"一个遍

---

① 嘉庆《四川通志》卷一一二《职官志》一四《政绩》四。
② （明）李棠：《剑州新设市场记》，见雍正《剑州志》卷二三。
③ （明）何宇度：《益都谈资》卷上。
④ 《明史》卷一一一《蜀王椿传》。
⑤ （明）何宇度《益都谈资》卷中。
⑥ 万历《合州志》卷一。
⑦ 民国《乐山县志》卷一《方舆志·市镇》。
⑧ 嘉庆《华阳县志》卷一一。
⑨ 光绪《荣县志》卷一〇。
⑩ 民国《三台县志》卷一。
⑪ 乾隆《威远县志》卷三。
⑫ 嘉庆《金堂县志》卷二。
⑬ 嘉庆《达县志》卷一一，民国《达县志》卷三。

及各地、具有相当规模和活动能力的场市网已在四川盆地形成。"①若按当时四川142个厅、州、县均摊,每个厅、州、县大约28个场。其中,尤以1891年重庆开埠后增加较多。据双流、简阳等17个州县统计,开埠前有场697个,开埠后至民国时增加到881个,净增184个。增加率高的县达40%~50%②。这些场市主要作为农民小生产者品种、余缺调剂的场所,其数量增加仍是自然经济范围内的延续。不过,这种地方小市场网,已逐步由"量变"的积累而发生了部分"质变"。当然,由于经济发展不平衡,经济较为发达、交通航运枢纽地带的场镇数量更多,如地处长江航道要津的涪州场镇多达120个,涪江和嘉陵江交汇处的合州场镇有73个;素称天府之国的成都平原,一般州县场镇达到四五十个的都很普遍③。

三、商品市场的分布格局及其交易功能

县属场镇市场的形成。县属市场适应广大乡区初级农产品和手工业产品交易的发展而出现。明代洪雅县11处场集的商贸各有特色:"洪川则多货木器;安宁则多造舟赁载,能操之以历三峡之险;义和则多卖蔬……保安则多鬻薪炭……中保则多入林箐取材木货于营室者。"为便于商品流通,地方官还"开堰治河""以通商贾",因而"贸易交足,郡称货海"④。其市场小而密集,商品种类繁多,是商品流通的基本渠道。这些场镇均有固定的商品交换日,谓之场期或曰"逢场"。每个场镇的场期不同,一般场镇每月9次,三日一场;中心场镇每月15次,隔日一场。为便于商贩"赶场",邻近的场镇,场期错落:一般场镇,有的逢一、四、七日,有的逢二、五、八日,有的逢三、六、九日;中心场镇,有的逢双日,有的逢单日。这些场镇大小不一,居民少者数十到数百户,多者达数千,最为繁华的市镇可达万余户。交易的商品范围很广。主要有粮食、棉制品、丝制品、茶叶、盐、蜡、酒、植物油、煤、蓝靛、药材、铁器,等等。如乐山沙嘴场,"居民三百余户,出产物以丝、绌茧、巴

---

① 高王凌:《乾嘉时期四川的场市、场市网及功能》,中国人民大学清史研究所编:《清史研究集》第三辑,四川人民出版社1984年版,第78页。
② [日]西川正夫:《四川保路运动前的社会状况》,《东洋文化研究所纪要》第四十五册。
③ 王笛:《跨出封闭的世界——长江上游区域社会研究1644~1911》,中华书局1993年版,第236~237页。
④ 嘉靖《洪雅县志》卷一。

丝、缏白布、棉纱、牛羊皮为大宗"。五渡场商业有"茶叶、蓝靛、干笋、木通、黄连、金刚藤、土茯苓、包谷等"①。县属市场为商品生产者提供交易场所，为手工业提供原料，为大市场提供种类繁多的商品，这些市场的大量存在，是商品经济繁荣的一个重要标志。

清代巴蜀场镇贸易货物种类繁多、商品流通量大、货源充足，可谓是"百货丛集"。市内除固定的店铺外，一般还划分有规模不等、数量不一的市场，有粮市、糠市、盐市、柴市、牲畜市、鸡鸭市、菜市，等等。郫县县市"乡农晨集所售者，有米、有麦、有烟、有豆、有糠，名曰小市。大市初在城中之南华宫，民国初移永清宫"②。崇庆县市是"商贾云集，百货列肆"，而且"城内东西南北街均有市"。其中，"五显庙，茧市在焉"；火神庙一带"柴市在焉，外为西米市"；"中有木场、小春、炭草诸市"；"附城韦驮堂内，为麻布市，外为烟市"；"八腊庙，麻市在焉。折南为苍颉庙街，间有杂市"；皮铺作坊街"有白布市"；大悲寺"为麻布麻纱市。近城壕边，有麻枝子市"；东山寺"有红白甘蔗市"③。

清代四川巴蜀场镇得到更大的发展，已成为各地区城市市场联系农村商品市场的纽带。有些水陆交通枢纽或商品集散地的大镇已逐渐发展成为附近几个市镇商品流通中心，形成场镇市场网络，已初步突破了地方性狭小市场的格局，主要以商特别是专业性商品的产运销路径作为流通法则④。如江油县的中坝场以山区药材为大宗，附子是特产，"种出平武，殖在彰明，贸于江油之中坝场"⑤。郫县县市"赶集日，县境商贾咸至，他县如成都、新都之商亦至。交易之金，或数十万，或数万，或数千"⑥。南溪县地处比较偏僻之川南地界，城内各专门市场均按街道分布，形成商业销售网络。外东街：粮食、菜市；桂花街：线子、纺织品；中正街：鱼市、轿行、草鞋市；文明街：烟、石灰、黄麻市；四牌楼街：花生市；上正街：布市；伞匠街：窑罐市；官仓街：鸡、蛋、猫市；外西街：米市；由义街：农器、菜秧市；内北街：鸽、羊、

---

① 民国《乐山县志》卷一。
② 民国《郫县志》卷一。
③ 光绪《增修崇庆州志》卷三。
④ 柯建中等：《四川古代史稿》，四川人民出版社1988年版，第495~504页。
⑤ 道光《龙安府志》卷三。
⑥ 民国《郫县志》卷一。

炭、米市；三元街：米、杂粮、红苕市；水池街：果木市；灵官殿街：猪、羊等市①。

市场扩大是农副产品交易兴旺的结果，而农副产品交易兴旺又进一步促进了场镇市场的发展。汉州城（即雒城镇）水陆交通发达，嘉庆中期已发展至有街道近三十条，药材、木料、粮食交易繁盛。赵镇来的船只，什邡来的竹筏在此聚散。什邡县城虽然交通不太发达，但因盛产叶烟而致商业繁荣。嘉庆《什邡县志》称这里"士庶嬉怡，商贾骈集，谓有江都风味，又呼为小江陵，其胜概也"。各地商贾于乡间购买烟叶多运到县城烟栈暂存，经整捆、打包后再转省内外销售。另外，粮食及其他农副产品的交易也颇为兴旺。据民国《云阳县志》记载："嘉道中，此县商务大盛，父老言西关外老街皆贾区。"云阳的八间铺，道光时始设，到清末民初"渐致百货增拓，贾区袤广，遂为县南剧镇"。

合州县城"历为繁盛区域，水陆骈集，人烟辐辏，日日为市。……当集之日，辰刻未，乡之老者少者，朴而干者，愚而蠢者，通有无者，托庖代者，操物贾者，为交易者陆续而至"。特别是四月新丝、小麦、油菜、豆等农副产品登场后，城内"操物贾者，为交易者，肩有担，手有提"，真是"拥挤不通"，城内各"茶房酒肆，生理一旺"②。广安城在光绪年间有"铺户居民三千余，街道十八，鱼盐、珠翠、棉布、锦帛、米谷珍错，百货毕集，人称小渝城焉"。广安的戴市"阛阓之盛"，店户达五六百；观音阁场也是"富户环居"，有店户六百多③。民国《南充县志·城市》记载，川北的南充县城（即清代顺庆府城），"迄清末世，渐臻繁盛，工商勃兴，人物萃集，华屋栉比，珍货云屯，内外城间已无隙地"。蓬溪县的周口镇由于商业发达，到清末时已是"人烟稠密，计已2000余家，商业贸易甲于州城"④。一些边区城镇也逐渐发展，如雷波城"商贾云集，云、桂、两湖、豫、粤之民，亦群趋此间贩卖货物"，最盛时城内居民已有二千余户，商业交易热闹非常，"世有小成都之称"⑤。

---

① 民国《南溪县志》卷一《舆地·城市》。
② 民国《合川县志·农业志》。
③ 宣统《广安州新志》卷九、卷一三。
④ 《成都日报》光绪三十四年十二月二十二日。
⑤ 《川康边镇资料辑要·雷波概况》，转引自王笛《跨出封闭的世界——长江上游区域社会研究1644~1911》，中华书局1993年版，第247~254页。

四、明清场镇的民俗价值

长江上游市镇除担负沟通区域经济的作用外，在社会功能方面也有不可低估的潜力。市镇作为"利之所在"的农村经贸集散地，首先受到地方官的重视，有场镇必有官吏，甚至地方武装力量进驻，目的是在经济和政治控制方面。在珙县，地方官利用市镇场期宣讲"圣谕"，"士民老幼齐集环听"，"其在外八乡，皆设于其乡之场中，值月宣讲"[①]。资阳县场镇定"每月初一、十五日或初二、十六日"在场上宣讲"圣谕广训"[②]。场镇官设管理人员称为"场头""客长"等，负责控制物价、平息争讼、惩办奸猾、维持治安等。

大小市镇的商民都定下规则，如巴县八庙堂虽仅有"贸民十余家"，也定下场市章程，主要有如下内容：①规范场期，定场期为三、六、九日；②整饬风气，只许商民"以货物登市贸易，凡奇技淫巧，有坏风俗事端，概行禁止"，也不许"结盟聚众"和"摇钱赌博，开设烟馆"；③交易规则，买卖货物"听民面议成交，不许奸商巨贾从旁怂恿，把持行市"；④场市区划，各项货物如米粮、牲畜等"分别安置立市成交"；⑤排解纠纷，设一处"公地"，有纠纷则"凭众理剖"，以免"酿成事端"[③]。

市镇也是四乡农民的社交场所。市镇内自然形成的茶房、酒肆，是赶场人们的聚会之所，"市集之期，茶房酒肆，沉湎成风"[④]。各处乡民"聚会皆以集期"，"持货入市售卖，毕辄三五群饮"，"即子衿者流亦往往借市肆为宴会之场"[⑤]。看似闲散、闭塞的当地人，有自己固定的场所交换信息、融洽感情，对市镇各种信息相当敏感，例如本地新闻、官府政令、婚丧嫁娶消息等，往往不胫而走。茶房酒肆则是三教九流荟萃之地，商民洽谈生意、高利贷者交谈放债利息、三姑六婆撮合婚姻、端公道士卜卦算命、江湖郎中切脉看病、跑江湖者兜售假药、文人雅士舞文弄墨、民间帮会聚会纳徒，可以说是兼容并包、无奇不有。

市镇也是人们消遣娱乐的地方，岁时节令、迎神赛会、神会庙会，市镇或

---

① 乾隆《珙县志》卷二《建置志》。
② 乾隆《资阳县志》卷四《建置志·乡约》。
③ 《巴县八庙场场市章程》，《巴县档案》。
④ 嘉庆《渠县志》卷一九《风俗》。
⑤ 乾隆《彭山县志》卷四《土俗》。

当地会馆均有会首出面组织娱乐演出活动,有当地群众自办的龙灯、狮子灯、采莲船、马马灯等,或邀请外地戏班、木偶、灯影班前来演出。演出内容、剧目多少、时间长短,都根据各种庆祝活动的具体要求而定。演出期间,往往是市镇人口聚集最多的时候,人们既娱乐,又消费,集中体现了市镇的民俗文化。有关市镇传统民俗文化,旧方志多有记载,这里摘录两段清代方志的民俗记载,先看《彭山县志》一段有关"上元节"的描述:

  正月……预于初八、九日,城内四街,城外四乡悬灯,或扮演龙灯、狮象灯、走马、采莲船灯及其他杂剧故事;先于各庙宇朝献,然后逐户盘旋,箫鼓喧阗。以米粉包糖为团相馈赠,庆赏"元宵"。①

  再看同治《直隶绵州志》的一段"四乡"岁时民俗描述:

  二月……初二、十九两日,为"观音会",四乡男女,远近沓至。初二南乡报恩寺,十九则白云洞、碧水岩两处同日具举为尤盛。香侣云集,履舄交错,饮食之物、戏玩之具,镇衢溢路。又,碧云寺、西山观亦各有戏会,距城密迩,仕女如云。奉督宪常饬,禁民间不许演木连戏(此戏每演必一月或兼旬始竣),恶其为日既久,易至聚睹藏奸为害。地方又示禁,酬神庙戏不得过三日,意亦云然。②

  从上述民俗描述可以看出,无论元宵节庆,还是岁时民俗活动,市镇的娱乐活动都是丰富多彩的。元宵节前的各种灯彩欢庆和杂剧演出,岁时神会、庙会的戏剧演出,都是十分可观的。人们陶醉在万众欢腾的娱乐文化之中。值得注意的是,在嘉庆年间,四川总督常明已明令禁止演出"木连戏",因为"木连戏"全本演出时间长达一月,容易造成地方治安问题;还规定"酬神庙戏"不得超过三天,可见当时民间戏剧演出活动之热闹和受欢迎的程度。

---

① 乾隆《彭山县志》卷四《土俗》。
② 同治《直隶绵州志·岁时民俗》。

第二节　巴蜀两大商贸中心的形成

一、长江上游运道的畅通工程

清代巴蜀商品经济的高度发展，与中央王朝、地方官府和民间人士协同改善长江上游地区的闭塞状况，努力开辟水陆交通道路，消除瓶颈状态息息相关。

自康熙朝开始，四川就开始建立北路（成都锦官驿到陕西宁羌州驿）、南路（成都到今康定，通西藏）、东路（龙泉驿到巫山县；由隆昌到永宁，通云、贵）、西路（成都经都江堰到汶川县）驿站。为了保证驿路的畅通，清廷十分重视维修或重修四川通往各地，特别是通往外省区的官道，如川陕北路、川滇南路、川藏西路等陆路。同时，为了改善川、湖、滇、黔四省货运困难的状况，官府和民间对长江三峡、金沙江、嘉陵江和川滇、川黔的一些小河都进行过程度不同的修复或疏浚，使四川对外商贸交流得到很大改善。但是，对金沙江的疏浚却不能说是基本成功的。金沙江为长江上游，在川滇之间蜿蜒二千余里，水量非常丰富，但是，河道所经横断山区，地质情况异常复杂。清乾隆时，为了改善滇西铜、铅等铸钱原料运往北京的特殊困难，实施了对金沙江进行全线疏浚的庞大工程。耗费大量人力、物力和财力，历时六载，结果却未能达到预期的目的[①]。

特别值得重视的是，由于长江三峡、川江上游岷江、沱江、嘉陵江和川、滇、黔接壤地带河道的大规模整治，大大推进了以成都、重庆两大货运中心辐射的长江上游商品经济区的兴盛，带动了西南各省的商贸交流，促进了成渝地区场镇市场网络的快速发展，也为成都在清代前期保持西南商贸大都会地位奠定了可靠的物质基础。只要看看清末《成都通览》的作者傅崇矩之《成都之川江水程》和《成都之旱道路程》[②]，就能明了清代四川水陆路交通设施建设和运道畅通工程对于省会成都的商贸交流具有何等重大意义了。清代汉口镇是沟通长江上下游的交通枢纽，川江航道的畅通，带来的是"北货南珍藏作窟，吴

---

① 王纲：《清代四川史》，成都科技大学出版社1991年版，第732～769页。
② 傅崇矩：《成都通览》下册，巴蜀书社1987年版，第381～456页。

商蜀客到如家"①的货畅其流局面。成都作为长江上游商贸中心，必然得到水路畅通的货运之利。

清代重建、兴建长江上游水陆路交通设施、道路畅通工程，极大地改善了成都省会与省内各州县，省外陕西、甘肃、贵州、云南、西藏、湖北等省，特别是长江中下游地区的交通运输环境，使成都获得了与各地进行商贸交流的基本条件②。清代巴蜀商贸交流进入前所未有的兴盛期，就是长江上游水陆路建设取得了明显成效的证明。

二、长江上游物流的变化与货运量的增加

随着清代四川商品经济的发展，省内外市场需求的日益增加，以长江上游水上贸易和陆路贸易为标志的、范围广阔的商贸交流活动形成。清代前期，随着川江航运业的兴盛，在重庆寻求生计的南北各省流徒人口甚众，仅在"大江拉把手"者，"每年逗留川中者不下十余万人，岁增一岁，人众不可纪计"③。由于长江上游水面落差大、险滩多，货运量大幅度增加后，货船数量相应增加，上行货船配置的纤夫也随之增加。长江上游沿江口岸也因此获得兴盛的机遇。巴蜀大部分城镇分布在长江上游水陆要冲地带，尤以长江干道、岷江、沱江、涪江、嘉陵江、渠江沿岸地区数量最多，显然是清代长江上游水上货运量激增带动起来的。

清代四川沿江城镇适应大宗商品流通的需要而快速发展起来。如彭山县双江镇，"岷江诸水至此合注，直下嘉、渝，来往商旅泊舟憩息，每日约有数百艘"，境内其他场镇又与西部邻县保持贸易往来，因此，"居民贸迁"，"货贿山积"④。川江上游所出山货、药材也大量汇集重庆外销。进入重庆之山货、药材大体可分为川北、川江上游和川江下游三区。川北的阆中、江油、南充、盐亭等地的山货、药材依靠巴河、渠江、涪江运输之便，先汇于嘉陵江口之合州，再进入重庆市场。川江上游的井研、荣县、乐山等州县食盐通过赤水河、綦江河、永宁河、岷江、沱江等为运道，汇于宜宾、泸州、江津再转入重庆市场。川江下游的南川、酉阳、秀山等州县借乌江集中于涪州，再运至重庆。

---

① 《夏口县志》卷一八《艺文志》。
② 王绍荃：《四川内河航运史》，四川人民出版社1989年版，第82~108页。
③ （清）严如熤：《三省边防备览》卷九《民食》。
④ 嘉庆《彭山县志》卷一一。

泸州是自流井、犍为和沱江沿岸等地盐的集散地，因而发展甚快，其交易之巨，在长江上游除重庆外，"无能及之者"①。赵家渡则为川西平原和沱江流域许多州县货物的集散地，川西德阳、汉州等地的大米，什邡、新都、郫县的烟叶，川北潼川的蚕丝，沱江中下游的资州、内江等地的蔗糖，温州、江津、泸州等的杂货，皆运此再转销他处。同时，为了改善川、滇、黔三省货运困难的状况，官府和民间对长江三峡、金沙江、嘉陵江和川滇、川黔的一些小河都进行过程度不同的修复或疏浚，使四川对外商贸交流得到很大改善。

广元地处川陕要道，"清初傍河居民尚少"，但随着商业的发展，乾隆时已是"市移江岸，傍河宅居"②。广元为陕甘药材的集散市场，陕西产药百余种，由广元转销外省，甘肃的麝香也多集中在广元交易，贯通广元与重庆的嘉陵江于是成为繁忙的水上运输线，沿江城镇于是形成大小商埠口岸。

从考察清代文献中，笔者注意到，有清之世，长江上游物流、货运发生了三次巨大变化：一是主要发生于乾隆至道光间的滇铜运京；二是主要发生于咸丰到光绪间的"川盐济楚"；三是重庆开埠后进出口贸易突飞猛进，洋货、土货成为长江上游水道主要的货物。长江货运发生的三次巨变给重庆带来持续发展的推动力。

据清代巴县档案不完整记载：经川江运输的京铜、京铅及楚铅数量，在乾隆年间约为3500余万斤，嘉庆年间约为8000万斤，道光年间约为1亿斤，平均年运输量有200万斤~300万斤③。残缺的巴县档案仅仅反映京铜、京铅及楚铅运输的部分情况。有学者估计，此数目为川江全部运输量的四分之一，保守估计乾嘉道年间滇、川、黔三省每年运输的铜、铅总量至少在800万斤以上④。

第二大变化是巨额川盐运销两湖。清代前期，湖北靠近川边的8个州县历食川盐，但运销数量不大。销楚盐数量激增发生在咸丰三年（1853）。当时，太平天国占领南京，长江水道阻塞，淮盐无法上运，两湖人口淡食。清廷诏准"川盐济楚"，川盐开始经长江水道大批量运销两湖市场。据官方统计，"约计入楚之盐，以旺月计算，约合川省水引九百余张，一千万斤上下"，估计年

---

① 《四川》第1号，第82页。
② 民国《重修广元县志稿》第二编卷四。
③ 四川大学历史系整理巴县档案：《清代由四川运京铜铅统计资料》，未刊抄本。
④ 秦和平：《川江航运与啯噜消长关系之研究》，《社会科学研究》2000年第1期。

销量在1亿斤以上，形成两湖市场"尽被川盐侵占"的局面①。"川盐济楚"后，川盐成为长江水运的主要货物，直至光绪中，楚岸才渐次回归淮盐销区。

第三大变化是重庆开埠后，洋货经由川江上运、土货经由川江下运，数量逐年上升。根据海关资料统计：光绪元年（1875）输入四川的洋货总值为15.6万两，光绪二十五年（1899）为1300万两。土货的输出虽不及洋货之猛，也从光绪十八年（1892）的260万余两上升到光绪二十七年（1901）的483万余两。川江上大量民船都被洋商租用，常年以挂旗船的名义航运在长江水域②。洋货源源不断地从上海和外洋输入重庆；土货也以重庆为集散中心，运往上海和外洋。在长江航运日益兴盛和不断变化中，我们可以明显地看到，西南商贸大都会重庆的昂然崛起。

三、重庆大都会地位的形成

重庆扼四川盆地东部门户，居西南地区水陆交通要津，尤以贯通长江中上游的水上运输优势最为重要。乾隆年间，仅运往下江的川米一项就很可观，"渝州每岁下楚米石数十万计"③。在长江物流货运发生的三次巨变中，它的水运总汇作用被凸显出来，使它成为清代西南商业和货物集散中心，地方文献记载：

渝州……三江总汇，水陆冲衢，商贾云集，百物萃聚……如昭文则有丹、柒、旄、羽；制器则有皮、革、骨、角；取材则有楠、梓、竹、箭；利用则有鱼、盐、旂、裘、柒、丝、絺、纻，若铜、若锡、若铁、若怪石、若金玉器玩、佳果香茗。或贩自剑南、川西、藏卫之地，或运自滇、黔、秦、楚、吴、越、闽、豫、两粤间，水牵云转，万里贸迁。④

商业的发展扩大了重庆的城市规模。明代重庆城内有8坊，城外有两厢；到康熙中后期，城内已发展到29坊，城外21厢。清代重庆城市的发展日新月异，首先体现在城市人口的变化。明末二十余年的战乱，使重庆城市的人口结

---

① （清）胡林翼：《奏陈楚省盐法乞酌拨引张疏》，《皇朝经世文续编》卷四三。
② 张学君、张莉红：《四川近代工业史》，四川人民出版社1990年版，第39~62页。
③ 乾隆《巴县志》卷三《建置志·乡里》。
④ 乾隆《巴县志》卷三《课税》。

构发生了变化：四川原有的土著居民死亡大半，清初出现人口稀缺，于是由周边省份移民入川，重庆则成为首选的落籍地区。据称，重庆"自晚明献乱，而土著为之一空，外来者什九皆湖广人"①。作为长江上游最重要的港口城市，重庆以其优越的地理位置吸附了大量商业性移民，"吴、楚、闽、粤、滇、黔、秦、豫之贸迁来者，九门舟集如蚁，陆则受廛，水则结舫"②。这就给重庆带来了千载难逢的商业机遇。

重庆城市商业人口在居民中所占比重很大，又多被移民控制，"各行户大率俱系外省民人"。嘉庆年间在重庆领牙帖者共109行，几乎全为外省人。在109家商行中，以经营山货、棉花、药材、靛青者为最多。重庆及经济区商业的繁荣，促进城市化过程加快。其表现之一是，大量农村人口涌入城市，寻求生计。不仅本省"土著子弟"受到商业利润的吸引，"鬻田宅为资本"，入城经商，而且"各省流寓诸民，原无恒产，不能禁其不逐末营生"③，造成"田野之民，聚在市廛"④的新局面，带动了川江航运业的兴盛，在重庆寻求生计的南北各省流徙人口甚众，仅在"大江拉把手"者，"每年逗留川中者不下十余万人，岁增一岁，人众不可纪计"⑤。重庆作为新兴工商大都会，它以巨大的凝聚力吸纳了流动的资金与劳动力。

四、与重庆互为依存的成都商贸经济区

清代成都始终起着川西地区经济中心的作用，"商贾辐辏，阛阓喧填，称极盛焉"⑥。成都东门外水码头是"百货交驰，是以本地繁庶而毂击肩摩，自朝达夕"⑦。乾嘉时一首竹枝词说："郫县高烟郫筒酒，保宁醯醋保宁绸，西来氆氇铁皮布，贩到成都善价求。"⑧道光、咸丰间吴好山咏道："名都真个极繁华，不仅炊烟廿万家。四百余条街整饬，吹弹夜夜乱如麻。"⑨

---

① 乾隆《巴县志》卷一〇。
② 乾隆《巴县志》卷二《建置志·乡里》。
③ 乾隆《巴县志》卷一〇。
④ 道光《忠州志》卷一。
⑤ （清）严如熤：《三省边防备览》卷九《民食》。
⑥ 同治《成都县志》卷二《风俗》。
⑦ 嘉庆《华阳县志》卷一三《古迹》。
⑧ （清）定晋岩樵叟：《成都竹枝词》，《成都竹枝词》，四川人民出版社1982年版，第57页。
⑨ （清）吴好山：《笨拙俚言》，引自《成都竹枝词》，四川人民出版社1982年版，第62页。

乾嘉时期，成都城市已是专业化市场、商号、行帮、商帮林立。清代成都城市，已形成上百个专业化的商业街区。商号中，同仁堂药坊、马正泰马正裕锦缎庄、山西票号、陕西字号、东西南北四门粮号最为著名。商帮中，长机帮，金、银、铜、铁、锡帮，药材帮，酱园帮最有声势，还有相应的商帮会馆[1]。

各地商人纷纷来成都经商，成都蜀商也纷纷经营长途贸易。云南"临安府其自远方服贾而来者西江之人最多，粤人次之，蜀人又次之"[2]。至于流入开化、广南两府的四川移民，嘉庆时"每日或数十人，或数百人，结群前往该处，租夷人山地耕种为业"[3]，特别是当时在云南经营矿冶的"皆系川、湖、江、广大商巨贾"[4]。同时四川亦络绎不绝地向贵州地区移民，即使在黔南兴义府"各属已无不垦之山，而四川客民……仍多搬往，终岁不绝"[5]。民国徐实圃所修《贵定一览》中时人有歌云：

嗟汝万里人，远作成都贾。成都贾，积金钱，青衣江水下如箭，一壶千金绝可怜；朝炊不敢食，暮睡不敢安。[6]

清代成都人口激增，所需燃料煤炭，由煤商"远由嘉定运售，脚重价昂"。乾隆时，由官府批准，"查寻煤线，酌无碍处开井"，当即于崇庆、灌县煤窑试采，"产煤甚旺"[7]，"省垣烟户不下数万，加以衙署官寓用煤炭最多，价亦最昂，居者苦之"。盛产于嘉州的煤炭，因为尚无课税，依靠岷江大船上运，再由苦力运负城内，是成都运销商人的暴利所在。"不知煤炭皆为富金钱者收买囤积，穷民运送，肩挑背负，其苦更不可言。"时人潘紫垣作《炭夫吟》[8]寄托怜悯：

---

[1] 张学君、张莉红：《成都城市史》，成都出版社1993年版，第97~111页。
[2] 嘉庆《临安府志》卷七。
[3] 《道咸同光四朝奏议》第一册《条陈滇省事宜四条疏》。
[4] 《皇朝经世文续编》卷二六《筹议矿务拟招集商股疏》。
[5] 《耐庵奏议存稿》卷五。
[6] （清）杨垕：《三峡猿声歌》，嘉庆《四川通志》卷七五《食货·物产》。
[7] 《高宗实录》卷七〇一。
[8] 引自王培荀《听雨楼随笔》，巴蜀书社1987年版，第258页。

成都居不易，米珠而薪贵。烟火千万家，石炭实接济。此物产嘉州，鬻卖无征税。峨峨大艑来，一缆江干系。贩夫转售人，锥刀利亦细。运送籍贫民，担挑作家计。赪肩血染襟，胼手汗流袂。数步必回头，几番聊小憩。渴饮惟清泉，饥食但粗粝。百钱度朝昏，数日卒年岁。只知养妻孥，那暇忧身世。方今时不和，到处遭疫疠。此辈独安全，未闻有病毙。上苍似见怜，保赤偏蒙惠。嗟彼富贵流，值兹炎歊势。消夏敞名园，纳凉开别第。纨扇月团团，葛衣风细细。

清代成都人所说的"石炭"就是现在的煤炭。随着成都工商业繁荣，嘉庆时城市人口已达到70余万口，燃料需求畅旺。嘉州（今乐山市）盛产石炭，用大船经岷江上运成都。石炭搬运劳作成为贫民的生计。他们从大船上将石炭挑运进城，再搬运势家大户，劳动十分繁重，往往累得血汗交流，赚几个可怜的铜钱，饥餐渴饮只能是粗粮、凉水。但是，当年成都瘟疫流行，许多人病倒死亡，这些力夫却安然无恙，没有病亡者。

清代成都城市商业一直处于发展兴盛时期，其主要表现在商品种类、货物数量越来越多，形成城乡市场协调发展的物流渠道；商品市场快速增加、专业化程度越来越高，店铺、商行、货栈林立；商贸辐射能力越来越强，货物周转流通范围越来越大，省际长途贸易成为商品流通的主渠道[1]。

第三节 清代巴蜀商人与商人资本[2]

一、明清巴蜀商人的商贸活动

（一）明清山陕商移民在巴蜀地区的商业活动

从现存明代资料看，山陕商人在明正统以后已在四川进行商业、贸易活动。如山西大商人陈碧山、天观，陕西三原县大商人潘志学、张有功、邓彦怀

---

[1] 张莉红、张学君：《成都通史》卷六，四川人民出版社2011年版，第204~210页。
[2] 巴蜀商帮实际上大多是清初各省移民的后裔，他们从祖辈开始，就在巴蜀地区从事农、工商业活动，延续下来，成为新一代四川人。乾隆《威远县志》卷一记载："故邑称客民曰五省人，并蜀人实六省也，各建会馆，崇祀桑梓大神，蜀都曰惠民宫，两湖曰禹王宫，两粤曰南华宫，福建曰天后宫，江左曰万寿宫，贵州曰荣禄宫。"

等，均有在四川从事商业、贸易活动的事迹。山陕商人入川贸易路线大约有两条：一是由西北甘肃、陕西进入四川，明人所谓"西入陇蜀、东走齐鲁"，即其常规贸易路；二是利用长江水道，"往来蜀楚间"，进行长距离贸易活动。山陕商人在四川从事商业贸易的主要活动是购销丝绸，参与了茶马贸易和高利贷活动。四川保宁等府为丝绸产地，山陕商人遂入川采买丝绸，运销外省。关中温氏"久贾川蜀，遂家保宁，子孙至今繁衍"①。明代四川、陕西地方实施榷茶法，进行茶马贸易，山陕商人是从事茶马贸易的重要商家②。宣德十年（1435），西宁卫茶马司缺茶买马，而成都府积有官茶，于是招商运茶，每茶百斤加耗十斤，不拘资格，支与淮湘盐六引。从此以后，山陕商人恃支凭恣意收贩，获得暴利③。弘治间，杨一清上疏整顿茶马贸易，要求"招谕山陕等处富实商人收买官茶五六十万斤"④。万历时，四川盐茶都转运副使杜诗上整顿盐法六条时曾说，"川中民贫，所称为盐商者，多山陕之民，听其有本自来"⑤。

明末清初，四川经数十年战乱，田畴荒芜，人丁寥落，清初即有陕民入川垦殖，"巴蜀界连秦楚，地既辽阔，两省失业之民就近入籍垦田，填实地方"⑥。康雍间，清廷多次下诏招集各省人民入川落业垦荒，"陕西、湖广到四川者尤多。由陕西来者皆讲道德，与川民相安无事"⑦。乾隆间，四川渐已垦辟，成都号为沃野，人口"则鲜土著，率多湖广、陕西、江西、广东等处迁居之人，以及四方之商贾，俗尚不同，情性亦异"⑧。

自清初开始，山陕商在四川商业中已有相当势力。康熙时，"人民鲜少，贡赋无多，间有商贾往来，俱隶秦晋"⑨。雍正十年（1732），以西万盛、全兴益、世德合、东万盛、东永顺、尚义和、永兴隆、西永顺为首的陕籍商号组

---

① 张学君：《论清代四川的山陕商资本》，载《货殖》第一辑《商业与市场研究》，中国财经出版社1995年版，第481~509页。
② [日]谷光隆：《明代茶马贸易研究》，《史林》四九之六，第48页。
③ （明）王圻：《续文献通考》卷二二《征榷考》。
④ （明）杨一清：《为修复茶马旧制第二疏》，《明经世文编》卷一一五。
⑤ 嘉庆《四川通志》卷六八《食货盐法》，巴蜀书社缩印本，第2300页。
⑥ 雍正《四川通志》卷四七。
⑦ [法]古洛东：《圣教入川记》，四川人民出版社1981年版，第62~63页。
⑧ 雍正《四川通志》卷首。
⑨ 康熙《四川总志》卷三一《钱法》。

织——"西秦大会"在自流井购买大片土地,议定地价白银380两,修建同乡会馆"①。山西商人在四川最初从事长途贸易活动。道光间,他们以银钱汇兑和长途贸易优势在四川获得了独特的商业地位。至此,山陕商人在四川金融业、商业中,成为实力雄厚的客籍商帮,对四川社会经济产生巨大的影响。在从事借贷、典当活动的同时,山陕商人自清初起,就开始从事四川井盐、生丝、绸缎、夏布、茶叶等重要商品的营运,通过远距离大宗贸易,将四川土特产品运销南北各省,从中赢得巨额商业利润。

以川盐运销为例:山陕商人自清初开始进入川盐运销领域。其运销川盐的主要区域是贵州、云南两省。最初,因川边交通不便,他们由富荣、犍为两场贩盐,运至云贵边境趸销土著商贩,尔后由他们转负两省零售。如贵阳府属食盐,"俱系本地土著居民暨蓄有马匹之家赴川黔交界各地方零星贩买,来省转售……安顺府属食盐,多由川属永宁贩来,亦间有从綦江、仁怀运售者……而南笼府属州县至川遥远……不过穷民零星贩卖,翼获蝇头"。其他平越府属、都匀府属食盐,"均系小贩从綦江等处马驮肩挑,转运各场市行销"②。这以后,已有少数山陕商人直接入黔经销川盐。驰名中外的贵州茅台酒,即是由山西盐商郭某引进本省杏花村汾酒技艺,尔后由陕西盐商宋某、毛某先后雇工改良精制成功的。所谓"蜀盐走贵州,秦商聚茅台",即指此而言③。

乾隆初,清政府为开辟云贵两省铜铅直达长江的水道,陆续开凿云南东川府由金沙江溯流至泸州大江的水道和贵州毕节直达合江的水道。这两项工程"初皆为铜运计,而盐运实受其利焉"④。从此,四川井盐通过水道运销云贵,销量大增。陕帮成为川盐运销贵州、云南的主要商家。根据乾隆十七年(1752)《西秦会馆·关帝庙碑记》⑤记载,在供应黔滇食盐的主要产地自流井,为创建西秦会馆捐银留名的陕帮商号多达一百五十余家,碑文云:"尔乃南北风同雨旸,会合三秦客交,运榷黔滇。运樯万艘,出没于穷潢窔溪之内,福海安流,默助之麻,实为神佑。"陕商通过水道向黔滇两省大规模运销自贡

---

① 自贡市档案馆等编:《自贡盐业契约档案选辑》,中国社会科学出版社1985年版,第941~942页。
② (清)丁宝桢等:《四川盐法志》卷一〇《转运五·贵州边岸》。
③ 黄苇、夏根编:《贵州近代经济史资料选辑》上,第二卷,四川省社科院出版社1987年版,第686~687页。
④ (清)丁宝桢等:《四川盐法志》卷一五《转运十·水利》。
⑤ 此碑现存自贡市盐业历史博物馆(原名"西秦会馆")。

井盐，不断扩大销售范围，逐渐控制了贵州绝大部分销区。位于自贡八店街的陕商八大商号，即专门经销贵州川盐。陕商田、刘二姓与自贡大场商"李四友堂"在贵州仁怀设立的"协兴隆"盐号，陆续开设子号七十余家，垄断了仁怀至贵阳间广大销区。另一大场商"王三畏堂"则设总号"广生同"，又在邓关、泸州、重庆、宜昌、沙市、洋溪建立子号[1]。另一主要供应黔滇食盐的产地犍为县，有杨、李、康、胡、潘、何、巫、毕诸姓商人，承领引张，负责犍盐运销黔滇业务[2]。这些商号后来逐渐为陕帮恒丰、五福、乾元、同心、天德、长盛、德兴诸号取代，成为犍盐运销贵州的主要商家[3]。川南叙永，为黔盐销黔门户，有盐号十三家，分为西商、黔商两帮，把持了川盐销售业务[4]。咸丰时，黔边四岸行商各十余家，悉为陕人，资本甚巨。陕帮在云南销区虽有相当势力，但因有滇盐抗争，销售范围未能扩大。

川盐在本省的销区，原由本地商人领引配销（称引商或坐商），因坐商"多不解贸易"，或"不尽殷实之户"，于是将盐引出佃他商。山陕商租引承销谓之行商，取代了本商在本省运销活动中的地位，并肆无忌惮地抬价销售，榨取超额利润[5]。

陕商在四川金融和商业领域的上述活动，其作用和影响是复杂的。一方面，它压抑和摧残了广大中小商品生产者，另一方面，它依靠强大的商业资本和商业贸易活动，扩大了四川与外省的商品交流，促进了四川商品经济的发展，在客观上有利于四川资本主义的产生和发展。

(二) 巴蜀其他商人的商业活动

巴蜀产茶历史悠久，清代移民社会形成后，茶叶生产与销售市场紧密联系，其商品流通量更是前所未有。时人记载："蜀山素产茶，每岁谷雨后，募夫采摘百斤者，银一钱。"[6]雅安、名山、天全等地，"山多田少……近山人户，俱借采茶为生"[7]。南江茶户产销实况是：

---

[1] 张学君、冉光荣：《明清四川井盐史稿》，四川人民出版社1984年版，第224页。
[2] 民国《犍为县志》卷六《经济》。
[3] 李从周：《犍场济楚十提的由来》，《五通桥文史资料选辑》第二辑。
[4] 李铁夫：《由同盟会在叙永的活动到叙永的独立》，载《四川文史资料选辑》第二辑。
[5] （清）丁宝桢等：《四川盐法志》卷二二《征榷三·纳解》，嘉庆十七年四川总督常明奏折。
[6] 卫道凝：《柽园文集》卷二《祝教授传》。
[7] 嘉庆《四川通志》卷六一《舆地·风俗》。

居民蓄茶园，每采摘于谷雨前后，为头茶；五六月则为二茶；七八月则为晚茶。树下并可种包谷，其利颇饶。春分即有陕西客民来山置买，落经纪人家，以便交易。头茶稍贵，次三则不及前矣。①

由此可见，巴蜀山区生产茶叶的专业户已经形成。他们拥有自己的茶园，以种植茶叶为生，收获季节还雇零工采摘茶叶。他们与陕西茶商有长期交易，茶叶按质量差异决定价格的差异。这是巴蜀商品经济发展的一个重要标志。

康熙二十年（1681）以后，清廷开始在四川恢复茶引制度，按销区划分为腹引（销售内地州县）、边引（行销西康、西藏、松潘、理县、茂县等民族地区）。在康熙二十六年（1687）以前，因四川长期战乱，仅发行3万余张引票。康熙四十一年（1702），对天全土司增引5600张，是为土引（有土司建置的产茶区）之始。凡规划为川茶销区，即由有司招募商人，承包一定范围的引税，便可在指定茶叶产地批发引茶，运往销区发卖。雍正八年（1730），川茶引岸制度正式颁行，各州县亦多于此时颁发茶引，确立全川引岸制度。当时，川茶共有边、腹、土引85344张，按每斤"四丝九忽"计征，共纳课银424两。四川巡抚宪德认为，税率太轻，改定为"每斤以厘二毫五丝"。于是，茶课银猛增为16068两②。

据川省不少地方志记载，雍正八年以前茶商并无固定引额，较早推行茶引的仅在内地州县。雍正八年以后，盐茶道逐渐推行部颁茶引制，确立各州县的专业茶商，经营数目，购销范围，形成了川茶的销售网点和流向。茶叶市场遍及全川。在嘉庆以前，川省颁发茶引的州县共75个，其中产茶州县仅有41个③。到清代末年，据宣统元年（1909）时的记载，全川共有60余厅州县为产茶区④，产茶面积有了大幅度的增长。

清初川茶产量的起点是很低的，到雍、乾时期产量激增，嘉庆年间对川省推行茶引州县有一较全面的统计，总计全川共颁行引票146713张，其中边引101317张、土引31120张、腹引为14276张⑤。这一数字是清代川茶引额文献记

---

① 道光《南江县志》卷上。
② 嘉庆《四川通志》卷六九《食货·茶法》。
③ 嘉庆《四川通志》卷六九《食货·茶法》。
④ （清）傅崇矩：《成都通览》下册，巴蜀书社1987年版，第252页。
⑤ 嘉庆《四川通志》卷六九，《食货·茶法》。

载的最高额，但在嘉庆以后，有一些地区新辟购销引岸，据川省地方志不完全统计，如巴县、忠县、蓬溪、乐至等12县先后增加腹引共7180张；遂宁、梓潼二县增加边引共18张；什邡、南川等26县先后发行茶业照票共5115张。因此，嘉庆以后，川茶引额加上照票等即共有159026张。按照清制，每张引票加附茶14斤，则为114斤，总计为18128964斤，若以7万担为产区人民消费及走私茶叶，则全川茶叶总产量当在25万担左右。明代川茶引额最高为5万张，若加上产区消费及走私数量，约计全川产量不过10万担，则清代增产率已达1倍以上。

清代以后，随着川茶业的发展，茶帮、茶栈、茶贩日渐活跃，茶业遍及川省绝大部分州县，深入在大小村镇，形成了密如蛛网的商业点。在部颁茶引之外，商人竞争牟利，出现了各色"照票""飞票"等名目，茶票泛滥流行，又有"承办""派办""黑办""增办"等手段，在边茶主要城镇上，茶业成为当地最活跃的行业①。

川省茶商均兼营采购、烘制、运销。他们雇有一批店员和不定期的制茶工匠。一般说来，他们的资本较为雄厚。茶帮有陕帮和川帮之分，间亦有其他省籍的商人，其中以陕帮资本雄厚，管理有方，信誉著称。引岸制把茶商纳入一定的经营范围，他们既有共同的利益，在业务上亦有尔虞我诈严重的竞争，在政府要求茶商互相监督执行茶法的情况下，各地均出现行会性的组织，行会公推"商总"，负责向政府领取引票，催收课税以及协调行会内部事宜。川茶主要产销地区，如成都、重庆、雅安、灌县、打箭炉、松潘等地，茶商均有数十家之多，茶商在商界占有重要的位置。在主要产茶地区，茶农亦出现行会性的组织，出现"茶甲""堡首"之类的代表人物以保护本地区茶农的利益。什邡县产茶区，每年由园户推选"茶甲"一人，"每岁轮派茶甲大河、中河、小河各一名，帮商承办"②，以保障茶农的基本利益。邛州十八堡茶农也有类似的组织。

川茶主要销售于少数民族地区，在引岸制上形成与其他产茶省区不同的独特的引岸制。明代已有边、腹引之分，清代更增加"土引"名目。所谓"土引"，全川只行于全州，在明代亦属于销售打箭炉的边引范围。清代鉴于天全历来是土

---

① 贾大泉、陈世松主编，吴康零等撰：《四川通史》第六册，四川人民出版社2010年版，第474页。
② 《什邡县志·茶法》。

司管辖的地区，地方贫瘠，居民主要以茶叶为生，为减低其茶叶税负，将其税率规定在边引和腹引之间，取名为"土引"，以示对天全茶叶的优惠：

> （清初）州人始置请题准颁行，配运行销。抚宪查议，天全土瘠民贫，茶产薄弱，若照（边引）四钱七分二厘定税，未免过重；照二钱五分一厘之腹引，又觉太轻。额在不边不腹之间，定成三钱六分一厘。①

这便是川省"土引"名目的由来。随着引岸制的发展，全川茶叶购销网点的形成，在部颁茶引之外，各种茶票应运而生。

除茶商外，还有常年在长江水路、川陕驿道、川藏山路和西南丝绸之路上进行水陆路贸易的蜀商商帮，将在下面相关类目中论述，这里不再赘言。

二、蜀商资本的积累途径与经营特点

（一）山陕商移民的积累途径

川籍山陕商人从清初起在四川从事金融和商业活动，延续时间长达二百余年，牢牢植根于四川社会经济之中，其经营活动是卓有成效的，只是因为19世纪60年代以后，四川社会经济在清政府掠夺政策和长期战乱的摧残下陷入全面凋敝，山陕商人的经营活动才逐步走向衰落。那么，山陕商人在清代四川的金融、商业活动有什么特点？山陕商资本对四川社会经济有无进步作用？

考察山陕商人在四川商业和金融业活动中的活动，可以发现其资本积累途径十分独特：

1. 从事大宗商品的长途换货贸易，获巨额商业利润

山陕商人善于利用四川与外省隔绝的自然地理形势，大规模转运四川盐、茶、丝、棉、夏布、中药材等土特产品，转而从外省购回四川急需商品，取得由于两地买卖价格间的巨大差额而形成的巨大利润。如陕商向康藏运销边茶，而换回涉藏地区土、特、畜产品。陕商采取不等价交换，"大秤、大斗进，小秤、小斗出"的欺诈手段和预买附息方式贸易，一般获利50%～200%。通常的情况是，边茶一封（18斤），可换取羊毛100斤②。陕

---

① 咸丰《天全州志》卷二。
② 《清代四川藏区的边茶贸易》，《四川文史资料选辑》第十一辑。

商在川盐长途运销中,更是以谋求巨额差价为目的。贵州为川盐主要边岸,没有其他食盐来源。陕商利用这一地利条件,囤积居奇,抬高盐价。清代俗云:"黔人十钟粟不能易一斗盐。"直至清末,茅台盐百斤,仍值白银二两内外,大大高于四川盐价①。咸同时期,陕商为求垄断销售,在仁怀合组运销网络,独占黔岸市场,赢得超额利润②。此外,陕帮还善于选择运销时机。咸丰三年(1853),太平军攻占南京,淮盐运道阻塞,两湖淡食,需盐孔急。陕商乘机冒险运盐下江,在湖北贸易,获得一斤盐换一斤棉花的厚利。在食盐严重短缺的时候,售价竟高达一斤盐值一斤白银之巨。陕商在"川盐济楚"的十余年中,得到了难以数计的战时暴利③。

清代山陕商人在传统纺织品贸易方面,特别是在川丝、夏布等商品的大宗长途贩运中,极为活跃,从中取得巨额利润。如川东生丝交易中心綦江扶欢坝丝市,川西生丝交易中心成都簇桥镇,丝店林立,每逢场期,各地丝客云集,以丝求售。这些生丝除销售重庆、成都丝商外,更多的生丝则由山陕丝商运销陕西、山西、甘肃和北京。四川荣昌、隆昌、永川、江津等县,盛产夏布,"白细轻软,较甚于葛";为满足国内市场的大宗需求,山陕商人,以及直隶各省客商,每年必来采买,运至通都大邑发卖。此外,山陕商人还运销铁矿、煤炭、木耳、棉布等商品,他们将这些商品通过长江水道运往湖北,"远与巴盐、荆布交易融活"④。通过往来贸易,获取巨额利润。

2. 利用盐茶引法的弊端,独占黔、滇边岸商品转运之利

盐茶等重要商品关系国计民生,清初即实行产地与销岸挂钩,核定各州县引额,招商颁引,建立了一套产运销体制⑤。这一制度试图从规范重要商品的

---

① 光绪《仁怀厅志》卷二。
② 《四川文史资料选辑》第四辑,第157~159页。
③ 《四川文史资料选辑》第七辑,第162~163页。
④ (清)李榕撰:《下寺场陕西馆记》,民国《剑阁县续志》卷九;道光《新津县志》卷二九;咸丰《隆昌县志》卷三八。
⑤ 四川盐茶均以引为运销单位。《清盐法志》卷二五五《四川十二·运销门·截验》中记载,雍正十二年规定:川盐每水引一张配正耗盐5750斤,每陆引一张配正耗盐460斤;乾隆六十年,水引每张增至6500斤,陆引每张增至520斤,道光三十年,水引每张增至9000~10000斤,陆引每张增至640~800斤。《清朝续文献通考》卷四二《征榷十四》中记载,顺治间,四川定边茶每引一张,配正茶100斤、附茶14斤;清末每引一张配大茶120斤(一包)或小茶120斤(二包)。

生产与流通入手，达到以产定销、"裕课便民"的目的。但是，盐茶引法只是清统治者的主观臆想，实行起来是"流弊殊深"，事与愿违。

以川盐引法为例：按引法规定，根据各州县地方大小，确定引额多少，"就县富民金充商人，县或二三人，或七八人，或十数人，分领引纸为坐商"①。充当引商者，必须是本地"殷实之户"。而实际上"本地之商殷实者少"②，贪得无厌之人乘机"专其利"，以多占引张为利源所在，"当其领引之初，或领引十余张，或数十张，至多者百余张"③。坐商无力承运，西商（山陕商人）乘虚而入，采取"租引代销"办法，向坐商"认给引课"。他们取得引商资格后，"察地方之光景，改配引张之多寡，本商贪得引利，西商之增引于彼无涉，所配盐斤，不得浮于定额，且有重照两次之弊"。西商所以能随意增引，也是引法弊端所致。引法按丁分引，但销区"畅滞靡常，或以此县代销彼县之引，或以彼商认销此商之盐，互相认代，弊端丛生。久之，即按其认代者著为定额。而私行认代，仍所不免"。部分家资丰裕的坐商，领引承运后，不善经营，又挥霍无度，"加以官吏陋规日增月益，不数十年，大半家资荡然。领引到手，无力运盐。始另觅殷实之户代为运销而收其租"④。于是，大部分引张又落入西商之手。

西商租引承运川盐，其典引期限有一二年者，有三五年者，久暂不一。"本非世业，无所顾忌"，只想在最短时期，赢得最大的利润。因而，他们在租引期间，利用合法身份，从事非法活动，拼命榨取，实行摧残性经营，主要做法有四：①抬价求售，在其租引销盐地区任意提高盐价，使"小民有食贵之虞"⑤；②增引夹带走私，利用其合法行盐引张，或反复买运，"重照两次"；或改配、代销，以求增引多配；或与场商勾结，公然夹带，通过长江水道，运往湖北荆宜，或贵州施南、永顺各路销售，谋取暴利⑥；③既行私盐于他商引岸，又垄断租引销区为私有，排斥他商侵销，收养无聊匪徒为缉私巡役，对依法挑盐40斤的老弱残疾盐贩一律作为私枭打击。因此，销区贫民对西

---

① （清）唐炯：《成山老人自撰年谱》卷五。
② （清）严如熤：《三省边防备览》卷一〇。
③ （清）丁宝桢等：《四川盐法志》卷二二《征榷三·纳解》。
④ （清）王守基：《盐法议略》。
⑤ 《四川盐法志》卷二二《征榷三·纳解》，嘉庆十七年四川总督常明奏。
⑥ （清）严如熤：《三省边防备览》卷一〇《山货》。

商恨入骨髓,不断激起武装反抗风潮①;④拖欠挪用课羡,延不交库,以壮大经营实力。西商采取类似的手法取得了边茶、大茶和部分腹茶的专销权。其结果造成盐茶引滞课积,价格高昂,商家获得垄断暴利。

3. 适应商品经济发展需要,拓展金融活动范围

在中国长期封建社会中,从事金融活动的商人多限于借贷、典当等活动。这类活动已不能适应清代前期日益繁荣的商品流通需要,特别是不能适应大宗商品的长距离贸易的需要。山西商人雷履泰从往返四川、天津贩运铜绿的贸易活动中,摸索出银钱汇兑办法,采用代收代汇方式,使商家免除了银钱推挽之苦,获得出纳收发之便,加速了商品和资金的周转,尔后,从事这一经营活动的山西票号如雨后春笋在四川和全国各地风行,遂成为山西商人积累巨额财富的重要途径。

(1)银钱兑换与典当结合

自清初开始,陕商就在四川开设钱庄、钱铺,经营银钱兑换业务,如成都自流井、犍为、三台、中江、遂宁;重庆、合川等府县都为陕商钱庄聚集地区。清代流通领域普遍用银两,由于重量、形状、成色不一,交易时须按十成足色纹银折算,颇感不便。铜钱(或称制钱)具有辅币性质,每枚重1.2钱至1.4钱不等,由于面值很小,大量用于日常交易。最初,陕商人钱庄、钱铺主要承担商品流通中对银两重量、成色的计算和银两与铜钱的兑换业务成为商品市场大量零星交易必不可少的重要环节。据清初四川当局调查:"钱铺买卖零星,俱对客成交。"乾隆中叶,重庆花帮(从湖北等省贩运棉花入川者)兴盛,陕商钱庄、钱铺兑换业务亦趋发达,"凡业钱铺者,率皆售钱与花帮,运往沙市、汉口等处购买棉花。大约每次所售在数千钏或万钏不等"。光绪初年,重庆钱庄业务进入鼎盛期,"换钱摊铺,布满各街,依此谋生者,在数百家以上"②。陕帮钱庄除获取正当的兑换利息外,随着银钱兑换比率的不断变化,陕帮庄号将兑换与典当结合,进出之间,低昂其价,榨取超额利润。以射洪县质铺为例,窥其一斑:"敝邑大镇质铺,系陕帮开设,每月以三分行息,已与定例不符。然四川通省如此,姑勿具论。惟该质铺取息既多,且复以低银行使,所质之银,持向钱庄易钱,必须补色。两质铺门首,则有摆设钱摊者,

---

① 《大清高宗纯皇帝实录》卷二三二《四川巡抚纪山奏》。
② 《陪都工商年鉴》第七编,文信书局1945年版,第28~29页。

既质铺中人也，专换此项质银，虽不必再行补色，而每两较市价约低数十文。追取赎时，又须持钱向该摊易银以进，质铺方无挑剔，每两又转市价加增数十文。"①质铺与钱店通过这种方式，使广大贫苦商民陷于层层遭受盘剥的连环套中。

（2）创设银钱汇兑业务

四川的银钱汇兑业务始创于山西商人。道光元年（1821），山西平遥商人雷履泰借得本县李姓资本，在天津开设了日升昌染料铺；染料中，铜绿出自四川，于是，雷氏往来重庆、天津间，贩运铜绿，获得厚利，营业蒸蒸日上。雷氏遂以雄厚资本创设了汇兑银钱业务，凡商人进行长途贸易，往来银钱，均可以委托代收代汇，商家凭支票在异地取款，因致巨富，是为票号之创始。稍后，晋商蔚泰厚布庄、蔚丰厚绸缎庄、蔚盛长绸缎庄、新泰厚绸缎庄和天成亨布庄纷起仿效，将原来经营的商店改为票号，招揽汇兑，是为"平遥蔚氏五联号"。同时，太谷县志成信绸缎庄、祁县中兴和商号也先后改变原来经营的内容，转而从事票号业务②。19世纪40年代，日升昌、蔚泰厚、日新中三家票号在全国各地设立分号三十五家，其中，四川成都、重庆各设一家③。山西票号在成渝两地的建立，对四川与外省的大宗贸易发展起了很大的推动作用。

（3）高利贷资本

山陕商生息资本包括借贷资本和高利贷资本。据近代学者调查统计：清代"四川握社会金融之特权，及放高利贷之唯一金融系统，为陕帮字号（山西帮亦多）。此种字号各县均有"，他们的借贷对象主要是商人和农民，"一方面放商场之利银，最高三分；一方面放农民之利银……利率最高三分，但特殊情形，亦有至三分半乃至四分者"④。

早在顺治年间，清廷对借贷利息率已规定了限额："今后一切债负，每银一两，止许月息三分，不得多索及息上加息……"⑤但在事实上，借贷利息大

---

① （清）钟体志：《澡雪堂文钞》卷八《致谢品峰父台》；李文治：《中国近代农业史资料》第一辑，第573页。
② 以上见陈其田《山西票庄考略》，商务印书馆1936年版，第20~30页、第69~76页。
③ 据蔚泰厚票号苏州分号道光二十七年总结账、日升昌张家口分号道光三十年信件和日新中北京分号道光三十年总结账记载。
④ 吕登平：《四川农村经济》，商务印书馆1936年版，第448~450页。
⑤ 《大清世祖章皇帝实录》卷三八。

部分超过限额。根据近人统计：嘉庆元年（1796）至嘉庆二十五年（1820）四川发生的48件借贷案例中，利率不满1分者一件，1～1.9分者3件，2～2.9分者11件，3分以上的33件。利率超过3分的高利贷占总数的68.7%①。

陕商老号一般具有经营历史长、比较珍惜自身信誉、借贷利率能遵守官方规定、营业稳定、畅旺等特点。泰和昌、金盛元号等山陕商经营的票号、字号，以城市官宦、商人、中小商品生产者和其他社会成员为存放汇兑对象，通过资金融通、调拨，解决其周转需求或经济困难。由于利率一般偏高，它也往往使负债者倾家荡产，妻离子散。

陕商中散布广大农村和边远州县的小本射利者，往往超出正常规利范围，采用高利贷方式，盘剥商人和广大农民，借以积累财富。涪州陕商"以余财兴工艺者绝少，经商者亦不多，大约用借贷盘剥小户，术最密、心最刻。有借母金十，经几次合筹，对年须七八子金乃可偿，甚有子过于母者"②。乾隆间，重庆李姓受陕商重利催逼，"将鬻其妻"，刘泰玉以白银50两代其偿债③。道光间，陕商在平武县山区日益加剧其高利贷活动，以小本放大利，盘剥山民，激犯众怒，广大山民和商人"结连团众，至于数万，凡属陕客，概行驱逐"。邻近各州县，如昭化、广元、梓潼、剑州、石泉、绵州等地群众，平素亦深受陕帮高利贷压榨，闻风响应，"势甚汹汹"④。道光二十四年（1844），北川县人何元富不能忍受陕商高利盘剥，约众两百余人举义，大败官兵，县民闻风响应，声势浩大，何元富进入漩坪场，秩序井然，并不劫掠，只对陕商柏永顺、焦天兴等施以强暴，逼迫陕人饮尿食粪，勒令各交白银千余两，按困苦程度分散贫民，民心大快⑤。

陕商的借贷活动，到晚清时期更趋活跃，利率也随物价上涨。由于清政府对外割地赔款，对内加紧搜刮，造成公私困乏。加之，自咸丰九年（1859）李蓝起义军在四川攻战六载，横行数十州县，"巨家皆空亡，百物踊贵。岁丰米常斗七八百，荒歉倍之。子钱家重出贷，其息什二；贰百仟，称息五石、四

---

① 《中国资本主义萌芽问题讨论集》下册，三联书店1957年版，第643页。
② 光绪《涪乘启新·风俗门》，第十四课，川大图书馆藏本。
③ 道光《重庆府志·人物志》。
④ （清）雪樵（牛树梅）：《省斋全集》卷一。
⑤ 民国《北川县志》卷一〇。

石"①。贫民受其朘削，日益贫困。清末，苍溪县"银价日涨，钱价日落，几无有以钱贷人者。又有贷钱以粮息计算，如贷钱百钏，每年收谷息二石者谓之二分，收谷息一石者谓之一分，实不止一二分也"②。时人描述陕商高利贷活动的猖獗情形说："有等射利之徒，在于城乡市镇，见有本朴贫民，或富家流荡子弟，乘其窘迫之时，放以重利，照日滚算，一入壳中，便成附骨之疽，及至屡索无偿，统率多人拷押追讨"，以致官府不得不严谕示禁，"以儆刁风而除民害"③。

（4）典当活动

陕帮剥削广大商民的另一重要方式为典当。这种典当"多在大城市，小城市及镇场则为本地人经营之小押当"。小押当"属于大当系统，当物后即转当于接近之大当铺"。如郫县大当铺，统辖川西七八县之小押当④。典当经营规模较大，须由户部批准设立，通常取息三分，冬季减为二分，当期以27个月为限，期满再留2个月；过期不取，即没收其物，因此又名死当。小押当又名质当，经营规模较小，由藩司批准开设，每月取息4分，以12个月为限，期满即没收其物品⑤。陕商在押当中，利用客户困难，收取暴利亦所在皆有。南充县民李庆龙，某日午前质衣，午后往赎，陕商长隆质店仍按一月质期计息⑥。陕商典当对象主要是农民，当物主要是生产资料和生活资料，如农器、家具、衣物等⑦。

清代山陕商票号、当铺、钱庄是经营高利贷和典当业的主要金融庄号，这些庄号往往兼有多种金融功能，在地方经济中居于举足轻重的地位。成都为山陕帮金融字号聚集之所，专营银钱。陕商字号始于清初，盛于乾隆间。道光时期，山西帮票号在成都开设，咸丰间臻于极盛，先后有新泰厚、日升昌等20余家开业。到晚清时，尚有票号、银号34家，其中27家属于山西商人。这些票号除经营民间银钱存放、汇兑外，还代官府筹饷、报捐、担负军饷、丁粮、捐

---

① 光绪《井研县志》卷八。由于晚清铜钱贬值，借贷者常利以粮计之，放言"称息五石、四石"。
② 民国《苍溪县志》卷一〇。
③ （清）雪樵（牛树梅）：《省斋全集》卷九。
④ 吕平登：《四川农村经济》，商务印书馆1936年版，第448~450页。
⑤ 《涪陵县续修涪州志》卷六，1928年印本。
⑥ 民国《南充县志》卷九。
⑦ 民国《三台县志》卷一二，1931年刻本。

厘等款项的汇兑，甚至边区协饷、内地赈济也赖之周转。陕商自清初进入成都典当业，以后不断扩大其经常范围，在同业中保持绝对优势。截至20世纪初，成都尚有32家当铺，大部分为陕商经营，其中较大者为济昌、新生、谦益、惠远、协茂5家①。

4. 依靠封建特权庇护，取得官商厚利

山陕商人在四川金融、商业领域获得巨大成功，形成首屈一指的客籍商帮，与他们始终寻求封建特权庇护，千方百计获得官商地位息息相关。山陕商人在四川缺乏宗族乡党关系作社会基础，又没有直接的政治势力庇护，在四川兴旺发达是很不容易的。山陕商主要通过下述途径获得特权保护和官商地位的。

（1）充当地方政府金库，为官方储存生息银两，垫支、汇兑解银和军饷

自清初起，陕商在各州县城乡的当铺、钱庄、盐号均为各级官府、书院和公益事业存放生息银两。乾隆二十四年（1759），清廷曾令各省督抚将军筹议兵丁恤赏生息银用途。四川决定将各营交商生息之款数万两，全数提回解目，归还原本②。乾隆二十七年（1762）蓬州知事张彦烈，将充公、捐纳银两共300两，归入书院，每年收息银30两③。同年，温江士民募修菁峨书院白银340两，交两当商每月每两二分行息，每年共收利息银81.6两，作书院开支④。巴县监生彭元臣等，于乾隆十八年（1753）共捐银2800余两，兴建敦义堂，作义葬之用。其银交当商生息，轮流收管，每年约收息银140两，购木置棺⑤。

鸦片战争后，由于清王朝财政状况日益恶化，国库空虚，财权下移，山陕商票号、字号进一步成为四川地方政府存放各类公款的可靠金库。仅据咸丰十年（1860）资料统计，四川布政使司存放全省各大票号、字号的款项就包括：缉捕生息本银、堰工生息本银、捐输生息本银、缉捕"夷匪"生息本银、照票生息本银、号舍生息本银、续案孤贫生息本银、筹款生息本银、藏饷生息本银、藏台公费本银、八旗孤贫养赡本银、代营弥补公费本银、城重等营公费本银，共计13项，合计白银30万两⑥。咸丰十年四月，川督曾望颜令将防边生息

---

① （清）傅崇矩：《成都通览》上册，巴蜀书社1987年版，第100页。
② 《蜀帑出纳汇览》卷中《当本生息》。
③ 《蓬州志》卷四《书院》。
④ 嘉庆《温江县志》卷三六《捐施》。
⑤ 《巴县志》卷二《恤典》。
⑥ 四川大学整理：《巴县档案》第二册，第58~60页。

与缉捕生息银提用,共计23000余两。同治、光绪以后,清政府搜刮名目剧增,四川全省仅新增津贴捐输银即达400余万两之多。四川人民负担沉重,普遍拖欠。官府为完成地方榷额,往往"向票号筹借"巨款,认给利息,定期归还。甚至地方杂派,也由票号钱庄借垫①。

(2)充任清政府财政收支、汇兑要务

鸦片战争后,山陕票号、钱庄已作为清政府收支、汇兑公款的重要渠道。据统计:1891~1911年,包括四川在内的山陕商票庄代汇公款数合计为154711654两②。光绪十年(1884),川督丁宝桢坚持由西商汇兑解部地丁钱粮各银。光绪二十一年(1895),户部向四川指拨甘肃饷银98万两,即由天成亨票号汇出。光绪二十七年(1901),四川承摊庚子赔款,第一次付银220万两,亦由协同庆汇出。四川某些军政大员也通过票庄汇兑大量私款。如成都将军崇实私营土药,所积银,由票号汇兑北京,仅汇水即费银13万两,其汇银总数为二三百万两③。安徽芜湖道台童瑶圃卸任返川,将搜刮的10万两白银赃款交蔚丰厚汇回重庆,存放该号,每年支取1万两,10年取完,不计利息④。

山陕商人通过上述与官方密切金融合作,实际上早已求得封建特权保护。如光绪十一年,清政府的加增饷源,饬令票号承领部贴(类似营业执照),每年纳贴课600两,川督丁宝桢以川省票号均系领本贸易,并非自拥巨资,请予免课。光绪二十二年(1896),川省票号周转不灵,川督鹿传霖还特别批准拨库款12万两,发交票商,不支付利息⑤。

(二)山陕商移民独特的经营理念

山陕商移民在四川金融、商业中的巨大成功,除上述因素外,还在于他们独特的经营素质。西商经营素质,归纳起来,主要有这样几点:

1. 崇尚商业道德,讲求信誉

早期陕西三原县商人马仲迪,在川经商时,售货信条是"务完物(商品质

---

① 鲁子健:《清代四川财政史料》上,四川省社会科学院出版社1984年版,第40页、第348~349、第626页。
② 陈其田:《山西票庄考略》,商务印书馆1936年版,第136~139页。
③ 《见闻琐录·后集》卷二《将军汇费》。
④ 张学君:《论清代四川的山陕商资本》,《货殖:商业与市场研究》第一辑,中国财政经济出版社1995年版。
⑤ 《成都文史资料选辑》第八辑,1985年,第5页。

高量足）、无饰价（不抬价）、无敢居贵"，赢得了客商的信赖，"诸贸易至者，知不知，无不从交观公"①。清代前期，各地陕帮庄号大多以信誉为经商基本原则，经商讲究明码实价，童叟无欺；典当、借贷大体遵守定章，因此为各地商场信赖借重。

此外，陕商从业人员受雇于人，亦能尽忠职守，不避艰险。如陕西三原县刘志春受雇于东家，在温江"执业商号"，适逢李蓝军进攻温江，"伙友悉逃，志春守职不去，事平，号东以此重之"②。温江泰和昌号，系陕西西安府渭南县焦氏在四川温江县开设的银号。该号自嘉庆间开业，至光绪间，营业期长达七八十年，属于陕帮老号。泰和昌号主要从事"放债生理，亲友寄放银两生息者甚多"。道光十七年（1837）改为益顺和号。该号在川西各县颇有影响，放债有方，因而赢利颇巨。仅焦氏同宗伙友，寄存白银800两生息，十余年间，除日常支取外，尚有本利5100余两。焦氏于嘉庆间为其爱女兰花在号内存放本银12两，逐年累算，至光绪初，滚放六十余年，支使本利达9000余两之多③。

2. 具有坚韧不拔的创业精神

西商在四川成功者大多由"帮贸苦积"④。如创设温江泰和昌号的陕西渭南县焦氏，曾在成都帮贸十四年⑤。他们大多在商界经历了长期磨炼和辛勤积累，为他们开创自己的事业打下了良好的基础。成都、大邑金盛元号系陕帮银号，自清初开业，由小本经营所得投入借贷活动，积资至7600余两之多。陕商吕渭振总理号事，咸丰同治年间，吕渭振又以所积利银4000余两在大邑另设银号一座，专门经营银钱存放、兑换业务，成为川西各县较有实力的金融字号⑥。

3. 精明能干，具有敏锐的商业眼光

山陕商人善于洞察经济社会信息，同时能及时加以利用，化为巨大的物质财富。如山西商人根据清初商品经济繁荣，长途贸易大发展的趋势，开创了票号业务。如陕商利用盐茶引法，控制了贵州、康藏盐茶贸易等，都是明证。在投资自流井盐井方面，更是眼光独到。最典型的例证是：

---

① （明）温纯：《明处士马公暨配硕人景氏墓志铭》，《温恭毅公文集》卷一〇。
② 民国《温江县志》卷八。
③ （清）樊增祥：《樊山公牍》卷一，上海，民国元年西法石印本。
④ 《清代名臣判牍》卷四《兄弟争产之妙判》，上海，广益书局编，民国15年石印本。
⑤ （清）樊增祥：《樊山公牍》卷一，上海，民国元年西法石印本。
⑥ 《清代名臣判牍》卷四《兄弟争产之妙判》，上海，广益书局编，民国15年石印本。

道光七年、八年（1827、1828），自贡大场商李四友堂与成都陕西盐茶大贾高某订立合约，合办自贡盐井。高某一次投资白银3000两，加入李氏产业，扩大经营，先后开凿卤井7眼、天然气井3眼，水火俱旺，获得极大成功①。

另一典型例证是，道光十八年（1838），自贡大场商王三畏堂开放扇子坝，与陕商合办新井，"出山约"规定：地主出一井三基（井基、碓房、车房、灶房基），每开凿一井，客方出押山纹银400两，主客按比例分配收益，客股期满交还主人②。

陕商资本另一个投资重点地区是犍为盐场。犍为盐场先于自贡繁荣，故有"金犍为，银富顺"的俗语。陕商对这一地区的盐业极为重视，他们专门向生产济楚优质花盐的"十提"（十大灶）投资，到清中叶以后，陕商资本已控制了其中的"六提"③。同治间，陕商在四川各盐场中的投资比例已占绝对优势。由此可见，陕商向井盐业资本转化的倾向是很明显的，其进步性应予肯定。

4. 组织严密，办事认真负责

清代陕商当铺、钱庄遍布全川，其存放、借贷、抵押办法，均有严格的章程。如定规利息三分，腊月十五以后减价二分，当商一律照章办事，从不抬价谋利，因而在广大城乡信誉很高。俗云："老陕最善放账。"陕商在商业活动中亦是如此，如陕商在贵州仁怀建立协兴隆盐号，下属70多个分号，从大掌柜到分号掌柜，职责明确，分工具体，待遇优厚，按陕帮习惯，每三年帖请股东到仁怀总号算账一次，算账完毕提出6万两白银三股均分，每股2万两，余利全部移作营业资金。平日股东不得在号内支取分文，也不得在号内食住。这一制度，陕帮严格遵守，从不违反，因而营业蒸蒸日上④。由于山陕商人具有上述经营特点，因而在四川金融和商业活动中稳操胜券。

三、巴蜀山陕商人盛衰的社会历史原因

清代巴蜀商帮同光以后总体走向衰退，山陕商移民虽有直接控制手工业和向井盐业投资的事例，但从山陕商资本的积累水平看，转向产业资本的比重十

---

① 黄植青等：《自流井李四友堂由发轫到衰亡》，《四川文史资料选辑》第四辑，第146~149页。
② 罗筱元等：《自流井王三畏堂兴亡纪要》，《四川文史资料选辑》第七辑，第160~161页。
③ 李从周：《犍为济楚十提的由来》，《五通桥文史资料选辑》第二辑，第55~58页。
④ 《自流井李四友堂由发轫到衰亡》，《四川文史资料选辑》第四辑，第158~159页。

分微弱，不代表其资本的主流。山陕商资本的基本形态一直未能突破商业资本的范畴，终清之世，很少出现新的投资趋向。与此同时，山陕商资本由于自身的封建性和晚清社会经济的全面衰落，不可避免地走向了衰微的道路。据笔者初步考察，清代四川山陕商资本衰败的主要原因是：

（一）封建性的挥霍

山陕商人作为客籍商帮，大多视四川为经商口岸，视原籍为终养乐土，落叶归根观念很强。在不少记载中可以看到，他们经商稍有积累时，即将白银运回原籍。如三台县陕籍利川、泰昌两当，"每年运回陕西之数莫可限量"①。陕商原籍多系大家庭，往往在家族析居时，将川省庄号银钱瓜分。咸丰十一年，西安府渭南县焦承武向其侄索取四川温江县泰和昌号产业白银3300两，"其银由川号拨给"②。陕商吕渭振在成都开设的金盛元号，光绪四年吕氏兄弟析产时，号银7600两，即由原籍之弟提去3800两③。根据学者调查：巨额资金转移原籍后，为光宗耀祖，一部分用于修建宗祠、坟墓，购置田地产业等，也适当开销于怜孤惜贫、修桥补路慈善事业方面，以联络乡情。更多的财富，则作为窖银收藏，以为子孙后世财富④。

（二）捐纳、报效

清代商人捐纳、报效问题，已有不少著作论及。捐纳为清廷弥补财政亏空办法，随着后期财政支出恶性膨胀，捐纳名目繁多，商人，特别是山陕商经营的盐茶、票号、钱庄、当铺首当其冲，负担沉重。据有关论著披露，山西票号仅咸丰二年、三年（1852、1853）捐纳总额即达白银267万两之巨⑤。

根据不完全统计，从咸丰四年（1854）至光绪三十三年（1907）有西商参加的捐纳、报效共14次，捐银总数达140余万两之巨。在巨额流通资金被清廷搜刮的同时，西商换回的是有名无实的大量虚衔、封典。这些虚衔、封典虽然充分满足了西商由商而绅的精神需求，并在一定程度上保护了他们的商业利益不

---

① 民国《三台县志》卷一二。
② （清）樊增祥：《樊山公牍》卷二。
③ 《清代名臣判牍》卷四《兄弟争产之妙判》。
④ 参看张正明：《山西工商业史拾掇》，山西人民出版社1987年版，第196页。又：北京师范学院历史系田培栋教授为研究西商问题，曾专门赴山西、陕西商人原籍考察。上述部分史实承蒙田老师提供，谨志谢意。
⑤ 孔祥毅：《山西票号与清政府的勾结》，《中国社会经济史研究》1984年第3期。

受地方势力侵犯,但随着大量商业资本不断流失,他们经营的商业和金融业受到致命打击,导致西商势力在四川衰落。

（三）战乱造成的衰败

清代后期,四川赋税加重,城乡经济生活陷于困顿,借贷事端不时发生。道光二十七年（1847）,平武山区频繁发生拒绝偿还借债、暴力捣毁陕商店铺事件。县民指控陕商重利盘剥,联络数万人众,凡属陕客尽数驱逐,虽属正经字号在所难免。事件蔓延川北昭化、广元、梓潼、剑州（今剑阁县）、石泉（今北川县）、绵州（今绵阳市）等处,气势汹汹,不可遏制。后经官府弹压,风潮才告平息①。

咸丰以后,战乱频仍,其间特别是咸丰五年发生的李蓝起义,横行数省,历时六载,在四川攻占60余个州县;光绪二十六年（1900）以后,四川发生的红灯教反清风潮弥漫全川,数年不绝,辛亥保路运动以后,四川新旧、主客各军大肆抢掠银钱庄号、商家店铺,进一步加剧了四川商业和金融业的破产。山陕商在全川动乱的冲击下,性命、财产朝不保夕,所操商业和金融业不断亏折,难以为继,不得不卷款逃回原籍。

成都府温江县陕帮老号益顺和,"因蓝大顺之乱,所有号内现银尽数兑回陕西。不意同治元年,陕西亦遭……川号兑回本银俱已散失"②。川盐销往贵州四岸（永宁、仁怀、涪州、綦江）的行商十余家,"悉是陕西大贾,资本甚巨,迨至黔乱③,相率歇业……,家产荡然,不能重整口岸"④。清代前期,剑阁县下寺场为陕西经商乡场,"场多富人",咸同时期,"兵荒迭见,农困商敝"⑤,陕商亦遭困厄。

成都为山陕商票号、钱庄、当铺和各类商业聚集之区。辛亥保路运动中,成都发生兵变,乱军首抢大清银行、浚川源银行、藩库,次及商业场、私家银号、票号和东大街各商号,公私财货抢掠一空,损失不下千万金,全省精华,

---

① 张学君主编:《四川省志·大事纪述》上册,四川科技出版社1999年版,第11页。
② （清）樊增祥:《樊山公牍》卷二。
③ 1854~1856年,贵州发生教军和苗民起义,席卷贵州东南、东北大部分地区。
④ （清）唐炯:《四川官运盐案类编》卷一〇。
⑤ 民国《剑阁县志》卷九,李榕:《下寺场陕西会馆记》。

尽于此劫①。犍为县陕西富商两家，辛亥以后"均各歇业"②；新繁县自清中叶以来，秦商多达18家，"国变后遂辍业无闻矣"③。总之，山陕商人作为清代四川重要的客籍商帮，在辛亥革命以后已湮没无闻，他们在四川商业、金融业中失去了原有的影响。

第四节 明清时期的民族贸易

一、川藏贸易

（一）藏族地区商业

历史上四川藏族地区的商业，并不是本地区经济发展、社会分工所致，特殊的地理位置造就出一种有别于其他地区的特别商业，虽然它的产生有藏汉不同区域经济互补的原因，但它的兴废，一定程度上取决于政治因素，当然不会从根本上动摇区域经济的原本结构。在历代汉藏贸易中，茶叶是内地与藏族聚居区交易的主要货物，因此也成为历代王朝边疆政策的一部分。从唐宋迄于明清，统治者无不认为边茶与国之安危相关，以边贸为"驭番"之策。如明王朝治藏，其重要手段之一就是抓茶叶这一经济杠杆，认为，茶叶虽"草木之叶"，但其驭番功用却"实贤于数万甲兵"④，并制定包括管理机制、交易路线、茶马贸易比价等一整套完备方案。而四川涉藏地区则是明廷治藏的一条十分重要的通道，内地入藏"其道有二：一出河州，一出碉门"⑤。明王朝"命进贡番僧自乌思藏来者，皆由四川，不得迳赴洮、岷，著为例"⑥。随着明中央政府和西藏地方当局之间往来频繁，汉藏茶马贸易的空前繁盛，四川藏族聚居区的商业也随政治脉搏跳动，而出现繁荣局面。但这种非经济原因造就的商业氛围必然伴随相关政策的变化而盛衰无常。虽然川藏贸易不甚畅旺，未能形

---

① 秦枬：《蜀辛》卷下，第8~9页；戴执礼：《四川保路运动史料》，科学出版社1959年版，第512页；吕平登：《四川农村经济》，《民元至防区制成立前之四川财政》，1936年。
② 民国《犍为县志》卷六《经济》。
③ 民国《新繁县志》卷四《礼俗·工商业》。
④ （明）陈子龙、徐福远等编：《明经世文编》卷一一五。
⑤ 《明史》卷一八《食货四》。
⑥ （明）王圻：《续文献通考》卷二九。

成有实力商人群体，但川边藏商在明代前期也还有端倪可寻。

到清代前期，在川边藏族商人群体中，因其享有不同政治、经济待遇，商人群体不仅拥有的资本悬殊，经营商业的种类和活动范围均不一致，而且各自对当地社会、经济的影响力也不一样。涉藏地区商人大体可分为三类：寺庙商、土司头人商、平民商。涉藏地区三类商人产生的原因，任乃强先生归纳为两个因素：一是"与宗教颇有关系"。藏传佛教尤其是黄教普遍反对僧人从事生产，但不禁商，僧侣之"日用物品，不能自致，因不得不仰给于商贾"，寺庙修建，"华美"之物亦须"仰给于商"。二是土司头人乐于从商。他们因经商而用度日丰、生活奢糜。川属藏商"大都为喇嘛、头人"，富豪更凸显其身份，"此其所以尊贵也"①。将三类藏商简述如下：

1. 寺庙商（亦称喇嘛商）

元明清时期，在川属藏族聚居区，寺庙既在政治、宗教上极具号召力，而且在经济上也自成一体。各地较大寺庙，均自营商业，从佛教教规看是不正常的，因贪财图利乃佛家大忌。但在藏传佛教地区一般民众亦认为，寺院务农经商，均属正当。同时，在政教合一体制形成之后，川属藏族聚居地区的寺庙并没有如西藏本土寺庙拥有数量可观的庄园，寺庙僧众的一切开支尚需有更多的渠道筹措。因之，对于可以获取高额利润的商业活动，寺庙和僧人当然不会坐视旁观。寺庙商，即寺庙僧众中具有"充本"或"涅巴""西巴""西所""济娃"等名号之商官，专司寺庙商业。一般由寺庙出资若干，公推熟悉商情之喇嘛经营，并规定折本由经营之喇嘛赔偿。也有寺庙指定辖区的某富有商人代为经商，如甘孜德格更庆寺委托大商人布楚楚为其"充本"，由于经营有方，深受寺庙赏识。寺庙经商，无论是本寺人员还是委托之人，他们均须定期向寺庙交纳据商业资本额粗略估计之利润，如阿坝格尔底寺规定，经商之"济娃"必须纳40%的利润②，准高不许低，如遇亏损不仅济娃负赔偿之责，且须就佛前明誓以示惩戒。因此，寺庙经商是一种"旱涝保收"的赢利事业。

从经营业务上看，寺庙商主要热衷于利润丰厚的民族间贸易甚至境外的转口贸易。这种贸易一般是将涉藏地区之羊毛、皮革、药材、黄金等土特产运至如

---

① 任乃强：《西康图经》，西藏古籍出版社2000年版，第243页。
② 杨亮升：《宗教文化与四川藏区的寺庙商业》，《西南民族学院学报（社会科学版）》1988年第3期。

成都、重庆、上海、广州等内地大中城市，同时贩回本地所需茶叶、布匹、日用百货、铁器，甚至奢侈商品。间有经营川属藏族聚居区与其他藏族聚居区间的转口贸易者。实力雄厚的寺庙商，如执康南商业之牛耳的理塘寺，甘孜德格的八邦、更庆、竹庆、宗萨四大寺，不仅在国内大城市设立贸易分支机构，而且在境外如印度设有商号，经营商品甚至涉及到枪支弹药、鸦片等大宗产品。

寺庙商获利之特别处，还在于他们所能凭借宗教上的地位和政治上的特权在非公平原则下经商，商品成本低甚至无成本，低税甚至无税，垄断市场，致使利润大，多暴利，其资本急剧膨胀。如在明朝，"假进贡之名，潜带金银，候回日市买私茶等货，以此缘途多用车船、人力运送，连年累月，络绎于途"①。寺庙商不仅所处地位较世俗商人高，而且能获取一般商人难有之高额利润。寺庙拥有很大的权力，他们经商占有天然优势。如运货可遣农奴及畜力无偿运输，且可免厘税之费；寺庙为文化中心，每年之法会，信徒、游客辐辏，寺商就地开铺经营，占有地利、人和之便；藏族民众信教，僧人从商，市场广阔，信徒诚心买其商品且不讨价还价。

由于其他特有的历史文化背景，以及独有之地利因素，历来寺庙商势力很大，这个商业集团无论在资金、数量、经营规模与地域等方面，为土司头人商、其他藏商及汉商难以望其项背，实为当地商业之巨擘。

2. 土司头人商

这是川属藏商群体中实力仅次于寺庙商的又一重要商业团体。众所周知，四川藏族聚居区自从土司制度形成后，尽管明清中央王朝驾驭之策各时期有张有弛，但土司与寺庙宗教集团始终保持良好的联盟关系，占尽各种便利。土司头人经商，一般非自行为之，但其经商资本自己承担。经营方式上，康区与嘉绒区有异。通常是甘孜土司指派熟悉商情之亲信代为营运，称之"涅巴"（意即管理人），两年一换。阿坝土司则采取按年轮派属下富裕藏民为之经营，称之为"崇娃"，任期三年。无论"涅巴"还是"崇娃"为主人经营，均只准盈余不许亏折，土司全年用度均取给于内；若有短欠，则经理之人负赔偿之责。因而，"涅巴""崇娃"有因之发达自为经商者，而更多的则为之破产。

土司头人经商，可凭自身的特权地位，进行掠夺性商业活动，因而他们既有独资经营转口贸易方面的大宗买卖的实力，又有经营与寺庙商同类之商品之

---

① 《明实录·英宗实录》卷一一七。

权利，其资本积累迅速。这种只盈不亏的无风险事业，正是川属藏族土司头人普遍乐于经商的原因所在，也是四川藏族聚居区造就了大批财大气粗的土司商的原因所在。如前例，甘孜县城的13家藏商中，土司头人占6家。他们有雄厚之商业资本与繁盛的业务，如"邦达昌"为康藏商道之魁首，杨俊扎西可执嘉绒地区商业之牛耳。寺庙商与土司头人商几乎垄断了川属藏族聚居区之商业，他们的盛衰是当地商贸盛衰的标志。

3. 平民商

当时，川属藏族聚居区生产力发展水平普遍相对低下，自给自足自然经济占主导地位，有的地区甚至还没有现代意义上的商业活动，加之寺庙商、土司头人商对本区商业的垄断，藏族平民不仅从事商业活动的人数少，而且其中绝大多数仅以商业为副业。因而，他们在本区商业经济中的地位非常低微。

藏族平民商是相对富裕的从事商贸者，习惯以地域命名，如甘孜娃、理塘娃、德格娃等。他们或独资或合伙经营，资本额不大，经营规模十分有限。行商地域狭小，有将本地土特产贩至就近集镇贩卖者，有走乡串户兜售茶、布、盐、杂货者。绝大多数无力接触转口贸易的高利润商业。因而，平民商交易方式原始，大多采用以物易物的交易办法，几乎没有以货币为中介的交易。唯一例外的是阿坝地区的部分"济娃"或"崇娃"，由于在替寺庙或土司经商过程中，积累资本并自行经营形成个体商，甚至组成商业集团，如"草地帮"，其经营规模较大，行迹地域较广，既进行本地区间的买卖，也从事跨地域的转口生意，资本积累较快。

总之，藏族平民经商，较之本地区之寺庙商、土司头人商有许多不利之处。资本少、经营规模小，故抵御天灾人祸的能力弱。同时还有厘税之累，以及遭受寺庙、土司的盘剥。因此，平民商乃川属藏商集团中的弱势群体，不管是经济实力，还是对本地区商业的影响力，均难与寺庙商、土司头人商相比拟。

但无论是本寺人员还是委托之人，他们均须定期向寺庙交纳依据商业资本额粗略估计的利润，如阿坝格尔底寺规定，经商之"济娃"必须纳40%的利润[①]。各处土司均有自本商业，称谓多以家族命名，如康区北路有扯里家、孔撒家、

---

① 杨亮升：《宗教文化与四川藏区的寺庙商业》，《西南民族学院学报（社会科学版）》1988年第3期。

登朱家、白利家等，南路有安朱家、甲多家、降错家①，阿坝有杨俊扎西家族、索观瀛家族，等等。综观该区商品需求和汉藏贸易历史，可以归纳出以下几个特点：

其一，用于交换的商品之大宗均为异地所出，茶、马、布帛、枪支及其他生产、生活之必需品与奢侈品。同时，这些商品的消费群体大多不在当地，即使在当地也主要是寺庙、土司等社会上层。

其二，商业交易地点布局不均衡。其商业繁盛地与所处地理位置关系十分重要，要么是汉藏交往之必经之地，要么是中央政府治藏之战略要冲，要么在寺庙等宗教活动场所或土司衙门所在地。甘孜的商业基地甘孜、康定、德格、巴塘，阿坝的松潘等地，即具备上述特点。

其三，从商群体中最具代表性者，是寺庙商、土司头人商，只有他们才具备经营之特权，从商可不必以价值规律行事，商业资本的积累以非经济手段而完成。其商业行为之成败，往往取决于政治因素，而与本地区物产丰歉与否关系不大。这也是藏族平民商出现的历史比前者久远，但难以壮大的原因所在。

同时，还应看到，四川藏族聚居区历史上，特别是清前期，还曾兴盛一时的过境贸易，其商品与普通民众生产、生活直接有关者并不多，与现代商业集散地所起到的对周围地区的辐射作用不能同日而语。故与转口贸易带来的商业繁荣形成鲜明对比的，则是川属藏族聚居区内部商品交换的仍然极不发达。民族间的经济互补性，在这里更多地体现在商品的消费层次上，而由此带动地区经济格局的变化的功效不明显。

（二）汉、回商人在藏羌地区的茶叶贸易

巴蜀客籍商人中，不少商家涉足川边茶叶贸易，其中山陕商人颇具代表性。除大规模进入川盐运销领域外，他们在大宗茶叶销售中，也有相当势力。清初实行引法、招商销售；额行茶引分边引（产于雅安、天全、荥经、名山、邛崃，销往康藏地区；产于灌县、大邑、什邡、安县、平武、北川、汶川，销往松潘、理番、懋功等地）、土引（产于天全，销往省内各州县）、腹引（川茶销内地州县）三种，最初由各属指定茶商领引认销纳税，多为本地商人，如成都县行茶边引2860张，共征税银1349.92两，规定茶商于彭县、灌县、汶川等县买配，至松潘发卖；腹引650张，征税银162.5两，在彭县、灌县、什邡等县

---

① 周太玄：《西康通志手稿·工商志》，四川档案馆藏。

买配，运回本县销售①。

由于资本不敷，经营无方等原因，本商大多为善于营运的山陕商人所取代。彭县边茶于乾隆三十七年（1772）即为陕商字号代销，北川县茶商多为陕商朋充，截至民国时期尚有串盛、合义、合全、本立、生裕、国祥、聚盛源诸家，这些客商"均往县属采购边茶，运往松潘行销"，每年销边茶六七十万斤，销腹茶十万斤②。川西北重镇松潘县，清代前期已是"人烟稠密，商贾辐辏，为西陲一大都会"。其中茶叶商号以"丰盛合""本立生""义和全"开业最早，其次为"聚盛源""裕国祥"，均设于清乾隆以前，其余商号开设稍后。③嘉庆间，每年额销松潘边茶18794引，为茶2255280余斤④。

在康藏边茶集散重镇打箭炉（今康定），"商人行运到炉，番民赴炉买运"，出现了"商旅满关，茶船遍河"的盛况⑤。供应康藏的边茶多由陕帮行商长途贩运至川边打箭炉、巴塘等城镇，与当地批发和零售商（多为汉商）交易，再由他们转售于各地零售藏商和回商。

据近代学者调查：四川从事边茶贸易的商人中，主要是汉商和藏商，前者约占60%，后者约占40%，其余为少数回商。汉商中，绝大部分是陕商。他们控制着边茶贸易的主要渠道。乾隆间，每年由他们运销康藏地区的边茶多达1230万斤。西商在嘉庆中不断增引，销额更高达14168160斤⑥。根据英国人古柏斯于同治八年（1869）在西藏的调查，四川每年仅运入西藏的茶叶，即约值600万英镑。陕商以边茶交换涉藏地区金、银、羊毛、动物皮张、药材等货物，运回内地发卖，获利数倍⑦。

二、川滇、川黔民族地区的贸易

明清时期，南方丝绸之路的贸易有所复苏。明代初年，川滇建昌旧道十分通畅，出入商贾甚多，史称"商旅络绎，即五卫耕屯，赶脚之夫，亦往来

---

① 嘉庆《四川通志》卷六九。
② 民国《北川县志》卷九《茶法》。
③ 《松潘县志》卷一、卷二。
④ 嘉庆《四川通志》卷六九。
⑤ 乾隆《雅州府志》卷七《茶政》。
⑥ 嘉庆《四川通志》卷六九。
⑦ 李根源辑，杨文虎、陆卫先主编：《永昌府文征》卷三六，1941年刊行。

如织"①。明代浙江、江西、安福、龙游三五万商人在云南卫府城乡"生放钱债，利上生利，收债谷米，贱买贵卖，娶妻生子，二三十年不回原籍"②。可见商贸、高利贷相当繁盛。贵州普安系入滇东路，明代镇远一带接食淮盐，大量淮盐由此路转入镇远。当时贵州府商务不甚繁华，猴、兔二时为交易时刻③，但已有大量流寓居于府城。其中，"川人结茅场侧，为居停焉"，有的川人还在乡镇开设旅肆④。

明代中缅陆上贸易以盐、棉布、珠宝为大宗。输入中国的主要商品有珠宝、棉布等，从中国转输缅甸的商品主要是盐。生活在明后期的张瀚记载了东南亚经广西到云南、贵州的贸易情况：在丝绵、海货贸易的同时，宝石开采及交易仍是元明时期以来此路的重要商务。抹谷宝石中的红宝石久负盛名，卡萨的玉石，孟祝的琥珀、翠玉都有很好的销路。交易之初，是由腾越和顺乡边民取古永到三亚矿（密支那），由各玉矿野人负玉来交易，并由腾越商人转销云南广东商人⑤。

清初，对于这种民间贸易的控制是相当严格的。乾隆四十二年（1777），云南总督李侍尧的奏议说："潞江等处，现派员稽查，倘有江楚客商至彼，均不准出口"⑥。乾隆四十三年，清廷谕令在潞江、缅宁二处专派员弁"严行稽察，毋许江楚游民擅行出口"⑦。尽管控制严格，却阻挡不了江楚商人的冒险活动，大量的江西、湖南商人还是源源不断地前往昆明，再偷渡到缅甸，每年直接前往开采者达五六百人。这些商人用白银、寒衣、地毡、草帽、铜器与缅人进行交易。刘崐《南中杂说》中记载说："中原亡命之徒，出关互市者，岁不下千百人，人赍锅数百远赴蒲甘，是缅人不费斗粟，徒以瓦砾无用之物，岁收铜斛数十万。"

清雍正（1723~1735）以后，川滇建昌道商贾再次活跃起来，四川的布匹、铁锅、食盐、丝线及中药材附片、麦冬、川芎等货物畅销南中、云南。木

---

① （明）顾炎武：《天下郡国利病书》第三十一册《云贵》。
② 《皇明条法事类纂》卷一二。
③ （清）师范：《滇系》引《天启旅途志》。
④ （明）徐霞客：《徐霞客游记·黔游日记》。
⑤ （明）张瀚：《松窗梦语》卷四。
⑥ 《清高宗实录》卷一〇三一。
⑦ 《清高宗实录》卷一〇六一。

料、竹笋、矿产、药材、牛羊皮则回销四川。成都所产绸缎以建昌道为中转站，除本省消费外，还销往西藏，一部分远销暹罗、安南等国。威宁城在清代前期商务繁盛，"属商务荟萃之区"，大量江南、湖广、江西、福建、陕西、山西、云南、四川流寓人口充斥其间。由贵阳、镇远到普安的道路已成为南北方各省入滇的重要通道，也是南下缅印的要路，许多商贾往返于途，驮载繁忙。雄远为这一线要津，水运码头，称为"滇货所出，水陆之会。滇产如铜、锡，斤止钱三十文，外省乃二三倍其值者。由滇至镇远共二十站，皆肩舆马赢之负也"①。

川滇石门旧道，清代商贸活动也十分繁荣，乾隆七年（1742）因转运滇铜之需，整治关河水道，乾隆十二年通航，更呈现商旅辐辏景象。川商将成都嘉定、叙府、筠连、建昌等地土特产运往云南，滇商、回商从缅甸、印度运回各种商品。云南实际上处于商品集散地带，经云南输出的商品，以丝绸，特别是四川黄丝为大宗，形成种类繁多、规模甚大的对外贸易。转运到印缅的商品有川丝、纸、茶品、果品、黄铜、石黄、水银、朱砂、铁器、铅、明矾、瓷器、金银、丝绸织品、天鹅绒、酒精、皮革、扇子、鞋子、衣服、火腿、粉丝、药材等，从缅印转运回的商品有棉纱、宝石、缅印金条、印度金币、鹿茸、蓝布、熊胆、麝香、犀角、龙涎香、太西缎、追鹿布、象牙、漆、盐、羽毛等。中国商人将川丝等商品转运从入缅正路经八莫或由木邦取旱路阿瓦等地销售后，又从实阶、阿瓦等地收购棉花，用船运到八莫，再用骡马运回云南。《大理经济发展史稿》记载，一些昆明商人到大理、腾冲、缅甸经商，行程七千里，耗时三年之久。《云南回族史》载，道光六年（1826），缅甸由陆路转运到中国的棉花达七百万公斤之多。

清代云南鹤庆"兴盛和"商号在建昌、叙府、遂宁、雅州、会理、成都一带经商，主要经营云南的土特产茶叶、药材等，又将这一带的丝绸布匹运往云南销售。许多四川、云南人主要在四川、云南、缅甸间从事转贩丝绸、棉纱、宝石、茶叶商务。嘉庆道光咸丰间，"三元"商号在保山、腾冲收购缅甸棉花运销大理；"裕和"号也采购缅甸棉花、棉纱运销大理、会理、建昌。

地处南方丝绸之路、横跨川滇两省要津的叙州府和昭通城，清代商务繁盛，时谚有"搬不完的昭通，填不满的叙府"之说。叙州府"为川滇门户，两

---

① 民国《威宁县志》卷九。

省往来必经"①；昭通府城地处水路要冲，"夫上山为城，城下为江，两江合抱，处舟如蚁聚"，"城内贸易商贾，繁若都会"②。昭通府处在川滇贸易要津，有"小昆明"之称。云南地方文献记载：

在昔昭城，商业繁盛，厂务发达，称银用秤。滇铜蜀盐，车马交驿。秦楚赣粤，工贾群进。苏松梭布，填塞路径。百货云集，任人贩运……昭通车马盈途，秦楚赣粤各省商贾，来昭者络绎不绝……其时山货下川，杂货入昭，上会理，至省城者贩运不少，家居尤多。③

在昭通，有各地商人开设的会馆，如福建会馆、两湖会馆、贵州会馆、江南会馆，同时经营开矿、转输滇铜。因此，昭通是云南与四川交流的一个重要商埠。

在这条著名的西南丝绸之路上，除传统丝绸、棉纱、宝石贸易外，清代重要流通商品还有盐、茶、鸦片等。盐主要行销普洱黑盐井、镇源盐井等盐，经思茅西通缅甸，南临安南、泰国等地。下关沱茶不仅北销四川、西藏，也从腾越远销缅甸。普洱春茶除北销四川外，也是重要的外销商品。许多腾越商人"于棉纱自然获利不丰，贪逐什一之利，往往携重资走客厂购买玉石碧玺、宝石、树浆等项，以为得到利甚厚"。虽然缅王在孟拱专门设税卡课以33%的重税，仍挡不住腾越、粤闽商人前往购玉，滇籍玉商有时可达百余家，挑夫数千名，运销多者上千担④。

明中叶便开始开采的上缅甸银矿，到了清代十分兴盛，魏源《圣武记》、周裕《从征缅甸日记》中都记载：波龙银厂"常有工人数万，商贾云集，比屋列肆，俨一大镇"。根据清史记载："波龙者，产银，江西、湖广及云南大理、永昌人出边商贩者甚众。且屯聚波龙以开银为生，常不下数万人。"⑤其地汇集数量众多外来人口的原因，就在于银矿的大规模开采。波龙银矿的开

---

① 民国《盐津县志》卷一六。
② 民国《新纂云南通志》卷五六《交通考》。
③ 民国《新纂云南通志》卷五七《交通考》。
④ （清）寸开泰：《腾越乡土志·商务篇》。
⑤ 《清史稿》卷五二八《缅甸传》。

发,也有利于中缅贸易的进一步活跃①。

第五节　巴蜀盐业的政策变化与井盐、天然气技术创新

一、明清时期对巴蜀盐业政策的变化

（一）明代巴蜀盐业政策的变化

经过南宋末年的长期战争,元代巴蜀人口锐减,移民成为主要的劳动力来源。《元史》记载：元顺帝时期,"襄汉流民"前往绍熙府定居的人口达到"数千户",他们"私开盐井,自相部署,往往劫囚徒、杀巡卒"。为了对付"流户日增"的形势,元朝廷不得不"设官府以抚定之"②。元末二十余万江汉移民涌进四川绍熙府辖地,从事垦殖和开凿盐井,虽然后来遭到强制解散,但确实开了元末明初大移民的先河。明初移民继续入川垦殖,井盐业实受其惠。

明代四川井盐业受到的封建束缚较多,承受的税课也较重,无论灶丁（灶户）,还是盐工,都在极其艰难的环境中从事生产。四川井盐自明中叶以后,井灶课额虚悬,灶丁逃亡事例增多。正德年间（1506~1521）大宁盐场灶丁鄢本恕、廖惠等人发动武装起事,反抗官府沉重的课税负担。明王朝被迫"整理"四川盐法,规定：如盐井坍塌,"许以私开小井帮补煎办,不再征课"。穆宗隆庆二年（1568）,"准许灶丁多开小井,以补塌井逃丁之数,不再增加（盐引）",不增加盐引即不增加课额。同年,礼部给事中何起鸣建议,"宜据出产厚薄,以定课额,招集灶丁,广开小井,以补旧数"。内容大致是,从引定银,减轻盐课。将产盐州、县列为三等,取消上场折银二两的规定,每引折银一两五钱,中场一两二钱,下场九钱,共征银69172两。其润课原非部额,逋负尚多,各场暂免派征③。神宗万历三年（1575）,减旧额23942两,岁征银47531两。万历十三年,再减为36660两。多次减免后,灶丁负担大大减轻。

---

① 本文明清贸易部分引用了蓝勇《南方丝绸之路》（重庆大学出版社1992年版）第134~157页的成果,特此说明。
② 《元史》卷一九〇《瞻思传》。元绍熙府军民宣抚司辖六州、二十县辖地,荣县为绍熙府治所地,但县境不大。而《元史·百官志》已明言二十万移民在绍熙府开垦成业,应超出荣县范围。
③ 以上引文均见《明会典》卷三三《盐法》。

明王朝允许灶丁开凿竹筒小井以补旧课，对四川井盐业起了一定的刺激作用，但这一措施在各地实施的时间早迟不一。嘉靖三十年至三十三年（1551~1554），富顺县"富义、邓井久在坍塌，其新开自流等井，课程自可兑补原额；无井灶丁，自可径免虚赔"。它也享受了税收方面的特惠待遇，不征新税，为已经坍塌的老井补纳课税，叫作"补原额"①。闻名遐迩的自流井，就是在这个时期开凿出来的。嘉靖三十八年，宦游蜀中的张瀚十分关注井盐生产，曾记载了富顺县新开的"自流井"和犍为县发现的石油井："内江、富顺之交，有盐井曰自流，新开，原非人工所凿，而水自流出，汲之可以煎盐。流甚大，利颇饶，多为势家所擅。有油井，井水如油，仅可燃灯，不堪食。"②在井研县，"万历间清察老井二十眼……又于续开帮纳之，小井亦准课银二百三十两三钱十分，谓之新井"③。这种在对全省盐井做了统一清查后，将新井报官，通过纳税方式，也就是从法律上肯定了新开盐井的合法地位。第三，对灶户控制有所松弛，余盐得以自由处置。明初贩余盐者处以绞刑，而正德五年（1510）规定："凡余盐，令上中场分灶户所煎盐斤，除穀（扣）本场正课外，多余之家，许缺盐场分灶户自相贸易。"④嘉靖三年（1524），继续下令"各灶丁除办正课外，余积之数，听卖有引商人，纳银解部"⑤。拥有更多产品支配权后，"勤灶余盐积多"，刺激了生产积极性。明后期，四川井盐有了新的发展。

（二）清代巴蜀盐业政策的变化

清王朝为恢复和发展在战乱中遭到破坏的四川井盐业，也实行一些有利于盐业生产和运销的政策。顺治元年（1644），即谕"各运司……明末递年加增有新饷、练饷及杂项加派等银，著尽行蠲免，仍免本年额课三分之一"⑥。顺治六年，虽然全川处在战乱之中，清廷也象征性地免去四川商民盐课。顺治八年（1651）又诏令各地盐官，"止许征解额课，不许分外勒索余银"⑦。这样

---

① （明）熊过：《答李令论税粮驿传盐策册籍四事书》，《南沙文集》卷四。
② （明）张瀚：《松窗梦语》卷二《西游纪》。
③ 乾隆《井研县志》卷九。
④ 《明会典》卷三三《盐法》。
⑤ 《明会典》卷三三《盐法》。
⑥ （清）嵇璜、刘墉等：《清朝通志》卷九一《食货十一》。
⑦ （清）丁宝桢等：《四川盐法志》卷首《顺治八年上谕》。

一来，明季加在盐业生产者和运销商贩身上的重重额外负担，总算在形式上除去了。清王朝实际控制四川后，对工商业的政策也随之出台。

1. 对小贩票盐的政策

在这些缓和措施中，较有实际意义的是顺治十七年（1660）清廷批准四川巡抚张所志关于新井征课和贩运四十斤以下零星票盐免税的一项政策。张奏略云：

> 蜀省之盐皆产于井，必相山寻穴，凿石求泉，而井始成；开凿艰难，每一井常费中人数家之产。应照开荒事例，三年起课，以广招徕。……贫民易食盐斤，应令四十斤以下者准免课税，四十斤以上者仍令纳课。①

这一政策顺应战乱之后，四川人民在财力、物力和人力方面都极困难的状况，起到了鼓励商民节衣缩食，开办井灶，恢复和发展生产的积极作用。而对四十斤以下盐斤免收课税，则调动了资金短缺、运负困难的广大商贩的积极性。由于他们努力贩运，既满足了当时人民的最低限度的需要，又进一步刺激了生产的增长。

在康熙中期以后，清王朝在四川的统治地位基本稳定，开始推行一整套完整的盐务管理和税收制度，确立了盐业领域的封建剥削体制。这一体制一方面保证了封建统治者的既得利益；另一方面由于在吏治方面的相对严明，以及禁止"额外加派"、增收"羡余"、勒索"陋规"等律令的实施②，开初多少起到一定的作用，因而在客观上有利于生产的恢复与发展。

清初四川井盐生产技术，基本恢复到明末后期水平，但尚未实现新的突破，钻凿和治井技术并未臻于完善，因而"易致坍塌、水湮"，并常常发生"渗漏"，"停煎修补，动经岁月。又或开井初成，出产无多；汲煎既久，盐水不足"③。井灶户为"赔累"所苦，极大地损伤了他们的生产热情，许多井、灶户无法维持生产，不得不放弃井灶，流落他乡。

---

① 《清朝文献通考》卷二八《征榷三》。
② （清）丁宝桢等：《四川盐法志》卷首《圣谕》。
③ 民国初年盐务局编：《清盐法志》卷二五九《四川十六·征榷门·课税》。

2. "听民穿井、永不加课"的政策

雍正十二年（1734）川陕总督黄廷桂、四川巡抚宪德提出对盐井实行"据实清查"的办法，核实井灶户的盐井数：

> 凡有废坏无用、坍塌渗漏、修补不能复旧之井，开明引盐数目……照重粮例分别开除。倘从前井口或有多报之处，亦令一并查实取结，照例开除。嗣后有枯涸损坏盐井，仍令陆续详报，咨部开除。①

这一措施，似乎带有一点实事求是的精神。"据实清查"，井、灶户可免"干赔"，这是他们乐于接受的有利于生产的好办法，尽管清查并不彻底。

事实证明，清代前期对井、灶户一般能采取比较和缓的、富于刺激性的政策。如在乾隆朝规定的"新开盐井，按下井榷课"的办法，效果就极为良好。如犍为县："乾隆十四年（1749），新招灶民杨一贡等，谕以开井增课，始照下井之例，下锅一口，承正课银二两。""乾隆五十四年，新招灶民黄袁顺等，谕以开井增课，始照下井之例，下锅一口，承正课银二两。"②富顺县于乾隆四十八年亦推行了这一政策："……富顺等县井锅，乾隆四十八年以图均分上、中、下三等榷课，因各灶户连年积欠不清，颇有坍除，亦有开凿。（林）隽除盐茶道，躬至厂地按验，详情奏明，一律坍报下锅，以新填旧，均摊纳课。自是井锅均下等矣。"③从《四川盐法志》卷二十《征榷》统计的井锅榷额看，各场均以下井锅课为主，有些场区甚至不榷上井、锅课。这些措施，对于四川井盐业的全面繁荣，的确起了不可忽视的促进作用。

这类政策中，影响较为深远的是四川盐茶道林隽（西崖）推行的"听民穿井，永不加课"④的政策。这一政策提出的背景是：由于乾隆以前四川盐业生产技术还不够完善，因而经不起自然灾害的打击。如乾隆四十六年、四十七年连续两年大水，摧毁了当时在生产方面居第一位的射蓬盐场，井灶"冲汰过

---

① 民国初年盐务局编：《清盐法志》卷二五九《雍正十二年川陕总督黄廷桂、四川巡抚宪德奏》。
② 嘉庆《犍为县志》卷四《食货》。
③ （清）丁宝桢等：《四川盐法志》卷三十《职官四·盐官表四》。
④ （清）王守基：《盐法议略》，《四川盐法议略》，第54页。

半，所存者沙砾。……比年以来，井水枯涸，悬筒辍煎者所在皆是。盐不敷引，而商与灶皆被困矣"①。因此，不时出现盐引积滞、盐课亏欠和商灶破产的情况。乾隆四十九年，亏欠达二十余万两。清政府责令四川盐务当局"限期完纳"。林隽并不采取一般酷吏"严刑追比"的办法，而改行"听民穿井，永不加课"的刺激性政策。林隽实行这一政策的用意在于，开新井以帮旧课。因为井、锅课都是以雍正以来的榷额为准，称为"原额"。旧井"原额"既已亏损，而让井、灶户开凿新井，以补旧欠，就是积极的、治本的方法，果然，这一政策收到了预期的成效，"甫及九年而积欠悉完"。但是，林隽开新井补旧课政策产生的影响远不止此。

清代前期，由于大规模移民和轻徭薄赋政策的实施，四川经济得到快速恢复和持续发展。由于鼓励民间开凿盐井，川北射洪、蓬溪、南部等县浅层盐卤分布区的井灶率先得到快速增加。射洪县雍正时有井2319眼，嘉庆时2999眼。南部县雍正时有井39眼，嘉庆时达到436眼。犍为五通桥、牛华溪的深层卤井的开发，取代了元明以来永通小井生产区②。康熙二十五年（1686），犍为县有井280眼，乐山县有井107眼。雍正九年（1731），犍为县有井672眼，乐山县有井614眼。乾隆二十三年（1758），犍为县有井738眼，乐山县有井370眼。乾隆时，乐山县井数下降，而锅却从雍正九年的626口增加至乾隆二十三年的647口③。说明竹筒小井被大量淘汰了④。

限于井矿地质条件，富荣盐场所在的富顺、荣县盐区的大规模开发较晚。雍正时，富荣盐场有井298眼，煎锅755口。乾隆五年（1740）富顺县灶民开淘盐井73眼，共产盐1251200斤，配水引204张、陆引170张，"定地行销，应纳课税，自乾隆五年为始，照例征收"⑤。乾隆二十三年（1758），富顺县有井397眼，荣县有井16眼、火井11眼⑥。总之，清代康、雍、乾三朝对四川井盐业实行了较为稳定的缓和政策。这些政策使井、灶户获得了休养生息的经济条件，使盐业生产得到恢复和发展。在井盐生产恢复之初，相对容易开采的射洪、蓬

---

① 嘉庆《射洪县志》卷首《原志序》。
② 李从周：《永通盐区述要》，《井盐史通讯》1979年第1期。
③ （清）丁宝桢等：《四川盐法志》卷五《井场五》。
④ 张学君、冉光荣：《明清四川井盐史稿》，四川人民出版社1984年版，第87~96页。
⑤ 《大清高宗纯皇帝实录》卷一二四。
⑥ （清）丁宝桢等：《四川盐法志》卷五《井厂五·沿革下》。

溪井盐得到先机，产销畅旺，十分自然；号称盐都的富顺、荣县井盐，盐卤资源丰富，但埋藏较深，只是在深井钻探臻于成熟的咸丰、同治年间才开发利用，也是后来者居上。

（三）引岸运销制度的建立

1. 对本省"计岸"的运销制度

自雍正九年（1731）开始，清王朝在川盐领域建立了一套完整的运销制度。这一制度在实施的过程中虽有不少变化和弊端，但它作为维系川盐运销达百余年之久的基本建制，确也起过不可忽视的历史作用，值得予以细致的剖析。

雍正初年，由于川盐产量的逐年提高，每年额行水引11166张，陆引61029张，折合食盐91840520斤[①]。随着销区的扩大，销量的增加，在运销方面带来了新的问题。销区有畅滞之别，有远近之分，有难易不同。商家虽多，往往趋利避害，造成运销上的混乱。一些山川险阻之区，商人不敢承领引张，"以致私贩充塞，官引壅滞"，造成边远地区"往往盐价高昂，民间淡食"[②]。

雍正七年，川陕总督黄廷桂、四川巡抚宪德提出建立川盐运销制度的主张，这一主张经清政府批准实施，其实施方案是：

> 查川省产盐之厅、州、县、卫共三十五处，不产盐之厅、州、县、卫共八十三处，每岁计行销水陆二引共三万八千三百一十一张，征收课税，尽考成于产盐之各州县，其余唯资盐利，并无考成。……自应钦遵上谕，通行合省，不论有无产盐州县，约计户口之多寡，均匀颁发，令其各自招商转运。在商人于本地府官缴销。……惟是旧日产盐州县，原各载有报卖口岸，应饬各产盐州县，将报卖之口岸，某处原销水引若干，某处原销陆引若干，逐一报出，各自分认。或其中户口蕃育，所销盐斤不敷食用者，应令查明盐斤实数，再增引目，如数承领，以敷民食。至僻远地方……即将引目交地方官设法行销。[③]

---

① 引为行盐单位，水引每张运盐50包，陆引每张运盐4包，每包重115斤。因此，每张水引行盐5750斤，每张陆引行盐460斤。
② （清）丁宝桢等：《四川盐法志》卷七《转运二·本省计岸》。
③ （清）丁宝桢等：《四川盐法志》卷七《转运二·本省计岸》。

概括起来，这一运销制度的基本内容是：统计川盐运销区域食口（包括产区），确定销额，然后按运道将各厅、州、县、卫销额与对应产区挂钩，形成运销网络；销盐厅、州、县、卫各自招商发引，到指定盐场购运盐斤，回本地销售，并缴销盐引；对于户口增殖，引额不敷的地区，随时查明，增加引目；边远险塞地区，招商不易，即由地方官设法办运行销。四川实行这一制度的地区，除上述35个产盐州县和83个不产盐厅、州、县、卫外，尚有新设的彭县等10州县和改土归流的永宁、天全，以及建昌所属德昌所、迷易所、盐中左所，加上改设的清溪，共计134厅、州、县、卫，基本上包罗了整个四川地区，因计口授盐，称为"计岸"。

2. 对黔、滇"边岸"和两湖"楚岸"的运销制度

雍正九年在确定本省计岸的同时，又将贵州和云南两省的食川盐州县纳入这一计划[①]。与四川销区不同，运销贵州、云南的边商"因途遥路险"，仅将盐斤运至沿边州县，趸售两省商贩，然后再由他们转运两省各食川盐州县发售。根据新的运销制度，两省均将各地食口、销数造报川省，然后确定行销滇、黔盐引额，招商行运。

上述运销制度，雍正九年也已施行到后来划归湖北的建始县，"……僻远之建始县、松潘卫，均俟查明户口，一律配引"[②]。乾隆二年（1737）湖北"改土归流之鹤峰、长乐、恩施、宣恩、来凤、咸丰、利川等县，照建始县例，同食川盐"[③]。

贵州、云南与四川南部毗邻，明初即已行销"马中盐"[④]。这一销区在清代称"边岸"。贵州本不产盐，其食盐主要仰给于外来供应。云南虽产井盐，但产量不高，亦需外来盐补给。川盐恢复云、贵两省运销源于清初，当时盐业生产开始复苏，即有零星盐斤运销其地。乾隆初，"四川额销黔引凡五千八百九十六道"。后仍显供不应求，又陆续增添部分引张。乾隆三年以前，四川额行滇边陆引9597张销售昭通、镇雄等地。乾隆三年，云南沿川边州县东川、宣威、南宁、沾益、平益等州县改食川盐。

滇、黔两省虽与四川为邻，但由于地方险峻、交通闭塞，运输便成为一个

---

① （清）丁宝桢等：《四川盐法志》卷七《转运二·本省计岸》。
② （清）丁宝桢等：《四川盐法志》卷七《转运二·本省计岸》。
③ 民国初年盐务局编：《清盐法志》卷二四六《四川三·运销门二·引目二》。
④ （清）丁宝桢等：《四川盐法志》卷一五《转运十·水利》。

极为棘手的问题。"四川盐行本省多陆引,行滇黔及楚多水引,长江为堑,疆域画然。水引盐艘率自井厂出小河,隤大江,塑邻水,以达于岸。滇、黔、楚配盐以犍、富、荣为最。盐运分内江、外江,起嘉定,讫夔州。内江起荣县,讫泸州。"①富顺运往云南边盐,"自厂顺流运于宜宾,换截引纸。水小之时,督商运至盐井渡;若时届大水,仍听由筠、高、长宁等县换截引纸运至川滇口岸,令滇省人民、商贩接运发卖"②。四川运往贵州边盐则主要通过四大口岸,"由涪州、彭水运销下游曰涪岸,綦江运销下游曰綦岸,合江、仁怀运销上游曰仁岸,永宁运销上游及云南,曰永岸"③。

按照这一新的运销制度建立起来的川盐销区,以产地为始点,销地为终点,由运商将其连成一线,无数的运销线构成川盐运销网。川盐数十个产地,除射蓬、犍乐、富荣等三大盐场和邻近湖北的大宁、云阳等盐场运销出省外,余皆以本省州县为市场。从销区看,销于本省者为"计岸"(取"计口授盐"之义),销于贵州、云南者为"边岸",销于湖北、湖南者为"楚岸"。从运盐方式看,可归纳为两种:一为经由长江水系,以木船运输者,称"水引";一为经由陆路,以马驮、车载甚至人力挑负者,称"陆引"。水引每引五十包,陆引每引四包④。各岸均有担负运销的商人,称"引商"。引商之下又有盐店、票号、各色商贩,担负销区盐斤的零售。位于长江流域的今湖北、湖南两省食川盐地区,在历史上称为"楚岸"。楚岸在清初肇端,咸同时期达于极盛,以后在与淮盐的竞争中渐趋衰疲。

二、井盐业的恢复、发展

在明清两朝盐业政策变化的驱动下,巴蜀井盐业等传统手工业获得刺激性增长,生产的发展首先体现在生产技术的创新方面。正是因为鼓励民间开凿盐井,加之钻井技术的大大进步,于是在清代前期出现了井灶猛增的浪潮。仅《清实录》乾隆五年载:"富顺县灶民开淘盐井七十三眼,共产盐一百二十五万一千二百斛。"富荣盐场雍正时有井二百九十八眼,煎锅七百五十五口。乾隆二十三年,有井四百一十三眼,煎锅一千零一口。射洪

---

① (清)丁宝桢等:《四川盐法志》卷一五《转运十·水利》。
② (清)丁宝桢等:《四川盐法志》卷九《转运四·云南边岸》。
③ (清)丁宝桢等:《四川盐法志》卷一〇《转运五·贵州边岸》。
④ (清)丁宝桢等:《四川盐法志》卷二五五《四川十二·运销门·截验》。

县雍正时有井二千三百一十九眼，嘉庆时二千九百九十九眼。南部县雍正时有井三十九眼，嘉庆时四百三十六眼。乐山县雍正时有井六百一十四眼，锅六百二十六口，乾隆时井下降到三百八十三眼，而锅却增至六百七十四口①。不少盐井产量极其可观。乐山井减而锅增的现象，说明深井开凿，卤水激增，锅口加多，大量产卤少而且稀的浅井纷纷被淘汰了。

值得强调的是，其中"私井"数量巨增。"川中产盐之区，额设井灶固多，私井亦数倍于官。"②咸丰年间，犍为知县杨炳锃奉命清查本县井灶，"综核册内现开井眼，现煎锅口，较旧卷已增十分之五"③；而清末私井为榷课井的十倍④。

井盐业在明代后期出现重要技术创新，这次革新发端于当时井盐生产最为兴盛的射洪、蓬溪一带。与《蜀中广记》作者曹学佺差不多同时的射洪人马骥对方兴未艾的井盐生产工艺革新表现出极大的兴趣，进行了实地考察并嘱人绘制了《盐井图说》（已佚）。从《蜀中广记》转录的《图说》记述部分看，经过改进的盐井钻凿工艺比宋代卓筒井更为细密，开井口、下石圈工程的出现和木质导管取代竹质导管奠定了深井钻凿的技术基础，钻井器具和修治井工具已能适应不同井段、不同井径的要求，能够解决各种井下事故，对勘探地下盐矿资源、鉴别岩层结构具备了一定的科学知识。这些创造性技术革新必然带来开发四川盆地侏罗系地层盐卤、石油和天然气资源的能力。正德末年（1521），嘉州、犍为县开凿盐井发现石油，用以照明，之后在由官府主持下又开数井；随后在潼川州、富顺县开凿出新的火井，发现天然气，并加以开采、利用，继临邛火井后再次创造出人类能源史上的奇观。这一技术创新为清代深井工艺产生奠定了物质基础。

清代前期，由于大规模移民和轻徭薄赋政策的实施，四川经济得到快速恢复、持续发展。由于鼓励民间开凿盐井，于是在清代前期出现了井灶猛增的浪潮，以富荣盐场为代表，四川井盐生产工艺再次出现创新。首先在钻井技术方面，划分为六道细密的工序：开井口、下石圈、竖木架、装辘轳、立车盘、凿大口、下木竹、凿小口和煽泥。钻凿工具已从单一的圜刃发展到大

---

① （清）丁宝桢等：《四川盐法志》卷五《井场五》。
② （清）严如熤：《三省边防备览》卷一〇。
③ 周庆云：《盐法通志》卷九十，1928年刊行本。
④ 民国初年盐务局编：《清盐法志》卷二五三，民国9年刊行。

小铁钎，而后定型为五种钻具：鱼尾锉、银锭锉、财神锉、单马蹄锉、双马蹄锉，完全能够适应于不同的井径和不同岩层的技术要求。其次，在固井方面，采用了可以加大口径的硬木导管以代替原来的楠竹导管，耐腐抗压力度也大大增强。

道光十五年（1835），投资商民在自流井"大坟包"（今自贡市大安区北段）成功钻凿出人类历史上第一口千米井——燊海井。当时燊海井井深突破千米，达到1001.4米。达到这个层位时，燊海井发生强烈井喷，气水并见，引起人们极大注意，感知盐井钻进了黑卤及天然气富集区。

此后的二三十年间，磨子井、海顺井、德成井、如海井相继见功，富荣盐场进入火井、黑卤井大开发时期。不少盐井产量极其可观：

> 火之极旺者曰海顺井，可烧锅七百余口；水、火、油三者并出曰磨子井，水、油二种经二三十年而涸，可烧锅四百余口，经二十余年犹旺也；德成井火、卤气熏人至死，可烧锅五百口，水自井口喷出，高可三四丈，昼夜可积千余担，经年不喷，牛车推之，尚可百余担；如海井卤气亦熏人至死。①

井盐钻凿工艺的长足进步，呼唤出蕴藏岩层深处的盐卤和天然气资源，形成"水火相得益彰"、富荣盐产甲天下的空前繁荣局面。"（盐）井至二百六七十丈而咸极。……（气）井至二百六七十丈而火旺。"② 自流井地质构造表明，极咸之黑卤和极旺之火均在三叠系嘉陵石灰岩构造富集，足证此时深井已推进到中生代三叠系层位。不少盐井产量成倍上升。与富荣盐场毗邻的犍乐盐场出现井减而锅增的现象，并非盐业生产出现萎缩，只能证明深井开凿以后，黄黑卤水产量激增，因此锅口加多；大量产卤少而且浓度稀的浅井不断遭到淘汰，生产效益显著提高。

三、天然气开采技术的重要创新

（一）从若干火井文献看明清天然气开发新工艺

近年来，学者在研究巴蜀井盐生产技术的过程中，发现了五种有价值的

---

① （清）李榕：《十三峰书屋文稿》卷一《自流井记》。
② （清）李榕：《十三峰书屋文稿》卷一《自流井记》。

明清火井资料，分别见于明人徐应秋的《玉芝堂谈荟》、李崇阶的《游火井记》、熊三拔（Sabatino de Ursis）的《泰西水法》、英国剑桥李约瑟研究所收藏的《雍乾之际井盐产销画卷》的照片，以及清代徐德清著《听雨轩笔记》①。除熊三拔《泰西水法》将在本文第三部分评介外，这里先对其他四种火井资料作如下介绍。

1. 徐应秋的《玉芝堂谈荟》

《玉芝堂谈荟》是徐应秋的文集，出现在明万历前后②。《玉芝堂谈荟》第二十三卷载有关于"蜀都火井"的内容，其中引用了《游宦余谈》对潼川府云台山火井的记载。《游宦余谈》是明代隆庆二年（1568）进士朱孟震的著作。朱氏入仕后，长期担任地方官，长于方物掌故，《游宦余谈》即是他在隆庆至万历间完成的一部见闻录③；卷首有万历十年（1582）的序言，足证其史实发生的年代不应晚于万历十年。这里把《玉芝堂谈荟》引用的《游宦余谈》文字摘录如下：

火井在云台山东五里。火自井出，周围有灶数十。居民各以竹剖其中，引火至灶，锅滚而竹不然。观者不敢近井。盖井火时一喷，辄及数丈。不用时，以物盖之；用时去盖投火，少许即腾腾焰上至井。近井数十家擅其利云。

但在张瀚所著《松窗梦语》中，对云台山火井却有不太相同的记载。因为这一记载早于《游宦余谈》，因此它的依据不可能来自朱孟震《游宦余

---

① ［瑞士］傅汉思、张学君：《中国火井历史新证》，《自然科学史研究》2000年第19卷第4期。
② 徐应秋系明代衢州西安人，字君义，号云林，万历朝进士，官至福建左布政使。《玉芝堂谈荟》刊载在《笔记小说大观》。本文在这里引用的是扬州江苏广陵古籍刻印社1983年的《笔记小说大观》版本。关于火井的史料刊载于《玉芝堂谈荟》第二十三卷，第13~14页（《笔记小说大观》第十一册，第282页）。
③ （明）张瀚（1511~1593），仁和（今杭州）人，字子文，号元洲，嘉靖朝进士，历仕明嘉靖、隆庆、万历三朝，授南京工部主事。历庐州、大明知府。蒙古俺答汗围京师，应诏立征八百民兵入卫，受嘉奖，迁兵部侍郎，总督漕运。隆庆元年（1567），总督两广军务。旋迁南京右都御史、工部尚书。万历元年擢吏部尚书。后因与张居正政见不合，罢官。有《奚囊蠹馀》《台省疏稿》《明疏议辑略》等著述。

谈》①。因张氏出身杭州巨贾，随父贸迁四方。读书出仕后，放外任多年，阅历甚广。此文出自他亲历巴蜀的《西游纪》，应当是他实地考察蜀中盐井所得见闻。两文对云台山火井描述的差异，正反映了他们见闻时间的不同。为了便于比较和分析，现将《松窗梦语》关于蜀中盐井、石油井和潼川府云台山火井的记载著录如下：

有火井。土人用竹筒引火气煎盐，一井可供十余锅。筒不焦，而所通盐水辄沸，此理之难解者。盐井在在有之，油井犍为县有三处，火井在潼川西，地名云台，仅一处耳。②

根据《松窗梦语》和《遊宦余谈》的记载，我们获悉四川在16世纪晚期已经有可以供给"十余锅"或"数十灶"煎盐的火井。在张瀚游蜀的嘉靖三十八年（1559），云台山火井不甚畅旺，只能供给十余口锅煮盐；火井到万历初开采出的天然气十分旺盛，令"观者不敢近井"。《遊宦余谈》记载说，火井不用时"以物盖之"，使用时就去掉盖子，用家火引燃。这种火井盖子，在《雍乾之际井盐产销画卷》上也有图文描述。《遊宦余谈》对于当地居民使用火井的这些记载令人耳目一新，应处在火井由弱到强的突变阶段。张瀚在简述四川盐井、油井产地后，肯定火井"仅一处耳"。据此可以推测，四川在16世纪中期还很少使用火井煮盐，川北云台山火井是当时四川唯一的火井。如果张瀚的记载没有疑义，那么有关文献第一次提到在万历年间向官府缴纳课税的自流井火井③，在嘉靖三十八年以前还不存在；这口火井，大约是在嘉靖、万历之交开发出来的。

2. 李崇阶的《游火井记》

《游火井记》是云南浪穹县人李崇阶撰写的一篇游记，后来收录在嘉庆十三年（1808）师范修纂的云南省志《滇系》中。李崇阶参加过康熙癸卯科（1663）云南科举考试，并中"省元"（举人），时人评他和与他同榜的士人

---

① 张瀚宦游蜀时记下的年代"岁己未"，应为嘉靖三十八年，即1559年。笔者与傅汉思2000年发表的论文疏忽了张瀚的入蜀时间，误将《松窗梦语》卷前序言注明的"万历癸巳"（万历二十一年，1593）认作《西游纪》写作的时间，在此予以更正。
② （明）张瀚：《松窗梦语》卷二《西游纪》。
③ 自贡市盐业历史博物馆藏《李氏族谱》卷一〇。

"皆负文名"①。"丙辰"秋（康熙十五年，1676），他被任命为"釜水令"（富顺知县）②。"丁巳冬"（康熙十六年，1677），他因公去自流井，对向往已久的火井进行了实地考察，并撰写了这篇游记。因其珍稀，见者甚少，兹节录如下：

相传蜀中山水多奇观，而火井为最。……每奇其事而窃窃焉疑之。丙辰秋，余令釜水，始知井去城仅百里许。询之父老，与记载略同，疑少释。然为吏事所羁，不得一至新罗而亲之。丁巳冬，奉上檄，有自流之役，问之土人，云火井有五，曰新罗，曰鸡公，曰桐梓坳，曰牛心滩。其二全火，其三半火，而新罗为最。诸井皆距自流不远，适万子襄文折柬相招，取道新罗作归路，因得观所谓火井者。

取火于井，以之煎盐，井之深不可以丈计。近盐灶四五尺，以拱围竹筒斜伏地中，引火入灶。筒去灶五寸许，以土为窍接之。傍复中立一竹筒，为起灭关键。其火在筒，以手扪之，不炙手。及其出，如担薪之焰，勃发猛烈，与家火无异，特其光稍绿。土人备陈起灭状为：盐成时，宜停火，则泥水扑置洞口即止，其声入地如雷鸣然。及取盐水贮釜内，去其所盖泥，以纸燃火向洞口，即勃发。当其甫燃时，须数人以大木极力按釜，否则火势冲釜起，屋且焚，其焰之烈如此。入夜不需灯烛，但取竹竿，通其节，插而引之，火且上腾，一室朗然不息，竹亦不毁。此自然之火，不假寸薪，所谓全火也。若鸡公，桐梓坳，牛心滩诸井，须薪少许佐之，而焰乃盛。余饱目移时，且聆其所以起灭之说，始信记载与人传不谬，而反惜当日《博物志》之所载未详甚哉，闻之不及见也如此。

夫去井不十五里抵万子居，因述火井之奇，万子谓余曰：流湿就燥，炎上就下，势殊也。火生于木，祸发必克，其理定也。今井中出火，而燥湿之

---

① 见《滇系》六之一《人物》，成文出版社重刊影印本，第1册，第311页。同时，在此书第1138页艺文目录也有明确记载："李崇阶，浪穹县人，康熙癸卯举人，官知县，《游火井记》。"傅汉思发现并在"Chinese and Western Scientific Explanations"中引用《游火井记》时，未发现李崇阶这段生平，仅从李崇阶描写的火井情况，推断这篇文章提到的"丙辰"应在乾隆元年（1736）。此次作者重读《滇系》，得以发现他的这段经历。因此，可以肯定，李崇阶《游火井记》是康熙十六年冬（1677~1678）的作品。
② 釜水又名釜溪河，为沱江支流，流经四川富顺县，"釜水令"应为富顺知县。

位易,火不燃木而生克之理乖。此得毋为燧人氏之所不及察与司爟氏之所不能辨乎!余曰:子奚此之疑?天地之大,一气举之;水之与火,阴阳余气。独不见夫南荒之中有火山,南海之中有火穴。其地产木,烧之不损;有火浣布,燃之不伤。《淮南子》谓:甑得火而浮,水中有火,火中有水。疾雷破石,阴阳相薄,自然之势也。彼火之不焚乎筒,其始出乎地,盖气耳。见风斯火,于以见五行之互用,而二气之不相离也,明矣。故值时之阳,则孔明窥而盛;值时之阴,则至桓灵而微,景曜而堕。夫亦山川之气与时而移耳,子奚此之疑?万子闻而笑曰:审若是,子于阴阳消长之故,了若观火矣。因笔所见而为之记。①

从李崇阶《游火井记》中,我们看到了康熙十六年冬自流井地区火井开发实况②。游记告诉我们,当时自流井共有五处火井,分布在新罗、鸡公、桐梓坳、牛心滩(游记漏记一处)。李崇阶选择了最兴旺的新罗火井进行实地探察。此处火井深度非同寻常,"不可以丈计"。对产气量不同的火井,已出现"全火""半火"的说法。这一类说法常见于乾隆以后的富荣盐场水火租佃契约,是判定火井供气量的行业术语。由此可见,清初富顺火井的开发利用已达到较高的水平。值得注意的是,与《天工开物》卷五《井火煮盐图》描绘的情况不同,新罗火井与盐灶的距离较远,"近盐灶四五尺"。向盐灶输气,采用"拱围竹筒斜伏地中,引火入灶"。煮盐装置也与《天工开物》文图描述有所区别,土制燃气火头放置位置低于盐灶五寸许,与输气竹管连接,不用时以泥水堵塞灶内燃气火头。有趣的是,"傍复中立一竹筒,为起灭关键"(与稍后所用"冲天筧"作用相似)。火井天然气强旺,燃烧时"如担薪之焰,勃发猛烈"。开始煮盐前,将盐水贮釜中,去掉燃气火头封泥,用纸引燃灶内气流。在引火的瞬间,由于高压气流燃烧可能引发爆炸,冲起盐锅,焚烧附近的房屋,因此必须由数人用大木杠全力压住盐锅。显然,这是"全火"火井。此外,鸡公、桐梓坳、牛心滩三处火井天然气产量不高,当地人称之为"半

---

① 有关李崇阶《游火井记》所反映的中国传统科学思想,傅汉思在"Chinese and Western Scientific Explanations"有比较详尽的论述,这里不再重复。
② 明代万历以后,"富顺火井"常见于明人著述,可惜记载十分简略。即使《天工开物》卷五《井火煮盐》文图描述的西川火井,迄今仍不能断定是川北火井,还是富顺火井。因此,目前对自流井早期火井所知甚少。

火"。"半火"火井煮盐需要加薪助燃,与《雍乾之际井盐产销画卷》描述的情况相同。

3. 《雍乾之际井盐产销画卷》

这幅画卷的照片现藏于英国剑桥大学李约瑟研究所①。原画的来源现在无法查考。首次将这幅画卷介绍给中国史学界的人,是北京经济学院的吴天颖教授。他从这幅画卷上记载的销盐数据和行业术语中得出的结论是,这个画卷代表了乾隆前期川北盐场的生产情况,因此将画卷称为《雍乾之际井盐产销画卷》②。画卷四个画面展示了不同生产过程和不同生产率的火井和火灶,并各有一段文字说明。另外在画卷上方还有一段文字,介绍四川火井的历史和概况。现将这五段文字说明介绍如下:

甲段文字描述的是,四川的火井历史悠久,但由于开采技术不佳而时开时闭。后来,湖广人来四川开凿火井,改进了技术,才使火井的开发和利用走上正轨。

乙段文字描述的是,刚刚开始煮盐的井灶,火井中出现天然气流后,盐灶周围制盐器具、盐锅旁置待用。人们用木柴点燃灶心之火,井火火焰呈现蓝绿色。

《雍乾之际井盐产销画卷》之二

丙段文字描述的是:煮盐以后的火井和锅灶,同《游宦余谈》所说以物盖井的情况相同。这段文字表明,锅中卤水结晶成盐以后,置锅于地,"以石掩井"。盐民准备出盐,将用勺子把地上锅中之盐舀出来。

丁段文字描述的是,可以供给两口锅用的旺盛的火井。人们把一个大竹筒插入井口,竹筒上盖以盛水的瓷碗,又用两个小竹筒从大竹筒的两旁把天然气引到两口锅的锅底煮盐。本段文字详细描述清代中期引用天然气的实况。在《游宦余谈》和《松窗梦语》中曾记述说,"周围有灶数十"和"一井可供十

---

① 这些照片是长期在中国工作的路易·艾黎(Rewi Alley)先生赠给李约瑟教授的。
② 吴天颖:《井盐史探微》,四川人民出版社1992年版,第302页。

余锅"。相比之下，本段文字所说，一口旺井供两锅之用，就显得火小了。

戊段文字所描绘的是，火微之井的煮盐过程。由于火井气流微弱，不足一锅之用。这种井需要加进柴火，才能完成煮盐，亦与李崇阶所记"半火"情况相同。

综上所述，这幅画卷上所描绘的火井生产力比较低，它们没有达到《游宦余谈》和《松窗梦语》中有关潼川火井的生产力水平，当然更没有达到19世纪后半叶自流井气水田可供数百口盐锅煮盐的强旺火井的水平。

4.《听雨轩笔记》

《听雨轩笔记》是清代徐德清撰写的，有乾隆五十六年（1791）的序。在这部著作的第四卷中，有关于四川火井的稀见记载，现摘录如下：

予友慈溪周圣老、山阴沈晓如，昔曾经理滇、蜀盐井，皆言四川、云南掘盐井者，常得火井。惟初开时热气上腾，人不及防，或为所伤耳。有盐井处得一火井，其利更溥，以省柴薪故也。其法，以箃盘盛卤置井口，少倾成盐。即炊饭、煮菜亦无不可。他处村中或得火井，则村人计日轮用，以省柴薪。然炊煮后，须以石盘贮水覆之。盘上开细孔如针眼，水渐涓滴而下，则火不上炎。否则烟焰飞起，必致焚舍烧林，不能遏也。临邛之井，昔人偶一见之，故以为异而附会之。若今则为数见之事，何足怪乎！尝见道家者流，称地、水、火、风，为天下四大。天既包乎地矣，而地复包水、火、风，泉源随处皆有，人咸知之。直隶、山西有风穴、风谷，每岁秋冬，大风将发时，穴内先作号吼声，风随卷地而出。人家冢墓中，亦有为地风吹棺至歪且翻者，此其明验。则地中之藏火，亦可因类而推矣。东南地形洼下，是以泉多；燕、晋、滇、蜀，居高燥之地，故风火萃于彼处。吾人株守一隅，以地中有火为奇事，遂笔之于书，而援古人以附会之。殊不知西北之人，亦以东南掘泉逢泉，为可怪也。因论火井而旁及之。①

《听雨轩笔记》先提到的是，从《括地志》引用的文段。这个文段来源

---

① 《括地志》这部书是唐太宗次子、魏王李泰主持，由当时学者编写的，原书有550卷，是公元642年的著作，现已佚散。但是清代孙星衍（1753~1818）根据其他著作引用《括地志》的内容重辑了新的《括地志》。该书刊载于《百部丛书》的《岱南阁丛书》中。可惜，在孙星衍重辑的这部书中已经找不到《听雨轩笔记》所引用的有关文段。

很清楚，是引用公元460年刘敬叔撰写的《异苑》。引文首次表述了把火井的生产力跟当时蜀汉的政治兴衰联系在一起的思想。在引用了跟《异苑》类似的火井史实后，徐德清记述了自己所见火井。这段记述的依据是慈溪周圣老和山阴沈晓如的报告，二人都是他的朋友。有趣的是，这个报告说，除四川以外，云南也有火井。当时为了节省柴薪，不仅利用火井来煮盐，而且也用来煮饭。此外，在乡村，人们已经达成利益均沾的协议，轮流使用这种火井。在这里，首次提到了使用篾盘在火井上煮盐的见闻。篾盘煮盐原来是沿海地区常用的办法。跟画卷中描写的情况具有相似之处，是用石盘贮水覆井口的方法。其区别点是，这个石盘有针尖般的细孔，所贮之水从细孔中漏出滴下，这就成了一种控制井火的安全设备。可以设想，如果没有这种设备，确有可能"焚舍烧林"。同时，这一点可以作为那里的天然气喷出量高的佐证。最后，徐德清对火井现象作出了哲理性的解释。

（二）明清火井开发与煮盐工艺的历史性成就

四川火井开发与煮盐工艺演进的历史，从东汉末、蜀汉间（2～3世纪）发端，到清代咸同时期（19世纪下半叶）达到鼎盛，其间经历了临邛火井、川北火井到自流井气水田的开发。对临邛火井和自流井气水田的开发，已有不少的历史文献发掘和研究成果积累，而对川北火井的资料发掘和专题研究十分薄弱。从井盐技术的发展过程看，明代后期川北盐井相当重要，它处于承上启下、继往开来的重要地位。其火井的开发和煮盐工艺也介于临邛火井到自流井气水田开发的过渡阶段，其价值不可低估。

从文献记载看，早期的火井很浅，《博物志》记载："临邛火井一所，纵广五尺，深二三丈。"人们对于天然气的认识比较肤浅、神秘，认为井火可以增加相同容积卤水的盐产量、井火的盛衰预示政权的兴亡，等等。取火的方式是，直接投以燃烧的竹木，就井引火，"执盆盖井上煮盐"[①]。到清代咸同时期，以自流井气水田的开发为标志，四川火井开发和煮盐工艺达到了很高的水平。由于深井钻探技术和补井打捞工艺的发展完善，蕴藏于三叠系嘉陵江石灰岩的黑卤和高压天然气均被开采出来，水火相得益彰，使火井开发和天然气煮盐工艺日益精湛。天然气储气、配气设施（康盆）、泄气和测气装置（冲天笕和冷箱）、多层次输气管线、大型燃气盐灶、大容量千斤锅已广泛采用，因此

---

① （晋）张华：《博物志》卷九。

极大提高了天然气开发利用率。一井所产之气，可供数十口到六七百口盐锅的需要①。

但是，处于临邛火井和自流井气水田开发之间的川北火井历史却呈现眉目不清的状况。新发现的川北火井史料，正好弥补了火井工艺历史上的一段空白。现在，我们可以按照已经揭示的上述火井史实，联系到宋应星《天工开物》对蜀中火井的记述，将明代万历到清代雍乾时期川北火井开发和煮盐工艺的历史性成就，作如下的归纳：

1. 《天工开物》未能揭示云台山火井的开发、利用水平

在嘉靖三十八年（1559）以前，云台山火井可能处在初步开发阶段，只能"供十余锅"煮盐。经过二十年左右的深入开发，万历十年（1582）以前，川北蓬溪县云台山就打造出一口可供"数十灶"煮盐，使"近井数十家擅其利"的高气压火井，这是临邛火井之后未能取得的成就。特别值得注意的是，采气和煮盐工艺的明显进步。《天工开物》卷五"作咸"记载：西川火井采气方法，"以长竹剖开，去节、合缝、漆布，一头插入井底，其上曲接，以口紧对釜脐，注卤水釜中，只见火意烘烘，水即滚沸"。结合附图《井火煮盐图》看，这是仅供一灶之用的火井。云台山火井不是这种火井，它"周围有灶数十"，是一口为数十座盐灶提供气体燃料的旺盛火井。它已有输气管道，"居民各以竹剟其中，引火至灶，锅滚而竹不燃"。

这里出现的问题是，倘若按《天工开物》文图的描绘，插入井底的长竹是无法与数十根输气竹笕连接起来的，而必须设置一个相应的储气和配气装置，才能向周围数十座盐灶输送天然气。这种装置虽然还不是清代咸同时期自流井所用康盆，但是应当是具有康盆功能的雏形，否则难以同时将一井之气输送到周围数十座盐灶煮盐。可以断言，如果《游宦余谈》《松窗梦语》的作者所记川北蓬溪县云台山火井煮盐的史实没有疑问的话，那么在明代万历十年，川北蓬溪县已开创出可供数十座盐灶同时使用的采气、储气、输气设施，与宋应星描述的采气设施大不相同，其技术进步十分明显。

2. 清代雍正、乾隆时期川北火井重新得到开发、利用

雍乾时期，川北火井得到复苏，火井数量增加，采气煮盐方式灵活多样。对新开火井，通过点火试燃，了解其气流强弱，以确定输气和煮盐的规模和方

---

① （清）李榕：《十三峰书屋文稿》卷一《自流井记》。

法。对仅供一灶之用的火井，用长竹导气，就井置锅煮盐，盐成后移锅于地，取盐过程中用圆石掩盖火口，保留暗火，这与临邛火井煮盐方法不大相同。对气流稍强，可供两锅煮盐的火井，则采取分气引导装置，使近井两锅同时煮盐。《雍乾之际井盐产销画卷》中所绘井口"大竹筒"，旁凿两孔相接，成为输气管道。这是明代万历潼川州云台山火井储气分流装置的一个延续。当然，前者用于供近井数十灶煮盐的采气、输气设施，应当比后者形制大得多。对微火小井的开发，也颇有创意。图中火井气流在盐灶中燃烧，但因火力不足，需往灶内添加柴薪，增强火力。

《雍乾之际井盐产销画卷》中，火井图说甲用简洁的文字概括了川北火井的历史渊源。火井肇自临邛，故称"相传已久"。万历时，盛极一时的云台山火井，可能由于明末清初复杂的社会历史原因，造成所谓"开闭不一"。清初湖广等省移民大量入川，"楚民"带来了勘探和开采地下资源的技能，火井再次得到开发利用，即所谓"其焰始燃，遂因之为法"。

3. 明清时期火井开发奇观丰富了传统科学思想

从明代万历年间到清代雍乾时期，川北火井成为引人注目的奇特自然现象，重新激发了人们对魅力无穷的自然奥秘的浓厚兴趣，人们力图以自己已经取得的理性认识加以诠释，与千余年前，人们对临邛火井充满神秘色彩的认识相比，是有所拓展的。徐德清的《听雨轩笔记》就是这方面的一个代表。如果说临邛火井是因为人们"偶一见之"，伴随谶纬学说风行而出现许多附会传闻，令人难以置信的话，那么他从现实中获得四川、云南"掘盐井者，常得火井"的纪实报告，使他确信火井的存在。他解释火井奇观，依从的是所谓"道家"思想，即："地、水、火、风，为天下四大。天既包乎地矣，而地复包水、火、风。"这种"四大"的思想来自印度，当时印度称之为"四行"。他根据地下到处有水泉现象，类推地下也蕴藏着风和火。他认为：地、水、火、风是构成自然界的物质要素，这些要素因其特性不一，蕴藏状况也不同。在地势比较低的东南地区水泉多，在地势比较高的河北、山西、四川和云南地区地下有风和火。由于地势高低差异，趋下的水造成东南洼地"泉多"，趋上的风、火，形成河北、山西高地的"风谷""风穴"和四川、云南山区"地中之藏火"。四川、云南开凿盐井时，常得火井，就是地中藏火的外泄。他认为，在这些地区有火井是不足为奇的。这是亚洲传统科学思想的一个典型例证，即根据相关性类推思路，似乎是有说服力地解释了奇特的自然现象。与此同时，这种思维也排斥了其他科学对此探索、解释的可能性。

但是，李崇阶在康熙十六年冬考察自流井火井后，在所著《游火井记》里，力图明确表达的思想，却实在不能称之为进步。与徐德清显著不同的是，他的"道家"应是中国传统的谶纬家说。他认为，火井是阴阳二气变幻、五行互用的实证。同时，由火井盛衰反映出的山川阴阳二气消长，同时可能预示到政治盛衰治乱。这与千余年前人们对临邛火井的认识并无二致。这是同一时期，对火井现象表达的传统科学思想认识的明显差异。

再一个新发现的材料来自明代万历壬子（万历四十年，1612），西洋来华学者熊三拔（Sabatino de Ursis）撰写的《泰西水法》。熊三拔对中国火井也表现出强烈的兴趣，他对火井进行了认真的思考，并对这一自然现象作出了他的解释①。现将他有关中国火井的两段评述摘录如下：

日为大光，万光之主。光彻于地，则生温热。温热入地，积成燥干。燥干之极，乘气为火。积火所然，土石为烬；复乘气出，共成炎上。隔于云雨，郁为雷霆；升于晶明，上成彗孛。此二物者，火之精微。别有洞穴上通，全体俱出，则为西国火山，蜀中火井。

咸生于火，火浅咸浅，火深咸深。平原泽国，火不地见，盐不地出。惟是高山峻岭，上多亢阳，下多洞穴，地中有火，即成咸焉。今蜀中凿井求盐，或得火井，井中之火，覆盖则灭，燃火投之，随而上焉。是则井火在下，与水同深，遇水成卤，不遇成火矣。

熊三拔对火井的认识，植根于古希腊亚里士多德的自然科学知识。他将日光称为"万光之主"，日光照射大地，产生热能。热能储积地中，可以转化为火，火乘气而出，得以燃烧。这种基于能量转化的理论，预示了现代科学的研究方向。因为缺乏科学实验，造成他的认识局限，未能将自己的假设向预期目标推进：阳光在何种条件下，经过哪些地质、物理、化学变化，才能实现这种

---

① ［意］熊三拔（Sabatino de Ursis）著《泰西水法》六卷，收入清乾隆四十六年（1781）的《钦定四库全书·子部四·农家类》。有关火井的论述，在《泰西水法》卷五。在徐光启主编的《农政全书》也收入《泰西水法》的部分内容。第一、第二、第三卷全部收入，第四卷去掉了最后的部分（"以水疗病"），涉及理论的第五卷（水法或问）竟被完全删去，因此，西方天主教徒所要表达的科学思想，就没有机会进入中国读者的视野了。

光热转化过程。

熊三拔还对盐井与火井的关系作了自己的解释，他认为"咸生于火"①，盐卤与天然气共生。四川、云南等地高山峻岭地带，接受日光多，地下岩隙多，形成盐卤与天然气的共生状态。因此，四川、云南开凿盐井，有时会得到火井。火井之火，覆盖后熄灭，投以燃烧物，火焰随即升腾。并由此得出"井火在下，与水同深；遇水成卤，不遇成火"的推测。这一推测，与中国类推性、相关性思想不一样。至少他的认识不以神秘世界为皈依，将物质与能量转化作为推导的前提。

从明清时期中西学者对火井现象的不同认识中，我们可以看到：在近代科学获得权威地位以前，西方和中国学者受到他们各自传统科学思想的影响，虽然试图对地下的炽热沉积物和火井现象作出赋有新意的解释，但得到的结论却是各不相同。其中西方学者有基于物质与能量转化的卓越理论分析，显然摆脱了中世纪谶纬学说对火井现象的神奇诠释，向着近代科学方向迈出了重要的一步，虽然尚未突破传统科学思想的束缚。在一些中国学者有关火井的描述中，对传统的科学思想和古代著作中成说的崇拜，常常将问题引导到纯粹的文献争论之中。

令人遗憾的是，不同的见解是和平地长期共存的，无法通过切磋达到求实存真的目的。因为在这个领域，并不存在正确和错误理论的区别。至于形成火井现象的地质科学变化的深层原因，中国学者无法窥其堂奥；欧洲学者则因缺乏科学实验，与近代物理、化学也还有一段差距。在那个时代，理论和实践还有一段距离，这是历史的局限性使然。

对于巴蜀井盐生产和天然气的开发利用方面而言，科学的理论并不占据特别重要的地位，只要山匠和技工具备基本经验和生产技能，能成功地发现和利用这些自然资源，能够为前工业社会还没有培育起来的基本需求作出基本贡献，就足够了。从宋应星《天工开物》的直观式的记述，可以清楚地看到问题的所在。

---

① ［意］熊三拔《泰西水法》卷五说："咸生于火也，火燃薪木，既已成灰。用水淋灌即成灰卤。燥干之极，遇水即咸，此其验也。地中得火，既多燥干。燥干遇水，即成咸味。"

第六节 其他传统工业的技术创新

一、酿酒技术的创新与五大名酒的问世

（一）明代巴蜀的酿酒技术

作为主要的粮食生产大省，巴蜀地区也是酿酒业兴盛的地区，"剑南烧春""郫筒酒""鹅儿黄酒""云安酒"自唐宋以来久盛不衰。明代是四川名酒的重要发展期，"泸州老窖"、成都"水井坊"均研制成功，并开始批量生产。

1958年，经来自全国的考古工作者、酒类专家对泸州老窖大曲的酿造工艺和老窖窖龄进行专门考察，一致认定这些老窖建成的时间都在明代万历年间（1573~1620），由此奠定了国家级"三百年老窖"名酒的的历史地位[①]。在明代商品经济发展的过程中，另一国家级名酒"五粮液"也诞生在叙州府宜宾县，老号"长发升"已拥有酿酒的"糟坊"。比较有名气的糟坊"温德丰""德盛福"位于今宜宾城区北门顺河街。从酿酒作坊的布局、设施和周遭环境看，宜宾的曲酒已经相当成熟。

近年来发现的四川名酒"水井坊"明代遗址，更是明代四川酿酒业兴盛的又一证明。水井街酒坊遗址位于成都市锦江区水井街东段，原为成都全兴酒厂的生产车间。1998年8月，全兴酒厂在此改建厂房时，发现地下埋有部分古代酿酒遗迹与遗物，遂报请省市文物主管部门进行考古试掘。1999年3~4月，成都市文物考古研究所、四川省文物考古研究所在试掘基础之上，联合开展了全面考古发掘工作，四川省博物馆部分人员参加了工作。发掘工作历时约一个半月，基本达到了确定遗址的年代、了解酿酒设施的平面布局及"前店后坊"的格局形式的预期目的，为相关学术研究提供了丰富的实物资料。

考古发掘出明代成都水井坊遗址

---

① 《泸州老窖史话》，巴蜀书社1987年版，第24页。

水井街酒坊遗址已经发现的面积约1700平方米，发掘面积近280平方米。发现有十余处不同时代的酒窖、晾堂、灶坑、灰坑（沟）、路基（散水）、木柱及柱础、墙基等遗迹现象，并出土了大批瓷器、陶器残片、石器、兽骨及其他遗物[①]。

按照遗迹单位分组及年代判定情况，并结合酿酒工艺流程，可将水井街酒坊遗址划分为三期。第一期遗存包括路基（散水）、晾堂L3及其以下部分地层等遗迹；遗物包括瓷片、陶片等，不见青花瓷。其年代下限不晚于明代，上限还不清楚。第二期遗存包括地层中的第4~6层、晾堂L2、酒窖J5-7、灶Z3、酿酒设备基座及其外部的红砂石条墙基和木柱等遗迹；遗物包括瓷片、陶片及石碾、石臼、兽骨、酒糟等。本期年代主要为清代。第三期遗存包括地层中的第1~3层，晾堂L1，酒窖J1-4、8，灶Z1、2、5，灰沟G1等遗迹；遗物包括瓷片、陶片及铁铲、竹签等。其年代为近现代。各个时期的主要遗迹之间相互配套，基本展示了传统白酒酿造工艺的完整流程[②]。这次考古发掘资料证实，成都水井坊至少具有六百年酿酒的历史。明代酿酒遗址、遗物的出土，是明代四川酿酒业兴盛的一个重要实证。

（二）清代禁酒政策与巴蜀酿酒业的兴盛

1. 清朝禁酒政策收效甚微

满族王室有禁酒习俗，清初就颁布了禁酒令。虽然雍正和乾隆皇帝都不敢背离康熙颁定的禁酒政策，但随着时间的推移，全国经济形势的好转，人们生活质量的提高，特别是四川、江南粮食的丰产稳产，禁酒政策越来越缺乏正当理由和实际控制力。乾隆二年（1737）刑部尚书、直隶总督孙嘉淦终于打破沉默，历数禁酒政策"无益于盖藏，而有损于生计"；酒禁不分丰年歉岁，只会损害农民的正当利益；贪官污吏以禁酒作旗号，中饱私囊。他列举两个案例：李卫任直隶总督，一年拿获烧锅364起，人犯1448名；他本人接任直督，一月拿获私烧、运贩78起，人犯355名，而后质问道：如果因为饮食之故，因为一杯酒，就把千千万万无辜的人逮捕监禁，这难道是"欲建万世之长策，致吾君于

[①] 以上均见成都市文物考古研究所、四川省文物考古研究所：《四川成都水井街酒坊遗址发掘简报》，《文物》2000年第3期。

[②] 陈剑：《水井街酒坊遗址研究》，《四川文物》2001年第6期。

尧舜"的好办法吗？①

孙嘉淦的奏疏，好似平地惊雷，激起截然不同的反应，它促使乾隆皇帝最终采取由各省"因地制宜，实力奉行"的灵活态度，使禁酒政策名存实亡，失去了刚性作用。事实上，由于禁酒政策的片面、武断，违背了中华民族饮食和文化习俗，即便在康熙帝颁行禁令的十年间，也未起到多少严禁作用，玄烨不得不承认："见虽有禁造烧酒之名，地方官不甚加意，未曾少止。"②乾隆初，由于"有司阳奉阴违"，烧酒"公行无忌"③。采取灵活应对措施后，下层官吏更将禁令"视为具文，奉行不力，致使乡邑愚民违禁私烧，竟成利薮"④。乾隆三十六年（1771），乾隆帝察觉到地方官已不再将禁酒政令当正经事体办理，"烧酒之禁，其来已久，何以未有拿获之事"⑤。这说明，清乾隆以来，禁酒政策实际上已经有名无实，不再影响人们的日常生活了。

2. "寓禁于征"促成了巴蜀酿酒业兴盛

如果我们将注意力集中到四川，情况就更发人深思。在康、雍、乾时期，各地拿获烧锅、黄酒、制曲等大宗违禁案例中，发案地方多属直隶、湖广、江浙等产酒地区，基本上未涉及四川。这是因为四川酒业尚未发展，不干烧锅、贩酒之禁吗？恰恰相反，四川酿酒业正是在严申酒禁的这段时期，利用得天独厚的条件，得以迅猛发展，形成了沿岷江、沱江、涪江、嘉陵江和长江沿岸的川酒生产和运销网络，并创造出绵竹大曲、全兴大曲、杂粮酒（五粮液）、郎酒、泸州老窖、仿绍酒等品质优异的名酒。大量史实证明，四川能够在严厉的禁酒政策下平安无事，主要是因为地方官员弱化了清廷禁酒政策，他们将收取"规费"作为维护川酒正常合法经营的交换条件，四川酒业因之获得了十分宽松的生产销售环境。

要理解这一点，必须对清代四川的吏治有一个了解。咸同年间，精于四川掌故的刘愚曾说："西蜀富庶之区，五方杂处；民情浮动，号称难治，余

---

① 《大清高宗纯皇帝实录》卷八三，转引自王纲编：《大清历朝实录·四川史料》，电子科技大学出版社1991年版，以下同。
② 《大清高祖仁皇帝实录》卷一八七。
③ 《大清高宗纯皇帝实录》卷四三〇。
④ 《大清高宗纯皇帝实录）卷五九九。
⑤ 《大清高宗纯皇帝实录）卷八九四。上引康熙，乾隆禁酒谕令，转引自王纲：《清代四川史》，成都科技大学出版社1991年版，第639~644页。

寓蜀久习焉。蜀民易使以礼，易感以恩，非蜀之难治也。"①他认为，蜀民知礼守法，并不难治，最难治的是官吏，"吏治之弊，至于四川极矣"②。他的判断一点不差。仅康、雍、乾三朝，四川不断暴出巡抚、藩臬大吏贪污大案③。道、府、州、县以至佐杂吏役更是贪得无厌，无孔不入了。而清廷的禁酒政令，早已转换为四川地方官员收取"规费"的财路，周询曾明确指出这一弊端：

惟当时以烤酒过多，有妨民食。故各地方县佐、汛弁，常下乡稽查烧锅、糟房，不免小有规费，然非纳诸公也。④

周询的"规费"一说，是有充分依据的。但是，各地在查报时所用名目和收费时限有所不同。有的止于凶岁，按户查牌征收，例如：

剑州有查牌差役，或四五人，或七八人，四散于乡，不知其差自何时，所查何事？乡人但呼之曰："查牌而已"……昨闻街坊某酒店，查牌直人，收取其酒壶，撞击酒家翁，口称："台尊示禁，天旱粮贵，不得煮酒熬糖。"……且闻查牌在乡已诈某家钱若干矣！⑤

这种情况并非剑州一隅，在各府州县均有佐证。（犍为县）"清至咸、同、光中，犍为烟酒均无厘。……惟产酒，先时每逢青黄不接或因米价高昂，仅由汛厅到各场查禁烧烤，不过藉以收其规费，并未抽厘纳税。"⑥（南川县）"清代初无酒税，凶岁禁酿，捕厅查糟房，例缴酿具，秋熟后解禁发还。"⑦

另一种是不分丰歉，地方官吏均向烧锅、醋房摊收规费。"（富顺县）旧

---

① （清）刘愚：《醒予山房文存》卷一一《庚辰李君听斋寿序》，转引自鲁子健：《清代四川财政史料》上，四川社会科学出版社1984年版，第525页。
② （清）刘愚：《何有录》，转引自鲁子健：《清代四川财政史料》上，第523页。
③ 王纲：《清代四川史》，成都科技大学出版社1991年版，第71页。
④ （清）周询：《蜀海丛谈》卷上，第239~240页。
⑤ （清）李榕：《十三峰书屋文稿》卷三《致杨子庚大令》，第13~14页。
⑥ 民国《犍为县志》卷六《财政》，第15页。
⑦ 民国《南川县志》卷四《食货》，第6页。

规：每醋房一家，由捕厅征收烧锅钱二千二百四十文。"①"合川向产苞谷、高粱两种，多用以煮酒，历无酒税。旧是惟秋成之日，汛署奉知州札，下乡查酢，酢房烧烤小有规费，约钱四百文止，后汛署裁撤，无此款。"②"中江以产酒名，初无税额，地方官清查酢房索取规费，谓之烧锅钱。"③

上述史实说明，康、雍、乾颁行的禁酒政策，在四川并未得到贯彻执行，"查禁烧锅"变成了收取规费，成为官府的例行公事。只有个别县，"例缴酿具，秋熟后解禁发还"。其余烧锅、醋房无论是歉岁查牌，还是不分丰歉，一律查牌，均以收取"规费"为目的。收费之后，不再干涉烧锅、醋房产销活动。

做过湖南布政使的剑州学者李榕，对并不在违禁之列的"膏粱"（高粱）也进行查牌提出过质疑："米麦杂粮，酿酒向干例禁；若膏粱一种，除却酿酒更无别用，明禁必不若是。"④但是，对于四川地方官吏来说，查禁之举不过就是收费，只要规费有着，违禁不违禁无关痛痒了。四川以收取规费代替查禁烧锅的变通办法，对于清代前期过分偏激的禁酒政策起一种局部缓冲作用，尽管有滋长腐败的作用，但客观上却有利于四川酒业的生产经营活动，对培植川酒的实力地位，促进系列名酒的诞生有积极、重要的意义。

（三）巴蜀五大名酒的形成

不少研究川酒的论著表明，清代四川酿酒业无论酿造工艺、产品数量和质量，还是产销范围、商业信誉，都是前所未有的，特别是今天享誉中外的五粮液、剑南春、泸州大曲、全兴大曲、郎酒等五大名牌曲酒，也都是清代烧锅、醋房精心勾兑的杰出作品。巴蜀成为中国名酒之乡，与清代酿酒业全面兴盛息息相关。

值得在这里深入探讨的一个重要问题是，清代四川酒业为什么能够获得如此丰硕的成就？川酒成功的历史条件是什么？有关这个问题，除了前述四川地方当局与清廷的禁酒政策巧妙周旋外，笔者认为，还有下述方面的重要原因。

1. 移民大规模入川，带来了优良的制曲烤酒工艺

清初四川人口稀少，百业凋敝，南北移民有组织的大量入川，带来生产技能和经营管理经验，对恢复发展四川经济文化，促进四川与外省的商贸交

---

① 民国《富顺县志》卷五《食货·征榷》，第43页。
② 民国《新修合川县志》卷一五《征榷》，第38页。
③ 民国《中江县志》卷一二《政事上·赋税》，第109~110页。
④ （清）李榕：《十三峰书屋文稿》卷三《致杨子庚大令》，第13~14页。

流起了决定性的作用。清代四川酒业的持续发展，就直接受益于移民的酿酒技艺和经营管理经验。在回顾四川名酒历史时，不可不考察它与移民入川的密切联系。

绵竹大曲的创制者朱煜来自陕西三原县，他在原籍时是酿酒工，清康熙年间入川，发现绵竹县山清水秀，适合酿酒，便开设朱天益酢房，仿陕西略阳大曲酿造方法制酒，生产出醇香可口的绵竹大曲，畅销成都和邻近各县。随后，陕西移民杨、白、赵三姓也迁来绵竹，从事酿酒生意，至今绵竹人尚能确认为绵竹酒业作出贡献的陕西移民居住的朱家巷、白家巷、杨家巷、赵家巷旧址[①]。

全兴大曲产生于乾隆年间，相传是一位山西商人把汾酒酿造技术引入"全兴老号"的制酒生产过程中，酿制出浓香扑鼻、回味清爽的名酒[②]。

郎酒产生于清代晚期，郑珍诗："蜀盐走贵州，秦商聚茅台。"[③]清雍正年间，贵州大部分州县成为川盐销区，年销边引盐达到4000万斤以上。运销黔盐，利润丰厚，山陕商人捷足先登，纷纷租引设号，合江到仁怀的赤水河沿岸，成为川盐销往贵阳的贸易热线，沿岸古蔺二郎滩，仁怀茅台村成为川盐、布匹、川绸、百货、山货、木材贸易的集散地。二郎滩市镇人口达到三四千，盐号、盐店近30家，每日背负"过山盐"的背夫不下2000人，来往商贾川流不息[④]。这自然增加了对白酒，特别是对醇香美酒的需要。郎酒和茅台同属赤水河系名酒，茅台开创在先。茅台创制于道光以前，因为编修过道光《遵义府志》的著名诗人郑珍已吟咏过茅台酒，诗中有"酒冠黔人国，盐登赤虺（虺）河"的句子。茅台酒的创制者也是山陕盐商。他们常年客居川黔山区，渴望美酒，于是从家乡山西请来酿造汾酒的技师，依照山西杏花村汾酒制法，以小麦为曲药，用高粱做原料，酿成一种烧酒，称茅台烧，后经陕商宋某、毛某改良，酒味更佳，以茅台酒名扬四方[⑤]。与茅台村一水相通的二郎滩有二十余家大小醋房，这些醋房在20世纪初受到茅台酒酿制工艺的启发，不断改进酿制方

---

① 《剑南春史话》编写组：《剑南春史话》，巴蜀书社1987年版；孙晓芬：《清代前期的移民填四川》，四川大学出版社1997年版，第97页。
② 孙晓芬：《清代前期的移民填四川》，四川大学出版社1997年版，第98页。
③ 《贵州近代经济史料选辑》上，第二卷，第686页。
④ 郎酒史话编写组：《郎酒史话》，巴蜀书社1987年版，第17页。
⑤ 郑珍编：道光《遵义府志》卷一七，第56页；张肖梅：《贵州经济》，第21页；何辑五：《十年来贵州经济建设》，第98页。

法，创造出"回沙工艺"，生产出与茅台酒香型类似的名酒，称郎酒①。

泸州大曲与绵竹大曲齐名，均为清初创制，也同样接受了陕西客籍人的酿酒经验。据说，泸州醑房老窖有六个建于清顺治七年（1650）前后，泸州有一姓舒的武举，驻守陕西略阳，解甲归田时，带回当地一名酿酒工和酒房母醪、窖泥等，在营头沟建窖，用该地龙泉井水烤酒，酿制出醇香浓郁的泸州大曲。乾隆年间，"温永顺、天成生"两家最有名的烧房应为陕商开设。

宜宾五粮液原名杂粮酒，酿制原料用高粱、糯米、大米、玉米、小麦五种粮食酿成，故名。宜宾醑房最早可以追溯到清康熙年间，著名的醑房有"温德丰""德盛福"（北门外）、"长发升"（东门）、张万和（马家巷）②。从号名看，与陕商字号息息相关。

渝酒，又名仿绍酒，是清代久盛不衰的名酒之一，其起源也与客籍人有关系：一说是清代前期，浙江人到重庆做官或做幕僚者（俗称绍兴师爷）渐多，他们喝不惯四川老酒，渴望饮用绍兴黄酒。时有浙江同乡韩四大人任职重庆，与允丰正烧房相邻，征得允丰正同意转向生产绍酒③。另一说是清嘉庆年间，浙江绍兴人刘丰赐在重庆为幕僚，有感于酒店无绍酒，遂邀集同僚集资创办允丰正绍酒坊，专酿绍酒，称为仿绍，即渝酒④。

由此可见，四川名酒开创成功，均与清代前期各省移民提供的名酒制作经验息息相关，没有客籍工商人士的倾心合作，就没有清代四川酒业的巨大成功。

2. 清代巴蜀余粮增多、粮价偏低，为酒业创新提供了原料保障

由于清代前期实行了有利于社会经济发展的政策，四川农业生产持续发展，康熙后期，已出现粮食价格下降。康熙五十六年（1717），四川米价已与安徽桐城米价持平，"银一两可得三石"⑤。雍正五年（1727），四川米价较康熙后期又有下降，"三钱可买一石"⑥。此后，米谷价格虽因南北灾荒外运

---

① 郎酒史话编写组：《郎酒史话》，巴蜀书社1987年版，第16~21页。
② 王纲：《清代四川史》，成都科技大学出版社1991年版，第647页。
③ 王纲先生在嘉庆《四川通志》查得雍正七年（1729）任重庆通判的韩国衡，是浙江山阴人，疑其为韩四大人。
④ 王纲：《清代四川史》，成都科技大学出版社1991年版，第648页。
⑤ 王纲编：《大清历朝实录·四川史料》，电子科技大学出版社1991年版，第231页。
⑥ 嘉庆《四川通志》卷首《乾隆上谕》。

而偶有波动，但与南北各省比较，总体价格趋于平稳，而且低于东南各省。

对于巴蜀地区过剩的粮食，雍正、乾隆两朝均谕令川省筹建、扩建常平仓，兴办社仓，吸纳余粮，以备荒年调剂粮价和救济之需。雍正七年（1729），额定常平仓储谷103万石；乾隆十三年（1748），常平仓储谷185万石；到嘉庆十七年（1812），常平仓储谷达293万石。乾隆三年（1738）四川农村社仓贮谷49570石[①]。同时，自雍正朝开始，四川作为产米之乡，承担了供应湖广、江浙、直隶、河南、云南、甘肃、陕西等16个省区粮食的重任，成为当时取之不尽的天府粮仓。清廷也看到四川米谷外运，连年不断，数额甚巨，"向由湖广一带贩运而下，东南各省均赖其利"[②]。据有关统计，从雍正四年（1726）到嘉庆十一年（1806），四川先后向江苏、浙江、湖北、福建、江西、云南、安徽、山东、甘肃、贵州、台湾、西藏、直隶等十余个省区供应米谷，粗略折算总数达到4500余万吨[③]。

但是，对于持续稳产高产的巴蜀产粮区来说，储存和外运究竟有限，如果余粮能够寻求加工转化途径，使之获得更高的商品价值，将粮食价格保持在一个合理水平，以维护农民再生产的能力，是十分必要的，否则必然导致"谷贱伤农"的严重后果。因此，余粮转化为烤酒原料，就成为维持基本粮价的重要途径了。

又由于四川耕地的利用率提高，平原地区除大春水稻生产外，又增加了秋种夏收的小春豆麦生产。丘陵荒地垦辟、旱地面积增加后，高粱、玉米、荞麦、红苕等旱地作物也普遍种植，红苕、杂粮和豆类除人畜食用外，余粮也需加工转化，增加其经济价值。这些廉价杂粮正好作为烤酒原料被各地烧房加以利用。酿造烧酒，研制各种香型曲酒，从而实现了更高的经济效益。

3. 水陆交通畅达和贸易网络的形成，为川酒提供了广阔的销售市场

清代前期，正是巴蜀地区突破自然环境的封闭，与外界建立密切的经济贸易交流关系的时期。首先是交通的改善，陆路方面以成都为中心，以驿站为基点，建立东路（经内江达重庆）、中路（经南充、大竹、达川、万县）、西路（经雅安、打箭炉入西藏）、北路（经绵州、广元入陕西）等四通八达的石板铺就的

---

① 王笛：《跨出封闭的世界——长江上游区域社会研究》，中华书局1983年版，第511~512页。
② 嘉庆《四川通志》卷首《乾隆上谕》。
③ 王纲：《清代四川史》，成都科技大学出版社1991年版，第575~577页。

官道。水路交通方面，清代对长江三峡段、金沙江段、川黔水道赤水河、綦江、乌江、川滇水道永宁河进行多次大规模整修，使险滩减少，运输能力增强，过去难以通航的河道全部或部分通航。水路交通形成以长江为动脉，向岷江、沱江、涪江、嘉陵江、赤水河、永宁河、乌江、綦江延伸的长江上游水上运输网络。四川的粮食、井盐、茶叶、木材、中药材、山货，通过水陆交通网络输往东南西北各省，云南、贵州的铜锭、银锭、木材通过川边水道、长江干道运往京师。由于大宗省际贸易的驱动，特别是直接提供大宗商品的地区，商品性农业和农村商业空前活跃，也为川酒的畅销提供了广阔的市场。正是这些因素，为巴蜀酒业的兴盛，特别是五大名酒的形成创造了良好的社会经济条件。

二、"衣被天下"的巴蜀纺织业

（一）明代巴蜀纺织业

1. 丝织业

明代即有"蜀织工甲天下"之誉，成都蜀锦因织造工致、价格昂贵，不是一般人所能享受的，"故其制虽存，止蜀府中，闾阎不传"[1]，因此蜀王府"特设织锦坊供御用"。四川成都、嘉定、保宁三大丝织中心中，成都居于首位，即所谓"俗不愁苦多工巧，绫锦刁镂之物被天下"[2]。蜀锦名重天下，但质高价昂，只能为皇室、贵族享用。明初，四川按规定特设"织染局"，辖于布政司，专门为宫廷织造精美岁贡锦缎[3]。明洪武九年（1376）定诸王"岁贡之数"，亲王"锦四十匹"，靖江王"半亲王"（二十匹），郡王"锦十匹"。锦缎并不由官支给，"其缎匹，岁给匠料，付王府自造"[4]。蜀王府"特设织锦坊供御用"[5]，专门督工织造，以供给蜀王府所需[6]。当时蜀锦织造工艺水平高，所产多为精品，现在四川省博物馆收藏的两幅明代蜀锦残片，一为黄地双狮雪花球露锦，是纬三重纹织物，地为经重平，纬浮花，地呈黄色，花纹为蓝、浅绿、黄、赭等色组成。锦面由大小圆镜花纹构成图案，以雪花

---

[1] （明）王士性：《广志绎》卷五《西南诸省》。
[2] （清）傅维麟：《明书·方域志》。
[3] 《大明会典》卷三。
[4] 《明史》卷八二《食货六》。
[5] 嘉庆《华阳县志》卷四四。
[6] 同治《成都县志》卷一六《杂类法·纪余》。

纹组成球路，小圆内织团凤，大圆中心是栩栩如生的双狮戏球适合纹样，纹样内层饰以卷草云纹，空隙处嵌有小圆雪花纹。整个锦面层次丰富，浑然一体。蜀锦产品讲究工艺，质地优异，民间视为珍品；但由于产量无多，主要供给宫廷使用，民间不易购置。因其制作精细、

现存明代绿地牡丹锦

价格昂贵，"一缣五十金，厚数分，织作工致，然不可以衣服，仅充裀褥之用，只王宫可，非民间所宜"[1]。

明代四川丝织业中，有专业分工，又有商品生产规模的要数川北保宁府和顺庆府。川北保宁府所属巴州、阆中、苍溪、通江、剑州、南江是生丝和丝织品产地，"保宁诸县则家植桑而人饲蚕，其丝绸绫绢，既用以自衣被，而其余且以货诸他郡，利云厚矣"[2]。栽桑、养蚕、缲丝、织造是当地农村副业和城镇重要手工业。当地农村以其"绿荫冉冉"的"女桑"培育出独特的"阆茧"，产量大、质量高，由当地蚕户缲出"丝细光润"的"水丝"，驰名全国。四川盛产丝织品的另一个地区是顺庆府，据明代文献记载，府属南充、蓬州、广安、营山县、渠县等地均盛产丝织品[3]。万历《营山县志》记载当地出售的纺织品，既有棉布、麻布，又有绫帕、䌷条、黄绸等。

2. 棉纺织业

明代四川纺织业得到了恢复和发展。虽然所见棉纺织业资料不多，但可以证实明代四川已有棉纺织业。例如，洪武十三年（1380），叙州、重庆两府奏称："今年夏税，令民以绢代丝，土产粗丝不堪织绢，愿以布代输为便。"[4]既然自愿以棉布代替丝绢输纳，就表明棉纺织业已经成为相当普遍

---

[1] （明）王士性：《广志绎》卷五。
[2] （明）章潢：《图书编》，《八编类纂》卷一〇六。
[3] （明）李贤、彭时等：《大明一统志》卷六八。
[4] 《明太祖实录》卷一三二。

的家庭副业。又如，洪武十六年（1383），明王朝"给四川等都司所属士卒五十二万四千余人棉布九十六万一千四百余匹、棉花三十六万七千三百余斤"。二十八年（1395），又"赏盐井、会川、宁番、越西、建昌卫军士一万三千四十人棉布二万六千八十匹、棉花一万三千四十斤"①。前者包括其他地区，后者专指四川地区，所列棉布、棉花应当属于本地民间生产品。经过二百余年的曲折增长，四川人口在明初8.4万户的基础上，增加到万历时的26.2694万户②。与此同时，明王朝制定了奖励农桑的政策，到万历时，四川总耕地面积增加到1340万余亩，棉花种植面积也达到29万余亩。符合市场供求规律的是：人口的大幅度增长，必然促进棉花种植面积扩大，最终给棉纺织业强有力的刺激，促使其走向兴盛。

（二）清代巴蜀纺织业

1. 丝织业

清初移民浪潮的推进，轻徭薄赋政策的实施，四川蚕丝生产恢复较快。清初四川丝绸业出现了恢复发展的有利形势，一是随着清朝统治阶级生活的更加奢侈，对高级丝织品面料的需求大量增加。为了满足这种需要，他们除在南京设江宁织造府，源源不断向清朝王室供应苏州、杭州丝绸外，又从成都调运大量高级丝织品进京。二是随着清朝官员职务、品级的正规化，制作官员服饰对锦缎的需要量大增；同时清王朝用锦缎作赏赐品的需要大量增加，例如：在平定两金川战争中，乾隆皇帝曾多次以缎匹赏赐奉公守法的土司，也促进了巴蜀丝织生产的发展。

丝织业的基础在栽桑养蚕，清代成都城乡栽桑养蚕已经蔚然成风，成都县乡间，"妇女务蚕事，缫丝纺绩，比屋皆然"③。不仅农户将栽桑养蚕作为家庭副业，城市居民也从事桑蚕喂养，当时竹枝词写道："乡里年年来买叶，城中渐有养蚕家。"④在成都乡里，甚至在冬天，缫制、洗涤及漂白生丝都是很重要的工作。在成都西南的朱雀镇，丝店林立，各地来的丝客，都投到丝店，

---

① 《明太祖实录》卷一五六、二三八。
② 康熙《四川总志》卷一〇《贡赋》，第2~4页。
③ 同治《成都县志》卷二。
④ （清）六对山人：《锦城竹枝词》，《成都竹枝词》，四川人民出版社1982年版，第40页。

以丝求售①。汉州乡间有谚说："喂猪养蚕，坐地揣钱。"②说明蚕桑仍是农家传统副业。荣昌农村，"蚕事方兴，农功迭起；男子耕作，女子采桑"③。犍为县"男事农桑，女勤蚕织"④。阆中县"种棉种麻，均不及种桑之盛"。利用空隙土地栽种桑树，已成习俗，"至人家隙地在在皆种者，则无过于桑"⑤。一些地区虽然蚕桑普及，因加工条件差，自己加工制作的蚕丝，无法制作适合市场需要的生丝，因而大部分农家仅仅生产蚕茧，不再生产生丝。如郫县，"人家养蚕获茧，多不自缫丝。每岁蚕日，故有商贩来收茧取丝，至成都销之"⑥。商人定期向农人收购蚕茧，这是商业资本控制小商品生产者的基本方式。

从市场需要出发，清代巴蜀高质量丝织品大量涌现。保宁府阆中县以其传统织造优势生产出质地精良、色泽鲜美的水丝，"匀净腻滑，则较胜焉"⑦。乐山县具有独特的饲蚕经验，"邑中养蚕，三眠以前，皆饲柘叶，故丝质柔韧而耐久，较川北燥劣之品诚过之而无不及也"⑧。

随着四川与云南、贵州、西藏、青海、陕西、甘肃、湖广以及江、浙交通的恢复发展，四川的丝绸销路又进一步扩大，生产积极性受到刺激。四川丝绸交易市场亦逐渐繁荣起来，并形成了成都、乐山、顺庆、綦江、重庆等丝绸贸易市场。道光时期，每年二三月间，綦江丝市，"则大聚于抉欢坝，每岁山陕之客云集，马驮舟载，本银约百余万之多"⑨，攘往熙来，极为热闹。新津县"邑人喜蚕桑，故三月丝市，以新津为最"⑩。

清代蜀锦业也再次得到兴盛机会。清初，张献忠据蜀，能工巧匠"尽于贼手，无一存者"；一说"孙可望独留锦工三十家，后随奔云南"。这些织锦工在那里生产出了闻名海内的通海缎，"今通海缎，其遗制也"⑪。留滇织锦工

---

① 彭泽益：《中国近代手工业史资料》第二卷，中华书局1962年版。
② 嘉庆《汉州志》卷一五。
③ 光绪《荣昌县志》卷一六。
④ 民国《犍为县志·居民志》。
⑤ 咸丰《阆中县志》卷三。
⑥ 光绪《郫县乡土志》，第20页。
⑦ 咸丰《阆中县志》卷三。
⑧ 民国《乐山县志》卷七。
⑨ 道光《綦江县志》卷一〇。
⑩ 道光《新津县志》卷二九。
⑪ 嘉庆《华阳县志》卷四四。

匠，后又陆续返回故里，重操旧业。康熙时，成都知府殷道成，为了恢复四川的丝绸业，从江苏、浙江一带招来一批丝织工匠，分布川东重庆等地，设坊授徒。再后，又"有浙江人某，自璧山至成都，复传其法"①。这些江、浙丝织工匠的先后入川，为四川丝绸业的发展作出了贡献。在成都广大蚕茧产地，开始出现专门加工生丝和绸缎的作坊。成都大部分地区，每家居民都以纺、染、织、绣为业。"妇女务蚕事，缫丝纺绩，比屋皆然。在城者多善针黹、缝纫、刺绣，色色皆精。贫苦孀居，竟有恃十指以为事蓄之资者。"②

清代遗存八答晕锦（《蜀锦史话》）

蜀锦是丝织品中最华美名贵的品种，织锦是具有悠久历史的传统技术。由于明末清初四川战乱的破坏，到了康熙初，才逐渐恢复，至乾隆、嘉庆朝，蜀锦产量大增，交易甚为繁荣。蜀锦能够独占鳌头，享誉海内外，是由蜀锦自身的特点所决定的。一是蜀锦织造特别精致，其质地之厚重、坚韧，超越群芳。二是蜀锦的色彩华贵艳丽，使人爱不释手。三是蜀锦图案内容丰富，且具有鲜明的地方特色、民族风格和生活气习，给购买者提供了广泛的选择余地。蜀锦图案中，既有龙凤相戏，又有花鸟虫鱼，栩栩如生。蜀锦既是一件工艺品，又是可以任其裁作的上等锦料。四是染色经久不衰。蜀锦染色十分考究，可以长期保持鲜艳的色彩光泽。考其原因，既得力于蚕丝原料质地上乘，又得力于四川的染料优良，更因为染制工艺考究，还由于锦江水质好，经其洗濯，而质更佳。

清咸丰、同治间，蜀锦生产工艺出现了又一个发展契机。太平天国占领南京，苏杭一带丝织品不能入贡，十余年间无东南锦缎进京。自同治四年（1865）开始，四川承担了宫廷丝织品的生产任务，到同治十二年，内务府先

---

① 《四川经济史参考资料·工业篇》，第34页。
② 同治《成都县志》卷二《舆地志第二》。

后6次在四川采办锦缎。如同治十三年冬清廷令四川添制大缎800匹，其中大红二则龙200匹、宝蓝二则龙200匹、明黄二则龙100匹、深灰色五湖50匹、深灰色福寿50匹、大红福寿200匹，耗银89461两①。

宫廷丝织品需求量的激增，向蜀锦生产下达了增加大量产品的要求；而宫廷严厉苛刻的工艺标准又给蜀锦织造业提出更高的质量规范。这一时期，蜀锦织造品种大大增多，分为缎、锦、绸、绉、罗、纱、绢七大类。缎类有：贡缎、提花缎、摹本缎、浣花缎。锦类有：蜀锦、回回（文）锦。绸类有：宁绸、宫绸、纺绸、川大绸、鲁山绸、曲绸、汴绸、裹绸。绉类有：线绉、平绉、湖绉、东绉。罗类有：熟罗、生罗、春罗。纱类有：库纱、官纱、实底纱、芝麻纱、亮纱。绢类有：大绢、小绢、生绢、熟绢。这些丝织品花色品种繁多，"寻常销售天青色，所以较多，此外，有罗绫缎、金丝缎、大云缎、阴阳缎、鸳鸯缎、闪缎、锦缎，全在花色辨别。金丝缎，'金'系两层分面金底金花。御用诸料以及蟒裙并朝服镶边多用大云缎。……民间鲜用阴阳缎，鸳鸯缎一面系线绉，一面系锦经，表面二色"②。

这期间，蜀锦种类和品牌超过历史上任何时期，巴蜀地区形成以成都、南充、乐山为代表的三大丝织中心。如"成都有机房二千处，织机万余架，机工四万人，丝织品占全省总额百分之七十"③。这个数字可能偏高，但也可以从中看到当时丝织业的盛况。清代成都机房遍布成都市区，形成规模可观的蜀锦生产区，据时人记载，成都绸缎商号兼营机房者达到200余家④。著名机房师蘷兴、马天裕、长发美、马正泰、范裕顺等，均各拥有大量织机，织工至百数十人。其中马正泰、马天裕两家产品尤佳，宣统元年（1909）参加南洋劝业会展览，获得特等奖状⑤。嘉定府丝织业拥有几百台大型织机，年产绸缎10万匹，其中嘉定大绸和花绫等精制品达到2万余匹。南充机房约30家，除织造花素绸外，还生产花绫、湖绉⑥。

---

① 张学君主编：《四川省志·大事纪述》上册，四川科学技术出版社1999年版，第48页。
② （清）卫杰：《蚕桑萃编》卷七。
③ （清）刘锦藻：《清朝续文献通考》卷三八四《实业》。
④ （清）傅崇矩：《成都通览》下册，巴蜀书社1987年版，第467～479页。
⑤ 四川省文史馆主编：《成都城坊古迹考》，四川人民出版社1987年版，第446页。
⑥ 《清宣宗实录》卷一〇。

2. 棉纺织业

随着清初四川植棉业的发展，四川的棉纺织业也逐渐得到了恢复发展。由于穿衣问题涉及千家万户，而生产出的棉花就地加工成布匹，既可降低成本，也可增加农民的收入，且可解决棉花生产缺人纺纱织布的矛盾，所以清代四川的地方官一直较重视各自地区的纺纱织布问题。如乾隆三十年（1765），四川总督阿尔泰鉴于当时四川人不谙纺织，造成棉花生产过剩问题，"饬各属劝谕乡民，依法芟锄，广招织工，教习土人，并令妇女学织"[①]。

这以后，凡能种植棉花的地区，均开始植棉。夹江县盛产木棉，"女功亦收布帛之利，男耕女织，视他郡为劳"[②]。荣县农村成为产棉区，植棉之家平时雇工不多，"秋收时，近邻贫家妇女皆来帮工，主家执秤，照轻重给钱"[③]。为了解决本地纺纱、织布所需棉花供应问题，资州也曾组织过试种，后因发现土质不宜棉花生长，产量较低，才停止推广。该州所需棉花主要从两方面获得供应：一是从简阳、仁寿购进，谓之土花；二是从湖北购进，谓之广花。该州棉花贸易甚为发达，市内多设花行布店，以满足人民的需要。

由于官府的提倡和外省纺织技术的传入，四川棉纺织业又得到了恢复发展。到乾隆中后期，四川农村纺纱织布之风已逐渐兴盛起来。成都府属的汉州，所织布匹质量好，"布亦坚致，甲他郡"[④]。新津县"男女多纺织，故布最多。有贩至千里外者。其名则有大布、小布、台镇等号"[⑤]。大邑县由于纺织业获得迅速发展，棉花供应不足，还从外地购进以作调剂。成都县纺织的布匹种类甚多，"有白花布、云布、紫花布、棉布"[⑥]。

重庆府属的石柱、江津、合州、璧山、涪州等厅、州、县纺织业也渐次发达。据石柱厅地方文献记载，乡民用自己生产的棉花"织为布，色不甚白，而坚牢耐久，谓之家机布"[⑦]。涪州"地产木棉，故妇女多勤纺织……机声轧轧，不绝于耳"[⑧]。道光时，新宁织布业已略胜周遭各县，"业此者甚多，布

---

① 《大清高宗纯皇帝实录》卷七四七。
② 嘉庆《夹江县志》卷二。
③ 光绪《荣县志》卷一八。
④ 嘉庆《汉州志》卷一五。
⑤ 道光《新津县志》卷二九《物产志》。
⑥ 同治《重修成都县志》卷三。
⑦ 道光《补辑石柱厅新志·物产志》。
⑧ 乾隆《涪州志》卷五。

亦匀细，转售他邑，男女皆优为之"。及至同治时，"妇女惟事纺棉，贫富皆优为之，亦有能组织者。单寒之家，以纺织为生，则男女并力，轧轧机声，彻夜不辍"①。叙州府属的宜宾、南溪、屏山、富顺，泸州直隶州属的合江、江安等川南州、县也通过各种渠道由简阳、湖广等地传入纺纱、织布技术，而使棉纺织业发展起来。嘉定府属的乐山、犍为和威远等县纺纱、织布业也有较快发展，甚至雇请工人以解决人手不足，力求增加纺织品产量。

简州原本盛产红花，自乾隆时有所变化。"州属多种红花，今则渐种棉，始知其利倍于红花矣。"②嘉庆间，威远县"地多棉花，则民勤纺织"，究其原因，是"可抵稻谷之半而商贩集焉"③。屏山县乾隆间已普遍植棉，"邑尽山地，多产棉花。妇女半以纺织为业"④。富顺县所产棉花织成的布匹，有一半是外销他州、县，而本境销行十分之五⑤。叙州府所属的一些州、县，"家率织布，灯光机声，闾巷不绝，故广（疑为"江"字之误）安布最著名，盖古宾布之遗"⑥。

乾隆后期，潼川府属的三台、射洪、蓬溪等县农村，妇女从事纺织，织布者已比较普遍。他们的成品除供家人缝制衣、被等用外，多向市场出售。川北"涪水以西多膏腴地，民相习植棉，其利倍谷"⑦。由于蓬溪盛产棉花，棉纺业亦得天独厚发展起来。这里"其人勤纺织，布精好"⑧。中江县"妇女又能纺织，故织者恒多。宽长者曰大布，曰连机；小曰台正。其佳者皆曰卓，劣者曰行。远商贩至滇、黔，为大装货"⑨。纺织业的发展，不仅繁荣了经济，增加了税收，而且在增加城乡人民收入改善人民生活方面发挥了重要作用。仪陇县有不少农家，"虽嗷嗷十口，田不过半亩，而晨夜纺织，子妇合作，衣食悉待给焉。出贾他乡，利虽倍，弗养也，以是安之，鲜有轻去其乡者"⑩。大竹

---

① 道光《新宁县志》卷五，同治《新宁县志·风俗志》。
② 乾隆《简州志》卷三。
③ 嘉庆《威远县志》卷一。
④ 乾隆《屏山县志》卷一。
⑤ 陈远昌：《富顺县乡土志》一册，清钞本。
⑥ 光绪《叙州府志》卷二一。
⑦ 道光《蓬溪县志》卷一五。
⑧ 光绪《蓬溪县续志》卷一五。
⑨ 道光《中江县新志》卷一。
⑩ 光绪《仪陇县志·舆地志》。

县并产棉、麻,"竹地产棉及苎。妇女无贫富大小,以纺织为务。井臼之外,机声轧轧,不绝于耳"。棉麻纺织至少有微薄收益,"故家虽极贫,计其女工之营,亦差足以自给"①。仪陇县"集期交易,丝棉及布为集,盖土产也,虽嗷嗷千口,田不过半亩,而晨夜纺织,子妇合作,衣食悉待给焉"②。因为纺纱、织布业兴盛,可以就地增加收入,即使田土很少、食口众多的人家,也不愿外出经商。可见,四川纺织业的发展,对社会安定也起了重要作用。

清代巴蜀地区由于广泛吸取外省的植棉和棉纺技术,发扬本身固有的植棉和棉纺生产技术传统经验,在植棉和纺织技术上已有不少改进。在植棉方面,农户通过实践总结出一套行之有效的方法。以蓬溪县为例:

凡种木棉,以清明节为候,谓之早花。立夏后,谓之迟花。花有黄、白二种:白花较盛,名为茧壳花。行可高二三尺,亦有四五尺,以土之肥瘠别高下。叶形五尖而黄青。性喜热畏寒,三伏雨多天寒棉必坏。其结实谓之桃,桃破则花自出。谚云:"头伏看苗,二伏看桃。"头伏苗好,则二伏结桃有望;二伏晴雨宜,则桃必多。此蓬溪产棉之梗概也。③

清代巴蜀各地轧棉花技艺高低不一,湖广人的大量入川,带来了十六寸小型轧花机。这种机器的优点是轻便易使、工效高,所以为四川棉农广泛欢迎。简阳棉产区农民称这种轧花机为湖北绞子。在弹花方面,明朝时期是以木为弓,腊丝为弦。弹花者低坐,背悬于竹竿,以绳在前,吊弓而弹。弹花者长期低坐劳动,强度大。到清代,弹花工人改坐为立,用腰间所束带子套紧背后竹竿,以绳在前,吊弓弹花。这样手脚均能伸展自如,效率较高。纺纱、织布技术,基本上沿袭明代。纺纱车仍是一手摇轮,一手拽棉条而成一缕。每天可纺纱二两余。这种纺纱机之所以一直通用不衰,主要是结构简单、制作方便,且掌握技术容易,纺出的纱又较匀净,广为四川城乡妇女所欢迎。清代四川仍以手工织布,因丢梭等工序受人工力量限制,故仍然只能织出一尺左右的窄幅布,效率亦不太高,日可织数尺而已。

---

① 道光《大竹县志·风俗志》。
② 同治《仪陇县志·风俗志》。
③ 道光《蓬溪县志》卷一五。

三、烤烟生产技术与彭遵泗的《蜀中烟说》

（一）蜀中的烟草生产技艺

烟草原产南美洲，大约在明嘉靖年间经由东南亚传入中国广东，万历年间开始种植，明末传入巴蜀地区。在巴蜀地区蓬勃发展的经济作物中，烟叶种植是引人注目的专业化生产。清代前期，成都周边地区烟叶生产已十分普遍，"蜀多业烟艺者"，成都是主要产区。如新津，"邑人业烟草者甚多，良田熟地，种之殆遍。六七月邑中烟市，堆积如山"[1]。又如郫县号称烟草"出产最多"，所售烟草，"上通蛮部，下通楚豫"[2]。福建移民李馨称说郫县，"最与吾乡风土近，锄田先种淡巴菰"[3]。福建移民看到郫县乡村也种烟，就联想起原籍的种植"淡巴菰"的习俗。

四川烟草种植，以川西地区为主，种植较多的州县有什邡、金堂、新都、崇庆、崇宁、绵竹、灌县、郫县、温江等，川北、川东、川南也有地方种植。例如乐至县，"农人岁田莳，获利颇厚"[4]，纳溪县"沿河以及山地种植甚多，业此者获利亦饶"[5]。

四川烟草以质地良好著称。烟品分索烟和褶烟两种。索烟烟味浓厚、香醇，不仅为四川吸烟者喜爱，也是外省烟民的佳品。索烟以什邡、新都、金堂为主要产地，其他如崇庆、崇宁、绵竹、灌县以及川东、川北一些州、县也有产地。褶烟的主要产区有郫县、崇宁、灌县、温江、绵竹等县，"惟郫县所产尤佳"[6]。褶烟多加工成丝烟、斗烟出售。

什邡晒烟是清代四川名烟，各地烟商争相收购当地烟叶。乾隆时期，就有荣昌烟商去该县贩烟。地方文献记载："什地多产烟叶，远近贩烟者，各乡秤户为之交易。"于是，"有奸徒欲垄断其利，设立烟行"。嘉庆十一年（1806），纪大奎任什邡知县，不得不出面干预，以维护烟农利益。在彭县，烟叶和蓝靛的种植使农民获得大利，但人们认为这种经济作物的生产是"有利

---

[1] 道光《新津县志》卷二九《物产》。
[2] 乾隆《郫县志》卷二《物产·货物》。
[3] （清）王培荀：《听雨楼随笔》卷二。
[4] 道光《乐至县志》卷三。
[5] 嘉庆《纳溪县志》卷三。
[6] 民国《崇宁县志》卷三。

而害谷"①，虽能赚钱但不利于粮食生产，这是传统的经济观念。四川农村不少吸烟农民多在房前屋后种植少量烟叶，种植量不大，只是用于自吸。

清代烟、酒均被列入禁品，乾隆三年（1738）谕旨："种烟之地，自乾隆四年为始，悉令改种蔬谷。种烟之人，照私开烧锅例治罪。"②据清雍乾时人陆耀《烟谱》记载，"衡烟以衡州名，川烟以四川名"。至迟在乾隆时期，四川已经是国内著名烟草产地之一。四川烟叶生产技术已经得到人们重视，彭遵泗《蜀中烟说》对这种技术做了归纳、总结③。

（二）彭遵泗的《蜀中烟说》

乾隆时期，蜀中烟叶生产技艺相当成熟，烟叶栽培、加工技艺已经受到人们重视。丹棱学者彭遵泗④，对这种技术做了归纳、总结，在《蜀中烟说》中作了完整的记述：

岁十月垡土，离为小区，一区曰一厢，孕种其上，厢各萌茆（茅）屋一，高五尺，宽称之，防霜雪也。春二月，移树腴田，分行通水道，从辰溉粪或日用艾猣（猪）溺，味更辛。小满去近土四围叶，令上梢道勃，毋分岔。

烟叶收获后，加工工序繁多，每道工序一丝不苟，按成品档次的不同，进行不同形式的加工。这些加工程序直接关系成品质量，烟农不得不精心从事。

夏至前收积室中，蒙以箪石，谓之阀，气味色赖焉。七日之后，青黄间错出之，用疏竹格二，一承藉，一偃合，贯三横篾，曝烈日使干，名曰摺叶，以草索络茎绷风檐隙日下阴之，名曰索叶，索酽于摺，卷曲而不舒，嗜生烟者便之。治熟烟法，去叶梗，盛以席，菜油合红矾，口吸喷之，总入床中，床形近榨，两苇圆木。高大各四尺，上中下三楔吃紧，人乘床用凹刃长刀划制成丝，纳热锅推拨，逾时收贮，不尔则色变质霉，不可久留。工绌气味上者曰盖露；次曰长行；又一种曰姜黄，郁金草制之，多食头眩，总名曰油丝。不施油红，

---

① 光绪《彭县志》卷三《风俗志》。
② 《大清高宗纯皇帝实录》卷八三。
③ 张学君、张莉红：《四川近代工业史》，四川人民出版社1990年版，第9~10页。
④ 彭遵泗，字磐泉，丹棱世家，雍正十三年（1735）中举人，乾隆二年（1737）中进士，授翰林院庶吉士。散馆，授兵部主事。擅长诗文，与兄端淑、肇洙齐名，并称"丹棱三彭"。

专行木质者曰干丝。①

不言而喻，这种烟叶的种植和加工业完全是专业化生产，目的是按市场需求不同提供各种烟品。烟叶得到广泛种植的原因是，种烟"大约岁终获利过稻麦三倍"。烟草加工成烟丝，供吸烟者消费，各地出产质量亦有别。"干丝烟产郫县特嘉，业者最夥，城中外阛阓尽作坊。盖露、长行俱邑出也。"②烟农因此趋之若鹜。

第七节　巴蜀传统工业孕育的资本主义萌芽

明清时期，在我国封建社会内部开始出现了资本主义的萌芽。由于地区间经济发展的不平衡性，以及手工行业各自所具有的种种特点，资本主义萌芽的表现形态并不是完全一致的。显而易见，为推动我国资本主义萌芽这一课题的全面、深入研究，对不同地区的手工业进行各别的探讨就是十分必要的了。

在清康、雍、乾时期，巴蜀地区井盐等传统手工业确实出现了资本主义萌芽。这一腹心地区资本主义萌芽的出现，主要基于如下原因：一是战乱之后，清廷对四川实施了特别优惠的赋税政策，传统手工业得到了轻徭薄赋的实惠；二是长时期、大规模移民为各个经济领域带来了开发技术和廉价劳动力；三是人口不断增加，各类商品的需求量也不断增加，为投资者营造了异常活跃的销售市场；四是清廷一改历朝食盐、茶叶等必需品的专卖政策，实施了相对宽松的引岸对口运销制度，划定本省和滇、黔两省，以及湖北部分地区为它的专销市场，促使盐商资本空前活跃并开始向产业资本转化。巴蜀手工业资本主义萌芽主要表现如下。

一、生产经营规模的扩大

（一）井盐业

对井盐资本主义萌芽的考察，要注意它的某些特殊性。在生产经营领域，井盐业与其他手工业有明显差异，主要表现在如下方面：

---

① （清）彭遵泗：《蜀中烟说》，嘉庆《四川通志》卷一五《食货·物产》。
② （清）彭遵泗：《蜀中烟说》，嘉庆《四川通志》卷一五《食货·物产》。

首先，井盐不像一般手工业产品，从原料收购，到加工生产，最后销售成品，原则上都是为同一资本家所完成。井盐业产品即食盐的运销，是由封建政府所控制，以引盐、票盐的方式由专商购买出厂盐、运往指定的地区出售。此外，形式上也没有收购原料的过程，开凿盐井取得盐卤及天然气资源应属于生产的范畴。因此，井盐业资本主义萌芽主要是在盐场的初期投资——凿井和其后采卤、煎制的生产过程之中反映出来。

其次，由于井盐生产耗资特大，"井上工费，或数万金，少亦万余金"，有的甚至"费至三四万而不见成功者"。而且花的时间也长，"常程可四五年，或十余年，有数十年更数姓而见功者"[1]。其间投资困境、经营风险不可胜数，故除财力雄厚的少数富商外，一般都没有掌握生产的全过程，而只是控制其中一环，或凿井，或煎制，或输卤，分称井户、灶户、枧户。单就井、灶、枧而言，在富荣等盐场，从生产规模、分工、雇佣劳动及资本性质等方面，均有资本主义萌芽的表现，已经达到手工工场的阶段了。

第三，井盐业中存在的租佃关系特别繁多。开凿盐井要租佃地主的"一井三基"：一井眼，车基、灶基、柜房基。在出资办井过程中，有的资金耗尽，破产之后将井出顶他人继续下锉，有的新井"辗转出顶，上、中、下节不一而足；兼之年久则人愈多而难清理"[2]。井成功后，有的自煎，更多将井出租。灶户要向（气）井户租佃火圈。枧户要租地架设枧管。这种关系比较复杂，是需要仔细加以分析的。清代四川井盐业资本主义萌芽的表现，第一是在生产经营规模的扩大方面。据时人严如熤考察报告记载：

四川货殖最巨者为盐。川北之南部、西充、射洪、乐至、蓬溪，川南之犍为、富顺、荣县、资州、井研，川东之忠州、云阳、开县、大宁、彭水，川西之简州，上川南之盐源，州县著名产盐者二十余处。而地出咸水可以熬盐，间阎私井不外卖者，不在此数。大盐厂如犍、富等县，灶户、佣作、商贩各项，每厂主人以数十万计，而沿边之大宁、开县等厂，众亦以万计。[3]

---

[1] （清）李榕：《自流井记》，《十三峰书屋文稿》卷一。
[2] 同治《富顺县志》卷三〇《盐政新增》。
[3] （清）严如熤：《三省边防备览》卷一〇。

这段史料为我们展示了清代巴蜀地区井盐业的兴盛情况,对盐场生产、运销和服务性行业人数的估计当然是比较粗略。就富荣盐场而言,情况比较典型:

担水之夫约有万……日值可得千钱。盐船之夫,其数倍于担水之夫;担盐之夫又倍之,其值稍杀。盐匠,山匠,灶头,操此三艺者约有万,其值益昂。……以巨金业盐者数百家。①

在庞大的劳动者队伍中,盐船之夫虽然不是盐场的直接劳动者,但作为运销食盐的中间环节,是必不可少的。这样合计起来,富荣、犍乐盐场的生产规模的确庞大,以盐为生的人数达到数十万并无夸张。从富荣盐场看,有的灶户经营规模很大,如著名的"李四友堂"在道光年间,最盛时拥有各类劳动者2000余人,其中挑卤工1200余人,灶房工500余人,碓工、挑水工、杂工数百人。与之齐名的"王三畏堂"亦不相上下。规模相对较小的大宁、开县场,其中除季节性盐工外,尚包括大量依靠盐场从事商业活动的小商小贩及其他劳动者,把供应盐灶柴草的农民计算在内,一场达万人之多,应当是切合实际的。

盐场生产规模的扩大,还表现在为盐业生产服务的其他辅助性的行业的种类和数量上。富荣盐场,"为金工、为木工、为石工、为杂工者数百家,贩布帛、豆粟、牲畜、竹木、油、麻者数千家"②。开县盐场以煤做燃料,煤户广开煤窑,"井厂所用夫匠,水陆运煤,及商贩运背之人,井旺时日以万计"。总之,依赖盐业为生的人口空前增多,如射洪县"居民强半以井为业"③。乐山县"城人半藉盐为市,风俗全凭井代耕"④。如此庞杂的生产规模和经济结构,已初步显示了城市化、专业化的色彩,很难视为手工作坊的范畴了。

(二)制糖业

康熙十年(1671),福建汀州移民曾达一见四川内江与福建相同,于是借返乡迎亲之便,带来福建良种甘蔗在内江种植。同时,他还带来制糖技师和所需工具,在内江龙门镇梁家坝开设糖房。由于自种甘蔗不够糖房之用,他开始大量收购甘蔗。因蔗利高于其他种植,内江周围农户纷纷改种甘蔗。因甘蔗

---

① (清)李榕:《自流井记》,《十三峰书屋文稿》卷一。
② (清)李榕:《自流井记》,《十三峰书屋文稿》卷一。
③ 嘉庆《射洪县志》卷首。
④ 同治《嘉定府志》卷四二。

种植越来越多，种植甘蔗的地区也就成为制糖业的集中区域。清代内江的蔗糖生产兴盛，号称甜城，主要因为"沿江左右，自西徂东，尤以艺蔗为务"①。道光时期，四川甘蔗种植区已遍及内江、威远、荣县、资州、资阳、犍为、南溪、珙县、纳溪、峨眉、巴县、东乡、江津、江北、合川、遂宁、三台、盐亭、苍溪、安岳、南部等21个厅、州、县、卫。制糖业的作坊一般称为糖房。利用甘蔗榨糖是有季节性的，所以糖房的经营方式也不拘一格。一是代蔗农加工。糖房内部分为稿房与熬房，前者榨蔗，后者熬糖。蔗农请糖房代稿，稿租即蔗农交付的加工费。二是糖房以高利贷为手段向蔗农预购原料。富顺人陈崇哲《蔗糖》诗："种得万挺千挺蔗，贷得十千八千钱。"原诗自注："种蔗者皆以春初贷钱霜户。"②三是糖房自种原料，自行加工。道光十八年（1838），巴县张义和租佃地主简某山土，"栽种甘蔗，开糖房生理，厂内雇工十余人"③。笔者估计，第一类糖房不承担销售任务，后两类糖房则属于自产自销的性质，但在作坊内部，资本与雇佣关系还是比较清楚的。

在城乡蔗糖生产中，出现了分工明显的专业化作坊，以蔗糖生产为例：清代前期，已生产出六个不同的品种，"按糖之类有六，曰糖清、曰红糖、曰白糖、曰结糖、曰冰糖、曰漏水糖"。这些糖类是经过复杂的生产技术和由粗到精的三道工序逐步提炼出来的。这三道工序又独立发展成为三个手工业部门。"业此者有三：曰糖房、曰漏房、曰冰桔房"，分别由种庶之家、霜户、冰桔房分任之。

蔗种之家，碾汁而熬之，贮于皇桶，曰糖清。又熬之使酽，色遂赤，贮于桶，曰水糖（即红糖，亦曰沙糖），将取霜者，贮于瓦盎，谓之漏盎（底有小孔，以草塞之）。此皆糖房所为也。

取霜者，量漏盎于瓦罐上（俗称漏罐），去其塞，以池水、污泥和水藻盖之，则水自下漏于罐者，曰漏水糖。于是刮去盎面白霜二寸许，谓之白糖；又以污泥盖之，如是者三四次乃止，其盎底之糖仍黄色，又合漏水熬之，贮于盎，以铁铲搅之，复于箪曝干，曰结糖。此皆漏棚所为也。

---

① 道光《内江县志要》卷一。
② 光绪《叙州府志》卷二一。
③ 四川档案馆、四川大学历史系合编：《清代乾嘉道巴县档案选编》，第337页。

造冰者，取白糖化水，加猪脂熬之，贮于瓦缸，结成坚块，状如琥珀，谓之冰糖。其下糖水，谓之冰水；以煎桔枣及诸水果，谓之冰桔水。此皆冰桔房所为也。①

这三个蔗糖生产部门既互相联系，又各成专业。前者生产粗糖或半成品，后者以前者产品作原料，进一步加工成白糖、冰糖以至蜜饯。很明显，后者比前者地位优越，以其良好的生产条件和技艺生产高质量的冰糖，获利丰厚，"因作为冰糖，通鬻远近，利常倍称"，前者缺乏这种条件和技艺，只好受制于人，因而"咸甘心焉"②。这是产业资本控制小生产者的典型例证。

二、技术创新与劳动过程的分工

（一）井盐业

首先在钻井技术方面，初步划分为六道细密而有机的工序：开井口、下石圈；竖木架、装辘轳；立车盘；凿大口；下木竹；凿小口和煽泥。钻凿工具已从单一的圆刃发展到大小铁钎，尔后定型为五种钻具：鱼尾锉、银锭锉、财神锉、单马蹄锉、双马蹄锉，完全能够适应于不同的井径和各别的技术要求。其次在固井方面，用硬木异管代替楠竹异管，耐腐抗压力增强。而在采卤技术上，井口天车加高，"力逸而功倍"的畜力牵引更加普遍化了。

尤其令人叹为观止的是，为处理井下事故，创造了一整套治井、打捞技术。对于钻井时误落井下的物件，均有对症下药的处理方法："如落大锉者用扫镰，落小锉者用偏肩，落筒者用木龙，落索者用穿鱼刀，落篾者用独脚棒。"对于井腔内发生的"走岩""崩腔""流沙""冒白"等病，亦有良好的处置之法。种种工具，构造精巧，功用神奇，堪称绝技，大多能解决井下事故，在一定程度上保证了钻井成功和生产的正常进行。钻凿和治井技术的改进，大大提高了开发深藏于三叠系黑卤和高压天然气资源的能力。清乾嘉时期，富荣盐场盐、气井已深达三四百丈。开凿实践为人们提供了准确判断："（盐）井至二百六七十丈而咸极。……（气）井至二百六七十丈而火

---

① 光绪《叙州府志》卷二一。
② 道光《内江县志要》卷一。

《四川盐法志》卷二《牛车汲卤图》

旺。"①根据地质专家对自贡地区地质构造的考察,极咸之黑卤在三叠系嘉陵石灰岩富集,故此时深井已推进到三叠系层位。乾隆三十年(1765),老双盛井钻凿到530米。嘉庆二十年(1815),桂咸井钻凿到797.8米②,嘉庆时期,井深达到"三四百丈","井水微黑,有臭气"③。这是明显的黑卤、天然气特征,说明已接近三叠系石灰岩。而在采卤技术上,井口天车加高和畜力牵引的使用,则取得了"力逸而功倍"的显著效果。

盐井的大批钻凿,产量上升,盈利扩大,必然为盐业经营方式带来巨大的冲击,以致在乾嘉时期,在四川富荣、犍乐等生产水平较高的盐场,开始出现了资本主义的萌芽。井盐业具有异常繁难的生产经营方式,以富荣盐场为代表的繁盛之区,盐场内部的生产过程已存在较为细密的、以专业技术为基础的劳动分工。时人记载:

其人有司井、司牛、司篾、司梆、司漕、司涧、司锅、司火、司饭、司草;又有医工、井工、铁匠、木匠。其声有人声、牛声、车声、梆声、放漕声、流涧声、汤沸声、火扬声、铲锅声、破篾声、打铁声、锯木声。④

作者将富荣盐场纷繁复杂的工种、生产过程中劳动者的细密分工,都生动描绘出来。当时盐场按井、灶、枧三个主要生产部门分工,其中井上工种15~19个,用工50~70人;灶上工种5~14个,用工14~23人;枧上工种9~11

---

① (清)李榕:《自流井记》,《十三峰书屋文稿》卷一。
② 自贡市盐业历史博物馆辑:《井矿资料》第三卷,第116页。
③ (清)严如熤:《三省边防备览》卷一〇。
④ (清)温瑞柏:《盐井记》。

个,用工28人。盐工中具有代表性的是山匠,系钻井技工。经验丰富,"夙匠就地撷草拾土嗅之,即知下宜有水火"①,"偶坠物件,能以竹竿捡取,通井水有渗漏,能补塞之;向称绝技"②。碓工,凿井普通工。"凿井之工,岁停除日、元日"③,一年仅放假两天。辊工,负责井上提卤机械的维修。灶头,整灶技工。"有执役甚久,终其事不易以成盐灶者,其名谓之灶头。"④烧盐工,"烧盐之工,岁不停日,盖天下之至劳苦者也"⑤。此外尚有担卤工等。生产活动显然已超越了手工作坊的狭小天地。

(二)丝织业

巴蜀丝织业自古以工艺精致著称,清代蜀锦技艺的变化最为显著。乾嘉时期,随着成都商品经济的兴盛,织锦业有了很大发展。蜀锦图案结构谨严,色调丰富,"花清地白",层次分明。而要织出好的花样,首先必须挑花结本,"凡花必先挑而后织,花有本,挑有式,织有法"。其操作程序分为"棚欤""起绞""对线""挑欤""穿过线""挽结"等。机具也适应技术的提高而有所改良,成都生产的锦、缎、绸、绢有二十余个品种。随着成都商品经济的兴盛,蜀锦织造有了很大发展。成都"城内百工咸备,皆有裨于实用。其精巧者无过于织造,有宫绸、宁绸、线缎、倭缎、闪缎、线绉、湖绉、薄艳平纱、名机蜀锦、天心锦、浣花绢、龟兹阑干,每年采办运京,常以供纺织之不足"⑥。

蜀锦生产的快速发展,进一步丰富、完善了成都丝织业的精湛工艺,劳动过程的分工也更为细密。织锦工匠"手艺精巧",千梭不乱,其原因在于:

第一心要细要恒,不可因事动气,或作或辍,盖万绪千头理归一贯。无论何等花样,想得出即画得出,挑得出即织得出,起手即要做成,不可另换别件,恐扰心思。传置机上,须用三人,一提花、一挽综、一贯梭,提花、挽综者听执梭人口中所唱,唱某字即知是提某花,贯一梭唱一声,三人手口合一,

---

① (清)丁宝桢等:《四川盐法志》卷二《井厂二·盐井图说》。
② (清)严如熤:《三省边防备览》卷一〇。
③ (清)李榕:《自流井记》,《十三峰书屋文稿》卷一。
④ (清)吴鼎立:《自流井风物名实说》,引自同治《富顺县志》卷三〇。
⑤ (清)李榕:《自流井记》,《十三峰书屋文稿》卷一。
⑥ 同治《成都县志》卷二。

即无停梭矣。①

可见织锦工匠除了高超的技艺之外，还需要非凡的耐心、细心，专心一志，互相配合，口到、心到、手到，一丝不苟、毫发不乱，才能织出高质量、高水平的蜀锦来。《蚕桑萃编》记载当时蜀锦图案结构谨严，色调丰富，"花清地白"，层次分明。而要织出好的花样，首先必须挑花结本，"凡花必先挑而后织，花有本，挑有式，织有法"。其操作程序分为"棚纹""起绞""对线""挑纹""穿过线""挽结"等。机具也适应技术的提高而有所改良。四川省博物馆收藏嘉庆，道光年间的一台木质蜀锦机，比明代织机大而精密；而收藏的一幅清代"八答晕"锦，就具有独特的工艺水平②。18世纪中叶，嘉定府织造技术高超，生产出的"嘉定大绸"闻名全国，其中缎面提花花绫，乾隆时即已生产。南充花素绸、花绫、湖绉等也成为一方特产。阆中等县生产的"川北大绸擅名蜀中"③。

（三）刻书业

随着湖广、陕西、江西、广东等省人的大量入川开垦、做工、经商，省内外文化交流，也传到了四川，促使四川刻书业更加兴旺发达。随着四川刻书业的发展，逐渐形成了各具特色的成都帮、岳池帮、重庆帮、绵竹帮四大帮口。成都帮又称省帮，是四川刻字印书业恢复发展最早的帮口。早在康熙时就已有两仪堂翻刻的《第七才子书》六卷。由此亦可知两仪堂是清初成都最早出现的刻书坊。乾隆间，有严文古者又在成都指挥街开设了"文古斋"。后来，他的徒弟还在成都卧龙桥开设了"兴顺斋"。成都帮中设立较早、名气较大的书坊还有"贤成斋""志古堂""衡文堂"等。在成都学院街开业的"文星斋"，于乾隆四十九年（1784）就刻印出了曾荫、黎攀桂等纂修的《蒲江县志》四卷。成都帮刻字印书具有书坊规模参差不齐、刻印的书籍杂、刻印快、为科举考试服务、印销灵活等主要特色。

乾隆中叶，一批江西刻书业者来到成都开设书铺，如学道街的"尚友堂"就是江西人周舒腾所开。江西帮店堂多用"经""元"二字，如"耕经

---

① （清）卫杰：《蚕桑萃编》卷一一。
② 《蜀锦史话》编写组：《蜀锦史话》，四川人民出版社1979年版，第50页。
③ 咸丰《阆中县志》卷三。

堂""肇经堂""玉元堂""一元堂"等,被称为"经元八大家"。岳池帮在明弘治年间就已刻印过不少书籍,到了清代,这种刻字、印书的传统技术优势很快表现出深厚的功力,其主要特色是善刻大部头书、工价廉、承揽灵活、成本低、刻工精等。重庆帮的主要特色有规模大、做转手、经营广等。而绵竹帮的特色是刻书印画的基础好,既刻书又印画,经营灵活,做工精等。

按刻印书籍的性质,又分官刻、学刻、寺刻、私刻和商刻等。在刻字印书的过程中,清代四川已在实践中形成了包括备料、写版、画版、校对、清版、贴样、刻版、打样、校对、付印等十项工艺流程。清代四川书版除大量是整块版子雕刻而成之外,活字印刷已经推广使用。不少书籍采用活字排版,如道光丹棱《罗氏族谱》就是用活字与刻版拼合而成的。清代四川的书版字体,继承了历代刻字传统,用得最多的是宋体。一般书版正文均用长宋体,序、跋等多用方宋或据手写的楷书、行书、隶书等字体精刻。在清代刻书业中,有的刻字工艺精湛到了可以乱真的程度。如乾隆五十一年(1786)刻本《灌县志》,刻工异常精致。道光三年(1823)成都所刻的《北泾草堂外集》,"镌工秀丽"。康熙三十三年(1694)的历书、嘉庆《汉州志》等,刻工质量很高,堪称佳品。清代四川出现了许多有名的画版、刻字工匠。如大邑县刻工何绍清、唐映瑞、刘仕龙、周天奇、蔡再之,汉州刻工王文元、何映楷,金堂县刻工黄应藩,崇宁县刻工文瑞策、汤文豹、蔡占之等。他们以自己高超的写版、刻字技艺,雕刻出了不少有价值的书籍,为保存四川文化典籍作出了贡献。以清代学者李调元乾隆四十七年(1782)刻印的《函海》为例,全书共852卷,收采遗书300余种。这部十分宝贵的丛书,又经李调元弟李鼎元校正,其子朝夔于道光五年(1825)重修补刊更加完整,并保存至今。另外,从清初到道光二十年(1840)全省共刻印地方志306种。这是四川雕刻印刷业繁荣和刻字技术进步的见证[①]。

三、雇佣劳动的普遍化

(一)劳动力的来源

清代四川手工业、采矿业的兴盛需要为数众多的雇佣劳动者。这种作为商

[①] 参阅《四川省志·出版志》上册,四川人民出版社2001年版,第1~5、17~28、75~80、191~192、208~212页。

品出卖的劳动者,必须是自由劳动者,即他们不属于生产资料,生产资料也不属于他们,这样的劳动者才可能在劳动力市场上同资本进行两厢情愿的交易。那么,鸦片战争前,四川是否存在这样的自由劳动者呢?回答是肯定的。时人记载:

川中沃饶,为各省流徙之所聚,其他陆路来者无论已。即大江拉把手,每年逗留川中者不下十余万人。岁增一岁,人众不可纪计。岂山中垦荒,平畴佣工所能存活?幸井皂亦岁盛一岁,所用匠作转运人夫,实繁有徒。转徙逗留之众得食其力。①

这些人浪迹四方,居无定所,有的为生活所迫,"流而为匪"。有的在盐场、煤矿有糊口机遇后,生活也就相对安定下来。故有人说:"川中近年边腹地之安靖,得力于盐井之盛为多也。"他们受雇于盐场,说不上有什么人身依附关系。就是在边远的大宁县,"工匠外来者多,平日无事,不足以养多人……至盐场、筒、灶;工丁逾千人,论工受值,足羁縻之"②。据文献记载:"境内盐场日聚数千人,待哺者众。"③云阳县富豪谭锡奎,原籍湖南茶陵州,先世流纵至县,弟兄三人辗转流徙,在云阳县煤矿从事"凿运之役",通过自己的辛勤劳动,积累资财,"自劈煤洞","遂为富人"④。他们整天聚集盐场,等待招雇,即使是有技艺的工匠,如果"平日无事",生计便要受到威胁,他们的身份显然都是自由的。18世纪上半叶,威远县二处商办铁矿,6座高炉共用劳动力72名⑤。屏山县6处商办铁矿共设8座高炉,共用劳动力98名⑥。18世纪中叶,马边厅铜大、雷波厅分水岭商办铜矿,每炉使用劳动力达到185人,分别生产铜六千余斤和一万余斤⑦。

除外籍流散人口而外,本省失业群众也是雇佣劳动者的一个重要部分。在

---

① (清)严如煜:《三省边防备览》卷九。
② 光绪《大宁县志》卷一。
③ (清)严如煜:《三省边防备览》卷九。
④ 民国《云阳县志》卷二五《耆旧》。
⑤ 光绪《叙州府志》卷二十。
⑥ 《清代钞档》:乾隆五十五年三月初四日,四川总督孙士毅题。
⑦ 参见张学君、冉光荣:《清代富荣盐场经营契约研究》,《中国历史博物馆馆刊》总第3期。

使用劳动力较多的盐场，大多有"人市坝"的地名，当地盐工多为世代相传为业的[1]。如富荣盐场的盐工在嘉庆、道光时多属江津、南川人。在南部县盐场中，出现了"投火灌水之术，争相趋逐"的热潮[2]。彭县以佣工为生者多属简州、安岳、乐至人[3]，大宁县"偶有营造，工役输不敷用"[4]。他们失去生产资料，被迫到外州县出卖劳动力。鸦片战争前，四川采用雇佣劳动的地区很广，采用的行业也很普遍。从现有资料看，全省各州县，从通都大邑到深山老林，均有说明雇佣劳动存在的史实。从行业看，主要分布在冶炼、采煤、制盐、制糖、木材加工、航运、建筑各业，在农村一些生产部门雇佣劳动也有引人注目的滋长。对于商品化的农业和手工业来说，当其产品只有通过交换才具有使用价值时，它所需要的劳动力再也不可能通过强制和屈从得到，而必须通过购买。

（二）劳动者的身份与待遇

笔者认为，这些盐工、矿工是没有人身依附关系、来去自由的雇佣劳动者，他们凭借自己的劳动技能，受雇于人，"得食其力"，"论工受值"。理由如下：

首先，只要有活干即有报酬，而且地位与雇主平等，甚至生活待遇也大致相同。这一点，不仅是现实的存在，同时也得到清朝法律的认可。乾隆年间，犍乐盐场刘泽洪盐井雇杨开禄包揽推水，杨转雇谭中义帮工，"每日四十五文工钱，按日支给，大家同桌吃饭，平等称呼"[5]。乐至县"工役则煮盐者多，习宾刚灌水之术，及灶户器什，日取酬值，可以食五口"[6]。这说明，当时已经确立了平等的雇佣关系，工资"按日支给"或"日取酬值"。一般盐工酬值虽然不算高，但所得报酬已成为一家五口的基本生活来源。

与雇主保持平等的雇佣关系，是自由身份的重要体现，在采煤业有大量的资料，上述史实分别发生在乾隆十六、十九、四十一年，嘉庆七年、十四年，时间比较早，从雇主与雇工关系来看，身份是平等的，并无人身束缚，嘉庆间的两条还特别强调"同坐共食、平等称呼""并无主仆名分"。工资采用计时

---

[1] 民国四川盐业工会筹委会编：《四川盐工概况》。
[2] 同治《南部县志》卷六。
[3] 光绪《彭县志》卷三《风俗志》。
[4] 光绪《大宁县志》卷一。
[5] 《清刑部钞档》：乾隆五十二年十月九日总督四川保宁题。
[6] 道光《乐至县志》卷三。

方式，按年、月发给，"每月工价银五钱""每年议定工价钱七千文""每月工钱一千文"，等等。除此之外，雇工对雇主没有额外义务。四川荣县邓高升短雇柯希湖、柯希汉挖煤，议明每人每月给工钱一千文，同坐共食，并无主仆名分①。四川犍为县黄君臣雇邬昌贵、邬世贵家挖煤庸工，每月工价银五钱②。四川犍为县周斌与严望千伙开煤厂，雇李明在厂挖煤，每年议定工价钱七千文③。四川重庆府江北厅某人弟兄与邓宗富伙开煤厂，乾隆四十一年二月雇徐佳有帮工，每月工银五钱，并未立有文约④。四川彭水县周大才雇徐启尧在厂内挖煤，每月工钱一千文，同坐共食，平等称呼⑤。计日付值，解雇的可能性亦经常存在，比较典型地反映出了没有任何依附性的金钱雇佣关系。自然，"同桌吃饭"的现象也可能表明，两者间还没有什么分化，这样的雇主，其经济力量也是极其有限的。

其次，"论工受值"还意味着按有无技术和不同工种付给工资。例如：富荣盐场担卤水工，"其力最强，担可三百斤，往返运送。日值可得千钱"。担盐工工资略低于担水工。山匠、灶头因有技术，"其值益昂"⑥，工资待遇甚高。据文献及调查资料，李四友堂在道咸间盐工工资，每月除伙食外，学徒一吊，烧盐工四吊，挑卤工计件，守盐仓工一吊至二吊，打杂工数百文，桶子匠一吊，挑白水工一吊至一吊二百文。如此等等。这已是按月而非以日付酬，其中有工资高的钻井、整灶技工，也有工资低的学徒工；还有"持签运水"⑦，即一担卤便得一签的挑卤计件工。说明工资类型已经多样化。其中，计件工资的出现具有重要意义。马克思指出："计件工资是最适合于资本主义生产方式的工资形式。"⑧在盐场工种中，以劳动负荷最大而人数最多的挑卤工付之以计件工资，联系到富荣盐场的其他种种新因素的产生，盐工享有来去自由等权利，富荣盐场的工资制，挑卤工的计件制工资，不能不说对于资本主义萌芽的出现是具有意义的。

---

① 《清代刑部钞档》：嘉庆十四年三月十日四川总督勒保题。
② 《清代刑部钞档》：乾隆十六年四月十五日行川陕总事督事尹继善题。
③ 《清代刑部钞档》：乾隆十九年十月二日四川总督黄桂题。
④ 《清代刑部钞档》：乾隆四十二年六月十三日四川总督文绶题。
⑤ 《清代刑部钞档》：嘉庆七年五月二十四日四川总督勒保题。
⑥ （清）李榕：《自流井记》，《十三峰书屋文稿》卷一。
⑦ （清）丁宝桢等：《四川盐法志》卷二《井厂二·盐井图说》。
⑧ 《资本论》第一卷，人民出版社1957年版，第609页。

第三，技术不仅保证工资高，而且也决定了与井主的关系。灶头、山匠颇受井主重视，关系密切，地位突出，井主甚至把部分招工之权交给他们，表现了井主出于经营考虑而对技工的优待。当然，技工自由离去的权利也大得多。

第四，学徒等人工资虽低，但与管账、师爷一样是按月支给，都是由井主供应伙食（当然有差别），也就是说，他们都是井主招雇的对象，原则上地位是平等的，没有身份的高低之别。这一切大致说明了富荣盐场的盐工和井主间是金钱雇佣关系，而不是人身依附关系，丧失劳动力便丧失生计。故盐工歌谣曰："跑丁不收手，老来要讨口！""不要两头（老、少）要中间，害病老死喊黄天！"这些盐业"无产者"的存在，自然标志着井盐业的资本主义因素已经产生了①。

需要指出的是，清中叶以后，尤其是清后期，在富荣盐场等地出现过奴役性质的"人车"。根据调查材料，在光绪十年（1884）、十一年、三十年、三十一年，以及1919年、1938年等年，或因大旱，农村人口拥向城市，寻求生路，廉价劳力充斥市场，或因牛瘟流行，畜力奇缺。有的盐井，因为卤水不多，但咸量较重，既无资本买牛推汲，招推户代推又不合算，遂临时雇人汲卤。此种人车雇工，待遇极差，生活特苦，尤其是地方恶棍包揽而后转雇井上的人，更无行动自由，故称为"班房车"。但由井上直接招雇者，则属雇佣性质，称为"兄弟车"。自"班房车"产生后，即受到盐工的激烈反对。富荣场盐工多次自发捣毁"班房车"。五通桥"班房车"因盐工一再反抗，由官方明令禁止。很明显，"班房车"已成众矢之的。而且像这类性质的劳动者，在盐工之中，从不占居主要地位②。

四、山陕商移民投资盐业生产

清代山陕商移民资本同前代商人资本相比，已有显著的变化，其主要标志是，它不仅开始通过以发放贷款、收购产品的方式控制生产过程，而且开始直接投资生产，使自身向产业资本转化，具有了资本主义生产的最初形态。

---

① 张学君、冉光荣：《明清四川井盐史稿》，四川人民出版社1984年版，第171页。
② 关于"班房车"之名的由来。光绪三十年至三十一年，自流井的分知县刘某，因为囚粮欠缺，曾把犯人弄到洪源井推汲卤水，而地方恶棍招诱上井推汲之人，多无行动自由，如同班房（监狱）的罪犯一样，于是被人称之曰"班房车"。见黄植青：《我们所知道的自贡盐场人力汲卤情况》；江苏云：《班房车》。均载《自贡文史资料选辑》，内部参考，第二辑。

兴建于乾隆初年的西秦会馆，现为自贡盐业历史博物馆馆址

山陕商资本控制小商品生产的最初形式，主要是"假贷子钱"。以川盐为例，"四岸行商务十余家，悉是陕西大贾，资本甚巨"①。而富顺、犍为两场"半皆穷灶，买水煎盐，佣工薪炭，咸资借贷，商人购盐，长短应付，复乘艰窘，故昂其值"②。陕商乘虚而入，以定期贷款的方式，控制了贫弱灶户；又如丝商向井研县贫户假贷"丝黄钱"，让他们提供廉价生丝③；向夏布织户预付货款，形成牢固的供货关系，如重庆商贾对江津、隆昌夏布的收购，习惯提前一年付给夏布行部分货款，再由这些行家向接受订货的四乡农户发出付款通知，每年成交额达二十万两白银④。

特别值得注意的是，山陕商资本自清代前期开始，就不断向井盐业资本转化，大规模投资自贡、犍为等盐场井灶，在自贡盐场，陕商采用"直接投资""做下节""佃煎""杜卖"等多种手段源源不断地开办新井，接办收买旧井，租佃卤水、天然气等，直接经营盐业，获取剩余价值。

（一）关于直接投资

清代富荣盐场钻凿盐井，投资者称"客伙"，拥有土地者称地主。客伙、地主签订凿井契约，称为"出山约"。现举一纸：

立凿井合约人蔡灿若等，今凭中佃到王静庵名下已填（如）海井大路坎上地基壹埠，平地捣凿同盛井壹眼。比日言定：王姓出地基，蔡姓出工本，井出之日，地主每月煎烧柒天半昼夜，蔡姓等每月煎烧贰拾贰天半昼夜。倘井出腰

---

① （清）丁宝桢等：《四川盐法志》卷一三《转运八·官运上》。
② （清）唐炯：《成山老人自撰年谱》卷五，《中国近代工业史资料》第一辑，下册，第702页。
③ 光绪《井研县志》卷八。
④ 彭泽益：《中国近代手工业史资料》第二卷，中华书局1962年版，第57～58页。

乾隆四十四年开凿同盛井合约（原件藏自贡市盐业历史博物馆）

脉水壹、贰口，以帮捣井人用费；如出壹、贰口外，地主愿分班，同出工本，以捣下脉。俟井出大水之日为始，蔡姓等煎烧拾壹年为率；倘若出火，亦照（股）均分。其有天地二车、灶房、廊厂，报开呈课，照股摊认。蔡姓煎（满）年份，天地二车、廊厂尽归地主；至于家具物用，验物作价。恐口无凭，立合约二纸为据。

咸泉上涌

凭中 杨念兹 王圣泽 同在 代笔 李淑培

乾隆四十四年十月二十一日立佃井合约人 蔡灿若 万丹亭①

契约注明，初开费用由客伙蔡灿若负责，地主与此无涉；一井成功后，地主将在每月收益中分占七天半，蔡姓得二十二天半；蔡姓煎烧十一年后，权益结束，井灶一切器用归还地主。这种独资办井的为数较少，大多是财势雄厚的山陕商人，通常是小股合资经营。如嘉庆元年契约中，客伙竟达十九人，所占锅分一口者八人，半口者九人，四分之一口者三人。再举一例：

立合约人陈三锡、林振仓、刘坤伦、颜鸣凤四人出首，承写到天后宫所置黄葛嘴凤来山地基壹段，新开盐井壹眼，取名天圣井。照厂规：贰拾肆口开锅水份，地主得地脉水份陆口，不出凿井使费，只出井基、车基、火灶基、过江、偏厦等地，其有车基，定在熊姓酒店连康姓茶馆之处，如基址不足，壹力有地主承认；其有家伙滚子水份，归承首人管业，贰拾肆口水份人等不得争占；余有拾捌口，归承首人邀伙开凿，永远管业。比日议定：押头钱叁拾千文整，俟井成功之后，地主佃煎，以还押头钱。井出微火，不足壹口，以作凿井使费，地主不得分班。起推之日，无论水、火大小，照贰拾肆口分班。其修竖天地贰车车房，及下木竹、顶打店房，初报推煎使费，照拾捌口均派。起推之

---

① 自贡市档案馆等编：《自贡市盐业契约档案选辑》，中国社会科学出版社1985年版，第309页。契约原件现藏自贡市盐业历史博物馆文物保管部。

后,遇有淘井并官前使费,注册承课壹切等用,俱照贰拾肆口均出。自佃之后,倘有停工住凿,将原合约退回,开户人等不得称说工本。但注册承课,贰拾肆口各立名榷纳,子孙永远管业。恐后无凭,立合约存照。

神圣默佑 水火既济

  首人 林振斌 王志芳 范文禄 王世清 廖利川 龚德宽 罗天碧
  张朝明 刘玉珩 熊兴发 温习盛 罗天申 龚名贵 林帝钦 同在
  颜鸣凤笔

  嘉庆八年癸亥十一月初一日 立合约人 陈三锡 林振伦 刘坤伦[①]

嘉庆八年开凿天圣井合约(原件藏自贡市盐业历史博物馆)

  契约中所谓"天"或"口",乃指投资股份大小而享有的盐、气井收益单位。富荣东场(今自流井一带)以每月天数划分收益,即将每月三十个昼夜分为三十班,又称三十天,三十日份、水份。某人在某井所占天数、日份,即是他在该井投资所占股份的具体收益。富荣西场(今贡井一带)则将每月总产量分为二十四个锅口,称为锅口、锅份。某人在某井所占锅口、锅份,乃是他在该井投资所占股份的具体收益。地主所得日份或锅口称地脉日份,按天数计,或三天,或五日份;按锅口计,或三口,或六口,等等。

  在合股投资办井之时,有所谓"承首人"的出现。他是合股资本的具体发起者,故契中有"内有拾捌口,任凭承首邀伙出资凿捣","余拾捌口,归承首人邀伙开凿"等语。他的权利在于,凡投资者必须按时交纳资金,多为"壹月壹齐",否则承首人将取缔其投资资格,而且先前投入资本也不予退赔。他的义务在于,在资金供给的情况下,必须保证凿井工作的正常进行,如有停工

---

① 自贡市档案馆等编:《自贡市盐业契约档案选辑》,中国社会科学出版社1985年版,第334~335页。契约原件现藏自贡市盐业历史博物馆文物保管部。

之事发生，不仅取消承首人资格，而且得一还二，加倍偿还投资数额。承首人的利益在于，在凿井过程中不出工本，井成功后，得一定日份或锅口（多为贰口）作为报酬，名曰"干锅"或"浮锅"。可见，承首人实际上是投资集团的组织者和代理人，忠实执行契约规定的办井业务。这种人往往具有专门的技术知识和丰富的经营经验，精明强悍，最有希望成为第一代盐业资本家。

（二）关于做"下节"

由于凿井耗资费时，有人凿办多年，未能"见功"（成功），资金告罄，处于进退两难之中。在此关键时刻，一些投资者乘机顶井（再投资）锉办，待成功后，分享成果，此谓之做下节。其中，有的上节（原投资者）全部出顶，即收回所有工本，日后此井成功，不再享有任何权利。有的上节则不收回工本，或只收回部分工本；井成功后，"有与下节人各分一半鸿息者，有上节仅分二三成者，下节多分至七八成者"[1]。现举一例：

> 立顶井字约人赵振九，弟用章、济隆，今将自置黄桷坪地基捣锉兴海井一眼，情愿出顶与王□□名下推煎下锉。现有水、火，同中议明，租银壹千肆百伍拾两整，当即银、井两交明白，从中并无货物准折等情。其做井，如停工住锉，许主接回。蒙神天赐福，出水、火之日，足有四口，主人地脉九天分班煎烧。照依厂规拾式年为率，许主人原井接回，临时再无他说。至见功应修灶房、柜房，亦以厂例，不得推托。恐后无凭，立约为据。本井所有牛只、家具，同中照物作以时价，银、物两家照数收清。此批。
>
> 咸泉上涌
>
> 中证 郭永吉 何敬亭 李福之 陈永和 王连三 任鲁一代笔
> 赵振九 赵用章 赵济隆同立 嘉庆十三年七月十九日[2]

契约中王□□以巨金接办兴海井，除地主的九天地脉日份外，其余二十一天均归自己所有，上下节间基本上没有经济纠葛。有的人只顶接部分水、火日份，上下节间便仍有经济承继关系了。需要指出的是，一般地主的地脉日份或

---

[1] （清）吴鼎立：《自流井风物名实说》。
[2] 自贡市档案馆等编：《自贡市盐业契约档案选辑》，中国社会科学出版社1985年版，第461~462页。契约原件现藏自贡市盐业历史博物馆文物保管部。

锅口不属于做下节的内容,但也有地主将地脉水份出顶,则下节尚须付一笔租金,有的契约称之曰"押头"。赵振九昆仲出顶契约即属此类性质。

投资下节者,多认为该井所处地势优越,卤源丰富,前途乐观,虽然一次支付现金数多,实乃获取钻井成功的门径。如顺龙井,已深达二百五十余丈,只因"天年欠丰,无力承办,为福全灶所接办,竟然取得水、火、油净日份拾伍天"①。

自然也有例外,有的下节资金耗尽,而井未成功,又得转顶他人。如果不立即寻找后继而造成停工住锉,则原之上节要将井收回,且不赏付工本。这样,前之下节作为中节,新顶之人又称下节了。如同盛井转顶蔡、万、寇、喻四姓,已达四节,前后历经七十五年之久②。

(三)关于"佃煎"

富荣盐场不少拥有地脉水份的地主,他们多不愿直接经营井灶,而是将其出租,换得一大笔金钱购买土地。于是有的商人乘虚而入,租赁现成井灶的盐卤及全套生产设备,加工食盐出售。这种方式,谓之"佃煎"。现举两件契约为例:

立定约堂叔畅野,今凭中将自己新凿潆海井分班后昼夜水火份叁拾天,载课锅肆口,情愿定佃与宅安侄煎烧五载。比议井租佃丝银共壹千贰百两正,当日交定银贰拾两正,其余俟丁巳年三月内交五百,至九月三十井满交接之日交贰佰,戊午年五月内交肆佰捌拾两正。自接佃之后,水火消长,两家不得异说。门户课银,随井办纳。煎满之日,楻桶、筒索交还井主;所有家具什物,验物作顶。立此为据。

凭中 杨震川 李伯馨 李书三 李士安笔
乾隆五十六年辛亥十二月初二日立定约 畅野③

---

① 自贡市档案馆等编:《自贡市盐业契约档案选辑》,中国社会科学出版社1985年版,第366页。
② 自贡市档案馆等编:《自贡市盐业契约档案选辑》,中国社会科学出版社1985年版,第309~312页。
③ 自贡市档案馆等编:《自贡市盐业契约档案选辑》,中国社会科学出版社1985年版,第685页。

再看咸丰七年契约，其情形与上述契约大同小异：

立出佃井约人罗六朋，今将先父所做邱挡小溪沟夏洞寺业内天顺井水、火锅份壹口，并天地二车、车房、牛棚、偏厦、垣墙、过江、沟渠、楻桶、筧路、牛马进出、抬锅运炭路径、灶基、柜房，一并出佃与余罗福全灶名下推煎。比日凭证议定，一佃六载，一口共计佃价银贰百肆拾陆两正，系店平，当日交银五十两，下余之银三关交兑。如年份内恐有咸水不敷，凿捣下脉，耽延日期，主人照补；井内木竹倘有漏烂，刁下耽延日期及使费银钱，年满之日，主人照期数补还。如井事不明，一力有主人承当，不与佃客相染。门户课银，随井办纳。因前佃明年限未满，刻下复行又佃，俟推至戊午年推满之日，另书起班日期字约。二家甘愿，并无异说。恐口无凭，立佃约存据。

水火既济

凭证 罗铭章 罗级 罗开金笔
咸丰丁巳七年八月二十四日立出佃井约人 罗六朋①

由于租期定为五年或六年，在这有限的时间内，不仅要追回租金，而且要获取额外利润，当然需要在经营管理方面有所改进。从契约内容中亦可看到，前约起初规定"水火消涨，两家不得异说"，尔后佃煎者提出种种要求，出佃者作了层层让步。自佃之后，"如年限内恐有咸水不敷，凿捣下脉，耽延日期，主人照补；井内木竹倘有漏烂，刁下耽延日期及使费银钱，年满之日，主人照期数补还"。有的契约还规定租期已满之后，"外敷六个月"，甚至"外敷壹年零两个月为准"。出佃者表现得非常被动，原因在于盐井生产年限稍长，井下情况不明，承佃者收益难保，不得不做出种种让步。由于承佃者要对盐井凿淘加深、重建固井设施，他需要继续投资，以保证正常生产。因此，这并不是一般性质的租佃关系，而是需要追加投资、扩大经营权的要求。出现这种情况，大多是佃煎者擅长经营筹划，利润日增，而出租者又多不善经营、无力追加投资、提高经济收益，转化为有求于人的弱势一方，不得不处处让步，以求保全；但退让过多之后，到时也不一定能够收回井灶，以致租期延长，佃

---

① 自贡市档案馆等编：《自贡市盐业契约档案选辑》，中国社会科学出版社1985年版，第749页。契约原件现藏自贡市盐业历史博物馆。

煎者态度愈来愈咄咄逼人，有的乘势将井灶变相占有。如乾隆年间，李氏家族就遭遇这种情况："秦人某佃煎从弟井业，获资巨万，据势阻佃。"① 使用权的地位更加突出。佃煎者的成功，应是盐业资本取得胜利的一种表现。

（四）关于"杜卖"

"杜卖"是兼并小资本井灶的一种契约形式。盐场之中，小生产者颇多，有的开凿数年，财力不支，告贷无门；有的灶户处境尤为困窘，"盐质甚劣"，"利亦微薄"，很难撑持下去，他们多为大灶所并吞。文献称"大灶多系独资"，"购得卤权多，设灶亦多"。他们乘机"买卖移并，随时为价"，"一灶归并数灶"②，以致"为场雄伯"③，成为特大井灶户。这类兼并活动，在富荣盐场则是通过"杜卖"文约而表现出来的。例如：

立出顶井字约人龙仕德、陈纪、陈在学等，先年在马冲口王绥来业内，相邀众伙等平地凿淘柏林井一眼，余甲戌年四月初一日起班推煎，到庚辰年四月初一日以满。前六年众伙协同商议，无力推办，愿请凭中证将后六年全眼井份二十三天，出顶与地主王绥来二公名下推煎。比日凭中三面言明：议定顶价丝银三百二十二两正九七平，牛只、家具外作银四十两，其银当日亲收明白，并无少欠分厘。自顶之后，任凭王姓推煎，伙内人等不得生端异说。恐口无凭，立出顶约永远为据。

凭证 钟仁义 余成章 李荣宽 陈纪泰 同在 邓开元笔

立出顶井约人 王恕礼 喻体元 杨于才 邓洪泰 陈纪 龙仕德 陈在学 邓朝桂 傅一宁 张鉴 余丰顺 喻汉章 田纪盛 张福兴 罗维古 陈思龙 刘元荣 陈思贤 罗在学

嘉庆二十五年四月初一日立④

这是嘉庆二十五年（1820）订立的一起变卖井灶的事例，由众多投资者共同出让原井股份。另一出售日份的契约是由个人订立的：

---

① 《李氏族谱》卷九《丹山叔祖传》。
② （清）吴炜：《四川盐政史》卷三《灶户》。
③ 民国《云阳县志》卷一〇。
④ 自贡市档案馆等编：《自贡市盐业契约档案选辑》，中国社会科学出版社1985年版，第469页。

立出卖井日分文约人王璨，情因家无出产，情愿请凭中证，将祖遗分受新垱周家冲业内万顺号承佃锉办生洪井己名下每年每月地脉水火日份半天，出卖与堂兄王培信名下，子孙永远管业。面议买价纹银贰拾贰两整，九八平兑，即日亲收，并无少欠分厘。其界前抵墙垣、后抵石板大路为界，左抵墙垣脚外叁丈、直过曲转合大路为界，右抵本井财门石板出路、合石板大路为界。井见大功之日，按照界址修立廊厂，卖主不得异说。抬锅运炭、牛马出路，亦不得阻滞。自卖之后，以前所有借项，不与买主相染。此系二家甘愿，并无勒逼等情。恐口无凭，立出卖约为据。

水火既济

凭亲房 王柏屏 王铭举 王御宽 中证 谢长发 王宽洪 王子醇代笔

　　道光二十七年丁未十二月二十八日立出卖井日份文约人 王璨①

杜卖者在文契中多写明"情因负债难偿""情因家务艰难"，甚至"死无葬具"等语。一般卖价较低，有的连"书押茶果，均包在内"。小灶经营者，由于"力难自办"，最后被迫歇业破产，将自己的仅有的生产资料，连同自己的劳动力在内，一起出售给了大盐业资本。在杜卖契约中，购买者往往用最低价格完成股份交易。

总之，在一段时间里，"购卤股者，胜于买田，以债息速且厚也"②，大量商业资本向盐业资本转化，不少大商人开始逐渐成为了新兴的盐业资本家。道光初年，陕商高某以白银三千两，与"李四友堂"合办联珠井，获利丰厚。道光十八年，陕商某与王朗云订约，规定每凿一井，陕商出纹银400两。收益以30天计，客得18天，主得12天，18年为率，都成为了大井灶户③。在彭水，"清乾隆间，陕商支千裔来郁开凿新井后，方将井位提高，仿自贡盐场汲卤方法（应为富荣盐场——笔者）"④。在云阳，"胡德荣……自长沙迁梅子甲；乃渐习为贾，移家盐场……，购卤买田，日益完富"⑤。犍乐盐场大场商吴景让堂，其先

---

① 自贡市档案馆等编：《自贡市盐业契约档案选辑》，中国社会科学院出版社1985年版，第475页。
② 民国《云阳县志》卷一〇。
③ 《自贡盐场井区的发展变化》，《四川文史资料选辑》第七辑。
④ 《彭水、云阳地方性资料稿》，《彭水制盐公司概况》字第20号。
⑤ 民国《云阳县志》卷二七〇。

"改营商业……家益日裕,先后置牛华溪、五通桥诸井灶"①。

最典型的例证是,道光七、八年,自贡大场商李四友堂与成都陕西盐茶大贾高某订立合约,合办自贡盐井。高某一次投资白银3000两,加入李氏产业,扩大经营,先后开凿卤井7眼、天然气井3眼,水火俱旺,获得极大成功②。

另一典型例证是,道光十八年(1838),自贡大场商王三畏堂开放扇子坝,与陕商合办新井,"出山约"规定:地主出一井三基(井基、碓房、车房、灶房基),每开凿一井,客方出押山纹银400两,主客按比例分配收益,客股期满交还主人③。

《四川盐法志》卷二《食盐销售图》

陕商资本另一个投资重点地区是犍为盐场。犍为盐场先于自贡繁荣,故有"金犍为,银富顺"的俗语。陕商对这一地区的盐业极为重视,他们专门向生产济楚优质花盐的"十提"(十大灶)投资,到清中叶以后,陕商资本已控制了其中的"六提"④。

大约在咸丰、同治间,陕商凭借雄厚的资本,在四川各盐场中的投资比例已占据绝对优势。同治间,四川布政使刘蓉奏报说:"川省各厂井、灶,秦人十居七八,蜀人十居二三。"⑤由此可见,陕商向井盐业资本转化的倾向是很明显的,他们是井盐业资本主义萌芽舞台上最活跃的角色。其进步性应予肯定⑥。

---

① 《先府君金三公行状》,碑存乐山县牛华溪吴家祠。
② 《自流井李四友堂由发轫到衰亡》,《四川文史资料选辑》第四辑,第146~149页。
③ 《自流井王三畏堂兴亡纪要》,《四川文史资料选辑》第七辑,第160~161页。
④ 李从周:《犍为济楚十提的由来》,《五通桥文史资料选辑》第二辑,第55~58页。
⑤ (清)刘蓉:《奏请筹办川省盐厘折》,《续文献通考》卷三七《征榷五》。
⑥ 张学君、冉光荣:《清代富荣盐场经营契约研究》,《中国历史博物馆馆刊》总第3期。

第五章

晚清时期：
巴蜀工商文化的现代化滥觞

中英《烟台条约》及其续订专款，使长江上游门户洞开，四川经济重心东移，重庆成为西南最大的商贸中心；洋商开始向巴蜀地区推销洋货、收购土货、开办工厂、获取矿权。甲午、庚子战败，巴蜀绅商深感西方商贸文化优势；必须改弦更张，师事西方工商文化，振兴实业，以求自救。他们倡导实业救国、力挽利权，急兴商务、开办公司，积极从西方商贸文化中吸取富强之术。光宣时期，巴蜀传统工商业开始向现代实业（公司）转化；这个过程，一直延续到民国时期。

第一节　西方工商文化冲击波与冲击效应

一、西方工商文化向长江上游推进

（一）西方工商文化的冲击波

19世纪60～70年代，欧洲各国传教士、外交官、商人和探险家不畏艰险、跋涉万里，辗转云、贵、川、康之间，深入巴蜀城乡，考察山川物产、民情风俗、文化历史，一面开辟教区和贸易市场，一面对这块土地孕育的独特文化进行多方面的探索。在他们发出的通讯和报告中，着力描述心目中的东方"神秘世界"[1]。

与此同时，英国各工业城市商会纷纷向议会呼吁：中国西部是"最大的未开辟的市场"，"英国的毛织品正在失掉美洲和欧洲的市场""必须取得中国西部有潜力的市场来补救"[2]。上海的英商商会甚至断言："除非汉口以上的长江航线开放通航，对华贸易就不能扩张。"[3] 同治十一年一月（1872年2月），英国商

---

[1] 隗瀛涛主编：《四川近代史稿》，四川人民出版社1990年版，第93～97页；徐尔灏：《青康藏新西人考察史略》，国立中央大学理料研究所《地理学部丛刊》第8号。

[2] 《商会联合会第12度年报》，1872年1月22日；[英]伯尔考维茨：《中国通与英国外交部》，第145～147、176页。

[3] 《历史研究》1962年第5期，第131页。

会联合会敦促议会和政府向中国政府提出开放扬子江上游通行外国轮船的要求，以便"中国最富足勤勉的一省（四川）几乎可以直接与欧洲交通"①。

这些呼吁和建议，立即成为代表商人利益的英国决策者们的一项新的对华政策。同治十二年十月（1873年11月），英国驻广州领事罗伯逊（D.B.Robertson）表示：英国将在不触动中国统治者固有利益的条件下，"以逐渐接近和不惹人注意的外交方式，可以解决一些最令人烦恼的通商问题，如厘金和扬子江上游的航行等"②。但是，四川环境闭塞，给外商在四川的通商投资活动带来极大的困难。

光绪二年（1876），英国通过《烟台条约》，将旨在开放四川的活动推进到宜昌，并取得了派员驻寓重庆，"查看川省通商事宜"的特权③。宜昌开埠使英商得到巨大的利益，英国货物能比过去提前30天运到四川市场，"那里已成为我们最好的中国市场之一，每年销售90万匹以上的棉布和12万匹呢绒"④。以光绪三年（1877）为例，经重庆入川的洋货总值就达到白银1157000两，是宜昌开埠前一年（1875）的6.4倍⑤。

光绪十六年（1890）《烟台条约续增专条》的签订，使重庆正式成为英国商埠，根据最惠国待遇，也成为其他西方列强的商埠。英国和其他西方国家商人可在宜昌重庆间雇用华船或自备华船往来运货，享受子口税待遇⑥。根据这一专条，英、法、美、日、德等国先后在重庆设立领事馆。光绪十七年，清政府正式勘定重庆南岸王家沱为商埠地址⑦，重庆设立海关，海关总税务司赫德（R.Hart）任命英人霍伯森（H.E.Hobson）为重庆税务司，全面管理四川进出口贸易。

---

① 《商会联合会第12度年报》，1872年1月22日；[英]伯尔考维茨：《中国通与英国外交部》，第145～147、176页。
② [美]马士（H.B.Morse）著，张汇文等译：《中华帝国对外关系史》卷二，上海书店出版社2009年版，第323页。
③ 王铁崖：《中外旧约章汇编》第一册，三联书店1959年版，第349页。
④ 姚贤镐：《中国近代对外贸易史资料》第三册，中华书局1962年版，第1415～1416、1591页。
⑤ 聂宝璋：《中国买办资产阶级的发生》，中国社会科学出版社1979年版，第133页，引《耐维耶报告》第160页。
⑥ 黄月波：《中外条约汇编》，商务印书馆1936年版，第15～17页。
⑦ 民国《巴县志》卷一二《工业》。

光绪二十一年，日本通过《马关条约》，使重庆府同沿海城市一样，成为全面对外开放的通商口岸，规定新开通口岸任凭日本轮船自由行驶，允许"日本臣民往来侨寓，从事商业、工艺制造；所有添设口岸，均照向开通商海口或向开内地镇市章程一体办理，应得优例或利益等，亦当一律享受"①。《烟台条约续增专条》只承认开重庆为商埠，并未承认外轮可以进出川江。而《马关条约》却为列强争得了外轮直航重庆的权利，使四川与外国资本主义市场建立了直接联系。值得注意的是，《马关条约》规定：通商口岸准许外国商民自由贸易，开设工厂，"从事商业工艺制作"。这更是西方列强梦寐以求的迫切愿望。当时，英国政府公报以难以掩饰的欣喜心情宣布：《马关条约》"为贸易、侨居、工业和制造业开辟了四个新的通商口岸；轮船在扬子江上游从宜昌到重庆的航行权（虽然没有像原来的条件中所规定的西江航行权），保证在内地设立批发庆和通商口岸、从事工业的权利。根据最惠国待遇，英国人民可以享受这一切特权"②。从此，清政府制止列强深入内地的防御战略宣告彻底破产，外商从政治和法律上获得了在四川投资的可靠保证。

光绪二十八年，重庆海关又增设万县的通商口岸，实际上，整个川东地区已纳入了对外开放的范围③。

（二）西方工商文化的冲击效应

近代四川被迫对外开放地位的确立，使外商受到极大鼓舞，他们纷纷入川建立洋行、公司，选择项目，准备在与同行的竞争中获得最大的投资效益。但是，经过最初的狂热之后，他们又不能不面对这样一些棘手的实际问题：

1. 交通运输问题

四川与外界的交通极其困

清末航行在长江上游的英舰"金希亚"号

---

① 黄月波：《中外条约汇编》，商务印书馆1936年版，第151页。
② 《英国及外国政府公报》1894~1895年，卷八七，第799~804页。
③ 王铁崖编：《中外旧约章汇编》第二册，三联书店1957年版，第107页。

难。陆路早有"蜀道难"之称。川江水道受三峡险滩阻障,历来只能行驶载货量有限的小型木船,给大规模的中外经济交流造成很大不便。自宜昌开埠后,外商"屡探峡江险阻"①,以英商立德(Archibald J. Little)为代表的外国商人和以英国为代表的列强政府,自19世纪80年代以来,不断探测川江行轮的可能性,并特制各种江轮、炮艇,上航重庆,试图开辟入川贸易投资的航路,但未取得预期成效②。

川江轮运问题无法解决,外商在长时期内只好依赖川江的传统运输工具——木船。外商自备木船或租用木船,悬挂外国旗,同样享受子口税优待。但是,木船载重量很小,损失率高(在川江险滩报损率为10%),运输周期长(从上海运货至重庆需3~6个月)。这给外商扩大对四川的通商投资活动造成难以逾越的障碍。重庆海关税务司华特森认为:"资本家们在四川省的进一步开拓,必须与四川以外的世界互相携手,共同努力改善交通工具。"③

挂旗船享有洋船特权(德弗里茨·魏斯摄,1911)

---

① 《论重庆通商》(光绪十六年正月初五),《李文忠公全集》卷二〇《译署函稿》,第1页。
② 邓少琴:《近代川江航运简史》,重庆地方史资料组1982年内部出版,第53~65页,第60~61页。
③ 《重庆海关1892~1901年十年间调查报告》,《四川文史资料选辑》第九辑,1979年重印本,第174页。

2. 市场问题

外商在宜昌开埠之初,对四川七千万人口的消费潜力作了不切实际的估计。他们把打开四川市场作为中国对外关系史的第三阶段,"重要程度仅次于1842年和1858年的条约"①。外商甚至把四川看作"仅次于上海、天津和汉口的第四位销售中心"②。在经历了进口贸易的最初增长以后,江货的销售出现了平缓曲折之势,销数"不如预期之好"。兹将重庆开埠之后,光绪十八年至二十七年(1892~1901)十年间洋货入川总值附列于下③:

年度	价值(海关两)	年度	价值(海关两)
光绪十八年	5825474	光绪二十三年	8444081
光绪十九年	4574298	光绪二十四年	7967012
光绪二十年	5114013	光绪二十五年	13075176
光绪二十一年	5618317	光绪二十六年	12918073
光绪二十二年	6929393	光绪二十七年	12598741

此表说明:光绪十八年至二十一年洋货入川总值呈现负增长。光绪二十二年、光绪二十三年虽比前段有明显增长,但光绪二十四年又出现下降趋势。光绪二十五年增长迅速,光绪二十六年、光绪二十七年(1901)亦有显著下降。出现这种曲线增长的原因,主要是外商过高估计四川市场的需求,因而陷入增长—过多进口—滞销的循环圈。十年间年平均增长率为11.6%,从绝对增长数看,四川进口贸易出现两位数的增长率似乎是十分可观的。但是,如果考虑到四川外贸起步晚、基数低的实际状况,出现这样的初期增长形势并非奇迹。与全国洋货进口总值比,其数额微乎其微。以光绪二十年为例,四川进口洋货总值在全国进口洋货总值16200万海关两中只占3%④。截至20世纪初,四川进出口

---

① [美]马士(H.B.Morse)著,张汇文等译:《中华帝国对外关系史》卷二,上海书店出版社2009年版,第323页。
② 谢立三:《重庆洋货贸易报告书》;史密斯:《重庆进口贸易备忘录》,英国《蓝皮书》,1883年。
③ 《四川文史资料选辑》第九辑,1979年重印本,第188页。
④ 姚贤镐:《中国近代贸易史资料》第三册,中华书局1962年版,第1591页。

贸易额最高年份也没有达到全国进出口贸易总值的5%①，这与四川人口占全国总人口10%以上的情况显然不相称。

四川进口洋货总值远远低于全国水平的原因何在？外商在通商投资活动中发现：除了交通困难外，主要原因是四川居民消费水平太低，一般居民基本生活资料主要仰给于自给性生产，需要由市场提供的商品非常稀少。比如：光绪十八年至光绪二十七年外国棉织品在四川市场呈现滞销趋势，光绪十八年四川进口棉织品总数为735109匹，而十年之后的光绪二十七年，进口数反而降为643366匹。外商发现，四川居民对棉织品的消费情况是："英国布匹主要是川省各大城市少数居民才使用，几乎只有中产阶级购买……至于广大农村人口则继续穿着保暖耐用的土布。"②

这些土布都是农民自己生产的，他们"把棉花买来，在家庭里织成布匹自己使用，或者在村庄里出卖，或者借行商销到远地"③。四川居民对于非买不可的生活必需品，消费率也保持极低的水平。比如，外商观察四川居民的火柴消费情况："他在早晨用火柴生火（当他不能从邻居借来一块燃着的木柴时），此后一根纸捻或灶火就供应了他的许多次需要。"④在这样低微的消费水平下，外商在四川的任何投入都受到低下的市场购买力的制约。

3. 投资环境的特殊性

外商经过周密考察，认定四川是一个自然条件良好、资源十分丰富的省区。华特森的重庆海关报告说明："四川发现的矿产包括金、银、铜、铁、水银、煤炭和石油，而输出的主要物品则为鸦片、麻类、白蜡、蚕丝和250余种药材。主要制造品是丝绸、刺绣、金漆家具用品、西藏羊毛毯和山羊皮、草席、草帽辫、篾器、蜜饯果品和酒类。"⑤

但是，四川在采矿和制造加工业方面生产力水平不高，生产技术落后，设备陈旧，普遍采用简单协作方式维持效率低下的生产。比如煤矿开采，四川近

---

① 《四川经济季刊》1卷2期，1935年3月15日，第112页。
② 《重庆海关1892~1901年十年调查报告》，《四川文史资料选辑》第九辑，第189~190、170、218页。
③ Commercial Reports from Her Majesty's Consul in China, 1869~1870年，汉口，第216页。
④ 《重庆海关1892~1901年十年调查报告》，《四川文史资料选辑》第九辑，第189~190页；第170、218页。
⑤ 《重庆海关1892~1901年十年调查报告》，《四川文史资料选辑》第九辑，第189~190页；第170、218页。

代煤窑"采掘皆用旧法，无用机械者。矿区隧道深恒至数里，采者篝灯而入，作劳其间"①。挖匠采好之炭，即由拖匠伏地蛇行，拖负300余斤的炭篓，艰难出洞。又如冶铁业，近代四川中小冶铁作坊遍布全川，但冶铁方法原始。丰都县山区铁厂每厂用工40~50名，"每日出矿十石或七八担不等"，但"烧矿炼铁概用木炭"②。

以传统技术著称的巴蜀缫丝业，19世纪80年代，仍在继续增长，缫丝作坊超过2000家，分布于成都、嘉定、顺庆、重庆等地，大部分生丝均由家庭生产，"成都大部分地区，每家居民都以纺、织、绣为业。在乡间，甚至在冬天，缫丝、洗涤及漂白生丝都是很重要的工作"③。但是，四川生丝质量不高，在柔软和光泽方面，比不上浙江生丝。在19世纪70年代以前，川丝无法进入国际市场。70年代初，由于国际生丝原料短缺，川丝开始出口，同治十年（1871）有6000包川丝从上海输往国外。此后，生丝一直作为四川重要出口商品，销往海外市场。但是，由于质量不合国际标准，川丝大多作为废丝出售，以低贱的价格招徕主顾④。社会生产力水平不高，必然对引进的先进技术和经营管理方式产生负效应，不能达到外商预期的经营目标，这是外商在四川投资中必然会遇到的现实问题。

近代长江对外开放以来，进出口贸易成倍增加，极大刺激了重庆加工出口业的增长。例如重庆的山货业便起了巨大的变化。开埠前的山货原由药材字号附带经营，并未独立成帮，间有经营牛皮渣泽加工的胶帮附带运销牛羊皮出省，也有经销洋货的广帮贩运生猪鬃回广东加工后出口，均属小本经营，品种不多，数量有限。90年代初山货出口品种和数量急剧上升，由原来的猪鬃、牛羊皮等数种迅速增加到30余种。到清末民初，除已有洋行10余家外，重庆专营山货的字号已经发展到10余家，中路商20至30家，行栈10余家⑤。

19世纪末，重庆已成为洋货输入西南的转口地。如进口洋布从重庆再远销到上游各地大中城市，如成都、嘉定、叙府、绵州、顺庆等地，并初步向云

---

① 民国《巴县志》卷一二《工业》。
② 《四川官报》甲辰第十四册《新闻》，第3页。
③ 彭泽益：《中国近代手工业史资料》第2卷，中华书局1984年版，第90页。
④ 《重庆海关1892~1901年十年调查报告》，《四川文史资料选辑》第九辑，1979年重印本第180~181页。
⑤ 重庆市工商联等编：《重庆工商史料》第一辑，重庆出版社1983年版，第23~24页。

贵销售。以经营洋布为业的重庆布匹字号随之大为发展，广货铺也应运而生，大小水客经常云集重庆。一般字号的资本额大多增至3000两左右，而聚兴祥字号已达万两。布匹字号也由汉口进货改为上海进货，独资经营者也逐渐增多。光绪中重庆布匹业有60家左右，甲午战后各种洋布充斥市场，重庆作为洋布西南转运枢纽的作用也更为突出。那些获得大利的各州县水客，转而在重庆开设字号，20世纪初期布匹业已增至90家左右。布匹商在资金周转上较以前活动得多，资本额一般增至6000两左右①。

重庆市系川东中心城市，也具有集散市场的性质，省内及陕、甘、滇、黔、西藏等省区大宗土产，如粮食、药材、山货、井盐、蔗糖、桐油、生丝、川纸、木材，等等，均将重庆作为重要的集散地。另外，湘、鄂、赣、粤等省药材行销西南各省者皆以重庆为分配地。清末重庆有20多家药行，60多家药栈，100多家字号，200多家铺户，有关药材从业人员两千多人②。上游所产桐油也大量汇集重庆出口。进入重庆之桐油大体可分为川北、川江上游和川江下游三区。川北的阆中、江油、南充、盐亭等地的桐油依靠巴河、渠江、涪江运输之便，先汇于嘉陵江口之合州，再进入重庆市场。川江上游的井研、荣县、乐山等州县通过赤水河、綦江河、永宁河、岷江、沱江等为运道，汇于宜宾、泸州、江津再转入重庆市场。川江下游的南川、酉阳、秀山等州县借乌江集中于涪州，再运至重庆。同时，重庆也成为大批洋货入川的集散口岸③。

重庆开埠后，借助其地利因素，迅速成为西南进出口贸易中心。成都地处川西腹地，必须通过重庆口岸与国际市场联系。商务调察报告显示："每年在一定的季节里，商人从僻远和辽远的城镇如成都、保宁府、潼川府、遂宁县、嘉定府、叙州府、绵州、合州及其他重要地方，有的由陆路，有的由水路来到重庆，运来他们的土产——鸦片、药材、生丝，等等，并运回土货。"从事进出口贸易的重庆商人与上海和重庆的外国洋行建立了长期合同关系，负责向长江上游推销洋货和向洋行提供国际市场需要的土货。例如，"重庆洋布进口贸易全部操在27家商号之手，他们都直接派有代理人常驻上海"④。这些商号把洋

---

① 《重庆工商史料》第一辑，第193~194页。
② 《四川卫生史料》总第4期，第2页。
③ 王笛：《跨出封闭的世界——长江上游区域社会研究1644~1911》，中华书局1993年版，第254~259页。
④ 《中国近代对外贸易史资料》，中华书局1962年版，第1549页。

布从上海运回重庆后,首先批发给广货商人,广货商人随即转手批发给全城大小布庄、布店,布庄、布店除零售外,再将洋布转售外埠大小水客,由水客将洋布运销成都、嘉定、叙府、绵州、顺庆等地。成都进出口贸易实际上只是重庆进出口贸易的一部分。

但作为有两千余年悠久历史的西南大都会的成都,自有其深厚的文化底蕴。近代外国旅行家到中国西部旅行,对成都都有非同寻常的观感。先看德国地理学家李希霍芬(F. von Richthofen)在同治十年(1871)游历四川时,对成都的描述:

> 她是中国最大的城市之一,也是最秀丽雅致的城市之一……街道宽阔,大多笔直,相互交叉成直角……所有茶铺、旅店、商店、私人住宅的墙上都画有图画……这种艺术情趣在周围郊区随处可见。由红砂石建成的牌坊在乡间触目皆是,所有的旅游者无不为其精湛的艺术而感到惊异。牌坊上布满了以深化或日常生活为题材的浮雕,大都具有一种幽默感,其中一些不愧是中国的艺术杰作。这种优美在人民文雅的态度和高尚的举止上表现得尤为明显。成都府的居民在这方面远远超过其他各地。①

比李希霍芬晚二十六年到成都的法国旅行家马尼爱,在光绪二十三年(1897)游历成都,也目睹了成都的城市气象:"初至中国,往往满目秽芜,不堪逼视,成都则亦犹是耳。惟于晓色朦胧之际,遥望其间,尚有巍峨气象。"他同时也将成都与所到中国其他省份做了对比,"其殆十八省中,只此一处,露出中国自新之象也。……以实而论,此地场面,亦甚平常,惟较之沿海一带及内地各城,为差胜耳。广东、汉口、重庆、北京皆不能与之比较"。

他考察了成都商业贸易状况后认为:成都"为长江上流尽头之埠……此中商务之盛,一望可知,货物充牣,民户殷繁。自甘肃至云南,自岷江至西藏,其间数千里内,林总者流,咸来懋迁取给"。他在成都所见"洋货甚稀,各物皆中国自制。而细考之下,似有来自欧洲者,但大半挂日本牌记。出口货有丝绸、布匹两项,物既粗劣,价反加昂,惟耐久经用,行销故广。不特销于

---

① [德]费尔南德·冯·李希霍芬:《李希霍芬男爵书简》,1870~1872,上海,1873年,第129页。

四川，即毗邻各省，亦争相购致也。销路之远，可至广西、云南，乃至北圻各埠"。四川各属所产草帽、药材等土货，积聚成都后，"能在各通商口岸觅得西国主顾，装船后运赴汉口，以达上海"。如法国某洋行将草帽"发行欧洲，发约数千包也"；各种草药"尤以成都为荟萃处。凡药肆所售药料，皆来自四川装运"①。

成都的进出口贸易市场在20世纪初确已形成，傅崇矩《成都通览》明确记述了成都客商中与进出口贸易有密切联系的商帮②，如"出口货帮""棉纱帮""匹头帮""布帮""苏货帮""倾销帮""药材帮""绸缎帮""皮货帮""皮革帮""丝帮""书籍帮""麻帮""玻璃帮""颜色帮"。大宗洋纱、洋布销售成都市场，质地良好、价格低廉。成都郊县行销棉花、棉纱、洋货、匹头，郫县"每年约值银三十余万两"。他也记述了专门经销洋货的成都商号，如"公泰字号"（西东大街）、"从仁祥号"（科甲巷）、"光裕厚号"（总府街）、"正大裕号"（暑袜街）、"马裕隆号"（西东大街）、"章洪源号"（东大街）、"大有征号"（总府街）、"元利生号"（西东大街）。这些商号经营的洋货种类繁多，有钟表、灯具、瓷器、玻璃、洋酒、洋烟、化妆品、卫生用品、染料、洋药、时装、皮具、眼镜、文具、金属用品等数百种商品。经营本地商品的成都商家，根据重庆洋行买办的需求收购土货。其收购出口的主要是农副产品和药材、土特产品，如猪鬃、鸭毛、赤金、人发、牛骨、牛皮、生丝、草帽、兔皮、破布、火麻、茶叶、五倍子、大黄、川芎等。

根据20世纪初的资料统计：成都地区成都、华阳、双流、温江、新繁（今属新都）、金堂、新都、郫县、灌县、彭县、崇宁（今属郫县）、崇庆、新津、邛州（含今邛崃、蒲江、大邑）等16州县常年流通的商品共计251种，其中123种为本地生产、128种由外地输入。本地生产的商品中，行销上海、北京、广东、外洋的有：猪鬃、鸭毛、烟土、赤金、麝香、五倍子、牛骨、牛羊皮、兔皮、皮渣、人发、生丝、草帽、巴缎、破布、火麻、白木耳等20种，占本地流通商品六分之一弱，外地输入的商品中，属于洋货部分的主要有：洋纱、洋

---

① ［法］马尼爱：《游历四川成都记》，《渝报》第九册，光绪二十四年正月。
② （清）傅崇矩：《成都通览》，巴蜀书社1987年版，上册，第108～109、235～240页；下册第140、226～231页。

布、洋油，以及各种洋广杂货。由此可见，近代成都商业与国际资本主义市场的贸易关系十分薄弱，成都商品市场流通的主要商品仍然是传统消费品。外商直接贸易投资的事例不多，真正获得成效的商业经营业绩更加有限。

综上所述，19世纪下半叶，欧洲工商文化向巴蜀地区传统工商文化进行了长时期的冲击，由于强势文化的优势，取得了以重庆为开放口岸的战略据点。19世纪90年代，随着重庆商埠的对外开放，外商逐步控制了川江航道，光绪二十一年（1895）列强又取得在华设厂的特权，推动了外商对华投资的热潮。外商入川投资，除由洋行、公司独资经营部分土产加工企业外，还相继与四川官方和私人签署了第一批开发矿产资源的投资协议和合同。由于20世纪初四川反帝爱国运动的兴起和辛亥革命中清王朝的覆灭，上述外商投资协议合同的大部分未能付诸实施。

二、丁宝桢创办四川机器局的动机及其解决中外冲突的方略

（一）丁宝桢创办四川机器局的动机

四川机器局是洋务派官员、四川总督丁宝桢于光绪三年（1877）奏准创办的一项重要军事工业。此前，他在任山东巡抚时，创办了山东机器局。

丁宝桢，字稚璜，贵州平远县人，咸丰三年（1853）进士。在他年轻和步入仕途的年代，正值两次鸦片战争和太平天国革命运动先后发生，中外战争频繁，民族矛盾和阶级矛盾错综交织的时期。咸丰四年至咸丰六年曾在贵州参加镇压教军和苗民起义。同治六年（1867）山东巡抚任内，他在僧格林沁、李鸿章的直接指挥下，血腥镇压了捻军起义。次年，西捻军直驱河北，前锋达到京郊，清廷惊恐万分。丁宝桢率精兵数千，"倍道北援"，阻遏了捻军入京。清廷因丁"功最盛，数降敕褒嘉，加太子少保"①。

正是在使用洋枪、洋炮残酷镇压农民起义的实践活动中，丁宝桢产生了建立新式兵工厂的强烈愿望，这也是他所以成为洋务派重要人物的一个因素。

丁宝桢与洋务派首领李鸿章关系密切，思想亦接近。光绪二年（1876），丁宝桢升任四川总督。他曾向李鸿章请教中国"自强之术"，李在复丁信中说：

中国积弱，由于患贫。西洋方千里、数百里之国，岁入财赋动以数万万

---

① 《清史稿》卷四四七《丁宝桢传》。

计,无非取资于煤、铁、五金(之)矿,铁路、电报、信局、丁口等税。酌度时势,若不早图变计,择其至要者,逐渐仿行,以贫交富,以弱敌强,未有不终受其敝者。①

丁宝桢对李鸿章的这一见解十分信服,在自己职权范围内积极加以贯彻实行。为了扩大洋务派势力,他不顾顽固派的忌恨,不拘一格选拔人才,保举薛福成、黎庶昌、徐建寅等思想开明的知识分子担当洋务重任。他说:"风气以奖掖而自开,人才以磨练而后出。博求通识之士,砥砺讲求,遇事器使,异日必有为国家任事之人。"②与此同时,他按照李鸿章等创办新式军火工业的原则,先后在山东、四川创办了机器局,扩大了洋务派的势力和影响。他认为,清王朝要在内忧外患中生存下去,非得贯彻洋务派一整套"求富""自强"的方略不可。

丁宝桢的"自强之术",当务之急是在振兴武备,发展新式武器。他说:"中国自强之术,于修明政事之外,首在精求武备,所谓弃我之短,夺彼之长也。"这一信条是他在镇压农民起义的战场上,目睹新式枪炮的特殊威力后得来的。他说:"虽发、捻各股匪动以数十万计,每遇交锋,我军枪炮所及,莫不披靡。直、东两省遂收聚歼之功。"他由此断言:"外洋之所称善战者,其一在于枪炮之便利,其一在于士卒之敢死。"强调先进武器和敢死士兵的作用,是战而胜之的必要条件;但也不可忽略围绕敌对双方的各种复杂因素,武器不是决定战争胜利的唯一条件。

先前,清政府所需洋枪洋炮购自外洋,丁宝桢看到,由于购买者昏庸无能,购来之物,价值既昂贵,又多是过时武器或废物。他指出,即使是合用的武器,"又不知修理之法,用损即成废物,殊为可惜"。购自外洋的枪炮,不仅用损即废,还有更大的弊端:"且恐有事之时,药丸无处购办,枪炮转为弃物。"他认为,若想依靠外洋枪炮达到自强,"此实自欺欺人之语"③。于是他立意设立机器局,"令其自办机器制造,俾各勇营枪炮旧者可以整之使新,新者可不必远购于外洋,而得用亦与外洋相等,庶可为国家省无穷之费"④。他

---

① 《李文忠公全集》,《朋僚函稿》卷一六,第25页。
② 《丁文诚公奏稿》卷一一《保举薛福成、黎庶昌暨徐建寅创办机器片》。
③ 上述引文均见《丁文诚公奏稿》卷一七。
④ 《丁文诚公奏稿》卷一二。

从事事依赖外国武器的弊端中，得出建立自己的机器局，力求自造军火武器，应当是一种较有见地的思想。

丁宝桢对于创办机器局一事，可谓迫不及待，孜孜以求。光绪元年（1875），他首先在山东设立机器局。光绪二年他擢升四川总督，看到四川"各勇营亦皆习用洋枪，均须购自上海洋行，价值既贵，而道路转运，费亦不赀，并恐不免有受洋行欺骗之事"，乃建议四川省每年向山东省筹拨银两，而由山东调拨军火相抵补，这样使山东机器局经费"可无虑短绌"，四川省又可以获得远较洋商供应廉价的军火，"彼此两利"①。随后他又上奏朝廷，要求设立四川机器局，提出选派精通机械制造的候选通判曾昭吉赴川，"查看情形，令其自办机器制造"②。光绪三年赴川后，丁宝桢立即着手筹办机器局。次年即开始生产各式枪支弹药，取得了预期成效。

作为一个曾率轻骑"倍道"勤王、立下汗马功劳的忠实臣僚，丁宝桢创办四川机器局的首要目的，是为了镇压四川以至西南地区各族人民的反抗斗争，以维护清王朝的腐朽统治。这一点，他在督理四川以前，就有了相当明确的认识：

川省介在边陲数千里，番、猓、苗、蛮环列窥伺；而内地人情浮动，伏莽时虞。虽兵可百年不用，不可一日无备。臣居安思危，不敢不深谋远虑，是以上年有奏设机器局。③

丁宝桢对四川形势的分析，颇有敏锐的政治眼光。自咸丰初年以来，清廷出于对外妥协、对内镇压的政治需要，不断增加对西南特别是四川人民的搜刮，川省税课总额从咸丰以前的170余万两，猛增至光绪初年的近400余万两。由于赋税负担日益加重，各族人民群众的反抗情绪也日益增长。咸丰九年（1859），云南昭通地区发生李永和、蓝朝鼎起义，起义军很快攻入四川。咸丰十一年，太平天国翼王石达开率军沿川黔边境与清军作战，其主力在川西大渡河失败，但其余部仍在川西北地区战斗。其后，西南各族人民反帝反清斗争

---

① 《洋务运动》第四册，第307页。
② 《丁文诚公奏稿》卷一二。
③ 《丁文诚公奏稿》卷一七。

浪潮不断高涨，此起彼伏。丁宝桢所谓"内地人情浮动，伏莽时虞"，正是指此而言。

四川机器局的设立，就是为了镇压这一地区可能发生的各族人民的反清斗争。光绪六年（1880）、光绪七年先后发生峨边、雷波彝族反清斗争和查录、理塘藏族反清斗争，丁宝桢调兵剿办，就使用了四川机器局生产的新式枪炮。剿峨边时，先后以新式武器击毙彝族人民一千余人①。这些事实充分说明丁宝桢开办机器局的首要目的，是镇压各族人民的反清斗争。

另一方面，当丁宝桢升任四川总督之际，英国侵略者由长江水道进入四川，控制了重庆口岸。其后不久，又企图开辟四川、西藏通往其殖民地印度的通道。对此，丁宝桢也有所警觉，光绪十一年他上疏清廷说：

夫四川通商，前本有重庆之约……今乃另出此一计，又欲于重庆后路别开一隙，以逞其谋。设藏路一开，则四川全境俱失，川中一失，则四通八达之天下藩篱尽坏，此非臣之过为危词，诚以情势所在，实不可不深长思也。②

因此，他把设立四川机器局看成是"自强之要务"，是寻求反对外国侵略者的"战胜之术"。他在光绪五年再次强调新式武备的重要性："窃惟外洋各国，皆以枪炮雄视一时……今强敌各擅长技，中国独不屑蹈袭……近来讲求机器，实属目前之要图。"③从这一奏疏看，他办机器局的目的又似乎为着反侵略战争的长远需要。其实，丁宝桢同其他洋务派大官僚一样，在对待人民起义和外国侵略的问题上，绝不是等量齐观的。他也信守"心腹之患"和"安内攘外"的专制理论。光绪十二年他临终时，还谆谆告诫执政者："止可以安为攘，不宜重外轻内。"④丁宝桢的临终遗言，充分反映出他创办四川机器局主要用于对内镇压的目的。

（二）丁宝桢解决"传教"与"通商"冲突的方略

丁宝桢先后任山东巡抚和四川总督的二十年间，正是英、法、俄、美、日等资本主义列强，为了进一步扩大其在华特权，继所谓"通商"活动之后，

---

① 《丁文诚公奏稿》卷二〇。
② 《清季外交史料》卷六二，第20~21页。
③ 《丁文诚公奏稿》卷一七。
④ 《丁文诚公奏稿》卷首《国史本传》。

又积极鼓动其传教士进入中国，深入内地设堂传教，为其殖民主义政策服务的时期。传教士及其华人教徒，依仗特权，肆意侵犯中国人民利益，到处激起民变，致使各地教案迭起，反洋教武装斗争怒潮风起云涌；与此同时，再次推行其"炮舰政策"，武装侵略我国台湾、新疆，以及邻邦朝鲜、越南等国，吞并琉球群岛，同时图谋控制我国西南各省和肢解我国西藏。内忧之外，清王朝还处在严重的外患危机之中。

丁宝桢把外国传教士进入中国，与他们的所谓"通商"活动相提并论，认为均属侵扰中国的鬼蜮伎俩。对于"通商"，他说，列强"虽曰通商，仅有虚名，其实皆借口以搅扰中国"①。对俄国的通商动机，他最怀疑，暗中察考通商各口，"并未见该国有大宗货物出进交易"；日本的所谓"通商"，则不过是侵略我国和朝鲜的口实②。

丁宝桢认为，外国传教活动的大大增加，是较之"通商"更为难办的大事，"其中外交涉事件所最难浃洽者，不在通商，而在传教"。在山东巡抚任上时，他经过调查发现：打着传教旗号的外国来华者，皆称主教。为了"遍行其教"，他们发展中国人为教士，使其广收教徒。华籍教士为"悦其主教，则多诱乡民，以入其罗网"。尽管如此，洋教对中国人民传统信仰的分解作用极其有限，"虽多方诱之，而一家之中，有愿入教者，即有不愿入教者；一族之中，有甘心入教者，即有群起而禁其入教者。其入教者以教为是，其不入教而并禁之入教者，必以教为非"。因而，入教者与不入教者之间形成尖锐的矛盾。而主教自视为华人教徒的当然保护者，对于教士酿成的事端，"必多方护之"。华籍教士以外人为靠山，更为趾高气扬，对反教者伺机报复，"攻之不得，则且寻细故以中伤之，甚至积恶"。匪徒、恶霸一经入教，"即可以抗傲官长而欺侮乡邻"。丁宝桢认为，教案的纷起"实由于此"③。

丁宝桢光绪三年（1877）春入川，详细考察教案后，报告清廷："教民滋事之案，近惟川省为多，而案情缪辖之繁，亦以川省为最。"他认为，四川教案发生原因，主要在外国教士方面。"大约教案滋事之初，由教民恃教欺压平民，积渐既深，平民不胜其忿，遂群聚而仇杀教民，寻仇愈深，则结怨愈

---

① 《丁文诚公奏稿》卷二三。
② 《丁文诚公奏稿》卷一二。
③ 《丁文诚公奏稿》卷八。

深。"①面对愈演愈烈的教案和反洋教斗争，丁宝桢深为忧虑。他处理教案，消除祸患的办法有如下几端：

首先是"严饬地方道府州县遇事秉公妥办，以期息患于未然"②。教案发生前，地方官员应严加防范，"第恐有奸党匿迹于其中，全在地方官持正守法，亦易办理"③。"妥办"的第一步，是消除民教对峙，因教民不敌平民之多，势力亦较微弱，"欲求结案，必先解散平民"，而解散平民的前提，又取决于教民方面是否愿意结案，否则"教民又复生枝节，致令（平民）散而复聚"④。

其次，抑制洋教的传播。丁宝桢认为，尽管传教士深入中国各省，"然民间苟知习教之非，即夷人亦难强人以必信"。其具体办法是：通饬各省督抚以至地方官吏，凡有洋人传教处所，随时秘密开导地方明白绅耆，揭露洋教的虚假。再由这些绅耆"晓谕乡民，互相禁止"。他认为，如能在民间造成禁戒洋教的风气，"传教之术亦穷"。再者，倘遇洋教徒滋事，地方官无能为力，各省督抚应当互为支持，相与为谋，"必能有所补救"⑤。

此外，丁宝桢认为，对传教引起的事端，只应针对当事国，不应牵涉他国。例如，"法国重传教而各国重通商"，法国传教士肇事时，只以法国为当事对象，不能推及他国，"若一经用兵于通商各国，必多不利"⑥。

从同治元年（1862）起，教案便接连不断地在川东地区发生，主要有：重庆教案（1862），酉阳教案（1865、1868），黔江教案（1873），巴中、南充教案（1874），内江、涪州教案（1876）。19世纪60年代发生的三起教案中，以酉阳教案规模最大。这次教案的直接起因是：同治元年，法国教士邓司铎到酉阳建立公信堂，收买当地恶霸，强迫人民信教，引起公愤。同治四年（1865），酉阳群众在刘胜超带动下，捣毁了公信堂，殴毙教士玛弼乐。教案发生后，"该主教勒赔多金，势焰益张，本地痞匪入教者，倚势欺压平民"。教徒张添兴"借索款为名，强奸妇女，抢去三万余两并衣物多件，杀害雇工吴昌等三人"⑦。

---

① 《丁文诚公奏稿》卷一三。
② 《丁文诚公奏稿》卷八。
③ 《丁文诚公奏稿》卷四。
④ 《丁文诚公奏稿》卷一三。
⑤ 《丁文诚公奏稿》卷四。
⑥ 《丁文诚公奏稿》卷七。
⑦ 李鸿章：《奏为遵旨查明酉阳州教案，拟议办结折》，引自《四川教案档案资料专辑》第28~29页、第27~31页。

同治七年（1868），群众奋起烧死教士李国，并张旗执械，与教会列阵对垒，双方死亡近千人。清政府闻讯，大为惊恐，急派李鸿章到重庆处理。李鸿章仅将所谓反教首犯、主犯处死、流放，又赔偿教会白银18000两。而对教会方面"杀毙团民多命"的邓司铎，则以"奉教皇令，出洋议事，无从究诘"，不了了之；教徒中杀人无算的王学鼎、张添兴等六人，一个也没有得到法办①。

李鸿章媚外投降的处理办法姑息放纵了外国传教士的暴虐行为，同时也激起了四川人民更大的仇教情绪。19世纪70年代发生的八起教案，就是对清政府镇压反洋教斗争的有力惩罚。光绪元年（1875）发生的南充教案，在文生肖用谦带动下，"聚集数千人，将教徒杨文礼立即椎毙，并将教堂捣毁"②。光绪二年发生的江北教案，表明川东人民的反洋教斗争已经发展到高潮。江北义民陈子春集合48场民众41000人高呼"灭教"口号，分路炮打教堂、焚烧医馆、斩决作恶多端的洋教徒③。

这些教案发生后，法国天主教驻重庆主教范若瑟不分是非曲直，借机要挟，声称江北教案"伤毙教民二十余命，抢毁教民二百余家"④，涪州教案"被害教民姓氏到三百余家"⑤，一再通过法国驻华公使向清廷施加压力，提出惩办团民名单，要求赔偿巨额损失。四川当局对教案的调查结果与教会的指控"情节不相同"⑥。然而他们既不敢得罪洋人，又深恐众怒难犯，不敢公然镇压反教人民。故川东北教案，特别是江北教案"迁延数年，民教积怨成仇，枝节丛生，几于不可收拾"⑦。

丁宝桢于光绪二年升任四川总督，之后，总理各国事务衙门将四川教案办理情形通报于他。次年初，他入川正式接任总督，立即着手解决教案问题。

---

① 李鸿章：《奏为遵旨查明酉阳州教案，拟议办结折》，引自《四川教案档案资料专辑》第28～29页、第27～31页。
② 民国《新修南充县志》卷六，第15页。
③ 《清光绪朝中法交涉史料》卷一，第9、10、23页。
④ 《总署奏川省民教滋事，请饬迅速持平办理折》，光绪二年九月十二日，《清季外交史料》卷八，第7、8、38、39页。
⑤ 《总署奏四川民教滋事，请饬该省大吏迅查结果折》，光绪二年十二月二十五日，《清季外交史料》卷八，第38、39页。
⑥ 《总署奏川省民教滋事，请饬迅速持平办理折》，光绪二年九月十二日，《清季外交史料》卷八，第7、8、38、39页。
⑦ 《丁文诚公奏稿》卷一五。

他亲自去重庆，召见法国主教范若瑟，"责其在川传教，不能与百姓相安，致令教案迭出，殊不成事"，并告诫他，以前各教案，理应赶紧清结。范若瑟面对丁宝桢义正辞严的谈话，"唯唯听命，无多置辩"①。尔后，丁宝桢一面委员会同川东道、重庆府"持平速办"，一面通过总理各国事务衙门照会法国驻华公使，将范若瑟驱逐回国，法国教士白德哩于光绪四年春接任主教。丁宝桢了解到，白德哩"较范若瑟平妥"，而"其随从之辈半皆狡猾嗜利"，虽经屡次催促，白德哩依然"倏忽变幻""要挟多端"。丁宝桢为此再到重庆，召见白德哩，"严谕其定限三日会同委员赶为议结。并令将随从刁唆之人查禁，不准从中干预，以坏大局"。白德哩不敢拖延，于二日内与中国方面"即行议结……亲笔书押存据"②。

丁宝桢对因中西方工商、宗教文化冲突引发的社会危机有清醒的认识，并能暂时缓解这类痼疾，表现出他的政治智慧和出色才干。然而，丁宝桢应对西方工商文化的想法和措施，仍未跳出传统专制思维的范畴，因此无补于大局。

三、宋育仁振兴商务与巴蜀实业救国热潮

（一）宋育仁有关政体、商务改革要图

宋育仁，字芸子，一字芸崖，晚号道复，咸丰七年（1857）生于四川富顺县。十五岁应童子试，得到张之洞赏识，"以高材生调尊经书院肄业"，是尊经书院的优秀学生。光绪十二年（1886），宋育仁赴京参加会试，中进士，授翰林院庶吉士。宋育仁受尊经书院优良学风熏陶，在北京又接受了中外进步思想的影响，逐步具有了改良维新思想。他开始认真对比中西文化制度，探求西方富强和中国贫弱的原因，他认为中国必须以欧美强国为榜样，进行彻底的社会改革，否则国家民族难以摆脱危亡命运。

光绪十七年宋育仁写成《时务论》初稿数万言，系统阐述了他的改良主义思想，提出振兴经济、发展民族工商业，以抵制外国资本主义的经济侵略的见解。在政治上，他十分推崇欧洲君主立宪政体，提出"君民共治"主张。他认为，中国专制主义制度造成"君与民隔绝不相闻""民皆知之而不能过问"的

---

① 《丁文诚公奏稿》卷一三。
② 《丁文诚公奏稿》卷一五。

积弊①。英国式的君主立宪制是根治这一弊病的良方，西方议会制度应是"立国的根本"。他说："外国凡有举废，皆询之上下议院，两院议成而后谋定，国主报可而施行。"②两院构成特点是："上议（院）世爵为主，下议（院）民为主，两比而从其众，两持而折其中。"③他特别感兴趣的是下议院的组成，"其制，下议院议士由民举，权至重"④。这样的结构，自然可以达到通下情、伸民权的目的。他认为，这种政体的优点是，"民献其意，主决其计，官司专守以责其成。事有不便，不惮于更除，议有善者，未尝不举用也。合古今众人之心思材力以兴利而除患，则必有其善之善者也。乃观其善之善者，则先得自强之本矣"⑤。

《时务论》初稿很快流传于士大夫和知识分子中间，受到注意和赞赏。翁同龢曾评论说："宋芸子编修……以所作《时务论》数万言见示。此人亦奇迹，惟改制度，用术数，恐能言而不能行耳。"⑥

光绪二十年（1894），宋育仁受命出使英、法、意、比四国，担任四国使馆二等参赞。在国外，他十分留心观察、了解欧美各国的政治制度、经济建设、文化教育、风土人情，并不辞辛劳地参观了议院、监狱、法院、学校、工厂、商业贸易场所等，并将见闻和感受以随笔的形式写成《采风记》一书。甲午战争结束后，宋育仁归国，将《采风记》刊印，同时又将自己对西学的认识进行了系统整理，修订《时务论》，再次刊行。两书发行后，士人争相传阅，一时洛阳纸贵，对戊戌维新变法，特别是四川维新运动的开展，起了重要作用。戊戌变法前后，宋育仁也被士林尊为"新学巨子"，受到国内外广泛重视。光绪二十二年，川籍维新派理论家宋育仁被清廷任命为四川矿务商务监督，他回重庆后，除设立商务局，大力提倡开办商矿实业外，还广泛联络四川维新志士创办报刊、出版新书，大造变法维新的舆论。光绪二十三年十月，《渝报》在重庆创刊，这是四川第一家新闻旬刊。《渝报》对开通四川风气，活跃社会思潮起了极为重要的作用。

---

① 《渝报》第五册，光绪二十三年十一月中旬。
② 《渝报》第十四册，光绪二十四年三月上旬。
③ 《渝报》第四册，光绪二十三年十一月上旬。
④ 《渝报》第十四册，光绪二十四年三月上旬。
⑤ 《渝报》第四册，光绪二十三年十一月上旬。
⑥ 《翁同龢日记》卷三三。

光绪二十四年初，宋育仁受聘成都尊经书院，任山长，由重庆来到成都。四川维新变法运动中心也由重庆转移到成都。宋育仁目睹成都风气闭塞，知识界一盘散沙的现状，很快联络维新志士潘祖荫、邓镕、吴之英等发起组织"蜀学会"，总会设于成都，准备在各州县设分会。"蜀学会"以"振兴蜀学"，"通经致用"为宗旨，开展集会讲演，推广新式学堂。"蜀学会"主讲为宋育仁、吴之英、廖平等，讲演内容有：伦理，主要论述社会伦理道德；政事，以经学为出发点，结合历代制度、各省政俗利弊、外国历史、公法律例、水陆军事、政教农桑各业，融会贯通；格致，综述古今中外语言文字、天文地理、化学、物理、电力、水利、机器、地质、冶金、生物、数学、医学、测量、畜牧等人文、自然科学。会员以阅报为首务，每月定期在三公祠集中讨论和讲演。"蜀学会"主张学习西学，反对崇洋媚外；提倡实事求是，反对道听途说。虽则如此，"蜀学会"仍然强调维护封建文化的核心地位，表现出新兴资产阶级的软弱、妥协性。

为扩大维新变法宣传活动，宋育仁等以"蜀学会"为中心，创办了《蜀学报》。《蜀学报》由宋育仁任总理，吴之英任主笔，廖平任总纂，报馆设尊经书院内，由尊经书局担任出版发行事务。《蜀学报》是成都的第一家近代报刊，创刊之初为半月刊，到第四期改为旬刊，共出版十三期。每期的栏目有谕旨、奏折、论文、蜀中近事、中国近事、海外近事等，其中以宣传维新变法、介绍西学的评论文章为多，对成都近代社会产生了强烈的影响。

（二）巴蜀绅商的实业救国热潮

在世纪之交的投资热潮中，四川绅商以各种方式兴办四川实业。一部分四川手工业工场和大作坊如井盐业、缫丝业、制糖业、造纸业等开始向新式企业转化。在转化的过程中，其经营者逐步演化为工业资本家。如商人兼灶户欧阳显荣在汉阳周恒顺五金厂订购了第一台蒸汽采卤机车，在自贡盐场的井上试车成功后，随后投资白银二万余两，组织华兴公司，经营机车采卤业务。成都"二酉山房"书商樊孔周，在世纪之交，一改旧书业经营机制，大量印行中外新书报，宣传改良主义思潮，又集资兴建劝业场（后改称商业场）。20世纪初，全省18家缫丝厂，已有5家采用机器缫丝。内江制糖业酝酿改良制糖生产，委托糖商子弟、留日学生喻培伦考察日本机器制糖，准备筹资订购机器，因筹资困难未果。光绪二十九年（1903），陈宛溪倾其积蓄，仿效日本模式，在本县建一占地三十四亩，有五幢厂房、六个车间、二百四十个车位的缫丝厂，光绪三十一年竣工投产，取名"神农丝厂"，乃神益农家之意。光绪三十二年，他购进意大利式铁缫车一百四十部，先后两次安装蒸汽铁机，为川丝采用世界先进生产技术开了先河。先是，建厂之初，"由直缫义（意）大利式木机丝车十二部肇始；（光绪）二十九年新修厂房增添六十部（丝车）；三十一年新建蚕室四间，并添新车四十部；宣统元年添修茧库及缫丝工厂，添车一百四十部"①。神农丝厂劳动力来源于破产失业群众，"招徒缫丝……而贫家子弟收为工徒"。"佣男女以数百人。"②陈宛溪管理丝厂，极为认真，"每日必进车间巡查，遇有不合之处，当场停车，召集职工，临时训话"。平时督促亦严，"一、三、五日对职工训话，二、四、八日对理绪工训话，三、六、九日对缫丝工训话……故该厂出品，声誉特著"③。

另一部分绅商，包括受实业救国热潮影响的知识分子，集资开办工矿企业，成为新式工业的投资者。例如，森昌火柴厂和宝华煤矿的投资者是奉节县绅商邓徽绩、邓孝可父子；星火火柴厂的投资者是留日学生喻培伦、吴玉章等；成都启明电灯公司的主要投资者是优贡生陈嘉爵（养天）；彭县大宝山铜矿的创办人是商人魏子书；合川复缫经纬丝厂的创办人是举人张森楷；重庆鹿嵩玻璃厂的创办人是留日学生何鹿嵩；重庆裕源布厂（裕济公司）的创办人是富顺举人、泸州学正孙荣；重庆昌华（振华）毛葛巾公司的创办者是渝商世合公商号掌柜白汉周，他考察日本制造业以后，选择这一投资项目。重庆绅商为维护利权，早在光绪二十年就筹资30万两，购买日本机器开办矿业；光绪二十四年，举人文国恩集资白银11400两，开采真武、老君二山煤矿；光绪三十四年，在发起收回英商侵占江北厅矿权的斗争中，重庆商民集资4万两所组"江合矿务公司"，起到了关键作用。

由四川兴办实业浪潮中脱颖而出的早期资本家，是晚清改良主义路线的产物，是立宪派的社会基础。这些绅商既是新式工业的投资者，又是川汉铁路公司商股和租股的持股人，在省城以至各府州县咨议局、宪政研究会、商会和川汉铁路公司中，他们占据着主要席位。他们对宪政、自治运动参与热情很高。光绪三十年，重庆总商会成立时，公推"西南首富"、山西票号"天顺祥"

---

① 尹良莹：《四川蚕业改进史》，商务印书馆1947年版，第346页。
② 民国《三台县志》卷八。
③ 民国《乐山县志》卷九《人物》。

李耀庭（正荣）为总理①。光绪三十一年，成都总商会成立时，由会董公推盐商、成都举人、候选知府舒钜祥为总理，山西籍宝龙银号老板、补用知府齐世杰为协理②。光绪三十四年，著名书商樊孔周续任成都商会协理，积极推行新政，鼓吹自治运动。他们认定："今世纪，经济竞争之世纪也；今之国家，经济生命之国家也。""吾国数千年来，高谈治理，鄙夷经济，不屑称述……人民生计日益迫促，各方面观察无一非穷困窘迫之家。顾念将来，恐国土无恙，而人民生存之资先已丧失，不亦大可危耶！"③

进入20世纪，四川实业家中开始出现激进倾向。以喻培伦为代表的一部分受日本新思潮熏陶的激进民主派人士认定，只有摆脱封建专制主义桎梏，按照近代资本主义发展模式振兴工业，才能使中国富强起来。他们的进步作用表现在：积极投资近代工业；实行雇佣劳动制度为追求剩余价值而生产；提倡资本主义自由竞争。虽然进步的四川工业资本家把"兴工致富"作为自己救国的"远大之道"，但是，他们的美好愿望在现实生活中却没有实现的可能性。

第二节 20世纪初，地方大吏倡办的实业、商务

一、设立商矿、劝工机构，倡导商务、实业

光绪二十七年（1901），振兴商务、奖励实业成为清廷在经济方面实行变革的重要内容。光绪二十九年清廷设立商部，统筹全国商务、实业事宜。

四川从光绪二十八年开始在经济方面作了一些变革，先后成立了负责发展川省工商实业的机构和组织，并采取了一些具体措施。光绪二十九年，成绵龙茂兵备道沈秉堃赴日本考察工商事宜、具体兴商要领。同年八月，川督锡良奏准委任沈秉堃为四川商矿总局及劝工总局督办，会同原办员绅切实讲求，用收实效。沈秉堃也是一位热心新政的官员，对推动省城新政颇有建树。

光绪三十年设省劝工总局。目的是为了促进四川商品经济的发展，使四

---

① 《四川官报》乙巳第一册《公牍八》。
② 《四川官报》乙巳第二十七册《公牍·商部咨加札委派舒守钜祥等为成都商务总理协议文》。
③ 思群：《为川汉铁路当先修成渝，谨告全蜀父老》，《四川》第2号。

川的商品"力求精进，期于商务实有裨益"，以抵制洋货在四川倾销。劝工总局先行试办从事各项工艺制造的工厂，作为全省的示范，待有成效后再逐渐推广。为了办好这些工厂，提高产品质量，川督锡良令劝工局延聘日本工匠入川担任教习。光绪三十年共聘8人，除1人任督工外，另7人分别任金属制作、漆绘、制靴、制鞄、制皮、木工、涂工的教习，每人领学徒30人，"各传其艺，期年卒业"。还选派20名学徒赴日本各实业学堂学习技艺。这对川省的工艺制造起了一定的促进作用。省劝工总局还积极鼓励新技术的创造发明，开发新产品，明确规定："士民如有能仿制洋货和习成别省工艺及自出心裁造成新颖器物者"，均可呈明地方官申送到劝工局。如确实制造精良，可留劝工局"酌予薪赏，派充教习，愿自造者许其专利，以便行销"①。劝工局所办工厂的产品质量不断提高，品种增加，工厂规模也不断扩大，"开办正厂以来，继增附厂多处"。所生产的"洋漆、制绣诸品直可并驾东瀛"②。许多产品先后参加了清廷在南京举办的博览会和成都、重庆举办的展销会或劝工会，受到好评。四川各地仿照总局的办法相继设劝工局，以推动当地工商实业的发展。

光绪三十三年，为振兴实业、改革工艺制造，四川设立通省劝业道。时值锡良调离，赵尔巽入川继任，奏请将劝工局总办周善培调任通省劝业道总办。当时的"劝业"，就是促进本地工商实业的发展。劝业道官邸设在皇城内，职掌农工商矿各业，通饬各属开办劝工局、蚕桑学堂、工艺传习所，以传授家具、皮革、陶瓷、土布、毛巾、卷烟、化妆品、漆器、丝织品、刺绣等工艺。周善培在任时，一方面举办通省劝业员养成所和通省商业讲习所，培养人才，一方面倡议成立成都总商会，并在青羊宫花会基础上创办了三届商业劝工会（有如商品展销会），奖励优质工艺、制造品，大大促进了成都商业的繁荣。

周善培十分关注并积极支持绅商兴办各类实业，如潼川（三台）锦和丝厂、神农丝厂面临倒闭时，由劝业道给予贷款，使他们渡过难关，重获生机。宣统元年（1909），成都市面出现银根奇紧，他会同布政使拨钱20万维持市面。成都绅商兴建的劝业场亏损1.3万两，悦来公司亏欠1万两，电镀公司亏空1500两，都由劝业道出面，代表商家向布政使"承担押借"③。重庆鹿蒿玻璃厂

---

① 《四川官报》甲辰第五册《新闻一》。
② 《四川官报》乙巳第二十一册《新闻》。
③ 《四川官报》己酉第二十二册《公牍·督宪批藩司、劝业道会详筹办殖业银行并请先行拨款备用文》。

创办之初，亏损严重，幸得劝业道向川汉铁路公司借款数万元，才得以生存下去。此外，劝业道还倡导兴办省城和各属商业劝工会、工商赛会，使数以千计工商企业的名优特产得到展销机会，有力促进了全省工商实业的快速发展。在戏曲改革方面，劝业道也有突出贡献。如兴建悦来茶园，开创了川剧的剧场化演出，功不可没①。

四川当局除了组建有助于发展川省工商实业的机构外，还开办了不少实业学堂或训练班，以培养各类工商实业所需的人才。光绪三十年（1904）成都办工务学堂，光绪三十一年办艺徒学堂，光绪三十二年四川劝工局办艺徒培训班，光绪三十二年四川农政总局办中等农业学堂，光绪三十三年四川学务处办中等工业学堂，光绪三十四年四川商务局办实业学堂，作为"四川救贫起弱之基础"。宣统元年，成都办财政学堂，同年通省劝业道办劝业员养成所，培训劝导实业人才。宣统二年四川学务公所办实业教员讲习所，同年通省劝业道办四川商业讲习所、会计学堂，等等。这些学堂或者培训班、讲习所涉及工、农、商各种行业，为这些行业培养了众多的生产、经营、管理方面的人才。

二、举办省城实业劝工会

为了扩大商品流通渠道，促进物资交流，推动四川省农工商矿等业发展，商务局、劝业道多次在四川各地组织开办商品展览会和劝工会。在这些大型展销会的影响下，各地也仿此法举办了一些综合性或专业性的展销会和劝工会。在20世纪初期巴蜀城市商业发生的变化中，不可不注意到在省城举办六次之多的实业劝工会（后改成商业劝工会）。实业劝工会是官办商业活动，在清末自上而下的改革中，由官方推动的这类活动不可低估其作用和影响。当时巴蜀商民与执意改革的官吏，在兴办实业、强国富民的问题上，有着高度的共识，关系也十分融洽。因此，实业劝工会的成功举办体现了官商之间共襄盛举、相互依存，全力推进社会转型。

光绪三十一年（1905），成都知府（商务局前总办）沈秉堃仿外洋赛会之意，拟将一年一度的青羊宫花会就地规划，改办商业劝工会。当时，候补道周善培担任商务局总办（光绪三十四年改任劝业道），积极推进商业劝工会的计划。

---

① 张学君主编：《四川省志·大事纪述》上册，四川科学技术出版社1999年版，第194页。

青羊宫花会起源很早，每年旧历二三月间（每年二月十五日为正会期，三月十五日为结束日），城郊乡民都去成都县城西南隅的青羊宫、二仙庵赶赴庙会，出卖蚕器、花木、种子，有蚕市与花市之别。后来市集逐步扩大，农产品、工艺品、日用品，以及土特产品都有买卖。城内餐饮、娱乐业也在花会设店营业，为游人提供休息、饮食场所。因此，花会期间游人如织，是每年春天成都的盛会。自光绪三十二年开始，到宣统三年（1911）的六年间，在每年传统花会期间（农历二至三月、公历三至四月），省城都举办

成都青羊宫花会：苗圃与鸟市

新式商业劝工会，共计六次。每次商业劝工会都取得了预期成效，吸引了全省各府、州、县工商各界的积极参与，并将各地优质商品、地方特产、创造发明工艺、新式机械送往展出。

由于得到沈秉堃、周善培等改良派官员的鼓励和支持，在成都总商会周祖佑、樊孔周的全力推进下，成都商业劝工会得以成功举办。从传统花会到商业劝工会，是成都商贸交易习俗的一大变化，在成都各界以及全省工商业中有广泛影响。历年省城商业劝工会，对成都以及全省经济社会影响颇大，兹将六次盛会作一简述。

（一）光绪三十二年省城商业劝工会

光绪三十二年春，省城青羊宫举办第一次商业劝工会，这次商业劝工会是在接受了实业救国意识的成都绅商极力推动下发起筹备的。经四川商务局批准，将一年一度的成都青羊宫花会加以改造、扩充，更名为"四川商业劝工会"，在位于当时成都郊外西南隅的两座塔形建筑"青羊宫"和"二仙庵"之内举行。赛会筹备者制定了《四川商业劝工会章程》，凡省内各府、州、县出产及其制成品或货物，均可参加陈列比赛和商业展销活动。首次商业劝工会仿国外博览会办法，按区域陈列展销物品，赛会宗旨为"农商并重"。开幕之日，总督锡良亲临观览并致训词说："乃今纵览会场，周历区域，土产则种类繁多，名物赅博……制造劝工导风，商会健举，进拙于巧，化窳为精。""行

见我成都商业劝工会必由一次,以逮于亿万次,而永远不辍也。"①这次盛会"略仿日本共进会之制,参酌情形,变通办理,聚中外货品以资工艺改鉴,而贸易之盛遂十倍畴昔",共占地12870平方尺,分为4区,"凡百货物,各以类从,陈列井然,有条不紊"。4区之中"各有招待所、休憩地及诸游戏品,或标以旗帜,或榜以牌匾,规模具备,区画攸分"②。

这次商品、工艺、创造、发明样品展销会获得了成都和全省各界热烈参与和预期成效。商业劝工会根据展品进行了分类评比,分别授奖,参展各商号获奖21个,各劝工局获奖17个。其中,"理化仪器"等3项获"头等牡丹商标","通景织金鸳鸯"等6项获"二等海棠商标","加重湖绉"等3项获"三等奖牌","竹丝""竹簧"等20项获"花红"奖,"十锦浣花布"等6项获"用劝百工朱红湖绉彩"奖③。商业劝工会同时出售展品,展品分天产与制造两门。天产门分4类,制造门分7类,其销售品种达到3437种,销售白银达到28.7万两,另有钱16万钏④。

四川总督锡良在省城商业劝工会闭会仪式上发表训词说:"本部堂今与尔商民约,凡兹土地之所出,山川之所产,有能供制造之具,为日用所需者,则起而种之、植之、畜之、牧之,非使十倍于往日之数弗已也。金石之工,土木之艺,皮革、机械之业,有学焉而未成,成焉而未精者,则起而思之、损之、益之,又从而变通之,非使力臻于新奇之境弗辍也。"⑤省城成功举办具有深远现代性意义的商业劝工会,标志着四川的商业、贸易向国际市场展销平台迈进。

(二)光绪三十三年省城商业劝工会

光绪三十三年春,省城青羊宫举办第二次商业劝工会。遵照商部的指令,劝业道进一步充实去年春天举办的赛会质量及其规模。

集市内最初出售家具、家庭日常用品及农副产品,后逐渐增加门类繁多的

---

① 《四川官报》丙午第三册《新闻》。
② 《四川成都第一次商业劝工会调查表·图说》,引自成都市地方志编纂委员会、四川大学历史地理研究所整理:《成都旧志·杂志类》(6),成都时代出版社2007年版,第10页。
③ 《四川成都第一次商业劝工会调查表·授奖表》,引自成都市地方志编纂委员会、四川大学历史地理研究所整理:《成都旧志·杂志类》(6),成都时代出版社2007年版,第10页。
④ 王笛:《跨出封闭的世界——长江上游区域社会研究》,中华书局1993年版,第267页。
⑤ 《四川成都第一次商业劝工会调查表·四川总督部堂锡毕会训词》,《成都旧志·杂志类》(6),第1页。

商品。在旧时集市的基础上，增强了新式商品、工艺品展销会的特征，当局向官办厂家提供便利，并为参赛展品设立了四等奖品，奖励式样新颖或质地优良商品。

法国驻成都总领事德瓦赫在致法国外交部长比松的函件中，详尽报告了这次商业劝工会的举办情况，是难得的原始材料，兹简述如下：

商业劝工会主办者尽可能地仿效外国举办类似展览会的方式举办赛会。青羊宫前的一片空地上是花市，临时设置的各种小亭随处可见，专供不同身分参观者休息之用；其中一个为外国人专用。劝工会的中央大道以竹栅栏构成，正中耸立用着色木头构建的凯旋门式拱形建筑。中央大道尽头左侧可见一个凉亭，由各种乐器演奏者组成的一个铜管乐队每天都在那里演奏欧洲乐曲。紧靠凉亭，一个直径为5米的环形铁轨置于基座之上，由成都兵工厂建造的小型火车头牵引着两个车厢，火车后面有密集的人群，似乎通过这个场景可以展望未来铁路的新貌。

从巨木搭成的官办局厂展区可以看到，用木板作成的并挂有州县名牌的店铺鳞次栉比。本省共有140个府、州、县，其中有90个接受了劝业道的邀请，有展品参赛。来自官办局厂的展品均列入各地劝工局展区。

省城劝工总局的产品在一个专门大厅内展出，产品名录高悬其间，参赛的商品门类有：棉纺织品、地毯和毛巾，丝织品、刺绣，瓷器及瓷绘，各种中西式家具、木器及漆器雕刻，用国内上等烟草制造的卷烟，竹篮、竹席和竹制品，草帽、草鞋，工艺花、羊毛毯、蜡烛、制革、皮鞋、皮包、皮箱及其他皮革制品，可能不久即将增加玻璃制品和肥皂。其中，引人注目的产品有：完全按照欧洲式样仿制的办公室用扶手椅和摇椅，巨大的日本式刺绣锦缎屏风以及一些漆器雕刻品。

参展的各州县劝工局及其主要展品，通常包括布匹、麻纺织品、丝制品、竹制品、劣质漆品、席子、酒类和药材。布匹、棉制桌布和毛巾占据了多数展区。目前四川省大多数州县均制造这些产品，可能用本地棉纱，也可能用湖北棉纱或者按质量要求使用日本棉纱。但在这些官办厂家的展品中，最能引起轰动的是那些在四川首创的产品，其中有一块来自江津的亚麻花纺织样品。江津县还送展了一块用棕榈纤维制造的夏季衣料，在成套商品所附样品清单中就赠送一小块这种衣料。来自南充的展厅中，有名为"葛布"的夏季衣料。南方江西、福建、广东也制造这类产品，历史悠久且质地优良，但这种新产品在此间仅获三等奖。

一些外国货的仿制品大多显得粗劣，很难受到好评。大邑县一个创办了两年的玻璃厂展出了一些吹制玻璃器皿。绵州展出了彩色纸张和蜡烛。成都劝工总局也制造这类产品。成都的特别之处在于，它最晚制造蜡烛和肥皂，但从其样品判断已优于其他地区。成都制造的这两种产品获得二等奖。所有厂家的中奖产品均会受到当局关照而在成都城区的零售商店出售。官办厂家具有慈善事业的特点，它们受到免税优待才得以维持收支平衡。

一位从日本归国的剑州商人，在其布匹旁展示了一台织机、一组干电池、一台旧式油印机和油墨。评奖委员会授予他发明奖，并授予干电池、油印机和油墨展品一等奖。同样的荣誉还授予彭县和合州的劝工局，他们送展了简陋的纺纱机。

在官方展厅中，还有由劝业道规定各州县送展的当地土特产品。嘉定府乐山和犍为送展白蜡。打箭炉送展藏红花（每斤6元）、麝香、鹿茸、毛皮。合州和邻水送展了樟脑。南充展出了用红花制作的红色染料，这种红花从苯胺染料面市后便不再种植了。在雅州的展厅中，人们看到了石棉。越巂厅和南部县展出了少量黄金矿石和沙金样品。

劝工总局展销区陈列特别展品的塔形建筑内，特别展品齐放在第一排，其间具有代表性的是丝绸。丝绸是四川省的重要产品，来自里昂的一个使团对四川纺织品有独特的研究。于众多商人而言，丝绸展区是劝工会最实在的部分之一。

在充作展区的亭式建筑内，展出了受本地民众喜爱的欧洲和日本产品，诸如香水、香皂、玩具、钟表、灯具、玻璃器皿和镜子、学生用品尤其是圆规、马桶、靴子、绑腿、雨伞、鞋类、毯子、饰带、锦缎、丝绒和双面绒呢、各种搪瓷制品如煤油炉、茶壶以及三四个迭放的成套盥洗盆。二仙庵展厅内陈列着竹制品、毛刷、五金制品、本地出产的小摆设品、家具和普通家庭清洁用品、丝质和纸质的绘画品。展览会的吸引力依然不减，参观者络绎不绝。川剧戏台旁，这次有了一个幻灯片放映机，一个初具规模的动物园，还有一个有关川滇边务大臣赵尔丰在川边藏区进行最新改革的展厅。商业劝工会外，有许多小吃摊整齐地排列在席子和大伞下面，他们给二仙庵平添了极为热闹的气氛。

尽管相当简陋，但有迹象表明劝工会既为本地工业提供了巨大的便利，也显示出当局为发展本地工业并使其产品在晚些时候能替代外国同类产品所作出的努力；从参观人数众多看，商业劝工会已成为成都一年一度的节庆日，人们取得了预期的成功。①

总督赵尔丰在开幕训词中说："四川商业劝工会之续办也，已足为全蜀工商界放一异彩矣。"②无计其数的小商小贩不计在内，有产业正式陈列者即达千余家，"并有学界、工界、商界发明之应用机器及模型标本，以及精新物品数十种"③。展览会期间，展品售出白银达到40万两。

省城第二次商业劝工会之后，新繁、崇宁、彭县、金堂、乐山、彭山、双流、郫县、汉州、什邡、雅州等相继举办商业劝工会。崇宁县将原有的"十行会"改为工商会，开办会期近一月，赴会各商家776家，销售总额达53576两。宣统二年（1910），重庆开办第一次商业劝工会，征集川东36属物品陈赛于南郊，而且"选其精美可式者送南洋以为出品协会之赞助"④，售货收入总额达到28万余两。

（三）光绪三十四年省城商业劝工会

光绪三十四年（1908），四川劝业道举办第三次商业劝工会。这次盛会以振兴工艺制造、造福大众为重点，其宗旨确定为"奖劝工业、联络商情"。举办方发布《晓谕商民白话告示文》称："只要真正制备出好机器、好东西，本局不但给予头等奖牌，并且可以申请一定年限的专利，还可以代为招股，增加资本。"⑤这次盛会仍以省城劝工总局和各属劝工局为主要参展单位，展出的商品包括：皮革、绸缎、洋广货、木器、竹器、铁器、玉器、字画古玩、农

---

① 上述内容参阅鲜于浩译《清末商业劝工会》，见《四川文物》1993年第2期。此文是当时法国驻成都代总领事德瓦赫（Doire）致法国外交部长比松（Pichon）的公文信函，档案编号为：Nouvelle Serie 断编之部，又称各国政治、经济情况通讯汇编（1897—1918）；Sous-serie：Chine（中国部分）；V01.578（第578函）；PP.17~34。
② 《四川官报》丁未第七册《新闻》。
③ 《呈送农工商部第二次劝工会调查表详护督部堂文》，《四川成都第三次商业劝工会调查表》。
④ 《为渝埠遵办南洋劝业会之出品协会即推广为陈劝业会开会之期》，《广益丛报》第8年第1期。
⑤ 《四川官报》戊申第一册《新闻》，第2页。

器、瓷器、银器、粮食、布类、靴鞋、书籍、花草、鸟类、花种、杂货、成衣、扇类、大理石、酒类、烟类，等等。会场还提供大量的商业服务，包括茶社、西餐、中餐、零食，还有游戏园供游客玩耍。为方便游客造访，会场有人力车、马车随时待命。

这次商业劝工会的评奖情况是：一等奖3项，其中璧山织绸机"织成之绸匀细"，泸州纺纱机"日出纱亦为多"，获得头等赤金牡丹奖牌①。此外，评出二等奖14项，三等奖9项，四等奖8项，共计34项。

这次商业劝工会的销售收入很可观，销售总额达到39万余两，按当时省会人口32.7万计，人均购物1.19两，对于成都平原发达县份人口年均购物不到1两的地区而言，商业劝工会的销售业绩算是非常出色的。

（四）宣统元年省城商业劝工会

宣统元年（1909）春，经川督批准，举办省城第四次商业劝工会。与上年商业劝工会相比，这次劝工局规模和销售数额都有所减少。在给全省工商业的饬文中说：在第三次商业劝工会期间评选优质获奖产品，仍确定四等奖赏。凡能制备某种机器，无论仿造，或是购买现成机器，生产日用必需品，授与头等赤金牡丹奖牌；如能以高超的手艺创制四川前所未有而又为社会生活不可缺少的精美产品，授与二等镀金荷花银奖牌；如能革新四川原有各种日用必需品和工艺品生产技艺，卓有成效者，授与三等海棠银奖牌；其他较有质量的产品，授与四等梅花铜奖牌。

当年三月，成都、重庆和省内府厅州县送往青羊宫参展的新式工业品、农业陈列品多达数千种，如劝工局的各种绣品，乐利公司的各式洋纸，电镀工厂的电镀五金器，内江的蜜饯糖食，绵州的各色花素大绸，荣昌、江津的各式提花麻布、加宽夏布、弓扇，泸州花酒、织布机，各地研制的打谷机、破碎机、吸水机、解剖镜、显微镜和数量繁多的农副产品等，使青羊宫商业劝工会展品琳琅满目，丰富多彩，有力地促进了四川商品经济的发展。

（五）宣统二年省城农工商劝业会

宣统二年正月二十一日（1910年3月2日）开始，省城青羊宫举办第五次商业劝工会，为期一月。这次商业劝工会宗旨、名称都有所变更，展会宗旨定为

---

① 《四川成都第三次商业劝工会调查表》，转引自王笛：《跨出封闭的世界——长江上游区域社会研究》，中华书局1993年版，第268~269页。

"略工重农，抑制外国货"，指出"历次四川通省劝业会皆重提倡工艺，本届重提倡农业"，故名称也改为"农工商劝业会"。全省各府、州、县工艺品、手工业产品在会上展销，南北各省商贾也踊跃赴会，形成万商云集、千品斗艳的商品展销盛况。展会预先明确规定，不展洋货。在展览物品中，大量增加农产品的品种，分为五大类：一为天然品，包括米谷、麦类、玉米、杂粮、豆菽、蔬菜、瓜果等；二为食物制品，种类繁多；三为工用原料，包括棉、蜡、麻、皮、桐油等；四为农具类，包括锄、犁及打谷、脱粒、碎谷、抽水、收割等机器；五为蚕丝品，包括蚕具、丝车、显微镜等。这次农工商劝业会销售总额6.8万两①。

（六）宣统三年省城举办农工商劝业会

宣统三年春，四川省城举办了第六次（也是最后一次）商业劝工会。这次劝业会与上次突出重农主题不同，以劝工和展销工业品为主。送省展品除新制外，还注重地方旧有日用工业品，劝业会颁订了劝业申解品审查定则7条，强调鼓励工业品生产的重大意义，对工业品质量做了详细规定。

三、各地举办的实业劝工会

20世纪初省城连续举办了六次商业劝工会。一系列极富创意的新式商业展销必然对成都和全省工商业的发展产生重大影响，四川各州县工商界人士受到极大鼓舞，立即响应并陆续筹办本地区商业劝工会。例如：

新繁县：光绪三十二年（1906），以当地盂兰会为基础，在城区外西大佛寺改办商业劝工会，交易额折合白银万两有奇。光绪三十三，该县开办第二次商业劝工会，会期仍为10日，并选举商董。共有34个行帮众多商家参加交易，交易总额2.9万两，比上年提高40%，拟办第三次，力图开通风气。

金堂县：光绪三十二年，金堂县仿照省城商业劝工会方式，将过去的货物交易会"月光会"改办成商业劝工会。到宣统元年（1909），本县商业劝工会持续举办4次之多。最后一次的交易总额达到49444两②。

彭县：光绪三十二年，彭县劝工局与工商界协调，将原有"定期赶集，颇形繁盛"的乡会加以"改良布置"，设立售货所，任乡人"游观"，会场一切

---

① 《四川第四次劝业统计表》（宣统二年）。
② 《金堂月光会》，《四川商业志通讯》1986年第4期。

规则"均取法于省城之商业劝工会"①。

嘉定府：光绪三十二年，嘉定府劝工局"禀请商务总局"，以本地乡会为基础，"实行推广"，改办商业劝工会。"省中劝工、商务、官书各局所亦咸派员随带成品前往该处赴会"②。光绪三十三年经商董提议开办第二次商业劝工会，并将妥善布置，大加改良。到宣统元年，嘉定府共计举办了4次商业劝工会。

崇宁县：光绪三十三年，崇宁县将原有的"十行会"改为工商会，开会近一月，赴会各商776家，销售总额达到53576两③。官绅协同筹款开办商业劝工会，分区筹备，略仿花市规则，招集远近各商依期赴赛。

雅州：光绪三十三年，雅州绅商倡议，以旧日城隍会为基础，筹款开办商业劝工会，拟订章程，并派人赴省详加调查④。

及至宣统二年，清廷商部在南京举办盛大博览会——南洋劝业会，由四川工业协会征集参赛物品送会，就有成都、重庆、泸州等地劝工局的制造品，如天成工厂的机器、鹿蒿厂的玻璃、绵竹的木器、梁山的竹帘、江津的花麻布、璧山的蜀锦、顺庆的花绸等，"均皆改良制造"⑤。其中，省城劝工局制革厂的制造品获头等优奖⑥。宣统三年，劝业道又将鹿蒿玻璃厂制品选送巴拿马赛会，获得一等奖⑦。

上述清代成都商业大都会的区域优势和对西南地区经济的重要影响，伴随其近代转型，特别是在20世纪重商思潮的有力促进，以城市为中心的商品流通愈来愈频繁，对周边地区的影响也愈来愈明显。商品流通量反映一个地区的商业发展水平，各地区由于地理位置、交通状况和商品化程度的不同，商品流通量迥然不同。成都及其周边地区，商品输出量和输入量与盆周边沿地区相比，差距在十倍左右⑧。

---

① 《四川官报》丙午第七册《新闻》。
② 《四川官报》丙午第十五册《新闻》。
③ 四川劝业道编订：《第一次统计报告书》，光绪三十三年。
④ 张学君主编：《四川省志·大事纪述》上册，四川科学技术出版社1999年版，第182、190、207页。
⑤ 《广益丛报》第7年第21期《纪闻》。
⑥ 《广益丛报》第9年第8期《章疏·护督宪王人文奏川省办理农林工业情形》。
⑦ 《记重庆鹿蒿玻璃厂》，《四川文史资料选辑》第十五辑。
⑧ 王笛：《跨出封闭的世界——上江上游区域社会研究》，中华书局1993年版，第271~273页。

四、创办劝业场（商业场）

光绪三十三年（1907），通省劝业道周善培与成都总商会筹商，创办全国第一家以"振兴实业、发展工商"为要旨的"劝业场"。次年，由当时成都最著名的新派企业家、成都总商会协董樊孔周出面约集各帮商董及热心实业的绅商召开筹备会，拟订16条集股章程向全市绅商集股，按照"本公司不纳非本国人及与非本国人有关系之股""无论入股人之地位身份如何，均同一体之待遇"的原则，成立

20世纪初成都兴修的劝业场

了具有股份制特点的"成都建筑有限公司"，以4万两白银的股本金（认股最多的股东是李道江），在已被烧毁的尼姑庵普准堂（另有记载作普镇堂）的旧址，加上一片名叫九道门坎的旧民房（一说是原老盐店一带地皮）的基础之上兴建，由成都著名建筑经营商江建廷承包设计并主持施工，光绪三十四年二月（1908年3月）动工，修建之中根据全国的统一规定更名叫劝业场（与此同时，将青羊宫的劝工会也一并改名为劝业会）。

宣统元年三月初三日（1909年4月22日），劝业场建成开业。初建的劝业场分为前场与后场，都是一楼一底的青瓦房，前场南向总府街，后场北接华兴街，南北口都有拱形大门，而且是当时极为新式的西洋巴洛克风格的装饰，前后场口有舆马场供客人停车拴马。开业以后的的营业状况表明，外省与外国的货物销量大于本土，原来的劝业初衷很难实现，遂于宣统二年四月初十日（1910年5月18日）再次改名为商业场，不再以劝助本地工商为目的，各种外地乃至外国商品也可以出售，当年的交易总额就由上年的白银33万两上升到46万两。

当时有300多家商家到这里集中展销，开设了百货、饮食、茶馆、客栈、书画、玉器、粮果、烟酒等各种店铺150多家，著名者如北京"敬益增"京货局、"久成元"绸缎庄。在商业场中，还有多家餐馆、茶馆与曲艺演出。成都历史上第一家既卖川菜同时兼营西点的餐厅"楼外楼"就开设在这里，成都最

早的以"菜羹香"为店名的川菜馆也开设在这里,其特色菜是鳝鱼与青蛙。新开的茶馆都是以茶香、水好、座雅、楼高相标榜,著名者有"宜春楼""第一楼"和"怀园"。再加上相邻的悦来茶园中三庆会的川剧演出,使这里出现了四川历史上第一个综合性的商贸娱乐场所,做到了在商场内可购、可吃、可喝、可玩、可观、可住,是成都从古老的商业文明走向近代商业文明的一个里程碑,对全省的新型的商业活动是一个极大的促进。例如,商业场中的商家按规定一律采取日本商店的销售办法,明码实价,悬牌公布,一律不讲价,有的商店还专门挂着"定价不二,老少无欺"的木牌,这在当时是一种崭新的模式,影响很大。此时的商业场是清末全国的三大综合性商贸娱乐商场之一(另两处在天津与汉口)。从全国修建劝工场的时间上排名,则是位居第四,仅次于北京、天津与汉口。

在商业场内,由樊孔周主持集股2万两,设立了悦来电灯厂(后更名同益电灯公司),从上海购回以50马力蒸汽机为动力的40千瓦直流发电机一台,在商业场开业之时发电,让普通的成都市民在公共场所第一次看到了电灯,也就吸引了大量的市民前来观光购物。据当时的《通俗日报》记者的统计,宣统二年(1910)的正月初一这天,白天有33756名男性和11340名女性进入商业场,晚间进入的男性则大约有5000多人①。当时在成都读书的少年郭沫若也曾游览过商业场,十分兴奋,还乘兴写了一组竹枝词:

蝉鬓疏松刻意修,商业场中结队游。
无怪蜂狂蝶更浪,牡丹开到美人头。
楼前梭线路难通,龙马高车走不穷。
铁笛一声飞过了,大家争看电灯红。
新藤小轿碧纱帏,坦道行来快似飞。
里面看人明了否,何缘花貌总依稀。②

---

① 按照当时的规定,为防招惹是非,禁止女性晚间进入商业与娱乐场所(包括初建的少城公园在内)。
② 《郭沫若少年诗稿》,四川人民出版社1979年版,第28页。编者按:每晚黄昏时刻通电燃灯之前与夜间10点钟停止发电送电之前,都要鸣放一声汽笛,通知用户,其声甚为响亮,时人称这种以钢铁发声的汽笛为铁笛。这种以汽笛告知用户送电与停电的办法为以后的启明电灯公司所继承,在成都沿用了多年。

郭沫若首次看到成都新建商业场开张营业、游人如织的盛况。商业场不仅建筑奇特、货物繁多、服务周到，夜间营业还有成都人从未见过的电灯。由于悦来电灯厂所发电力在供商业场内用户之后还有剩余，所以还向场外附近街道用户出租电灯600盏，所以这应当是成都最早开办的商业性电力公司。

从有关材料可知，周善培为了商业场的经营是下了很大的一番功夫的。例如，当时的新繁有一家名叫"味虞轩"的点心铺（当时叫京果铺），生产的桃片曾经在青羊宫的劝业会上得过奖，在周善培的动员之下，进入商业场开了一家小店。为了扶持这家小店，周善培特地拨给一匹快马，每天从新繁快马运来刚制作出来的桃片，以保证在这里出售桃片的新鲜。又如，望江楼下有一个挑担贩卖的水饺小贩，周善培认为质量不错，动员迁入商业场，并亲自为其取名为"江楼水饺"。

与商业场紧邻的悦来旅馆是成都第一家文明旅馆，开业于宣统元年五月十八日（1909年7月5日），楼房三层，可同时接待客人近百名，床位舒适整洁，房间富丽堂皇，前有舆马场地，后有专备旅客携带眷属住宿的小院平房，有浴室[①]、电灯、冷热水、自来水，并聘请名厨主理中西餐供应。充任招待的员役，实行分段负责工作制，各司其职，有条不紊，使旅客有宾至如归的感觉。正中一座三层洋楼更为讲究，专为达官贵人所设，收费昂贵，客房住宿费高达银币4元。悦来旅馆是成都历史上第一家采用近代经营管理方式的旅馆，也是成都服务业向现代化迈进的一个标志。

第三节　巴蜀工业的早期现代化

在研究巴蜀工商文化早期现代化进程的时候，有两个基本事实应当引起我们的注意：首先，外商对四川的商品输出实际上开始于19世纪70年代，加剧于90年代，晚于中国东南沿海地区大约30年；其次，由于巴蜀地区对外交通运输极端困难，洋货入川和土货出川都历尽艰险，运费高昂，客观上限制了洋货在长江上游的畅行。因此，尽管棉纱、棉布等廉价洋货对长江上游耕织结合的小农经济及与此相关的传统工业经济有不同程度的冲击，但在洋货未能取代土货的那些领域或土货在对外出口贸易中占据着重要地位的那些部门，资本主义萌

---

① 这家浴室一直经营了数十年，就是1949年以后的"沂春浴室"。

芽不仅未遭到扼杀反而进一步发展，原来封建社会内部孕育的资本主义萌芽，在这一时期反而得到比较充分的发展。旧有手工业工场生产规模空前扩大，生产技术精益求精，劳动过程分工日益细密，资本的积累达到相当高的程度。有些原来的工场手工业开始向近代工业转化，还有在手工业工场物质技术基础上开办的部分新式企业，成为新式工业产生的一个途径。这是与东南沿海地区的一个重要区别，也是我们考察这一问题的出发点。

一、工场手工业的持续发展：向机器工业转化

晚清巴蜀地区传统工业如井盐、丝织、矿冶、制糖业等，已达到相当大的生产规模，并不同程度地具有工场手工业的基本要素。外商资本进入内地后，食盐、生丝、造纸、蔗糖、造纸等工业产品，并未受到洋货的排挤。相反，由于商品市场、劳动力市场日趋活跃，给这些产品的生产造成了比较有利的发展条件，促使其改革生产技术、扩大生产规模、采用新式投资和经营方式，向新式企业转化。

咸丰三年（1853），由于太平天国攻占江宁（今南京），淮盐不能上运，两湖人民为之淡食，出现"一斤白银买一斤盐"、银盐等价的短缺危机。清廷谕令"川盐济楚"，于是川盐占据了淮盐在两湖的广大销区，销量猛增，形成供不应求的格局。

两湖食盐市场的巨大需求给井盐生产注入了强有力的刺激力，促使井盐生产工艺不断革新，钻凿出大量千米深井，开采到蕴藏于三叠系地质构造的浓卤和天然气资源，使井盐生产力获得了奇迹般的提高。井盐生产能力的提高和销售量的激增，造成了全川各盐场井灶数量和盐产量的直线上升。

盐业资本在此过程中得到迅速积累，如各大盐场生产规模的空前扩大，劳动过程分工日益细密，雇佣劳动成倍增长，商业资本大量向盐业资本的转化垄断产运销过程的盐业资本集团的涌现，等等。随着生产的日益社会化，盐业资本原始积累的实现，市场的大规模开拓，生产和流通渠道的畅通，说明四川井盐业已经具备了工场手工业的基本要素，向成熟的资本主义发展，是历史趋势和基本要求。

重庆开埠前后，人们已经在酝酿"食盐生产可由采用蒸汽动力和机器而大

增"的问题①。此后,盐业经营者开始考虑:"减牛车以减牛力,或制机车以代牛力。"②富荣盐场机车采卤的发起人是商人兼灶户欧阳显荣。光绪二十年(1894),欧阳显荣产生了利用起重机升降货物的原理制造采卤机车用于井盐生产的设想,尔后邀约技术人员研制,并在汉阳周恒顺五金厂定购了第一台蒸汽采卤机车。光绪二十八年,这部采卤机车在自贡盐场的石星井上试用。由于初创,试车中暴露出不少问题,欧阳显荣又多次加以改进。此后又在注洪井试用,获得成功。"此井推水较前用牛车推水者更强十倍"③。鉴于机车采卤效率高、利润大,欧阳显荣于光绪三十年投资白银二万余两,组织华兴公司,经营机车采卤业务。这是四川井盐业开始向新式工业转化的标志④。

清咸丰、同治间,蜀锦生产工艺出现了又一个发展契机。太平天国占领南京,苏杭一带丝织品不能入贡以后,四川承担了宫廷丝织品的生产任务。宫廷丝织品的苛刻工艺标准给蜀锦织造业提出了更多的数量要求和更高的质量标准。这一时期,蜀锦织造品种大大增多,缎类有:贡缎、提花缎、摹本缎、浣花缎。锦类有:蜀锦、回回(文)锦。绸类有:宁绸、宫绸、纺绸、川大绸、鲁山绸、曲绸、汴绸、裹绸。绉类有:线绉、平绉、湖绉、东绉。罗类有:熟罗、生罗、春罗。纱类有:库纱、官纱、实底纱、芝麻纱、亮纱。绢类有:大绢、小绢、生绢、熟绢。这些丝织品花色品种繁多,"寻常销售天青色,所以较多,此外,有罗绫缎、金丝缎、大云缎、阴阳缎、鸳鸯缎、闪缎、锦缎,全在花色辨别。金丝缎,'金'系两层分面金底金花。御用诸料以及蟒裙并朝服镶边多用大云缎。……民间鲜用阴阳缎,鸳鸯缎一面系线绉,一面系锦经,表面二色"⑤。这期间,蜀锦种类和品牌超过历史上任何时期。

在此基础上,以成都、南充、乐山为中心,形成巴蜀三大丝织基地。如"成都有机房二千处,织机万余架,机工四万人,丝织品占全省总额百分之七十;嘉定占百分之二十"⑥。这个数字可能偏高,但也可以从中看到当时丝织业确有明显的复兴。巴蜀地区蚕丝生产在19世纪下半叶已相当普遍,缫丝作

---

① 霍伯森:《重庆海关1891年调查报告》,《四川文史资料选辑》第二辑。
② 罗筱元等:《自贡盐场的牛》,《井盐史通讯》1980年第1期。
③ 《欧阳显荣呈文》,自贡市档案馆475号案卷。
④ 张学君:《论近代四川盐业资本》,《中国社会经济史研究》1982年第2期。
⑤ (清)卫杰:《蚕桑萃编》卷七。
⑥ (清)刘锦藻:《清朝续文献通考》卷三八四《实业》。

坊（应包括手工工场）遍及城乡，成都、嘉定、顺庆、合川缫丝工艺水平较高，已能生产各具特色的生丝。劳动过程扩大了它的规模，其中分化出缫制、洗涤、漂白等专门工序。

川丝成为本省和南北各地丝织业的重要原料而畅销于国内市场。丝商资本已进入生产领域，通过定期收购生丝和借贷"丝黄钱"控制生产。资本主义因素获得了明显的增长。19世纪70年代开始，蚕丝进入国际市场，同治十年（1871）四川出口生丝6000包；光绪六年（1880）四川年产生丝6000担，居当时全国各省厂家第三位和产量的第五位[1]。光绪九年，经由重庆输出的川丝即达428万两[2]，以此为契机，蚕丝生产面貌发生了很大的变化。

为了适应资本主义市场的需求，四川开始出现了蚕丝生产技术改革的热潮，如改进缫丝方法，造成优质丝品；合川县举人张森楷建立"蚕桑公社"，扩大蚕桑种植面积，引进优良桑苗、蚕种等。在蚕丝生产技艺进一步改革的浪潮中，四川缫丝业在产品质量、生产规模、投资、经营方式方面，均发生了引人注目的变化。20世纪初，全省18家缫丝厂，已有5家采用机器缫丝。三台县生员陈宛溪研究蚕丝经营问题，"知天下大利在农，因佃地种桑，又时时研究育蚕新法"，并著有《神农撮要》《蚕桑浅说》二书，以资推广。最初，他"佃富家大业，种桑饲蚕。……既获大利，遂于万安寺建设神农丝厂"[3]。光绪二十九年（1903），他创办神农丝厂，开始采用蒸汽机车缫丝。夹江、梁山、彭县、广安、绵竹等传统手工纸产区，也有纸商、槽户购置机器，转向机器造纸业。他们投资的领域集中在原来的手工业，通过扩大生产规模，改革生产技术，成为早期工业资本家。投资新式工业的绅商，是以实业救国身体力行的知识分子。他们艰苦奋斗、自强不息，竭尽全力开办工矿企业，成为新式工业的投资者。

19世纪末至20世纪初，种桑、养蚕、缫丝技艺普遍精良，缫丝业成为维护利权，振兴实业的一个热门行业。四川蚕丝质量显著提高，蚕丝销售市场日益扩大，19世纪晚期到辛亥革命前后，涌现了三十多家脱胎于旧式缫丝工场、作坊的新式缫丝企业，如三台县神农丝厂、三台县永靖祥丝厂、合川复缫经纬丝

---

[1] 汪敬虞：《中国近代工业史资料》第二卷，中华书局1962年版，第91、100页。
[2] 尹良莹：《四川蚕业改进史》，商务印书馆1947年版，第346页。
[3] 民国《三台县志》卷八。

厂及乐山县荣记、丰记两丝厂等。这些企业都采用新式缫丝技艺，仿制日本、意大利等国缫丝新车，着意训练熟练劳动者，因此能缫制出高质量的生丝。这些企业以振兴实业、开拓生丝市场、特别是满足国际市场的需求为生产目的，生产的生丝，开始具备竞争力，在国际市场上获得前所未有的注意。

早在宋代，巴蜀地区制造的蔗糖已是名产。清代道光年间，资州、内江等地成为蔗糖生产基地，沿沱江两岸到处是甘蔗种植区，糖房、漏棚已实现专业化生产。迄于20世纪20年代，成渝地区生产的蔗糖都未被洋货取代。相反，由于商品市场的扩大，蔗糖销路更为广阔。蔗糖"在本省的销路很大，特别是黄糖；并多半由木帆船大量运往湖北"①。销区的稳定扩大，对四川制糖业生产的发展具有促进作用。19世纪末到20世纪初，蔗糖产地从传统川中各州县扩大到川西之邛州、蒲江，川东的达县、开县、万县。有关统计资料说明，仅传统糖产地内江，清末民初有糖坊1200家以上，有漏棚1000家以上，有糖铺160家以上②。虽然多数糖坊制作方法陈旧、粗糙，但确有一部分糖坊生产工艺、设备已发生改进，专业化程度大大提高，经营方式也有显著的变化。随着制糖工艺水平的提高、专业化分工的发展，糖坊开始演化为规模可观的手工业工场。19世纪晚期，糖业资本的增殖极为可观。南溪县人李发勋，"制糖霜起家，积资百万"；黄正芳"以糖业起家，累资数千金"③。金堂人萧质夫，以商业兼营糖业，"锄禾种蔗业糖"，最终"积累数万金"④。蔗糖业成为资本积累的一个重要方面。

四川造纸业历史悠久，19世纪下半叶四川造纸作坊和手工工场极为繁盛，主要分布全川十余县，其中以夹江、梁山、绵竹、大竹、达县、广安、綦江、璧山等县最为重要。清代夹江造纸之家，名曰槽户，这种家庭作坊生产资金短少，受到商业资本的盘剥；由于质地不高，在流通中又受市场价格涨落的影响而呈现劣败的景况。与此同时，槽户中出现了生产规模较大的"丰裕者"，其资金雄厚、技术高超，雇工操作。到19世纪晚期，夹江纸厂遍布县西南及洪雅与峨眉毗连山区，造纸技术不断提高。根据1935年调查，全县共有槽户四千余家，所造"优良之纸"驰名国内，纸品种类甚多。这些纸厂生产的各种纸品与全省和全国许多地

---

① 彭泽益：《中国近代手工业史资料》第二卷，中华书局1962年版，第657页。
② 张肖梅主编：《四川经济参考资料》，上海中国国民经济研究所1939年版，第117页。
③ 民国《南溪县志》卷五《人士》。
④ 民国《金堂县志》卷一〇《传》下。

区建立了销售渠道，不再局限于本地。本地有纸市，沟通本地与省内外销地的行商，分为经纪、纸贩、纸铺、本地贩运商与外地采购商五种。除本省主要州县均有销售外，还远销西康、陕西、云南、贵州等省①。绵竹纸"行销于本省及云、贵、陕、甘、湖广等处"②。"广安（县）纸料，素为土产大宗，每年至少有五十余万之收益。"③从这些部分生产规模较大的造纸槽户的生产水平和与商品市场的关系看，显然已具有手工业工场的基本特征。截至宣统三年（1911），四川大约创设造纸厂、造纸公司7家。这些企业除直接由官绅、商人在成渝两地新设而外，其余各厂均分布于夹江、彭县、梁山、忠县、铜梁、嘉定等传统造纸地区，主要是在原来的生产水平上改良和提高的。

总之，19世纪晚期到20世纪初期，虽然外国资本主义开始向四川输出商品和输出资本，但其效果远不及东南沿海地区。尚未失去自己原料和产品市场的井盐业、缫丝业、制糖业和造纸业并没有被扼杀，受国内外市场经济的影响，还出现了继续增长的势头。主要表现在：原有的生产规模进一步扩大，无论资本总额、雇工人数，还是产品数量都达到前所未有的高度；在此基础上，改革生产技术，积极引进资本主义生产技术，使原来的手工业焕发出勃勃生机；投资经营方式也发生了显著变化，原来在很大程度上"以生产资料集中在一个资本家手里这件事作为前提"的经济结构，已在向由许多互相独立的商品生产者集股合资经营企业方向发展。总之，这些旧有的手工业工场，在新的历史条件下，所具资本主义趋向是比较明显的。

二、在西方工商文化影响下，绅商兴办的新式工业

由于自然地理条件的限制，外商对四川的经济渗透始终是以输出商品和收购原料为主要内容，生产资料和技术设备等方面的资本输出比较微弱。即使在输出商品和收购原料方面，受川江水道瓶颈效应的制约，其进出口贸易量也为数不多。20世纪初，四川对外贸易在全国对外贸易总额中，只占4.22%。直至20世纪30、40年代，也未能占到全国外贸总额的5%，无法与沿海地区相比。因此，国际资本对四川封建经济基础的解体作用相当有限；给四川资本主义的发

---

① 《夹江纸业调查报告》，《四川月报》六卷二期，民国24年2月。
② 民国《绵竹县志》卷九《实业》。
③ 《四川月报》十卷二期，民国26年2月出版。

展造成的商品市场和劳动力市场，也就相当薄弱。因此，如果说，中国近代资本主义工业具有先天不足的特点，那么，巴蜀地区资本主义工业的实际状况就更加充分地表现了这一特点。实际上，所谓巴蜀的近代资本主义工业，大多是以专业化分工为基础的大作坊和手工业工场占主导地位，以蒸汽机为原动力的大机器生产所占比重很小。四川机器生产虽然肇端于光绪三年（1877）官办的军火工业——四川机器局，但这一时期四川并不具备产生近代机器工业的基本条件，光绪三年以后的十余年间，没有再出现一家机器生产企业，就是最好的证明。

19世纪晚期到20世纪初期，四川地区的确出现了一批与旧有的资本主义萌芽割断了关系或根本没有关系的新式企业，这些企业直接受到国际商品市场、外商资本流动以及新式工业技术的刺激和作用而涌现出来，形成新式企业。

以火柴业为例：火柴厂是四川开办最早的新式企业。19世纪末到20世纪初，四川先后建立的主要火柴企业有森昌正火柴厂、聚昌火柴厂、立德燧火柴厂、丰裕火柴厂、信诚火柴厂、溥利火柴公司、官办惠昌火柴厂、协义火柴股份有限公司等，截至20世纪初，"四川省内开设有九家火柴厂。其中有六家在重庆，有两家是日本公司，有一家是德国公司"①。成渝地区新兴火柴工业具有两个显著特点：

首先，四川火柴工业是在外国资本主义影响下产生的。张森楷说："近时西人通商有火柴一种，于是吾国踵之，吾川踵之。"②早在19世纪80年代，火柴作为资本主义商品输出的一部分，已经进入四川市场，主要有瑞典、德国、日本火柴③。火柴生产工艺设施以及部分原料全由国外引进，川商卢干臣等最先开办的森昌正火柴厂，是从日本直接迁川的，火柴生产原料磷和毛玻璃等物"悉取给于上海"④，硫磺先靠进口，后才改本国土磺。而后开办的其他火柴厂，也都采用外商经营管理方式，并向国外学习生产技术和开办经验。在四川新式工业中，火柴业是卓有成效的行业之一，它虽是引进于外域，但在与外国火柴的激烈抗争中，取得了初步的成功。以森昌正、聚昌两厂为代表的本土企

---

① 汪敬虞：《中国近代工业史资料》第二辑上册，中华书局1962年版，第311页。
② 《合川县志》卷二二中。
③ 姚贤镐：《中国近代对外贸易史料》第二册，中华书局1962年版，第1181页。
④ 《海关十年报告》1882~1891，重庆口，转引自张学君、张莉红：《四川近代工业史》，四川人民出版社1990年版，第141页。

业,始终在火柴市场上占有优势,在中国资本主义工业发展史上,是一个值得注意的现象。

再看织布业:20世纪初,织布业获得了显著的增长。织布机的改良,给四川织布业带来了蓬勃生机。辛亥革命以后,"农村手扯梭机逐渐推广,其他各县亦相继仿造,尤以璧山最为风行,家家都以此为副业"①。扯梭木机构造精良,织成的布匹较土布幅面宽,时称"宽布",在市场上,这类宽布具有很强的竞争力。棉织技术的改革,使棉织业出现了投资热潮,为棉织业的兴旺带来

四川地区编织夏布的木机

了莫大的希望。挟巨资而欲投资的实业者纷至沓来。其经营情况也有了变化。这一时期的新式棉织企业规模不大,一般有新式扯梭木机数十张,少数企业达到数百张;使用织工数十人,少数达数百人。企业资本既有集股合营,又有独资经营,资本额一般为数千元,很少上万元。比较有代表性的棉织企业有吉厚祥布厂、裕源布厂、昌华毛葛巾公司、幼稚染织厂、富川布厂、复原布厂、竞存公司、谦复恒宽布厂、裕华染织布厂等。新式棉织工厂的大量出现,造成了棉织工业的畸形繁荣。据民国初年统计,上海棉纱年销四川三十余万包②,这些洋纱作为四川,主要是重庆棉织企业的主要原料,在很大程度上主宰了四川棉织工业的盛衰存亡,造成了四川棉织工业的不稳定性。

四川商办铜、铁、煤各矿业,在清代前期就有相当的发展。但是,由于矿业生产条件较之其他行业格外艰难,所需投资亦巨,因此,截至19世纪晚期,

---

① 《重庆布业史》,《商务早报》1938年11月3日。
② 杨刚:《四川销用上海棉纱和棉布总量》,《扬子江之航业与工业》,民国3年11月昌福印刷公司印行。

民间中小矿业经营者仅能维持有限的生产规模和极低下的生产力水平。根据20世纪初有关统计，仅盐源金矿一处，即有矿商一百一十家；白水江流域金矿，仅金沟一处，即有棚户二十余家[①]。由于矿石、沙砾含金量微少，开采纯用手工，提炼技术落后，生产力水平低下。四川各地的冶铁业均为中小企业，冶铁方法陈旧。四川煤业多为资金薄弱的小煤窑，采掘方法落后。

19世纪末到20世纪初，由于外商资本开始掠夺四川矿权，四川商民、官绅为捍卫民族生存、挽回利权，开始兴办五金煤炭各矿。与此同时，清廷为维护自身利益，也开始敦促地方筹资开采川西五金各矿。因此，四川采矿业中，出现了一批新式企业，如官商合办冕宁金矿、彭县大宝山铜矿、商办江合煤矿等，采用新式生产方法，分别以官办、官商合办、商办三种形式，构成不完善的股份制企业。由于经营管理不善、专业人员技术水平不高，又受到当地生产力、自然地理条件局限，对新技术难以接受，因此，多数企业在发展的道路上极不顺利。

在四川的玻璃、化学工业中，具有代表性的企业是何鹿蒿创办的鹿蒿玻璃厂。这是直接从日本引进玻璃制造工艺，在重庆投资设厂的首家玻璃企业，也是四川近代玻璃制造业中规模较大、技术水平较高的企业。其他在四川开办的化工企业有瓷器、樟脑、制酸、制碱、肥皂各业。

这些工矿企业与旧有手工业工场和大作坊相比，其不同点在于生产技术、制造工艺不少由国外引进，有些与中国传统技艺没有什么瓜葛，如火柴、玻璃制造方法等。少数五金、煤矿开采冶炼设备，由外商从各国代购输入，与中国土法矿冶技艺结合，形成独特的半机械化生产。但使用大机器生产的极其有限，因此，这类企业还不能称之为资本主义企业。企业的投资者大多是受外国资本主义熏陶的留日学生或从事对外贸易的商人，他们力图输入资本主义管理方式，企业所需设备、原材料，以及部分产品的销路，都依赖外国资本主义市场。有的企业以外国洋行为靠山，有的与洋人合资经营，具有浓厚的半殖民地性质。

重庆开埠，特别是《马关条约》签订后，在战后特权的保护下，外商开始向四川输出资本。巴蜀爱国绅商面对商战危机，群情激愤，急谋对策；为抵制洋货，挽回利权，四川维新派人士提出"急兴商务""设立商务局"，鼓励绅

---

① 《第七次中国矿业纪要》第232、256~259页，转引自张学君、张莉红：《四川近代工业史》，四川人民出版社1990年版，第153页。

商投资实业。清廷为维护自己的既得利益,也制定了不少有利于民族资本主义发展的各种工商章程、法规,包括奖励科学文化贡献、工艺发明、保护工商投资、维护企业权益等。这些新政策的实施,无疑对巴蜀早期现代化进程,特别是大机器工业的兴起,产生了有益的作用。在外商资本的直接作用和影响下,出现了一批新式工业,如:棉织业适应廉价洋纱的大量进口,形成大量的棉布加工业;猪鬃、采矿、制革等业,则适应国际市场对猪鬃、皮革、五金矿产的需要而形成新式加工企业;而火柴、电灯、玻璃、肥皂等制造业,则受到西方文明的影响而兴办起来。

这一时期,出现投资新式企业热潮的同时,巴蜀地区也出现了制造工艺的革新热潮,主要涉及井盐、蚕丝、造纸、印刷、棉织、机械、采矿、化工等工矿企业。四川近代大机器工业并没有首先出现在受外国资本主义作用影响下兴办的新式企业,而是发生在四川原有的资本主义手工业工场。如上文论及19世纪末在自贡盐场研制、次年试用于盐井采卤的第一台蒸汽采卤机车①,标志着盐业开始向大机器工业转化,也是四川近代大机器工业发生的重要标志②。四川的缫丝业、造纸业、印刷业、棉织、航运、电灯等也开始使用机器生产。

由此可见,四川早期现代机器工业产生于19世纪90年代,最先发生于原有的手工业工场。20世纪初,民族资本主义的两部分——原有的工场手工业与受外来资本主义影响兴办的新式企业,均有向早期现代机器工业转化的事例。但是机器工业局限于少数行业,不具普遍性;同时,因其处于幼年时期,少数行业虽然已有工作机与动力机的配套,其生产规模受资本局限与政治形势影响,发展也很有限。因而,可以说20世纪初期,

清末自贡釜溪河运盐船只云集(林振汉《川盐纪要》)

---

① 樵甫:《自流井》第一辑,1916年印行。
② 张学君:《论近代四川盐业资本》,《中国社会经济史研究》1982年第2期。

四川民族资本主义的发展，主要是受新旧手工业工场和大作坊的增长的影响，资本主义机器工业获得了极其有限的进展。

第四节　外商在长江上游的投资活动

外商对四川的投资活动，受到上述历史条件和经济环境的制约，在选择投资项目和确定经营方式以及生产规模等方面，不得不从四川的实际出发，将长远目标和短期利益相结合，确定他们的投资意向和抉择。在外商掀起对华投资热潮的19世纪末至20世纪初，在四川的投资意向或投资项目有如下几个方面。

一、制造、加工工业

在四川开办的第一家外国企业是英国商人立德设在重庆的猪鬃加工场。立德洋行开设于光绪十七年（1891），最初经营航运和进出口贸易。四川所产猪鬃，数量巨大，光泽较差，质地良好，其中"大河毛"硬度颇大，光泽较差，用途甚广；"小河毛"质地柔软，光泽甚好。但两种猪鬃均须进一步加工，除去"霉毛"，才能适应国际市场的需要。光绪二十二年，立德洋行所属的重庆贸易公司在南岸设置猪鬃加工厂，专门洗制熟猪鬃出口。为扩大生产，在正式开工后，又招收七八十名学徒，由熟练工人分别带领从事加工业务。光绪二十四年加工厂进一步扩大，按天津装潢要求生产优质猪鬃，确定商标为"鸡牌"。于是，"鸡牌"鬃毛很快就在国际市场赢得了声誉，在伦敦、纽约市场成为畅销品。由于该厂规定了严格的质量管理和生产定额指标，自开办以后，产量倍增，由最初每月两千至三千斤，增加到四千至五千斤，后来发展到一万余斤①。

20世纪初，立德将其洋行转顶给英商隆茂洋行，于是隆茂洋行继续经营猪鬃加工厂。同时，法商安利、德商宝丰、日商新利、英商怡和等洋行也纷纷设立猪鬃加工厂②，形成了洋行间的激烈竞争，四川的猪鬃输出量也随之猛增。根据重庆海关统计：光绪十八年（1892）猪鬃输出量为3806担，价值40619海关两；光绪二十七年输出量为8070担，价值159812海关两，数量增长两倍多，价

---

① 《重庆文史资料选辑》第三辑，第64页。
② 彭泽益：《中国近代手工业史资料》第二卷，中华书局1962年版，第395页。

值增长近四倍①。

19世纪末，外商为打入四川的棉织业，开始出现了在四川投资机器纺纱厂的意向。经过多年筹备，光绪二十四年川东道黎庶昌在重庆正式提出设立官商合办棉纺厂的计划。这一计划因受到清廷的反对，抽出官股而搁浅②。日本领事嘉藤向重庆绅商提出："伊国有制就纱锭十万枚，如川商能集股数十万，伊国亦自认其半，同在宜昌举办。该埠既通轮船，鄂省产花又旺，川陕诸商必争往购运，两国均有利益。"③这个计划，终因重庆绅商筹股困难而未能实现。

19世纪90年代初，民族企业森昌火柴厂在重庆创办成功，获得专利，使外商大为振奋。从光绪二十七年开始，日商先后在重庆王家沱设立有灿火柴公司和友邻火柴公司，"制造红头火柴，销售贵州"④。除日商外，德商也于20世纪初在重庆开设了一家火柴公司。

此外，20世纪初，日商新到洋行大班宫坂伙同买办陈瑶章等在租界附近开设又新丝厂，主要股份为日商所有，进口四百余台日本缫丝机器，技术人员均来自日本。在经营管理方面，全按日本办法。

二、交通运输业

外商认为，解决四川与外界的交通运输问题，是向四川进行大规模投资的先决条件。他们设想的办法有二："或者轮船航运……或者修一条铁路联络重庆与宜昌。"但是，"无论是轮船运输或铁路运输，现时统计所能列示的和轮船可能运载的贸易总值和商品性质，都不够对投机者提供特殊引诱把资金投入这种冒险事业"⑤。外商虽然在船运和铁路投资方面表现出极大的兴趣，同时又特别谨慎。

（一）航运业

川江航运业是外商在四川投资的一个重要方面，他们希望开辟川江轮船航线。被西方资本主义社会誉为"西部中国的英国开路先锋"的立德，自19世纪70年代开始，就决心开辟川江轮船航线，并筹资组织川江轮船公司，不断冒险

---

① 《四川文史资料选辑》第九辑，第184页。
② 《四川文史资料选辑》第九辑，第168~169页。
③ 《渝报》光绪二十四年，第十四册，第16页。
④ 邓少琴：《川江航运史稿·年表》，未刊稿。
⑤ 《四川文史资料选辑》第九辑，第174页。

试航川江①。光绪二十四年初（1898年3月），立德驾驶特制的小轮船"利川"号首次越过三峡到达重庆②。光绪二十四年五月（1899年6月），由立德与英商溥安公司（Yangtze Trading Co. Ltd）定购特制商轮"先行"号（载重310吨），由宜昌上航川江，挣扎七昼夜抵渝。次年，德商瑞记洋行特制江轮"瑞祥"号（载重358吨）上航川江，12月7日由宜昌开出，至崆岭滩触礁沉没③。同年，立德与川商在重庆集资合办"岷江轮船公司"，决定专门航行重庆以上川江，上航成都，在上海订购载重两百吨的暗车式小轮船一艘，准备试航，因义和团运动发生未果④。

上述商轮开辟川江航线的试验未能取得预期的成效。外商"一般意见对于在扬子江最困难的一段（即宜昌与万县之间）轮船营运的利润是断然否定的"。作为航运计划的第二步，他们转而问津当时在川江负担主要运输任务的民用木帆船。这种木帆船，船体轻小，每艘载重二三十吨，由人力牵引，行动虽缓，却稳妥实用。外商从事航运贸易一般采用租用形式，"所以本地（重庆）好几家公司都互相帮助，联合起来，把租用船只装满货载"⑤。

洋商租用的民船主要用于承揽重庆至宜昌间大宗货物的转运，享受海关子口税优待。为与中国民船相区别，洋商租用民船得悬挂外国旗，因而又称挂旗船。

从光绪十七年到光绪三十四年这十七年间，租用民船的洋商主要包括了英商怡和洋行、太古洋行、立德洋行，法商柯芬立洋行，德商瑞记洋行分行和中国招商局利用川江民船从事航运业务。重庆开埠的十七年间，洋商在川江的航运贸易业务有相当稳定的增长，租船总只数，除光绪十七年初创伊始较低外，从一千余只增加到两千余只，租船总吨位从四万吨左右增加到八万吨左右。将进口和出口船舶只数、吨数相比，进口船只数和吨数大大高于出口船只数和吨数，没有例外的年份。这一情况，是由进口货物总数大大高于出口货物总数决定的⑥。据统计，常年进出重庆港的民船总数约为两万只，运载货物总量为

---

① 邓少琴：《川江航运简史》，《重庆地方史资料丛刊》1982年版，第60~61页。
② 汪敬虞：《立德和川江的开放》，《中国经济史研究》1987年第4期。
③ ［英］华特森：《重庆海关1892~1901年十年调查报告》，《四川文史资料选辑》第9辑，第168页。
④ 《东西商报》卷五七，第11页。
⑤ 上述引文见《四川文史资料选辑》第九辑，第167~168、175页。
⑥ 参看海关总署1882~1931年《海关十年报告》。

五十万吨①。那么,洋商租用民船总只数和总吨数在其中分别占据10%~14%和8%~16%。这清楚地表明,外商在川江航运贸易的总量中所占比例很小,并未形成取代川江民船航运贸易的优势。

(二) 铁路建设

19世纪末期,在外商开辟川江轮运的同时,西方各国政府开始争夺四川铁路投资利权。光绪二十三年(1897),法国印度支那总督杜美提出:"由(越南)劳开至云南府的铁路,只有将它展筑至人口稠密的四川省,才会显示出它的真正价值,该铁路的目的地应该是该省省会成都。……从这里再筑一条铁路以达扬子江的上游重庆。"②光绪二十五年,英国的云南公司致函英国外交部,要求"尽力支持本公司为取得缅甸到扬子江和四川的铁路建筑权所作出的努力"③。20世纪初,外商正式向清政府索取四川铁路投资权。光绪二十九至三十年,美国接连向清政府要求提供川汉铁路借款,提出川汉铁路"所需之外国资本,皆在英、美两国借用",并要求承办成都至叙府、成都至泸州、成都至万县三条支线④。光绪三十一年,在全省人民捍卫路权的一致要求下,四川总督锡良拟定了川汉铁路自办章程,成立了川汉铁路总公司,经清廷批准同意自办。同年,法国驻重庆领事照会四川总督锡良,要求投资建筑并经营管理川汉铁路,指责自办川汉铁路"似非睦邻之道"。德国公使穆默向外务部提出:川汉铁路,"各国人民均应一律同沾利益",要求清廷不得批准川汉铁路自办方案⑤。但是,在举国一致收回路权呼声的鼓舞下,四川人民掀起轰轰烈烈的保路运动,誓以鲜血和生命作为保路代价,决不妥协,使外商对川汉铁路投资的希望化为泡影。

三、开发矿业

(一) 对巴蜀矿产、商务的考察活动

外商早就注目于四川土产矿物资源。同治四年(1865),法国驻越南总督组织了第一个官方矿业考察队,由云南进入叙州府,转道重庆府,经长

---

① 参看海关总署1882~1931年《海关十年报告》。
② [英]肯德:《中国铁路发展史》,第164页。
③ 宓汝成:《中国近代铁路史资料》第二册,中华书局1963年版,第467、682页。
④ 《清季外交史料》卷一八四,第16~17页。
⑤ 杨大金:《现代中国实业志》下册,商务印书馆民国27年版,第760页。

江东下上海返回西贡。在四川期间，考察了巴蜀地形、地貌，勘测了矿产资源，并撰写了几份矿产资源报告，如《帅冈（西贡）至叙府一带搜矿纪要》《中国矿说》《四川矿说》。同治五年，受德国官方资助，地理学家李希霍芬（F. von Richthofen）经陕西入川，先后到成都、雅安、宜宾等地考察，勘测地形、地貌和矿产资源，后经三峡水道出川。同治十二年在上海出版的《李希霍芬男爵书简（1870~1872）》中，对他在巴蜀的地理考察活动作了详细记述。同治八年，上海英商总会派出商董两人入川考察商务，调查有关开设商埠的动议，洋商乘坐两艘英国军舰从汉口出发，向西航行两个多月，沿途考察风土人情，年底以上海英商商会的名义向英国外交部递交了考察备忘录，其中特别指出："除非汉口以上的长江航线开放通航，对华贸易就不能扩张。"① 同治十一年，英国商会联合会发布建议书，呼吁清廷开放扬子江上游水域，以便外轮通航，使"中国最富足勤勉的一省（四川）几乎可以直接与欧洲交通"②。同年，法国传教士恩伯提专程前往四川自流井探测盐矿、天然气资源，并将所见情况撰写了报告。同期赴川的还有法国探险家诸布盖、俄国政府派遣的贝尔特科夫和科佐洛夫，诸布盖曾率领一个考察组由越南进入云南、四川考察，科佐洛夫等经青海至昌都、巴塘探测地质资源③。光绪十七年（1891）法国传教士寇德瑞考察了四川石油资源。他们认为："四川是一个极富裕的省份，幅员广大，物产丰富。"④ 光绪三年以后，英国"驻寓官"也开始"遍历川省"，调查四川土产、自然资源，以便为他们资本输出准备条件。

甲午战争后，日本和西方列强对中国实行瓜分战略，民族危机空前深重。光绪二十二年，内阁总理大臣李鸿章为牵制日本，周游欧美各国，声明中国在商务实业上，将实行开发主义。这引起了英国金融资本家摩根的注意，他主动陪同李鸿章访问，途中提出在中国开办矿务的要求，李鸿章欣然同意，并接受了英国官员喀鲁和约瑟夫·张伯伦的保证书，证明"摩根实为中国开辟利益起见，愿往中国效劳"。李鸿章回国后，即电召摩根赴中国，摩根两次来华，随带工程师三人，先后勘探热河、山东矿苗，最后确定在四川办矿。李鸿章为此

---

① 《历史研究》1962年第5期，第131页。
② 《中国通与英国外交部》第133页，《商会联合会第十二年度报告》，1872年1月22日。
③ 张学君主编：《四川省志·大事纪述》上册，四川科技出版社1999年版，第57~58页。
④ 四川省志抄录巴县档案：《英翻译官致四川总督照会》。

致书摩根，鼓动他投资四川矿产："闻遣人往川办矿，欣慰良深。予知该省事甚悉，凡金、银、铜、铁、煤炭各种矿质，最甚最佳。予既深与君交，知君能使川省矿业发达，令政府、人民及资本家同沾利益焉。"①从此，外商开始将投资意向转向四川矿产资源。他们认为，"资本家在四川省的进一步开拓"，应当"首先以矿业为限"，因为"四川矿藏之富是毫无疑问的"②。以英法等国商人为首的外国公司，从光绪二十五到三十年，先后与清廷签订了一系列开采四川矿产的合约；同时私下与官员、商人甚至少数民族上层订立合同，开采各地矿产。

从光绪十八年到三十年，英法两国的这些公司与四川省有关方面签订了开采矿产合同，主要开采煤、石油等能源和铁、铜、黄金等五金矿藏。根据矿产资源遍布全省的客观情况，合同规定的开采范围广阔，会同公司取得了"全省范围"的采矿权，而其他公司取得了矿藏丰富的一至数县的采矿权；采矿需要投入巨额资金，而且生产周期很长，又具有相当大的风险，因而外商提供的资本甚大，同时合同规定外商的开采期限也很长。投资金额从三十万到一千万两不等，而开采期限均达到五十至六十年，有的甚至规定"永远开采"。

上述合同大部分均为外国公司与四川地方当局达成草约，尔后由川省矿务总局以保富公司、华益公司等名义与外国公司签订的。其余合同则是外商通过地方官吏、商人和少数民族上层人士私下签署的。如光绪十八年（1892），法商亨达利公司开采四川石油合同，是同四川商人钟毓灵、朱怀清签订的。光绪十八年，钟毓灵等向川东道具禀，"设厂采取煤油……拟邀亲友，集资开设泰康字号，炼油售卖"。获准后，即声言持执照前往上海采购机器，实则与法商亨达利洋行经理雷达利私立合同，"由洋商出资开采"。光绪二十二年春，在钟毓灵等指引下，雷达利随带采矿工程师，并由法国领事哈士陪同，前往重庆、叙州、嘉定府、泸州、自流井、贡井等地"周历履勘"③。再如，光绪二十九年，四川管解白蜡委员、候补知县刘鹏，在北京与法商代玛德商议，签署合同，拟开办华利公司，由法商筹资三十万法郎，开采夔州府属巫山、大宁、云阳、开、万等县金、铜、煤各矿。英法两国领事出面为该公司"照转"合同，要求清廷"请准办，或

---

① 《东方杂志》第7年第12期，记载第三《中国时事汇录》，第391～395页载《记英人要求四川矿权事》
② 《四川文史资料选辑》第九辑，第174页。
③ 汪敬虞：《中国近代工业史资料》第二辑上册，中华书局1962年版，第115页。

请立案"①。这类外商与四川当局和官员、商人等签订的开采四川矿产协议、合同,具有以下特点:

1. 地产入股,收取5%的地租

《四川矿务华洋合办章程》②声称:"四川矿务总局设立之华益公司,招商会同公司,拟定合同,华洋合办,利益均沾。"《中法四川矿务章程》③说明:保富公司股本"华洋各占五成"。具体权益是:《四川矿务华洋合办章程》规定:华益公司"筹备地价银一百万两,专集华股,不参洋股,主购矿山,管理交涉等事。"华方提供此项地基"交与合同公司承办"。《中法四川矿务章程》规定:"华商总办专管地方官民交涉事项,洋商总办专管矿务工程。"此项地基"按矿质出井值百抽五收租,不问开矿盈亏,惟视出矿多少"。《中法四川矿务章程》规定:"挖出煤、铁……照卖价值百抽五,征收井口税归保富公司,以作地租。"华方提供土地和获得5%的矿产收益,是对地产股份的一种补偿。

2. 洋股占居优势地位

外商作为主要的投资经营者,在矿产总收益中占65%,而四川华益公司的土地资本收益占35%,其中,包括华益公司提取的5%的地租、5%的落地税和25%"报效中国国家"的部分。保富公司的收益,除提供10%作为公积金外,法方占55%,中方占35%,其中包括向中方缴纳5%的井口税(地租)、30%"报销中国国家"部分。这种分配方式体现了矿产所有者与投资经营者在矿业中的实际权益。

3. 享有税课优惠待遇

外国资本享有特别优惠权,进口机器设备,"凡会同公司开矿所需料件、机器等物,进口税照开平各矿规定章程,完纳海关正、半税项,内地厘税,概不重征"。而产品的外运,"自完纳出口一税后,内地厘税概不重征"④。这一条款的订立,使外国投资者获得了关税优待和厘税豁免权,对外商具有很强吸引力。

上述外商在四川矿业中的投资总额超过白银3000万两,在外商投资各类

---

① 《锡良遗稿》第一册《英商、法商办矿各情况》光绪二十九年十月十九日,第373页;《外交报》甲辰(1904年)第17号《外交纪闻》。
② 王铁崖:《中外旧约章汇编》第一卷,三联书店1959年版,第879~883页。
③ 王铁崖:《中外旧约章汇编》第一卷,三联书店1959年版,第879~883页。
④ 王铁崖:《中外旧约章汇编》第一卷,三联书店1959年版,第879~883页。

企业中居于首位。具有代表性的中国近代经济史研究认为：中国封建社会末期的资本主义萌芽不具备向近代资本主义发展的条件，中国近代资本主义产生于外国资本主义入侵中国之后。在外国资本主义直接影响下，中国部分官僚、商人、地主兴办了第一批近代工商企业。另外，中国封建社会原有的工商业，在外国资本主义的作用下也发生了分化，其中一部分转化为近代企业。这两部分企业构成中国近代资本主义工商企业的骨干。但是，对于外商在中国直接投资、开办的工矿企业，是否属于近代中国工商企业的一部分，迄今没有得到深入细致的研究。

这里必须指出，近代外商在中国的投资活动，是在殖民主义的炮舰政策支持下，迫使清廷开放门户，丧失国家主权的特殊条件下实现的，是列强的侵略活动的一部分，它从根本上损害了中国人民的利益。这类投资活动由于有不平等条约作为出发点，无论外商的具体动机和行为如何，其结果都是弱肉强食，以牺牲中国的国家主权和民族利益为代价的，是不能和今天的对外开放时代条件相比拟的。当然，从近代中国封建社会经济居绝对优势地位、资本主义经济的发展受到严重阻碍的特殊情况看，外商投资的企业在一定程度上有助于中国社会经济的进步，它实际上构成了中国近代工商企业的一个重要方面。

从外商对四川的投资情况看，虽然投资规模、效益等不及东南沿海地区，但外商输入四川的资本、技术和管理经验等，对改变闭塞、落后的四川经济起了一定的促进作用。从这个意义上总结近代外商在川投资活动的成败得失经验教训，对当前坚持对外开放、鼓励外商到内地投资具有现实意义。

第六章
民国时期：巴蜀工商文化向现代化转型

1934年以前的防区制时期，巴蜀地区处于军阀混战割据状态。从1917年川军首领刘存厚与滇黔军首领罗佩金、戴戡争夺省区控制权开始，到1933年21军军长刘湘与24军军长刘文辉发动争夺四川领导权的大战为止，十七年间，各派军阀发动的火并、争夺地盘的战事达到数百次。他们以个人或者集团利益为核心，拥兵自雄，互相争斗，攻城掠地，无所不用其极，国计民生问题不在其考虑之列。

但是，巴蜀地方军阀中的有识者，在长期拉锯混战中感受到只靠横征暴敛、竭泽而渔，是无法在逐鹿竞争中略胜一筹的。要统一全省，翦灭群雄，非致力于经济建设，从根本上加强防区实力不可。1934年川政统一，担任四川省政府主席的刘湘才将四川经济发展问题提上议事日程，他嘱托著名实业家胡仲实、胡叔潜兄弟草拟了《开发华西计划书》；1937年日本侵华战争爆发，国民政府将四川列为后方战略基地，四川成为开发西南战略计划的重点规划地区，中央政府、省政府制定了四川工业的发展计划、实施办法。

1934年川政统一以后，国民政府为了扩大中央政府的影响力、牵制川边红军和削弱地方军阀势力，国民政府开始重视四川的经济发展，有计划地向四川投资。

第一节　巴蜀商贸市场的重要变化

1934年川政统一前，四川的省内商业呈现出畸形发展趋势；同清朝相比，与传统工艺、传统消费习惯相关的商业行业大量减少，而推销洋广百货的行业、买空卖空的投机市场增加了。一些商贸中心表现出衰败的迹象，传统的商品如生丝、丝织品、夏布、桐油、白蜡数量呈下降趋势。但随着洋货大量输入，四川对外贸易的发展，与进出口贸易有关的商业却十分活跃。

四川商业城市多分布在经济富庶地区和江河沿岸的交通枢纽，如重庆、成都、乐山、宜宾、泸州、南充、阆中、资阳、万县、合川、内江、自贡等城市。重庆是西南进出口物资集散地。1938年，四川各商业公司的资本总额与全国各公司资本总额相比，从战前的2%猛增到38%，几乎与上海持平。而到1942

年，仅重庆各公司所拥有的资本额已超过上海①。1942年，对粮食、棉花、生丝、桐油、猪鬃、钨、锑、锡等重要商品实行统购统销，对食糖、食盐、卷烟、火柴实施生活必需品专卖管制以后，四川商业逐步走向衰落。

抗战胜利后，四川金融市场黄金、美钞猛跌，物价立即下跌，日用百货跌价40%～50%，颜料、布匹、香烟各物，价亦猛跌②。1945～1949年，国民政府坚持实行战时通货膨胀政策，迅速导致市场物价全面上涨，给四川商业、贸易领域带来灾难性后果，无法控制。试图采取币值改革的方式求得制止金融、货币市场体系恶化，结果造成扬汤止沸的连锁反应，最终导致社会经济的全面崩溃、商品市场冰消瓦解的悲惨结局。下面以重庆、成都两大商业中心城市为例，探讨民国四川城市商业的基本情况。

一、重庆开埠以后的市场变化

（一）进出口贸易的快速增长

1890年开埠以后，重庆以快速增长的进出口贸易为中心，形成城市新式商业。贸易总值从开埠之年的685.1万海关两逐步增加到1912年的2687万海关两。进入民国，巴蜀对外贸易增长进入加速期，外贸总额从1914年的3764万海关两、1919年的4157万海关两，猛增至1930年的86664万海关两。这种惊人的增长速度，确凿证实了近代进出口贸易是重庆崛起的巨大推动力。值得注意的是，最初的外贸增长，进口货值大大高于出口货值，1890年进口货值高于出口货值一倍多，说明这一阶段进口洋货占据绝对优势地位。但到1918年，二者之差仅40万海关两，说明土货的出口货值已经急起直追，几乎达到与进口贸易持平的程度。这种情况的出现，当然也与第一次世界大战期间国际市场商品滞销有关。20年代末到30年代初，世界处于经济危机的年代，国际市场大量过剩商品通过低价方式倾销到中国，重庆进口贸

遍布四川城乡的"美孚油"广告（[德]弗里茨·魏司摄）

---

① 周天豹、临承学主编：《抗日战争时期西南经济发展概述》，西南师范大学出版社1988年版，第256页。
② 周开庆：《民国川事纪要》下册，台北，四川文献研究社1972年版，第271页。

易猛增，但贸易逆差并未出现大的波动，在86664万海关两的贸易总值中，入超值仅为1236.3万海关两，贸易逆差占贸易总值的14.27%。这说明出口贸易在紧追进口贸易，土货在外贸中占有越来越大的比重。

在民国时期重庆的众多商帮中，引人注目的行业是匹头业、棉纱业、盐业、山货业，被称为"四大商帮"。除盐业与对外贸易无直接关系外，匹头、棉纱和山货业都属于进出口贸易，最初为洋行推销洋纱、洋布或者收购加工土货。全民族抗战以前，重庆洋纱、洋布的进口数量居进口货物首位，重庆匹头、棉纱业就在推销洋纱、洋布过程中成为首屈一指的大商帮。而山货业则是为洋行、外国公司收购和加工土特产品兴盛起来的。例如号称"汤百万"的巨商汤子敬，就是靠经营山货起家。他挂日商聚福洋行牌号，深入山区收购羊皮，运往上海交货。1918年四川外销羊皮300余万张，其中聚福洋行占三分之一。创办美趣时字号的商人高志敏，是经营进口颜料起家的，1925年与德商联德洋行签订合同，1927年解约。1928年又与英商卜内门公司签订合同，经售各种进口颜料，年销售额在100万元以上[①]。下面以山货业为例，考察其如何营造自己的购销网络，逐步渗透到重庆以至长江上游商品市场的。

重庆开埠前，山货还未独立成帮。重庆开埠后，经过清末的整合、发展，山货业十分活跃，收购范围极广，有黑白猪鬃、牛羊皮、漆蜡、白蜡、丝筋、牛骨、棕丝等数十个品种。商业资本此时也有了大幅度的增长。以重庆为例，较为发达的布业中规模大、资金雄厚的商号数量逐年增多。重庆的山货业按营业性质，可分为三类。一类为经营出口贸易者，如字号、洋行；二类为介绍业务，如中路（替山贩介绍山货之售卖，以得九七佣钱为收入）、堆栈（又名"车囤"，替字号买货，或自行买卖货品）者；三类为制作加工者，如洗房、鸭毛行等。

山货的流通主要依靠前两类。重庆的山货帮又分为本帮与外帮。本帮即专门经营山货者，包括渝帮、汉阳帮、申帮；外帮即兼营山货者，包括洋行、药帮和干菜帮。山货的流通包括外山交易、到岸交易和对外销售三个环节。

1. 外山交易

即在产地采购的第一次交易。一般由字号或中路派庄客到产地去设庄收货，也有信用卓著、资金充足的商人，从事山货收购，叫作代庄。不论庄客还

---

① 《四川省志·商业志》，四川科学技术出版社1996年版，第15页。

是代庄，都向当地贩子收货。若为现货，即付现钱；若为期货，则先付若干货款，交货以后补齐余款。

2. 到岸交易

到岸交易，即指商品运到重庆以后的第二次交易。若为字号自己收购的山货，就直接出口了。但大量的是中路、堆栈从事外出交易，也有大贩子直接收购后运到重庆，他们还要把货卖给做出口的字号、洋行，或交洗房加工。这样的市场当时设在杨柳街、刁家巷、文华街和十八梯一带。经重庆、万县出口的猪鬃，1934年为17626市担，1935年为11268市担，1936年为16399市担，1937年为9128.52市担。全面抗战期间由泸州出口，每年总数2万市担；抗战胜利后，生猪增减数量不大，猪鬃产量保持在2万市担左右①。

各地集中在重庆的山货交易又分为若干种：一为贩子与堆栈的交易。即大贩子收货后运来重庆，存放于堆栈，由堆栈经手介绍售卖，堆栈为贩子垫付保险、力费、堆栈费等，堆栈收取九七佣金。二为堆栈与字号的交易。先看货议价；再由卖方发出交单，交与买方；交单发出，堆栈随即向字号发出货品，双方最后成交。三为中路交易。中路为转手商，常常居于字号与堆栈之间介绍业务。此外，还有介绍业交易、梳房与堆栈交易、洗房与字号交易，等等。

3. 对外销售

重庆的山货以国际市场为主要销场，主要销往美国（13种）、日本（13种）、法国（12种）、英国（12种）、德国（9种）、意大利（2种）以及中国香港地区（7种）。内地各省市也有部分市场，如上海（18种）、汉口（11种）、广东（8种）。此外，宜昌、沙市、烟台、福建、宁波、徽州、浙江、天津和省内也有一定销路。

重庆山货向国际市场出口，可以划分为三种情况：一类为经营出口贸易的洋行自己办理；二类为介绍业务，由经营"中路"、堆栈的中介，为上海、汉口等地商人来渝采办货物服务；三类为制作加工山货的重庆商人，如开办洗房、鸭毛行等，也有自己在上海开办山货商号自营出口者。全民族抗战前夕，川帮在上海经营了26家山货商号，重庆即占16家。这些商号不仅经营自己的山货交易，还与若干家公司、银行、行庄有业务往来。上海既是重庆山货的最大

---

① 《四川土特产物品历史资料》，《四川档案史料》1984年第1期。

销场，又是销往国外的出口口岸①。

自19世纪90年代重庆开埠以来，到20世纪30年代，重庆商业贸易业已建立起新的商品流通渠道。这主要是因为商品结构发生了根本性的变化，因此，在交易机构上，传统牙行（为买卖双方服务的中介机构）的主体地位，已为近代的同业公会、公所、公馆、公司、字号所代替，牙行交易已大大缩小。在形成新的流通主渠道的同时，又出现了近代历史所特有的外国资本开办的洋行、公司，作为辅助流通渠道。在商品流通的领域内，重庆商界已不仅仅坐守重庆，扮演转手商的角色，而是直接深入到商品生产的最初产地，设庄采购。然后经过初步加工，由重庆分往国内外的销场。而且商界还走出重庆，把商品流通的渠道一直延伸到对外贸易的最前沿——上海，承担起川帮土货出口的主要职责。

全民族抗战前夕，在重庆经营山货业的有107家。其中堆栈22家，资本13.39万元；字号15家，资本13.4万元（缺2家日本字号资本数）；中路11家；洗房59家，资本15.3万元。山货业围绕山货的仓储、加工、对外销售，形成规范化的一条龙服务②。

（二）重庆新式商业的兴盛

1914年，由重庆总商会投资，买下了原重庆府署，改建为商业场，翌年正式落成。整个商业场包括中大街、西大街、西二街、西三街、西四街5个街区，集中了匹头、苏货、药材、山货等字号203家，成为当时重庆城内最繁华的商业中心区。从1927年起，商业场又创办夜市。每到晚间，场内汽灯如织，摊店栉比，人流如潮，摩肩接踵。其他店铺纷纷效仿，促进了商业进一步繁盛。

20世纪30年代中期，重庆市场上的商品交易量比19世纪末又有数倍的增长。匹头业是近代重庆最为兴盛的行业，商号比较多。1921~1930年，重庆有匹头商号150家，其中大型商号4家，中等商号21家，小商号120余家。重庆资本雄厚的商号要数盐商，最大的盐号资本达到20万元。1937年，重庆资本在2000元以上的商号有700余家③。很显然，城市市场新的商品结构已代替了传统的商品结构，新的流通渠道已建立起来，新的市场体系已经形成，市场不断扩大，

---

① 张肖梅：《四川经济参考资料》第20章《四川省之山货》，中国国民经济研究所1939年编。
② 隗瀛涛主编：《近代重庆城市史》，四川大学出版社1991年版，第128~129页。
③ 《重庆廿三年度匹头盈亏概况调查》，《四川月报》第六卷第六期，1936年6月刊行。

新的管理体制也已出现，并日趋强化。至此，重庆的商业和贸易就告别了它的传统形态，而走入了近代发展的新时期，重庆商业贸易中心成为近代重庆城市的主要特征。

到1936年，重庆市内已有商业行业28个，店铺字号3058家，经营油、盐、糖、煤、粮、棉纱、匹头、绸缎、苏货、干菜、夏布、川丝、五金杂货、药材、熟药、屠宰、山货、油漆、皮货、餐食、皮革、瓷器、鞋帽、布业、旅栈、服装、煤油、颜料等。其中100家以上的行业有匹头、绸缎、布业、苏货、山货等8个行业，共2209家，占72%①。1937年，重庆商业资本有大幅度增加，2000元以上的商号达到700余家。

全民族抗战爆发以后，1937年11月南京国民政府移驻重庆，到1938年底，各党政军机关已全部在重庆办公。随着国家政治重心的西移，经济重心也逐渐转向了重庆。奉命内迁的400多家厂矿，有一半以上都迁往重庆城郊及附近地区，重庆的工矿、交通运输业迅猛发展。国家的工业、商业、金融、交通等经济管理机构，也陆续迁到重庆；教育、文化、科技、卫生、体育等单位大批迁渝；特别是由于重庆战时首都地位的确立，各国驻华使领馆、新闻机构、援华团体也纷纷来到重庆，致使重庆人口激增。生产资料和生活资料需求的猛增，刺激了重庆商业的繁荣，从而巩固和扩展了重庆商业中心的地位和范围。

重庆商业企业的数量也增加了，1937年，向市政府登记的商业企业有1007家②。同年，市区百货业70余家，每日营业额2万余元。1941年，重庆商业字号已从全民族抗战初期的千余家，增加为14262家。1942年，在重庆市总商会同业公会登记的行业120个，商号15000余家。其中，百货业1200余家，是1937年的15倍；服装业225家；印刷业182家；绸布业316家；金融商业41家；川烟商业295家；食油业451家；糖果、饼干、罐头商业143家；糖业250家；餐饮业320家，其各省菜馆林立，其中川菜馆居首，达到110家。

另外，重庆商业从业人数也大大增加了。1941年，商业从业人员达到106083人，工矿业就业人员为92006人③。到1946年1月，重庆市商业人员已达到262074人，分别占全部总人口（124.56万）和职业人口（71.14万）的21.04%

---

① 《重庆市工商行政管理志·资料汇编》，第9页。
② 隗瀛涛主编：《近代重庆城市史》，四川大学出版社1991年版，第140~141页。
③ 周勇主编：《重庆：一个内陆城市的崛起》，重庆出版社1989年版，第349页。

和36.84%①。不但从业人数绝对值增加了,而且在总人口和职业人口中的比例也有大幅度的提高。尽管商业数量和从业职工幅度增加,行业规模扩大,但从单个企业的平均规模来看,仍然较小。1941年全市商号14262家,资本12583万元,每家平均仅为8822元。其中资本额10万元以上的仅占15%。②可见战时重庆商业经营规模的扩大主要表现为行业规模而不是企业规模。

(三)商会、同业公会

重庆开埠以后,商业活动有很大的发展,与上海、汉口、天津、烟台、广州、厦门同"属商务繁富之区"③,根据光绪三十四年(1908)清廷商部首次颁布建立商会章程的规定,于当年正式成立重庆商务总会。这是四川第一个商会,在全国也是较早设立的商会之一。在重庆总商会创设的影响下,成都各商帮于次年急起直追,设立成都总商会。以重庆总商会为核心,重庆地区相继设立了商务分会,从而使重庆经济区商务组织联络起来。

商会在重庆社会生活中起着十分重要的作用,填补了商事领域的重要缺漏。商会通过社团组织途径,维护会员权利,交流市场信息,处理商事纠纷,成为商人参与社会管理和实现地方自治的第一步。重庆商贸各业通过商会逐步开设了一些城镇的组织机构,并开办学堂,提倡戒绝鸦片,组织消防救护,维护社会治安。为扩展商务,商会经常参加各种博览会,为保护商权参加各项争取民权活动,或集体抵制不法洋商。商会成为表达其阶级意识、从事政治和经济活动的最好场所。

总商会由重庆工商界头面人物组成,负责协商各方关系,研究市场变化,具有较强的权威性④。到20世纪30年代,重庆市商会已日趋完善,并具有相当规模。其宗旨是"图谋工商业及对外贸易之发展,增进共同之福利"⑤。它的重要

---

① 《陪都十年建设计划草案》表7。
② 隗瀛涛主编:《近代重庆城市史》,四川大学出版社1991年版,第141页。
③ 《东方杂志》第一卷第一期《商务》,第5页。
④ 如专设有商事公断处,每遇商帮纠纷,则由商会会长和本帮会董为仲裁人,地方政府派员监督,一旦议决,"则由重庆知府交巴县县堂执行,商民莫敢违抗"。(《重庆工商史料选辑》第五辑,第128页)又如,四川省于光绪二十七年(1901)始铸银元,受到各地官吏和票号反对,虽强令推进,仍不见效。直到宣统元年(1909)由"重庆商会通过一个决议,劝告各号接受银元",银元才得以进入流通。(《1902~1911年重庆海关十年报告》)
⑤ 《重庆市商会章程》,参见隗瀛涛主编《近代重庆城市史》,四川大学出版社1991年版,第36~137页。

任务有：推动工商业的改良与发展、有关工商业的征调与通报、对国际贸易的介绍与指导、工商业纠纷矛盾的调处与公断、工商业的证明及统计调查、对市场恐慌负有维持之责任等。商会会员主要是各同业公会，没有成立同业公会的行业，以商号资格加入市商会。在全民族抗战以前，海关只负责外贸的管理，政府对商业管理非常松弛；军阀统治时期，也只管收税。在城市工商业经济中，商会的作用是相当大的。

战时重庆商业行业的增加，特别是能够依法成立同业公会的行业的猛增，是重庆商业繁荣的标志之一。1937年，重庆有经政府批准成立的工商业同业公会14个[①]，1939年就增加为39个，是1937年的2.8倍。在后来的几年里，每年都有大幅度增加：1940年增至69个，1941年3月增至86个，1942年初增至88个，1943年增至116个。到1945年4月已达123个，而这一年还有未成立同业公会的行业37个。在这些行业中，扣除大约40个工业公会，到抗战末期，重庆商业行业已达到120个。到1945年4月，加入商会各同业公会的商号已达27481家[②]。

在新的流通渠道建立的过程中，同业公会的设立和增多，是商品经济得到较大发展的表现；外省会馆的开设和职能的强化，表明重庆与东南沿海较发达地区经济联系的加强，是各省对重庆作为四川经济中心地位的认同；而外商在重庆开办的洋行公司，也直接沟通了巴蜀商贸区以及西南经济大区与世界市场的联系。重庆既走向了世界，又向成都和西南商贸区辐射。近代以来建立的重庆商品流通新渠道，既是近代商品经济发展的结果，又是重庆商业中心形成的重要标志。

进入民国以后，重庆原有的一些社会团体，除商会、农会等继续发展外，还不断出现一些新的社会团体。据1944年统计，当时重庆存在的职业团体有：农会、渔会、工会（分总工会、职业工会、产业工会）、商会、工矿业同业公会、输出业同业工会、商业同业公会；自由职业团体有：教育公会、律师公会、药师公会、会计师公会、医师公会、中医师公会；另外还有各种文化团体、宗教团体、慈善团体、公益团体、妇女团体、体育团体等。到1944年，重庆参加各种社会团体的执业者接近19万人，当时重庆人口约为100万，可见社团人数占人口的比例已相当高。除各种社团外，重庆还存在不少合作社，作为社

[①] 《重庆市工商行政管理志·资料汇编》，第44页。
[②] 傅润华等：《陪都工商年鉴》第二编，文信书局1945年版，第7页。

区经济生活的一种补充，分为消费合作社（其中又分为机关社和镇保社）和生产合作社（其中又分为工合社和眷合社）两种。社团组织的不断发育和健全，是社会进步的一个重要标志。

（四）城市商业的行政管理机构

进入民国以后，中央政府为加强对工商业的管理，成立了主管官署。但四川不久堕入军阀割据混战的深渊，重庆更是成为川、滇、黔三省军阀争夺的膏腴之地。军阀争夺重庆的目的是要对工商界实施横征暴敛，搜刮钱财。1921年10月，黔军战败撤出重庆，就一次性向总商会索饷200万元，否则以毁城相要挟。在这种情况下，尽管已有商埠督办处、市政公所等市政管理机关，但形同摆设。驻城军阀无法无天，只想搜刮财富、掠夺工商豪富现金，根本没有心思发展城市经济。

1926年以后，重庆进入四川军阀刘湘单独占领的时期，社会相对稳定。1926年6月，市政公所改为重庆商务督办公署，其中有工务处、新市场管理局，负责工商行政管理。1927年，督办公署改为市政厅，增设民生局，管理公司、商号及工商团体的注册及工商改良；工务局则管理和健全市场机制。

1929年重庆建市，民生局撤销，工商管理职能由社会局担任。该局内有工商行政科（初称农工商科），下设商业、工业两股。至此，市政府才有了专门管理商业的机构。其职责是对市内商业予以保护、监督、奖励和改良；负责商业团体和公司、商号的注册登记；负责商品的检验、审查、奖励和取缔；调解工商劳资纠纷；调查统计大宗商品的市价与进出口状况；取缔违法商业活动。1930年又增加了平抑物价、管理日用必需品的公卖、负责市场物资的供应和调整等职责。1932年，市政府机构缩小，秘书局与社会局合为总务处，但管理工作的职能依然保留[①]。

直到这时，重庆地方政府才真正担负起了商业行政管理的职责。政府对县市商业长期放任的状况终于结束，在相对稳定的社会环境里，城市商业又逐渐得以复苏[②]。

---

① 《重庆市工商行政管理志·资料汇编》，第26页。
② 隗瀛涛：《近代重庆城市史》，四川大学出版社1991年版，第118～150页。

二、成都的新式商业

根据民国年间的统计,1934年,成都商业行帮有肉类、食品饮食、茶旅服务、日用百货、丝棉麻纺织品及服装、五金制品、文化用品、古玩玉器、银钱等主要行帮,合计商号、商店17497家[①]。全民族抗战期间,由于人口激增,经济繁荣,城市商业进入兴盛期,行帮状况虽与战前相似,但合计商号、商店数量激增。成都繁华兴盛的几个大型商场,集中反映了成都城市商业的时代特色。

全民族抗战时期,成都成为后方重镇,由于人口的激增和军需民用的日益增长,城市商业进入兴盛期,商店总数和经营范围较战前扩大。根据有关资料统计,40年代末,成都商业,包括食品饮食业、茶旅服务业、日用百货业、丝棉麻纺织品(服装)业、文化用品业在内,共计28480家,与全民族抗战前的统计数相比,净增10983家[②],增加幅度最大的是生活消费品和服务业,这是城市人口急剧膨胀的必然结果。其次是纺织品、文化用品和金融业,它反映了地处西南的成都,虽在生产资料产销方面落伍于陪都重庆,但受到战时需求的刺激,在恢复和发展传统轻工业和文化产品市场方面,出现了良好的势头。而民国时期,金融货币体制的混乱,以及国民党实行的通货膨胀政策,则促使成都商业、货币市场出现病态繁荣。

民国时期成都街道铺面(引自《老成都·芙蓉秋梦》)

(一)城市商场、商业区

1. 商业街区的扩展

民国时期,成都市区的显著变化主要表现在,随着城市商业贸易、经济建设的发展,以及城市人口的不断增加,城区商贸设施、文化娱乐场所和街区范围也随之扩大。辛亥革命以后的二十余年间,新辟的繁华商业贸易街区和商场达到六处,包括商业场、悦来场、新集路、昌福馆、交通路、春熙

---

① 《新新新闻》1935年1月11日,成都。
② 中国人民解放军原第18兵团政治部据成都商会统计资料编印:《成都概况》,1951年。

路。其中，商业场、悦来场（今锦江剧场）、昌福馆是在1917年劝业场大火之后，以原址为中心扩建，新修店铺三百余家，较劝业场规模扩大一倍。1912年，成都名胜锦华馆被辟为新式商场。春熙路建成后，位于春熙路北段的锦华馆变为一条支巷。交通路北起青年路，南达西东大街，是1926年新辟商业街区。

春熙路是1924～1925年由四川督军杨森开发出的著名黄金商业区。杨森力挫群雄后，希望在市政建设方面有所创新，以取得市民拥戴。他与幕僚制定了修建新式马路、创办体育馆、开设通俗教育馆等计划。为了筹措建设资金，他将东大街清朝按察使衙门拆毁，开辟出一条黄金商业口岸——春熙路，向商家兜售变卖。在卖掉这份官产的同时，杨森开始实施他的市政建设计划，指令市政督办王缵绪负责修路，首先拓展盐市口、东大街的街道。东大街虽是成都繁华街道，夜市久盛不衰，但存在街面狭窄、房檐过长的问题，作为繁华地段的东大街，从早到晚，行人拥挤难行。王缵绪派出大批民工挖路基、修马路，为了拓宽马路，强拆民房、锯掉过长的房檐。一时间民怨鼎沸，骂声不绝。号称"五老七贤"的社会贤达联袂前往督署请愿，反对修路工程。杨森严词拒绝了这些人的要求，并发布命令：敢有对抗新政者，从严法办。于是，春熙路的兴建、东大街马路的开拓，得以在一片咒骂声中竣工。有一四川奇才子，姓刘名师亮，以讥讽时政闻名，在小报上发表一副诮联："民房已拆尽，问将军何时开滚？马路也捶平，愿督办早日开车。"这副诮联轰动蓉城，杨森严令搜捕，刘师亮连夜逃出成都避祸。

新开这条南接东大街、北连总府街的商业大街取名"春熙路"，是一位前清举人双流江子渔先生想出的，意在赞颂杨森给成都带来了春风暖日。

这些新式商场和商业街区的建成，使成都形成了以东大街、春熙路、总府路、提督街、盐市口为城市商贸中心的繁华市区。

2. 商业场

商业场系清末开办的劝业场。经1917年大火后，在原址重修、扩建规模更大的商业场、悦来场和新集路三大商场，新修店铺三百余间，较原商业场扩大一倍。三场主要经营地方名产、京广货、苏广货和洋货等，突出的特点是时装、中西大菜和日用百货。因受军阀掠夺压迫，三场于二三十年代先后为地方军阀资本控制；又遭大火，商业走向萧条。1934年川政统一后，城市商业很快得到恢复。

全民族抗战开始后,东部商业资本内移,三场匹头、百货业占据商家半数以上,匹头铺的刘万和、京货局的敬益增各以富丽堂皇和货卖堆山取胜。其他如广和参、张源记、东亚、荣锦章、乾升通、丽都等均保泰持盈,根基雄厚。百货业的马旭梁以擅长商战、自吹自擂压倒同行。抗战以后,金元券、银元券等货币迅速贬值,物价以天文指数上涨,给三场商业以致命打击,商家大半破产倒闭①。

3. 春熙路

春熙路系军阀杨森兴建于1924~1925年,分为东西南北4段,其中北段居各段之首,均为一楼一底铺面,一直是1949年前成都商业中心。

20世纪20年代成都春熙路(《老成都·芙蓉秋梦》)

自1925年开始,春熙路陆续为本市和外省商家聚集。春熙路北段先后开业的著名商店有:胡开文笔店、太平洋理发厅及浴室、稻香村糖果铺、漱泉茶楼、蜀达照相馆、商务印书馆、上海及时钟表公司、大光明钟表眼镜公司、天成亨金号、宝成银楼等。图书、钟表、照相、银楼均属江苏浙江商家,形成江浙帮。春熙南段开业的著名商家有北京达仁堂药铺,与北段开业的恒和、谦益、恒丰3家参茸庄形成北京帮。本省商家经营的商业,也陆续开业,形成四川帮。兹将1925~1934年十年间在春熙路先后开业的商号、店铺,按行业列举如下:

银楼业:宝成银楼、凤祥银楼(以上均为江浙帮)、天成亨(陕西帮);

眼镜钟表业:及时钟表公司、东方眼镜公司、大光明钟表眼镜公司、亨达利钟表行(亨达利为川帮,其余为江浙帮);

图书业:商务印书馆、世界书局、中华书局、中国图书公司、东亚图书公司、广益书局(以上为江浙帮)、新学社书局、新潮书报社(以上为川帮)、新时代书局、东亚书局、泰东书局、震东书局(不详);

---

① 陈祖湘、姜梦弼:《成都劝业场的变迁》,《成都文史资料选辑》第三辑。

中药业：达仁堂、恒和参茸庄、谦益参茸庄、恒丰益参茸庄、益康参茸庄（以上北京帮）、益州参茸庄（山西帮）；

百货业：协和百货行、宋锦武、丰泰恒、福臻、新民、精华、德华、绍记、裕昌、大昌、华丽、华康、光新、西方百货店；

绸缎布匹业：公记、新利、瑞兴、同义长、新庆荣、东亚、民新、兴利、会丰祥、万利长、新蜀、聚福祥、福利、五洲、盖川、豫丰祯、福祥、美大、盖华、裕章、美利长、瑞丰、西蜀、新丰、蜀新、美华大。

此外，尚有鞋帽业7家、刀剪业2家、照相业7家、笔墨纸砚76家、烟馆业9家、报业9家、茶旅浴室15家、饮食业12家、卷烟业3家、茶叶业86家、西药业36家、娱乐业3家、电料行1家、女子实业3家、印刷业4家、交通运输业2家、糖果业1家、其他商业11家。

全民族抗战时期，沿海工商业内迁，国民党官僚资本亦进入四川商业、金融业，春熙路进入黄金时代，地皮租价扶摇直上，发展到寸土寸金，一个单间铺面，口岸租佃费用高达黄金数十到一百两，春熙路成为成都商业、金融业投机的中心[①]。

自春熙路建成后，成都市面呈现繁荣景象。春熙路北段接总府街、商业场，直至提督街；南接东大街，形成一个商户密集、首尾呼应的金融和消费商业中心。这一繁荣景象并非成都商品经济高度发展的结果，而是军阀混战、割据的特殊原因所造成。军阀们通过横征暴敛，铸造伪劣通货，滥发公债，以征收鸦片税课听其泛滥，摧残社会经济，促使城乡人民破产；与此同时，他们将巨额社会财富用于城市挥霍消费，并在城市进行金融和商业投机活动。因此，在成都商业中，城市投机性商业和金融业畸形发展，生产资料的流通则十分稀少。

成都商业的繁荣，主要集中在投机性商业和金融业。以春熙路和安乐寺市场为中心，形成了一个巨大的商业、金融投机网络。民国时期，先后开设银行、钱庄七八十家，大部分均为各派军阀掌握。"三军"统治时期，在有确切统计资料的75家银行、银号、钱庄中，属于各派军阀系统的共33家，其中28军占据17家，24军占据13家，属于其他军系统的有3家[②]。为数众多的银行、银号、钱庄利用大量的社会游资，从事金融业和商业投机活动。如安乐寺的黄

[①] 姜梦弼：《成都春熙路和俞凤岗》，《成都文史资料》，油印本，1980年4月。

[②] 《民国时期成都金融实况概述》，《成都文史资料选辑》第八辑，第1~65页。

金、白银、纸烟市场,东大街沁园的棉纱市场,大安市场的米市,城守东大街的匹头市场,正娱花园的黄金市场,都是大宗投机性交易市场。成都商品市场在很大程度上被买空卖空、囤积居奇、垄断市场、谋取暴利的军人、富商和哥老会首领掌握,呈现变化莫测和极度不稳的状况。

4. 安乐寺市场

安乐寺位于成都西顺城街,清末即有十余个兑换银钱的摊贩,民国时期演变为银钱、油、米、卷烟市场,素称"百业荟萃""万商云集",延续四十年之久,是成都最大的商业、金融市场之一。英美烟草公司自光绪三十三年(1907)开始在成都推销香烟,最负盛名者,为周友堂在本市华兴街开设美利亨经销英美公司,经售各种香烟。最初的推销办法是雇请银钱铺摊代为零售,安乐寺钱摊开始兼营香烟。

1925年,渝商洪戒虚、杜震等组织南耀公司,取得了英美香烟在四川的总推销权,周友堂即将美利亨结束,由其子周蜀泉约集股东,合组永达亨,替南耀公司在成都推销英美香烟。成都钱商牛乾初等又组织乾通公司取得了英美公司在成都、三台等地的香烟推销权。永达亨和乾通公司垄断了成都香烟市场,在安乐寺建立了纸烟帮公会,安乐寺遂成为全市香烟市场。安乐寺市场每月销售香烟1000大件(每大件50000支),寺内烟摊增至30余家。1929年,纸烟业会员达到200余户,永达亨和乾通两大公司互相竞争,祸害了零售商贩。1932年,商人古鹤林、黄吉安等组织华胜烟草公司,经销上海华成公司香烟。1933年,万树成、萧凤楼集资50000元,组合华通公司,经销南洋兄弟烟草公司香烟。从此,安乐寺市场国产烟与美英烟展开激烈竞争,香烟品种增至10余种,一批实力雄厚的烟商通过兼并、扩充,成为商业巨子。

全民族抗战时期,华通公司因南洋兄弟公司香烟质量下降,销售困难,遂改组为永信公司,在重庆进货,运成都、乐山销售,1939年盈利达30万元之巨。华胜公司竞争失利,陷入瘫痪。永乾公司因武汉失守,货源断绝,经销业务结束而瓦解。以后,成都香烟市场主要由渝商、西北商帮、云贵商帮占据。纸烟业会员在全民族抗战初有400余家,抗战末增至千余家,巨商万树成、李祯祥把持安乐寺香烟市场。1939年开始实行期货交易,由于通货膨胀的冲击,期货交易演变为买空卖空的投机买卖。

抗战以后,英美烟重新占领香烟市场,国产纸烟原料高昂,制作不精,烟商纷纷倒闭歇业。万树成以经销英美香烟而成为纸烟大王。

安乐寺金融市场繁荣于30年代，极盛于全民族抗战时期。在四川军阀割据时期，安乐寺金融市场主要经营有价证券（如国内公债、军事公债、储蓄等）交易、钞票、银钱兑换、黄金收进与卖出、白银买卖、废旧铜币交易、银钱存放。由于各派军阀在防区内大肆发行各种质量低劣的厂版、杂版银币、执照、铜元，造成劣币成灾，市场混乱。

全民族抗战期间，由于恶性通货膨胀，法币贬值，安乐寺金融市场投机赌博之风盛行。商家均以商品期货作赌注，大搞买空卖空。1943年，国民政府开放黄金市场，从事金融投机的商家纷纷在安乐寺开设黄金交易所，河南帮的王海山、张瑞丰、魏延甫，山西帮海通字号的吴明甫，陕西帮天乙福字号、天成亨金号、祥兴金号，浙江帮的杨庆和、宝成银楼均展开角逐。黄金交易主要以南北各省金条、金元、金饰、沙金、矿金为角逐物，每天交易额大约二三千两。

国民政府开办黄金储蓄以后，黄金市场掀起买空卖空的投机狂潮。与此同时，银元交易也以川版作赌注，赌客主要是钱贩子、钱滚子。国民政府发行黄金公债后，大量美钞流入金融市场，安乐寺又开辟出美钞市场。此后，香烟、百货、新药、染料、黄金、银元、美钞都在安乐寺买空卖空，参加交易的人也越来越多，据估计，经常做这种买卖的大约在千人以上。许多人在金融投机活动中失败，或破产逃亡或自杀身亡，报端时有所见。赌博则成为城市奢靡消费的一个重要方面，涉及社会生活方面之广，参与投机活动的人数以千计。营业性赌场赌注之高，与商业、金融业关系之密切，都是令人叹为观止的。许多人在赌博中破产逃亡，社会丑闻因之层出不穷。

1948年以后，因金元券迅猛贬值，安乐寺现钞贴水高达40%～50%，投机之风更盛，市场极度混乱。1949年6月，银元券发行，发行时金元券二元兑换银元一元，不久狂跌至五亿金元券兑换一个银元，安乐寺成为倒卖银元的"黄牛党"的活跃场所。国民政府在大陆统治的崩溃，宣告了安乐寺投机市场的终结①。

（二）城市餐饮、娱乐、休闲文化行业的创新

1. 各式餐馆的菜肴

由于川西平原沃野千里，物产丰富，自古讲究佳肴美味，成都素以美食

---

① 陈祖湘、姜梦弼：《解放前成都最大的投机市场——安乐寺》，《成都文史资料选辑》1980年10期。

著称。餐饮业在服务业中首屈一指，餐馆、菜馆数量惊人，据有关统计，1934年，成都市区有餐馆、菜馆2398家，著名的南堂餐馆、荣乐园、竟成园、姑姑筵、努力餐、静宁饭店，均以烹制时鲜名菜、中西大菜著称。据1935年统计，成都有饮食食品店2580家[①]。40年代中期，成都饮食食品业达到3747家[②]。

这些餐馆、菜馆烹制正宗川菜，其风味特色可以概括为：清鲜醇浓并重，以清鲜为上；广集民间风味，以麻、辣兼备见长；烹制方法多种多样，尤以干烧干煸、爆火煎炒驰名；选料范围极广，以禽畜鱼品蔬鲜为主；刀工技法特殊，贵在快、稳、精、巧，能雕刻出动人图案，能切出赏心悦目的菜肴花样，如凤尾、腰花、荔枝肉花等。川菜作料十分讲究，仅以主要作料酱油而论，成都正宗川菜使用的老号名品就有犀浦酱油、德阳窝油、中坝口茉酱油、成都太和酱油、白豆油、甜红酱油等十余种。其他作料名产中，郫县豆瓣、叙府芽菜、资中冬菜、涪陵榨菜、永川豆豉、夹江豆腐乳、阆中保宁醋等均为正宗川菜调味佳品。厨师依据不同菜肴的色香味要求，配备不同作料，制作出色香味美、花团锦簇般的菜肴。川菜特别注重色、香、味、形，尤其强调不同菜肴要有不同的口味，因此人们对川菜有极为中肯的评价："一菜一格，百菜百味。"

如大众化的川菜"回锅肉"，要求肥、瘦各半的二刀肉，煮成八九分熟，切成肥瘦相连的薄片，下锅爆火煎熬，直到肉出油，呈灯盏窝形时，和少许豆豉、豆瓣、甜酱燜炒，燜炒出干香味，再加蒜苗合成起锅。回锅肉肥瘦匀称，细嫩化渣，味道香美，是川菜中风味独特的大众化食品。

又如宫保鸡丁，传说是四川总督丁宝桢发明的，因他官职上面加太子少保衔，故其菜冠以"宫保"。宫保鸡丁选取鲜嫩鸡胸脯肉切丁，将短节干海椒下油锅煎成棕红色取其红油香味，尔后和鸡丁爆炒，加花椒、油酥花生米，调以糖醋合炒而成。宫保鸡丁热烫鲜嫩，富有糊辣香味，又略带荔枝般的甜酸香味，成为脍炙人口的美味。

川菜名菜多达三百余种，按其烹制方法不同，可分为凉菜、炒菜、蒸菜、烧菜、汤菜等数十种。凉菜一类，就有红油、麻辣、椒麻、姜汁、蒜泥、白油、芥末、麻酱、糖醋、怪味、酸辣、咸甜等十多种风味。即使汤菜一类，亦

---

① 乔曾希等：《成都市政沿革概述》，《成都文史资料选辑》第五辑，第12页。
② 中国人民解放军原第18兵团政治部据成都商会统计资料编印：《成都概况》，1951年。

分清汤、奶汤、红汤、鱼汤、毛汤等，制作方法精细、考究，风味迥异。

川菜讲究配菜，按价格高低，配制高、中、低档全席。高级筵席，代表菜有干烧鱼翅、家常海参、红烧熊掌、清蒸江团、蟹黄凤尾、凉拌麂肉、孔雀开屏、熊猫戏竹、开水白菜、鸡蒙葵菜、干贝菜心、烤酥方、樟茶鸭、鸡豆花、干烧野鹿筋、冰糖银耳羹、枸杞牛尾，等等。这类席桌用料考究，制作精细，色香味俱美。普通筵席代表菜有粉蒸肉、咸烧白、甜烧白、烧什锦、烧杂烩、清蒸鸡鸭、清蒸肘子、酥肉汤，再配以韭黄肉丝、宫保肉丁、白油肝片等几样炒菜。这种席面，民间称之为"九大碗"，特点是就地取材，菜味鲜香、经济实惠。

2. 新式街区、新式剧场和著名川剧剧社

1924年，由四川善后督办杨森辟建的春熙路商业区和成都东南角南台寺至九眼桥一带新村的建设，是民国时期成都重要的街区建设。公共休闲、娱乐场所、剧场、电影院也有不少兴建，如同仁路西侧森林公园，望江楼郊区公园，提督街中山公园先后兴建起来；春熙路大舞台、祠堂街西蜀大舞台是市区新设的两大京剧、川剧、电影演出场所。此外，还开设了智育、大光明、昌宜、蓉光、中央、国民、蜀一、大华、乐观等电影院。二三十年代，成都先后出现了几个著名的川剧剧场，春熙路的"三益公"、棉花街的"永遇乐"、布后街的"成都大戏院"；1935年，祠堂街口出现了面貌一新的"新又新"大舞台。这里简述对川剧的剧场化发展影响较为深远的两大剧社——"三庆会"和"新又新"的演艺活动。

（1）"三庆会"

民国初年，川剧各班部云集成都。在资产阶级民主主义革命思潮影响下，广大艺人希望消除行帮门户之见，消除各派声调、各家班部之间的隔阂，联合起来，携手合作，取长补短。由戏圣康芷林、名旦杨素兰、名小生李甲生、名丑唐广体发起，邀请"长乐""宴乐""怡乐""翠华""彩华""桂春""太洪""舒颐"等八大班部刘芷美、谭芸仙、萧楷臣、周名超、刘世照、周辅臣、贾培之等一百八十余人聚会，于次年在成都组成了第一个由艺人自由结合、自主经营的川剧团体——"三庆会"。康芷林阐明"三庆会"的宗旨："脱专压之习，集同业之力，精研艺事，改良戏曲。""三庆会"艺人康芷林、杨素兰、萧楷臣、唐广体、刘芷美等，力主将代表昆曲、高腔、胡琴、弹戏、灯戏五种声腔的主要班部舒颐班、翠华班、太洪班、宴乐班都收进"三庆会"，使五种声腔融为一体，同台演出。据廖友陶先生回忆："参加三庆会的戏班有：长乐、宴乐、怡乐、翠华、桂春、太洪等八家，共三百多人，汇集了昆、高、胡、弹、灯等五种声腔，生、旦、净、末、丑等五个行当。他们请警察总监杨莘友为剧团题词：'联合升平堂，协力三庆功。'"

"三庆会"实力雄厚，荟萃了当时成都的剧界名伶，著名小生有康芷林、李甲生、李培生、萧楷臣；著名旦角有杨素兰、刘芷美、刘世照、谭芸仙、白牡丹（陈素卿）、雷泽洪、李翠香；著名净角（花脸）有周辅臣、刘锡侯、蒲兰亭、刘安、杨青云；著名末角（须生）有周名超、尹轩华、唐小田、徐德斋、游雨田、樊玉山；著名丑角有唐广体、刘育三、蒋润堂、肖子林、邬云亭等。各种行当、各种声腔的齐集，展现了成都川剧界前所未有的强大阵容。在同台演出中，他们各展其长，表现出深厚的艺术功底和个性特征，给观众留下了难忘的印象。

由于联合了众多的戏班和演员，"三庆会"开创了川剧名派声腔，各种行当联袂献艺、同台表演的崭新局面，打破了过去受地域、声腔、戏路、班部、剧目限制，狭隘、单一的小场面，形成了人才济济、百花齐放的多艺全能的表演团体。这个表演团体废除了名角"包银制"，实行按实际贡献、公平分配的分账制，即将每天所得净收入按出力多少，表演水平高低，由大众公议每人应得数额。在这样的制度下，即使收入少，艺人所得微薄，仍然同心协力，不愿离散。

"三庆会"在努力切磋技艺、完善表演水平的同时，还不断改编和创作剧本，挖掘爱国题材，讴歌真善美，鞭笞假恶丑，丰富演出内容，强调剧作的思想教育作用。"三庆会"与著名剧作家黄吉安、冉樵子、尹仲锡、王党吾、刘怀叙等，建立了良好的合作关系。黄吉安为"三庆会"创作了大量杰作，如《江油关》《木兰从军》《杜十娘》《柴市节》等102种剧本，都无偿赠送"三庆会"。冉樵子编写了《刀笔误》《青梅配》，尹仲锡编写了《离燕哀》。这些剧作情节感人，语言优美，塑造人物性格细腻而富有个性。同时还创作了一批有进步倾向的现代时装戏剧作，如王党吾的《洪宪官场》，刘怀叙的《广州风潮》《光复图》《川路血》，反映了清末民初的政治风云，开创了川剧表现现实生活的新途径。"三庆会"有如此众多的现实主义杰作的有力支撑，使其演出获得了经久不衰的生命力。

"三庆会"成立不久，为了培育新人，在康芷林倡导下，艺人们赞助成立了"升平堂"科社，规定入科学生，以会内子弟为限。萧楷成任堂长，康芷林、杨素兰、游泽芳、蒋润堂、李锡生等名演员和鼓师充任教师。"升平堂"培育出了不少优秀演员，如唐荫甫、晋明权、王飞琼、游泽鹄、筱灵芝、筱玉梅、白玉琼、黄开文等。因此，"三庆会"在艺术上后继有人，没有出现青黄不接的情况①。

（2）"新又新"

20世纪30年代初，川军21军17师师长刘树成在重庆创办了"新又新"川剧科社，礼聘名角，实行"包银制"；一般演职员包伙食，有分等月薪。一时阵容整齐，行当齐全，演员身怀绝技，表演严肃认真。1935年，刘树成将"新又新"主要演员带到成都，组建"新又新"剧社，在祠堂街口新又新大戏院演出。须生有杨子澄、周海滨、张德成、卢曹廷、张松樵等，净角有吴晓雷、梅春林、唐彬如、小财神等，丑角有傅三乾、蒲松年、罗清明、周裕祥、刘成基等，小生有曹俊臣、彭天喜、傅幼麟、金文昌、张鑫培、张宏恩等，旦角有陈翠屏、小牡丹、筱桐凤（阳友鹤）、萧克琴、李筱钟、白玉琼、周金钟、蝴蝶（胡素芳）、筱惠芳、筱屏、元春等，武行有秦裕仁、任心田等，娃娃生有五龄童（罗开新）。当时，这些著名演员在"新又新"大舞台的演出精彩绝妙，风靡一时。可惜连遭两场大火，剧院化为灰烬，无法继续演出，演员星散，主要班底前往乐山，由傅幼麟主持开办"又新科社"，在四五十年代颇有影响②。

3. 成都茶馆的休闲文化

民国时期，成都第一休闲娱乐场所，要数茶馆。茶馆由来已久，20世纪初期，傅崇矩记载："成都之茶铺多，名曰茶社。……省城共计四百五十四家。"③1935年统计，成都有茶馆599家；40年代中后期，成都茶馆达到614家④。茶馆亦名茶铺、茶社，是成都城市独特的饮茶、休闲、会友、调解纠纷

---

① 张学君、张莉红：《成都城市史》，成都出版社1993年版，第339～340页。
② 张学君、张莉红：《成都城市史》，成都出版社1993年版，第341页；《成都市志·川剧志》，方志出版社1997年版，第168～169页；《四川省志·川剧志》（未刊稿），第257～258页。
③ 傅崇矩：《成都通览》下册，巴蜀书社1987年版，第253页。
④ 张莉红：《在闭塞中崛起——两千年来西南对外开放与经济、社会变迁蠡测》，电子科大出版社1999年版，第310页。

的场所，是斗雀、摆龙门阵的自由天地，也是成都评书、扬琴、清音的说唱书场。

成都茶馆座椅以本地所产斑竹和硬头黄竹编成，柔软舒适，高低适度，又有扶手靠背，可任意坐躺休息。茶具为三件头，茶碗、茶盖和茶船，茶碗、茶盖为瓷器，茶船为金属制品，正中有圆形凹坑，茶碗圈足刚好放入，茶盖在冲茶后覆盖碗口。可视茶叶浸泡程度和水温高低调整角度；茶盖又可用于搅和茶汁，阻挡浮叶入口。茶船有端茶不烫手、茶溢不湿衣的妙处。因此，这种饮茶方式俗称"盖碗茶"。

茶馆专司泡茶、续水的服务员，成都称"堂倌"，堂倌冲茶手艺高明。七八位茶客围坐茶桌呼叫茶水，堂倌应声而至，右手提锃亮长嘴紫铜壶，左手五指分开，夹着七八副茶具，放壶挥手，七八只铜茶船叮当连声，散落在每位茶客面前，然后将茶碗分别放入茶船，铜壶如赤龙吐水，前后左右一一冲满，不溢一滴，再扣上茶盖，动作干净利落，令人叫绝。

茶客中，官绅商贾、贩夫走卒、九流三教、本土外地，无所不包。茶客坐茶馆，有的谈生意，有的解决民事纠纷，更多的是吃闲茶，休息娱乐，因此茶馆内往往开设说唱书场，供茶客消遣娱乐。吃闲茶的人，大都爱摆"龙门阵"，俗话又叫"吹壳子"。摆龙门阵不分生人、熟人，萍水相逢，围坐闲谈，从市场行情到神怪故事，从天南海北到秘闻轶事，漫无边际，东拉西扯，吹者自吹，听者自听；"壳子客"间，各说各的，互不干扰。茶馆实为成都城市中人们品茶、休闲等别具一格的生活场所。

4. 文明旅馆的出现

据《成都通览》记载，清末成都有旅馆318家，还有寄宿处367处。旅店分官店、客店、栈房、鸡毛店。其中官店13家，以打金街、青石桥、华兴街、棉花街、湖广馆的较佳。东大街、西大街的客店、栈房较多，一般为商号常住。山陕帮商家多住鼓楼街的客店。经劝业道派人检查，均需改善环境卫生，疏通空气，改变秽浊之习。商会集资开设的"文明旅馆"，堪称成都第一店。东门外的鸡毛店，设备、卫生较差，多为挑夫、游民等贫苦人住宿。劝业道周善培提倡改良旅馆，成都商会樊孔周等邀集同人合资建立了第一家文明旅馆——悦来旅馆。悦来旅馆于宣统元年五月十八日开张，位于劝业场东部，旅馆可接待旅客近百人，床位舒适整洁，房间富丽堂皇，前有舆马场地，后有专备旅客携带眷属住宿的小院平房。有浴室、电灯、冷热自来水最新设备。并雇请名厨，主理中西餐品；充任招待的员役，工作分段负责，有的专门洒扫，有的代客送信购物，各司其职，有条不紊，使旅客有"宾至如归"之感。其正中一座三层洋楼，更为考究，专为达官显贵所设，收费昂贵，每客每日高达四枚银元，非一般客商所敢问津。悦来旅馆的出现，标志着成都商业开始向近代化发展。全民族抗战时期，迁川人口增多，旅馆业有较大的发展。据1938年夏季经济调查，成都有大小旅店、客栈1000多家，资本雄厚的甚少。职工有工资的每人每月1~8元，无工资的靠小费维持生活。重庆旅馆业十分兴旺，比较高档的旅馆有新世界、新川、陪都、大江通、致中和等数十家。1945年以后，外省人大批离川，旅店逐步减少。1949年底，成都有旅馆590家，职工1587人。其中，较大型的旅馆，例如静安旅馆，有客房48间，120个床位。重庆旅馆共计有旅馆11954家，从业人员8725人，较之成都需求更大。

三、沟通城乡的商贸网络——场镇

（一）巴蜀城镇的快速增长

清末到1949年，四川场镇数量仍在加速增加。达县场镇从74个增长为93个，增长率为25.7%；商铺从4101间增长为4750间，增长率为15.8%。乐山场镇从44个增长为57个，增长率为29.5%；商铺从8230间增长为8890间，增长率为8%。灌县场镇从11个增长到25个，增长率为127%；商铺从2700间增长为7240间，增长率为168%。南充场镇从46个增长为79个，增长率为72%；商铺从3648间增长到5438间，增长率为49%。19世纪上半叶成都郊县场镇达195个，到20世纪初发展到370个，增长率为89.1%。场镇密集的川西平原，每场之间，间距短者，2~3公里，长者5~6公里。各场镇人口，少者数十户到百余户，多者数千户，甚至上万户。但凡场期，流动商贩都要云集场镇，四乡农民也要赶场，买卖兴隆，农村场镇和商铺数量的大幅度增长，反映了农村商品经济的活跃程度。

由于民国时期农村商品经济的发展，到1949年，川康地区共有场镇7796个，坐商和流动商贩估计有795520户，商业人员844500人。每个场镇平均有商家100户，商业人员125人。场镇主要作为农副产品、手工业产品交易市场，也是农民互通有无、调剂余缺的场所。毫无疑问，地区场镇市场的数量和规模，可以反映农村商品经济的快速增长。

场镇的分布一般以经济发达地区和水陆交通要冲为中心向周遭辐射，如同星罗棋布,但分布并不均衡。大宗商品流动地带和人烟稠密的平原地区,山货、药材和经济作物产区场镇密集,市场规模大;而人口稀少、交通不便的贫瘠山区的场镇则寥若晨星,市场交易量也少。据估计,在民国时期川康地区场镇中,规模较大的场镇(工商户200户以上)占15.18%,中等规模的场镇(工商户100户以上)占31.67%,小场镇(工商户100户以下)占53.18%。据1949年前后统计,四川省场镇工商户中,小商小贩占61%,半农半商户占38%,资金雄厚的工商户仅占1%;西康省(包括宁雅两属)小商小贩户占24.83%,半农半商户占75.03%,资金充裕者仅占0.14%。小场镇仅仅作为城乡之间互通有无、调剂余缺的乡村市场,其作用有限。

习惯上称"东大路"的成渝交通沿线,以及称"川湘路"的长江上游水陆要冲地带,是大市镇和中等场镇密布区。"东大路"上共有37个场镇,其中工商户达200户以上的大型场镇19个,有天回镇、三河场、唐家寺、石桥铺、临江寺、刘家场、罗泉井、邮亭铺、三溪场、双路铺、龙水镇、赵华镇、五通场、胡市、陈食场、德感场、吴摊场、铜灌驿、冷水场;其中工商户达100户以上的中等场镇,有石燕桥、路孔河、兆雅镇、彭家场等5个。"川湘路"上共有43个场镇,其中工商户达200户以上的大型场镇7个,有土桥场、迎龙场、三溪场、抉欢坝、万盛场、陈家场、长坝场;其中工商户达100户以上的中等场镇7个,有百节场、一品场、蒲河场、同乐铺、马武场、南沱、保家楼[①]。这些地区场镇市场的崛起,起到了活跃省内外商品经济的重要作用。

(二)场镇市场网络的功能和作用

民国时期,四川场镇市场网络,已逐步由"量变"的积累而发生了部分质变,从互通有无、调剂余缺的小农经济附庸演变为区域贸易的桥梁和中转站,成为社会商品流通领域的重要组成部分;大宗农副产品由此进入国内外市场,现代工业品、日用品返销农村,形成双赢效应。这些重要的功能和作用主要体现在一些地处水陆要冲的大场镇的商贸活动中。按其在商贸交流过程中扮演的角色,可以将其做如下归类:

1. 物资交流枢纽、水陆运销要道,这是场镇群落中最具活力的一类

在现代交通出现以前,水路交通是长江上游城市间主要的商品交流渠道。而以四川省会成都为交会点向四周辐射出去的官道、驿站,成为弥补长江上游

---

① 游时敏:《四川近代贸易史料》,四川大学出版社1990年版,第82~87页。

水道交通不足的陆路交通系统。分布在长江上游水系以及省际商贸交通线枢纽地带的场镇，如前述"东大路""川湘路"水陆交通枢纽的场镇，就属于这类场镇。这类场镇地处水陆路交通枢纽，占据物流通道要津，在区域贸易、省际贸易中起着十分重要的作用。下面以成都华阳镇和叙永两河镇为例，对它们的作用加以说明：

华阳镇是成都市东水陆交通枢纽，西南紧靠府河，载重40吨的木船可以通航。乐山的大绸、硝、碱，犍为竹根滩的黄丹煤，牛华溪的锅巴盐、杠炭、焦煤、木材、火把柴等经此转运成都；成都的大米、布匹、日用百货、高粱、胡豆、鲜海椒、蚕茧等经此转运乐山、犍为等地。盛水季节，每天

小县城商号林立、买卖兴隆（［德］弗里茨·魏斯摄）

过往华阳镇的货船不下千只。枯水季节载重20吨以上的船只不能直达成都，只能在此卸货。夜来府河帆船密布，两岸万家灯火，夜市熙熙攘攘。华阳镇陆路交通也四通八达，有8条官道通往成都和周围各县市。1925年开始修建成都至仁寿公路。镇上商业繁华，有匹头、杂货、百货、中药、酿造、豆制品、屠宰、照相、茶旅、典当、染坊、槽坊等二十多个行业、数百家店铺[①]。

距成都52公里的赵镇（俗称赵家渡），是金堂县的首镇；毗河（湔江）、中河（中江、湔江）、北河（后江、雒水）汇合于此，又名三江镇，是沱江的起点。依靠水道优势，毗河可通灌县、崇宁、新繁、新都并连接郫县、成都；中河可通彭县濛阳和广汉三水关；北河可通绵竹、德阳、广汉连接什邡。周遭12县的粮食、菜油、油饼、叶烟等大宗货物在此集散、转运。沿沱江而下，经石桥、简阳、球溪河、资中、内江到泸州，共443公里，然后顺长江而至江津、重庆。货船回程时，购运沿江各县糖、酒、锅、碗、铁、炭、草纸、火柴、煤

---

① 杜受祜、张学君主编：《近现代四川场镇经济志》第一集，四川省社会科学院出版社1985年版，第8~11页。

油，运抵赵镇集散，货物转销川西、川北各县。另外，陕西、甘肃的药材，也经广汉到赵镇交易。因地处川西水路交通枢纽，为南北货物集散市场，赵镇成为四川四大名镇之一①。

合州县城"历为繁盛区域，水陆骈集，人烟辐辏，日日为市。……当集之日，辰刻未，乡之老者少者，朴而干者，愚而蠢者，通有无者，托庖代者，操物贾者，为交易者陆续而至"。特别是四月新丝、小麦、油菜、豆等农副产品登场后，城内"操物贾者，为交易者，肩有担，手有提"，真是"拥挤不通"，城内各"茶房酒肆，生理一旺"②。

叙永县两河镇是川、滇、黔边境物资集散地。长江支流永宁河穿镇而过，连接川滇两省。清代已有本省、云南、贵州、陕西、江西等省商人云集，立号栈百余家。"廷和""福星""福隆""人和"等商号既经售匹头百货，又采购山货土产，货运往来，购销两旺。每逢场日，商贩达到三四百人，集市逶迤十余里。全民族抗战时期，重庆、泸州、隆昌商人设庄收购山货土产，有商号铺户300余家，分属榨油、酿造、机织、盐业、木材、屠宰、土布、中药、百货、饮食、斗行、糖果等20多个行业③。

2. 农副业、手工业产品交易中心，这是四川场镇经济的特色之一

在土地肥沃的平原、丘林区，其定期交易的商品尤其明显。"以米、面、油、盐、丝、棉、谷、麦等项为大宗，牲畜、布帛、药材、杂粮、杂货为次。外此则蔬果、鞋、袜、针、线、糕饼而已。"这些场镇按其商品交易种类不同形成若干类型。

如郫县场镇，以农副产品为盛，"县市奇日一集，在北郭外者曰米市坝，乡农晨集，所售者有米、有麦、有烟、有豆、有糠，名曰小市。大市初在城中之南华宫，民国初移永清宫"。场镇市场上云集的商品，大多是本地农副产品。民国《郫县志》记载，"其市则米为大宗，菜子及油次之，麦又次之。赶集日，县境商贾咸至，他县如成都、新都之商亦至，交易之金或数十万或万，或数千。至大小烟市，五月后川东南之烟商至……市又逢月之朔望，女红出品

---

① 以四川省民政厅：《民国三十二年新都、金堂十二县县政民情报告书》，《四川经济研究专刊》刊载《川省成渝路区各县贸易市场》，1945年5月刊行。
② 民国《合川县志·农业志》。
③ 杜受祜、张学君主编：《近现代四川场镇经济志》第三集，四川科学技术出版社1991年版，第31~43页。

甚盛"。民国《温江县志·城市》记载,温江"邑商大小八千有奇,高货出境,米油麻烟为大宗,入境盐、茶、布匹为大宗,岁值二百余万金"。

这种专业化商品交易市场的特色,在巴蜀地区比较普遍,下面略举几例:

簇桥镇仍是成都生丝和丝织品交易中心,双流、新津、彭山、邛崃、蒲江、丹棱等县所产生丝均汇集此处,由各地商人购买,而后销往成都、重庆、上海。坐落于水陆要冲的场镇,以其交通运输线为优势发展起来。林思进《华阳县志》记载:"近来吾县簇桥,每新丝熟时,乡人鬻茧及商贩贸丝者麇集,官为榷税,岁额常数万金。"[1]全镇有丝绸店11家、丝栈5家,每年除2~3月青黄不接,蚕丝交易量较少外,每逢场期,堆放蚕丝不下5000把,大把200两,小把100两。客籍会馆林立,陕西、江西、湖北、广东等客商定期前来贸易。[2]乐山苏稽溪与北洋坝两地居民,"素以织绸为副业,每户皆有木机若干部。据民国十七年(1928)之统计,苏稽溪场有木机二千余部,每年产量二万余匹;北洋坝有木机百余部,每年产绸约三千匹"[3]。

大足县龙水镇是五金日用品产地,清代前期开始兴盛,所产菜刀、剪刀、剃刀、锁具、铜器运销重庆、成都、雅安等口岸,销售全省各地城乡,还有陕西、云南、贵州等外省客商前往采购。清末从业人数达到2000余人,五金货品700余种。民国初年,五金作坊、工场202家,从业人数1489人。新设洋刀行,从业人员200余人。防区制时期,龙水镇成为军阀的枪炮生产基地,购置英国机床制造步枪。民国17年五金日用品生产恢复,品种900余个。全民族抗战时期,五金日用品生产兴旺,年产249.34万件,刀、剪、锁等器具先后参加全国手工艺品展览和省会青羊宫物产竞赛会。抗战胜利后,龙水镇五金日用品远销南北各省。省内外客商设庄购办,本镇坐商增至60余家,花色品种增至千余种,从业人数3400余人,与成都、重庆并列为全川五金业三大产区[4]。

在地方比较偏僻的南溪县,城内各专门市场均按街道分布。外东街:粮食、菜市;桂花街:线子;中正街:鱼市、轿行、草鞋市;文明街:烟、石

---

[1] 民国《华阳县志》卷三四《物产》。
[2] 杜受祜、张学君主编:《近现代四川场镇经济志》第一集,四川省社会科学院出版社1985年版,第45~46页。
[3] 彭泽益:《中国近代手工业史资料》第三卷,中华书局1984年重印本,第89~90页。
[4] 杜受祜、张学君主编:《近现代四川场镇经济志》第二集,四川省社会科学院出版社1987年版,第381~385页。

灰、黄麻市；四牌楼街：花生市；上正街：布市；伞匠街：窑罐市；官仓街：鸡、蛋、猫市；外西街：米市；由义街：农器、菜秧市；内北街：鸽、羊、炭、米市；三元街：米、杂粮、红苕市；水池街：果木市；灵官殿街：猪、羊等市①。

3. 山货、土特产品集散地

这是场镇群落中得天独厚的一类，试举石羊、中坝两个山货、药材集散场镇为例，加以说明：

灌口镇是川西北山区药材、赤金、羊毛等山货集散地和青城山名茶产地，商业极为繁荣，"城内外尘肆罗列……商贾麇集，以贩运药材、羊毛者特多，行销渝、宜、汉、沪，岁值十万元。鹿茸每年一市价，亦二三万元，麝香、赤金为数复伙，是皆产自松懋诸属，而类聚于此。"茶叶精品甚多，"有雀舌、鸟嘴、麦颗、片甲、蝉翼，盖就春嫩芽之状而名"；粗茶"通称毛茶"，"民间恒饮"。"植茶者曰园户"，专门设置茶房制茶。灌县茶叶行成都平原者，称"腹茶"，行销川藏边区者，称"边茶"，每年销量达2～3万包。

石羊镇是灌县特产川芎的集散市场，镇上居民大多从事与川芎加工销售相关的生意。民国时期，全镇有大小药行数十家，名气最大的老店有洪顺号（牟洪顺）、森顺长（张顺长）、裕厚长（周月楼）三家，生意兴隆的商号还有张连山、张福如、易华丰、周政刚、"联和药房"等。张连山药行年收购量20万担，占全镇川芎吞吐量的20%。这些药行的经营业务主要是为客商购货、储存、烘干、打包、运输等。从业者达到千人以上。另外还有专门出租仓房的行栈，如"谢家仓"（谢星兆）、"袁家仓"（袁家泉）。由于川芎畅销国内外，每年吸引大量客商前来采购。有下江客商，走上海、广州，进入国际市场；有南北各省客商，如武汉、郑州，运销国内市场。定期大规模采购的客商，当地称之为"庄客"，一般要委托石羊药行代购。省内客商走赵家渡和成都一带，称"横路客"，专门供应省内药店。另有一些短途贩运的零售商，专门购买小川芎、芎珠、芎盘、芎根等川芎副产物以及虫口（生虫的川芎），自买、自运、自销，统称"挑儿客"。由于川芎销售畅旺，带动了石羊镇商业的繁荣，全镇640余家商户，布匹、百货、花纱布、干鲜货品、食盐、油坊、文具、造纸、木器行商铺云集，银钱、茶旅、饭店、酒楼、医

---

① 民国《南溪县志》卷一《舆地·城市》。

药、理发业生意兴隆①。

江油县中坝镇位于四川盆地西北边沿,上通陕甘,西北至松茂,东南到梓潼、保宁,与太平、三合两场毗邻,场期交错,利于商贩"天天赶场"。川北平武、北川、江油、彰明、广元等地的附子、木香、香松、麦冬、乌药、杜仲、五倍子、秦归都在此集散②。

民国成都水运码头(《老成都·芙蓉秋梦》)

南北各路客商均在此地云集,全镇有24个行业,800余工商户。1921～1941年,药材行栈及骡马脚店从30余家增加到50余家,能同时驻扎骡马100～200头。客商骡马往返于川陕秦岭间,运来药材山货、香菌、木耳、黄花,运回巴盐、大米、布匹、百货。东外涪江西岸至太平场,江阔水平,是涪江上游最大的码头,沿岸木船、木筏鳞次栉比,聚集着百余船民,往来搬运物资,有"装不完的中坝,塞不满的重庆"的说法,沿涪江绵阳、三台、射洪、遂宁以至重庆,形成了繁盛的水上商贸流通线,活跃了沿江城镇。据《江油政府概要》记载:民国三十四年(1945)输出的物资有大米200万市石、玉米200万市石、小麦1万市石、桐油4万市斤、菜油10万市斤、茶叶5万市斤、蓝靛1800万市斤、附子附片120万市斤、草纸11万捆,还有大量山货、药材、蚕茧等输出物资;输入的主要物资有,食盐1000万市斤、土布200万匹、棉花5万市斤、绸缎1.5万匹、白糖1.5万市斤、黄糖3万市斤、药材100万市斤、叶子烟100万市斤,还有大量木材。1927年,江油至绵阳的公路通车,西接成都,更加强了中坝水陆码头的地位③。

---

① 杜受祜、张学君主编:《近现代四川场镇经济志》第一集,四川省社会科学院出版社1985年版,第16～22页。

② 游时敏:《四川近代贸易史料》,四川大学出版社1990年版,第163页。

③ 杜受祜、张学君主编:《近现代四川场镇经济志》第三集,四川科学技术出版社1991年版,第413～433页。

4. 场镇的社会功能

除城乡商贸交流外，场镇还赋有许多社会功能与民俗特色。市镇作为"利之所在"的农村经贸集散地，首先受到地方官的重视，有场镇必有官吏甚至地方武装力量进驻，目的是控制经济和政治状况。从清代以来，场镇就有"讲圣谕""说善书"等宣讲三纲五常、因果报应的说书人，是当时当地人士所倡导的义举。场镇官设管理人员称为"场头""客长"等，负责控制物价、平息争讼、惩办奸猾、维持治安等。各地的药王会、观音会、牛王会、关帝会，名胜古迹、神话传说都可能构成民间信仰，然后形成定期集会，最终演化为物资交易市场。

民国时期对孝泉庙会的新闻报道说："德阳和绵阳两地的人，每年正月里有一件最兴奋和最雀跃的大事，那便是孝泉的庙会。这有名的泉烟的产地，分辖于德绵两县……庙会的举行就是纪念东汉时以孝行著名的姜诗。姜公庙在镇北半里的地方，庙宇恢弘，庙前有广坝，便是会场。一到会期，各地商贩均来赶会。在庙会期间，孝泉的茶价加倍，旅馆提价，饮食样样无不上涨。走进会场，最惹人注意的是连绵不断的农具，木制扁担、耒耜、梯、锄棍、各式木桶，洋洋一地；铁制的犁铧、锄耙、铡刀、柴刀、菜刀又构成浩瀚的阵容。"[1]在与民族地区的交接地带，形成了许多边贸场镇，例如康定、泸定、松潘、茂汶、理县，都是在民族贸易中发展起来的。

场镇经济网络的形成是巴蜀地区商品经济发展的必然结果，它不仅促进了城郊经济的繁荣，加强了本地与外地商品流通，而且对巴蜀工商业的繁荣，也是一个有力的促进。从商品流通情况看，每一个场镇，都是特定地区的区域性市场。各地场镇除交易本地商品外，长期存在互相调剂有无，以各自土特产辗转贸易的习惯。虽然由于洋货输入，在某些方面改变了这种习惯性贸易。同时也存在率先受外国资本主义商品输出影响的地方市场，如南川县福寿场"贸易洋线、布匹"；南充县城外五显庙米市，"旧日又为土布市，近日洋布盛行，土布市废"[2]。

但是，洋货仅仅取代了场镇市场部分土货的地位，远远没有瓦解区域性市场基本的贸易格局。因而，巴蜀区域性市场仍然存在，只是某些商品的运

---

[1] 《孝泉的庙会》，载《工商导报》1947年2月10日。
[2] 民国《南充县志·城市》。

销路线发生了改变。如成都县属市场"贩运往来处，如丝来自川北及嘉定一带"，"药材、皮货由雅泸松宁各地运来，省自所产之绸缎、栏杆、绒纬各货则行销滇黔两省为多"，这些商品的往来贩运与清代前期没有什么不同。而布匹、洋油、广杂货等洋货，则"由重庆转运而至"。崇庆州出产中药、农副产品11种，"运销下河"，而行销洋纱、洋货、棉花、匹头等，"由江口运销本境"。据有关研究者统计，以金堂、新都两县行销商品为例：两县合计商品流通总额中，省内商品占78%，省外占10%，洋货占12%。两县人口847865人，平均每人购买外地商品价银不超过0.69两，如以人均年生活费银12两计，每人仰给于外来商品比率仅达5.75%，其中，90%以上生活必需品由本地自给。因此，成都城郊场镇是以省内和本地商品为主、省外和国外商品为辅而形成的区域性市场网络。一些边区城镇也逐渐发展，如雷波城"商贾云集，云、桂、两湖、豫、粤之民，亦群趋此间贩卖货物"。到民国时城内居民已有2000余户，商业交易热闹非常，"世有小成都之称"①。清末民初，云阳县"渐致百货增拓，贾区袤广，遂为县南剧镇"②。

第二节 四川对外贸易的发展

一、进出口贸易概况

四川对外贸易主要是通过重庆、万县这两个对开放的商埠进行的。20世纪初，川江航道的初步清理和适应川江航运特点的轮船试制成功，川江航道成为四川与外界交流的可靠交通线。重庆贸易额因之节节激增，贸易净值由1912年的2650万海关两增至1921年的5200万海关两。截至1921年，重庆开设的外国公司达到36家。

自开埠设关以后，英、美、日、法、德等国纷纷来万县开洋行、设公司、修码头、建油库，外国洋行、公司多时达30余家，主要经营桐油出口业务。随之兴起了一批经营进出口贸易的桐油、猪鬃、煤油、棉纱等行号。美商生利洋

---

① 《川康边镇资料辑要·雷波概况》。
② 民国《云阳县志》，转引自王笛：《跨出封闭的世界——长江上游区域社会研究》，中华书局2001年版，第247~254页。

行成立于1920年，资本20万元，经营桐油出口业务，兼营颜料进口业务。美商施美洋行成立于1928年，初名义瑞公司，资本60万元，经营桐油、牛羊皮、猪鬃出口和棉纱进口业务。进出口贸易均为洋行买办、大商号所垄断操纵。例如，1934年成立的中华油号就是英商安利英的代办商号，资本10万元，经营桐油出口和洋货进口业务，兼运川盐到酉阳等地的销售业务。1935年1月成立的民信昌，资本5万元，是英商安利英的代理商号，经营桐油出口业务。1936年华商胡玉珊成立的同义油号，资本8万元，也是英商安利英的代理商号，兼理英商合义洋行购运桐油业务。1936年冬，华商叶志南成立的华通油号，总公司设于重庆，资本60万元，是英商的代理商号，也是同义油号的分号①。此外，还有代客买卖的经纪人和行栈。

四川输出的各大宗土产，如桐油、生丝、山羊皮、羊毛和夏布十年间也有很大的增长。1930年，桐油输出量创造了历史最高纪录，达到482371担，十年间增长了7.5倍有奇。但到1931年由于受到世界经济危机的冲击，各种土产输出情况急转直下，桐油输出量减少近二分之一，蚕丝等出口业务几乎断绝。由于这一时期进出口贸易的摇摆不定，以进出口贸易为主要业务的外国洋行，亦不得不随贸易起落和四川政治、经济局面的变化而不断改变经营方向，蚕丝等出口业务几乎断绝②。

全民族抗战前夕，四川对外贸易总额约占全国进出口总值的0.15%。进口货物主要有棉纱、棉布、毛织品、纸烟、煤油及五金器材等。其中以棉纱为主，棉货约占总值的60%，匹头约占8%，纸烟约占6%，煤油及五金器材各占2%左右。出口的货物主要有皮货、桐油、生丝、药材、猪鬃、木材、矿石等。出口货物中，猪鬃约占23%，桐油约占20%，生丝约占15%，药材约占12%左右。进口货物中，制成品占绝大多数，其中以消费品为主，五金工业器材占很少的比例。出口货物以农矿产品为主。

据重庆海关和万县分关统计，四川对外贸易长期以来处于入超地位。1911年重庆海关进口货物总值为1255.94万海关两，出口总值为10070万海关两。1935年进口货物总值为4679.49万元，出口总值为2516.9万元。1911年入超约900

---

① 《四川省志·商业志》，四川科学技术出版社1996年版，第15～16页。
② 《重庆海关1922～1931年十年调查报告》，《四川文史资料选辑》第十三辑，第206～208页。

万海关两，1935年入超2100万元①。十五年中入超数扩大2倍多，1935年的入超数几乎与同年的出口总值相等。四川对外贸易主要由分散的商号和行庄经营，多从外埠订货，转运、进口则通过本地洋行，有的也向外国大公司订货，资本额度小，货物质量不齐，难以在国际市场立足和长期经营。

据20世纪30年代《中央银行月报》统计：成都全年进口货物值1600万～1700万元，出口货物值1200万～1300万元。进出口总额3000万元左右。输出商品仍为本地传统土货，作为原料和初级产品出口，商品价值很低②。

20世纪20～30年代，四川商业中鸦片贸易极为猖獗。1932年重庆专做鸦片生意的商号、土行达17家，账面资金总额达3000万元左右，每年每家盈亏金额多者达20万元以上③。四川鸦片贸易得到军阀的大力支持，同时也给军阀提供巨大的财政援助。重庆与鸦片有关的行业每年为军阀提供700万～1000万元的税款和借垫。这种特殊行业吸引了大量的资金，使四川商业得到畸形的发展。

二、重庆、万县外商公司、洋行的经营情况

自20世纪初，川江航道的初步清理和适应川江航运特点的轮船试制成功，川江航道成为四川与外界交流的可靠交通线。1917年，亚细亚油行的油船"安澜"号和美孚油行的"湄潭"号满载石油开赴重庆，成为抵达四川的第一批外国贸易货轮。重庆贸易额因之节节激增，贸易净值由1912年的2650万海关两增至1921年的5200万海关两，除去欧战期间商品涨价因素，输入商品增加约113%，而输出商品增加约67%。截至1921年，重庆开设的外国公司共计36家④。

20世纪20年代初至30年代初，由于战争的影响，重庆外国公司减至24家，输入商品数量和品种增长情况变化不定。例如，日本和印度棉纱，1921年输入53885担，1929年降为95担，1930年跃为3553担，1931年几乎绝迹。质地较好的洋细布、洋麻布、人造丝织品、毛料等，行情情况虽称兴盛，但一般英国衣料和被面十年间输入量减少三分之二。亚细亚油行和美孚油行洋蜡烛和煤油供应则渐趋衰疲。各色外国香烟、精制白糖销路畅旺，洋酒却不能取代土产烧酒的地位。这不单是二者价格悬殊，更涉及文化习俗的差异。省内公路的兴建，使

---

① 周勇等译编：《近代重庆经济与社会发展》，四川大学出版社1987年版，第500～505页。
② 张学君、张莉红：《成都城市史》，成都出版社1993年版，第254页。
③ 康心如：《回顾四川美丰银行》，《重庆文史资料选辑》第八辑，1980年刊行。
④ 《重庆海关1912～1921年十年调查报告》，《四川文史资料选辑》第十二辑，第203～205页。

新式交通工具的输入成为可能。1925~1931年，四川输入摩托车593辆，自行车73辆，还有少量的载重汽车。这又促使汽油和轻汽油输入量的增加。此外，手电筒、钟表、照相器材、乐器和缝衣针输入量也在逐渐上升①。其他日用品，如染料的进口，获得了不同程度的增加。

由于这一时期进出口贸易的摇摆不定，以进出口贸易为主要业务的外国洋行，亦不得不随贸易起落和四川政治、经济局面的变化而不断改变经营方向。

（一）华人买办与外商公司的关系

这些洋行大都雇佣得力买办，如立德洋行买办陈锦颜、卢绪东、阎春荪、周云浦，隆茂洋行买办杨瑞卿，白理洋行买办古学渊，安利英洋行买办李文彬，德昌洋行买办果玉璇，怡和洋行买办德厚荣，新利洋行买办陈瑶章等，利用洋商势力，建立经纪业，上下活动，居间营运，为洋商租田置产，代购各地土货，批发代销洋货，从中牟利。其经营手段，极富投机性，或买空卖空，或压价收购，或偷运烟土，牟取暴利，无所不用其极。这些买办在不长的时间里，大多成为暴发户，与洋商联合开办商行企业，成为四川工商业的巨子。如立德洋行买办卢绪东，在收购土货中，吃盘戴帽，在买地建厂、经营银钱中浑水摸鱼，获得大量财富，买地置产，经营私人企业。白理洋行买办古学渊等开办的"祥庆和""同茂丰"商号实际上是洋商庇护下的买办企业。新利洋行买办陈瑶章为并无资金的日商宫坂玩弄空杯饮酒的伎俩，诈取巨额信贷，垄断了重庆山货业，同时自己也分享了大量财富，成为举足轻重的大商人②。重庆巨商德厚荣1915年充当英国安利英洋行买办，热衷于大宗出口土货贸易，为洋行包买代购，仅1919年即净赚白银20万~30万两。1918年，德厚荣又兼任英国怡和洋行买办，包办该行出口贸易，每年为利10余万③。由于"五四"反帝爱国运动的开始、四川战乱的加剧和社会经济的衰退，上述洋行相继开始谋求新的投资途径④。

（二）推销洋货的专业公司

除洋行外，外国资本还在四川设立了推销某类洋货的专业性公司，如前面

---

① 《重庆海关1922~1931年十年调查报告》，《四川文史资料选辑》第十三辑，第206~207页。
② 杨灿雪等：《在洋商垄断下的山货业》；柴栋臣、果恩荣：《重庆肠衣出口业务的回忆》，《重庆工商史料》第一辑。
③ 李梦初、马绍周：《煊赫川楚的刘继陶父子》，《重庆工商人物志》，第8~11页。
④ 杨灿雪等：《在洋商垄断下的山货业》，《重庆工商史料》第一辑，第21~58页。

提到的美商美孚石油公司、英商亚细亚火油公司、美商德士古石油公司、英美烟草公司，等等。以美孚石油公司为例：

美孚陆续在重庆城内设置一、二、三、四分店和一家专营灯具的商行，并在江北、弹子石、大兴场、渔洞溪、磁器口等地设立了分店。尔后又在全川各大市县遍设经销机构，1921年，已有30多家，1927年达到50多家。小县镇则由公司选定经销商或代销店。为保证充分的煤油供应，除有专门的油轮源源不断地从上海经长江上运到四川外，还在万县建立油库，作为中转站，在重庆南岸建立油库，先后修建大小油池七八个，每个可储油数百吨到数千吨；在泸州、宜宾、嘉定建立油库，在成都、南充设立堆店；专门设立了各种包装厂，并雇佣大量职工从事装运业务。

为从事庞大的推销业务，公司实行买办制，买办负责推销商品，由公司发给工资，并按推销额付给佣金。外地经销商则直接与公司订立销售合同。为监督商品销售，公司还设调查员，随时前往各地巡查，了解搜集各地商情以及军政、治安、交通等多方面的情报。他们随时将调查情况报告公司，公司又将一些有价值的材料提供给美国领事，以决定进一步的掠夺计划①。

（三）买办商人的购销活动

1890～1921年，重庆英商立德、隆茂、白理、怡和，法商东方、利昌、吉利，德商瑞吉、宝丰、德昌，日商新利、鹤龄、日森、三井、武林、森村、福记等洋行，主要经营洋货进口和四川大货加工出口业务。其中以英商白理洋行和日商新利洋行竞争最为激烈。如立德洋行买办卢绪东、新利洋行买办陈瑶章等。除洋行外，外国资本还在四川设立了推销某类洋货的专业性公司，如美商美孚石油公司，英商亚细亚火油公司，美商德士古石油公司，英商烟草公司，等等。这些公司多系国际商业垄断组织，为大量倾销外国资本主义过剩商品，凭借雄厚的财力，到处租买土地，建立分支机构，雇佣大量买办和华员，从大城市到穷乡僻壤，设置推销网，并使用各种推销手段，排除障碍和竞争对手，以求占据全部销售口岸。

由此可见，四川外国专业性推销公司的建立，标志着外国资本已深深扎根于四川社会，它以强大的商品优势和推销手段向四川倾销其剩余产品，牢牢地

---

① 王百揆、江维德：《美孚石油公司在重庆的经济掠夺》，《重庆工商史料》第一辑，第121～136页。

占据四川市场，榨取最大的利润，实现其殖民主义的目标。

三、进出口贸易中的土货市场

（一）桐油贸易

桐油为重要工业原料，国际市场需求量大。光绪二十九年（1903），首次由重庆向美国输出桐油155担。四川是我国主要桐油产区，全民族抗战前年产量达70余万担，占全国总产量30%，并占全省出口贸易总值60%以上[①]。

桐油出口的初期的主要市场是汉口，川江、沅江、汉水三路桐油汇集汉口，经行栈转卖给洋行。在汉口经营桐油的洋行有：英商其来、安利、捷成、华昌、怡和、和记、宝隆，法商永兴、公兴、新公兴，德商美趣时、和利、禅臣、咪地，日商三井、三菱等。

重庆是长江上游桐油的总汇，川江上游、嘉陵江流域和乌江流域的酉阳、秀山、黔江、彭水、南川、涪陵等县部分桐油，借乌江集运涪陵转运重庆。重庆桐油市场由洋行、买办出口商以及油庄、油行和交易市场组成。1936年，重庆专营桐油的洋行有1927年成立的施美洋行和1928年成立的生利洋行两家。专营出口买办商有1923～1924年成立的安利英的代理商中华油号、同义油号，兼营的买办商有1936年成立的华通洋行。油号下分设的油庄、油客、油铺中又分本地帮、客帮，旺月派人在重庆设庄，在各地收购桐油运往重庆，转卖油行。油行又名"进口行"，居于中间位置，一面在外设庄收油，或向油庄买入；一面向出口商卖出。桐油无固定交易场所，习惯于每日11时左右到各出口行去做生意，名曰"赶场"。据1937年调查，重庆桐油行号有：炎记、长丰、同心利、庆太诚、诚生、义生、六和、新利、同丰、柄记、祥源庆、华美、光记、元记、丰记等15家，除炎记成立于1924年外，其余行号均为1930年以后成立。

1937年全民族抗日战争爆发，桐油出口困难倍增，资金短缺的行号纷纷停业，有的合组新行号。重庆桐油商亏损达到500万元。堆栈存积滞销油300余万担。为摆脱困境，乃由渝市油商联合会组织"四川桐油贸易社"，社长是和成银行总经理吴晋航，谋求政府救助。1937年9月以后，重庆桐油商行除义生、柄记、新利、同丰外，其他油行都改组或改行了[②]。

---

① 四川省档案馆编：《四川土特产物品历史资料》，《四川档案史料》1984年第1期。
② 游世敏：《四川近代贸易史料》，四川大学出版社1990年版，第250～253页。

万县市场农产品的集散，首推桐油。万县及附近各县是桐油主要产区，产油特丰。全民族抗战前，万县、忠县、云阳三县年产量30万担，占全省产量的50%。1917~1937年，是万县桐油市场的鼎盛时期，中外客商云集万县采购桐油。川东各县和酉阳、秀山、黔江、彭水、涪陵、石柱、丰都、长寿等县的桐油直接运万县成交。川西北的万源、宣汉、开江等县的桐油也由陆路人挑畜驮，集中万县。陕南的安康，湖北的利川、来凤、恩施，湖南的龙山等地的桐油，亦云集万县出口。除此以外，重庆以上近40个县的桐油，全部或部分在万县成交。1935年，经万县出口的桐油达29.2万担，经重庆出口的12.9万担。1936年，四川出口桐油57万担，经万县出口的41万担，经重庆出口的16万担。当时，万县靠桐油维持生活的不下20万人。战前万县市场成交的桐油占全省出口总数的65.6%，占全国出口总量的27.48%。万县市场的营业总额中，桐油的营业额占70%。1938年，武汉沦陷，长江水运中断，出口困难，桐油价格直线下滑，来货稀少，万县桐油市场处于低谷时期。抗战胜利后，1947~1949年上半年，长江航运畅通，国际市场对桐油的需求剧增，万县桐油市场又趋好转，外县桐油纷纷运万县，转口外销。1949年秋，桐油市场交易清淡，油铺、行栈倒闭歇业者达四分之三[①]。

（二）山货贸易

万县被辟为通商口岸后，美、英、法、日、德等国商人接踵而至，大肆收购山货出口。货源来自川北的绥定（达县）、梁山、开县、忠县、丰都、涪陵及湖北省的利川等地。1917年，出口生牛皮9771担，价值24.5万海关两；羊皮19.6万张，价值22.7万海关两。20世纪30年代山货出口每年约值洋五六百万元。1935年，羊皮出口33.1万张，价值19.5万海关两，经营牛羊皮的商户为27家。1937年，出口生牛皮1.4万担，价值29.8万海关两。1939年，经营牛羊皮的商户增加为40家。

四川所产之中药材，品种繁多，销往全国。川西中药材多集中于重庆转口，川东、川北、鄂西、黔西等部分地区的中药材则集中万县出口。在万县市场上的主要中药材有：党参、黄连、厚朴、当归、吴茱、枳壳、银耳、大枣、桔梗、天冬、五加皮、续断、苡仁、防风、泡参、木通、巴豆等。万县常年输出药材总值50余万海关两。万县市场中药材价格一般低于重庆市10%，药材商

---

① 《四川省志·商业志》，四川科学技术出版社1996年版，第328页。

人乐于到万县采购。万县药材出口以厚朴、黄连为大宗。1934年,万县药材业在百家以上,从业人员1100余人。1935年成立万县地区中药材站,负责药材的采购、供应、出口等业务。

20世纪30年代,万县成为全国最大的桐油贸易市场,商业盛极一时,被誉为"万商之城"。商业的繁荣,也促进了城市的发展。全民族抗战期间,省外40多家工厂及学校、商行迁入万县,城市人口由17.5万骤增到35万人。宜昌、沙市失守,长江航运受阻后,桐油业逐渐衰败。但是,万县仍为棉花、土产、猪鬃、药材、布匹、黄裱纸的重要市场。1945年,全市经营花纱、布匹、百货、粮食、粮油等商户共2560家。抗战胜利后,随着通货膨胀加剧,商贸渐趋衰落。

(三)蚕丝贸易

四川气候温和,土地肥沃,适宜植桑养蚕的地方有百余县。民国时期,产区遍布全川。1938～1947年,推广改良蚕种,蚕茧产量大幅度上升:1938年144万公斤、1939年486.4万公斤、1940年556.8万公斤、1941年560万公斤、1942年367.2万公斤、1943年387.2万公斤、1944年400.8万公斤、1945年382.4万公斤、1946年382.6万公斤、1947年404.47万公斤。每年春秋二季,改良蚕茧上市,除丝业公司收购一部分,其余概为实验区及其他厂商收购。四川生产生丝分铁机丝、木机扬返丝和大东丝,一般750公斤鲜茧,大约可缫生丝1关担(海关计量)。由丝品不同而定等级,分为A、B、C、D、E五等。生丝交易市场以成都、重庆、三台、南充、乐山、万县为集散市场,随时均有交易,但以每年阴历六、七、十、十一月为旺月。就生丝产品、产量分析,土丝约占70%,厂丝约占30%。

1942年太平洋战争爆发,滇缅公路中断,国际市场销路不畅,贸易委员会不能照常接收,丝业公司遂以内销需求为标准,紧缩生产,停办3家缫丝厂。丝业公司保留5家丝厂:重庆两厂,分别有丝车552部、336部;南充两厂,分别有丝车944部、500部;三台神农丝厂,有直缫丝车280部。其余民营丝厂3家:乐山华新丝厂有丝车240部,新凤翔丝厂有丝车200部,筠连腾川丝厂有丝车160部。上述合计有3212部,较之极盛时期6240部,几乎减少50%。此外,全川有手摇木机合计17080部。生丝外运分陆运、水运、航空运输三种方式:陆运用汽车或挑夫,水运用汽船或木船,航空以飞机运往目的地。外销丝在战前均先运重庆、万县两处,然后装轮运往上海。二战期间,则集中宜宾经云南转运缅甸。滇缅公路失守后，由复兴公司用汽车运往昆明，再装机运往印度①。

四、恶性通货膨胀导致商贸市场走向崩溃

（一）抗战胜利后，国民政府继续实施通货膨胀政策

国民政府从全民族抗战开始，就以通货膨胀政策作为筹措军费、解决财政赤字的重要手段。随着战场失利，大片国土沦陷，税收大量减少，军费开支却不断增加，为弥补巨额财政赤字，国民政府只能加速印制钞票。于是，从1939年开始，法币进入恶性通货膨胀阶段，物价上涨的速度开始超过法币发行增加的速度。1939年12月，法币发行指数为305倍，物价指数为355倍，此后差距日益扩大。1945年6月，法币发行指数为282倍，物价指数为2133倍。1939年是由和缓通货膨胀转入恶性通货膨胀的关键年份。货币的对内贬值和对外贬值，基本上是一致的，而自1942年起对外贬值又快于对内贬值。按对内价值，1942年12月，一元法币相当于1937年法币的一分二厘八；按对外价值却只值二厘四，自此以后，一直保持5倍的差距。以1937年6月的发行额14亿元为基期，到抗战胜利时，法币的发行额已达5569亿元，即约增发了397.7倍，而同期重庆的物价上涨约1585倍。

1946～1949年，国共两党爆发全面内战，国民政府财政开支更如脱缰野马，无法控制。三年内战期间，仍以1937年6月为基期，至1948年8月，法币发行增加到45万倍，由抗战胜利时的5万亿元快速上升至1948年8月的604万亿元，造成前所未有的金融危机，引发恶性通货膨胀。重庆物价上升至150余万倍，抗战刚结束时，上海比重庆物价低，国民政府迁都南京后，上海恢复为全国金融中心，游资汇集，投机猖獗，物价很快就高过重庆了。上海物价上升到490余万倍。法币的发行量太大，有的造纸厂干脆以低面额的法币作为造纸的原料，比用其他纸成本还低。

抗日战争结束时，曾经出现抑制通货膨胀的良好机遇，各地物价和黄金、外汇价格普遍猛烈下跌。1945年8月胜利前夕，重庆平均物价已涨到1937年的1585倍，到9月份即跌落到1226倍，10月份更下降到1184倍。1945年7月，重庆黄金黑市曾涨到每两199075元，8月跌至111424元，9月更跌至66728元。重庆美钞价格1945年7月为1美元合法币2889元，8月即跌到1745元，9月更跌到968元。这说

---

① 四川省档案馆编：《四川土特产物品历史资料》，《四川档案史料》1984年第1期。

明，因为抗战胜利，让民众看到了经济复兴的希望，也为政府治理通货膨胀提供了最佳时机。而且国民政府手中还握有黄金400万两、美汇9亿元，又从沦陷区接收了大量敌伪产业，这对于整顿金融稳定法币都是有利条件。

但是，国民政府坐失良机，为支撑反共国内战争，解决庞大的军费开支，变本加厉地继续实行恶性通货膨胀政策。1946年预算支出为25000亿元，而实际支出则为55000亿元，超过预算一倍以上，其中军费支出约占总支出的三分之二。政府的巨额赤字完全靠增发法币弥补。5000元、10000元大额钞票陆续出笼，同时还印发大量的200元、500元、1000元面额的关金券。随着内战日益扩大，法币的发行数量也更加庞大，其对内对外价值一落千丈，纸币形同废纸。

有关通货政策的严重失误，国民政府在1948年给美国政府的备忘录中也不得不承认：由于"反共战事需要"，国民政府"支出超过预算，1945年预算2638亿元，实际支出15860亿元；1946年预算25250亿元，实际支出87190亿元；1947年预算93700亿元，实际支出42万亿元"。"军费占财政支出的比例：1945年为52.3%，1946年为41.4%，1947年为50.1%。"根据中央银行经济研究处的统计，军事支出加上特别开支，1945年为71.33%，1946年为54.4%，1947年为59.8%。1946年支出"超过1945年五倍半"。由于经济衰退、百业凋敝，国家赋税收入在全部国家支出中占比不断缩水：1945年税收占7.7%，1946年占7.7%，1947年占21.5%。1936年赋税在支出中占53.2%，全民族抗战期间平均占14.7%，税收大大减少了。税收实值，"1945年占22%，1946年占29.9%，1947年占6.7%"，"同样呈现减少的趋势"。"债款收入，1945年0.4%，1946年0.1%，1947年3%，而1936年占34.2%。"1947年4月两度发行国内美金公债、库券，法定总额4亿美元，但9个月时间，认购的只有5600万美元，仅占财政开支的3%。国民政府债信已经全部丧失，在国内已经是告贷无门，民众不再为政府持续增加的庞大军费开支买单。

国民政府只好越来越依靠中央财政开支垫款，垫款在开支中所占的比例，1945年为66.8%，1946年为57%，1947年为67.2%，而全民族抗战期间平均为70.7%。中央银行对财政部垫款：1945年12月为66769亿元，1947年6月为126565亿元，1948年7月为2364160亿元。而"大量依靠银行垫款的结果，是通货膨胀"。法币、国债信誉尽失，国民政府不得已而转向币制改革，1948年8月20日，开始发行金圆券。当时正是辽沈、淮海、平津三大战役前夕，国民政府在军事上、政治上、经济上均已不占优；另一方面，财政经济资源即将耗尽，外汇已经枯竭，黄金库存只有200余万两。为了摆脱金融困境，国民政府决定发行金圆券。

金圆券发行办法规定，所有以前发行的法币，以300万元折合金圆券1元，实质上就是废弃法币，而一张100元面额的金圆券，就可等于3亿元的法币，这样，纸币的最大面额就由原来的法币500万元币券，一跃而为3亿元了。

发行金圆券更重要的目的，是恃政治暴力掠夺金、银、外汇。国民政府的法令规定，不在限期内兑换或私自存储者，"其黄金、白银、银币及外国债券一律没收"，外汇资产不登记者，"处七年以下有期徒刑"。在严峻的政治暴力下，自1948年8月23日至10月底，国民政府掠夺了黄金1654970.190两、白银9038535.166两、银元23546860.29元，以及巨额外汇，合计共约值2亿美元。

国民政府宣布金圆券改革后，已值解放战争进入战略决战时期，国民政府已处在风雨飘摇之中，因而金圆券的发行量迅速增加。不足三月，就由8月20日的2亿元，增加到11月9日的19亿元，金圆券迅速贬值。面对经济和币制崩溃的危机，国民政府急忙于11月1日宣布撤销限价，改限价为"议价"，11月12日宣布修正金圆券发行办法及金、银、外币处理办法，将金圆券的含金量降至4.4434公毫，允许民众持有金、银、外币，并公开宣布"金圆券"贬值80%。与此相应，黄金由原来每两值200元，一下提高至每两值1000元；白银每两兑换金圆券15元，银元每元兑换10元，美钞每元兑换20元。同时，宣布撤销金圆券的发行限额。金圆券20亿元发行限额正式宣布撤销以后，11月当月即激增为33.94亿元，12月为83.20亿元。进入1949年后，更是疯狂增加：3月份发行金圆券5000元及10000元大钞，4月份又再发行金圆券5万元和10万元大钞，5月份再发行50万元和100万元大钞（亦即为法币3万亿元券）。中央银行还印就了500万元金圆券大钞，但未及发行，上海就解放了①。

1949年7月，国民政府南迁广州，正式宣布恢复银元本位制度，由重庆中央银行发行银元、银元兑换券和银元辅币，银元券与银元、银元辅币自由兑换。这次币制改革集中在广州、重庆等孤岛范围，但因政府信用尽失，人心惶惶，持有银元券者在商品市场上抢购成风，银元券也迅速贬值，以失败告终。

（二）巴蜀商贸市场深陷绝境

通货恶性膨胀，导致物价飞速上涨，继出现10万、50万面额的法币之后，

---

① 参见郑起东《国民政府与通货膨胀》，"国学网·中国经济史论坛"。

重庆小贩在地摊上出售美国香烟

1948年美金券5万元大钞（等于法币100万元）也出笼了。纸币发行达到天文数字，物价却比它更快地飞上了天。当时有人比喻说，全民族抗战前够买一头牛的法币现在还买不到一根火柴。物价如此飞涨，而且瞬息数变，致使国民政府1948年度的概算都无法匡计了。据四联总处统计，批发物价指数，上海、南京、汉口已为全民族抗战前上半年的600余万倍，天津为750万倍，广州为450万倍，重庆为280余万倍。照上海物价计算，全部流通中的法币总购买力只等于之前法币的1亿元左右。五金器材竟涨到1100万倍。正当工商业凋敝已极之时，只有在投机买卖中出现一片虚假繁荣，由全民族抗战期间的"工不如商，商不如囤"，变成"囤不如金，金不如汇"，使广大劳动大众沦为不名一文穷人，啼饥号寒，奄奄一息。

据有关统计，100元法币的购买力，1937年可买两头牛，1945年可买两个鸡蛋，1946年可买六分之一块肥皂，1947年可买一个煤球，1948年可买五分之一两大米，1949年只能买一两大米的五十万分之一，完全失去了购买力。在如此脱缰野马狂奔似的通货膨胀下，广大民众，甚至连原本富足的家庭都备受痛苦。金城银行有一个储户，做了三十多年的小学教师，微有储蓄，准备用作子女教育费用。这笔钱在战前存入时，可以买2500斤大米，但存放到1948年时，却只能买一根油条。这家银行曾借了大量的钱给国民政府，但战后国民政府却只按当年存款数额和利率归还，在数十万倍的通货膨胀下，实际上就等于赖账不还却又赚回有借有还的面子。

金圆券发行不到3个月，重庆物价已猛涨5倍。金圆券限额取消后，物价飞涨。4月21日，重庆出现反政府示威游行。而这时的物价，已不是几日一个大涨风，而是一日数次大涨风。重庆黄金黑市在9月2日每两超过官价30元，而四川省政府早在同月12日宣布银元1元等于金圆券7.5亿元，21日重庆银元黑市1元等于金圆券25亿元。物价涨势迅猛，一日数变，劳苦大众一天的微薄收入，到晚上，也因物价的涨势而遭七折八扣。金圆券贬值时，物价一日暴涨数次，昨天买一石米的钱，今天就只能买斗把米了。由于金圆券面额低，物价飞涨，买东西时嫌点数麻烦，只能用秤称票子，有时一担票子还买不了一担谷。重庆商店纷纷用银元标价，公用事业单位用银元计价收费，报纸每份银元5分，合金圆券900万元。全省市场都实行"以物易物"，或以银元、大米、棉纱为交换手段①。

成都市国民小学教师的月薪不到100万元法币，平均每课时只合4000元，而成都的物价，寄一封平信要5000元，喝一碗茶要8000~12000元。结果，成都500余名小学教师难以度日，于是被迫罢教，上街请愿。不少大学教授也因薪水不足以维持生计，不得不兼课代课，白天奔走于几所学校兼课，晚上或担任家庭教师或摆地摊，或拍卖书籍衣物维生。有的困苦到无以维生的地步。4月某日，成都湖广馆街西南茶厅，开始营业时，茶价每碗7000元，不到两小时，已涨到万余元，引起顾客争执，以致愤怒动武，打坏了全堂桌椅，并打伤了服务人员。风声所播，很多商店因之关门停业。更有商家怕货卖出去，再也买不回来，不愿卖货，关门闭户，形成罢市。可见当时金融情况的紊乱，社会秩序的动荡不安。四川省政府于6月12日宣布银元1元等同金圆券5亿元。市场上纸币成灾，只要银元，拒收金圆券，即使收了金圆券，也如同击鼓传花般必须尽快抛出去。

民国时期，成都安乐寺是全市最大金融交易市场。1948年以后，因金圆券迅猛贬值，安乐寺现钞贴水高达40%~50%，投机之风更盛，市场极度混乱。1949年6月，银元券上市，发行时银元券1元兑换金圆券2元，不久狂跌至1元兑换5亿元。安乐寺成为倒卖银元的"黄牛党"的活跃场所。国民党政府的崩溃，宣告了安乐寺投机市场的死刑②。从此，安乐寺不再有金融投机市场。

第三节 巴蜀工业面临的机遇与挑战

一、四川省政府拟订的地方经济建设规划

（一）刘湘主持拟订《开发华西计划书》

1929年，军阀刘湘打败劲敌杨森，防区从川南数县一举扩大到川东的长江

---

① 《四川省志·金融志》，四川辞书出版社1996年版，第139~147页。
② 以上均见陈祖湘、姜梦弼《解放前成都最大的投机市场——安乐寺》，《成都文史资料选辑》1980年10期。

以南大部分地区。他希望通过发展以重庆为中心的四川经济，特别是有益于国计民生的地方实业，以增强自身的活力，为独霸全川打下基础。他授意他的驻汉口代表与当时极有声望的实业家胡仲实（光杰）、胡叔潜（光麃）兄弟商谈发展四川实业问题①。胡仲实正受盐业银行总经理吴鼎昌委托，为急于将资金内移的金城、盐业、大陆、中南四家银行寻找出路，拟议创立一个技术工程公司，以推动西南实业建设。1928年，皇姑屯事变后，中日关系紧张，金城、盐业、大陆、中南四行为避免战祸，而打算尽快迁往内陆省区②。傅常、邱甲转达了刘湘希望开发四川经济的愿望。胡氏兄弟力表支持，双方讨论了发展西南实业的许多设想，由胡叔潜执笔拟订《开发华西计划书》，并附制若干蓝图，精印成册。这个计划以重庆为中心，包括了川、康、滇、黔四省的实业建设，项目繁多，涉及四川的主要项目是：

①电力工业：在重庆兴建大型发电厂，在成渝地区的较大城市，如江津、内江、成都等地建设不同规模的发电厂；

②机械工业：在重庆建设大型机器制造厂，各地因地制宜，建设中小机器厂；

③煤矿工业：在重庆附近和铜梁、广安等地建立机械化生产的大型煤矿；

④煤焦油炼制厂：对原煤实行加工炼制，分离出煤焦油和焦炭，以便综合利用；

⑤钢铁工业：在重庆、威远设立大型钢铁厂；

⑥纺织工业：在重庆建立大型纺织厂；

⑦化学工业：在重庆、自流井设立大型化工厂；

⑧建材工业：在重庆建设大型水泥厂，在重庆、成都等地设立建筑材料厂，生产砖瓦和加工材料。

《开发华西计划书》经刘湘批准后，胡氏兄弟随即由武汉来重庆筹组"华西兴业股份有限公司"。刘航琛、甘绩镛代表刘湘21军，宁芷邨代表刘文辉24军参加筹建公司。

---

① 胡氏兄弟系四川广安县人，其父胡葆森系清末翰林，民国初任四川省议会议长。胡氏兄弟均在天津南开学校工科毕业。胡叔潜曾去美国麻省理工大学深造，归国后历任北宁铁路及启新洋灰公司工程师，后在天津开设中国无线电公司。胡仲实先在成都工业专科学校任教，后任北洋政府交通部参事。段祺瑞垮台，胡离职，任杨森驻京、沪代表。

② 宁芷邨：《华西兴业公司始末》，《重庆工商史料》第二辑。

1934年4月28日，在胡氏兄弟促成下，中国工程师学会应刘湘之邀，组成四川考察团，一行25人，行抵重庆，团长胡庶华发表谈话，说明"中国工程师学会"是"应四川当局之请，组织四川考察团"，其任务是"利用科学方法与工程技术，改良已有之生产，研究现在之计划，发展未来之事业"。5月3日，刘湘在成都举行全川生产建设会议，除各县建设科长出席外，还邀请中国工程师学会考察团团员25人参加，主要议题有生产建设与善后、减免捐税、教育、金融等4项。5月7日，考察团按考察内容将会员分为9组，有矿冶组、水利水力组、电力电讯组、铁路公路组、水泥组、盐业工业组、纺织工业组、油气工业组、制药工业组等，分门别类进行考察。经一月余考察，陆续回到重庆，各组委托专人将考察结果编撰成专题报告，交由刘湘的四川督办公署着手进行经济建设时参考。由于四川政治、军事形势发生了巨大变化，徐向前领导的红四方面军在川陕边区的革命根据地日益扩大，势力最盛时，曾波及整个川东北地区。1934年10月，中共中央和红军主力开始战略大转移，从赣、闽等省进入川、黔地区，经川康地区向西北长征。同时，日本帝国主义开始扩大对中国的侵略活动，侵华战争迫在眉睫。在这种形势下，蒋介石为达到既消灭共产党领导的工农红军，又削弱地方军阀势力并进而统一四川的目的，开始派遣参谋团和中央军入川，四川政局呈现错综复杂的局面。因此，考察团提供的多项建议只得到部分实施。

（二）省政府制定《四川三年建设纲要》和《四川后方国防基本建设大纲》

1937年5月，四川省政府制订并颁布《四川建设三年纲要》。"纲要"共分十大部分：①辅助中央完成国防建设，分为整理军队协助垦荒（使国防建设与生产建设有调节互利的效果），实施社会军训、培养国防基础，筹备战时防空、普及防空知识；②整饬警卫，巩固社会秩序；③禁毒防病，增进人民健康；④整理财政，改革征收制度；⑤整理地政，增加土地效用；⑥改进生产，增加社会富力；⑦发展交通，辅助生产建设；⑧改进金融，发展各项产业；⑨改革教育，适应建设需要；⑩革新县政，改进人民生活。

后因全民族抗战爆发，上述各项已不适应战时需要，乃重新拟定建设大纲。同年9月，省政府颁布《四川后方国防基本建设大纲》。其主要内容为尽量发展五大资源（动力资源如煤、石油、水力；金属资源如铁、铜、锑、金、铅、锌；化学资源如硫、硝、盐；粮食资源如米、麦、杂粮；服装资源如棉花、羊毛、皮革）；创立或扩充八大工业（钢铁部门、炼铜部门、兵工部门、机器部门、基本化学部门、水泥部门、纺织部门、伐木部门，附设造纸厂）；修筑三大铁道（成昆铁路、成宝铁路、成渝铁路）。由于国民政府迁都重庆，东部大工业随即内迁，这个大纲均成为西南战略建设规划的组成部分。

二、国民政府经济战略大转移——东部工业大规模内迁

1937年七七事变以后，由于战局恶化，作为大后方的四川迅即为沿海省分大批工厂内迁创造条件。8月10日，国民政府行政院召开第324次会议，通过资源委员会呈报的搬迁提案。8月11日，上海工厂迁移监督委员会成立，资委会成员林继庸任主任委员，随即协同民间企业家，成立上海工厂联合迁移委员会（后改为迁川工厂联合会），负责沿海沿江工矿企业内迁工作。1938年，国民政府军事委员会、资源委员会决定成立工矿调整委员会（后改称工矿调整处），也组成上海工厂联合迁移委员会。东部工业大规模内迁，构成我国工业布局的一个重大的变革。自全民族抗战爆发，沿海沿江的民营厂矿，如渝鑫钢铁厂、顺昌机器厂、大公铁工厂、天原电化厂、龙章造纸厂等40余家企业率先迁移重庆。

1937年8月12日～11月12日，在上海工厂联合迁移委员会和工矿调整处共同努力下，共迁出民营工厂148家，工人2100多名，机器物资12400吨（未迁出上海的工厂有2270家），先后动用499艘木船和少量轮船，冒着日军飞机的轰炸，通过苏州河和长江进行艰难搬迁装运。1938年1月，在武汉养病的四川省政府主席刘湘，与建设厅长何北衡、实业家胡光庶商谈并指示省政府，在各方面给内迁企业提供便利和特优待遇，协助购地建厂，免除印花契税30%，后来减为50%。省政府命令相关部门提供水运协助，四川方面紧急动员1200余艘民船参与迁川工厂、人员的运输。

内迁工厂的第一步先迁武汉，截至1938年2月，迁到武汉的工厂实有121家。第二步再迁四川，迁川企业于1938年4月28日成立迁川工厂联合会，选举颜耀秋、庞赞臣为正副主任委员，马雄冠、林美衍、余名钰、吴蕴初、李奎安、胡西园、庄茂如等为委员。他们为迁川工厂的搬迁、重建做了艰苦细致的工作。

1938年10月，在华中会战、武汉失守，宜昌面临严重威胁的危急时刻，数十万工人、技术人员和堆积如山的物资设备亟待抢运入川。负责这次"宜昌

大撤退"的总调度是民生公司总经理卢作孚,当时他被任命为交通部常务副次长兼军事委员会下属的水陆运输委员会主席,负责调度指挥长江的一切民用船只。但航行川江的仅有民生公司22艘轮船及2艘外轮和1艘招商局的轮船,全部运力只有5000吨左右;在运力严重不足的情况下,不得不征调1000余艘民船协同运输。为了抢在枯水期前的数十天内将大型机器设备装船上运,卢作孚采取缩短航线、分段运输的办法,以争取时间。他将川江航路分为宜昌至三斗坪、三斗坪至万县、万县至重庆,各段分别由专轮抢运,重要物资则另有专轮直达重庆。运输船冒着敌机的狂轰滥炸,夜以继日地抢运战略物资,终于在1939年6月宜昌沦陷前,将囤积的20万吨物资设备和数十万人员全部运送到四川,这些战略物资对于日后大后方的工业建设起了关键作用。这次抢运行动在中国航运史上写下光辉的一页。

据工矿调整处统计:到1940年6月沙市、宜昌失守时,沿海沿江迁入四川的民营工厂共计245家,物资总约9万余吨。这批迁川厂矿企业分属的行业系统是:冶金工业1家,机械工业103家,电气工业18家,化学工业40家,纺织工业23家,食品工业10家,教育用品工业32家,其他工业14家。迁川厂矿主要来自上海(104家)、汉口(90家)、南京(10家),其余来自南北各省。迁移地址90%以上均在川东重庆、巴县一带,少数在成都和川西各县。

1939年1月20日,汉口申新第四棉纺厂内迁重庆南岸开工生产,是四川的第一家现代化动力机器棉纺织厂。抗日战争爆发后,武汉、沙市、郑州的棉纺厂先后内迁四川,与申新四厂同时内迁的还有郑州豫丰和记纱厂、武昌裕华纱厂、汉口军政部临时军用纺纱厂、湖北沙市纱厂、西安大华纱厂等,共内迁纱锭14.2万枚、布机870台。内迁厂除大华纱厂在广元建厂外,其余都在重庆、长寿。此外,军政部第三被服厂武昌制呢分厂于全民族抗战初期也迁来重庆,有毛纱锭2220枚。

兵工企业的内迁由兵工署负责,作出了根据战况分期内移的决定。全民族抗战初期,已在重庆建设新的兵工生产基地,一部分东部兵工厂先迁西安、武汉、广西。1938年徐州沦陷后,西安、武汉、广东兵工企业受到威胁,大部内迁重庆,少数迁移广西、云南、贵州。根据国民政府军事委员会的统一部署,1938年4月,广东第二兵工厂迁到重庆郭家沱建厂(后改为第五十兵工厂),济南兵工厂由西安再迁重庆,在王家沱建厂(后改为第三十兵工厂);1938年6月,钢铁厂迁建委员会、炮兵技术研究所及炮弹厂、枪弹厂陆续迁到重庆,分别设厂投产。钢铁厂迁建委员会在大渡口征地,建立了后方最大的钢铁联合企业;1938年8月,上海炼钢厂由汉阳再迁重庆,在大渡口建厂(改为第三兵工厂)。武汉失守后,兵工企业开始第三阶段内移。1939年12月,巩县兵工厂从湖南长沙迁到重庆;1940年春,汉阳兵工厂从湖南辰溪,再迁重庆,在鹅公岩设厂(改为第一兵工厂);1940年10月,汉阳火药厂从湖南辰溪迁到重庆巴县纳溪沟设厂(改为第二兵工厂)[①]。

三、在军阀混战中遭受摧残的四川工厂、企业

抗日战争前的四川近代资本主义工业,在解除清朝专制主义统治镣铐之后,一度获得自由发展,但不久即陷入军阀混战的旋涡。四川近代工业本身先天不足,又受长期战乱的蹂躏,呈现畸形、脆弱、发育不良的状况。

(一)工厂企业受到战乱摧残、驻军劫掠

自1917年刘存厚与罗佩金、戴戡成都之战开始,到1934年刘文辉败退西康为止,四川战乱长达十七年,大小战役477次,人民生命财产惨遭荼毒蹂躏,四川工业,特别是缺乏政治依托的民营工业受到巨大破坏,"川北顺庆、潼川等县,丝厂多为战场,宣告破产"[②]。成都启明电灯公司经两次成都巷战,输电设施共损失七万余元[③]。

1918年,黄复生任川东道尹兼援鄂总司令。为扩充军队、搜刮饷馈,对重庆江合煤矿进行掠夺摧残,派兵占领公司,将公司基建现款尽数提去,变卖存煤、生产设备。此外又以漏税、通敌罪名,课以巨额罚款,该公司共计损失30万元。1920年,川军第一、第二军相继接管公司,两三年间,公司财产被洗劫尽净[④]。

在长期军阀混战中,盐都自贡成为争夺重点。1920年,在各军阀进驻自贡期间,打劫盐僦,敲诈盐商,凡资本雄厚的业盐之家,均遭反复洗劫,十余年

---

① 王国强:《中国兵器制造业发展史》,台北黎明文化事业股份有限公司1987年版,第109页。
② 《四川军阀史料》第二辑,四川人民出版社1983年版,第219页。
③ 赵星洲:《成都启明电灯公司剖析》,《四川文史资料选辑》第二五辑。
④ 李静轩:《清末江北厅人民从英商手中收回矿山主权的胜利斗争》,《四川文史资料选辑》第四辑。

间，现金货物损失数千万元①。

桐君阁药厂自1908年开业后，由于经营有方，对顾客"货真价实""童叟无欺"，从1912年到1921年每年赢利5000~7000元，眼见企业蒸蒸日上，但由于各方军阀敲诈勒索，药厂承担军饷杂款多且重，"不仅历年盈余垫付一空，而且不得已向银行钱庄挪借的数字愈来愈大，每月还本付息，简直穷于应付。到1923年底止，挪借的外债已达2500余元"，使药厂陷于山穷水尽的绝境②。

重庆允丰正酒厂是一家历史悠久的企业，所产"仿绍酒"，在省内外享有盛誉。1921年开始，该厂成为军阀敲诈勒索的对象，川军朱召南部烟酒专卖局长王用久，以允丰正存货未完税贴照为借口，勒索银3万余两。杨森第二军专卖局长向时俊借故逮捕股东陈同波，处以笞刑，并被罚款数千两。"允丰正经此重创，生产停顿三年。"③这给先天不足的民族资本主义以沉重的打击。

（二）民营企业遭逢地方军阀巧取豪夺

在军阀混战期间，军队从清末的1万余人，急剧膨胀到60余万人，各派军阀为了维持日益庞大的军费开支，对包括民族资本主义工业在内的四川各行各业，实行横征暴敛。正税榷额不断增加，新增名目繁多的附加税多达99种④。其中，盐捐、纸槽、矿捐、茧捐、丝捐、机捐、船捐、丝车捐等，直接课于各类工业⑤。

以盐业为例，在不断增加正税榷额外，又大抽附加税，"初尚取之有限，每盐一儎或数十元以至一二百元为最多者，复乃逐次加强至七八百元而及一千数百元，几超正税而过之也"⑥。特别是对销量占川盐50%左右的济楚盐课以重税，富荣盐每百斤在沿江各卡完纳的税款高达10元，而成本不过2.5元，税率达400%⑦。1917~1935年，四川各派军阀在川南、川北各场和泸州、重庆等销岸掠夺的盐款，超过两亿元。每年平均税额为1000余万元，高于清末最高榷额

---

① 宋良曦：《四川军阀对自贡盐商的劫掠》，《四川井盐史论丛》，四川省社会科学出版社1985年版。
② 陈席璋：《重庆桐君阁药厂的今昔观》，《四川文史资料选辑》第四辑。
③ 卢澜康：《我所知道的重庆允丰正》，《四川文史资料选辑》第四辑。
④ 《解放前四十年之四川财政》上编卷二，第106页。
⑤ 吕平登：《四川农村经济》第13章，1936年，第492~500页。
⑥ 吴炜：《四川盐政史》卷一。
⑦ 吴炜：《四川盐政史》卷八。

（600万两）67%①。全川27个盐场大多井停灶歇。实力雄厚的自贡盐业也面临大厂缩减井灶、小厂纷纷倒闭的困境②。

其他各业，也难以幸免。1918年，"重庆川江轮船公司，因苛捐杂税太多，军运频繁，宣告停止营业"。遂宁等县商会，不胜苛扰，自行解散③。内江糖业，为军阀争夺对象，"每换一个军阀，必定要增捐筹饷，而糖税的预征一年或数年乃至十数年，其他捐款还名目繁多，无一不是以糖房、漏棚为对象"④。20世纪初创办成功的烛川电灯公司，由于军阀苛索和无偿用电而濒于倒闭⑤。民族资本主义工业受到苛捐杂税的沉重打击，无法得到应有的发展。

此外，对工厂、企业赖以生存的商品流转领域的控制和掠夺亦空前沉重。四川大小军阀，各据一方，遍设关卡，层层搜括。据有关资料记载：

几无物不有税，无地不设关卡，凡一物之输入输出，动辄纳税十余次或数十次不等。……水道方面由资中至渝仅数百里，而关卡则有二十一处，白糖一包须纳税二十二元五角二分。重庆至绵州不及千里，其关卡则多至七十余处，运杂药一包（重五百斤），除正税外，须征四十余元始可达到。又由平武姚家渡至重庆，经过的关卡多至九十处，运成本银二千两之大黄当归，须纳税一千九百余元。陆路方面，由渝购买仅值百元之货，经川北运往成都，仅八百二十里，其关卡多至五十余处，纳税竟多至百元左右。⑥

对农工商各行业杀鸡取卵似的掠夺政策，导致社会经济日益萎缩，进而使民营工商业丧失原料市场和商品市场，危及自身的生存和发展。

第四节　四川工业的基本状况

1934年以后，军阀混战基本结束，四川政局趋于稳定，社会经济得到一定

---

① 《四川军阀史料》第一辑，四川人民出版社1981年版，第348页。
② 吴炜：《四川盐政史》卷三《灶户》。
③ 《四川军阀史料》第二辑，四川人民出版社1983年版，第219页。
④ 余农治：《反动统治时期的内江糖业》，《四川文史资料选辑》第九辑。
⑤ 傅友周：《记重庆电力股份有限公司》，《四川文史资料选辑》第四辑。
⑥ 甘绩镛：《四川防区时代的财政税收》，《重庆文史资料选辑》第八辑。

程度的恢复和发展，四川工业开始缓慢地复苏。但是，受到诸多限制的民营工业仍然没有多少回旋余地，无法改变自己的命运。

一、企业统计标准

有关战前四川工矿企业的情况，自20世纪30年代以来即不断有人做过调查研究，成果散见于各种官私著述。但是，由于工矿企业本身的情况复杂，材料零碎，加之论者对近代企业的标准和调查着力点不同，因而各种著述记载内容颇不一致，基本统计数据又不精确、不全面，给研究工作带来了很大的困难。笔者认为，要弄清这一时期四川近代工业的基本情况，首先需要确立一个近代四川企业的统计标准。考虑到四川资本主义严重的先天不足，严格地说，四川大多数企业只是手工业工场水平的实际情况，因此，在统计四川近代企业时，按照国民政府《工厂法》的雇工30人以上的标准，就应当既包括采用机器原动力的企业，也包括手工业工场。但对于规模小、雇工少的手工业作坊，却不在统计之列。

笔者对近代四川工矿企业的基本统计依据，主要是原中国西南实业协会主编的《四川工厂调查录》[①]，原四川省政府编纂的《四川省概况》（1939年印行）。这两种资料对四川近代企业的统计有不少的错漏，笔者又根据解放前出版的数以百计的经济论著和报刊资料作了尽可能翔实的补正，尔后分门别类，制作了战前四川28个部门企业统计表，记录了1937年抗日战争爆发前四川各类工矿企业715个。其中，开办于1918年以前的132家，占企业总数18.5%；开办于1918～1937年间的583家，占企业总数的81.5%。可见，大多数企业都是在第一次世界大战之后到第二次世界之前开办的[②]。

关于战前四川715家工矿企业这个统计数，占前述1937年国民政府实业部核准全国登记的工厂3849家的18.57%，这个比例对于一向被目为内陆闭塞地区的四川而言，似乎高了一些。但是，如果不仅考虑大机器工业的发展状况，还要从四川手工业工场的数量和规模着眼，工厂的标准就不能整齐划一，上述统计反映了这一实际情况。考察四川工业的部门结构，可以解决这个问题。

---

① 《经济建设季刊》1942年10月，第一卷，第3期。
② 张学君、张莉红：《四川近代工业史》，四川人民出版社1990年版，第212～295页。

二、四川工业的行业结构

（一）企业性质

四川民营工业资本大多集中在缫丝、棉纺织、制盐、造纸、印刷、日用化工、食品加工等业。在航运、采矿、机械、制造等重工业中，民族资本也有一定程度的增长，但在整个重工业中，所占比重不大。战前稍具规模的缫丝、丝织企业共50家，截至1933年，地方军阀官僚资本侵蚀缫丝和丝织业之前，除官方濬川丝厂和日商又新丝厂外，基本上属于民营资本。战前棉纺织业117家，除掉官办三峡织染厂外，均为民营资本。制盐业以自贡为主要基地，截至1930年，自贡盐厂使用蒸汽采卤机车94部[1]，同一时期，犍为盐场亦有采卤机车5部[2]，这些机推井的井、推户均为民营资本。规模较大的全省造纸印刷企业34家，除去军阀投资的诚信印刷公司、法商投资的法新印刷局、美以美教会主办的博文印刷馆外，其余31家基本上属于民营资本企业。面粉、碾米、玻璃、制革、电池、火柴、瓷器、陶器、制药、肥皂等企业基本上属绅商投资开办的企业。

此时，在电力、冶金、机械、煤矿等重工业中，民营资本也有相当程度的增长。不少部门商办企业总数还占据优势地位，但是，资本额则远逊于军阀官僚资本。如电力工业，1937年以前，四川共有电力企业60家，商办企业48家。五金、机械、翻砂企业90家，商办企业达84家。煤矿企业16家，商办达14家。

（二）资本数额

从资本总额看，商办企业一般资本微少，数额在数千到数万元之间，很少达到数十万到数百万元的。如棉织业，除裕华棉织厂集资300股，并收到大量存款，资本总额达60万元之外，其余厂家均在5000～20000元之间[3]。商办火柴企业30家，仅有3家超过5万元。商办电力企业在整个电力企业中，所占比例不大。战前四川电力工业资本总额约为622万元[4]。民营资本（有统计数的39个商办电力企业合计资本额）为244.6万元。在84家商办五金、机械、翻砂企业中，

---

[1] 吴炜：《四川盐政史》卷二。
[2] 柯愈文：《五通桥盐场采卤动力的演进》，《五通桥盐业史料选辑》第三辑。
[3] 中国银行总管处经济研究室编印：《重庆之棉织工业》，1934年，第27页。
[4] 战前60个电力企业，其中48个企业有统计数，合计资本为618万余元。12个县属小企业无统计资料，以同类企业资本额3000元计之，共为3.6万元，以此数加618万元为621.6万元，四舍五入得出战前四川电力企业资本总额约为622万元。

5万元以上的大企业只有13家。煤矿业中，凡资金雄厚、开采设备先进者，均为军阀官僚投资，"民营矿场则多半以土法开采"①。由此可见，无论在轻化工业或重工业方面，绅商所办民营企业均处在资本微弱、实力脆弱的地位。

（三）经营状况

由原手工业工场向近代企业转化的企业，一般分布在传统手工业经济区，如井盐企业，主要分布在自贡、犍为、乐山地区，以及川北、川南一些井盐产地；缫丝、丝织企业主要分布在成都、重庆、乐山、南充、绵阳、合川等蚕丝产地；制糖企业主要分布在内江、资中、富顺等甘蔗产地。受外国资本主义影响开办的新式企业，由于受到进口原料、机器设备的限制，一般集中在川江沿岸重庆一带；一部分原料可自给、劳动力密集型轻工业也向成都等川西城市聚集。四川民营企业在原料的购买、产品的销售、设备的更新方面有许多困难，而地方军阀、买办洋行却利用民营工业的这些困难，趁火打劫，加深其困境。

从缫丝业看，由于遭受军阀掠夺摧残和洋商买办的盘剥以及生产和销售方面的严重问题，它在发展道路上坎坷不断、困难重重。全川铁机丝厂，连同稍具规模的旧式作坊在内，共达100余家。其中以重庆11家铁机缫丝厂生产条件最为优越，它们面临的问题是：

收购原料障碍重重。每年产茧季节，各丝厂派员携带现金去川北三台、南充、射洪、盐亭等县收购蚕茧。因战乱频仍，盗贼蜂起，丝厂现金往往遭受抢劫。改为运货去川北销售、得现金付茧款办法后，又遭受军阀禁用云南半元银币的打击，使丝厂蒙受巨大损失。丝厂将茧运回重庆，沿途关卡林立，苛捐杂税多如牛毛，大大加重了生产成本。

生丝运销外洋的重重损失。重庆生丝运往上海，存入丝栈，议价出售，洋行买办乘机操纵价格，上下其手，使川丝受到沉重损失。1932年同孚丝厂经理黄勉旃与怡和洋行谈判交易，按当时国际价格，川丝除去出口运费外，每担应划申价669.72两，而洋行只给620两还价。丝厂除价格上的损失外，还有各种杂费开支。"向例由丝栈代售生丝一担，佣金及洋行开支、公量、检验、改包布袋数种及摇条，照七折合价，每担约费银十二三两，且过磅后向例迟期十天付款，丝号倘与洋行直接交易，只认公量费每担二元，其余皆无过磅付款不延日

---

① 中国人民解放军西南服务团编印：《四川省电工矿业》，第3~4页。藏重庆市图书馆。

期，以是比较，每担亏损不下二十元。"①其他如过磅时短秤损失尚不在内。

四川井盐业面临的主要问题有：制盐生产设备大多陈旧过时，由于多数井灶户资金困难，无力更新生产设备，因而阻碍了劳动生产率的提高；在制盐燃料方面，除富荣盐场以天然气作为主要燃料外，其他各场均需购买煤炭或柴草做燃料，由于途程遥远、资金困难，常有缺少燃料之虞；井盐生产所需生产资料，大多采购于外地，所产食盐又需运往省内外销售。由于兵匪骚扰，道路不靖，运输工具落后，采购与运销阻碍重重；由于币制混乱，通货膨胀，企业在购进原材料和销售产品方面均遭受严重亏损，难以盈利。

（四）经营环境

四川民营工业无法抗拒国际市场和国内政治局势对它的强大影响，它好似浩瀚大海中的一叶扁舟，注定要在狂风巨浪中挣扎前进。

1912～1939年，四川生丝出口情况可分为两个不同的发展变化阶段。第一阶段从1912至1929年，除个别年份有较大反复外，生丝出口量大体保持上升趋势，从1912年的7762公担，上升到1929年的17516公担。由于全国生丝出口量在这些年有较大的摆动，因而，四川在全国出口总量中的比率未能显示出与绝对增长率相似的图示。第二阶段，从1930至1939年，除个别年份有少量变化外，生丝出口量处于急剧下降状态，从1931年的9103公担，下降至1938年的414公担，在全国生丝出口总额中的比重，从最高年份的19%，骤降至1938年的1%。1939年虽稍有回升，但已成强弩之末。

四川生丝出口情况的两次大变化都是受国际生丝市场直接影响的结果。第一次世界大战前后，由于各资本主义国家，特别是日本垄断资本转向军需品生产，暂时放松了对生丝市场的争夺，使中国生丝稍占优势。1923年，在国际生丝市场占80%的日本生丝，因受国内大地震的影响产量锐减，中国生丝在国际市场上出现供不应求的畅旺局面。川丝年产3万多担中，经上海口岸运销欧美各国的约15000担，省内销售3000～10000担，经云南帮运销印度、缅甸的约5000～6000担。缫丝业得到前所未有的发展时机。

但是好运不长，1931年受资本主义经济危机的影响，缫丝企业面临困境。1931年前后，日本生丝采取低价战术，压倒中国生丝；西方各国又先后研制出人造丝，批量生产，充斥市场；造成川丝生产过剩，价格狂跌，"每担价值380

---

① 温少鹤：《回顾重庆生丝输出业》，《重庆工商史料》第一辑。

元"①。国内市场又因军阀混战,销路锐减。省内外积滞不售的川丝达6000担之多,如谦吉祥丝厂存丝1000余担,息累日深,后来丝价惨跌,亏损即达一百数十万元。许多丝厂无力撑持,相继倒闭②。如南充丝业,从此一落千丈,再也不能恢复元气③。潼丝"销场阻滞,丝厂陆续宣告破产,而停业者不下20余家,隆和、懋源、吉泰、谦吉祥、德厚长与时昌等,皆其最著者也"④。

三、民营企业的生存状况

(一)发展机遇决定企业成败

从历史悠久的井盐业而论,由于四川军阀的掠夺和摧残,川盐销区逐年缩减,积盐如山,全川20个盐场在生存斗争中,大多衰疲不堪。只有生产条件较为优越的富荣盐场保持继续增长的势头。犍为、乐山两场生产稍有缩减,其他各场所受损失十分严重。根据1929年统计:富荣盐场1914年有盐火井960眼,火灶4584口,炭灶88口。1929年,东场有火井304眼,盐井147眼,火灶4645口,炭灶208口;西场火井163眼,盐井114眼,火灶3134口,炭灶68口,比较1912年盐井减少而盐灶增加,只因盐崖井产量较多,而火井复旺,烧灶亦众。

火柴业是四川近代新兴工业之一,20世纪初曾得到一定的发展。第一次世界大战中,外国火柴输入量减少,四川火柴畅销,绅商纷纷创办火柴厂,仅1920年一年中,就新设厂家23家之多,产量大大提高。但是,随着大战结束,欧洲、日本火柴卷土重来,特别是1927年以后,瑞典与日本火柴产量猛增,降价销售,使基础薄弱、技术陈旧的四川火柴企业陷入苦难的深渊。随后,外商从输出火柴转向输出资本,在中国各地建立火柴厂。加之1933年国民党政府颁布新统税税章,进一步将四川火柴企业推向绝境。1934年,四川火柴厂降至34家,资本总额仅为498.1万元⑤。

再看棉织业:20世纪初,新兴棉织企业有了一定程度的发展。第一次世界大战中,洋布来源骤减,给棉织工业以极好的发展机会。各地广泛采用改良织

---

① 谢澄、李人杰:《南充蚕丝概况》,《建设周刊》第十卷,第23~26期合刊。
② 温少鹤:《回顾重庆生丝输出业》,《重庆工商史料》第一辑。
③ 谢澄、李人杰:《南充蚕丝概况》,《建设周刊》第十卷,第23~26期合刊。
④ 钟崇敏、朱寿仁:《四川蚕丝产销调查报告》,中国农民银行经济研究处1944年版,第172页。
⑤ 中国经济情报社编印:《中国经济论文集》第一集,1936年,第67~69页。

机织造幅面较宽的土布，畅销各地。如璧山土布，行销永川、荣昌、隆昌、泸县、江津、綦江、合川、宜宾、古宋、古蔺、广安、岳池、武胜、梁山、垫江各县；遂宁土布行销滇、黔、湘、鄂各地区。商贩专于渝叙两地设庄，名曰府客。南充土布运销阆中、巴中；资阳土布行销雅安、天全；南溪土布分销于雷波、马边、屏山各县①。

以重庆为中心的棉织业，在欧战期间获得了更为迅速的发展，拥有10台以上的铁轮机厂达到30家。其中，1919年开办的就有4家。发展最为迅速的是廖荣光经营的裕华棉织厂，1926年拥有织机160台，战前已达到1300余台，其他各厂一般拥有铁机数十台②。

1931年以后，受世界资本主义经济危机影响，四川棉纱、棉布市场逐渐受到日货的竞争。申汉各厂驻渝分销初有7家之多，为保持竞争力，不惜血本，提高棉纱质量，每小包加重0.625~1.125磅，以吸引客户。重庆各厂为抗衡外货，不得不如法炮制，如裕华厂同一纱支每小包加重1.5磅，尽管如此，裕华厂仍然无法抵制价廉物美的日本棉纱、棉布，"自民十四五（1925、1926）以来，棉布输入，转形增加。……降至抗战前夕，遂达二百万匹之高峰。此种布匹输入激增现象，主要系缘于日货之倾销，于是川康自产布匹不足相与竞争，乃不得不缩小生产规模或迫而停止。民国二十五至二十六年（1936~1937）……而机房停止之众，势同风潮，例如成都市大小机房二十四年达五百余家，二十五年歇业剩存五分之一；合川机房三百余家，二十五年减余十分之一；重庆市织机数自四千一百八十七台减为一千九百五十三台"③。

以内江为中心的四川蔗糖业，亦深受洋糖入侵之害。第一次世界大战以后，日本等国洋糖大举占领川糖在长江流域的销区，内江糖业急剧衰落，从20世纪初到1934年，年产糖清从100万斤下降到59万斤，年产白糖从240万斤下降至114万余斤，年产桔糖从360万斤下降至240万斤，年产水糖从250万斤，下降至170万斤，年产冰糖从40万斤下降至16万斤，年产煮货（蜜饯）从30万斤下降至14万斤，糖房从1400余家下降至940家，漏棚从1000余家下降至730余家，冰

---

① 《农本月刊》第58、59期合刊，第26页。
② 中国银行总管处编印：《重庆之棉织工业》第1章《沿革》，1934年，第3~6页。
③ 毕相辉：《川康棉纺织业发展史简述》，《农本月刊》第58、59期合刊，第27页。

铺从160余家下降至28家①。

面临重重阻碍，大部分企业缺少生机，长期处于停滞、萎缩状况，仅能维持很低的生产力水平，甚至破产倒闭。

以棉织业为例，四川棉织业从19世纪晚期到20世纪20年代，虽然经历了从丢梭木机到扯梭木机，再到铁轮机的技术变革过程，棉布产量和质量均有大幅度提高，但是，直至1930年以前，棉织技术不仅未进入机器生产的行列，相反多数企业生产力水平还在下降。以四川棉织业中心重庆市而论，1932年以前，全市拥有铁轮机的企业为161家，1935年下降为142家，铁轮机总数从1932年以前的1852台下降为1935年的1042台②。即以重庆最大的裕华织布厂而论，其资本额达到60万元，工人738名，织布机305张，毛巾机120张，织袜机24张，但均系手工操作的木机或铁轮机，并无电动织布机和机器锭子。

从内江糖业看，由于军阀的掠夺与摧残，糖业生产只能维持糖房、漏棚的传统手工业生产，技术得不到改进。制糖工艺的中心环节在榨蔗方面，截至1930年以前，仍有相当数量糖房用木辊人推，稍有改进者用大木辊牛力推挽，效率低下，糖的榨取率极低。蔗糖的加工采用高温蒸发多次提炼，工序繁多，不利于糖的精制和大规模生产③。由于欧美、日本、南洋各国机器制糖业勃兴，四川糖业大受打击，从19世纪后半期主要输出国的地位（1880年输出蔗糖10万吨），降至第10位以下④。

从川江航运看，自20世纪初开始，民营资本即投资开办轮船公司，先后有8家商办轮船公司经营川江客货运输。但是，由于所购轮船质量低劣，航运技术不精，川江险滩林立，轮船失事频频发生，自1910年以来，先后有9艘轮船发生损坏或沉没事件，有的轮船公司失事达3次之多。此外，商办轮船公司又频遭匪祸、强拉兵差，为维持营业，不得不依附外国公司，在轮船上悬挂外国旗，付给昂贵的挂旗费⑤。商办轮船公司遭到种种打击而一蹶不振，外国资本则乘机打入川江轮船航运，形成垄断之势。

---

① 《四川蔗糖产销调查》，第44~45页，《嘉陵江日报》1934年7月9日，《内江糖业之衰颓》。
② 重庆中国银行：《重庆之棉织工业》，1935年，第86~88页。
③ 王东伟：《解放前内江制糖业概况》，《四川文史资料选辑》，第35页。
④ 中国农民银行经济研究处印行：《四川蔗糖产销调查》第2~4页，民国30年11月。
⑤ 邓少琴：《近代川江航运简史》，第119~120页。

再看四川矿业，四川煤矿、五金各矿素称丰富，19世纪末至20世纪初，绅商基于爱国热忱，曾纷纷投资开办矿业，但是，由于资金不足，经营方式落后，截至20世纪30年代中期，各矿厂主要使用的开采方式和冶炼技术，仍是传统的方式和技艺，偶有机器的购置，由于缺乏技术人才，不能发挥应有的效益。

（二）在军阀、官僚体制夹缝中挣扎

四川民族资本主义深受地方军阀和1934年以后入川的国民党中央势力的政治压迫和经济掠夺。不少企业为摆脱困境，不得不对地方军阀和国民党中央势力采用既屈从又斗争的手法，以求得一线生机。但是，除少数企业在这种策略战中取胜外，多数部门和企业仍不能避免破产和被吞并的命运。

1918年以后，川江航运业受军阀掠夺、摧残之苦，商办轮船公司大多破产、停业。卢作孚目睹了这一现实，深知要兴办和发展实业，必须学会与军阀官僚周旋，化害为利。卢作孚开办民生轮船公司时，川江要道合川是28军师长陈书农的防区，重庆是21军刘湘的防区，而北碚是两个防区的交界处，土匪出没，拦劫商船、杀人越货时有发生。为了打通航道，卢作孚首先争取陈书农的支持，尔后结交了刘湘亲信何北衡、刘航琛，并通过政客陈学池的推荐，与刘湘结上关系。在21军、28军的支持下，卢作孚促成了合川、巴县、江北、璧山四县联防，成立峡防局于北碚，并亲任峡防局局长。尔后，他建立一支武装峡防部队，消除了峡中匪患，使民生公司轮船得以畅行渝合线上。

为了进一步发展川江航运，建立渝碚航线，卢作孚趁1929年刘湘打败杨森，控制全局时，进一步密切与刘湘的关系，得到川江航务管理处处长的要职。他利用这一职务，以开辟川江航运的名义，成功获得了渝合、渝长、渝碚线的专利权，使民生公司业务蒸蒸日上。在军阀混战中，华轮多被强拉兵差，卢作孚利用职权，呈请刘湘："凡军人拉派船只当差，除付给燃料费外，军人乘船并须按客票价的四分之一购票，且不供应饭。"刘湘为了保护自己防区的利益，批准了这一报告。卢作孚利用派差之便，尽量维护民生公司利益，使企业少受损失。

1934年以后，国民党势力入川，卢作孚又通过各种关系，得到了国民党势力的政治经济支持。他先后担任四川省建设厅厅长、军委会第二部副部长兼农产、工矿、贸易调整委员会运输联合办事处主任、交通部次长等职，成为他发展实业、扩大经营项目的有力保证①。

1932年，胡仲实、胡叔潜弟兄创办华西兴业公司，准备以承包大型土木建筑工程为基础，逐步形成钢铁、煤矿、机械、纺织、建材、铁路、电力、自来水等综合性多头经营集团。为了求得刘湘的支持，他们草拟了《开发华西计划书》，请他支持并参与投资，同时又拉拢刘文辉、杨森等投资入股。刘湘心腹甘绩镛、刘航琛等先后任公司董事长。刘文辉的代表宁芷邨与胡仲实任常驻理事。刘航琛为削弱胡氏兄弟权力，提出不设总经理，由宁、胡执行总经理职权，从而形成犄角之势。胡氏兄弟为抵制地方军阀势力的步步相逼，从两个基本方面加强他们的防线：一是严密控制企业内部的组织和人事权，他们争取傅常、邱甲（刘湘驻京汉代表、公司常驻董事）的支持，以"精兵主义"为盾牌，不让军阀随心所欲地安插亲信；二是控制企业过半数资本，使军阀不能改变企业性质。华西公司开业时资本为25万元，胡氏兄弟将中电的生产设备高价折为10万元投资，又投入3万元现金，共占资本50%以上。1935年，华西增加资本为50万元，用于扩大经营范围，开办工厂。当时，国民党中央势力已入川，开始对四川军阀进行分化瓦解。胡氏兄弟感到刘（湘）色彩太重，于是，主动要求刘文辉、杨森等人投资，造成多头关系；同时又拉为蒋介石所推重的南开大学校长张伯苓入股，使华西公司增加了新的保护色，得以在复杂多变的政治斗争旋涡中左右逢源，求得生存②。

1934年，重庆新丰面粉厂在机制面粉危机中倒闭。新丰厂协理鲜伯良凭借他在江海银行的巨额投资和经理地位（鲜伯良系刘湘亲信，曾任四川善后督办公署医务处主任，任职期间，捞到一笔巨金，投入江海银行，做了该行经理），并得到刘湘系军政人员朱大维（四川善后督办公署财务科科长）、鲜英（曾任川军师长、刘湘参赞）、何北衡（刘湘亲信，川江航务处处长）、贾文琴（21军军医处长）、李汝衡（范绍增师经理处长）的积极投资和有力支持，承担并扩大了新丰厂，改名为复兴面粉厂。鲜伯良任该厂经理，上述军政人员都分别做了董事和监察。复兴厂成立后，随着投资的增加和生产设备的更新，企业生产蒸蒸日上。复兴厂凭借生产经营上的优势和与地方军阀势力的特殊关

---

① 童少生：《回忆解放前的民生轮船公司》，《工商经济史料丛刊》第一辑，文史资料出版社。

② 宁芷邨：《华西兴业公司始末》，《重庆工商史料》第二辑。

系,吞并中小面粉企业,垄断重庆面粉市场,建立粮食商号,掌握小麦供应来源,使它在不长的时间里,成为重庆机制面粉业的霸主①。

总而言之,1918~1937年,虽然面临了复杂困难的社会政治、经济条件,四川工业仍然取得了明显的进步,无论从企业总数、生产规模、资本总额、生产力水平,还是产品的品种、数量和质量等都可以看到这一点。有少数巧于周旋,经营有方的企业,如民生轮船公司、华西公司、四川水泥厂、复兴面粉厂、自贡盐业大场商、嘉乐造纸厂、求新机器制革厂、宝源煤矿、三才生煤矿、天府煤矿等,发展迅速,成为四川近代厂矿企业中的佼佼者。但是,四川大多数企业进步缓慢,生产技术陈旧、落后,劳动生产率低下;资金严重不足,经营方式不能适应历史发展的要求,产品质低价昂,在国内外市场上销路日益减少。因此,这些企业在激烈竞争中步履维艰,不少企业挣扎在生死线上,最终无法摆脱破产倒闭的命运。

四、强势企业的活力所在

在四川民营工业中,确有不少部门和企业以自己顽强的生命力,与命运抗争,化不利条件为有利条件,努力求得生存和发展。其主要表现在:

(一)激发市场竞争的活力

强势企业往往能够在市场竞争中达到最佳状态:谋求改革企业经营方式,增强企业活力;实行产运销联合的多头经营和横向联合;组织同业公会,协调产销关系和市场竞争力。

1924年,四川缫丝业开始组织丝业公会,以重庆各铁机丝厂为骨干,联合产运销各商帮,计有本城丝帮、川南帮、川北帮、合川帮、陕西帮、云南帮以及后来加入的广东帮和上海帮组成横向联合体,"以维持丝业之进行,排除丝业之障碍,研究关于丝业之发展上的种种计划为宗旨",同时说明,这个联合体"既系维持丝业起见,自当不分畛域,凡业丝而区域未在重庆,但必以重庆为转输者均得加入本会,共同扶助,并得享受同等之权利"②。由于丝业公会以川丝集散口岸重庆为中心,将省内各产区和省外销地联合起来,初步形成产运销网络,对维护川丝市场、发展川丝生产起了良好作用。1931年前后,为抵抗

---

① 鲜伯良:《我经营重庆复兴面粉厂的回忆》,《四川文史资料选辑》第四辑。
② 温少鹤:《回顾重庆生丝输出业》,《重庆工商史料》第一辑。

日本生丝对川丝的致命打击，重庆同孚、大有、天福、肇兴、同泰、华康、谦吉祥等大丝厂曾组织"久和公司"，实行联合经营，挽救危机，但仅维持一年即告失败①。

为挽救井盐业衰微破败局面，1927年，富荣盐场盐岩井户范容光、王和甫等率先成立盐岩井办事处，采取轮推办法，以维持产销平衡，由于轮推不均，未能解决产浮于销的问题，因而失败。1930年由盐运使王缵绪出面，合产、运、销商人共同组织公司，并于渝井两地各设川盐银行，以开辟新的投资途径。公司开办数月，产销稳定，并销积盐300余䭾②。

1925年，重庆新丰面粉厂开办后，生产规模很小，仅在汉口向美商购进6×12英寸磨粉机两部和小型蒸汽发电机一部，日产面粉80包。由于机制面粉质地较好，产品供不应求。次年再购进9×30英寸磨粉机两部，日产增至300包。1927年资本额达到10万元。1929年，川丝受世界经济危机的影响，外销断绝，重庆缫丝厂纷纷倒闭。淑和渝丝厂经理邹烈三和渝商杨学优见机制面粉畅销，遂利用他们的厂房、动力设备、资本转营面粉业，建立先农面粉厂和岁丰面粉厂，两厂日产各300包。由于机制面粉价格高于土制面粉，只能供社会中上层家庭消费，三厂日产近千包机粉，超过了需求，造成了三厂产品大量积压，年年亏损。1930年，为解决亏损问题，三厂只好组成三益面粉公司，按"四三三"比例（即新丰占40%，先农、岁丰各占30%）进行计划产销。但各厂乘机降低质量，造成质低价昂的结果，使机粉销路进一步缩小。1934年，新丰面粉厂倒闭，该厂协理鲜伯良接顶新丰厂，改名复兴面粉厂。鲜伯良以江海银行经理身份多方筹集资金，偿还债务，扩大生产规模，改造生产设备，使日产量从300包提高到1000包。利润激增后，又并吞先农面粉厂，改名复兴第二厂，并对它增加投资和进行技术改造，使该厂日产量从300包提高到1200包。为确立复兴厂在重庆面粉市场上的霸主地位，鲜伯良主要在面粉销售和原料市场进行垄断和竞争，通过许多卓有成效的方式逐步夺取了占全市面粉销售额四分之三的市场；又在重庆、合川等地设置粮号，垄断了川北小麦的收购渠道。因此，复兴面粉厂得以在竞争中稳操胜券③。

---

① 温少鹤：《回顾重庆生丝输出业》，《重庆工商史料》第一辑。
② 吴炜：《四川盐政史》第一卷。
③ 鲜伯良：《我经营重庆复兴面粉厂的回忆》，《四川文史资料选辑》第四辑。

1925年，合川县人卢作孚有感于川江航运的萎靡不振，他决心以开辟川江上游轮船航运为目标，首先觅得志同道合的人，成立公司筹备处，辛勤奔走，采取集股筹资办法，募得股金2万元，在上海合兴造船厂定制载重70吨柴油机轮船一艘，造价3.5万元，经多方借贷，凑足船价，该轮于1926年6月开抵重庆。同时成立"民生实业股份有限公司"，宗旨为"服务社会，便利人群，开发产业，富强国家"，规定公司资本总额为5万元，选举董事、监察，由全体股东和董事同意，由卢作孚任总经理，陈伯遵、黄云龙为协理。公司一扫旧式企业衙门作风，仅设办事员6~7人，一人兼任数职，所有职员，包括总经理在内，一律实行底薪制度，总经理月薪30元，协理月薪15元，其余职工月薪一概10元。而对轮船船员则实行高薪制度，以调动其工作积极性。由于卢作孚和民生公司全体职工协力同心、吃苦耐劳，民生轮开航后，大受旅客欢迎，营业兴旺。卢作孚又乘机扩大经营规模，积极吸收股金，增资10万元。1928年购置了第二艘新轮，名"新民"（后改"民用"），增辟了渝泸、渝叙航线。不久，卢作孚又收买了濒于破产的长江轮船公司"顺庆"轮，改名"民望"，加入川江货运。1930年，民生公司开办5年，业务突飞猛进，年年均获厚利，每年分配给股东的红息高达2.5分左右，资产激增至35万元，较初期净增6倍以上。职工人数达到164人。1931年底，有8个商办轮船公司先后并入民生公司，公司轮船数增至12艘，总吨位达1500吨。1932年增至19艘，总吨位7000吨。拥有职工1000余人。至1934年，重庆至宜昌所有华轮均加入民生公司。

除了经营航业外，卢作孚利用管理峡防和川江航业之便，积极投资北碚地区，先后兴办了北川铁路公司、北碚图书馆、北泉公园、中国西部科学院。科学院内分工业化验所、农业实验场、兼善中学、博物馆、三峡染织厂等。这些实业对繁荣重庆经济和文化，起了相当大的作用。特别是三峡染织厂，是四川棉织工业中首先使用机器生产的企业，具有开辟性的意义①。

（二）建立良好的金融信誉

强势企业善于利用金融信贷关系和多种集资形式，开辟资本来源，增强投资能力，为企业的生存和发展创造条件，力求建立可靠的金融信贷关系。

从民生轮船公司的经验看，与各地方、中央银行的密切合作，不断取得足够的信贷资金，是企业成功的一大关键。卢作孚善于利用社会关系，取得扩大

---

① 官商闻：《著名航业家卢作孚》，《重庆工商人物志》。

业务投资的资金来源。他创建民生公司后,金融业主要依靠聚兴诚、川康和和成等银行的支持。业务发展后,卢作孚又通过关系,与实力雄厚的金城银行建立联系,得到了不少的信贷资金。1934年,国民党势力入川,卢作孚又通过金诚银行结识了中国银行总经理张公权。1935年美商捷江公司破产,有7艘轮船拍卖,索价70万元。卢作孚得到金城和中国银行支持,收买了这批轮船,而由两银行做他的后盾,发行100万元公司债券,解决了民生公司购船巨款。卢作孚通过各种途径,广泛联络各种金融机构,为自己发展实业,取得了充足的资金保证①。

复兴面粉厂的建立和改造,也是依靠江海银行和中国银行提供信贷资金保证,分期偿还了原新丰厂的5万元债务,并完成了更新厂内生产设备、扩大生产规模的预期计划②。

1924年,重庆桐君阁药厂被军阀掠夺摧残至山穷水尽时,被迫招募外股,由当时钱帮的连式之投资10000元,才得以继续开办下去③。

(三)扩充股金,增强实力

强势企业善于募集资金,广泛招收新股,让企业充满发展潜力。四川民族资本主义工业,其主体是中小商办企业。商办企业资本,多由商业盈利转化而来,投资者中虽不乏拥资巨万的富商大贾,但多数系中小商人,财力极为有限。要扩大企业生产规模,更新机器设备,在与同业竞争中稳操胜券,就不得不多方开辟资金来源,利用各种社会关系,广为集资,形成股伙众多的新式股份公司。

重庆棉织企业中,较大企业均为合资集股企业,其资本额在数千至数十万元,普遍高于独资经营企业。如裕华染织厂股东达300人之多,资本总额达到60万元,是重庆最大的棉织企业④。

嘉乐纸厂是四川造纸企业中的翘楚,其资本构成采取股份有限公司形式,不断招收新股,扩大企业实力。"此厂创立时,原定集股五万元,以一千元为一股,嗣后属新碱厂以厂房机器作为股本一万元加入,遂有资本六万元。初收

---

① 童少生:《回忆解放前的民生轮船公司》,《工商经济史料丛刊》第一辑,文史资料出版社。
② 鲜伯良:《我经营复兴面粉厂的回忆》,《重庆工商史料》第二辑。
③ 陈席璋:《重庆桐君阁药厂历史概况》,《重庆工商史料》第二辑。
④ 中国银行总管处经济研究室编印:《重庆之棉织工业》,1934年。

到九成，十九年（1930）复办之时，增收附本五千元。二十一年（1932）招新股四千元，均陆续归于改良工作中。"①嘉乐纸厂共有股东325人，拥有资本14万元②。为了维护股权，由股东推举董事3人、监察2人主持财权，推举经理1人，负责厂务。

在商办煤矿中，大型企业如璧山宝源煤矿（资本额23万元）、燧川煤矿（资本额3万元）、江北县三才生煤矿（资本额20万元）、江合煤矿（资本额13万元）、天府煤矿（资本额24万元）、铜梁县裕蜀煤矿（资本额10万元），隆昌县义大煤矿（资本额20万元）均为集资股份企业。如江合公司，是由重庆商民集资60000两购得英商立德采矿机器设备承办，开办以后更集资7万两正式开采。裕蜀煤矿创办于1933年，先后集资10万元，组成股份有限公司。天府煤矿开办于1933年，当时，卢作孚、张艺耘、唐建章等合资修建的北川民营铁路公司，即将竣工。江北县枧槽沟同兴厂、石笋沟又新厂、芦梯沟天泰厂、后峰岩和泰厂、麻柳湾公和厂等商办小煤矿，共同发起，以各矿厂资本作为股份，并邀集民生轮船公司及川北铁路公司投资，于当年6月24日组成股份有限公司，推举卢作孚为董事长，刘宗涛、邓少琴、黄云龙先后被聘为经理③。

（四）维护权益、抵制垄断

维护国家主权和民族利益，抵制国际垄断的控制和掠夺行径；但与此同时，又积极吸取外国资本主义先进技术和输入机器设备，提高企业生产和竞争能力。

在卢作孚开办民生轮船公司前，川江商办轮船公司在军阀和外国轮船公司的排挤、控制、掠夺下，几乎全部破产倒闭。英国太古、怡和，日本日清，美国捷江等公司逐渐垄断了川江航运。卢作孚开办民生公司，其目的之一，就是为了与外国公司争夺川江航权。他曾忧愤地说："扬子江上游，触目可见美、英、日、德、意、瑞典、挪威、芬兰等国国旗，反而不容易见到本国国旗，宁非怪事！……我们凡与海关接洽必须说洋话、用洋文，轮船上称舵工为'瓜大马司'，称管货的叫'太利'，连轮船发出的提货单、船上的航程簿，也用洋文，真成了外国人的天下。"④他任川江航务管理处处长，主要精力放在对付

---

① 中国银行编印：《四川月报》第四卷第4期，1935年，藏重庆北碚图书馆。
② 《四川经济月刊》第11卷第3期，第44页。
③ 《第七次矿业纪要》，第4~5页。
④ 卢作孚：《一桩惨淡经营的事业》，《重庆工商人物志》，第108页。

外商方面。他事先向民生轮船公司职工和码头工人宣传"一致对外，维护航权"的爱国主义思想，同时，又抽调一支峡防部队驻守待命，以防不测。尔后向外轮宣布：凡轮船进口必须向川江航务管理处结关（申报），并接受士兵上船检查；外轮也必须承担兵差损失费用；外轮浪翻中国民船，必须赔偿一切损失。洋商起初对这一命令置若罔闻，可是，当他们的轮船抵重庆后，工人拒绝卸货，他们才着了慌，企图通过地方当局施加压力，没有奏效，这才被迫向川江航务管理处赔礼道歉，并按规定接受检查。于是中国士兵以检查者的身份，第一次登上川江外轮执行任务。

1931年，民生轮船公司业务飞速发展，形成了与外轮势均力敌的强大力量。于是，各外国轮船公司联合起来，对民生公司采用经济战略攻势。它们大幅度降低运价，每包棉纱，由沪运渝，原运价25元，降为2元；100斤药材，原运价6元，降为1.2元。这样的运价，连轮船燃料费也不够。客运方面，不仅大降价，而且还回赠旅客礼物。卢作孚和民生公司全体职工一致认识到洋商的险恶用心，奋起反击。适逢九一八事变，全国掀起抗日爱国运动，各群众团体召开了"收回内河航权大会"，提出"中国人不搭外国船""中国船不装外国货"等针锋相对的口号。卢作孚参与组织"重庆抗日后援分会"，民生轮船公司首先取消了"甲级船员只能由外国人担任"的陈规，实行了"甲级船员不任用外国人，均由中国人担任"的规定，首先任中国人周海清为船长。轮船洋文提货单改为中文，船上职员称谓不用洋文名字。公司还筹款支前，抵制日货，赞助川军出川抗战。这些正义行动，得到各界人士响应，人们自觉不乘外轮，工商业者拒绝外轮的低价诱惑。洋商的低价攻势遂告破产。

（五）善于引进和任用优秀人才

强势企业善于用人、积极招徕经营管理人才和科学技术人才，重视提高企业人员的专业知识水平，使企业不断获得新的活力。与此同时，创造人性化的经营管理，提高企业管理水平和服务质量。

卢作孚创办民生轮船公司，一开始就坚持"用人唯才"原则，提出"一般人才过考，特殊人才过找"的口号。卢作孚深知，要掌握现代航运设备，必须有能吃透这些设备的内行专家。他十分重视专业人才的延揽，如上海合兴造船厂技术权威周海清、船舶设计家张文治、锅炉专家李永成、海商法专家魏文翰、著名引水员金月石等，都被他通过各种方式礼聘到民生轮船公司，担任技术要职，给予优厚待遇。对提高一般管理人员的业务水平，他也非常注意，他先后在北碚开办了水手、茶房、货物管理人员的业务培训班,训练茶房敬茶、添饭、叠衣、折被、洗涤、擦鞋,让货物管理人员掌握货物的验收、保管、发运,直至考试合格,才算结业①。训练内容,除有关方面的基本技术知识和规章制度外,同时培养青年的事业心,当时称之为"民生精神"。卢作孚强调开办民生轮船公司的目的,是"服务社会,便利人群,开发产业,富强国家"。鼓励青年树立事业心,认为"事业之得失,完全把握在自己手上,只有努力斗争,才能使事业不离开自己"。只要"忍耐、苦干,就能成为出人头地的时势英雄"。还提出"服务员可以作经理""船员可以当大副、二副、船主""机舱人员可以当二管轮、大管轮、轮机长",为青年确立奋斗目标。他按照这一精神,在平凡工作中提拔了不少杰出人才。通过各种方式对职工进行招考培训,到1936年,公司有具有各种专门技能的人达到3580余人,占职工总数的93%以上。这就为民生轮船公司在困难的环境中崛起奠定了坚实的基础②。

40年代的北碚街景

卢作孚大刀阔斧地改革了从外轮照搬来的弊端百出的经营管理办法,拟定了能够发挥职工积极性和创造性、处处为客商着想的新的经营管理办法。卢作孚和民生轮船公司与外轮长期竞争较量,结果民生轮船公司不仅没有破产、倒闭,反而更加兴旺发达。外轮在竞争中失败,不得不相继卖船停航,退出川江。

1931～1932年,有8个商办轮船公司并入民生公司,轮船增至19艘,总吨位增至7000吨,职工增至千余人。1934～1935年,民生轮船公司先后收买了意商光耀公司的"光华"轮和美商捷江公司的5艘轮船。据1935年统计,川江航道共有中外轮船80艘,民生公司拥有38艘,英、日商仅拥有10余艘。民生公司在抵制外

---

① 官商闻:《著名航业家卢作孚》,《重庆工商人物志》。
② 童少生:《回忆解放前的民生轮船公司》,《工商经济史料丛刊》第一辑,文史资料出版社1983年版。

商横行川江的斗争中发展壮大了。

（六）不断引进和采用先进技术

凡是获得成功的强势企业，在积极改革生产技术，大胆引进外国资本主义先进工艺、设备，促进企业现代化方面，有许多成功的经验。

以富荣和犍乐盐场为中心的四川井盐业，积极寻求制盐工艺的改进，推广蒸汽采卤机车，探索机器钻井技术，到1939年为止，富荣盐场蒸汽机车基本上取代畜力，而成为井下采卤的主要动力。当时全场"每月产卤50余万担，出自机车推汲者约在十分之八以上"①。1924年，犍乐盐场灶户李绍甫开凿通海井成功，井深卤旺，用推牛50余头也难以起动，于是转而寻求蒸汽机车。他以白银5000两向湖北汉阳向记翻砂厂购运站炉机车一台，试车起推，产卤量倍增。1930年，全场共有蒸汽采卤机车4部②。

内江制糖厂从20世纪初即出现生产技艺改良热潮。1918年，四川省署委派伍所南、廖亨九赴日本购买制糖机器并考察制糖技术。由于川江运输困难，购回的机器设备大部分搁置宜昌，仅运回最小的三轮榨蔗机，未取得明显成效。1930年，蓝田玉在白马庙江家坝开设开元精糖厂，用离心机制白糖，虽因成本高、利润少而停办，却不失为机制糖的开端。1933年，张斯可等发起组织糖业改进会，得到川军21军政务处处长甘典夔的支持，遂与捷克斯洛伐克糖商合作，筹组精糖厂，初定资本250万元，糖户以原料折价入股。由于川战又起，未能成功。

1935年，建源公司代表陈陶生与四川建设厅官员罗诗眼调查沱江流域糖业产销情况。1936年，四川省政府派沈镇南去内江筹划设立机制糖厂。同年8月，建源公司陈陶生、总工程师叶基宁与国民酒精厂汤祥贤亦去内江考察，提出与省政府合组机制糖厂计划。双方商议，资本总额定为1000万元，建源公司承担51%的股金，省政府承担49%的股金。第一期工程，投资两百万元，建立第一糖厂，5年建成5个糖厂。内江糖商惟恐机制糖厂建成后，影响自身利益，派代表赴省请愿，要求自办。建源公司计划受糖商阻挠搁浅，内江的事实说明，手工业生产向近代机器生产发展，必然会遭到习惯势力的阻挠③。

---

① 缪秋杰：《川盐概略》第二章《产制》第二节《采卤》。
② 上述见柯愈文：《五通桥盐场采卤动力的演进》，《五通桥盐业史料选辑》第三辑。
③ 王东伟：《解放前内江制糖业概况》，《四川文史资料选辑》第三十五辑，第186~188页。

四川造纸业虽自20世纪初即出现了生产技术革新的厂家，但大多数企业仍保持传统造纸技艺，维持手工生产方法。纸质得不到改进，价格又无法降低，由于洋纸侵入内地，"因而停槽歇业者颇多"①。1925年，由李劼人等发起，在乐山县成立的嘉乐纸厂股份有限公司，在成都、重庆及乐山分设营业部，主要生产新闻纸，供四川各报用纸。该厂从国外引进较为完备的造纸机器生产设备，购置锅炉4具、蒸汽发电机1部、蒸汽引擎5具、马达20具、造纸机3部、蒸球2部、蒸锅2部、打浆机5部、筛浆机1部、切纸机2部、卷纸机1部、车床3部、刨床2部、钻床1部。由于采用先进的生产技术和机器设备，嘉乐纸厂月产新闻纸4200令，米色纸板15000张，生产效率大大提高，产量居全省各纸厂之冠。1937年以后，由于外来纸不再输川，嘉乐纸厂营业蒸蒸日上，渐次形成供不应求之势。嘉乐纸厂为扩大生产规模，提高产量和质量，又向经济部贷款10万元，向重庆永利、顺昌两机械厂分别定制造纸机器两部及一切配件，于1939年5月试机出纸，纸产量激增三倍，纸质亦大为改观②。

1930年前，四川棉织企业虽然遍布四川各地，总数达到3000家，铁轮机、木织机24000台，年产土布百万匹以上，但是，几乎所有企业，包括领风气之先的重庆厂家在内，生产技术仍停留在手工业工场或者手工业作坊水平。1930年，卢作孚开始对重庆北碚的庙咀棉织厂进行技术改造。他派专人去上海学习先进的棉纺织技术，并订购大批棉纺织机器设备，计有：12匹马力的柴油引擎2部，铁轮机30部，电动织布机6部，捻纱机、导筒机、导纱机各2部，整经机、滤水机、印花机各1部，织袜机20部。同时又招收数十名女工入厂学习新式棉纺织技术，实行严格的管理和计件工资制度。这个机器棉纺织厂被更名为"三峡染织厂"，它的出现，是四川棉纺织工业发展的里程碑③。

重庆求新制革厂是由民国初年的几个手工制革作坊发展起来的。1912年，重庆出现了稍具规模的日新、惠丰、振华三家制革厂。1916年，又相继开办了中华、美实、中兴、复兴等几家制革厂。这些制革厂资金短少，均为旧式手工生产，产量有限，所产熟牛羊皮绝大部分为自用，市场所需皮革仍仰赖上海供应④。1921年，以原来手工作坊为基础，吸收部分外来投资，建立了求新制

---

① 《四川手工纸业调查报告》，《夹江县纸业调查报告》。
② 《四川经济月刊》第十一卷，第3期，第44页。
③ 陈昌智：《旧中国重庆机器棉纺织工业发展初探》，《中国社会经济史研究》1984年第4期。
④ 田三益、陈陞阶：《重庆首创机器制革的求新制革厂》，《重庆工商史料》第二辑。

革厂。该厂股本定为10万元，订购了外国新式制革机器14部，多系进口货，计有：16匹马力座式锅炉1座，砂皮机、压皮机、打光机、抽水机各1部，用马达带动的大转桶3个（每桶每次可洗牛皮20张），并新建烘房、石灰池、单宁池、蓄水池等设施。1922年，开始生产皮鞋、皮件，以后又陆续购置缝纫机20部。1926年增加投资，先后购置了压柯子机、拉皮机和新式打光机等设备。经过改造更新，求新制革厂成为四川10余家制革厂中生产规模最大、设备最新、产品种类最多、产品质量最好的制革厂[①]。

四川商办煤矿，多数采用土法手工生产，但这一时期也有不少企业通过集资方式，使生产设备获得了更新的可能。如璧山宝源煤矿五厂，三、五厂矿道宽阔，均高3.5米，宽3米，可铺双轨运煤。一、二厂矿道较小，高2.5米，宽2米，铺单轨运煤。运输方式为木轨竹车，人力推运。煤矿均为平巷，采煤用长壁法，通风用自然法，排水由平巷口自然流出，照明用电池灯。矿区设施有：锅炉1座、蒸汽机1部、柴油机2部、电机2部、压风机2部、抽水机2部。全矿矿工1200名，日产煤50～200吨。三才生煤矿，4个矿洞均为平巷，采煤用房柱法分层开采，机器设备有：立式和卧式锅炉各一部，45匹马力蒸汽引擎1部，6.6千瓦发电机1部及各种抽风、排水机器等。此外还有炼焦设备，代家沟厂有萍乡式焦炉25座，每炉可容煤13吨；大岩湾厂有萍乡式焦炉12座。全矿矿工2320名，日产煤300吨[②]。很明显，这些煤矿由于机械化水平的提高，劳动生产率较之旧式采煤业有很大的提高。

总之，民国时期，四川工业仍然处在十分缓慢的现代化进程中。1918～1934年，四川处于军阀混战和割据之下，工商各业备受摧残和掠夺。然而，各系军阀为着保存自己、消灭异己，纷纷在防区内开办兵工厂，生产武器弹药。同时，出于巩固地盘、扩充实力的迫切需要，又不得不在自己的防区内提倡实业、发展经济，利用手中掌握的权力和金融资本，建立一些可以主宰国计民生的垄断性企业，并对一些民营工业资本进行控制和宰割。民营资本为着生存和发展，被迫寄人篱下，生存状况十分艰难。这样，四川近代工业的发展进入了畸形发展的轨道。

1937年全民族抗战开始后，国民政府迁都重庆，四川成为民族复兴的后方

---

① 田三益、陈陞阶：《重庆首创机器制革的求新制革厂》，《重庆工商史料》第二辑。
② 《第七次矿业纪要》，第178～179页。

基地和西南经济开发战略的中心地带，工业发展被纳入国家建设规划和投资重点，四川基础设施建设、轻重工业、交通运输业得到较多投资，实现了快速增长。民营工业虽有一定程度的发展，但受到战时经济政策的限制，仍旧困难重重。国民政府战时经济政策对争取抗战胜利十分必要，但政府无限扩张的经济统制权力以及肆无忌惮的通货膨胀政策最终造成了20世纪40年代末期的社会经济大崩溃，四川工业经济再次陷入深重的灾难。

五、地方军阀的投资活动

抗日战争前四川工业中的地方军阀官僚资本，主要是指四川地方军阀在混战和割据期间，通过掠夺、搜刮而积累起来的货币财富。军阀财富的分配方式，由高度自治和分散的收税权所决定。大的分区除军长和司令部直辖地区归军长、司令部征收税金和其他款项并垄断财富外，防区内旅、团、营驻扎区则由这些军事长官自行委员征收税金和其他款项，并支配全部税金。因而四川大大小小的军阀及其部属，都是大大小小的财富占有者。

但在这种群雄争霸的特定时期，实难清楚地划分军阀资本中的私人部分和国家部分，而且二者间并无本质的区别。这里通过对四川军阀资本的来源、资本形态以及向近代工业投资等问题的考察，从一个侧面探讨四川军阀、官僚资本的基本性质和作用。

四川地方军阀为不断壮大自身军事力量，开辟新的财源，达到发展自己，消灭对方的目的，也在不同程度上将自己拥有或控制的部分金融资本向近代港口企业特别是军事工业投资，将他们的资本转化为产业资本。军阀资本投资的企业，成为近代四川工业中的一个重要组成部分。兹将四川地方军阀在重要工业领域的投资活动做一简介。

（一）军火工业

1. 杨森控制四川兵工厂

军阀要扩军、要打仗，就必须有源源不断的军火供应和补充。因此，争夺和扩大旧有兵工厂，投资建设新的兵工厂，成为四川军阀开办新式工业的特别重要的方面。

四川军阀控制和扩充的第一个兵工厂是成都的四川兵工厂。该厂创自锡良，规模庞大，由枪厂、弹厂、修理厂、硫酸厂和白药厂组成。兵工厂生产的武器弹药，是西藏和四川新军装备的主要来源。入民国后，首任兵工厂总办杨敏生，将兵工厂改为造兵第一局，分厂为造兵第二局，各有局长，拥有职工2 000余人。后随着川省政局变迁，总办先后由张文毓、徐孝刚、杨敏生、吴景文、鄢孝鸿、徐龙氏、梁绪等担任；兵工厂最盛时月出子弹100万粒，步枪千余支，机关枪、自来得手枪、管退炮各若干。杨森督理四川军务善后事宜，派员主持该厂，加工赶造，限令日出枪百支，逾年而成军械5～6万支，所有枪弹，皆出该厂①。1925年，杨森发动的"统一之战"失败，撤离成都时，命部下火焚兵工厂。败军撤离后，经兵工厂工人奋力救火，兵工厂未受太大损失。反杨联军进成都后，各军均派部队占据兵工厂，相持不下。刘湘到成都后，以四川善后督办名义委任他的军法处长李子俊为兵工厂总办，仍为各军所拒绝。李将兵工厂原有田产300余亩变卖，作为办厂开支。城内老厂（丁宝桢所办，原名四川机器局）则为刘文辉所占，改为枪械修理所。黔军袁祖铭则要求各军兑现联合反杨的许诺，为黔军造枪2万支。

2. 刘湘控制四川兵工厂

为改变兵工厂僵局，刘湘发起召开善后会议，由省议会通过一纸停止四川兵工厂制造武器的议案。尔后，刘湘将枪厂造枪机器全数提去，封存于四川铁路公司内。1926年上半年，刘湘新委任兵工厂总办罗思忠采用多种手段，使占据兵工厂的各部撤离，开始恢复武器生产，经费来自私人和银行贷款。刘湘将数千斤铜折价交兵工厂，首先恢复了子弹生产。尔后，被毁造枪机器经过修整或重新铸造，基本上配备完善，又恢复了步枪生产。兵工厂日产步枪30～60支。兵工厂将生产的枪支弹药出售给四川各军，赢得利润，尔后又扩大规模，增加武器生产，使刘湘成为强有力的武器大王。

与此同时，刘文辉也把封存在铁路公司的兵工厂机器全数搬去，充实了他占据的老厂，大量生产步枪子弹。1930年，刘文辉利用田颂尧、孙震为夺取四川兵工厂而扣押兵工厂总办罗思忠的机会，命其驻成都部队开赴兵工厂，将库存2.5万支步枪和350万发子弹全部夺去，又将库房焚毁。所幸各厂机器尚属完好，仍可维持生产，向军阀提供武器弹药②。

1928年，刘湘在重庆开办一兵工厂，名为武器修理所。1930年，该厂规模扩大，转入武器制造。不久，将蓝文彬桂香阁的机枪制造厂合并，又将刘文辉

---

① 敖子鱼：《四川兵工厂调查记》，《四川军阀史料》第一辑。
② 以上均见王思忠：《四川兵工厂与军阀混战》，《四川文史资料选辑》第五辑。

购自上海的机床设备吞没,该厂1931年时,拥有300多台机床。1933年,刘湘再进成都后,又把成都拱背桥兵工厂和东门外兵工厂一些重要的兵工和重型机器如2.5吨的汽锤、400余台机床都运往重庆安装。重庆兵工厂至此成为西南规模最为庞大的军工企业。

刘湘重庆兵工厂主要负责人是蓝田玉、刘献公,该厂生产和技术方面,主要得力于几位工程师,其中何肇中(成都兵工厂工人出身,精通制造枪械和机器制造)、沈芷仁(曾留学法国,对化学、电气、机械等富有经验)、黄勤生(汉阳兵工厂技术人员,熟悉国内各兵工厂技术、人员情况,也懂得机械和化学)、周均时(曾留学德国,研究兵工,曾任重大、同济、商船学校校长)是该厂技术骨干。该厂经理郑沛然,出纳李文彬,总务王雨文,负责兵工厂安全保卫工作的督察长陈骏如。全厂工人2000~3000人,主要产品有步枪、手枪、冲锋枪、小迫击炮、中迫击炮、重迫击炮、捷克式轻机枪、思怀式机枪、花筒式轻机枪、步枪子弹、炮弹和飞机炸弹等。

3. 刘湘增强重庆兵工厂的技术实力

在刘湘称霸四川的历次战争中,重庆兵工厂均提供了良好而充足的武器供应。刘湘为了扩充实力,并不满足重庆兵工厂的生产现状。他先后派人去日本和欧洲,学习冶炼和制造新式枪炮技术,并在德国斯乃德兵工厂订购了一套能制造平高两用的造炮机器。机器运抵越南河内,刘湘已在汉口去世,这使蒋介石得到了一批先进的兵工厂设备。蒋介石派人将这批机器运抵昆明,成立了第54兵工厂,这使蒋介石获得了控制西南地区的军火基地[1]。此外,其他军阀,如刘存厚在达县,李家钰在遂宁,均建立了自己的兵工厂[2]。

上述四川军阀开办的兵工企业,主要目的是为了扩军备战,攻城略地,称霸四川。但是,这些企业在不同程度上采用了较为先进的生产技术,有的还输入了国外新的制造工艺,造出了具有首创意义的新式武器。如重庆兵工厂所造捷克式轻机枪,兵工署署长俞大维看见后,颇为诧异,说:"我们中央花了100多万元还未搞出,刘湘这厂竟能制造,很了不起。"[3]

其次,四川兵工企业在购买机器、采办原料、雇用职工等方面,与国内

---

[1] 林华均:《刘湘的兵工厂》,《四川文史资料选辑》第十五辑。
[2] 王思忠:《四川兵工厂与军阀混战》,《四川文史资料选辑》第一辑。
[3] 林华均:《刘湘的兵工厂》,《四川文史资料选辑》第十五辑。

外商品市场存在着密切的联系,具有一定的资本主义性质。当然,由于四川兵工企业为各派军阀垄断,其所产武器弹药主要用于本军军需,很少进入商品市场,其封建局限性也是十分明显的。

(二)基础工业、交通运输

1. 蜀华实业股份有限公司

刘湘等又着手组织了一个较有实力的大公司——"蜀华实业股份有限公司"。该公司为适应当时四川建设的需要,以承包建筑工程业务为主,股本定位100万元。刘湘先拨付4万元,尔后公开招股。邓锡侯、杨森、孙震、唐式遵等纷纷认股,初步收集股金10万元。公司成立董事会,推刘湘为董事长,聘胡庶华为总经理,唐纪鸿、盛绍章(毕业于美国康乃尔大学土木工程系)为协理、李伯霜(曾留学日本,专攻建筑工程)为襄理。此外,还招聘了不少建筑工程技术人员。

该公司于1934年开始承包工程。1937年以前,主要完成的工程项目有:重庆大渡口钢厂〔今重庆钢铁(集团)有限责任公司〕厂房、磁器口兵工厂工程、重庆大学校舍、成都新声剧场、四川大学校舍、成渝铁路永川段和成昆铁路宜宾段部分桥梁、路基工程、成都城市建设工程等。

为供应建筑用砖瓦,蜀华公司又在成都建立蜀华砖瓦厂,派专人赴汉口购买平瓦机3部、砖机2部,并招聘技工3人,在外东建厂,招收工人100余人,于1935年正式开工生产。该厂砖瓦规格统一,批量生产,除供应本公司需要外,还对外销售。1937年,又进一步投资扩厂,购买300余亩土地,扩建5座大窑,工人增至300人,生产规模和产品种类数量均有很大发展①。

2. 华西兴业股份有限公司

《开发华西计划书》经刘湘批准后,胡仲实、胡叔潜兄弟随即由武汉来到重庆组建华西兴业股份有限公司。刘航琛、甘绩镛代表刘湘21军,宁芷邨代表刘文辉24军参与筹建公司。华西兴业公司设董事11人、监察2人;董事中产生常务董事5人;常务董事推举董事长1人、常驻董事2人,负责日常业务。经反复协商,由甘绩镛任董事长,胡仲实、宁芷邨为常驻董事,刘航琛、康心如为常务董事,胡叔潜、傅常、邱甲、潘昌猷、张必果等为理事。在董事会中,刘湘

---

① 杨乾九、薛忠和:《蜀华实业股份有限公司概述》,《四川文史资料选辑》第三十五辑,第88~91页。

势力占据优势,除刘湘的财务处长刘航琛和政务处长甘绩镛执掌最高权柄外,康心如、傅常、邱甲均系刘湘部属,潘昌猷则是刘湘部下潘文华之弟。张必果系21军军部秘书长。刘文辉24军在华西公司的代表仅宁芷邨一人,显然势单力薄。华西兴业公司开办资本25万元,胡氏兄弟投资13万元,占有股份50%以上;刘湘投资5万元,占有股份20%;盐业银行投资2万元,占有股份8%;余者投资数千元不等①。

华西兴业股份有限公司成立后,胡氏弟兄深感内地缺乏技术力量,在筹建公司的同时,即开始向省外广为罗致专门人才。因川省连年战乱,省外工程技术人员视蜀道为畏途,更因内地生活条件差,待遇低而不肯来川。华西公司针对这种情况,采取"重金礼聘、从优照顾、妥善安置、发挥专长"的招徕政策,由胡叔潜以中国工程师学会会员名义,向被邀人员保证:工资在省外一般标准的基础上提高50%,以申钞(因地方券为申钞的八折)给付;来川后生命财产安全由华西公司负完全责任;来川旅费和安家费一律由公司负担,并供给舒适住宅;保证专业对口,发挥特长。这一办法的实施,专业技术人员纷纷从东北、天津、北京、上海、杭州等地应聘来川。截至全民族抗战前夕,全公司拥有高级工程技术人员50余人,其中留美的18人,留英的6人,留德的1人,留日的1人,国内各大学毕业的30余人,分属电力、机械、矿冶、建筑、化工、钢铁、交通等专业领域,阵容整齐,力量雄厚。1937年,华西公司为培育人才,创办工商专科学校一所,设有工商管理、土木工程、会计三科,培养中级管理、技术人才。由于积极吸引人材和培养人才,华西公司很快成为西南地区经营管理和科学技术力量最雄厚的大型企业,成功地承建了重庆电力厂、重庆自来水厂、四川水泥厂、中国银行重庆分行、重庆南开中学、重庆高工校、重庆盐务局办公大楼、四川大学、中央银行成都分行仓库等大型工程,以及大量高级的公私住宅,等等②。

以华西兴业公司和蜀华实业股份有限公司的活动为中心,四川地方军阀官僚资本开始向一些关系国计民生的重工业投资。

3. 重庆电力厂

1932年以前,重庆虽有烛川电灯公司经营电力业务,但由于规模很小,

---

① 宁芷邨:《华西兴业公司始末》,《重庆工商史料》第二辑。
② 宁芷邨:《华西兴业公司始末》,《重庆工商史料》第二辑。

经营不善，兼之军阀势力的摧残、掠夺，不能解决市区照明问题。刘湘命令重庆市政府成立"重庆电力厂筹备处"，委任市长潘文华兼处长，刘航琛为副处长，石体元、傅友周、康心如为筹备委员，负责筹集建厂资金。除将刘湘先前挪用烛川电灯公司所余货物税附征的电业基金拨充一部分外，并向重庆金融界募集资金。刘航琛、康心如知道这项新兴事业有利可图，即分别代表由他们控制的川康、美丰银行投入巨资，川康银行70万元，美丰银行30万元，华西公司投资8万元，遂使胡仲实得任电力厂常务董事。该厂工程经刘湘军部和市政府密商，由华西兴业公司承建。华西公司成立工程处，调派电力、建筑等工程技术人员10余人进行设计、查勘、测绘，并由上海分公司及国外订购发电机和应用机械。工程筹备就绪后，于1933年初开工，建筑厂房，安装机器，铺设线路，次年7月完成，正式投产，1935年底，发电总量为609.37万度[①]，为原烛川公司产量的10倍。

1935年1月，重庆电力厂正式定为商办企业，资本总额为200万元，共计2万股，每股100元。1936年增资为250万元。机器设备有1000千瓦透平发电机3部，1936年添置4500千瓦透平发电机及锅炉设备、线路器材等，借资300余万元。1936年向英商订购上述机器设备，嗣后由于日本攻占上海，机器设备经过越南，进入云南，于1938年全部妥善运抵重庆，安装于大溪沟，称第一厂，原厂移弹子石，称第二厂。1938年，重庆电力厂发电总量由3000千瓦上升到12000千瓦（其中有1000千瓦旧电机1部售与50兵工厂，实际为11000千瓦）[②]。重庆电力厂的成功建立与扩大，为重庆城市经济的日益发展，特别是全民族抗战时期人口激增和工业崛起提供了良好的动力资源。

为控制全省动力工业，四川地方军阀和地方政府还陆续投资一些中心发电厂，如启明电灯公司、金堂县土虹桥水力发电厂、中国兴业公司电气部内江华明电厂、内江光明电厂、新都县政府电灯管理处、南充县电灯公司、广汉电灯公司、南川明明电灯公司、万县水力发电厂、乐至光华电灯厂、永川县电灯公司等[③]，对各州县地方经济的发展做出了一定的贡献。

---

① 宁芷邨：《华西兴业公司始末》，《重庆工商史料》第二辑。
② 傅友周：《解放前的重庆电力公司》，《重庆工商史料》第二辑。
③ 《四川工厂调查录·四川省电工矿业》。

4. 四川水泥厂、重庆水泥厂

四川水泥厂是刘湘为了建设成渝铁路而开办的一个大型建材企业。1934年，刘航琛以华西公司董事长的名义，与国民党中央代表杨永泰达成开办水泥厂的协议，确定水泥厂性质为官商合办，资本总额为120万元，官股占24万元。为了吸引商股，特别在条文中规定了限制官股的办法，如企业亏损，首先由官股负担，官股赔尽，再动商股；官股只派董事1人，不干涉企业用人行政；官方全力支持企业发展，等等。

四川水泥厂的实际资本构成情况是，纯粹官股20万元，不足的4万元，由商股填补。商股方面有川盐银行28万元，重庆银行22万元，川康、美丰、聚兴诚银行等分别为3~5万元，华西公司、民生公司、南开中学各7~8万元；另外，尚有30余户私人投资，数额多寡不等。很明显，由四川军阀控制的各类银行，占据了股份中的大部分。1935年，因资金运转不灵，又增加30余万元，资本总额达到200万元。当时，由于连年内战，城乡经济凋敝，长江运道阻塞，货物滞销，官私商业和银行业均感走投无路。水泥厂虽然投资周期长，利润微薄，但尚属稳当，风险较小。因此，银行和商家争相投资水泥厂，全部资金很快凑齐。

四川水泥厂是一资金雄厚、生产设备全套现代化的大型企业，对技术人员的延聘特别重视。它依赖办理卓有成效的上海龙华水泥厂输送人才，四川水泥厂的厂长徐宗漱、工程师康振钰、化验室专家汤兆裕等，以及技术工人20余人，甚至制桶厂的全部人员，都是由龙华水泥厂来川支援。这些技术人员都有比较丰富的学识和经验，从安装以至生产得以顺利进行，他们起了极其重要的骨干作用[①]。

水泥厂的生产规模，最初确定为日产150吨（900桶），年产量4.5万吨。厂址选在重庆南岸玛璃溪，机器设备由华西公司在上海以投标方式订购，主要部分是丹麦史密斯厂承售，其余由德国米亚格厂承售。全部费用约为60万元。生产电力由重庆电力厂供给。厂房的建造和机器的安装，由华西公司承办，由康振钰、陆叔言、胡子昂共同负责办理，并聘德国人蔡德诺为工程师。

重庆水泥厂从1935年10月开始筹办，到1937年4月投产，为时一年半。开工后，水泥产量和质量都符合原设计标准，商标定名为"川牌"。同时，企业建

---

① 宁芷邨：《我对四川水泥厂的回忆》，《四川文史资料选辑》第四辑。

立了完善的经营管理系统。企业设立公司，在股东会下设董事会，推吴受彤、刘航琛等人为常务理事。以潘昌猷、康如心、杨粲三、刘鸿生、胡子昂等人，分任董事和监察。官股董事为关吉玉，宁芷邨被推为董事兼经理①。由此可见，四川军阀的官僚资本的代表在重庆水泥厂中占据着优势地位。

5. 华兴机器厂

该厂创办于1933年，华西公司拨出部分资金筹建，拟将上海穆藕初创办的中国铁工厂全部设备加以收购，包括旋床、刨床、磨床、铣床、钻床及电焊、氧焊、淬火、铸锻等300多具。这批设备价款为30多万元。此外，添置其他设备和建造厂房亦需巨款。华西公司措资不足，经与刘湘密商，由21军先后开出20万～30万元期票，以后由华兴机器厂向21军供应相应数额军火，机器设备始得成交。华兴厂所需技术人员，主要来自东北，九一八事变后，东北不少兵工厂员工流落内地，华西公司乘机聘请，原东北某兵工厂工程师肖万成为华西机器厂厂长，肖即随带一批技术工人来厂工作。1934年夏，华兴机器厂在大溪沟新建厂址，安装机器设备100余台，陆续聘用机械工程师6～7人及工人700余人。该厂规模之大，生产设备之多，当时属西南之冠。

华兴机器厂的生产，分为一般生产和特种生产。一般生产主要是制造华西公司承建的各个工厂所需机器和配件，如水泥厂的部分工作机、淘泥及汽船配件、成渝铁路用的钢钻卡、千斤顶、起重机等。并为航空委员会修配飞机配件及制造锅炉、钢锤、保险柜、大电扇、磅秤等。此外，还自行设计制造成功40匹马力的锅炉汽机全套。特种生产主要是承造刘湘所需捷克式花筒手提机关枪。截至1936年初，该厂又为刘湘生产机枪6000支。这一情报为国民党政府侦悉，蒋介石命令重庆行营以40万元的价款收买了华兴厂的特种生产设备。以后，华兴机器厂添置一般生产设备，从事民用机器生产②。

6. 华联炼钢厂

该厂继华兴机器厂之后设立，目的是供应华兴厂所需钢材，特别是造枪所需特种钢材。由于涉及刘湘特殊利益，乃由刘航琛出面，达成协议，由21军军部与华西公司合办华联炼钢厂，旋又改为华联炼钢公司，确定资本额为50万元，由21军军部和华西兴业公司各出其半。公司董事会推刘航琛为董事长，傅

---

① 宁芷邨：《四川水泥厂的创立和演变》，《重庆工商史料》第二辑，第166～171页。
② 宁芷邨：《华西兴业公司始末》，《重庆工商史料》第二辑，第76～77页。

常、邱甲、胡仲实和宁芷邨为董事。由华西公司负责建厂和生产经营活动。厂址选在华兴机器厂隔壁,设有电炉1座及汽锤、淬火机、烘模炉各1座,化铁炉2座以及其他设备。由电力工程师吴克斌负责安装机器,又聘请上海炼钢工程师毕天德、黎光远负责生产技术问题。1936年3月,生产设备安装完毕,但因关键性技术问题不能解决,无法正式投产。公司除派毕天德、黎光远赴英国留学攻关外,又扩大炼钢生产局面,充实炼钢、炼铁、轧钢设备。扩充计划需款甚巨,公司采取边筹资边扩建的方针,1937年在江北香国寺新建厂房,在彭水、涪陵、巴县购置铁矿、黏土矿数处,在巴县购置煤矿数处。正当华联公司扩建工作日渐就绪,时值抗日战争发生,重庆成为国民政府政治、军事大本营,大量东部工厂企业亟待迁川,地方实力派筹建的华联炼钢厂扩建工程只得暂停[1]。

7. 重庆炼钢厂

该厂创设于1919年。当时熊克武督川,意欲着手地方建设,派遣留美学生任鸿隽在美国调查炼钢新法并购买机器设备,共计耗资57万两,购得半吨和两吨电气炼钢炉全套设备、仪器及配件[2]。1920年,主要机器运到上海,以后陆续到齐。1921年四川政局变化,建厂工作暂停,所购机器暂寄上海、重庆两港堆栈。1922、1923年又曾着手建厂,且有改为官商合办之议,未获结果[3]。直到1933年,刘湘筹划地方建设时,重庆炼钢厂的建设又被提上议事日程。刘湘委任其参谋长杨芳毓主持重钢恢复建厂工作,除利用原设备外,又添配机械,加紧建设,不数年告竣。全民族抗战时期,成为大后方重要企业,为军工民需作出了重要贡献[4]。

除上述企业外,四川军阀资本还参加过华昌煤矿、庆华轮船公司、华陵化学公司、四川兴业公司、川康兴业公司、润记营造厂、平光机器厂、民生轮船公司、利济轮船公司、天府煤矿、东林煤矿等数十个工矿企业的经营活动。

8. 成渝铁路

1934年3月4日,四川善后督办刘湘致电国民政府行政院长汪精卫,请求拨款建筑川汉铁路,并派代表朱懋昭上京商谈具体办法。全路经费定为5000万元,先建成渝段。汪精卫饬令铁道、财政、交通三部审定方案,确定投资方

---

[1] 宁芷邨:《华西兴业公司始末》,《重庆工商史料》第二辑,第75~78页。
[2] 傅友周:《重庆铜元局的回忆片断》,《重庆工商史料》第二辑。
[3] 《国民公报》民国15年5月15日。
[4] 《四川经济季刊》一卷1期,1943年12月15日,第90页。

案。当年5月,刘湘邀请中国工程师学会四川考察团对成渝铁路沿线进行考察,并撰写了报告书。同年8月,四川善后督办公署代表周见三、高显鉴等,与法国人阿米斯基订立建筑成渝铁路合同38条,规定三年半建成,一切主权归四川省政府①。

华西公司拟将成渝铁路全线设计、修筑路基、建设车站码头和铺设钢轨等整个工程全部承包,这与刘湘打算与中央铁道部合作,并由外国承包工程的打算发生矛盾。胡仲实即与盐业银行总经理吴鼎昌共谋对策,确定了由华西公司与北四行合作,承包成渝铁路的方针。经过多方活动,得到四川当局同意。华西公司着手全路设计和筹备投资建筑。但成渝铁路工程旋为宋子文、宋子良组织的中国建设公司投资设立的川黔铁路公司抢去。将筑路涵洞及车站、码头等土石方工程招工分段承包。华西公司与北四行退而参加工程承包,1936年底参加分段投标,与成、渝、京、沪各地40余家公司展开激烈竞争,最后取得了第一总段39标工程中的34标(其余5标系桥梁工程,华西施工困难,让与上海康益公司),全部造价400万元。

成渝铁路于1937年初开工,到1939年,重庆至江津间68.15公里筑路工程基本完成。但因工程规模过大,施工机构太多,开支庞杂,管理不善,弊端丛生,贪污浪费异常严重。华西公司设于江北的火药厂又于1937年7月发生大爆炸,死伤数百人,房屋财产损失甚巨。加之政府当局对已成路基又不加养护,任其坍塌、冲毁,不久已是面目全非,难以为继了。在这种情形下,成渝铁路工程陷入失败的境地②,这是官僚资本投资失败的一个例证。

(三)轻纺工业、公用事业

四川地方军阀官僚资本在轻工业方面的经营活动主要表现在生丝、日用化工、食品饮料、城市公用事业等工业方面。其中,对四川生丝和重庆自来水的控制和垄断最具典型性。

1. 四川丝业公司

四川缫丝企业对官僚资本所控制的丝业公司垄断生丝产销的软抵硬抗,是民族工业资本与官僚军阀复杂关系的典型例证。

1930年以后,由于川丝出口销路断绝,四川缫丝企业大批倒闭。乐山、南

---

① 周开庆:《民国川事纪要》民国23年8月,台湾四川文献研究社1974年版。
② 宁芷邨:《华西兴业公司始末》,《重庆工商史料》第二辑。

充、重庆等地大缫丝厂为求得生存，联合起来向刘湘的军需处长刘航琛反映困难情况，要求解决川丝产销问题①。刘航琛借此插手缫丝企业，意在控制和垄断四川生丝。1933年，由刘航琛出面组织川丝整理委员会，将乐山裕华丝厂，三台神农丝厂，顺庆德合丝厂、同德丝厂、六合丝厂，江津丸江丝厂，重庆同孚丝厂、善顺丝厂、大江丝厂、丽华丝厂等合并为大华生丝公司，上述各厂依次改名为大华1~11厂②，"所有铁机丝厂，按丝车之多寡，由大华公司酌配营业资本"③。其具体办法是，"由公司发行债券，交各银行、钱庄认购，公司将钱付给各厂去买茧子继续开工"。但是，由于借债有限，债券仅能维持重庆1家、阆中1家、南充2家、乐山1家共5厂的生产，其余各厂资金无着，濒临倒闭④。大华公司失败后，四川军阀借口债务关系，准备强行大华公司接受破产，因全省各缫丝厂和社会舆论激烈反对，未能得逞。

1933~1935年，四川地方官僚资本利用国际生丝市场萧条，川丝亏折之机，通过贷款，"救济"和合组公司方式，将四川生丝生产和运销加以控制。

1935年，国民政府统一四川，刘湘出任四川省政府主席。刘航琛在建设经费下拨出20万元，作为"救济"川丝费用。其中12万元补助缫丝企业（并未兑现）；以2万元补助改良蚕种；以6万元作为官股，另招商股6万元，新设一缫丝厂，缫制改良丝。1936年，新厂成立，名曰"生丝贸易公司"（即"四川丝业公司"）。丝商对新设公司怀有戒备，刘航琛为引诱丝商上钩，除董事长系刘湘亲信、川江航务局局长何北衡外，10名董事中私商占7名，即黄勉旃、奚致和、杨赞卿、陈丽生、孙述泉、童斗皋、李奎安，其余3名是金融和工商界的陈诗可、李光普、王理丞。大有丝厂经理李敬之任监察，经营川丝出口业务的和成银行总经理吴晋航被聘为总经理。公司租用两家旧丝厂开工，1936年缫丝700担，适逢国际市场丝价回升，获利8万元。初战告捷，为军阀官僚资本进一步控制缫丝业奠定了基础。

1936年，卢作孚被任命为建设厅厅长，他按照省政府计划，决定将四川生

---

① 冯德良口述、乐山市政协文史组：《乐山华新丝厂兴衰记》，《四川文史资料选辑》第三十二辑。
② 《华西日报》载《全川各丝厂概况》，1934年4月19日。
③ 钟崇敏等：《四川蚕丝产销调查报告》，1944年6月，第94页。
④ 冯德良口述、乐山市政协文史组：《乐山华新丝厂兴衰记》，《四川文史资料选辑》第三十二辑。

丝企业收归国有。当年3月，他在重庆招集丝商代表谈话，声称要由政府"统筹全川丝业"，重申接管大华11厂资产的成命。11厂丝商不敢直接反对政府的高压政策，但却声明各厂均有债务未清，"请政府备价收买"。肇兴、天福、谦吉祥、同泰四家铁机缫丝厂，以未曾参加大华公司，并准备四厂联营为理由，上书拒绝归并四川丝业公司。建设厅则以不办营业许可证相威胁，并由刘湘签发省政府命令，明确规定：一、大华各厂有债务抵押关系，政府要强行接管；二、对其他新旧丝厂，须达到法定的营业条件不能开业，逼其归并大华公司。这一粗暴做法，引起全川缫丝企业和社会舆论的强烈反对，一致拒绝大华公司无偿吞并丝商资本。结果造成官商相持，互不相让，政府亦无法组织官办缫丝企业，丝商亦不能动用厂房设备，丝业顿时陷于瘫痪。很显然，四川缫丝企业在同地方军阀官僚资本的斗争中处于凶多吉少的局面。

1937年，何北衡任建设厅长，一变卢作孚高压政策，采取迂回战术，主动对各丝厂实行"让步"政策，引诱丝商上钩。4月底至5月初，何北衡和刘航琛（改任财政厅长）与丝商代表温少鹤、李奎安、黄勉旃等达成了官商合作协议，以生丝公司、大华公司11个丝厂及投资人为新设公司之主体人，以生丝公司原有资本、大华公司各丝厂估计之财产及投资人之现金为公司之资本总额，以推销实力作为出口生丝数量的基本标准，以各厂生产能力作为投放生产资金的基本标准，以采购蚕茧区域作为丝厂开办区域；公司利润分配，按公司资本额、投资人所占股份和各丝厂生丝价格综合折算。

表面看来，这个协议对双方都是公允的。但是，协议避开了对大华公司的债务抵押关系，并有意造成错觉，含糊其词地规定，似乎承认大华公司各厂资产仍属原业主。

当年5月8日，官股代表刘航琛、何北衡与全川丝商代表30余人在重庆川康银行举行新公司成立大会，会议决定新公司名称为"四川丝业股份有限公司"，由何北衡任董事长，刘航琛、吴晋航、李奎安、黄勉旃为常务董事，其余尚有16名董事和5名监事。在26名董事监事中，何北衡、刘航琛、吴晋航3人为官方代表外，其余23人均为丝商代表。大会还顺利通过了代表官方利益的范崇实为总经理，丝商代表胡为苾为协理，陈光玉、熊子昌为襄理。各厂业主仍被委任为经理或厂长。公司这种组织形式，也给人们造成更大假象，仿佛丝商代表占据绝对优势，公司权柄仍在丝商手中。

四川各厂丝商在何北衡、刘航琛的主导下，都将厂房和设备无保留地奉献出来。公司虽于1938年对丝商固定资产实行折价入股,但在扣除了大部分所谓"代付债款"后,丝商股份所剩无几。公司利用全川丝厂厂房设备和所筹30万元现金,开工生产,垄断了四川生丝生产和运输。四川缫丝业中的民族资本,遂为四川地方官僚资本所取代[①]。

2. 重庆自来水公司

1926年,重庆商埠督办潘文华筹建重庆自来水公司,初议"官办",为此,于当年冬发出《招股章程》,募集短期公债。重庆绅商畏于政局变幻无常,为使公司主权不受政局左右,提出"商办"主张。最后由潘文华召集各界会商,绅商认为,即使自办,亦需要借助官方力量。于是,接受了"官督商办"名义。1927年春,正式成立重庆自来水公司筹办处,向各界募资集股。按第一期工程计划向德商西门子公司订购全套工程设备。1929年冬,机器设备订购完毕,工程建设预算为220万元。1929年开工,由重庆市政府任命汪云松为筹备处长,曾禹钦为副处长,税西恒为总工程师。又邀请绅商赵资生、温少鹤等17人组成监察委员会。1930年冬,土木工程、机器安装和大部分管道敷设完成。1930年,重庆自来水公司正式开始供水。从筹备到建成,为时五年,共耗资400余万元。但由于西门子机器不合要求,不能滤沙,随时发生故障,经常停水,市民多有烦言。1934年,重庆市政府、工务局商议,成立"重庆自来水公司整理处",饬会整理处将自来水公司改建水泵工程交由华西兴业公司办理。华西公司吸取了过去教训,改用两极抽水,采用苏尔寿水泵,磨损较轻。改建工程虽避免了经常性故障,但增加了岁修工程;所设河心滤水池,使用数日即行报废。加之虚耗巨款,弊窦丛生。1935年,四川省政府成立,下令将重庆市自来水公司整理处交市商会,会长潘昌猷得任处长。

重庆自来水公司的性质,虽一开始就确定为官督商办,但地方官僚资本一直在企业中占居主要地位。第一期工程的投资,除在商界募集20万元外,其余资金来自公债(戊辰公债60万元,实际投资50万元)、房捐附加(8.2万元)和渝简马路货股附加(327万余元)。也就是说,重庆自来水公司的绝大部分股金,共计385万余元,均来自四川地方军阀官僚对广大人民群众的巧取豪夺。1937年重庆订股额为200万元,对原来投入的货款加征327万元,由省政府作损失报销266万余元,余下之款,以60万元作为省政府投资。同时,对第一、二次投资进

[①] 参见李楠:《记四川丝业公司》,《四川文史资料选辑》第十二辑。

行清理，除优先股外，报损10%，将原股本大大压缩，不足之股本50余万元，军阀官僚乘机填补，因此，四川军阀官僚资本仍在重庆自来水公司占据优势①。

除此而外，四川地方官僚军阀资本投资的轻工业企业还有三峡染织厂（1930）、天源电化厂有限公司（1921）、同济制碱公司（1937）、中国植物油料厂股份有限公司（1936）、中国植物油料厂万县分厂（1936）、信诚印刷公司（1929）、成都制革厂、启明电灯公司（1906）、重庆允丰正酒厂（1934）、王虹桥水力发电厂（1934）等。

六、国家垄断资本的投资活动

（一）对四川地方财政的逐步控制

从1926年下半年开始，国民党中央在政治上对四川割据势力实行招抚政策，以期实现对四川的统治。由于四川各派军阀的软抵硬抗，截至30年代初期，这一活动未能取得预期的成效。1932年，中央政府设在四川的机构只有中国银行、重庆海关、邮电局、财政部盐务管理局，以及有名无实的高等法院②。1932年以后，发生二刘大战，红四方面军在川东北地区的辉煌胜利，以及四川财政经济危机，为国民党中央势力进入四川提供了有利条件。

1935年，国民党中央势力为了从四川军阀手中夺取盐税收入，首先将四川盐务长官——四川盐运使撤换，另委重庆稽核员刘树梅为盐运使。因川盐税金早已为各军截留，贸然收归中央，必然引起四川军阀群起反对。因此，采取迂回方式，以整理地方公债为名，由中央指定川省每年从盐税中归还150万元，解交重庆中央银行附设的四川公债整理委员会，用以还本付息。这就使国民党中央官僚资本控制了四川仅次于田赋的重要税收——盐税。

1936年，两淮盐运使缪秋杰接任四川盐运使，实行"统制自由，核价论销"的办法，即按照各厂成本，核定盐价，给予运盐较多利润和搁本子金；并以盐艤到岸先后挨轮销售。这一办法，使运商大为振奋，踊跃办运，销岸顿形畅旺。随后，缪秋杰鉴于川帮资本不足，大力招徕淮商参加川盐运销，以充实运商实力，这使国民党中央官僚资本对川盐的搜刮，得到了切实保证③。

---

① 温少鹤等：《重庆自来水公司事业的兴建和经营》，《重庆工商史料》第二辑。
② ［美］罗伯特·A.柯白：《四川军阀与国民政府》，四川人民出版社1985年版，第84页。
③ 朱家宝、陈况仲：《官僚资本对川盐运商的压迫和剥削》，《自贡文史资料选辑》第二辑，第77~81页。

1937年抗日战争爆发后，国民政府实行战时财政，改中央、省、县三级财政为国家与自治两级财政，省级财政并入国家财政。同时，开征非常时期过分利得税、战时消费税；还对盐、糖、烟、火柴四种日用消费品实行专卖，征收专卖利益税；伴随着通货膨胀的压力，实行"田赋征实"，并实施征购、征借；棉纱、麦粉及糖类统税改征实物。这些措施，特别是田赋征实政策的实施，对于保证军需民食、缓解财政收支矛盾，以及稳定物价、安定社会经济秩序，起了重要作用。1941~1945年，四川（含四川、西康和重庆）征收、征购、借征粮食8699万石（稻谷），占全国征实总额的38.57%。盐专卖利益和盐税占全国总额的40%以上。这是国民政府全面控制四川财政经济的标志，1946年省财政虽然恢复，也只是隶属于中央财政的一个区域代理而已。

（二）以金融贷款方式渗透地方企业

1934年冬，刘湘以四川省政府主席名义在南京同蒋介石达成协议，以国民党中央派遣参谋团入川并参与四川军政事务的让步换取了中央政府的财政支持。此后，包括财政、经济渗透在内的国民党统治力量逐步进入四川。从1917年至1934年，北洋军阀资本和国民党中央官僚资本主要通过他们掌握的金融机构影响四川工业的发展。这一时期，银行业很少直接参加工业投资活动。以重庆而论，"盖各行之主要收益，皆在利息及汇水2项，其所占总数之百分比，最低亦有75%，最高甚至有达99%者"[1]。根据1942年的调查，全民族抗战前夕，国民党中央银行和四大家族控制的各类银行在四川设立的各种机构已达40家，具体情况如下表[2]：

行别	地区		共计
	成都及中等城市	重庆	
中央银行	4	2	6
中国银行	11	3	14
农民银行	16	2	18
金城银行		2	2

---

[1] 《重庆之金融业》，《四川经济月刊》第二卷第2期《调查》，第1~3页。
[2] 《四川省金融贸易》第一章《四川省之金融概述》，四川省建设厅档案及《银行年鉴》。

根据1937年统计，上述各银行拥有的资本总额分别为：中国银行1930年前后实收资本2500万元，1937年增加到4000万元；中央银行重庆分行1935年实收资本10000万元；中国农民银行重庆分行1935年实收资本1000万元；金城银行重庆分行1935年实收资本1000万元①。

这些银行虽然资本总额较四川地方银行雄厚，但其主要活动仍是"依靠暗息拉拢机关存款……放款则全部集中于短期商业放款，与一般之高利贷无异；工矿业之放款低至千分之二三，并开设商号，以银行资金从事投机囤积之勾当，以追逐商业利润，更从事金融性物品之疯狂投机，赚取高额盈余"②。

在对工矿业为数有限的贷款或投资中，主要集中在成渝等地的一些重要企业。例如：华西兴业公司成立之初，即有北洋军阀系统的盐业银行投入部分资金，该行协理成为公司监察。1935年，国民党中央势力入川，华西兴业公司为削弱刘湘势力的控制，主动邀请为蒋介石所推重的南开大学校长张伯苓入股，张以南开大学基金名义，向公司投资5万元入股③。

卢作孚的民生公司为扩大航运业务，早在20年代，即与金城银行建立信贷关系，获得该行提供的不少活动资金。1935年，卢作孚又先后与中国银行宋子文开办的中国建设银公司建立合作关系。民生轮船公司为筹措收买美商捷江公司7艘轮船价款70万元，得到中国银行和金城银行的全力支持，发行100万元公司债券，由中国银行认购20万，金城银行认购40万，使这笔巨额交易顺利完成。同年底，中国建设银公司向法国借款修筑成渝铁路，与民生轮船公司签订包运铁路设施、火车头的协议，向民生轮船公司贷款100万元，添造4艘大型客货轮。于是，民生轮船公司进一步扩大了航运能力。为报答中国建设银公司慷慨资助，民生轮船公司特聘宋子文和宋的亲信胡筠庄为常务董事④。

1932年，重庆新丰面粉厂受销路影响，陷入停产危机。经理单松年通过该厂董事何北衡与中国银行总裁张公权的关系，以小麦抵押方式，取得了中国银行贷款5万元，作为流动周转资金。1934年，中国银行发觉抵押品不实，查封了新丰厂仓库。后该厂由江海银行经理鲜伯良承顶，接收大批川康军人投资，制

---

① 居父：《进展中的四川金融资本意态之透视》，《民间意识》第四册，第1期，第37号，1937年1月31日，第7~12页。
② 《四川省金融贸易》第1章《四川省之金融概述》，1949年8月。
③ 宁芷邨：《华西兴业公司始末》，《重庆工商史料》第二辑，第59~65页。
④ 童少生：《回忆民生公司》，《重庆文史资料选辑》第十七辑，第150~151页。

定新的经营计划，并与中国银行协商，同意将该厂所欠贷款5万元，暂缓为分期5年偿还，月息由8厘降至4厘，从而解决了新丰厂的经营危机①。

1936年10月，官办中国植物油厂万县分厂成立，该厂总经理张嘉铸，川康经理罗家选，副经理张昌培，资本200万元，职工17人，工人97人，厂房40栋，占地面积40亩。生产设备有：柴油发动机1部，立式锅炉2部，钢板储油池5座，钢板炼油柜7座，吹风机2部，三马力马达1部，滤油机1部，裂化锅80套，蒸馏锅4套，车床1部。该厂日产植物汽油500加仑，植物柴油360公吨②。

上述国民党中央官僚资本对四川工业的投资和贷款，虽然为数不大，却是向四川近代工业大规模投资并进而控制其发展的开始。

七、外商对巴蜀地区的投资活动

(一) 日商新利洋行开办又新丝厂

1914年，日商新利洋行大班宫坂和该行买办陈瑶章在重庆王家沱筹办又新丝厂。开办时资本3万两，1917年前后，"因其成绩良好，已实行增加资本数万两"③。该厂1915年投产时，有120台日本座缫车，以后陆续增加至400台；还有300余部日本木质扬返车，1台煮茧机，两部锅炉，以蒸汽机车为动力。企业管理人员和技术人员中，大半为日本人，只有少数职员为中国人。全厂数百名工人，除缫丝车间全为女工，绝大多数系童工。

又新丝厂凭着雄厚的资金，广泛采购蚕茧、扩大原料来源。每到茧期，除在璧山县设庄收购数万斤蚕茧外，还到潼川、西充、南充采购。由于原料供应充足，又新丝厂每年开工期长达10个月，好几年甚至全年开工。而四川其他丝厂，每年最多开工半年。

又新丝厂严格生产管理，讲求产品质量，所产"金牡丹""红牡丹""蝙蝠"牌生丝质地优良，加之包装华丽，在上海销路极好，不仅可以得到洋行预付的期货订金，而且每关担较一般川丝多售银50多两。因此该厂开办以来，年年获利。1931年九一八事变后，在四川人民轰轰烈烈的抵制日货运动中，日本

---

① 鲜伯良：《我经营复兴面粉厂的回忆》，《重庆工商史料》第二辑，第106~107页。
② 《四川电工矿业》，中国银行民国32年2月调查，第27~28页。
③ 乐嗣炳：《中国蚕丝》，世界书局1935年版，第283页。

厂家被迫将股权转让给华商李敬之续办，改厂名为"大有"①。

(二)上海美丰银行在重庆开办的跨国股份制企业

1921年，上海美丰银行总经理雷文(Frank J. Raven)为扩大美丰银行投资范围，与康心如、邓芝如、陈达璋订立合同，共同开办四川美丰银行，总行设于重庆，分行设于各通商口岸，资本定为200万元。股份分为普通股和特别股。普通股50万元，特别股150万元(在中美两国招募)。普通股的分配：华股占总额48%，计银24万元，作2400股；美股占52%，计银26万元，作2600股。合同签字时，股金分期交齐。银行设经理一人，以美国人充任，主持行内一切事务；设协理二人，以中国人充任，襄理行中一切事务。银行设董事会，美方董事多于中方一人。占股40以上者，始能当选为董事。除一般银行业务外，美丰银行还确定发行钞票。

1922年2月12日，四川美丰银行在美国康涅狄格州办好注册手续，正式核定资本总额为25万元，美资占52%，华资占48%，总行设于重庆新街口。第一届董事会成立，当选董事5人，美方3人，华方2人。银行总经理雷文，经理赫尔德，协理邓芝如、康心如。美丰初期业务主要是存放汇兑，由于照搬美国银行经营方式，与重庆商家习惯不同，业务清淡，仅有英美烟草公司、亚细亚油行、美孚油行等外商和教会、海关、邮局以及外侨的活期存款。

1923年，美丰银行实行改组，由美国人鄂赓诗任经理，康心如任协理，经营方式尽量适应重庆习惯，并对人员、开支作了大幅度削减，提高了业务效率。1923年年终决算，收益大增，获纯利1100元，1924年决算，获纯利7万余元。1922年，美丰银行开始发行兑换券4.4万元，1923年发行额11万余元，1924年达41.9万元。以后陆续增加，最高达150万元。美丰银行业务处于黄金时代。

1926年，北伐战争开始，全国反帝爱国运动风起云涌。1927年，侨居四川的外国人纷纷奉命回国，美丰银行洋员也准备撤走。康心如为求维持美丰银行，转而投靠刘湘。由刘湘等官僚组成新财团，收买全部美国股份13万元。至此，美丰银行从外国资本转化为四川军阀官僚资本②。

---

① 李楠等：《回顾历史教训，狠抓四川纺织业》，《四川文史资料选辑》第二十四辑，第108~111页。
② 康心如：《回顾四川美丰银行》，《重庆文史资料选辑》第八辑，第101~123页。

(三) 美孚石油公司获得四川油矿开采权

四川地下油矿资源，早已成为美孚公司觊觎的目标。1923年，法商某公司与川省当局协商开采四川油矿，已达成协议。美孚得知这一消息，立即报告总行，由总行要求美国驻华公使向中国政府提出抗议。北洋政府迫于美国压力，饬令四川当局解除与法国的合同，尔后，由美孚公司派出勘探小组，到四川各地探察，沿华蓥山到川北，西至打箭炉，南至泸州一带，为时7月余，搜集矿石标本30余箱，在重庆整理出四川矿藏地质图册资料。后因时局不靖，开采四川油矿计划亦告搁浅①。

(四) 聚兴诚银行与英国扬子江公司合谋开发四川实业矿产，组织"德善公司"

1932年，曾在杨氏聚兴诚银行做过秘书的英国人奈德立，随英国在华投资数额最大的扬子江公司董事那敦来华，为英国资本寻找海外投资市场。经与杨氏家族磋商，初步同意双方合作，共同组织联益金融公司，利用英国资本，开发四川工矿事业。1933年4月，奈德立在重庆与杨粲三等正式会谈，双方草拟合作协议12条。1934年，聚行与扬子江公司合作事宜得到刘湘支持，杨氏家族以实业考察专员名义赴英，在伦敦与扬子江公司董事长爱德华数度秘密商谈，达成正式协议，合资企业名为"德善公司"，规定双方设立金融公司，资助发展并改组四川省内实业及矿产等事业。按照这一协议，扬子江公司可以在四川全省设立子公司，无限制地向四川输出资本。密约为中国留英学生侦知，舆论大哗，国内报纸纷纷加以报道，要求废除这一密约。国民党中央政府以舆论反映强烈，饬令外交、实业、财政三部会同查办。查办结果是：利用外资无可非议，但开发实业漫无范围，且涉及法律限制的矿业。因而"径令聚兴诚银行负责撤废违法合同"。1935年，这一合同正式废止②。

(五) 中法合资聚福洋行经营川江货运

重庆巨商黄锡滋1920年创办福记航业部，筹资30万两，买进旧轮"嘉定"号一艘，航行川江上游，主要从事货运。由于军阀混战，军匪横行，为避抢劫拉差，经与法商永兴洋行经理罗德和协商，在轮船上悬挂法国旗，与法商合营航业，改福记航业部为"法商聚福洋行"。但永兴洋行实际上并不投资，也不

---

① 王百揆：《美孚石油公司在重庆的经济掠夺》，《重庆工商史料》，第一辑，第123~124页。
② 杨白受：《我的父亲杨粲三》，《重庆工商人物志》第81~88页。

参加企业经营管理,每年由聚福洋行付给"挂旗费"3万两。

1927年,法国政府调查海外投资,提出永兴洋行与福记航业部合办的聚福洋行不符合中法商约的规定,法商应占三分之一股份才算合法企业,予以登记注册,否则不准挂旗经营。黄氏家族为求航业生存,不得不接受法方改组企业办法。经双方磋商,订立合资经营章程,法商以重庆和汉口不动产(地皮、房屋)作为投资总额三分之一入股,法方改由吉利洋行任股权代表,由沙礼出任法方经理,正式向法国外交部立案注册①。后届聚福洋行增资为白银40万两,由黄锡滋、李泽敷、童继达共同投资,黄氏家族占资本80%以上。后届聚福洋行更多的依赖法商庇护,除挂旗外,吉利洋行派遣沙礼担任法方经理,并派出洋员担任船长,每艘轮船还有法国水兵护航。该行对外事务一律由法国人出面交涉,内部事务则由李泽敷经营。十余年中,依仗法国势力,聚福洋行称雄川江,既能避免兵差,又不缴纳苛捐杂税,营业畅旺,盈利激增。截至1937年,聚福洋行资本积累除不动产外,现金已达法币300万元以上②。

总之,战前四川外国资本除大规模倾销洋货、收购土货外,已开始向重要工矿企业、交通运输业投资,由于战乱和人为的限制,不少投资意向并未变为现实,只有少数成功者。个别洋行利用四川民族资本企业的困难,趁火打劫,攫取了巨额利润,在这方面表现出帝国主义的侵略本性。

第五节　全民族抗战时期四川工业的快速发展

全民族抗战时期,主要是1942年前后,四川工业特别是基础工业,在较为有利税收、投资、技术、战时需求等诸种条件下,得到迅猛的发展,成为国民政府战时经济的重要支柱。

四川纺织、化学、食品、机械、电器、建筑建材、印刷和其他工业在全民

---

① 据黄瑾莹《从法商聚福洋行到强华公司的经过》(《重庆工商史料》第一辑,第205~230页)披露,黄氏家族与法商吉利洋行总经理安勃罗信理和经理沙礼于1927年11月26日另有密约。其约申明,法方实际上并未进行任何投资,也未占有股权,仅仅享有聚福洋行每年津贴白银3万两。但是,此密约后为法方否认。并强行要求履行股权合约。1939年,双方反复谈判,由法方补充13万元法币作为法商三分之一的股份,黄氏聚福洋行实际上承认了法商占有三分之一的股权。

② 黄瑾莹:《从法商聚福洋行到强华公司的经过》,《重庆工商史料》第一辑,第205~230页。

族抗战中期(1940年8月~1942年12月)和后期(1942年12月~1945年3月)在企业数量、资本额和经营趋势方面都有不同程度的变化。各类企业数量在各个时期呈现不同程度的增长趋势,全民族抗战中期出现超高速增长,而后期则增长有所下降,其中机械工业和矿冶工业的增长率几乎趋于零,其他工业能维持48%的增长率(主要是烟草企业)。从投资情况看,中期以食品、纺织、建筑建材工业呈现飞速增长趋势,机械、电气增长率也很高,化学和其他工业则大幅度下降。后期,只有纺织业仍然保持飞速增长趋势,化学、食品工业有较大增长,电气、建筑和其他工业也有相当增长,机械、印刷、矿冶呈现停滞下降趋势。

全民族抗战期间,资本额始终保持高速增长的只有纺织业,其次是食品工业。可见,战争时期由于四川流动人口和军队数量的激增,生活必需品和生产没有受不景气因素影响。

一、全民族抗战时期四川民营企业的发展

全民族抗战时期,四川民族资本主义工业在较为有利的政治经济条件下得到了很大的发展。四川民族资本主义工业,主要包括全民族抗战前四川原有民营工矿企业和全民族抗战开始后,陆续内迁入川的中国东部民营工业。四川原有工业占据资源、人力优势,内迁工厂占据技术和资本的优势,二者结合,对全民族抗战时期四川工业的发展起了重大作用,在一定程度上,改变了四川工业的落后面貌。

(一)生产技术水平的提高

民营企业的生产技术条件得到很大的改善,企业现代化水平有了前所未有的提高。据《四川近代工业史》统计,战前四川各类工矿企业715家,其中现代企业只有115家,在全国3935家现代企业中,只占2.93%。作为现代工业动力源的总发电容量看,四川为5611千瓦,加上广西2291千瓦、云南1852千瓦、陕西709千瓦、贵州150千瓦、甘肃131千瓦、宁夏100千瓦、西康25千瓦,总共17943千瓦,只占全国总发电容量的4%。以四川机器工业集中地区重庆而言,战前仅有机器制造厂40余家,除华

自贡盐场的输卤笕管

兴、民生等厂外，其余大都简陋，成都也只有20余家，其落后状况可想而知。全民族抗战时期，东部工业内迁和本省原有工业的更新，改变了四川工业的落后面貌，企业现代化程度迅速提高。

全民族抗战期间，迁川机器造纸厂有上海龙章纸厂（江北县），每昼夜产纸6吨，后提高到9吨；汉口谌家矶纸厂（成都）每昼夜出产3吨半；苏州中元纸厂（宜宾），由于得到工矿调整处的资助，生产能力大大提高。1937年，四川机器造纸业经营规模较大、能维持正常生产的机器造纸企业只有乐山嘉乐纸厂一家。战前该厂设备简陋，月产40~50万张土报用纸。全民族抗战初期，东部纸厂尚未迁川，由于需求的刺激，月产土报用纸迅速增至150万张。在工矿调整处的协助下，着手添置设备，改进技术，提高产量，日产量增至3吨。截至1945年，四川共有机器造纸厂13家，其机器设备及产品种类均有很大进步。

以民族资本为主要成分的重庆棉纺织业，全民族抗战期间在机械化程度方面，亦有很大的进步。1937年以前，机器棉织业仅有民生公司所属三峡布厂一家，最盛时重庆地区共有织机4167台。重庆机器棉纺织业在全民族抗战期间得到很大发展。全民族抗战期间，四川拥有纱锭17万余枚，开工纱锭占大后方开工纱锭64.13%。据1939年3月统计，迁至后方的纺织厂（包括小型织布厂）共59家，机器设备共重27808吨，占内迁工业设备总重量58930吨的二分之一。内迁纺织机器设备总数的66%安置四川，主要在重庆建厂。1942年，重庆机器棉纺织业由战前的1家增至13家，布机由数十台增至500余台，年产棉布19万匹，纱锭从无到有，几年间开出纱锭10余万枚，年产棉纱近6万件，纺织工人1万余人。机器工业的发展，使重庆棉纺织业进入了全盛时期。

全民族抗战时期四川机器工业的飞速发展，成为四川工业现代化的先导，在这些企业带动下，四川工业得到了较快发展的条件。

（二）投资数额的激增

根据1942年国民政府经济部《后方工业概况统计》记载：四川工厂1654家中，165家为官营企业，占工厂总数的10%；民营企业为1489家，占当时四川工厂总数的90%。四川工业资本总额11.3亿元中，官营资本为7.11亿元，占工业资本总额的63%；民营工业资本为4.2亿元，占当时工业资本总额的37%。官营企业平均资本额为455.9万元，民营企业平均资本额为27.9万元，官营企业平均资本额为民营企业的16倍。在动力设备方面，民营企业仅为官营企业的四分之一。这些统计资料说明：即使在四川工业发展处于黄金时代的全民族抗战中期，绝大部分工业仍是资本薄弱、生产技术落后的中小民营企业构成，在四川工业中处于劣势，未能成为国民经济中的主导形式。

但是，全民族抗战时期，就四川工业自身的情况而言，其资本额，特别是新的投资数额却是在不断增加。据全民族抗战前夕统计，以四川民营企业为主体的四川工矿企业115家，资本总额2145000元，企业平均资本额为18652.2元，与1942年民营企业平均资本额279000元相比，后者为前者的15倍（未扣除通货膨胀因素），民间资本在全民族抗战时期的大幅度增加是很显然的。

根据全民族抗战前夕的统计，四川全省有资本数额记载的民办机械、冶铁企业19家，资本总额为3万元，企业平均资本额为1579元。1940年，四川全省有机械工厂148家，资本总额为2960万元，其中主要官办企业6家和官商合办企业5家，官僚资本合计大约为1750万元，机械工业中民族资本企业大约合计资本为1210万元，按137家民办企业平均计之，每家资本额为88320元，比全民族抗战前民办企业资本激增5.6倍。全民族抗战期间，四川机械、五金工业中的民族资本不断增长，其增长较高的年份为1940年、1942年。其资本增长的特点是：投资的主要渠道不是大量开办新的企业，而是对原有企业进行技术改造、扩大生产规模。它充分反映了机械、五金工业本身所具有的稳定性。

全民族抗战前夕，四川共有中小电力企业47家，共有资本515万元，平均每家资本额为11万元。电力工业中的民族资本在前期增长较快，后期出现了下降趋势。其增长特点亦同于机械工业中的民间资本，投资主要用于提高现有企业生产水平，而不是用于新建企业。

在全民族抗战期间，由于海盐来路断绝，四川井盐担负四川、云南、贵州、广西、湖南、湖北诸省军需民食，销量猛增，加之国民政府给予优惠贷款、财政津贴，使四川井盐生产中心自贡盐业进入了"黄金时代"。灶户积极扩大生产，加深旧井，凿办新井，改站炉机车为卧炉机车，并创设电动机车、真空制盐等设备，形成了近代以来最大的投资热潮。由于经营条件的改善、生产的发展和销量的扩大造成利润激增。资本积累也因此加速。全民族抗战中，自贡盐商中的大资本家侯策名、熊佐周、罗筱元、罗华垓四家各拥有资本数十万大洋，四家族财产均逾百万。他们所得财富，已不再主要用于购买田产土地，而大量地用于扩大再生产，并向银行、化工、机械、冶炼等近代企业投资，逐步完成向资本主义工业的转化。

（三）工业生产的发展

全民族抗战时期，四川工业发展的另一重要标志是生产的发展，集中表现在商品品种增加、产量和质量的提高方面。全民族抗战初期，日军占领武汉，东部工业骤然内迁，在搬迁重建和生产抗战军需品两个方面，民营机械企业均竭尽全力，在短期内获得奇效。当时规模庞大的官营钢铁机械企业内迁，完全依靠民营机械厂的帮助。民营企业还为重建官营企业添配、改制机器设备。民营企业在内迁中设备损失也很严重，这些企业还为自己添配制造机器设备。

四川民营机械、五金企业，在全民族抗战中最为突出的贡献，是生产抗战军需武器。1938～1939年间，民营企业以生产军火军用品为主。当时仅每月可制造的手榴弹、迫击炮、各式炮弹和炸弹引信、飞机炸弹、机枪零件、大小圆锹、大小十字镐、水雷引信、军用纽扣、军用仪器等都难以数计。

自1939年以后，四川机械、五金工业在承担军需物资生产的同时，开始制造各类工业所需的机器设备。由于全民族抗战时期四川工厂数量成倍增加，这些工厂都需要机械、五金制造业给它们提供大量各式各样的机器设备、零配件和维修服务，特别是全民族抗战中得到迅猛发展的纺织业、化学工业、造纸业、轮船业，更是机械、五金企业的重要主顾。

根据有关统计，全民族抗战时期，四川机械工业一个最显著的特点："是动力机和工作机制造厂所占的比数巨大。这两种工厂合计起来，共占到厂数的47.29%，资本的85.77%，工人的58.52%，动力的65.52%。尤其是动力机制造厂以厂数的7.52%，竟占到资本的55.42%。"四川机械、五金工业的这一巨大发展，使它当之无愧地成为当时全国机器工业的核心。

全民族抗战时期，由于甘蔗品种的改良和大规模的推广，甘蔗亩产量得到提高，所以尽管种植面积缩小了，总产量仍能保持较高的水平。与此同时，制糖生产技术也在不断改良，机器制糖业在这期间得到较大的发展。全民族抗战前期，四川蔗糖产量增长较快，除1939年因干旱减产外，产量年年都有增加，1940年糖产量超过战前的一倍多。1940年5月，长江中游沦陷后，川糖主要销路断绝，因而产量下降。

全民族抗战时期的自贡盐业生产发展十分显著。根据战时需要，1938年国民政府明令以优惠贷款和财政补贴刺激川盐生产，这以后，自贡盐业得到迅速发展。为提高井盐生产力，抗战后，汲卤蒸汽机车普遍推广，为提高机推效率，将战前普遍使用的效率较低的站炉机车逐步淘汰，用效率较高的卧炉机车取而代之。与此同时，自贡出现电力推卤新趋势，1940年，一座500千瓦小电站投产，

北碚三峡染织厂与内迁的汉口隆昌染厂合并为大明宗染织厂

1941年采用第一台电动汲卤机车,到1944年,电动机车推卤量已达全场年产300余万担的二分之一。盐场机器生产的发展,自然大大提高井盐生产力。全民族抗战时期自贡盐产量提高很快。1941年以后,产量保持在450~500万担之间,比前期略有下降,主要原因是因为宜昌失守,长江中游销区丧失,影响了生产的发展。经井灶生产的增长情况也很引人注目。但由于战时生产力水平的进一步提高,人们对开采浅井淡卤已失去兴趣,而将技术资金主要用于开采深井盐岩和浓卤。

全民族抗战时期,四川缫丝生产有很大发展,主要表现在两个方面,一是生产技艺的改良,中小丝厂的传统土法大车丝房大部分已受淘汰,采用新法小车缫丝者遍及全川;二是生丝质量和产量的提高,由于抗战期间生丝销路受到很大影响,在产量的提高方面不很显著。生丝销路疲滞,直接导致丝业同行间的激烈竞争。同时,战时物价上涨又使生丝成本扶摇直上。成本的猛增,丝价的相应提高,更使生丝销路受到抑制。中小丝厂不得不改为制造价格低廉、专销内地的大车丝。国民党官僚资本则乘机通过贷款和强制购销,控制了全川生丝的生产和运销,使生丝业陷于困境。

四川民营工业在抗战期间,特别是全民族抗战前期有了很大的发展,无论是生产规模、水平,抑或是产品、产量和质量,均有不同程度的提高;虽然与官僚资本主义工业相比,资本额和技术力量有很大的差距,但它却以坚忍不拔的精神,在不利的条件下奋进,作出了历史贡献。

二、垄断企业的膨胀及其对民营企业的蚕食鲸吞

战前国有资本在中国近代工业领域中投资很少,截至1935年,全国国有厂矿资本总额仅为3030万元,占当时已登记的工业资本总额的11%。全民族抗战时期,国有资本除在金融、交通、商业、外贸等领域实现其垄断外,在工业领域也急剧膨胀,迅速超过民营资本,并进而占据压倒的优势,其主要表现是:

全民族抗战前除官僚、军阀、私人资本外,国民政府主管国营厂矿的资源委员会战前仅办有厂矿16家,到1938年激增至63家,抗战结束时已达118家。这

些厂矿的行业分布情况为：冶金企业9家，机械企业8家，电器企业5家，化工企业35家，煤矿企业14家，石油企业2家，铜、铁、铅、锌企业4家，钨、锑、锡、汞企业10家，电力企业29家。据1942年资料统计，在四川1654家工矿企业中，国民政府所属的工厂为156家，占工厂总数的9.43%。

据1942年统计，国有资本在工业总资本中已占据69.5%，主要分布在关系国家经济命脉的冶金、动力、能源、机械、电器等部门，国营企业在全部企业资本总额中占据62.5%。国营企业平均资本额为455.9万元，是民营企业的16倍。国营企业资本在10万元以下者占国营企业总数的40%，民营企业则在70%以上。国营企业工人平均数为100余人，民营企业则在50人以下。包括四川省政府所属企业在内的公营企业平均动力设备为100马力，民营企业则为30马力。

由此可见，战时四川官办企业资本得到迅速膨胀。这是国民政府开发西南战略计划实施的必然结果，也是政府利用掌控资源的权力对民营企业蚕食鲸吞的必然结果。

（一）排斥华西兴业公司的民营资本

中国官僚资本蚕食鲸吞民营资本，是中国近代资本主义发展的一个重要特征。全民族抗战时期，国民政府所属财经机构在这方面表现得尤为露骨。在受到国有资本兼并的重要企业中，地方军阀、官僚往往在其中拥有相当数量的股权，兼并政策的实施，不仅造成民营资本与国有资本的尖锐矛盾，而且导致四川地方政府与中央政府的直接利害冲突。

国民政府所属财经机构为了控制西南地区钢铁、电力、矿产等重工业，解决军需、民用、交通运输的建设需要，巩固其大后方的独裁统治，决心从西南地区最重要的地方重工企业——华西兴业公司入手，确立其在西南工业中的垄断地位。

全民族抗战开始后，华西兴业公司主持人胡仲实、胡叔潜，常务董事宁芷邨，经理胡子昂等，为适应战时需要，拟利用国民政府扶植与奖励西南实业的政策，争取贷款，将华联钢厂扩建为日产30万吨钢的大型炼钢厂。全部扩建资金为法币300万元，除自筹和刘湘投入资金共计150万元外，尚差150万元，要求国民政府给予优惠贷款。国民政府行政院院长兼财政部长孔祥熙，当时控制着中央银行和四联总处理事会，掌握财经大权。他首先提出官商合办华西公司动议，华西公司拒绝合办，并坚持要求贷款。孔通过中央信托局只给华西公司60万元贷款。华西公司只购得部分生产设备和材料，要求续借，孔祥熙予以批驳。

胡氏兄弟最终迫于资金缺乏的窘迫处境，同意以华联钢铁公司与孔祥熙财团合办公司。但孔祥熙又提出由"华西、华联、中电三公司合组中国兴业公司"，后在华西再三恳求下，孔同意不将华西公司纳入兴业公司系统。双方妥协后，正式签署合组中国兴业公司的协议，商定公司资本总额为法币1200万元，由行政院饬令中央银行、中国银行、交通银行、农业银行、经济部、四川省政府投资，并将他经营的中国实业银行、裕华银行、祥记公司列入投资之列。华西公司所有机器设备、矿产和华联钢铁公司、中国无线电公司生产设备、厂房等折价投资，并邀集地方军阀和金融界参加投资，这部分资本作为商股。

（二）对四川丝业公司的吞并

在官商合组中国兴业公司中，官股资本高达81%强，商股资本仅占19%弱。适逢1942年法币大幅度贬值，中国兴业公司资本随之增值二倍，将原资本额1200万元升值为3600万元，孔祥熙提出再增值二倍，共计资本额为6000万元。

四川丝业公司是四川地方官僚刘湘、刘航琛使用高压手段强行接收四川11家商办缫丝厂联合组成的大华生丝公司而成立的官商合办生丝贸易公司。在全民族抗战前后两三年内，四川丝业公司大力改良蚕种，独家收购蚕茧，基本上控制了全省机器缫丝企业。1938年，中国银行向四川丝业公司投资39.96万元，其投资占丝业公司总资本额300万元的13.32%。1938~1942年五年间，宋子文连任四川丝业公司常任董事。新生活运动会妇女指导委员会于1939年将乐山等7县划归该会作为改良蚕丝实验区，从而也将四川丝业公司在乐山等7县的蚕茧来源和该公司所属第六丝厂作为己有。孔祥熙与省主席王缵绪以四川省政府的名义成立"土茧土丝管理委员会"，于1939年3月发布《四川省土茧土丝管理大纲》，规定蚕茧、生丝贸易由官方统一定价，缫丝企业生产接受官方监督，产品由官方统购。

土丝土茧的统购统销政策带来的严重后果是官价收购大大低于市价，土丝车坊、丝茧商贩纷纷停业，工人大批失业，依靠土茧做原料的织户和机房由于原料中断，无法继续生产。在成都市绸缎长机业等7个丝织行业公会的请愿下，四川省政府被迫废除了土茧土丝管理办法。截至1941年，国家垄断资本在四川丝业公司投资高达38.98%，成为丝业公司的大股东。国家垄断资本除了利用政府法令控制和垄断蚕茧、生丝生产贸易外，还利用强大的金融资本做诱饵，以贷款控制茧丝产销。四川地方蚕茧、生丝生产企业一般资金有限，采购原料与缫丝加工多为借贷。中央银行、中国银行、交通银行、农民银行等以低利放款形式给丝业贷款，但必须接受银行的以"实物为质"的抵偿办法，即按贷款比例收购生丝和规定制生丝品级成数，出口按法定外汇率结汇。这样，各银行通过贷款，控制生丝产销。国家垄断资本对四川省丝业的控制、掠夺和战时生丝国际市场衰疲等因素的交互作用，时四川生丝产量由全民族抗战初期近3万担减少至后期的1万多担，减少了37%，四川生丝业从此江河日下，不可复振。

（三）对能源工业的垄断

商办重庆电力股份有线公司在1936年以前，拥有200万法币的资本额，其资本占有情况是，地方官僚控制的川康、美丰银行占股100元，地方官僚刘湘、刘航琛等人占私股40万元，其余由中小商股构成。1936年，因重庆人口增加，经济发展，电力供不应求，计划增加设备，准备发行公司债券以取得资金，但未获财政部批准。改由中央信托局和各银行联合给予临时贷款，解决了进口设备资金。1938年，总发电量为1.1万千瓦。由于东部工厂大举内迁，电力严重不足，国民党中央官僚资本以解决电力供应问题为由，将贷款作为投资，公司的资本总额扩大一倍，为500万元，增资部分各银行占150万元，其余由川盐、川康银行分担，原来商股比例大大下降。1941年，由于法币贬值，物价上涨数十倍乃至百余倍，国民政府经济部不准公司调整电价，使公司陷于困境。全民族抗战中期，随着官僚资本控制的巴县电力公司的成立，重庆电力公司被逼至山穷水尽，只好任其吞并。

民营天府煤矿股份有限公司在全民族抗战初期因资金缺乏，开采技术落后，由该矿董事长卢作孚与国民政府经济部部长兼资源委员会主任委员翁文灏商定，内迁的河南焦作中福煤矿公司与天府煤矿公司合组新矿。中福煤矿公司系中原煤矿公司与英商福公司的联合企业，英商福公司资本雄厚，开采技术先进，与中原公司在业务上竞争激烈，中原公司处于劣势，面临破产。中原公司提出与英商福公司合作经营建议，双方同意后，两公司成立联合办事处，并设立董事会。

天府煤矿公司董事长卢作孚与中福公司总经理孙越崎磋商后，达成了合作协议，并将担任煤炭运输主力的北川铁路公司纳入，路矿合一，由天府、中福、北川三企业合组新公司，董事会推举卢作孚为董事长，孙越崎为总经理。天府矿业股份有限公司所拥有的150万元法币股本中，国民党资源委员会和英国资本占据50%，其余50%属于民营资本，由原北川铁路公司、天府煤矿和民生轮船公司投资。

天府矿业股份有限公司凭借政府的重点扶持，大力改善经营管理，实行总经理统一领导下的矿长负责制，建立"四矿（天府、中福、嘉阳、全济四煤矿）联合秘书室",全面更新采矿设备,培训和重用技术人员,提高劳动生产率,使天府煤矿产量逐年上升,全年煤炭产量从1939年的71437吨,逐年上升至1945年的451681吨,7年间增长6.3倍有奇。

国民党中央官僚资本利用天府矿业股份有限公司对四川煤矿企业进行压制和兼并的重要做法有,独霸运煤交通线,迫使民营煤矿贱价让煤;以统管配销方式削减中小煤炭销售量,抑制民营煤矿的生产。

上述四川地方工矿企业遭受国民政府所属财经机构的蚕食鲸吞的实证,说明了全民族抗战时期,中央政府国有资本在四川工矿企业投资数额的极度膨胀,是以压抑甚至窒息四川地方工业（包括一部分地方公营工业）为条件的。

三、抗战后期巴蜀工业的衰退

抗战后期,四川工业由盛而衰,逐步陷入一蹶不振境地,各类工业均呈萎缩状态,每况愈下,不可复振,四川工业的发展进入了衰退期。但是,由于抗战以来,四川工业实力的成倍增长,工业生产的绝对数量直至1945年上半年依然维持着较高的水平。随着工业生产危机的扩展,四川大批工厂歇业或改组。从行业看,除食品、纺织和服装工业无歇业或歇业较少外,其他行业普遍陷入破产倒闭的绝境,尤以冶炼、电器、机器、化工等部门特别严重。

抗战后期,四川工业由极盛而急剧衰落,原因是复杂的、多方面的。总括起来大约由经济和政治两方面的因素造成。从经济原因看,主要是缺乏与社会化大生产相适应的物资资金周转,社会经济其他部门无法提供现代大工业需要的原料、能源供应和产品运销、金融市场,使全民族抗战初期匆忙建立起来的战时工业体制得不到持久的生存条件。归纳起来,衰退原因主要有以下几端:

（一）缺乏原材料和能源基地

近代工业是高效率的机器生产,必须有充足的原材料、能源供应系统。而全民族抗战期间四川工业却没有这样的供应系统。从棉纺织工业看,四川棉花产量一向不能自给,且土花纤维过短,不适应机器需要,供应矛盾十分突出。因此,战时四川机器棉纺业虽发展起来,但原料供应不足;而棉线生产量不足,又影响机器棉织业的生产,无法维持均衡生产。

机器冶金工业缺乏原材料的情况同样严重。冶金工业所需矿砂和焦煤,数量多,品位高,四川煤铁矿大多为土法生产,无法保证供应。因此,作为战时后方冶金工业中心的重庆钢铁工业,无法轧制钢板和方钢,生产的钢锭也不符合机械工业的加工要求。

工矿企业受能源短缺的影响造成停工停产的情况更为普遍。成渝两市为四川工业两大集中地。但是，重庆工厂多因煤炭和电力供应不足而减少、停产。自1937年以来，陆续迁建成都的机械、纺织、食品厂等达数十家之多，且规模较大，电力需求亦成倍增长。加之外省人口和中央军政机关云集省城，还有全民族抗战期间，成都频遭敌机轰炸，电力设施损失严重，使得电力供应状况更为紧张。

（二）未能形成为企业融资的金融市场

全民族抗战期间，绝大多数企业资金不足，缺乏活力。从迅速发展起来的四川工业中看，多数工厂（主要是民营企业）资本额在50万元以下。由于当时产品和原料市场价格受通货膨胀影响，变化极大，产品尚未出厂，原料已经提价，工厂成品销售价格常常落后于原料价格，所得价款，不敷成本。同时，物价腾贵期间，固定资本与流动资本均需随时增资，以备原材料涨价、成品滞销时贴垫。因而，企业迫切要求金融市场调剂资金，不断增加信贷予以解决。全民族抗战期间，虽然国家官僚金融资本雄踞西南，地方银行、民间银行、游资亦复不少，但是由于战时经济的不稳定和通货膨胀的恶性发展，使金融资本更多地转向商业借贷和商业、金融投资，企业很少得到融通资金。首先，官办银行对工矿企业的投资比例太少，国民党中央各银行信贷虽以低利扶持相标榜，但为数太少。虽然伴随着战时经济的短暂繁荣，出现了新的设厂高潮，银行对工矿事业的贷款有所增加，但重商、轻工的情况仍未根本扭转。国家银行在大宗商业投机之余的少数工矿贷款中，能够优先享受国家银行低息贷款的企业，大多数是国家官僚资本垄断或间接控制的企业；中小民营企业受种种条件限制难以企及。

（三）严重通货膨胀摧毁了企业的生机

国民政府错误的财经政策，给战时迅速发展起来的后方工业带来了灾难性后果。通货膨胀政策给后方工业带来致命打击。全民族抗战时期，国土大片沦丧，物资极度匮乏，财政收入锐减，为应付战时经济困难，支付庞大军费，国民政府未能采取千方百计发展生产、扩充战时经济实力的正确政策，而是主要依靠加速印行钞票，实行通货膨胀的错误政策，以弥补巨额财政赤字。通货膨胀之初，后方工业生产受高额利润刺激而迅速发展。随着通货膨胀超过社会经济承受力，就由促进生产转向窒息生产。首先是物价与生产成本展开角逐，飞速上升，它使企业资产不断贬值，出现"虚盈实亏"的雪崩现象，恶性循环的结果，企业老本蚀尽，债台高筑，最后破产倒闭。其次是物价上涨导致企业流动资金需求激增,使后方工矿业,主要是民营企业资金匮乏,无法维持正常生产。正如当时厂家所说:"物价一天天的增高,流动的范围,也一天天的缩小。收回上月的货价,扣除各项开销,已经不能购进和上月等量的原料了。于是乎向行庄字号借款透支,弥补以顾目前,周转数次,月月递减,虽未僵逝,亦仅鼻有微息而已。"①

(四)战时经济政策窒息了流通市场

国民政府对商业贸易的垄断政策,窒息了后方工业,特别是民营企业的生机。

全民族抗战时期,国民政府以所谓"非常时期"为幌子,对重要商品实行高度垄断:由资源委员会对钨、锑等战略物资加以统购统销,由贸易委员会所属复兴、富华、中国茶叶三大公司对生丝、茶叶、猪鬃、桐油等大宗出口产品进行统购统销,由农本局福生庄(后改组为花纱布管制局)对棉花、纱、布进行统购统销,由各类管制机构对钢铁、煤炭、酒精、汽油、水泥等重要原料、燃料进行严格控制,由各类专卖机构对盐、糖、烟、酒、茶、火柴实行专卖。为垄断和独占生产与经销利润,国民政府凭借政权力量,制定各种统购统销、专卖、限价法令法规,肆意压低收购价,严重损害企业利益;同时又高抬销售价,严重损害消费者的利益。国民政府对后方商业贸易高度垄断的结果,是商业生产状况每况愈下,商品市场迅速萎缩,带来了十分严重的后果。

无限增加税收、发行空头公债,使民族资本主义工业受到杀鸡取卵似的掠夺。

全民族抗战爆发不久,国民政府为弥补财政亏空,便决定增加税收,发行公债。首先将过去的统税和烟酒税扩大为货物税。从1937年10月1日起,凡国内运输的货物一律需加征货物转口税;同月开始提高印花税税率和加征土酒土烟丝税。这一增税措施,虽在局部地区增加了财政收入,但由于国土的大片沦陷,总收入并未增加。1938年4月,国民政府根据"抗战建国纲领"推行战时税制,在国统区开征所得税。沉重的新旧税课直接加在后方人民头上,取之于工农商各业,给奄奄一息的民族经济套上绞索。

由于增税收入甚微,国民政府又以发行公债为敛财手段。全民族抗战初期,国民政府除向英、美、苏等国举借外债外,主要是向国内发行公债。1937~1938年间,共发行五次公债。由于国民政府滥发公债,不讲债信,债券两度破产,广大人民对政府公债丧失信心,而且也被大量认购公债弄得一贫如

---

① 《新华日报》1944年3月22日。

洗，造成百业萧条。1938年开始，公债发行出现危机，当年各项公债总额14.5亿元，民间仅认购1840万元，余下主要数额，均以"总预约券"形式向中、中、交、农四大银行作抵，由财政部出具债约，再由四行为财政部垫支巨款。四行则将此项空头债券转充发行储备，增发不兑现的钞票，政府通过这种方式，实现其对广大人民的搜刮和掠夺。其结果是进一步加剧十分严重的通货膨胀，给四川工业造成更大的摧残。

全民族抗战时期的四川工业经过昙花一现的短暂繁荣。由于自身和外部经济条件的限制，再加上国民政府摧残后方经济的各种政策的实施，四川工业到抗战后期已无可挽回地走上了衰退的道路[①]。

第六节 三年内战时期（1946～1949）的巴蜀工业

一、内迁工厂复员与巴蜀工业的衰败

抗战后期，四川工业由盛而衰，逐步陷入一蹶不振的境地，各类工业均呈萎缩状态，每况愈下，不可复振。

抗战胜利后，许多内迁工厂，为了避开交通运输的困难，寻找更为广阔的市场，纷纷迁返原地或另择地址复原。有的整厂搬迁，也有返回原地的。以重庆为例，自抗战胜利至1946年5月，367家工厂中，只有11家就地改组，5家增资，3家迁移，349家歇业。战后重庆各工厂就地改组、增资者约占4.3%；直接迁移者不足1%；而占总数95%者已歇业。歇业的工厂中有本地和外地工厂，有因营运不济而倒闭或停止其工业活动者；但也有相当数量的工厂在歇业后回到原来的地区恢复生产。如由内地宝鸡迁返汉口的荣家申新四厂、福新五厂，在迁返的过程中，经历了艰苦的过程。

在内迁工厂复原过程中，比较有影响的组织为迁川湘桂工厂联合会上海办事处。该会以上海迁往四川、湖南、广西的机器业工厂为主，成立于1945年秋冬。据统计，该会会员中复原到沪的机器业厂、社、公司即有49家。

据国民政府经济部统计处公布的统计数字表明，后方设厂指数，以1938年为100，1939年为206，1940年为263，1941年为395，1942年为261。设厂指数

[①] 本节参阅张学君、张莉红：《四川近代工业史》第八章，四川人民出版社1990年版。

反映了全民族抗战期间四川工矿企业的增减趋势，1941年为增长比例最高年，1942年进入低潮，仅为1941年的66%，甚至低于1940年的水平。据工矿调整处1943年对重庆工厂异动情况的调查，停工厂数已达52家，占重庆工厂总数的14.3%。未停产的工厂，开工率普遍下降。贵州省企业公司四川工矿参观团调查报告称，四川实际工业生产力仅达到应有生产力的二分之一甚至三分之一。以几家规模较大的工厂平均每月实际生产力占应有生产力的百分比为：裕华纱厂66%，中新第四纺织公司蓉厂33%，四川丝业公司第一厂42%，四川水泥厂50%，建川电仪公司15%，犍为焦油厂20%，四川酒精厂30%，中国兴业公司57%，南洋烟草公司36%。

设厂指数和企业生产力的下降表明，四川工业的发展进入了衰退期。但是，由于全民族抗战以来，四川工业实力的成倍增长，工业生产的绝对数量直至1945年上半年依然维持着较高的水平。据国民政府经济部1945年底编制的工业生产指数，以1940的基数为100，1945年夏季为488。但到当年秋冬季，生产指数却明显下降，秋季为458，冬季更减为386，短短半年中下降五分之一以上。除纺织、食品、动力等工业受需求量影响，还不同程度地保持增长而外，其余各工业部门均呈下降趋势，其中以机器、钢铁和化学工业衰退较大，冬季生产指数比夏季减少将近二分之一，机器工业超过二分之一。考虑到1945年底广大收复区的工业尚未正式恢复生产，四川仍为国民党政府工业生产的主要基地，这一急剧衰退的情形，反映了四川工业已面临深重的危机。

随着工业生产危机的扩展，四川大批工厂歇业或改组，据经济部1945年8月至1946年5月统计：在363家发生变动的企业中，歇业的344家，改组的1家，迁厂的3家，增资的5家。这说明，在发生变化的企业中，约有95%的企业，在战后无法继续经营而陷于倒闭；仅有约5%的企业通过不同方式的增资、重建而得到发展。从行业看，除食品、纺织和服装工业无歇业或歇业较少外，其他行业普遍陷入破产倒闭的绝境，尤以冶炼、电器、机器、化工等部门特别严重。

二、资源委员会强化对重要工业的国家垄断

成立于全民族抗战前的资源委员会，在抗战中通过对国家重要战略物资的开发、利用和贸易活动，已发展成为国家唯一的重工业垄断资本集团。抗日战争胜利后，资源委员会负责对日伪重工业资产设备的接收工作，1946年5月迁回南京后，又从经济部划出，成为国民政府行政院的直属机关，"专任国营基本生产事之责"。该委全民族抗战前和抗战期间由蒋介石亲任委员长，后由翁文灏接替。1946年返回南京后由钱昌照任委员长，但蒋介石和翁文灏仍实际指挥着资源委员会的工作。

1945年资源委员会对日伪资产的接收，按照国民政府所划定的范围是：采矿、电力、钢铁、石油、机械、电子、建筑材料、化工、糖和纸。接收工作分东北、冀察热绥、鲁豫晋、苏浙、湘鄂赣、粤桂闽和台湾7区进行。资源委员会接受的日伪资产总产值，估计在18亿美元左右，仅上海一地就价值64亿法币以上。接收敌伪资产后，资源委员会实力大为膨胀，1946年底，它所拥有的固定资产的账面价值在法币10亿元以上。资源委员会的机构也大为扩大，总部分设电力、煤、石油、金属矿、钢铁、机械、电工、化工、糖、水泥、纸11个专业小组和1个综合组，另设材料供应事务所、国外贸易事务所、电信事务所、保险事务所、矿产勘测总处、全国水力发电工程总处和经济研究所；并在全国各地设立11个办事处，作为其派出机构。它所控制的企业包括煤矿、电力、石油、钢铁、有色金属、电工、机械、建筑材料、化工、造纸和制糖；另外，在台湾还成立了3个处、7个公司。资源委员会在垄断了全国主要工业10个行业后，拥有291个厂矿、员工223775人，总资产52442亿元以上。1947年营业收入2400亿元，盈余280亿元，上交国库258亿元。

资源委员会从成立之时起，就是国民政府直接控制下的，一个从事重工业开发、设计和建设的职能机构。由于它的资金来自政府，并与国防和国家基本工业发展有着密切关系，受控于执政的国民党和政府，又采取资本主义经营管理方式，并逐步对重工业和部分轻工业实行垄断性经营，其性质当属国家垄断经济体制。

三、恶性通货膨胀对巴蜀工业的致命打击

抗日战争以后，到国民政府结束在四川的统治的这段时期，四川工业进入了近代以来最为艰窘的历史阶段。由于全面通货膨胀和战争掠夺带来的经济大萧条，以及美货大量倾销四川，四川工业，包括地方公营企业和民营企业在内，均遭到前所未有的摧残，陷入崩溃的境地。

截至1945年6月，法币发行总额已达3979亿元，为战前发行指数的28289%。同期重庆批发物价为战前物价指数的213320%，货币购买力指数为战前的0.4%。自1943年开始，国民政府陆续发行美金公债，企图通过收缩法币回

笼，降低通货流通量，稳定物价。但是，由于国民政府多次丧失债信，销数甚微。1945年，又举办法币折合黄金存款和黄金储蓄存款，最终由于政府失信于民而债信扫地。1947年，内战加剧，军费倍增，物价飞腾，为战前物价的78000倍，到了7月，上升至150万倍。1948年7月，法币的面额由原来的1元、5元、10元增至500万元之巨，形同废纸。1948年8月，国民党政府不得不废止法币而改行金圆券。但发行两月，数额已接近16亿元，通货膨胀势不可遏。1949年6月，废除金圆券，发行银元券行市5个月，最后仍以贬值废弃告终。

在战后全面通货膨胀的影响下，四川工业遭受致命打击。由于原料价格飞涨，工费、劳务亦随之上升；因战乱带来的经济动荡，使销路锐减；产品价格呈现下落趋势，使企业难以生存。近代新式工交企业受通货膨胀之害，面临破产倒闭的命运。民生轮船公司在抗战后期扩充航运实力，向国外银行贷款订购各种运输、军用船舰若干艘，航线从长江扩展到海洋。由于战后恶性通货膨胀，经济萧条，百业破产，客货运量锐减，加之巨大的债务利息和维持公司轮船设备、人员开支的沉重负担，民生轮船公司濒于破产。

重庆机制面粉业受通货膨胀的打击，小厂纷纷倒闭，大厂诸如复兴厂，为偿还债务，不得不以3000万元价款将南充分厂拍卖，并将企业资本从400万元增加为2亿元。但是全面通货膨胀粉碎了复兴厂的发展愿望。改用金圆券后，金融市场连续出现五个比期的高利率，使复兴厂遭受高利盘剥。到1949年初，复兴厂陷入一无资金、二无原料的凄惨境地。

战后四川电力工业受恶性通货膨胀和政府"限价"政策的双重压迫，走到了山穷水尽的地步。四川造纸业、制糖业受销路疲滞、价格惨跌的沉重打击，处在奄奄一息的境地。四川盐业生产和运销均受政府盐务部门严格管制，不仅产量由官方确定，盐价亦受官方限制。总之，1946～1949年，由于国民政府金融体制的彻底崩溃导致的全面通货膨胀、物价飞涨，给四川工业造成极为严重的打击。企业面临资产贬值、债台高筑、利率飞升、产品滞销、原材料价格腾贵的艰窘形势，四川工业陷入了衰微破败的绝境。

四、战后美货对工业品市场的冲击

抗日战争期间，国民政府与美、英两国政府结成反法西斯国际统一战线。美国政府对中国抗日战争给予积极的援助，与英国先后放弃了在中国享有的"治外法权"，并部分废除了近代强加于中国的不平等条约，对改善中美两国的关系，发展通商贸易关系，做出了一定的贡献。抗战结束前后，国民政府为消灭中国共产党领导的民主革命力量，争取美国政府对它发动反共内战的财政援助，于1946年11月，与美国政府在南京签订了《中美友好通商航海条约》。这个条约形式上是互惠平等条约，实际上确立了美国在中国的特殊地位，使美国获得了在中国自由通商贸易的特权。而美国政府则以赠予和借贷方式给予国民政府总数为20亿美元的援助，此数额相当于国民政府货币支出的50%以上。此外，美国政府还将大量军用与民用的战时剩余物资，出卖给国民政府，总值为10亿美元以上，而美国通过有关协议取偿的仅2.32亿美元。美国政府通过《中美友好通商航海条约》取得了中国市场，使战后美国商品大量倾销中国。这对于暂时遏制极为严重的中国通货膨胀的确起过一些有益的作用。但是，美货的倾销，却从根本上加剧了战后中国农业生产的严重危机，使本来就处在分崩离析状态的四川工业走上破产倒闭的绝路。

美货大量倾销后，中国重工业率先受害。战后在中国重工业出现严重困难时，国民政府对于国内所需钢铁、机器设备及一切工矿器材，均从美国进口，不买国货。先是购买美国剩余军用物资，继而接受美国百余万吨救济物资，最后干脆向美国订购一切重工业产品。1946年6～7月，重庆机器工业90%以上停顿，重庆两大钢厂，中国兴业公司和渝鑫炼钢厂相继停产。1946年底至1947年初，在美货充斥下，四川机器工业协会原有工厂422家，已停工者141家，复员99家，仅存182家，金属冶炼工厂几乎全部歇业。重庆电器工业，全民族抗战期间有30余家，减至10余家。制酸工厂仅存1家。川南工矿业中，威远煤铁厂原有400多家，仅存数十家，机器业完全停产；嘉陵江区煤业由426家减至61家，从月产煤15万吨减至6万吨。

战后在中国倾销的美货中，轻工业产品占据主要地位，商品种类之多，不胜枚举。据1946年8月5日成都《工商导报》报道，美国第一流公司40余家，致函市商会，请介绍各商家订购美货，"货品范围包括五金、电料、服饰、化妆品及厨房用具、学校教具、零星加剧，应有尽有"。美货中的许多轻工产品，1946～1947年间已占据四川市场。重庆吴蕴初经营的天厨味精厂、中国罐头大王梅林公司、信谊制药厂等，都因美货的倾销而无利可图。重庆向为四川丝、绸、布、呢、绒等产销中心，因美货不断从上海运川，国货销路锐减，折本出售仍无人问津。据1946年8月初统计，由于美货自上海源源不断地倾销内地，重庆民族工商业已一蹶不振，香烟、日用化妆品、绸布业等纷纷倒闭。重庆直接税局统计，五、六两月倒闭民营工厂137家，申请歇业的大公司、行号共计107

家，商品市场1亿元以上的交易已渐稀少。据1947年1月2日《新华日报》统计：在美货倾销、物价飞涨、高利贷、通货膨胀的官僚买办卖国内战的政策下，工厂纷纷倒闭。四川槽户（纸业），乐山工厂，荣县、威远槽户，内江酒精厂，重庆西药业、土布业、棉花业、面粉业、木器业、棉纱业、营造业、切面业、煤油业、纸烟业、皮革业、酒业、牙刷业、颜料业、酱园，成都的轻工业如造纸、化学、染织、机械等业，工厂都纷纷歇业或倒闭。

四川的传统手工业，如具有悠久历史、随着近代商品经济的活跃而一度繁荣兴旺的四川井盐业、制糖业、造纸业、丝织业，也受到美货倾销、通货膨胀的致命打击，处于半瘫痪状态。自贡盐业生产自战后即大半停产，幸存井灶也不得不大量减产。内江、资中糖业，四川造纸业、生丝业都因美货的内销，遭到灾难性的打击。

总之，1946～1949年，由于美国独占中国市场，美货大量输川，四川工业失去产品市场，在恶性通货膨胀中迅速走向败亡。

五、巴蜀工业的全面崩溃

1946～1949年间，由于国民政府的种种财政经济政策的严重错误，导致了中国社会经济的全面崩溃。四川工业随着整个经济的全面崩溃而走向绝境。

从地方工业（包括地方政府公营和民营企业）情况看，几乎所有企业均面临减产、停产、负债、歇业、破产的凄惨命运。截至1947年7月，重庆重工业如机器业、翻砂业、钢铁企业大部分停产歇业。从四川最大的机器采煤企业天府煤矿的情况看，由于它的销售对象是重庆电力公司、民生轮船公司等大型企业，而这些大型企业大多受到严重打击，被迫减产、停产，不但无力预付购煤订金，甚至赊煤拖欠，使天府煤矿在解放前夕亏累严重。至1949年下半年，天府煤矿全矿已处于半瘫痪状态。自贡盐业制盐原料上涨，盐业贷款减少，流动资金短缺；盐价受官方限制，赔累过巨，纷纷减产停产。

全民族抗战以来，四川制革业集中于重庆。据1945年统计，重庆制革业多达434家，其中制革厂181家，皮鞋厂162家，皮件厂91家，实现机器生产的62家。据1946年2月统计，正式停业的制革厂已达145家，制革生产基本停止，继续维持的仅有皮鞋生产。1946年，四川织布业20000家，倒闭五分之四。这期间兴起的大机器工业，由于对原料和产品市场的高度依赖，所受打击更为沉重。被调查的700余家工厂中，歇业或星散的就有284家，占总数的30%以上。而在这284家企业中，四川就占了205家，可以看出四川歇业和星散的企业居各省之冠，四川工业已进入一蹶不振的绝境了。根据1946年上半年的统计，成都织布厂倒闭30余家，四川机械制造、化学、印刷等六种工业迁出350家，停业121家，占总数34.5%。重庆钢铁业战后短短数月，即歇业停产100多家，总产值下降45%。在倒闭的企业中，民营企业占135家。

从1946至1949年统计看，各类工业均呈现崩溃瓦解之势。截至1949年重庆解放时，重庆大中钢铁企业均已停工。重庆机器工业基本上陷入瘫痪状态。

从国民政府所属财经机构控制的企业看，危机虽不如民营资本企业严重，但也基本上陷入困境，不可自拔。国有资本的猛增，主要是通过控制国家财政和金融，不断实行恶性通货膨胀政策，统制重要商品的产销和垄断对外贸易而实现的。战后由于国民政府急于控制原沦陷区经济，接收敌伪产业，对原大后方的控制略有削弱，国有资本在四川工业中的成分因而有所下降。抗战以后，中央财经机构对国有资本占股多的中国兴业公司失去兴趣，不给工资，不给订货，并勒令停工，清理资产。同时，由四联总处出面，对其贷款限期偿还。对天府煤矿在战后也一反常态，不给财政补贴和贷款。总之，国民政府对它战时在后方投资的重要企业，已失去兴趣，它需要在全国范围实现经济垄断和工业独占的目标。

国民党官僚资本在战时没有直接投资，而通过四联总处贷款控制的后方民营资本企业，战后也一律取消贷款和订货，不再投放资金，并限期收回信贷，任其自生自灭。从1946~1949年，国民政府对在全民族抗战时期曾为民族解放战争作出极大贡献的四川机器钢铁工业，既不给予工资，又拒绝给予订货，使它们陷入垂死的状态之中。

总之，抗战以后，截至国民党结束在四川的统治，四川工业已面临土崩瓦解的局势。民族资本主义企业在全面通货膨胀、美货倾销的沉重打击下，丧失了生机，绝大多数企业减产、停业、破产、倒闭。国民党官僚资本在战时投资和给予贷款的企业，随着大片国土的恢复、国民政府为建立全国范围的经济控制和工业垄断，给予冷遇，任其停产倒闭，自生自灭。

第七章

半个多世纪来，巴蜀工商文化的现代化探索与实践

1949年以来的半个多世纪里,巴蜀工业、商贸领域都取得了前所未有的巨大成就。特别是1978年以后,中国进入改革开放时期,巴蜀工业、商业在体制创新方面硕果累累;在引进先进技术与外国投资、扩大进出口贸易和与国际市场接轨方面,都进行了平等互利、卓有成效的合作,是工商文化最富活力的时期。

回顾半个多世纪的历程,巴蜀工商文化也经历了曲折、艰难的探索旅程。新中国成立以后的前三十年,探索之路充满曲折、艰难;进入20世纪80年代的改革开放时期,巴蜀工商文化走上了快速发展的道路。兹将六十年的现代化成就及其进程作一简述。

第一节 巴蜀工商文化的改革开放与技术革新

一、六十年再铸工商文化的历程

巴蜀工商文化在中华人民共和国成立后的六十年间,获得了前所未有的发展机遇,也取得了辉煌灿烂的成果,主要表现在下述几个方面:

(一)四川经济逐步壮大,经济实力显著增强

按现行行政区划估算,1952年四川GDP总量为24.6亿元(按可比价格计算,以下同),到2008年已发展到12506.3亿元,比1952年增长了507.2倍,年均增长7.7%。也就是说,2008年每天要创造经济总量36.3亿元,相当于1952年一年半的生产总量。人均GDP也由1952年的53元增加到15378元,增长了289.2倍。四川经济在中国尤其是在西部地区的重要地位更加突出,2008年四川GDP总量位居全国各省(市、区)第9位,西部第1位。在发展中,产业结构不断调整,三次产业结构由1952年的59.2∶14.9∶25.9调整到2008年的18.9∶46.3∶34.8,第一产业比重降低40.3个百分点,二、三产业比重显著提高,分别上升31.4和8.9个百分点。

(二)投资力度不断加大,基础设施条件明显改善

1952年,四川全社会固定资产投资仅1.3亿元,到2008年增至7602.4亿元,增长了5847倍,年均增长16.8%,高于同期GDP增速9.1个百分点。1950~2008年,

四川全社会投资累计达38893.5亿元，平均每年投资659.2亿元。尤其是改革开放以来，四川全社会投资总量达到38544.7亿元，相当于改革开放前近三十年总和的110.5倍。这组数据，在古今区域经济发展史上都是罕见的辉煌成绩。

（三）工业体系逐步建立，企业规模不断扩大

1952年，四川全部工业增加值仅2.6亿元，到2008年增加到4922.8亿元，比1952年增长了1907倍，年均增长11.7%，超过同期GDP增速4个百分点。工业占GDP的比重由1949年的9.7%，上升到2008年的39.4%。四川逐步形成了以机械冶金、电子信息、饮料食品、医药化工、建筑材料为主、门类比较齐全的工业体系。天然气、发电设备、电站锅炉、水电、中成药、丝、磷矿石、原盐、合成洗涤剂、彩色电视机、铁合金、合成氨等工业产品在全国产量中名列前茅。六十年来，特别是改革开放三十年来，四川工业加快发展，企业规模不断扩大。1998年，规模以上工业企业仅4980户，2008年已增加到13728户，十年间增长了1.8倍。拥有了四川电力、西南油气田、攀钢、二滩、五粮液、长虹、东汽等一批在全国具有较高知名度和较强竞争力的大企业。规模以上工业利润较快增长，1998年规模以上工业利润总额104.0亿元，2008年已增加到844.9亿元，十年间增长7.1倍。工业在国民经济中的地位显著提高。

（四）消费市场日益活跃，商贸领域日新月异

1952年，四川社会消费品零售总额仅14亿元，到2008年增至4800.8亿元，增长了342倍，年均增长11%。特别是1978年改革开放以来，四川消费品市场实现了加快发展，三十年间社会消费品零售总额增长了77倍，年均增长16.2%。商业网点扩张迅速，2008年达188万个，比1978年增长了15.7倍；商业从业人员达474万人，比1978年增长了9.3倍。总之，巴蜀消费市场的活跃和扩展程度是有史以来所没有过的。

此外，旅游产业迅速发展，是消费、服务市场活跃的一个重要方面。四川素有"天府之国"之美誉，旅游资源极其丰富，拥有250多处国家级旅游资源、122个A级旅游景区、21座中国优秀旅游城市。改革开放以来，四川旅游产业从简单的接待事业型，逐步转变为经济产业型；从旅游资源大省，逐步向旅游产业强省跨越。2008年，四川省实现国内旅游收入1077.3亿元，比1996年增长了9.9倍，年均增长22.0%；国际旅游外汇收入2.1亿美元，比1996年增长了2.1倍，年均增长9.8%。星级饭店达到532个，增长了3.4倍。

总之，六十年来，四川经济实力显著增强，巴蜀工业、商贸领域日新月异，

人民生活水平明显提高，资源环境逐步改善，社会面貌焕然一新。传统工商文化正在转变为具有中国特色的现代工商文化。

二、巴蜀工业的技术创新与工业园区建设

（一）巴蜀工业的技术创新和品牌优势

按照科学发展观和新型工业化的要求，四川持续加大产业结构调整力度，工业经济发展方式得到转变。

产业结构趋于高级化。"一五""二五"和"三线建设"的发展，初步形成了四川比较完整的工业体系。到1978年，四川省基本形成了以航空、电子、机械、发电设备制造为主的装备制造工业，以钢铁和有色金属为主的冶金工业，以盐化工、天然气化工为主的化学工业，以煤炭、电力为主的能源工业。改革开放以来，四川省紧紧围绕结构调整这条主线，推动产业结构优化升级，产业培育的重点从注重量的五大支柱产业转向注重质的四大优势产业，再到更加体现本省比较优势的"7+3"产业，四川省轻重工业比重更趋协调，发展水平不断提升。在全国率先进入百万千瓦级核电成套设备制造领域，为中国核电事业作出了贡献。2008年，全省工业"7+3"产业完成增加值3761亿元，占全省规模以上工业的比重达到74%，为全省工业经济发展提供了强有力的支撑。高新技术先导作用增强、产业化进程加快。初步形成电子信息、重大技术装备等先进制造、生物工程、航空航天、新材料、核技术和新能源等6大优势领域，9大战略产品和80个重点产品项目以及高新技术产业园区（基地）建设顺利推进，高新技术产业对经济社会的辐射带动作用进一步增强。2008年，全省高新技术产业实现增加值835.8亿元，增长24.9%。进入21世纪，四川省根据世界产业经济发展的新趋势、新变化，提出了着力培育发展新材料、新能源、电子信息、生物制药、节能环保等新兴产业的工作部署，为提升产业层次、转变发展方式、积蓄发展能力、增强四川工业竞争力指明了方向。

组织结构更趋合理。改革开放以来，四川一直走在全国企业改革和城市经济体制改革的前列。宁江机床厂率先进行了走向市场的探索；宜宾市创造出了闻名全国的中小企业改革的"宜宾经验"；希望集团走出了一条民营经济发展的新天地；乐山市国有企业股份制改造并上市交易，走在了全国前列；37户扩张型企业率先促推了全省工业企业走向资本市场的高潮。大企业大集团的带动力、影响力不断提高。按照省委、省政府"抓工业，必须做强企业"的要求，着力培育了

攀钢、东方电气、长虹、五粮液、成飞集团、川化控股等一大批大企业大集团。2008年，全省主营业务收入上1亿元的工业企业达到1545户，比2007年增加250户；其中产值50亿元～100亿元的12户，产值超过100亿元的13户。全省78户大企业大集团主营业务收入占规模以上企业主营业务收入的一半左右、工业增加值占规模以上工业增加值的近三分之一。中小企业规模迅速扩大。2007年，全省规模以上中小企业突破1万户，增加值超过全省工业的50%以上，2008年全省民营经济占GDP的比重达到52.1%。逐步形成了以新希望、宏达、龙蟒、四海、科伦等为代表的民营重点企业集团，为四川经济社会发展做出了重要贡献。

技术结构显著提升。坚持把技术创新作为产业结构调整的中心环节，立足区域自主创新能力的提升，着力加大技术改造、技术创新投入，显著提高产业、产品技术含量和附加值，产业发展后劲不断增强。技改投入快速增长。改革开放后，技术改造日益成为工业发展的重要手段，四川长虹作为全国6家国家技术创新试点企业之一，率先成为国家级企业技术中心和博士后工作站，开启了"中国制造"向"中国创造"迈进的新篇章。2008年全省技术改造投资达到1 676亿元，占全社会固定资产投资的22.1%，对全省GDP增长的贡献率达到27.1%，拉动全省经济增长2.6个百分点；对全省工业增长的贡献率达到44.1%，拉动工业增长6.7个百分点。自主创新能力显著提升。四川省在全国率先出台了地方性法规《四川省企业技术创新条例》，强化以企业为主体的自主创新支撑体系。到2008年，四川共有国家级企业技术中心22家、国家级工程技术中心11家、省级企业技术中心191家、省级工程技术中心63家，拥有技术中心的企业占全省大中型企业的比例达到20%左右。专利申请量和批准量逐年上升，仅2008年，分别达到6947件和3738件；全省认定产学研创新联盟25个，新增创新型企业163家。新产品产值快速增长。高新技术产品、高附加值产品、大型成套设备制造产品等比重不断提高，新产品产值快速增长。2008年，全省工业新产品产值达到2798.2亿元，比2002年提高5.5倍。

布局结构更加科学。20世纪90年代末四川省率先实施"基地加产业链条"的产业布局调整，跨入新世纪后实施了重大技术装备业的"1+8"工程。四川省着力推进优势产业集中集聚集约布局，以产业链提升产业园区，以产业园区构建产业集群，以产业集群催生特色产业带。八大产业带初步形成。加快建设成绵乐电子信息产业带、成德资自宜装备制造产业带、成德绵南资汽车产业带、攀西钒钛稀土产业带、成乐绵硅产业带、川南化工产业带、川东北天然气化工产业带、成遂南达服装鞋业产业带。产业集群成为优势产业集中集聚集约发展的重要平台。2008年，全省各类产业集群140余个，德阳重大技术装备、绵阳数字家电、攀枝花钒钛、成都汽车、资阳车城、达州天然气化工、武侯皮鞋、夹江瓷都、遂宁食品、成乐铝硅、川南白酒、南充丝纺服装、成都家具等特色产业集群加快发展的格局形成。

产品结构更具竞争力。首倡并实施工业品牌战略，品牌建设成果丰硕。20世纪50年代，四川省已将产品质量管理作为一项重要工作来抓，开启了品牌建设的序幕。改革开放以后，四川又出台了一系列推进工业品牌战略的政策措施，切实加大品牌建设工作力度。特别是2007年以来，实施了《四川省强力推进工业品牌战略实施意见》。截至2009年8月底，四川省拥有国家级品牌产品173个。其中，中国出口名牌3个，中国驰名商标125个，中国名牌产品45个。拥有省级品牌产品1220个。形成了歼七、歼十、枭龙、五粮液、长虹、九洲、迈普、柯斯达、剑南春、泸州老窖、郎酒、沱牌、全兴、美好、地奥、娇子、希望、通威等知名品牌，涉及医药化工、机械冶金、食品饮料、交通通信等28个产业，优势产业中的品牌企业比例达到65%以上。在国家重点跟踪的70个主要工业产品中，四川有9个产品产量占全国的5%以上。四川省数字家电、大型发电成套设备、水电、合成氨、优质钢铁、优势白酒、第三代军机等优势产品市场份额稳居全国前三位。其中，发电设备产量居世界第一，白酒业销售收入占全国三分之一，核工业、军机和原酒产量占据了国内半壁江山，机电产品、高新技术产品成为出口的主导力量。据统计，品牌生产企业的经济总量占全省规模以上工业企业的比重达到39.9%，品牌产品对全省工业增加值的贡献率达到27%。

（二）巴蜀工业园区的建设

为推进工业强省的目标，产业园区成为重要结合部和突破口。四川坚持联动推进新型工业化、新型城镇化、农业现代化的基本原则，按照优势产业关联发展、成链发展、集聚发展、集约发展、合作发展"五向发展"的要求，把产业园区建设作为"三化"联动的重要结合部和主动承接产业转移的重要载体，制定了《四川省产业园区产业发展规划指导意见》，组织实施"一园一主业、园区有特色"产业布局调整。依托产业园区（产业集中发展区）优化工业布局、做强优势产业、壮大骨干企业、发展产业集群，产业园区成为工业经济新的增长极。截至2008年，四川省通过国家设立审核的开发区共有43个。其中，经国家科技部批准的国家级高新技术产业开发区2个，经国家商务部批准的经济技术开发区1个，经国家海关总署批准的出口加工区2个，经国家发改委等部门批准的省级开发区38个。同时，四川省有作为产业规划集中布局和城市功能分区的各类产业园区（产业集中发展区）148个。结合灾后恢复重建，对产业集聚区进行调整优化布局，规划并拨付30亿元支持建设循环经济产业集聚区、"飞地工业园区"和"对口合作产业园区"。

2008年，全省产业园区基础设施投资完成总额达461.03亿元，比上年增长53.5%，2006~2008年平均增长速度达到60.2%，增长迅速而稳定；全省产业园区工业增加值占全省工业增加值的比重为46.3%，对全省规模以上工业增长的贡献率达到51.5%；全省产业园区已入园企业达15034户，其中规模以上工业企业户数4831户，占全省规模以上企业户数的40.4%；完成工业增加值2285亿元，增长44.1%。据统计，2008年全省产业园区（产业集中发展区）从业人员达226.7万人。其中，工业从业人数为122.3万人，当年新增工业从业人数16.1万人。

着力实施"1525"工程。制定《四川省成长型特色产业园区"1525工程"认定管理办法》，规范认定管理程序，确定了50个重点培育园区。其中，1000亿元园区2个，500亿元园区7个，超100亿元园区41个。切实加大5亿元产业园区发展资金引导，重点加大对基础设施和五大公共服务平台建设。2009年，仅支持的145个产业园区公共服务平台建设项目，就带动固定资产投资140.8亿元。

与此同时，四川对内对外开放稳步推进，初步形成"三向、四层"充分开放格局。把握多区域合作的新兴机遇，突出南向、加强东向、畅通西向，扩大区域合作、强化次区域合作、促进泛区域合作、积极参与国际区域合作，全省工业增强了充分开放合作的针对性和实效性。

三、巴蜀商贸市场的繁荣与外商入川投资热潮

（一）商贸市场的繁荣

"文化大革命"以后，四川商贸市场开始发生前所未有的持续变化，首先是国内市场的巨大变化。1978年，四川城镇居民人均可支配收入仅338元，2008年达到12633元，增长了36.4倍，年均增长12.8%；农民人均纯收入从127元增加到4121元，增长了31.7倍，年均增长12.3%。随着收入提高，居民消费结构也有了明显改善。城镇居民恩格尔系数从1978年的59.2%下降到2008年的44.0%；农村居民恩格尔系数由1978年的73.6%降低到2008年的52.0%，城乡居民生活水平已由基本解决温饱跨入了总体小康。四川城市市场和农村市场总体上呈现出持续

稳定增长的运行态势，实现了共同繁荣。城市消费品零售额从1957年的6亿元，到2008年增至2402.0亿元，年均增长12.5%；县及县以下消费品零售额从18.1亿元增至2398.8亿元，年均增长10.1%。近年来，随着城乡统筹建设、"万村千乡工程""双百市场工程""家电下乡"和"村村通公路工程"等多项政策措施的实施，推动了农村市场体系的加快发展，进一步巩固了城乡市场繁荣稳定的局面。

"文化大革命"以前，四川商业经历了新中国成立以来的艰难曲折的所有制变迁，四川民营商业大半凋零，国营商业在折腾中成为一支独秀，购销仍在增长。1978年与1957年相比，收购总额由11亿元增至38.7亿元，增长2.5倍；销售总额由24.6亿元增至60.9亿元，增长1.48倍；利润由9488万元增至21498万元，增长1.26倍。1978年冬，四川开始商业体制改革，此后十年间，国营商业系统主要进行了四个方面的改革：

1. 国营商业的结构性改革

调整商业所有制结构，以国营商业为主导，积极恢复、发展归口管理的老集体商业，发展个体和私营商业。对国营商业中的小型企业，实行国家所有、集体经营、租赁经营、承包经营和转为集体所有制等多种形式的改革，初步形成多种所有制共同发展的经营格局。

2. 计划经济向市场经济转变

调整工农业产品购销政策，减少计划经济管理品种，实行计划收购、订购、选购等多种收购形式，取消固定供应区划、固定供应对象、固定倒扣作价办法。企业可以按照经济合理的原则进行购销活动。实行国家统一定价、国家规定指导价、企业定价、集市价格等多种价格形式，绝大多数商品的价格已经放开。市场调节的范围和作用日益扩大。

3. 扩大企业自主权的改革

从扩权让利入手，搞活企业。政府简政放权，扩大企业自主权。调整国家与企业的分配关系，先后实行利润留成、盈亏包干、利改税、承包经营、税利分流等分配形式，企业已初步具有相对独立的经济利益。改革企业内部的分配制度、劳动人事制度，转换企业经营机制。企业沿着自主经营、自负盈亏、自我发展、自我约束的方向迈出了一步。

4. 对管理体制的改革探索

改革商业管理体制，实行政企分开，下放企业，下放权限，政府主管部门转变职能，着重搞好统筹、协调、监督、服务工作，已取得重要进展。

20世纪80年代的改革促进了经济发展,商品市场繁荣,城乡购销两旺。绝大多数供应充足,逐步取消了凭票定量供应,解决了社会生活中最基本的问题。1988年同1978年相比,购进总额由38.67亿元增至140.4亿元,增长2.63倍;销售总额由60.9亿元增至166.3亿元,增长1.73倍。四川是全国最大的生猪生产大省,1988年底存栏6382万头,占全国生猪存栏总数的18.7%,调出生猪935.7万头,占省际调拨量的25%。在全国17个名酒品牌中,四川拥有6个,1982年以后的历届全国酒类交易会上,川酒的成交量均占60%以上。商办工业的产值由15.7亿元增至39.69亿元,占全省轻工业产值的8.69%,增长1.5倍,利润总额由21498万元增至76104万元,增长2.54倍[①]。

（二）外资入川投资热潮

在国内贸易蓬勃发展之际,对外贸易也不断扩大。四川地处内陆,对外贸易开展较晚,1962年,进出口总额仅为1038万美元,到2008年已经发展到220.4亿美元,增长了540.9倍,年均增长23.3%。其中出口额从1978年的1905万美元,增至2008年的131.1亿美元,增长了687.1倍,年均增长24.3%。改革开放以来,外资企业产值比重不断提高。入驻四川的外资企业主要集中在加工制造业领域,成为四川工业重要的增长点。1998年,外资企业总产值为112.81亿元,占全省工业总产值的2.95%。近年来,四川抢抓"外资西进、内资西移"的机遇,突出企业招商、产业招商、园区招商,吸引外来资金投向优势产业。到2008年,全省累计批准外商投资企业8628户,世界500强企业已在川落户142家,外资企业产值增加到942.84亿元,是十年前近9倍,占全省工业总产值的8.53%,提高了近6个百分点。

对外贸易不断增长。1997年,四川对外贸易总量只有17.9亿美元,2008年上升到220.4亿美元,居全国第13位,年均增长23.27%。进入新世纪,四川加强出口基地建设,培育出口企业,采取有效措施,引导企业"走出去"开拓市场,切实增加高新技术产品、机电产品和成套设备等高端产品出口,机电产品和高新技术产品所占比重虽然前几年有所下降,但2006年以来又呈现出逐渐上升趋势。

---

① 《四川省志·商业志》,四川科学技术出版社1996年版,第9~10页。

第二节　社会主义工商文化的探索、创新

一、社会主义工商管理体制的曲折探索

据1949年统计：四川全省有私营工商企业9100多家，大部分规模小、资金微薄、设施陈旧，其中相当部分还是工场式手工业，私营商业更为分散、零星，而且都面临资金、市场困难。新中国成立之初对私营工商业实行利用、限制政策，即利用其有利于社会主义的方面，限制其不利于社会主义的一面。在初步建立起国营经济之后，政府对私营工业实行了加工订货、统购包销，对私营商业实行了经销、代销，限制其自由发展。这种扶持政策对处在困境中的工商业起了良好恢复作用。

1951年，私营工业的总产值比1950年增加了21%；同期私营商业的营业额比1950年增加了27%。1952年，私营工业接受加工订货、统购包销的产值达到10092万元，占私营工业总产值的34.66%。1952年2～6月，遵照中央部署，对全省私营工商业户在500户以上的城镇开展了反行贿、反偷税漏税、反盗窃国家资财、反偷工减料、反盗窃国家经济情报的"五反"运动，发动广大工人群众揭发私营工商户的违法行为。重庆市在37115户私营工商户中，被查处的严重违法户556户、完全违法户137户。成都市在31609户私营工商户中，被查处的严重违法户和完全违法户合计占2.32%。与此同时，在国家机关内部开展了反贪污、反浪费、反官僚主义的"三反"运动，查处了部分国家机关工作人员。

对私改造的第二阶段是在1954～1955年，国家肯定了经由国家资本主义改造资本主义工商业的道路，确定了对资本主义工商业实行"利用、限制、改造"的总方针。1953年下半年，贯彻过渡时期总路线形成高潮，政府对市场进行全面干预，对粮食、棉花、油料等重要农产品实行统购统销，对工业原料、产品市场实行全面控制。1954年1月，中共四川省委召开扩大会议，确定扩大公私合营工业企业，首选钢铁、纺织、食品等行业29户大型私营企业实施公私合营，清产核资、定股分红，并对私方人员进行适当安排。1955年初，公私合营扩大到275户。当年夏季，农业合作化掀起高潮；10月29日，毛泽东邀请工商界人士座谈，提出资本主义工商业的社会主义改造必须加速；11月，中共中央政治局作出了各地全部或大部分工商企业实行公私合营，对资本家实行"赎买"政策的决议。当年12月，四川省委召开扩大会议，决定在两年内，完成私营工商业的社会主义改

造。实际情况是，1956年初，受到北京市宣布全部实现公私合营的报道鼓舞，四川当即行动，成都、重庆、自贡三个省辖市批准工商业全行业实行公私合营。不到一月，全省其余105个市、县（城关）和125个场镇也宣布实现全行业公私合营。由于进展过快，本应在合营前进行的清产核资、定股分红、私方人员安置，大多在事后补课，过程简单、粗糙，留下不少后遗症。

20世纪50年代初，四川手工业迅速恢复发展，1950年产值占全省工业总产值的42.2%。但手工业规模小、行业多、个体生产、业者分散，不便统管。对手工业的社会主义改造，本着平等互利原则，按行业将个体劳动者组织起来，成立生产合作社。四川手工业的社会主义改造，1951~1952年，经过了典型示范，在成都、重庆、自贡、泸州等重点城市的铁器、竹器、木器行业试办了170个生产合作社，积累了经验，再向其他行业推广。1954年，全省40余个市、县成立了手工业生产合作社643个、供销生产社38个、供销生产小组2617个，生产总值3382万元。紧接着，各地又成立各种手工业联社，建立手工业管理局（科），以加强对手工业的管理。1955年秋后，随着农业合作化高潮的到来，手工业合作化也加快了步伐，不再按行业分期分批改造，采取全行业一起合作化的做法。到1956年底，全省手工业合作组织达到1.2万个，拥有职工40余万人，95%以上的城镇手工业者进入了按行业组织的合作组织，总产值达到6.2亿元。

1957年开始，中共党内"左"的指导思想主导的反右运动，以及紧接着发动的连续三年的"大跃进"、总路线、人民公社化运动，使国家陷入严重的政治、经济危机，工业、商业和贸易状况逆转，产销市场几乎停滞，人民生活困苦，非正常死亡人数激增。1962年中共中央召开的扩大工作会议，确定了对经济工作实行全面调整的方针，经过不长的时间，四川经济恢复了元气。

经济形势刚刚好转，在1961年八届九中全会上又开始将国家大政方针引向"以阶级斗争为纲"的政治化方向。中共四川省委主要领导人自1962年开始，就以"进行反党活动"的罪名，对向中央反映四川真实情况的重庆市委几位工作人员进行了打击报复、严厉惩处；在经济领域则开展"反对分散主义、反对投机倒把、反对贪污盗窃"的"三反"运动；年底又部署了"以巩固全民所有制和计划经济为中心的社会主义教育运动"。1963年2月，中共中央作出了"反对贪污盗窃、反对投机倒把、反对铺张浪费、反对分散主义和官僚主义运动"，四川城市和县以上的机关以及县属区、乡财贸单位的"社教"运动旋即转入"五反"运动，并将运动上纲到"是走社会主义还是走资本主义的两条道路斗争的问题"。在运动中，中共四川省委和省人民委员会作出规定：严格管理大中城市的集市贸易，要求成都、重庆两市的集市贸易成交额不得超过社会商品零售总额的2%。四川城乡集市贸易自1961年重新开放以来，生气蓬勃，至此亦重新受到限制。1963年秋，根据中共中央部署，四川半数以上的公社开展"四清"运动，城市机关、学校、企业开展"社会主义教育运动"，1964~1965年底，政治运动的规模越来越大、范围越来越广。只是"文化大革命"中断了原定的"四清"运动部署。而1966~1976年的十年"文化大革命"，是一场更大规模的政治运动，其主要斗争对象不是下层群众，而是所谓"党内走资本主义道路的当权派"，各级领导干部均受到冲击，党政机关、企事业单位均处于瘫痪状态，对包括工商各业在内的社会经济破坏严重，到"文化大革命"结束，中国经济已处在崩溃的边缘。

"文化大革命"中的四川工交建设仍有较快的发展，这要归功于"三线"建设。1964年开始实施的"三线"建设，四川是重点建设规划区域，虽然不断受到"文化大革命"的冲击，但仍在继续进行，而且卓有成效。以攀枝花为中心的钢铁工业基地、以重庆为中心的常规兵器工业基地和成昆铁路、川黔铁路、贵昆铁路都在"文化大革命"期间完成[①]。

二、社会主义工商管理体制的革新

在"文化大革命"结束后的短短几年内，四川国民经济得到恢复、调整和协调发展，克服了工农业比例失调的问题，农业和轻纺工业得到快速发展，解决了吃、穿、用品短缺的问题。巴蜀工商文化面临体制创新的崭新局面。1979年开始，中共四川省委就对国民经济进行调整，把农业放在发展首位，加大轻工业的投入，压缩基本建设规模，将重工业的发展方向转变到为农业和轻工业服务上来；同时，力所能及地解决人民生活的实际问题。在调整中，重工业的基本建设投资在工业投资总额的比重从1978年的86.3%逐步下降到1982年的81.3%。机械工业改变了过去重速度、轻效益的状况，出现产值、利润和税利同步增长；同时纠正了过去主要为重工业、基本建设服务，开始转变为农村经济、轻纺日用工业服务。电子工业调整后，注重面向市场，积极进行技术改造和技术引进，以广播电视产品为主攻方向，带动基础产品，不断开发投资类电子产品，提高了企业的适

---

① 参见《四川省志·卷首·总述·当代社会历史》，方志出版社2003年版。

应能力和经济效益。冶金工业、化学工业都加强了企业管理，根据市场需要，调整产品结构，开发技术改造，提高产品质量。调整初期，一些重工业因生产任务不足，在1980～1981年产值下降。同年，确定重工业要围绕农业、消费品工业、国民经济技术改造、出口创汇和国防现代化建设服务，情况大为好转。

从1982年开始，生产大幅度回升，全省工业总产值达到156.89亿元，超过调整前的水平。1983年以后，又提出重点发展一个基础（种植业）、两大支柱（畜牧业、乡镇企业）的思路，使全川农村开始向农林牧副渔全面发展、农工商综合经营的方向迈进。为使轻纺工业有较快发展，在计划安排上，基本建设投资逐年增加，在全省工业基本建设投资的比重，从1978年的12.2%，逐步增加到1985年的15.1%，达到11.96亿元，占全省新中国成立以来36年轻纺工业基本建设投资总额的30.4%。根据国务院的规定，对全省轻纺工业实行资源能源供应、银行贷款、利用外汇和引进技术、交通运输、基本建设等6项优先政策，为轻纺工业发展提供了有利条件。20世纪80年代中期，由于扭转了计划经济的一些积弊，包括轻、重工业在内的四川工业获得突飞猛进的发展，纺织、制糖、食品、酿酒、电子、化学、军转民用工业成绩最为突出，大多实现了成倍增长。

在进行国民经济调整的同时，1978年第4季度开始，四川实施以农村人民公社管理体制为重点的经济体制改革试点，推行联产承包责任制，恢复生产队、组，以至农户的经济自主权。与此同时，对县级管理体制实行改革。1979年，广汉、邛崃、新都三市、县尝试经济体制综合改革，取得了预期成效。1982年，试点县扩大到28个（每个地、市各选一县），1985年扩大到35个，进行多点、多模式试验和比较。在此基础上，制定了《农村综合改革试点县工作要点》，与工商管理有关的要点为：实行党政、政企分开；逐步改革干部管理制度和劳动人事制度、工资奖励制度、物资流通体制，贯彻计划经济为主、市场调节为辅的原则，尽可能发挥市场经济杠杆的作用。为了促进县级体制改革，1983年开始实施市领导县（市带县）新体制，全省实行市领导县体制占总县数的47.6%。这一改革有利于打破城乡分离的格局，发挥城乡优势，促进城乡联合，发展社会主义商品经济。

1984年开始的第二步改革，以取消农产品统购派购制度和调整农村产业结构为主要内容，目的是优化产业结构，以促进农村商品经济的发展。在进行农村经济体制改革的同时，开始推进城市经济体制改革。这一改革从扩大企业自主权入手，逐步展开中心城市综合改革和流通体制、财政与金融体制、计划、基建和价格管理体制的改革。1985年开始，按照中共中央《关于经济体制改革的决定》精神，四川铺开了以城市为重点的全面经济改革。城市经济体制改革以增强企业活力为中心，以价格和工资制度改革为重点，进行了全面配套改革。同时，推进了外贸体制改革和教育、科技体制改革，农村以调整产业结构为中心的第二波改革也全面展开。改革在各个领域均取得了显著成效，促进了包括工业、商贸领域在内的社会经济的较快发展。1985年又是实施第六个五年计划的最后一年，"六五"计划确定的主要指标均超额完成，国民经济保持持续稳定、协调发展①。

20世纪90年代前后，通过实施厂长经理负责制、股份制改造、产权制度改革等一系列改革措施，初步建立了以产权明晰、权责明确、政企分开、管理科学为核心的现代企业制度。1978～2000年，工业增加值年均增长11.04%。20世纪末，工业强省作为全省核心主导战略地位已经确立。1999年以来，四川省抓住西部大开发战略机遇，加快工业结构战略性调整步伐，实施兼并破产、技术改造、债转股等"三大撒手锏"，推动了四川工业经济的跨越式发展。2004年，四川省又加快走新型工业化道路的步伐，大力发展电子信息、装备制造、优势资源、农产品加工四大优势产业。2006年3月全省工业强省工作会议提出了工业强省的目标任务。2007年四川省第九次党代会作出了工业大省向工业强省跨越的战略部署。特别是四川省委九届四次全会以来，提出并实施了加快发展、科学发展、又好又快发展的全省工作总体取向，坚持"一主三化三加强"的工作思路，建设"一枢纽、三中心、四基地"为支撑的西部经济发展高地，工业强省为主导的核心战略得以确立。巴蜀工商文化也正在21世纪的现代化热潮中得到更新和发展。

---

① 参见《四川省志·卷首·总述·当代社会历史》，方志出版社2003年版。

结　语
巴蜀工商文化的特色与古今蜀商的崛起

　　由于独特的自然地理环境，巴蜀工商文化既是中国工商文化的一部分，又富有浓郁的地域文化特色。在秦以前，巴蜀工商文化的地域特色充分反映在三星堆、金沙和峡江盐泉等巴蜀文化遗存中；秦汉以后，儒家抑商观念和西汉武帝全面推行的抑商制度对巴蜀工商文化产生了深远有害的影响，但在重重压抑中，巴蜀工商文化仍能保持并发扬其浓郁的地域文化特色。巴蜀制造技术、工艺名列首创的就有青铜冶炼与铸造、蜀锦与蜀绣、井盐和天然气、雕版印刷和蜀版书、川酒与川菜，等等。在波澜起伏的商品经济发展中，蜀商的产生和崛起，是推动巴蜀工商文化不断创新的重要力量。蜀商的踪迹至少可以追溯到秦汉时期；到清代，特别是近现代，蜀商在巴蜀经济生活中具有举足轻重的作用，在向早期现代化转型中异军突起，成为极其重要的推进力量。20世纪80年代开始，在巴蜀进入改革开放历史阶段后，蜀商更是再次崛起于西部，立足四川，面向全国，放眼全球，经营活动扩大到海内外，成为推动中国社会主义现代化建设的重要力量。

一、巴蜀工商文化的特色

（一）巴蜀工商文化具有顽强的生存能力

　　巴蜀工商文化是中华工商文化的一部分，其滋生与繁育，始终受到国内大环境、大变革影响和制约。这种影响，较之东方六国出现早，秦灭巴蜀之后很快就显示出来,在秦汉以后巴蜀地区推行抑商制度的历史进程中尤其明显。

秦惠文王二十七年,蜀守张若即在成都设置"盐铁市官",对盐铁实施了最早的官卖政策。西汉抑商制度实施后,"擅其利数世"的巴清寡妇家族经营的丹砂矿业、临邛卓氏和程郑经营的冶铁业、邓通在"严道铜山"的铸钱业,都先后衰歇,不见于当世。成、哀年间出现一位"擅盐井之利"的大商人罗裒,似乎是个例外,但他在金融、井盐业的投资活动是以重金贿赂"曲阳定陵侯",依仗其权势进行的,因此能够"赊贷郡国,人莫敢负"①。汉以后的长时期内,巴蜀很少有腰缠万贯、走南闯北的大商人。

唐宋时期实行的盐、茶、丝织品及酒的禁榷制度,更为严密。巴蜀地区盐专卖体制、茶马贸易制度、丝织品的土贡制度、酒类的禁榷制度都有专职官员负责实施,其税利收入在全国财赋岁入中占据很高的比例。其中,以井盐的禁榷制度最为典型:除有短暂的市场开放时期外,大多实行官盐专卖制度。官井因"役作甚苦",实行奴役性生产,"多以刑徒充之"②。官盐则由官收、官卖,"川峡承旧制,官自鬻盐"③。由于两宋时期边患严重,茶马贸易也成为典型的政治交易,宋王朝直接掌控腹茶与边马的互惠交易,意在化干戈为玉帛,以换取较长时间的安定局面。同时,宋王朝又根据政治、军事需要创行"入中""折中"办法,让商人运输粮秣等军需品到边关,偿付一定的盐、茶等专卖品,使其有利可图。实际上这也是汉代禁榷制度的变通,商人受到高度控制,既不能自由地买,也不能自由地卖。在这种制度下,边贸成为王朝安定边防的重要因素。

明清时期,对重要商品的生产和销售的官垄断制度更加完善,工商业者的税利负担十分沉重。但伴随着人口和消费需求大幅度增加,统治者不得不对专卖制度作出一些变通,给工商业者较为有利的生存环境。明代后期,四川灶户因井老泉枯、不获蠲免权额,纷纷逃亡,酿成社会动乱,统治者不得不允许开凿新井以充旧课。清代雍正时期,陆续在盐、茶等行业实施专商引岸制度,增损前代禁榷制度,对灶户、盐商的控制稍有削弱。灶户、引商有了一定程度的经营权限,配额之外还能根据市场需要生产和销售余盐。川盐销区扩大到贵

---

① 《汉书》卷九一《货殖传》。
② (唐)李吉甫:《元和郡县图志》卷三三。
③ 《宋史》卷一八八《食货下五》。

州、云南和湖北近川州县，食盐生产和销售量均不断增长。到咸丰、同治间，由于太平天国占据南京，淮盐不能到达长江中游地区，传统淮盐销区有淡食之虞，客观上为川盐创造了历史上最好的市场空间。清廷特许"川盐济楚"，极大刺激了川盐的生产与流通市场，与专卖制度抗衡的私盐市场也得到前所未有的蔓延。到光绪初年，专商引岸制度难以为继，川督丁宝桢才不得不再度实施川盐官运制度，以弥补财政亏空。但是，禁榷制度仅仅收到短暂的效果，就与衰微破败的清王朝同归于尽了。

尽管巴蜀工商文化在秦汉以后遭受了抑商制度的压制和束缚，却始终在不利环境中表现出顽强的生存能力，生生不息，代有积累。其中，蜀锦、井盐、天然气、川茶、金银器、川酒、玉器、漆器等制造业延续两千余年，历代都不断有技术和工艺创新；唐宋时期新型产业造纸、雕版印刷更是独步海内外，无与伦比。这些都充分证明，巴蜀工商文化具有极为顽强的生存能力。透视历史，这种顽强的生存能力主要体现为与内在和外在不利因素进行的周旋和抗争：汉代盐铁官卖制度实施后，秦时李冰开创的井盐生产悄然转化为作坊式的家庭副业延续下来，在《华阳国志》的记载中比比皆是；北宋王朝对私茶的查禁，激发了声势浩大的李顺、王小波起义，迫使宋王朝在茶叶产销方面作出一定程度的让步；井盐业中，官井、官盐的垄断与祸害，促使民间研制出人类钻井工艺的杰作——"卓筒井"，取代低效陈旧的官井在井盐生产中的地位，并成为近代石油、天然气井的技术先驱；清王朝实施严厉的禁酒政策，巴蜀酿酒业却在地方当局寓禁于征的变通办法中顽强生存和发展，川酒因此遍布巴山蜀水，享誉海内的五大名酒更是在此期间定型。

唐宋工商文化延续秦汉时代的声势，也在艰难曲折的历史长河中，锤炼出自己的实力和品牌，成都大都会商业的繁华盛况，在唐代已与扬州比肩，享有"扬一益二"声誉；宋代不仅延续了大都会的繁华商业，而且出现了十余座以江州、泸州为代表的沿江商业城市；唐代滋生的农村市场草市、痎市，在宋代得到繁衍，发展到明清时期遍布巴山蜀水的场镇市场，可与江南市镇媲美。及至晚清时期，巴蜀工商文化受到西方工商文化影响，开始了自身的裂变。以宋育仁为代表的巴蜀绅商渴望结束传统抑商制度对工商业的束缚，引进市场经济制度，以促进社会改良。重庆、成都新式企业家则身体力行，创办大量新式企业，采用欧洲、日本工商管理办法，取得了显著成效，为巴蜀近代化作出了重要贡献。

除了禁榷制度外，影响巴蜀工商文化的重大因素还有历代毁灭性战乱，西晋末年、南宋末年、明代末年，巴蜀地区都遭受毁灭性战乱，巴蜀工商文化几乎都是在战乱破坏殆尽的情况下重建再生，最终也都恢复生机，并能繁育出超过前代的创新产业和工艺水平，可见其顽强的再生能力。

（二）巴蜀工商文化极富创造性

巴蜀文化源远流长，与境内诸文化共同构建了中华文化。先秦时期，巴蜀与中原地区关系薄弱，其工商文化发展路径十分独特。以灿烂的三星堆、金沙遗址及其出土器物所代表的巴蜀文化青铜文化，是20世纪80年代以来世界重大考古发现。两大遗址发掘的大量精美绝伦的青铜器、黄金饰品、玉石器物、髹漆器物、陶器遗物表明，早在古蜀时代，巴蜀境内已经出现发达的手工业作坊，包括：冶炼、加工青铜、黄金制品的大型工场，加工、制作玉石工艺品的作坊，制造和加工漆器和髹漆物品的作坊，制作陶器的作坊，陶纺轮出土表明还有纺织业的存在。先后在三星堆等考古遗址发现的系列石璧、海贝、铜贝和金块表明，古蜀人不仅在从事各种手工业生产，还有引人注目的商业贸易活动。蜀与巴人巫载之间的食盐和土特产品贸易，则是部族之间的通商活动。巴蜀陆路险塞难通，巴蜀先民利用长江上游水系密布的特点，创造了适合急流险滩运行的木船、竹筏，作为交通和运载工具，将货物销售各地，其中以巴人巫载运销食盐最为突出。

秦汉以后，巴蜀工商文化进入了新的发展阶段，受中原文化影响，手工业和商业不仅具有传承性，而且是代有创新，如秦汉时期传承下来的蜀锦、井盐、矿产、金银铜器、漆器、酿酒、纺织、玉石器等，一直到近现代，久盛不衰；唐宋时期盛行的造纸、雕版印刷、卓筒井凿井技术、制茶工艺等，一经问世，就不断有人发扬光大，成为人类重大科技发明。与手工业并行不悖的商业贸易也有十分旺盛的生命力。秦汉时代，工商业巨擘卓氏、程郑、邓通、罗裒，曾经驰骋冶铁、食盐、金融等行业；唐宋时期贩卖蜀麻、蜀纸、蜀锦的蜀商，贩卖珠宝、海药的胡商，从事茶马贸易的商人，都或大或小影响了当时的社会经济。

明清时期，西有成都，东有重庆，商业贸易更为发达。清代"湖广填四川"的移民浪潮中，客籍商帮大量入川，巴蜀商人北行西北、东下湖广，他们投资和经售丝绸、川版书、茶叶、木材、井盐、粮食、药材等商品，引进先进技术，开拓周边市场，极大地活跃了巴蜀商品经济。其中，西商（山西、陕西商人）在井盐的产、运、销和金融借贷领域，江西入川商人"经元八大家"在刻书和经销文化用品等行业，都十分活跃，有不少经营创新。那时，云南、贵州、西藏以及长江中下游都成为巴蜀商品市场，创造了引人注目的市场业绩。

在近代化历史进程中，巴蜀工商企业求新求实、引领风气，积极吸收先进工商文化，创办新式工商企业，开办以活跃市场为目标的实业劝工会，实行股份制和市场化管理。为维护正当权益，20世纪初，巴蜀绅商首先在重庆、成都成立了总商会，并迅速燎原于全川；同时还成立了区域和行业的自治团体，商会和自治团体的活动卓有成效。这都成为20世纪巴蜀工商文化向现代化迈进的的积极因素。

（三）巴蜀工商文化具有开放、兼容性

秦统一巴蜀后，巴蜀工商文化显示出自身的开放、兼容性。秦有计划地大规模移民入蜀，又在巴蜀地区进行了大范围社会改革和经济开发，对巴蜀工商文化的发展产生了深远影响，秦汉时期的手工业和商贸各业的状况与先秦时期就大不相同，"染秦化"的特征非常明显。魏晋南北朝时期，巴蜀地区受到战乱影响，人口锐减、农村经济凋零，工商文化呈现萎缩状态，与秦汉的繁荣无法比拟。

隋唐两宋时期，经济重心南移，大量人口，特别是贵胄衣冠移居巴蜀地区，直接导致经济总量上升，稻作农业达到高水平，"千人耕种万人食"，手工业和商贸各业也进入兴盛期。值得注意的是，造纸业、雕版印刷、井盐业完成了划时代的技术变革，促使蜀纸、蜀版书、井盐钻凿工艺等重大科技发明的问世。商贸各业的进展更为神速，巴蜀场镇市场由茶场草市、农村集市、边关军镇、沿江口岸演化而成，场镇市场促使城市商业、各地贸易的繁荣。在流通领域，北宋对巴蜀地区实行歧视性政策，只准行使值低量重的铁钱，与商贸各业的繁荣形成极大矛盾，在商贸大都会的成都，"蜀民以钱重，难于转输，始制楮为券"①。在成都众多商户中，信誉卓著的15家铺户联合印制、发行了世界最早的纸币——交子。后来民间交子收归官府发行，延续时间长，中间又先后改交子为钱引、银会，因先后与强敌金、蒙古作战，军需倍增，纸币发行量

---

① 《楮币谱》，《巴蜀丛书》第一辑，巴蜀书社1988年版，第211页。

也极度膨胀，到宋末时竟高达法定额度的64倍，最终导致纸币体系的崩溃。

明清时期，王朝政策性的措施，对工商各业的影响最为显著。明清两朝初期均有大规模移民入川，对经济的驱动作用很明显。轻徭薄赋政策实施，商品经济持续发展，井盐、纺织、采矿、制糖、造纸等业经营规模很大，雇佣劳动普遍化，商业资本开始向产业资本转化，出现资本主义因素的萌芽。主要由长江上游水系下运的川盐、粮食、中药材、纺织品、山货，上运的五金、百货、棉花、海货，物流畅旺，使以人口聚落、水陆通衢和货物集散地为基点的沿江商业城市，特别是川东商贸中心——重庆的崛起。

晚清到民国时期，以重庆开埠为标志的巴蜀腹心地带对外开放，出现旷古未有的变局。虽然王朝统治者不能适应这一突变，处处被动挨打，妥协退让，最终被迫开放，失去了改弦更张、与时俱进的机会，但包括巴蜀绅商在内的朝野力主变革的人士却愿意付出坚韧不拔的努力，在引进欧洲新式工商文化，促进社会改良，开办新式企业、新式商业等方面，作出了卓越贡献，立下了汗马功劳。

民国时期，因长时间的地方军阀混战、割据，战火所至，路断人稀、百业停闭，生机萧索，各地防区林立，遍地设卡收税要钱，交通要道往往设置数十到百余卡，商旅受到重税盘剥，只能选择放弃。其对巴蜀工商各业造成的破坏是极其严重的。国民政府统一四川之后不久，抗日战争全面爆发，接踵而至的是第三次国内革命战争，巴蜀地区承受了沉重的战争负担，工商各业再次遭受战时经济政策和专卖制度的限制，一直在夹缝中求生存，及至国民政府最后崩溃，已经处于奄奄一息的状态。

二、古今蜀商的崛起

（一）古代蜀商寻踪

在古代巴蜀时期，有关蜀商及其活动尚待研究。但从20世纪80年代开始，先后在三星堆、金沙遗址发掘出数量巨大、品类繁多、工艺精湛的青铜器、黄金饰品、玉石、象牙饰品、陶器、漆器工艺品，可以断言，如果没有发达的手工业及其相关制造业的分工，如果没有以互通有无的流通市场为根基的商人、负贩，是无法想象的。事实上，考古发掘出的地下器物已经证明了蜀商的存在。20世纪30年代初在广汉西北三星堆发现数十枚大小不等、垒置如笋的石璧，经专家鉴定，"巨大石璧之应用或与古代贸易有关"①；20世纪80年代，在对三星堆遗址进行的卓有成效的考古发掘中，在青铜人像群出土的祭祀坑里，就发现了大量海贝。这些海贝作何用途，现在还无法得出确切的结论，但无法排除一个可能就是当时商品市场上使用过的货币，因为海贝作为交换媒介在人类历史上是不乏先例的。

到秦汉时期，率先登上历史舞台的是巴寡妇清，其家世居巴地，因其祖先得到"丹穴"，即丹砂矿脉，"而擅其利数世"。巴寡妇清继承了家族的经营优势，发财致富，得到了秦始皇的赞赏，始皇令为她构筑"女怀清台"。秦代蜀商的代表是临邛卓氏、程郑，他们两家分别是赵国、齐国豪富，因秦灭六国后被迫移民蜀地，在临邛开采铁矿，铸造铁器，远销西南民族地区，得以发家致富，拥有童仆数百、上千。卓氏家族到西汉武帝时传至卓王孙，仍是临邛首富。卓王孙之女卓文君与当时才子司马相如相恋，司马相如因家贫，求婚遭卓氏拒绝。卓文君毅然私奔，在成都与相如当垆卖酒，卓王孙被迫分财周济。司马相如立志奋发有为，以辞赋显达，得到汉武帝的知遇，他与卓氏的婚恋姻缘也成为千古爱情佳话。

蜀人邓通，则是西汉文帝时的富甲天下的蜀商。邓通原本"蜀郡南安人"（今乐山市），出身微贱，因受到文帝"宠爱"，随伺左右，多次被恩赏巨额财富。邓通因文帝而得宠，别无长技，相士给他看相后，断言他一定会穷愁潦倒、饥饿至死。文帝得知后，偏不相信相士的结论，恩赐给他"严道铜山"（在今荥经县宝峰山），并特许他冶铜铸钱，让他成为天下第一富翁。邓通凭借铸钱特权，开设了规模巨大的冶铸工场，一时间，邓氏钱遍布天下，邓通于是富甲郡国，还贷款给临邛卓王孙，获取巨额利息。文帝死后，邓通失宠免官家居。不久，有人告发他"盗出徼外铸钱"②，于是家资尽没入官，寄人篱下，腰无半文，贫穷至死。

生活在西汉平帝、哀帝时期的蜀人罗裒是另一类显赫蜀商。罗裒最初到长安经商，资本不过"数十百万"，在盐铁收归官营、遭遇经营困难的情况下，他结交上富豪石氏，得到强有力的支持，于是"往来巴蜀"，从事长途贸易，

---

① 郑德坤：《四川古代文化史》，巴蜀书社2004年版，第49页。
② 《史记》卷一二五《佞幸列传》。

"数年间,致千余万"①。罗裒变得财大气粗后,明白了在禁榷制度下的为商之道,他用重金贿赂曲阳定陵侯,依仗其权势,在各地大放高利贷,本利双收,无人敢赖账;又在蜀地从事井盐运销,每年商业利润翻倍,罗裒由此成为巨商。

有关汉代蜀商运销活动,除上述盐铁矿产外,还有蜀锦、蜀布、邛竹杖、金、银、铜、漆器等。汉代蜀锦制造业集中在城南江岸,其地故名锦里,左思说有"离房百家,机杼相和;贝锦斐然,濯色江波"②。百余家作坊织造的蜀锦,在流江中濯洗,益增其色彩,流江得名锦江,足见生产规模之大,蜀锦质量之高。蜀汉为管理织造专设锦官,也证实其官营性质。蜀锦行销海内外,司马迁将"文采千匹"与"千乘之家"的财富相当;在丝绸之路的新疆吐鲁番的古墓葬,曾出土若干锦缎残片。据史籍记载:西汉元狩元年(前122),西汉使臣张骞在大夏看到了从身毒转销当地的蜀布、邛竹杖③,证明蜀商已成为西南丝绸之路上的活跃商帮。汉晋时期,成都、郫、广汉制造的漆器和金银器等精美工艺品,享誉郡国,远销海外。在长沙马王堆汉墓出土的漆器有"成市草""成市饱"等铭文。贵州清镇15号墓出土的漆器还有"元始三年,广汉郡工官造"及工序、匠作姓名等铭文。蜀地金银器产销规模很大,每年金银器的制造成本就达到500万钱,设置工官管理。金银器品类繁多,"百位千品",匠作在许多精品上铭刻了姓名。金银器成为王侯将相的名贵收藏,是富丽堂皇的象征。在长达数百年的历史时期,成都是全国五大都会之一,蜀商以成都为据点,经北部蜀道通往长安,经长江上游水道东下江南,经西南丝绸之路南下滇缅、身毒、中亚。蜀地的名贵工艺品,经过蜀商的流转贩运,到达消费者手中。

隋唐五代两宋时期,蜀商进入活跃期。随着中原衣冠士族大量迁蜀,消费需求激发了科技创新和经济发展,造纸、雕版印刷、蜀锦、井盐开采工艺均有重要创新。隋文帝时,名臣何妥之父原本西域人氏,早在梁武帝时何氏就从事大宗贸易,"号为西州大贾"。后"通商入蜀,遂家郫县"④。水陆贸易的兴盛促成了沿江市镇的兴起,益州大都会商品经济的繁盛,催生了定期专业化行

---

① 《汉书》卷九一《货殖传》。
② (西晋)左思:《蜀都赋》,引自《全蜀艺文志》(上),线装书局2003年版,第7页。
③ 《史记》卷一二三《大宛列传》。
④ 《隋书》卷七五《儒林传·何妥》。

市、夜市出现和世界最早纸币——交子诞生。唐代诗人陈子昂说："蜀为西南一都会，国之宝府，又人富粟多，浮江而下，可济中国。"①蜀地商贸在唐代得到快速发展的机会，到晚唐时，已与国内第一都会扬州并驾齐驱，号称"扬一益二"。

蜀商经北部蜀道直达陇右，同时"行及太原，北上五台山"②。玄宗天宝年间，远在西北地区的交河郡市场上就有"益州半臂""梓州小练"和"维州布"③出售；唐中期以后，茶叶兴起，蜀茶便逐渐取代蜀麻的地位，成为四川主要的外销产品。蜀锦不仅是四川最著名的外销纺织品，还行销国内外，至今日本还有唐代蜀锦实物。此外，巴锦也大量输出。行销京师的果、阆二州"重绢"，是全国价格最高的"土绢"④。唐代末期，除了茶叶和纺织品之外，药材也成为四川重要的输出商品，在梓州和成都相继形成的"药市"，主要就是为了适应川药外销的需要。这些药材不仅贩运到全国各地，其中麝香还经广州输往国外⑤。蜀商运销北路的商品主要有：川茶、蜀锦、瓷器、布帛、药材、蜀笺纸、蜀版书。

成都与江南繁盛区建立了长途贸易关系，蜀商输出的主要商品是：金银器、绢帛、锦缎、瓷器、生漆；回购的商品是：吴盐、海货、香料。蜀地借助长江运道，与东南沿海物流畅通，即是"水程通海货，地利杂吴风"⑥。蜀商在长江水道上的贸易便捷如风，唐诗有不少描述："蜀麻吴盐自古通，万斛之舟行如风。"⑦杜甫客居川东，亲历吴蜀贸易实况："蜀麻久不来，吴盐拥荆门。"⑧也可以从杜牧所言"蜀锦江船重"，知道蜀锦贸易之盛。成都市南万里桥下停泊着"东吴万里船"，而沿江东下的"蜀客"，其家也就居住在"万里桥"旁。宋时，成都商业的繁华如江南大都会扬州："十里珠簾都卷上，少城风物似扬州。"⑨

---

① 《新唐书》卷一〇七《陈子昂传》。
② （唐）李蒲：《通泉县灵鹫佛宇记》，《全唐文》八一八。
③ ［日］仁井田陞：《吐鲁番出土的唐代交易法文书·附录·价格文书》。
④ （宋）王溥：《唐会要》卷四〇《定赃估》。
⑤ （唐）［阿拉伯］苏莱曼等：《中国印度见闻录》卷二《中国见闻续记》。
⑥ 《全唐诗》卷一〇《卢纶五》。
⑦ （唐）杜甫：《夔州歌》，《全唐诗》二二九。
⑧ （唐）杜甫：《客居诗》，《全唐诗》卷二二九。
⑨ （宋）范成大：《三月二日北门马上》，《石湖居士诗集》卷一七。

在通往东南的陆路上，蜀商的足迹明显增多。草市、集市兴起，为活跃于市镇之间的商贩提供了广阔的市场空间，也壮大了蜀商的基本队伍。由成都东南经灵泉县，越龙泉山达于四川盆地中部的大道上，"聚落市镇，相为映带"①，而且"商贾轮蹄，往来憧憧不减大郡"②。可见四川盆地内部以成都为中心的商业交通的发达。蜀商也延续了秦汉以来西南丝绸之路的传统贸易，即使在南诏割据政权占据永昌郡故地以后，也没有阻断与滇缅的贸易，其中河赕贾客曾活跃一时；同时与南诏商人贸易，输出金银器、锦缎、瓷器、茶叶，输入战马、象牙、玉器、珍宝、药材等。

明清时期，巴蜀与周边地区的交通状况大为改善，北路栈道经多次整修，长江水道（包括金沙江流域）也对险滩、暗礁进行了多次疏浚、整治，有利于蜀商对外通商贸易。明代有不少商人从事北路贸易，张翰记载：北路"自昔多贾，西入陇蜀，东走齐鲁，往来贸易，莫不得其所欲"③。山西潞州丝织业所需蚕茧都由保宁温氏家族供应。北路贸易以蚕茧、丝绸、麻布、药材为主，间或在西北歉收缺粮时，也有巴蜀粮食由嘉陵江转运，再经陆路销往甘肃。成都、阆中生丝远销西北地区，蜀商再转贩胡椒回川。"凡倭缎制造起东夷，漳泉海滨效法为之，丝质来自川蜀，商人万里贩来，以易胡椒归里。"④说明倭缎的制作工艺来自日本，东南地区的漳州、泉州采用了倭缎的制造工艺。生丝原料来自四川，由商人万里迢迢贩运到福建，回程则采购胡椒，运回四川发卖。

由于大量的建板（建昌出产的一种杉板）投入了民间商品市场，明代蜀商伐木业由此而兴旺起来，豪商大贾络绎不绝地进入木材产区，"每住十数星霜，虽僻远万里，然苏杭新织种种文绮，吴中贵介未披而彼处先得。……钱神所聚，无胫而至，穷荒成市，砂碛如春，大商缘以忘年，小贩因之度日"⑤。木材沿江而下，夔州、云阳等沿江口岸，也就成为板木商贩的聚集之所。

明代水陆交通方便，蜀商也能大展其长，商品贩运的种类激增。其中，药材、蔗糖、粮食、盐、茶，等等，"商人趋厚利者，不西入川，则南走粤，以

---

① （宋）苏恽：《灵泉县圣母堂记》，《蜀中广记》卷八一引。
② （宋）袁辉：《通惠桥记》，《全蜀艺文志》卷三三中。
③ （明）张翰：《松窗梦语》卷四。
④ （明）宋应星：《天工开物》卷二。
⑤ （明）王士性：《广志绎》卷五。

珠玑金碧材木之利，或当五，或当十，或至倍蓰无算也"①。许多客籍商人在四川的经营活动往往长达几代人，即以蜀地为家。日用商品，如陶瓷、茶叶、生丝、布匹、药材产量日增，流通四方。"茶为蜀中郡邑常产"，著名的蒙山茶、峨眉茶、泸茶、灌县青城山茶、夔门春茶，"初春所采，不减江南"，不少茶叶在成都集散，由蜀商行销远近②。

清代蜀商经由川江上游与两湖、江南地区的贸易，也有长足的进展。乾隆七年至十年（1742～1745），四川粮食连年丰产，从雍正四年（1726）至嘉庆十一年（1806），川粮远销到湖北、湖南、江西、江苏、安徽、浙江、福建、直隶、河南、山东、陕西、甘肃、青海、西藏、云南、贵州等十六个省区，年输米高达三十万石③。四川粮食市场的繁荣，带动了长江中、下游省区商品经济的发展。

清代西南山区木材也是蜀商外销的主要商品。四川采伐商木的主要地区有川东北伐木区、川西伐木区、川西南伐木区，尤以川西南伐木区的雷波木材储备最为丰富。乾隆四年（1739），木商进入雷波贸易松杉，入山伐木者多系江西、湖广的木商。川东伐木区的木材多运至长江沿岸城市口岸销售。

蜀商在山货经营方面，也很有特色。他们主要从事山货买卖，也附带经营外销。蜀商皮件经营大宗是水牛皮，其他还有羊皮、麂皮等。外销的主要土特产品有猪鬃、白蜡、黄蜡、骨油、牛胶、麝香、虎骨、豹骨、黑白木耳、桐油、生漆以及五倍子、茯苓、川芎、麦冬、黄连等中药材等；还将棕丝、棕片、棕绳、青麻天然纤维运往长江中、下游各省区销售。通江、南江、广元及会理等地盛产木耳、黄花等山珍，商贩到此一并收购，汇集至重庆、万县装箱出口。

川盐运销范围持续扩大，是蜀商实力扩充的重要方面。除本省销区外，还销往贵州大部、云南近川州县、湖北宜昌以上州县。川盐行销楚岸始自清初，宜昌以上近川州县例食川盐。川盐销楚的鼎盛期发生在太平天国时期，那时淮盐无法上运，两湖人民淡食，清廷谕令川盐济楚。到咸丰三年（1853）五月，户部议准，"川粤盐斤入楚，无论商民，均许自行贩鬻……惟择楚省堵私隘

---

① （明）张瀚：《松窗梦语》卷四《商贾纪》。
② （明）何宇度：《益部谈资》卷上。
③ 见王纲：《清代四川史》"清代四川粮食外运统计表"，成都科技大学出版社1991年，第575页。

口，专驻道府大员，设关抽税。一税之后，给照放行"。这样，引岸疆界彻底打破，使得川盐源源不断地运销两湖市场："约计入楚之盐，以旺月计算，约合川省水引九百余张，一千万斤上下"①，从而形成两湖市场"尽被川盐侵占"的局面②。

明清时期，南方丝绸之路的贸易有所复苏。明代初年，川滇建昌旧道十分通畅，出入商贾甚多，史称"商旅络绎，即五卫耕屯，赶脚之夫，亦往来如织"③。清雍正以后，川滇建昌道商贾再次活跃起来，蜀商货物主要是：绸缎、布匹、铁锅、食盐、丝线、附片、麦冬、茯苓、川芎等中药材，回购货物为木料、竹笋、矿产、药材、牛羊皮等。由贵阳、镇远到普安的道路已成为南北方各省入滇的重要通道，也是南下缅印的要路，许多商贾往返于途，驮载繁忙。雄远为这一线要津，水运码头，称为"滇货所出，水陆之会。滇产如铜、锡，斤止钱三十文，外省乃二三倍其值者。由滇至镇远共二十站，皆肩舆马赢之负也"④。蜀商、滇商在四川、云南、缅甸间转贩丝绸、棉纱、宝石、茶叶。清中叶，"三元"商号保山、腾冲收购缅甸棉花运销大理，"裕和"也采购缅甸棉花棉纱运销大理和四川会理、建昌。

川滇石门旧道，清代商贸活动十分繁荣，特别是乾隆七年（1742）因转运滇铜之需，整治关河水道，乾隆十二年通航，更呈现商旅辐辏景象。蜀商将成都、嘉定、叙府、筠连、建昌等地土特产运往云南，滇商从缅甸、印度运回各种商品转销蜀商。云南实际上处于商品集散地带，经云南输出的商品，以丝绸特别是四川黄丝为大宗，形成种类繁多、规模甚大的对外贸易。转运到印缅的商品有川丝、纸、茶品、果品、黄铜、石黄、水银、朱砂、铁器、铅、明矾、瓷器、金银、丝绸织品、天鹅绒、酒精、皮革、扇子、鞋子、衣服、火腿、粉丝、药材等，从缅印转运回的商品有棉纱、宝石、缅印金条、印度金币、鹿茸、蓝布、熊胆、麝香、犀角、龙涎香、太西缎、追鹿布、象牙、漆、盐、羽毛等。商贾将川丝等商品转运从入缅正路经八莫或由木邦取旱路阿瓦等地销售后，又从实阶、阿瓦等地收购棉花，用船运到八莫，再用骡马运回云南。

---

① 《四川盐法志》卷二五五《四川十二·运销门·截验》记载："雍正十二年，议准川省水引配正耗盐五千七百五十斤，陆引配正耗盐四百六十斤。"
② 《清盐法志》卷一二二《两淮·运销门》。
③ （清）顾炎武：《天下郡国利病书》第三十一册《云贵》。
④ 民国《威宁县志》卷九。

清代叙州府和昭通城商务繁盛，蜀商、滇商云集，时谚有"搬不完的昭通，填不满的叙府"之谓。地方文献记载，叙州府"为川滇门户，两省往来必经"；其城市格局极有特色，"夫上山为城，城下为江，两江合抱，处舟如蚁聚"，"城内贸易商贾，繁若都会"①。昭通府处在川滇贸易要津，有"小昆明"之称②。地方文献记载："在昔昭城，商业繁盛，厂务发达，称银用秤。滇铜蜀盐，车马交驿。秦楚赣粤，工贾群进。苏松梭布，填塞路径。百货云集，任人贩运⋯⋯昭通车马盈途，秦楚赣粤各省商贾，来昭者络绎不绝⋯⋯其时山货下川，杂货入昭，上会理，至省城者贩运不少，家居尤多。"③在昭通，有各地商人开设的会馆，如福建会馆、两湖会馆、贵州会馆、江南会馆，同时经营开矿、转输滇铜。

（二）蜀商开拓的早期现代化历程

1. 蜀商利用洋商鞭长莫及的地理优势，扩大长江上游商品市场

1840年鸦片战争后，外商加紧对中国进行贸易投资活动，东南沿海地区很快成为他们的商品市场和投资区域。第二次鸦片战争后直到1876年，清廷才被迫开放长江上游地区。由于交通运输困难，直到1891年，重庆才正式开埠，外商才逐步进入长江上游地区。因此，外商对巴蜀地区的通商活动实际上开始于19世纪70年代，加剧于90年代，晚于中国东南沿海地区大约三十年；二是由于四川对外交通运输的极端困难，洋货入川和土货出川都历尽艰险，运费高昂，客观上限制了洋货在长江上游的畅行。因此，尽管棉纱、棉布等廉价洋货对四川耕织结合的小农经济及与此相关的手工业经济有不同程度的冲击，但在洋货未能取代土货的那些领域或土货在对外出口贸易中占据着重要地位的那些部门，原有资本主义萌芽不仅未遭到扼杀反而得到进一步发展，手工业工场生产规模空前扩大，生产技术精益求精，劳动过程分工细密，资本的积累达到相当高的程度。部分手工业工场在已有的物质技术基础上开始向近代工业转化，成为巴蜀新式工业产生的一个途径。④

近代四川手工业如井盐、缫丝、矿冶、制糖业等，已达到相当大的生产规

---

① 民国《盐津县志》卷一六。
② 民国《新纂云南通志》卷五六《交通考》。
③ 民国《新纂云南通志》卷五七《交通考》。
④ 张学君：《四川资本主义工业的产生和初步发展》，《中国经济史研究》1988年第4期。

模,并不同程度地具有工场手工业的基本要素。外国资本主义入侵后,食盐、生丝、造纸、蔗糖、纸品等手工业产品,并未受到洋货的排挤。相反,由于商品市场、劳动力市场日趋活跃,给这些产品的生产和运销造成了比较有利的条件,促使它们改革生产技术、扩大生产规模、采用新式投资和经营方式,向新式企业转化。以蜀商经营的四川蚕丝和丝织业为例:

四川蚕丝的生产在19世纪下半叶已相当普遍,缫丝作坊(应包括手工工场)超过2000家,成都、嘉定、顺庆、重庆缫丝工艺水平较高,已能生产各具特色的生丝。劳动过程扩大了它的规模,其中分化出缫制、洗涤、漂白等专门工序。川丝成为本省和南北各地丝织业的重要原料而畅销于国内市场。丝商资本已进入生产领域,通过定期收购生丝和借贷"丝黄钱"控制生产。资本主义因素获得了明显的增长。19世纪70年代以后,蚕丝进入国际市场,四川在同治十年(1871)出口生丝6000包;光绪六年(1880)四川共有缫丝作坊和手工工场2000余家、年产生丝6000担,居当时全国各省厂家第三位和产量的第五位[①]。1883年,经由重庆输出的川丝即达428万两[②],以此为契机,蚕丝生产面貌发生了很大的变化。为了适应资本主义市场的需求,四川开始出现了蚕丝生产技术改革的热潮,如改进缫丝方法,造优质丝品;建立蚕桑基地,扩大蚕桑种植面积,引进优良桑苗、蚕种等。

19世纪70年代初,四川缫丝业为了在沿海省份和外国市场与浙江生丝竞争,就开始吸取沿海地区先进的缫丝技艺,"很快地改变了缫车"[③],在蚕丝生产技艺进一步改革的浪潮中,四川缫丝业在产品质量、生产规模、投资、经营方式方面,均发生了引人注目的变化。缫车革新著名推进者为三台县丝商陈宛溪,他于"清光绪中叶……倡办小车缫细丝,初为脚踏,继为扬返,仿而行之者,相继不绝……然所用之缫丝工具,仍限于木机"[④]。19世纪末至20世纪初,种桑、养蚕、缫丝技艺普遍精良,缫丝业成为维护利权、振兴实业的一个热门行业。四川蚕丝质量显著提高,蚕丝销售市场日益扩大。

19世纪晚期到20世纪初期,虽然外国资本主义开始向四川输出商品和输出资本,但其效果远不及东南沿海地区。尚未失去自己原料和产品市场的井盐

---

① 汪敬虞主编:《中国近代工业史资料》卷二,第91、100页。
② 尹良莹:《四川蚕业改进史》,商务印书馆1947年版,第346页。
③ 张学君、张莉红著:《四川近代工业史》,四川人民出版社1990年版,第114页。
④ 钟崇敏等:《四川蚕丝产销调查报告》,中国农民银行经济研究处1944年版,第171~172页。

业、缫丝业、制糖业和造纸业，并没有被扼杀，受国内外市场经济的影响，还出现了继续增长的势头。主要表现在，原有的生产规模进一步扩大，无论资本总额、雇工人数，还是产品数量都达到前所未有的高度。蜀商在此基础上，改革生产技术，积极引进资本主义生产技术，使原来的手工业获得了勃勃生机；投资经营方式也发生了显著变化，原来在很大程度上"以生产资料集中在一个资本家手里这件事作为前提"的经济结构，已在向由许多互相独立的商品生产者集股合资经营企业方向发展。总之，这些旧有的手工业工场，在新的历史条件下，所具资本主义趋向是比较明显的。

2. 蜀商以振新实业为己任，积极参与海外市场竞争

由于自然地理条件的限制，外国资本主义对四川的经济侵略始终是以输出商品和掠夺原料为主要内容，生产资料和技术设备等方面的资本输出极少。即使在输出商品和掠夺原料方面，受川江水道的限制，其进出口贸易量也为数不多。20世纪初，四川对外贸易在全国对外贸易总额中，只占4.22%。截至20世纪三四十年代，也未能达到5%，无法与沿海地区相比。外国资本主义对四川封建经济的解体作用和给四川资本主义的发展造成的商品市场和劳动力市场，也就相当小。因此，如果说，中国近代资本主义工业具有先天不足的特点，那么，四川近代资本主义工业就更加突出地表现了这一特点。实际上，所谓四川近代资本主义工业，主要是以专业化分工为基础的大作坊和手工业工场占主导地位，以蒸汽机为原动力的大机器工业所占比重很小，四川机器生产虽然肇端于光绪三年（1877）官办军火工业——四川机器局，但当时四川并不具备机器工业成长的基本条件。

重庆开埠，特别是《马关条约》签订后，资本主义开始向四川输出资本、开办工矿，四川绅商为之痛心疾首。为抵制洋货，挽回利权，蜀商代表人物提出"急兴商务"，"设立商务局"以维护本土商人利益；鼓励绅商投资实业。清廷为维护其根本利益，也制定了不少有利于本国资本主义发展的各种工商章程、法规，包括奖励科学文化贡献、工艺发明，保护工商投资，维护企业权益等。这些新政策的实施，无疑对四川本土资本主义的增长，特别是大机器工业的兴起，产生了有益的作用。在外国资本主义直接作用和影响下，出现了一批新式工业，如：棉织业适应廉价洋纱的大量进口，形成大量的棉布加工业；猪鬃、采矿、制革等业，则适应资本主义市场对猪鬃、皮革、五金矿产的需要而形成新式加工企业。而火柴、电灯、玻璃、肥皂等制造业，则受到西方文明的影响而兴办起来。

这一时期，四川出现投资新式企业热潮的同时，也出现了制造工艺的革新热潮，主要涉及井盐、缫丝、造纸、印刷、棉织、机械、采矿、化工等工矿企业。四川近代大机器工业并没有首先出现在受外国资本主义作用影响下兴办的新式企业，而是发生在四川原有的资本主义手工业工场。其中，蚕丝业就是向机器工业转化的行业之一。从19世纪晚期，到辛亥革命前后，涌现了30多家脱胎于旧式缫丝工场、作坊的新式缫丝企业，如三台县神农丝厂、三台县永靖祥丝厂、合川复缫经纬丝厂、乐山县荣记、丰记两丝厂等，这些企业都采用新式缫丝技艺，仿制日本、意大利等国缫丝新车，着意训练熟练劳动者，因此能缫制出高质量的生丝。这些企业以振兴实业、开拓生丝市场，特别是满足国际市场的需求为生产目的，它们生产的生丝开始具备竞争力，在国际市场上获得前所未有的注意。

3. 蜀商厉行商务改良，促进了传统工商文化的现代化进程

19世纪末叶，中国遭逢甲午海战的惨败，民族危机空前深重，朝野维新派人士以改良主义为旗帜，呼吁变法维新。川籍官员宋育仁提出"保地产，占码头，抵制洋货，挽回利权"的号召①。四川舆论也认为："商务以挽利权为宗旨，必以广制造为要着。"②广大绅商爱国热忱高涨，纷纷要求集资"购买机器""设立公司""绅督商办"③。光绪帝顺应商民的意愿，谕令川督鹿传霖，"于洋人未经开埠之先，迅速兴办"，并"咨取苏、浙、江西各省商务章程，以备参酌"④。自光绪二十四年（1898）开始，清廷颁布了一系列保护工商实业的章程、法规和奖励办法，进一步激发了四川绅商的投资热忱。

在世纪之交的投资热潮中，四川绅商以各种的方式兴办四川实业。一部分四川手工业工场和大作坊如井盐业、缫丝业、制糖业、造纸业等开始向新式企业转化，在转化的过程中，其经营者逐步演化为工业资本家。如商人兼灶户欧阳显荣在汉阳周恒顺五金厂订购了第一台蒸汽采卤机车，在自贡盐场的井上试车成功后，随后投资白银二万余两，组织华兴公司，经营机车采卤业务⑤。成都

---

① 徐溥：《早期改良主义思想家宋育仁》，《社会科学研究》1979年第5期。
② （清）李本方：《颐园书牍》卷上，第18~19页。
③ 《渝报》光绪二十三年第六册，第2~4页。
④ 《德宗景皇帝实录》卷三八七，《戊戌变法》卷二。
⑤ 周启圣：《对〈自贡盐场蒸汽机车汲卤概述〉一文的探讨》，《自贡文史资料选辑》第九辑。

"二酉山房"书商樊孔周,在世纪之交,一改旧书业经营机制,大量印行中外新书报,宣传改良主义思潮,又集资兴建劝业场(后改称商业场)。内江制糖业酝酿改良制糖生产,委托糖商子弟、留日学生喻培伦考察日本制糖机器,准备筹资订购机器,因筹资困难未果。夹江、梁山、彭县、广安、绵竹等传统手工纸产区,也有纸商、槽户购置机器,转向机器造纸业。他们投资的领域集中在原来的手工业,通过扩大生产规模,改革生产技术,成为早期工业资本家。

20世纪初,全省18家缫丝厂,已有5家采用机器缫丝。例如,在四川早期现代化潮流中,三台县秀才陈宛溪是一位有着卓越贡献的蜀商。19世纪下半叶,陈宛溪目睹列强环视、主权日削、国弱民贫的现状,毅然放弃了仕途生涯,悉心研究种桑饲蚕新法,在家乡建立了最早的蚕桑基地;后又改进缫丝技艺,发明脚踏丝车;最终引进意大利缫丝机车,创办了新式企业——神农丝厂,成为近代四川著名企业家。时势造英雄,陈宛溪之所以取得如此辉煌的成功,正是他顺应四川早期现代化的潮流、与时俱进的结果。陈宛溪"知天下大利在农,因佃地种桑,又时时研究育蚕新法",并著有《神农撮要》《蚕桑浅说》二书,以资推广①。最初,他"佃富家大业,种桑饲蚕。……既获大利,遂于万安寺建设神农丝厂"②。

光绪二十九年(1903),陈宛溪倾其积蓄,仿效日本模式,在本县建一占地34亩,有5幢厂房、6个车间、240个车位的缫丝厂,光绪三十一年竣工投产,取名"神农丝厂",乃神益农民之意。光绪三十二年,他购进意大利式铁缫车140部,先后两次安装蒸汽铁机,为川丝采用世界先进生产技术开了先河。先是,建厂之初,"由直缫乂(意)大利式木机丝车十二部肇始;光绪二十九年新修厂房增添六十部(丝车);光绪三十一年新建蚕室四间,并添新车四十部;宣统元年添修茧库及缫丝工厂,添车一百四十部"③。神农丝厂劳动力来源于破产失业群众,"招徒缫丝……而贫家子弟收为工徒""佣男女以数百人"。陈宛溪管理丝厂极为认真,"每日必进车间巡查,遇有不合之处,当场停车,召集职工,临时训话"。平时督促亦严,"一、三、五日对职工训话,二、四、八日对理绪工训话,三、六、九日对缫丝工训话……故该厂出品,声

---

① 民国《乐山县志》卷九《人物》。
② 民国《三台县志》卷八。
③ 尹良莹:《四川蚕业改进史》,商务印书馆1947年版,第346页。

誉特著"①。

投资新式工业的蜀商代表,是以实业救国身体力行的士子、学人。他们艰苦奋斗、自强不息,竭尽全力开办工矿企业,成为新式工业的投资者。

这些士子学人大多是当地的殷实之家,有强烈爱国热忱,又接受了新式工商文化的影响,他们有创办实业的先天有利条件。例如:森昌火柴厂和宝华煤矿的投资者是奉节县绅商邓徽绩、邓孝可父子;星火火柴厂的投资者是留日学生喻培伦、吴玉章等;成都启明电灯公司的主要投资者是优贡生陈嘉爵(养天);彭县大宝山铜矿的创办人是商人魏子书;合川复缫经纬丝厂的创办人是举人张森楷;重庆鹿嵩玻璃厂的创办人是留日学生何鹿嵩;重庆裕源布厂(裕济公司)的创办人是富顺举人、泸州学正孙荣;重庆昌华(振华)毛葛巾公司是渝商世合公商号掌柜白汉周在考察日本制造业以后,选择的投资项目。重庆绅商为维护利权,早在光绪二十年(1894)就筹资30万两,购买日本机器开办矿业;光绪二十四年重庆举人文国恩集资白银11400两开采真武、老君二山煤矿。1908年,在发起收回英商侵占江北厅矿权的斗争中,重庆商民集资4万两所组"江合矿务公司"起了关键作用②。

在四川兴办实业浪潮中脱颖而出的早期企业家,是晚清改良主义路线的产物,是立宪派的社会基础。这些绅商既是新式工业的投资者,又是川汉铁路公司商股和租股的持股人,在省城以至各府州县咨议局、宪政研究会、商会和川汉铁路公司中,他们占据着主要席位。他们对宪政、自治运动参与热情很高。光绪三十年重庆总商会成立时,公推"西南首富"、山西票号"天顺祥"李耀庭(正荣)为总理③。1905年9月,成都总商会成立时,由会董公推盐商、成都举人、候补知府舒钜祥为总理,山西籍宝龙银号老板、补用知府齐世杰为协理④。1908年,著名书商樊孔周续任成都商会协理,积极推行新政,鼓吹自治运动。他们认定:"今世纪,经济竞争之世纪也。今之国家,经济生命之国家也。""吾国数千年来,高谈治理,鄙夷经济,不屑称述……人民生计日益迫促,各方面观察无一非穷困窘迫之家。顾念将来,恐国土无恙,而人民生存之

---

① 民国《三台县志》卷八。
② 张学君、张莉红著:《四川近代工业史》,四川人民出版社1990年版,第169~204页。
③ 《四川官报》乙巳第一册,公牍八。
④ 《商部咨加札委派舒守钜祥等为成都商务总理协议文》,《四川官报》乙巳第二十七册《公牍》。

资先已丧失，不亦大可危耶！"①

20世纪以后，四川民族工商资本家中开始出现激进的倾向。以喻培伦为代表的一部分受日本新思潮熏陶的改革者认定，只有摆脱封建专制主义桎梏，按照近代资本主义发展模式振兴工业，才能使中国富强起来。他们的进步作用主要是，积极投资近代工业，提倡资本主义自由竞争；实行雇佣劳动制度，为追求剩余价值而生产。虽然进步的四川工业资本家把"兴工致富"作为自己救国的"远大之道"，但是，他们的美好愿望在现实生活中却没有实现的可能性。

虽然如此，脚踏实地的蚕桑实业家陈宛溪却继续为实业救国奔走呼号。辛亥以后，他在向乡民们散发的《劝桑说》中写道："况当师旅频临，饥馑交迫，盗贼蹂躏，征税烦难，今吾蜀救贫之计，孰有如整顿旧有之蚕桑乎！"他向他们传授栽桑养蚕技艺，鼓励他们广植桑株，共襄蚕事。在他的倡导下，绵阳、阆中、乐山、犍为和川东各县纷纷仿效，出现全川蚕桑生产盛况。1915年，陈宛溪出任三台县蚕桑局长，旋在全县28乡普遍推行蚕桑实业，并亲赴江浙考察改良生丝的最新技术，延揽蚕桑人才；同时又在乐山兴办华新丝厂。

他办厂讲求实效，十分重视企业管理。每日必到车间巡视，发现不周之处，立即召集职工训诫，当场纠正。为了让职工自觉遵守厂规、厂纪，他编写了《丝厂俗歌》《妇女缫丝歌》，使其牢记不忘。禅农丝厂生产的生丝，坚持质量第一，生产过程中一丝不苟。试缫出口生丝时，用清塘茧5~6颗，煮8分熟，做成三五丝（细丝）。缫丝用水，严格化验，温度达到50℃才能使用，违者要承担经济责任。在日本关东大地震时，每担禅农厂丝最高卖价银1600余两，达到一两生丝换一两白银的价位。第一次世界大战结束后，由于禅农丝厂生丝质量优于日本而首次进入美国市场，打破了川丝外销的障碍。20世纪20年代是禅农丝厂的全盛时期，所产金质双鹿牌三五丝，在国际市场上连挫日、意两国生丝，两次获奖，为川丝争得了国际声誉②。

4. 20世纪上半叶，蜀商在战乱中艰难生存、发展

辛亥革命以后，四川处于军阀混战和割据之下，工商各业备受战乱摧残和各方势力敲骨吸髓的掠夺，经营活动极为艰难。然而，各系军阀为着保存自己、消灭敌人、巩固地盘、扩充实力的迫切需要，不得不在自己的防区内提倡

---

① 思群：《为川汉铁路当先修成渝，谨告全蜀父老》，《四川》第二号。
② 余涛：《陈开沚》，《四川近现代人物传》第二辑，四川省社会科学院出版社1986年版。

实业、发展经济、并利用手中掌握的权力和金融资本，对民营工业资本进行控制和宰割。部分民营资本为着生存和发展，被迫与他们合资经营。这样，四川近代工业的发展进入了畸形发展的轨道。

（1）蜀商在工矿企业的投资状况

蜀商资本大多集中在缫丝、棉纺织、制盐、造纸、印刷、日用化工、食品加工等业。在航运、采矿、机械、制造等重工业中，蜀商资本也有一定程度的增长，但在整个重工业中，所占比重不大。战前稍具规模的缫丝、丝织企业共50家，截至1933年，地方军阀官僚资本侵蚀缫丝和丝织业之前，除官方戴川丝厂和日商又新丝厂外，基本上属于蜀商资本。战前棉纺织业117家，除掉官办三峡织染厂外，均为蜀商企业。制盐业以自贡为主要基地，截至1930年，自贡盐场使用蒸汽采卤机车94部[①]。这些机推井的井，推户均为蜀商资本。规模较大的全省造纸印刷企业34家，除去军阀投资的诚信印刷公司、法商投资的法新印刷局、美以美教会主办的博文印刷馆外，其余31家基本上属于蜀商企业。面粉、碾米、玻璃、制革、电池、火柴、瓷器、陶器、制药、肥皂等企业基本上属蜀商投资开办的企业。在电力、冶金、机械、煤矿等重工业中，蜀商资本也有相当程度的增长。不少部门蜀商企业总数还占据优势地位；但其资本额则远逊于军阀官僚资本。如电力工业，1937年以前，四川共有电力企业60家，其中48家属于蜀商企业。五金、机械、翻砂企业90家，蜀商企业达84家。煤矿企业16家，蜀商企业达到14家。

从资本额看，蜀商企业一般资本微少，数额在数千到数万元之间，很少达到数十万到数百万元的。如棉织业，除裕华棉织厂集资300股，并收到大量存款，资本总额达60万元之外，其余各厂均在5000元至2万元之间[②]。蜀商火柴企业30家，仅有3家超过5万元。蜀商电力企业在整个电力企业中，所占比例不大。战前四川电力工业资本总额约为622万元[③]，其中蜀商资本（有统计数的39个商办电力企业合计资本额）为244.6万元。在84家蜀商五金、机械、翻砂企业

---

① 吴炜：《四川盐政史》卷二。同一时期，犍为盐场亦有采卤机车5部（参见柯愈文《五通桥盐场采卤动力的演进》，《五通桥盐业史料选辑》第三辑）。
② 中国银行总管处经济研究室编印：《重庆之棉织工业》，1934年版，第27页。
③ 战前60个电力企业，其中48个企业有统计数，合计资本为618万余元。12个县属小企业无统计资料，以同类企业资本额3000元计之，共为3.6万元，以此数加618万元，得621.6万元，四舍五入得出战前四川电力企业资本总额约为622万元。

中，5万元以上的大企业只有13家。煤矿业中，凡资金雄厚、开采设备先进者，均为军阀官僚投资，"民营矿场则多半以土法开采"①。虽然在轻化工业或重工业方面，蜀商企业均处在资本微弱、实力脆弱的地位，但蜀商在川江航运业的投资活动，却是一大奇迹。蜀商深知蜀道艰险，在20世纪初期就率先开办蜀通轮船公司，获得成功。民国时期，卢作孚以微薄资本开办民生轮船公司，采用良好的经营管理方式，与外轮公司展开激烈竞争，最终发展成为长江航运业的巨头，拥有数十艘客货轮。

（2）蜀商在商贸领域的投资状况

川政统一前，四川的省内商业呈现出畸形发展趋势。因长期战乱的影响，与清末相比，四川商贸行业大量减少，一些商业中心表现出衰败的迹象。传统的商品如丝、夏布、桐油数量呈下降趋势，说明蜀商在商贸领域的投资在急剧减少。

但随着洋货大量输入，四川对外贸易得以发展，与进出口贸易有关的商业十分活跃。民国巴蜀商贸以经营农产品和洋货为主，商业中比较发达的行业有匹头、棉纱业、盐业、山货业等。重庆开埠前，山货还未独立成帮，重庆开埠后，经过清末的发展，山货业十分活跃，收购范围极广，有黑白猪鬃、牛羊皮、漆蜡、白蜡、丝筋、牛骨、棕丝等数十个品种。重庆的山货业成为与盐业、钱庄业、匹头棉纱业并列的四大商帮，推动了四川商业的发展。蜀商资本此时也有了大幅度的增长。以重庆为例，1937年重庆资本2000元以上为商号有700余家。较为发达的布业中规模大，资金雄厚的商号数量增多。1930~1931年，重庆有匹头商号150家，其中大型商号4家、中型商号21家、小型商号120多家。重庆盐业中最大商号资本达20万元②。

（三）改革开放时代，蜀商迎来发展壮大的良好机遇

20世纪80年代，中国进入改革开放时期。新一代蜀商崛起，成为社会主义现代化建设的重要力量。新一代蜀商几乎都是白手起家、不畏艰险、勇往直前。他们大多经历了艰苦生活的磨练，有执着的创业精神，能够经受挫折和失

---

① 中国人民解放军西南服务团编印：《四川省电工矿业》，1949年8月，第3~4页，藏重庆市图书馆。
② 贾大泉、陈世松主编：《四川通史》第七册，四川人民出版社2010年版，第412页。

败；他们从赤贫状态脱颖而出，凭着自己的劳动和智慧，在困苦中艰难玉成。古语"置之死地而后生"正是他们艰难创业的写照。这里列举有代表性的蜀商如下：

1. 刘氏希望集团

蜀商中，成都刘永言四兄弟以贷款养鹌鹑集腋成裘，最终发展成为集农工商于一身的希望集团。1982年，刘永言兄弟创建希望集团，开始艰难的创业历程。经过十多年的开拓进取，希望集团先后被国家工商行政管理局等权威机构评为"中国500家最大私营企业第一名""中国民营科技企业技工贸收入百强第一名""中国最大私营制造企业百强第一名"，成为中国民营企业的一面旗帜。1995年，刘永言四兄弟明晰产权，进行资产重组，分别成立了大陆希望集团、东方希望集团、华西希望集团、南方希望集团（新希望集团），各自在相关领域发展。大陆希望集团作为希望集团的高科技板块，涉及电子、电力、中央空调、建筑、化工、酒店、食品、旅游、金融等领域，拥有深蓝科技公司、希望电子研究所两大技术研发平台，并通过成都希望大陆实业有限公司、成都大陆希望投资发展有限公司两大投资管理平台完成对旗下产业的优化布局，形成以传动控制变频器系列产品、中央空调系列产品为代表的机械电子板块，以氯酸钠生产和发电、输电、配电、供电等水电梯级开发、综合利用为代表的能源化工板块，以及建筑总包板块和旅游酒店板块。国家允许民营企业进入金融行业和参与国有企业股份制改造后，新希望集团参与发起创办了中国民生银行；新希望旗下的农业公司于1998年在深交所上市，让民营企业想走出四川、走向全国，发展成全国知名的大型农牧集团。1999年，新希望第一家海外公司在越南投产，又成为最早走出国门的民营企业。

2. 刘汉元创办的通威养殖集团

1983年，靠着父母出售生猪的一点现金投资鱼饲料加工，蜀商刘汉元艰苦创业，逐渐成为中国最大的鱼饲料生产商。他在家乡的一条运河里开始了渔业养殖，而当时四川几乎不产鱼。刘汉元的起步缘于他1985年的一项重要发明。当时年仅20岁的他发明了"渠道金属网箱式流水养鱼"技术。一般人认为是低档次产品的饲料，在他眼里却成了高技术含量产品。当时市场上并没有专门的鱼饲料出售，许多农民也不懂得饲料的科学营养配方。刘汉元开始研究鱼饲料配方，最初是在家里用一台小型绞肉机将原料粉碎，然后搅拌，家里人轮流动手，没日没夜地工作。随着养鱼户越来越多，对优质饲料的需求量越来越大时，刘汉元决心自建一座饲料工厂。工厂投产当年，产品市场上就供不应求，刘汉元开始大步走向市场经济，创办现代化饲料工厂。

1992年春天，刘汉元走出家乡小镇，自筹资金1000多万元在县城里建起一座现代化饲料工厂，取名通威饲料有限公司，喻"通力合作，威力无穷"之意。刘汉元的"通威"鱼饲料一举成功，而后由鱼饲料到猪饲料再到最近的宠物饲料，做得红红火火。

1993年，刘汉元正式组建了四川通威集团有限公司，1995年，通威集团顺利完成北上的战略转移，将集团总部迁至四川省会成都，同年以兼并和控股的形式发展了8家分公司。此后通威集团的发展势头更是迅猛而稳妥：他们以饲料业为主干，在全国各地投资新建和收购（兼并）、控股饲料厂20多个，其子公司遍布全国18个省、市、自治区。通威集团在饲料行业积极进行资本扩张的同时，还把眼光投向更加广阔的领域，先后在美国纽约和德国注册成立通威（美国）有限公司、通威（德国）有限公司，积极拓展海外业务。

通威集团以科研为先导，平均每个月要改进10种产品质量，新投产10～15种新产品。在全国已经达到白热化竞争的饲料市场上，唯有依靠高科技才能使企业和产品长久立于不败之地。通威集团饲料研究所有一支高素质的科研队伍，仅1997年，集团投入科研的经费就近1000万元。许多技术均处于国内领先水平。现代企业管理是一门高深的学问，在贯彻管理的经营理念中，刘汉元提出四个字的企业文化思想，就是"诚""信""正""一"。简言之，"诚"就是诚心诚意，"信"就是信用为本，"正"就是正当合法，"一"就是争当第一。

随着通威的持续高速发展，蜀商刘汉元带领通威集团在2009年实现销售收入达262亿元人民币，品牌价值达70.89亿元。

3. 刘革新的科伦集团

中国医药企业中，靠差异化或者靠机遇取得成功的民营企业不乏其例。但是，像科伦这样，一开始既要与国内外大型企业正面交锋，又要与多如牛毛的同等规模的企业短兵相接的为数并不多。可以说，刘革新推动科伦发展的成长史是一部鲜活的竞争史。

创业之初，为了将收购的荒败多年的破产企业如期完成GMP认证，刘革新效仿爱迪生早年改造电报传录机时实行的"60小时监禁工作制"，立下破釜沉舟的誓言：在药厂正式通过验收发证以前，决不离厂回家。也正是在那样的时刻，许多人下定决心跟随科伦，再也没有动摇过，成为企业的中流砥柱。而科伦的强大执行力，也在此时生根发芽。2000年，为了抢占中国输液行业因GMP改造而出现的空前绝后的市场机遇，科伦在投资扩建原有大药厂的同时，在3个月的时间内一口气兼并了省内外3家输液生产企业。

2010年，科伦上市之后，刘革新迅速将输液板块确立为战略后方，通过持续的产业升级和品种结构调整，巩固和强化包括输液在内的注射剂产品集群的整体优势，继续保持科伦在输液领域的绝对领先地位。

科伦现已成为拥有四川科伦、科伦药物研究院等海内外100余家子分公司，年销售收入超过百亿元的大型现代化医药集团。

4. 杨铿创办的蓝光控股集团

早年的杨铿，先后供职于成都工程机械集团上游机械厂和管理总部。29岁，杨铿毅然从国企辞职，创立成都市西城区兰光汽车零配件厂，以生产汽车零配件起步。当时，成都民营汽车配件厂大多引用沿海技术，甚至直接购买半成品加工出售以快速获利，而杨铿却走了一条不同的路——投入大量财力搞技术创新，这让配件厂成立不到一年，就获得了"铬钒态铸铁汽缸套"国家发明专利。

改革开放的洪流冲刷着全国人民的认知，随着成都开发大型电子电器市场热潮涌现，嗅到商机的杨铿顺势变身商业地产开发商。彼时适逢1992年改革开放时期，市场经济浪潮涌动，住房改革兴起，杨铿把握时机，于当年9月12日成立成都兰光房屋开发公司。1994年底"兰光"正式更名为"蓝光"，下属公司全部改制，并从成都的蓝光大厦、罗马假日广场、玉林生活广场等至今耳熟能详的项目起步，正式开启"人居蓝光"新征程。

21世纪之初，房地产"黄金十年"拉开序幕，杨铿再次抓住行业机遇，不断创造成都商业地产奇迹，更开启属于成都商业地产的蓝光时代。2008年，随着中国城市化进程加速，敏锐捕捉到这一社会变化趋势的杨铿，带领蓝光集团开始向更加复合和多元的房地产领域进军，开启产业扩张时代，蓝光全国化进程提速。同一年，蓝光成为上市公司迪康药业的大股东，开始进驻"生命蓝光"的全新领域。2010年，顺应市场大势，蓝光再拓伟业，正式进入波澜壮阔的金融资本时代。同时，杨铿把握新时代经济转型升级需求，积极谋划成立生物科技公司。在杨铿的带领下，蓝光集团已成为一家大型综合集团企业，覆盖地产、文旅、金融、现代服务、生命科技、互联网科技等多个领域。

5. 李再春、李飚父子共同成立的海特集团

1987年李再春与几个同伴共同创业，投资1万元、挂靠其他单位的海特高新悄然成立，1992年公司规模渐大，于是注册了自己的公司——海特高新技术公司。

1992年海特高新取得全国第一张非公有制企业飞机维修许可证。1996年数据显示，海特高新成立五年后，我国的飞机部附件维修成本降低了至少一半，维修周期也降了至少一半。2000年，受国外技术封锁，陆航唯一能够执飞高原保障任务的某型运输直升机机群维修保障缺失，面临全面停飞的困境。李飚临危受命，带领团队主动承担了该机型部附件的维修保障技术开发任务。2003年特高新探索混合所有制改革之路，与东方航空合资成立了"上海沪特航空技术有限公司"。2004年海特高新在深交所成功上市，这也是中国第一家上市的民营飞机维修企业。2008年，海特从波音手中收购了其昆明飞行培训中心，正式进军航空培训市场，并以惊人的发展速度，相继在新加坡及天津新建两个训练中心，一跃成为中国最大的民营第三方飞行员专业培训公司。2009年，建设天津海特飞机产业基地，开展民航客机、公务机、直升机等各型飞机大修业务。2010年海特高新与四川航空、港机工程、厦门太古合资成立了"四川飞机维修工程有限公司"，海特集团发展成为中国境内以军、民用航空工程技术、航空研发制造、航空金融、飞行员培训为主业的综合型企业集团，旗下拥有包括上市公司海特高新在内40多家分子公司。

在这家来自成都的企业背后，李飚是难以忽视的名字。李飚出生于1971年1月，中共党员，毕业于澳门科技大学，工商管理硕士，高级经济师，现任海特集团董事长。李飚作为公司技术带头人和经营决策者，带领海特不断科技创新，攻坚克难，坚持以高质量发展为主线，积极布局多项产业，扩展国际业务，并取得了众多令人瞩目的成果。海特从踏入当时私营企业从未涉足飞机维修业务开始，李飚便开创了民营经济的新纪元——打破垄断，为后来者"摸石头"走出一条民企航空路。这种"敢为人先"的勇气，也被称作"勇立潮头"的蜀商精神。

6. 樊建川创办的建川博物馆聚落

1993年，樊建川从宜宾市常务副市长的岗位上辞职。1994年初，他和几个朋友创办"建川房屋开发有限公司"，进入房地产行业，并以"忠""礼""勤""信"的公司理念来经营和管理企业。1999年，成立建川

博物馆。2003年，樊建川决定将其在房地产行业所积累的十多亿元全部投入博物馆事业中，修建了国内民间资本投入最多、建设规模和展览面积最大，收藏内容最丰富的民间博物馆——建川博物馆聚落，开创了文博事业民企投资的新模式和文化产业的新领域，为发展文化旅游产业作出了贡献。经过多年如一日的辛勤耕耘，建川博物馆已成为中国文博旅游的一面旗帜，樊建川也被誉为中国民间博物馆旅游第一人。

建川博物馆聚落位于成都市大邑县，占地30余万平方米，建筑面积10万余平方米，拥有藏品数百万件，其中国家一级文物121件套。它的建成和开放有效带动和推进了安仁镇古街、公馆、庄园、农业园区的开发经营，使安仁镇成为特色鲜明的文化旅游热点，成为了国内目前唯一的"中国博物馆小镇"，为当地城乡统筹、产镇融合作出了积极贡献。建川博物馆先后被命名为一级博物馆、全国文化产业示范基地等。2019年，国家旅游局批准建川博物馆聚落为国家AAAA级旅游景区。

樊建川先后荣获中国光彩事业奖章、四川省优秀民营企业家、建设成都杰出贡献奖等，以及中国文化遗产保护十大年度杰出人物等荣誉称号，入选中央电视台改革开放三十年十大代表人物。更难能可贵的是，樊建川对凝聚着他大半生的心血和耗费了他毕生积蓄的巨量珍贵文物，已通过法律文件的形式明确表示将建川博物馆等所有资产全部捐赠给成都市人民政府，让一己之藏成为整个国家和全民族的共有财富。

后　记

　　《巴蜀文化通史》是在四川省几位德高望重、重视地方文化的老领导积极呼吁、热诚参与下，得以正式立项，并邀请专家学者分任其事的。

　　我因多年从事巴蜀社会经济史研究和地方志编纂工作，得以受命其间，承担了《工商文化卷》的编纂任务。我熟悉这个领域，在其中辛苦耕耘40年，有一定的专业知识积累和不少论著发表，自感承担这个任务是顺理成章和水到渠成的事。我也乐意总结自己多年来的研究心得，将它进一步升华，从文化的角度来审视和考察巴蜀工业、商贸的发展历程，希望从中感受到一些新意境，领悟出一些新理念，发掘出一些新资料，希望将自己研究和考察过的对象完善化、系统化、深刻化，进入全新的视野。我努力按照本书编委会专家学者关于"三通"的编纂理念进行本卷的编撰工作，感到自己在写书的过程中思想理念的确得到了升华，有不少前所未有的构思、发现和创新。实际效果如何，还需专家学者评判。

　　本书的编撰工作自始至终是在《巴蜀文化通史》学术委员会指导和协调下进行的，得到章玉钧、谭继和、林向、胡昭曦、陈玉屏、彭邦本、贾大泉等专家和四川省社科院侯水平、罗鸣、万本根同志的指导，从提纲的反复修订到样章的审定，相关领导、专家无不反复推敲、细心斟酌。特别是已故隗瀛涛、李绍明两位教授，他们是我学术生涯中的良师益友，长期以来得到过他们不少指导和帮助，在此一并致以诚挚的谢意。还要感谢四川省社科院李庆、印国玲女士及其他同志为帮助本卷撰写所付出的劳动。在这本书编撰过程中，编辑部工作人员不辞辛劳、密切配合，给本书的编撰工作提供了不少方便，在此一并深表谢忱。

最后要提到我的家人，她们在本书的编撰过程中起了无与伦比的重要作用。长期以来，一些市、县志编纂人员到我家中商谈工作，他们看到客厅里、房间里图书资料、报纸杂志堆积如山，三人各据一方，都在埋头案首，往往要问我："你这里是不是一个写作班子？"这虽是个误会，但说明我和我的家人一直是在勤劳耕耘，兢兢业业地做学问。这本书能够顺利完成，也是我们协同努力的一个新成果。几年中，我的家人默默协助我做了大量的工作：浩繁的资料收集、整理，稿本数易其中的反复修改、加工、录入，注释的规范化处理，都凝聚着她们的心血，用感谢二字不足以回馈她们的无尽投入。在此作一记述，以示感铭不忘。

图书在版编目（CIP）数据

巴蜀文化通史. 工商文化卷 / 章玉钧, 谭继和主编；张学君著. -- 成都：四川人民出版社, 2021.12
ISBN 978-7-220-10025-3

Ⅰ.①巴… Ⅱ.①章… ②谭… ③张… Ⅲ.①文化史—四川②地方经济—经济史—四川 Ⅳ.①K297.1

中国版本图书馆CIP数据核字（2017）第282179号

BASHU WENHUA TONGSHI
GONGSHANG WENHUA JUAN

巴蜀文化通史 工商文化卷

张学君　著

出 品 人	黄立新
项目统筹	谢　雪　董　玲　谢　寒
责任编辑	王卓熙　　孟庆发
特约编辑	陈小梅
封面设计	张　科
装帧设计	经典记忆　戴雨虹
责任校对	林　泉
责任印制	祝　健
出版发行	四川人民出版社（成都三色路238号）
网　　址	http://www.scpph.com
E-mail	scrmcbs@sina.com
新浪微博	@四川人民出版社
微信公众号	四川人民出版社
发行部业务电话	（028）86361653　86361656
防盗版举报电话	（028）86361653
制　　版	四川省经典记忆文化传播有限公司
印　　刷	成都东江印务有限公司
成品尺寸	180mm×260mm
插　　页	14
印　　张	37.25
字　　数	647千
版　　次	2021年12月第1版
印　　次	2021年12月第1次印刷
书　　号	ISBN 978-7-220-10025-3
定　　价	165.00元

■ 版权所有·侵权必究

本书若出现印装质量问题，请与我社发行部联系调换
电话：（028）86361656